종교 개혁사

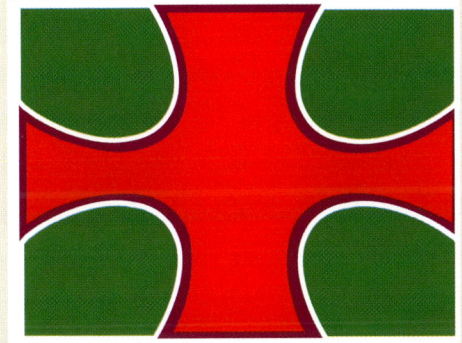

루터가 '의인화(義認化)' 사상을 강조함으로써 종교개혁을 일으켰다면, 웨슬리는 '성화(聖化)' 사상을 강조함으로써 종교개혁 신학을 완성시켰다. 종교개혁 신학의 핵심인 십자가 신학에서 '믿음으로 의롭다 하심을 얻는 것'을 초록색으로 상징하였고, 십자가 신학의 사랑을 실천함으로 성화를 이루는 것을 빨강색으로 상징하였다. 그리고 종교개혁 신학의 중심인 십자가 신학을 보혈의 피를 나타내는 자주색으로 상징하였다. 또한 교회 예전의 사계절은 네 가지 색, 즉 흰색(성결), 자주색(속죄), 초록색(생명), 빨강색(성령 충만과 사랑) 으로 상징되기도 한다.

종교개혁사
마르틴 루터에서 존 웨슬리까지

지은이 · 김홍기
펴낸이 · 지미정
펴낸곳 · 知와 사랑
　　　서울시 마포구 합정동 355-2
　　　전화 · 02-335-2964　팩시밀리 · 02-335-2965
　　　등록번호 제 10-1708호　등록일 1999.1.23
편집 · 정여진　남지혜
분해 출력 · 명성출력센터　mscom.com
인쇄 · 동화인쇄
제본 · 길성제책

초판 1쇄 · 2004년 4월 30일
ⓒ 2004 Hong-Ki Kim
ISBN 89-89007-20-8　89-89007-00-3 (세트)

값 25,000원

www.jiwasarang.co.kr

김홍기 지음

종교 개혁사

A History of Reformation
from Martin Luther to John Wesley

知와 사랑

루카스 크라나하(Lucas Cranah the Younger)가 마 21:43의 포도원의 비유를 가지고 종교개혁을 풍자한 그림. 중앙에 포도원에서 쟁기로 일하는 루터와 그의 위와 오른쪽에 함께 일하는 종교개혁 동역자들, 왼쪽에는 포도원을 망치와 돌로 파괴시키는 가톨릭의 하이라키 지도자들, 왼쪽 아래에는 교황과 지도자들이 예수님께 임금을 달라고 요구하나 거절당하는 장면, 그리고 오른쪽 아래에는 경건한 개신교도들이 기도하고 있다.

종교개혁사 목차

머리말 2

1장 종교개혁의 역사적 배경 19

들어가는 글 19
1절 **인문주의와 종교개혁** 21
2절 **신비주의와 종교개혁** 40
3절 **중세 후기 종교적 상황과 종교개혁** 43
4절 **스콜라주의와 종교개혁** 45
5절 **민족주의와 종교개혁** 58
6절 **인쇄술의 발전과 종교개혁** 60

2장 종교개혁 이전의 종교개혁 운동 65

들어가는 글 65
1절 **존 위클리프** 67
        A. 생애
        B. 사상
2절 **얀 후스** 79
        A. 후스의 생애와 개혁 운동
        B. 후스와 위클리프 사상의 공통점과 차이점

3장 종교개혁 신학의 선구자 성 어거스틴의 은총 이해 87

들어가는 글 87
1절 성 어거스틴 은총론의 역사적 발전과정 88
        A. 성 어거스틴의 생애
        B. 세 신학논쟁을 통한 어거스틴의 은총 이해의 역사적 발전과정
        C. 역사와 시간 이해
2절 성 어거스틴 은총론이 종교개혁 신학에 미친 영향 116
        A. 성 어거스틴의 의인화은총 이해가 루터에게 미친 영향
        B. 성 어거스틴의 예정 이해가 존 칼빈에게 미친 영향
        C. 성 어거스틴 은총론이 존 웨슬리에게 미친 영향
           (先在的 은총과 聖化은총을 중심으로)
        D. 종합과 분석

4장 독일 종교개혁의 발전과정 157

5장 종교개혁 신학의 개척자 마르틴 루터의 신학 사상 199

1절 **95개조 항의문에 나타난 사상** 199
2절 **신앙의인화**(信仰義認化: justfcation by faith) 208
3절 **십자가 신학**(theologia crucis) 220
4절 **자유의 복음** 234
5절 **『독일 크리스천 귀족에게 고함』에 나타난 만인사제론** 241
6절 **성례전 이해:『교회의 바벨론 포로』에 나타난 성례전 이해** 246
7절 **루터의 성화론** 252
8절 **루터의 성서관과 성령론** 258
9절 **루터의 예배 이해** 271

10절 루터의 두 왕국설(Two Kingdom Theoroy) 272
11절 루터의 노예의지론 274

6장 독일 종교개혁의 동역자 멜랑히톤의 신학 사상 281

1절 멜랑히톤의 학문적 훈련 281
2절 멜랑히톤의 초기신학공헌 283
3절 멜랑히톤과 루터 284
4절 『신학총론 *Loci Communes*』에 나타난 신학 286
5절 아우구스부르크 신앙고백과 멜랑히톤 294

7장 스위스의 종교개혁 297

1절 칼빈의 생애와 제네바 종교개혁 297
2절 루터와 칼빈 신학의 비교연구 305
   A. 공통점
   B. 차이점

8장 개혁 교회의 선구자 츠빙글리의 종교개혁 신학 사상 317

1절 츠빙글리의 취리히 종교개혁 운동 317
2절 츠빙글리와 칼빈의 신학 사상의 공통점과 차이점 319
3절 인문주의 325
4절 하나님의 "섭리에 관하여" 325
5절 율법과 복음의 관계 326
6절 구원론(Soteriology) 326

7절 **교회와 국가** 328
8절 **성만찬론** 329

9장 종교개혁 신학의 조직 신학자 칼빈의 신학 사상 335

들어가는 글 335
1절 **하나님론** 336
2절 **하나님의 창조론** 339
3절 **하나님의 섭리론** 341
4절 **기독론(구속주 하나님)** 345
5절 **성령론** 350
6절 **예정론** 359
7절 **의인화론** 371
8절 **성화론** 377
9절 **교회론** 380
10절 **성만찬론** 384
11절 **정치윤리** 389

10장 과격파 종교개혁 운동 395

11장 종교개혁적 사회혁명가 토마스 뮌처의 신학 사상 405

1절 **성화중심의 구원론** 405
2절 **정치적 신비주의와 사회구원** 411
3절 **성서 이해** 417

12장 영국의 종교개혁 423

1절 **영국의 종교개혁 운동** 423
2절 **청교도주의 운동** 436

13장 가톨릭 종교개혁 449

1절 **가톨릭 종교개혁의 전개과정** 449
2절 **트렌트회의(The Council of Trent)** 453
3절 **가톨릭 종교개혁의 영성 운동** 456

14장 유럽 기타지역의 종교개혁 운동 471

1절 **프랑스의 종교개혁 운동** 471
2절 **스코틀랜드의 종교개혁** 474
3절 **스칸디나비아 반도의 종교개혁** 499

15장 종교개혁 신학의 완성자 존 웨슬리 503

1절 **존 웨슬리의 생애와 감리교회의 종교개혁 운동** 503
2절 **웨슬리 신학의 발전과정** 546
3절 **종교개혁가들의 한계를 극복한 웨슬리의 구원론** 563
4절 **의인화와 성화의 총체적 조화를 이룬 웨슬리의 구원론** 573
5절 **종합과 분석(웨슬리에 의해 완성된 종교개혁 신학)** 629

후기: 종교개혁 신학의 빛에서 본 한국 교회의 갱신 637

부록 1 루터의 십자가 신학과 함석헌의 고난사관 642
　　　　한국사 속에 숨어계신 하나님

들어가는 글　642
A 마르틴 루터의 십자가 신학(Theologia Crucis)　642
　　　　1. 루터의 생애에 나타난 십자가 신학
　　　　2. 루터의 사상 속에 나타난 십자가 신학
B 함석헌의 고난사관　664
　　　　1. 함석헌의 생애에 나타난 고난사관
　　　　2. 함석헌의 사상 속에 나타난 고난사관
C 루터와 함석헌의 비교연구　679
나오는 글　십자가 신학의 빛에서 본 통일희년 운동　691

부록 2 칼비니스트와 웨슬리안의 예정 이해　693
　　　　웨슬리안의 입장에서의 논찬

　　　　칼비니스트 이형기 박사(장로회 신학대학교 교수)와
　　　　웨슬리안 임승안 박사(나사렛 대학교 교수)의 발제에 대한 논찬

참고문헌　700
색인　712

머리말

　이 책은 종교개혁의 역사적 배경, 발전과정, 신학적 특징과 다양성을 역사적 비평적 방법(historical critical method)으로 연구하고자 한 것이다. 흔히 교회사를 일반 세속사와는 전혀 상관없는 구속사로만 해석하는 경향이 있으나 교회사를 제대로 이해하려면 일반 세속사도 함께 관심을 가져야 한다. 교회사의 사건들은 세속사와의 깊은 관계 속에서 일어나기 때문이다. 종교개혁 연구는 당시의 역사적 상황, 종교개혁자들의 삶의 자리(Sitz-im-Leben)를 충실히 추적해야 하므로 이 책에서는 종교개혁의 역사적 배경을 서론적으로 많이 언급했다. 지금까지 한국에서 저술된 종교개혁사들이 이런 역사적 비평적 연구에 충실하지 않았기 때문에, 종교개혁이 일어날 수밖에 없었던 역사적 상황이나 세계사 속에서의 종교개혁의 위치, 종교개혁이 세계사에 미친 영향을 제대로 파악하지 못하는 실정이다.
　본서는 과거사의 사실에만 머무르지 않고 오늘의 교회적·역사적 상황과의 부단한 대화와 만남을 통하여, 오늘의 교회변혁과 역사변혁의 지혜를 얻고자 한다. 역사란 과거 사실의 나열이 아니다. 과거와 현재의 부단한 대화이다. 오늘의 교회개혁을 위해 종교개혁을 연구할 필요가 있다. 오늘 우리 속에 살아 움직이지 않는 역사는 죽은 역사이다. 따라서 역사를 서술함에 있어 역사가의 사관(史觀)은 매우 중요한 문제이다.

그런 의미에서 필자는 몇 가지 사관을 갖고 본 연구에 임한다.

첫째, 오늘의 교회현장 속에 살아 있는 신학이 되기 위해 교회와 신학의 거리를 좁히고 교회를 교회답게 만든 종교개혁가들의 신학 사상을 탐구하고자 한다. 오늘의 한국교회의 위기는, 교회는 신학을 외면하여 신학의 빈곤으로 말미암아 양적으로는 성장하였으나 신학적으로는 성숙한 교회가 되지 못하고, 신학교는 교회의 소리에 귀를 기울이지 않음으로써 상아탑 속에 갇혀버린 신학이 되어간다는 것이다. 종교개혁가들의 신학적 출발점은 교회현장이었다. 교회 안에서 설교하고 실존적으로 구원의 순례를 걷는 가운데 발견한 신학이기에 종교개혁 신학은 산 신학(living theology)이었다. 필자는 바로 이러한 산 신학 운동을 한국적 상황에서 일으키는 데 종교개혁 운동이 생명력 있는 지혜를 준다는 입장에서 본 연구를 전개한다.

둘째, 종교개혁가들의 신학적 공통점과 차이점을 폭넓게 배움으로써 프로테스탄트 신학의 깊이와 다양성을 이해하고자 한다. 종교개혁 신학자들은 신앙의인화(justification by faith)라는 근원적 주장에서는 일치하지만, 그들의 역사적·민족적·문화적 상황에 따라 다양한 목소리를 내고 있음을 바르게 이해하고자 한다. 교회관·성만찬론·정치윤리·자유의지 이해·율법해석·인간관에서 다양한 입장을 갖고 있음을 총체적으로 발견하고자 한다.

셋째, 종교개혁 구원론의 뿌리는 종교개혁 신학의 선구자 어거스틴의 은총론이고, 종교개혁 구원론의 완성은 웨슬리의 성화론임을 밝힘으로써 종교개혁의 역사적 지평을 넓히고자 한다. 흔히 종교개혁을 16세기

독일과 스위스를 중심으로 루터와 칼빈에 의해서 일어난 운동으로만 집중적으로 연구하는데, 종교개혁의 사상과 운동을 제대로 이해하려면 위로는 5세기 북아프리카의 어거스틴으로까지 소급하고 아래로는 18세기 영국의 존 웨슬리까지 내려가야 한다고 생각한다.

넷째, 지금까지는 개신교 입장에서 가톨릭 종교개혁(Catholic Reformation)을 반동종교개혁(Counter Reformation)으로 명명하면서 비판적으로 해석해왔으나 필자는 가톨릭 종교개혁을 긍정적인 시각에서 해석하고자 한다. 가톨릭 종교개혁이 선교와 영성 운동에 크게 기여하였음을 우리는 결코 간과할 수 없다. 특히 이냐시오, 시에나의 캐더린, 십자가의 성 요한 등의 영성 운동은 오늘날 영성 신학에서 재발견되고 있다. 예수의 생애를 명상함으로써 모든 성도가 예수를 닮아가는 성화를 훈련하는 영성훈련의 지혜를 오늘의 크리스천들에게 가르쳐주고 있다. 이러한 가톨릭 종교개혁의 가치를 새롭게 인식해야 한다고 생각한다.

다섯째, 지금까지 부정적으로 해석되어온 과격파 종교개혁과 토마스 뮌처의 신학에서 긍정적인 면도 찾아보고자 한다. 농민전쟁을 비롯하여 과격파 종교개혁의 폭력성은 가톨릭 정부의 폭력에 항거하는 반동폭력(counter-violence)이었음을 재발견해볼 필요가 있다. 동학혁명이나 광주 민주항쟁이 역사 속에서 새롭게 긍정적으로 해석되는 이유는 그 운동들의 반동폭력성 때문이다. 특히 한국 신학자들이 지금까지 뮌처의 신학 중 혁명성만을 연구대상으로 삼아 그의 신학의 영성과 성화론적 요소를 연구하지 않았지만 필자는 그의 신학이 깊은 성화론적 영성과 정치 신학적 행동주의가 종합된 예언자 신학의 전통에 서 있음을 재발견하고자 한다.

여섯째, 지금까지의 루터나 칼빈의 종교개혁 사상에 대한 해석에서 전제되어왔던 선 연구의 시각을 뒤집는 몇 가지 작업도 시도하고자 한다. 가령 루터는 신앙의인화를 중심주제로 삼는 바람에 행함과 성화를 무시하였다는 종전의 연구를 뒤집어서, 그의 1차 자료들 속에서 성화론과 선행론을 찾아서 그가 신앙의인화의 '객관적 은총(imputation)'을 주장하면서도 선행에 의한 성화의 '주관적 은총(impartation)'을 끊임없이 주장하려 하였음을 밝힘으로써 루터 이해의 새로운 전기를 찾으려고 한다. 또한 지금까지 칼빈은 예정론 중심의 신학으로 알려졌으나 그의 1차 자료들과 이를 해석한 2차 자료들을 통해 그의 중심 사상이 예정론이 아니라 성화론이었음을 강조하고자 한다.

역사해석에서 이처럼 사관의 주관성(subjectivity: Geschichte)을 갖고 연구를 시작하지만, 역사연구는 또한 역사적 사실(historical fact)이라는 객관성(objectivity: Historie)을 상실하지 말아야 한다. 그래서 역사적 사실의 발굴에 따라 필자의 사관도 바뀔 수 있음을 전제해둔다. 역사서술은 과거와 현재의 부단한 대화와 만남에 의해 이루어지기에 항상 새롭게 서술될 수 있음을 강조하고 싶다. 지금까지의 실증주의(positivism)적인 역사연구는 역사적 사실의 과학적 연구에 치중하다가 해석을 상실해왔고, 실존주의(existentialism)적인 역사연구는 역사적 사실을 무시하고 주관적 해석에만 치중해온 것이 문제였다. 그래서 필자는 이 양면성이 조화를 잘 이루는 역사서술을 만들고자 한다.

부록으로 한국적 토착화를 위하여 함석헌의 고난사관과 루터의 십자가 신학을 비교·연구하고자 한다. 또한 종교개혁 신학의 빛에서 본 한국

교회의 갱신을 지적해보고자 한다.

지금까지 국내에서 출판된 선 연구의 종교개혁사들과 비교하여 본서의 학문적 특징 몇 가지를 언급하고자 한다. 총회신학대학교 홍치모 교수의 『종교개혁사』는 사학자인 홍 교수가 실증주의적인 사실 연구에 충실하여 종교개혁 연구에 남긴 큰 업적이라고 하겠다. 그러나 신학적 해석에 있어서는 많은 부분이 언급되지 않고 있다. 장로회 신학대학교 이형기 교수의 『종교개혁 사상』은 루터와 칼빈의 사상을 1차 자료들을 중심으로 철저히 연구한 것으로 루터와 칼빈을 비교 연구하는 데 큰 공헌을 남겼다. 그러나 그 이외의 종교개혁자들의 운동이나 사상을 취급하지 않아서 아쉬움을 남기고 있다. 목원대학교 김기련 교수의 『종교개혁사』는 저자의 박사학위 논문이 뮌처와 과격파 종교개혁이어서 그 분야에는 한국의 어느 책에서도 발견할 수 없는 사실들을 많이 다루고 있다. 그러나 루터나 칼빈 등 주요 종교개혁자들의 운동이나 사상이 철저히 취급되지 않은 아쉬움이 있다. 기독교 신학교 김해연 교수의 『기독교 종교개혁사』는 저자가 츠빙글리 연구원 원장이어서 츠빙글리 연구나 인문주의와 종교개혁의 관계는 잘 연구되어 있으나, 루터나 칼빈 등이 1차 자료들을 중심으로 많이 취급되지 않았고 종교개혁 신학 사상이 깊이 있게 해석되지 않았다.

그래서 필자는 루터와 칼빈뿐 아니라 그들의 신학적 배경이 되었던 어거스틴부터 그들의 신학적 열매라 할 수 있는 웨슬리까지 총체적으로 취급하고자 한다. 그러므로 본서는 지금까지의 책들에 비해 훨씬 총괄적으로 종교개혁 운동과 사상을 취급한 연구서라고 생각한다. 이처럼 방대한 양을 읽어야 할 독자들을 위해 편집에서 다음 몇 가지 편의를 제공하였다. 1차 자료 인용문들은 박스 속에 넣어서 한눈에 직접 대할 수 있게 하였다. 교과서로 활용하기에 편리하게 집필하는 과정에서 필요한 경우, 역사적으로 서술된 내용이 개념을 정리하는 부분에서 중복되는 것을 굳이 피하지 않았다. 중복되는 느낌이 들 수도 있겠지만 상세하게 정리된 색인을 이용해서 내용들을 종합적 입체적으로 이해할 수 있게 했다. 내용과 관련된 역사화보와 역사삽화들을 수록하여 역사이야기들을 흥미로운 볼거리로 만들어보고자 했다. 교정과 삽화제작을 도와준 박신영 전도사에게 감사드린다.

본서가 나오기까지는 1993년 9월 이래로 10여 년의 세월이 걸렸다. 아무쪼록 본 연구가 교수, 목회자, 신학생, 그리고 평신도들까지도 즐겨 읽는 종교개혁사가 되기를 간절히 염원한다.

1장 종교개혁의 역사적 배경

들어가는 글

　프랑스 역사가 타이네(Hippolytes Taine: 1828-93)가 지적하였듯이 역사는 종족(race), 시간(moment), 환경(milieu)의 세 가지 요소로 만들어진다. 인간은 우연의 산물이 아니고, 역사적·외적 힘에 의해 조건지어지므로 인간 실존의 외적 요소인 시간과 환경에 의해 인간기능이 조건지어진다. 또한 이 세 요소는 상호의존의 법칙을 가진다. 하나의 변화는 다른 하나의 변화에 의존하는 관계를 지니고 있다. 예를들어, 후스(John Huss)나 위클리프(John Wyclif)가 루터의 시대에 태어났더라면 어떻게 되었을까? 처형당하지 않고 성공적으로 종교개혁을 전개하였을지도 모른다. 또한 웨슬리가 18세기 영국이라는 시대적 상황에서 종교개혁을 성공적으로 전개하였지만, 그가 루터의 시대에 태어났더라면 결단력 없는 성격 때문에 루터 만큼의 종교개혁을 이루어내지 못했을지도 모른다.

　루터였기에 16세기 독일의 상황에서 종교개혁을 성공적으로 전개할 수도 있었지만, 그가 16세기라는 시간과 독일이라는 환경 속에서 활동했기 때문에 위대한 종교개혁가가 될 수 있었던 것도 확실하다. 또한 토인비(Arnold Toynbee)의 역사해석에 의하면, 새 역사는 지배적 소수(dominant minority)의 폭력에 항거하는 외재적 민중(external proletariat)의 폭력에 의해 서로 파멸되어가는 역사의 해체과정에서, 내재적 민중(inner proletariat)의 존경과 사랑을 받는 창조적 소수에 의하여 창조된다.

16세기의 교황청이 지배적 소수로 아무리 중세인들의 존경과 사랑을 받지 못한다 하더라도, 또한 루터가 그 시대의 창조적 소수 중의 한 사람이라 하더라도, 내재적 민중의 추앙을 받지 못하면 역사를 이끌고가는 지도자가 될 수 없다는 것이다. 따라서 16세기 유럽과 독일의 역사상황이 내재적 민중을 형성시켰으며, 그 민중의 요구와 희망을 만족시킬 수 있는 창조적 소수인 종교개혁가의 한 사람으로, 특히 그 창조적 소수 그룹의 개척자로서 루터가 나타나게 되었다는 것이다.

뿐만 아니라 칼라일(Thomas Caryle)의 영웅사관과는 달리 역사는 영웅에 의하여 창조되는 것이 아니라, 역사의 주체는 민중이다. 그 민중 중에서도 폭력적·외재적 민중이 아니라, 평화적·내재적 민중이 역사의 주체가 되는 것이며, 루터는 다만 그 내재적 민중의 목소리를 대신하여 예언하였던 창조적 소수 중의 한 사람이었을 뿐이다. 따라서 종교개혁을 가능케 하였고 내재적 민중의 소리를 대변하였던 인문주의와 민족주의, 그리고 루터와 칼빈 등의 예언의 소리를 민중들에게 전해주었던 환경 중의 한 요소인 인쇄술 등을 살펴보고자 한다.

1절_ 인문주의와 종교개혁

　인문주의(humanism)는 르네상스의 사상적 기초이다. 르네상스는 문자적으로는 '거듭남(rebirth)', '부흥', '부활', '재발견'이란 뜻으로 고전적 가르침과 가치를 다시 찾고 회복하는 데 관심갖는 운동이다. 중세에 잊혀졌던 히브리문화, 희랍문화, 로마문화를 다시 찾음으로써 인간 본연의 자세로 돌아가자는 운동이었다. 르네상스를 좁은 의미로 해석한다면 고대 고전적 문학과 예술의 발견에 의한 지식과 예술의 부흥이 일어난 지성적 거듭남이라고 할 수 있다. 대표적인 예술작품으로 르네상스 시대 최대의 예술가 레오나르도 다 빈치(Leonardo da Vinci: 1452-1519)의 〈모나리자〉와 〈최후의 만찬〉, 전통적인 기독교 신학과 신플라톤 사상을 결합시켜 조각한 미켈란젤로(Michelangelo: 1475-1564)의 〈피에타〉와 〈다윗〉, 아리스토텔레스 학파와 플라톤 학파의 사상을 함께 종합하여 조화, 아름다움, 평온함을 묘사한 라파엘(Raphael: 1483-1520)의 〈아테네 학당〉 등이 있다.

　르네상스의 사상적 기초는 인문주의에 있었다. 인문주의는 당시의 학자들과 사상가들에게는 오랜 중세문화의 침체와 몰락 이후에 고전적 가르침과 지혜의 부활을 일으키는 계기를 만들어주었고 중세가 무시했던 인간의 존엄성, 잃어버린 인간의 정신과 지혜의 거듭남, 곧 본래적 인간성(humanitas)을 회복하자는 운동이다.[1] 이 거듭남과 회복을 위해 고전으로 돌아가자(return to the classical antiquity)는 사상이다. 남부유럽의 고전라틴어 문

---

1) *The New Encyclopaedia Britannica*, Vol. 9, Micropaedia, 15th edition, (Chicago: Encyclopaedia Britannica, Inc., 1990), 1020.

학자료들이 베네딕트 수도원인 몬테카시노(Monte Casino)에 많이 보관되어 있었고, 북부유럽에는 역시 베네딕트 수도원인 풀다(Fulda)에 많이 보관되어 있었다. 고전 히브리 사상(Hebraism)을 연구하면서 유일신 사상과 십계명 정신을 배우게 되었다. 그리고 고전 희랍 사상(Hellenism)을 연구하면서 희랍예술과 철학과 생활을 재발견하게 되어, 호머(Homer), 리비(Livy), 오비드(Ovid), 키케로(Cicero), 버질(Virgil), 세네카(Seneca), 호레이스(Horace), 테렌스(Terence) 등에 대한 연구가 활발하였다. 성서가 쓰여진 대중적 희랍어(Koine Greek)를 넘어서 학문적 희랍어(Attic Greek)를 연구하여 희랍 교부들의 신학적 작품들을 읽게 되었고, 중세 스콜라주의(Scholasticism)의 철학적 기초였던 아리스토텔레스 철학에서 플라톤 철학으로 기울어지기 시작하였다. 인문주의 운동은 중세대학들을 플라톤주의(Platonism)에 심취하게 하였다. 파두아(Padua) 대학교만이 유일하게 아리스토텔레스주의를 계속 고수하였고 대부분의 중세대학들은 르네상스의 영향으로 플라톤주의 연구에 몰입하게 되었다. 그래서 파두아 대학교는 많은 인문주의자들이 플라톤주의 작품을 쏟아내는 인문주의 운동에 심각한 걸림돌이 되었다.

르네상스가 이태리에서 먼저 일어나게 된 원인은 남유럽, 특히 남부 이태리에는 희랍문학작품들이 완전히 사라지지 않고 남아 있었기 때문이다. 로마제국 당시의 많은 대중들의 언어가 희랍어였기에 로마제국의 중심지였던 이태리에는 그러한 희랍 고전연구의 맛을 완전히 상실하지 않고 있었다. 특히 살레노(Salerno) 대학교의 선생들과 학생들은 그러한 즐거움을 갖고 있었다.[2] 인문주의자들에 의해 이태리의 마을마다 라틴어를 연구하는 학교가 완벽한 조직을 갖고 현대적 의미의 고등교육 기관으로 발전하였

---

2) Thomas M. Lindsay, *A History of the Reformation*, (New York: Charles Scribner's Sons, 1914), 46.

다.[3] 이태리의 인문주의자 아이네아스 실비우스(Aeneas Sylvius)는 합스부르크의 젊은 두 제후에게 인문주의 정신으로 가르치는 교육을 시키기도 하였다.[4] 이태리의 인문주의 문학가들에 의해 고전연구가 활발하게 전개되었다. 단테(Dante Alighieri: 1265-1321)는 고전문학을 당대의 문화 속으로 끌어들인 최초의 인물이었다.[5]

단테는 그의 작품 『신곡 *Divine Comedy*』에서 기독교세계와 고대세계를 연결지음으로써, 똑같은 사실에 대한 기독교적 설명과 고대 이교도적 설명을 함께 다루고 있다. 페트라르카(Francesco Petrarca: 1304-74)는 고대 라틴 시의 모든 형태를 모방한 이태리 최대의 시인이었다. 그의 라틴어 시들은 그를 유명하게 만들었다. 그의 작품 『데카메론 *Decameron*』(1351)으로 전 유럽에서 유명해진 보카치오(Giovani Boccaccio: 1313-75)는 라틴 신화, 지리학, 자서전을 편집하고 그것들을 기초로 데카메론을 저술하였다.[6] 유명한 라틴 시인들, 역사가, 수사학자와 문필가들, 그리고 아리스토텔레스와 플루타르크(Plutarch) 및 다른 희랍 사상가와 작가들 대부분이 페트라르카와 보카치오 시대에 많은 영감을 주었다. 호머(Homer)의 『일리어드 *Iliad*』와 『오디세이 *Odyssey*』는 페트라르카의 제안과 보카치오의 도움으로 희랍인 레온지오 필라토(Leonzio Pilato)에 의해 희랍어에서 라틴어로 번역되었다. 15세기로 접어들면서 희랍어로부터 번역된 문서들을 관리하기 위한 도서관이 증가하기 시작하였다. 유명한 희랍 추기경 베사리온(Bessarion)은 희랍어로 쓰여

---

3) Jacob Burckhardt, *The Civilization of the Renaissance in Italy*, (New York: Harper and Row, 1958), 220-21.
4) Burckhardt, 223.
5) Burckhardt, 212.
6) Burckhardt, 214.

진 사본 482개와 라틴어로 쓰여진 사본 264개를 베네치아 공화국(The Venetian Republic)에 기증하였다. 베네치아 공화국은 성 마가(St.Mark) 도서관에 이 사본들을 보관하기 위한 건물을 짓고 이 귀중한 보화들을 관리하게 되었다.[7] 또한 베니스의 알도 마누치(Aldo Manucci) 출판사가 희랍문화 연구에 큰 공헌을 하기도 하였다. 알도 자신이 세상에서 보기 드문 자료들, 아주 중요한 저자들과 방대한 양을 저술한 저자들의 자료를 편집하고 원본 그대로 출판하는 일에 헌신하였다.[8]

고전의 부흥은 서방문화권뿐만 아니라 동방문화권의 고전들도 발굴하는 운동으로 발전하게 되었다. 그래서 아랍어(Arabic) 고전 — 특히 의학 — 들도 연구하기 시작했을 뿐 아니라, 히브리어(Hebrew) 고전들에 관해 집중적으로 연구하기 시작하였다. 단테 자신이 히브리어에 높은 가치를 부여하였다. 히브리어 본문 발굴은 주로 교회의 수고를 통해서 이루어졌다. 교황 식스투스 4세(Sixtus IV)는 희랍어 문서와 라틴어 문서들뿐 아니라 히브리어 문서들을 위해 바티칸 도서관에 따로 건물을 짓게 하였다. 히브리 문서 사본들이 모아지기 시작하면서 바티칸에 있는 우르비노(Urbino) 같은 도서관들이 히브리어 문서들을 열심히 모아들이기 시작하였다. 마침내 1475년부터는 이태리에서 히브리어 책들이 인쇄되기 시작하였다.[9]

1488년에는 볼로냐(Bologna) 대학교에서 히브리어 교수 자리를 만들었고, 1514년에는 로마 대학교에서도 히브리어 교수 자리를 만들면서 히브리어 연구가 희랍어 연구보다 더욱 인기 있는 것이 되었다. 당대의 유명한 히브리어 학자 미란돌라(Pico della Mirandola)는 히브리어 문법이나 성서에

---

7) Burckhardt, 199.
8) Burckhardt, 206.
9) Burckhardt, 208.

만족하지 않고, 유태인의 카바라(Kabbalah)와 탈무드까지 파고들어갔다. 그는 자연히 유태인 선생들의 도움을 받을 수밖에 없었고, 이민 온 유태인들이 기독교로 개종하지 않은 채 히브리어를 가르치는 대학교수와 저명한 저자들이 되었다. 이태리에 이민 온 유태인들이 모든 종족들에게 히브리어를 가르치는 선생들이 되었으며, 탈무드와 탈굼(Thargum), 미드라쉽(Midraschim)까지 가르쳐주게 되었다.[10]

르네상스 인문주의는 도덕적 생활에 집중적으로 관심을 가졌다. 철학과 정치는 부차적인 문제였다. 인문주의자 크리스텔러(Kristeller), 폴 오스카(Paul Oskar) 등의 도덕주의적 문화 운동과 교육 운동은 북아메리카와 유럽에까지도 널리 보급된 인문주의 운동이 되었다. 그들의 주요관심은 정치와 철학보다는 도덕이었다.[11] 도덕적 덕을 실천하는 행동이야말로 인문주의적 배움의 목적이었다. 정의롭고 남에게 유익을 주는 행동은 인문주의적 교육의 목적이었다. 철학적 이해와 힘있는 수사학의 종합은 덕스러운 정책을 만들어야 한다고 생각하였다. 인문주의자 알베르티(Leon Battista Alberti)는 그의 저서 『가정에 관하여 Della famiglia』에서 "행복은 선행 없이, 정의롭고 의로운 행동 없이 얻어질 수 없다. … 가장 좋은 행위는 많은 사람들을 유익하게 하는 것들이다"[12]라고 말하였다. 도덕적 각성이 모든 의로운 행위에 가장 중요한 요소이다. 이것은 사회적 책임성으로 이어졌다. 인간은 마땅히 정의를 위해, 진리를 위해 그리고 명예를 위해 전투의 전선에 서야 한다. 투쟁에 참여해야 한다.

이러한 도덕주의는 현실주의로 표출되었다. 현실에서의 행동과 경험이

---

10) Burckhardt, 208.

11) Alister Macgrath, *Reformation Thought*, (Oxford: Basil Balckwell, 1989), 30-32.

12) *The New Encyclopaedia Britanica*, Vol. 20, 667.

인간 인식의 가장 중요한 근거가 되었다. 초기 인문주의자들은 전통적 가정을 거부하고, 인식된 체험의 객관적 분석을 중요시하였다. 따라서 현대의 사회과학(social science)의 발생은 인문주의에 빚을 지고 있는 셈이다. 왜냐하면 현대의 사회과학은 학문적 훈련이 아니고 사회적 질문의 실천적 도구이기 때문이다. 직접적인 경험은 전통적인 지혜에 앞선다. 지혜의 기본적인 형태는 시장과 극장과 가정에서만 발견되어진다. 따라서 인간의 산 경험의 기록인 역사는 새로운 정치학의 기본이 된다. 르네상스 현실주의는 인간의 불확실성과 어리석음과 비도덕에 대해 질문을 던진다. 그래서 페트라르카는 자기 자신의 복잡한 동기들과 의심들에 정직한 질문을 던졌다. 그것이 보카치오에게 영향을 주어 보카치오가 『데카메론』에서 인간의 악과 무질서에 대하여 사전적인 연구를 취급하고 있다.

이러한 인문주의의 도덕적 비판은 절대적 청결을 회복하는 것에 목적을 두지 아니하고 정상적인 지상의 활동의 존엄성, 인간의 존귀함을 강조함을 목적으로 하며, 정신과 육체 사이의 성숙하고 건전한 조화를 강조한다. 인문주의적 현실주의는 인간성의 재창조를 목적으로 하지 않고, 사회질서의 개혁을 목적으로 한다. 따라서 이러한 인문주의적 현실주의는 로마 가톨릭 교회를 신학적 구조가 아닌 정치적 제도로 문제삼았다.[13]

또한 르네상스 인문주의의 현실주의는 개인의 주관적 의식을 개발시켰다. 인류가 처음으로 자신을 주관적 객체로 생각하기 시작하였으며 중세의 공동체적 의식 속에 잠자던 개인의 주체의식이 부활하기에 이른 것이다. 이러한 개인의 발견은 개인의 경험이 슬프든 행복하든 인간은 존귀한 존재라는 인식을 갖게 한다. 인간의 가능성을 찾는 것이다. 인문주의자 미란돌라는 인간은 하나님에 의하여 특징지어진 것도 제한되어진 것도 아니고,

---

13) *The New Encyclopaedia Britanica*, Vol. 20, 666.

대신에 그 자신의 수준을 높이기 위하여 노력하며 그 자신의 운명을 창조하는 데 자유롭다고 주장하였다. 인간의 존엄성과 가능성은 결코 제한되어 있지 않다는 것이다.[14] 이러한 인간과 개인의 이해는 다양성을 지닌 인간(l'homo universale)으로 발전되었다. 단테는 시인으로, 혹은 철학자, 혹은 신학자로 불리었다. 플리니(Pliny)는 자연의 역사, 지리학 등 다양한 지식의 소유자가 되었다. 플로렌스의 상인이나 정치가나 모두 고전어를 배우는 풍습이 생겼으며, 아들뿐 아니라 딸들도 수준 높게 가르치는 아름다운 문화가 발전하게 되었다.[15]

이 주체적 개인의식은 루터의 신앙의인화 사상으로 발전하게 되었다. 하나님 앞에 선 단독자로서 은혜롭고 의로우신 하나님을 경험하는 것이다. 중세는 수도원적 공동체 의식과 교황의 전체주의적 공동체 의식이 지배하던 시대였는데, 르네상스와 종교개혁에 의하여 개인주의가 지배하는 현대 사회가 열리기 시작하였다.[16]

이와 같이 휴머니즘은 역사로 돌아가서 현실을 분석·비판하고 새로운 내일을 재건하고 창조하는 역사의식적 운동이었고, 역사연구를 통하여 고전주의, 현실주의, 도덕주의와 개인주의를 발전시켜나간 인류 역사 최대의 역사창조 정신의 하나였다. 따라서 16세기의 휴머니즘은 20세기의 휴머니즘과 다르다. 오늘날의 휴머니즘은 무신론적·반종교적·반신학적 개념으로 이해되는 경향이 있으나 16세기의 휴머니즘은 반종교적 철학이 아니고 신학적으로 중도적인 사상이다. 르네상스 휴머니즘은 유럽사회에 스콜라주의 신학이 더 이상 영향력을 미치지 못하게 된 후에, 지성적 공백을 채워

---

14) *The New Encyclopaedia Britanica*, Vol. 20, 667.
15) Burckhardt, 148.
16) Alister Macgrath, 28.

주게 되었다.

앞서 언급한 대로 당시의 휴머니즘은 '근원적 자료로 돌아가자(ad fontes: back to the original sources)'는 슬로건으로 요약될 수 있다. 희랍어 고전과 라틴어 고전으로 돌아가는 이 운동이 기독교에 응용되어, 성서와 초대 교부시대 저술들에 관심을 갖게 되었다. 고대의 작품들을 통하여 초대 교회 교인들의 경험들을 다시 찾게 되고 16세기의 역사적 상황과 교회 경험 속에 그것을 이식시키는 운동들이 일어나게 되었다. 역사의 재포착(recapitulation) 운동이 일어나게 된 셈이다. 르네상스는 역사연구를 통해 일어난 역사적 사건이었고, 종교개혁도 르네상스 인문주의의 영향으로 구약 히브리어 본문연구, 신약 희랍어 본문연구, 초대 희랍교부와 라틴교부 신학 연구, 특히 어거스틴 연구를 통하여 일어난 역사 재발견의 역사적 사건이었다. 후대에 일어난 프랑스 혁명도 로마사를 연구하는 역사 연구에 의하여 일어난 역사적 사건이였다.

이러한 초대 교회 역사 연구를 통한 종교개혁에 영향을 미친 당대 최고의 인문주의자는 에라스무스였다. 그는 16세기 유럽 최대의 학자로 독일과 스위스 종교개혁에 많은 영향을 미쳤다. 루터와 칼빈에게 직접적인 영향을 주었으나 그들은 에라스무스를 비판하였고, 츠빙글리(Zwingli)와 부처(Bucer)에게는 더욱 결정적인 영향을 미쳤다. 에라스무스는 루터의 예정론도 비판하고 교황청의 권위도 비판하였기에 개신교와 가톨릭 양자 모두에게 공격받았다. 그는 정통(orthodoxy)보다는 자유(liberty)에 더욱 가치를 부여하는 자들에게 등불의 역할을 한 셈이다.

에라스무스는 당시의 새로운 경건 운동인 '현대적 경건(Devotio Moderna)'의 영향 아래 교육받아서 어거스틴 수도회의 수도사가 되었고 1492년 사제로 안수받았다. 파리에서 공부하면서 중세 스콜라주의 신학을 싫어하게 되었고 인문주의자들과 접촉하면서 새로운 지성적 눈을 뜨게 되

인문주의자 데시데리우스 에라스무스
(Desiderius Erasmus of Rotterdam: 1469-1536)
에라스무스는 결혼이 금지된 가톨릭 신부 로저 제라르드(Roger Gerard)와 의사의 딸 마가렛(Margaret)과의 불법 동거생활의 결과로 1469년 10월 27일 네델란드의 로테르담에서 태어났다.

었다. 그는 영국을 여러 차례 방문하였고 옥스포드 대학교와 케임브리지 대학교에서 강의하기도 하였다(1499-1500, 1505-06, 1517). 또한 1509년 토마스 모어(Thomas More)의 집에서 그 유명한 『바보신 예찬 *Moriae encomium*』을 저술하였다. 그리고 영국에서 토마스 모어, 존 피셔(John Fisher), 존 콜레(John Colet) 등을 만나면서 기독교적 경건과 인문주의의 조화를 발견하고, 성서연구에 관심을 갖게 되었다. 그는 희랍어를 공부하기 시작하였고, 이태리를 방문하여 많은 인문주의 지식을 넓히게 되었다. 그의 책 『크리스천 군병의 안내서 *Enchiridion Militis Christiani*』는 베스트 셀러가 되었고, 출판된

인문주의자 토마스 모어
(Thomas More: 1477-1535)
토마스 모어는 그의 책 『유토피아』 (1516)에서도 정치권력에서 종교적 사유를 주장하였다. 결국 그는 영국과 헨리 8세의 정치적 권력에 의한 종교개혁에 동조하지 않음으로써 1535년 7월 6일 처형되었다. 그는 "나는 왕의 선한 청지기이지만, 하나님께 더욱 충성하는 선한 청지기이다"라는 명언을 남겼다.

지 12년 만인 1515년 제3판이 출판된 후에 충격을 던져주었다. 당시의 교회는 성서와 교부들의 작품으로 돌아감으로써 개혁될 수 있다는 매력적인 이론을 발전시켰는데 특별히 몇 가지 중요한 점들을 지적하고 있다.

첫째, 평신도 운동이다. 에라스무스는 기독교의 미래적 생명력은 평신도에게 있다고 강조한다. 성직자들은 평신도들을 성직자들의 수준에까지 이르도록 가르치는 기능이 있음을 강조하고, 평신도들이 크리스천 소명의식을 깨닫는 것은 교회 부흥의 열쇠라고 해석한다. 에라스무스는 성직자적·교회론적 권위를 감소시켰는데 성서는 성직자만의 책이 아니라, 모든 성도들도 크리스천 신앙의 신선하고 생기있는 생수를 마시도록 성서의 '본래적 자료(ad fontes)'로 돌아가야 함을 주장한 것이다. 그래서 그는 신약의 희랍어 원본을 편집·출판하기에 이르렀다. 이러한 평신도의 기능과 역할의 발견은 루터가 만인사제론(all believers' priesthood)을 전개하는 데 영향을 주었다.

둘째, 내적 종교(inner religion)를 강조하였다. 종교적 제의나 성직자, 제도보다도 내면적인 종교경험을 중요시하였다. 죄의 고백은 어떤 다른 인간 성직자에게 하는 것이 아니라, 직접적으로 하나님께 하는 것이라고 에라스무스는 강조하였다. 종교는 개인의 마음과 정신의 문제, 곧 내적 상태임을 주장하였다. 에라스무스의 이러한 해석은 루터의 95개조의 항의문의 핵심 주장인 회개의 본질에 간접적으로 영향을 주었다고 볼 수 있다. 루터는 참 회개는 고해성사나 면죄부 등에 의한 외형적·형식적인 것이 아니라 내면적으로 통회자복하는 것임을 주장하였다.

셋째, 성서의 본래적 언어인 희랍어 성서 연구로 돌아가는 것이다. 에라스무스가 주장하는 종교의 본질로 돌아가는 운동의 가장 심각한 걸림돌은 성서의 라틴어 번역판인 『불가타 Vulgate(Vulgata)』이다. 희랍어 원본으로 돌아가는 두 가지 도구는 희랍어 원본의 발굴과 희랍어 본문을 취급하는 언어학적인 능력이라고 생각하였다. 이러한 두 가지 어려움은 4년간 벨기에의 루베인(Louvain)을 방문하던 기간인 1504년, 루베인의 수도원(the Premonstratensian)에서 15세기 인문주의자 로렌조 발라(Lorenzo Valla)의 희랍어 신약원본 노트 "주해(Adnotationes)"를 우연히 발견함으로써 해결되었다.[17] 에라스무스는 그것을 1505년에 출판하였고 이후 다시 편집하여 루

---

17) Ed. G.W.H.Lampe, *The Cambridge History of the Bible*, Vol. 2, (Cambridge: Cambridge University Press, 1989), 494-5.

터의 종교개혁 1년 8개월 전인 1516년 2월 스위스 바젤에서 희랍어『신약성서 Novum Instrumentum』를 출판하였다. 그는 그의 서문과 새로운 라틴어 번역과 주를 덧붙였다.[18] 루터는 이 희랍어 본문을 많이 참고하였다. 루터가 바르트부르크(Wartburg) 성에서 노동자도 이해할 수 있는 쉬운 독일어로 신약성서를 번역할 때의 희랍어 원본이 에라스무스가 편집한 것이었다.

에라스무스는 희랍어 원본을 번역해본 결과, 라틴어『불가타』는 여러 면에서 잘못 번역되었음을 발견하게 되었다. 에라스무스의 새로운 번역은 중세 신학에 대한 문제를 제기하게 되었다.[19] 중세 가톨릭 신학은 엡 5:31-2에 근거하여 결혼을 7성례전(seven sacraments)에 포함시켰는데 라틴어『불가타』에는 결혼이 성례전, 곧 'sacramentum'으로 번역되어 있기 때문이다. 그러나 에라스무스는 발라(Valla)와 더불어 희랍어 원본에는 결혼이 신비, 곧 'mysterion'으로 표현되어 있음을 지적하고 있다. 결국 중세가 주장해온 결혼 성례전은 비성서적임이 밝혀지게 되었는데, 결혼을 성례전으로 주장할 성서적 근거가 없음을 증명하게 되었기 때문이다.

에라스무스가 두 번째로 지적한 것은 고해성사이다. 라틴어『불가타』에는 예수의 선교의 첫 선언으로 "하나님의 나라가 가까왔으니 고해성사 하라(poena: do penance, 마 4:17)"고 되어 있으나, 희랍어 원본에는 고해성사가 아니라 '회개하라', 곧 'metanoeite'로 되어 있음을 지적함으로써 고해성사도 성례전임을 뒷받침할 성서적 근거가 없음을 밝혀주었다. 중세의 7성례전론은 다시 한번 도전받게 되었다.

에라스무스의 세 번째 주장은 예수님의 모친 마리아에 관한 문제였다.『불가타』에는 눅 1:28이 '은혜의 저수지' 곧, 'gratia plena'로 되어 있으

---

18) The Cambridge History of the Bible, Vol. 2, 498.
19) Alister Macgrath, 39-40.

나, 희랍어 원본에는 단순히 '은혜를 받은 자' 곧 'kecharitomene'로 되어 있음을 밝혔다. 이러한 발견은 또한 중세의 마리아론(Mariology)에 새로운 도전을 주는 계기가 되기도 하였다.[20]

중세 신학의 근본을 뒤흔드는 이러한 성서해석은 에라스무스가 교부들의 성서해석을 비판·연구한 결과이기도 하다. 에라스무스는 초대 교부들, 특히 알렉산더 학파의 해석, 오리겐의 본문비평 연구에 많은 영향을 받았으며[21] 초대 교부들의 저서들을 편집하여 출판하기도 하였다. 그는 당시에 바젤[22]에 있는 요한 프로벤(Johann Froben)의 출판사에서 편집책임자로 있었기에, 이레네우스(Irenaeus), 바질(Basil of Caesarea), 키프리안(Cyprian), 암브로스(Ambrose), 오리겐(Origen), 어거스틴(Augustine), 제롬(Jerome, St.) 등의 저서들을 편집하여 출판할 수 있었다.

에라스무스는 1528-9년 어거스틴의 저서를 출판하였다.[23] 칼스타트(Kalstadt)가 이보다 훨씬 더 일찍 출판된 어거스틴의 저서들이 루터에게 소개됨으로써 루터는 어거스틴의 저서들, 특히 "영과 문자(*The Spirit and the Letter, The Spirit and the Letter*)"를 읽으면서 새로운 신학적 사상을 형성하기에

---

20) Mcgrath, 40.
21) *The Cambridge History of the Bible*, Vol. 2, 492-93.
22) 바젤에서 1522-29년까지 지내는 동안 줄곧 종교개혁가들과 논쟁하였다. 1524년에 쓴 "자유의지론(De Libero Arbitrio)"이 루터의 『노예의지론 *De Servo Arbitrio*』에 도전을 받고 긴 응답의 글 "Hyperaspites"(1526-27)을 쓰면서 논쟁했다.— 1529년 프로테스탄트 지역인 바젤에서 가톨릭 예배를 금지함으로 프라이베르크(Freiberg)에서 6년간(1529-35) 지내다가 다시 1535년『전도서 설교』를 출판한 후 1536년 7월 12일 "사랑하는 하나님(Lieve Gott)"이라고 네덜란드어로 말하고 별세하였다.
23) *The Oxford History of the Bible*, Vol. 2, 499.

이르렀다. 루터가 어거스틴을 좋아한 반면에, 에라스무스는 어거스틴보다는 오리겐과 제롬을 더 좋아하였다. 에라스무스는 어거스틴의 저서(1528-9)보다도 훨씬 일찍 제롬의 저서들의 편집 출판했는데, 1516년『신약성서』를 출판한 지 불과 두 달 만에 제롬의 저서들을 완성한 것을 보아도 알 수 있다. 그러면서도 제롬의 라틴어 성서번역『불가타 Vulgate』의 잘못을 비판적으로 지적한 학자적 자세를 찾아볼 수 있다.

스위스 종교개혁은 비텐베르크(Wittenberg) 종교개혁보다 인문주의의 영향을 더 많이 받았다. 스위스 종교개혁가 중에서는 칼빈보다 츠빙글리가 인문주의의 영향을 더 많이 받았다. 츠빙글리는 일찍이 비엔나와 바젤의 인문주의 대학교에서 공부하였고, 1516년 바젤에서 에라스무스를 만났다. 당시 에라스무스는 바젤에서 프로벤 출판사(Froben's Press)를 통하여 그의 희랍어『신약성서』를 인쇄하고 있었다. 츠빙글리는 에라스무스의 아이디어와 방법론에서 깊은 영향을 받았다. 츠빙글리가 에라스무스에게서 받은 영향을 다음 여섯 가지로 지적할 수 있다.

첫째, 종교는 영적이고 내면적인 것이다. 교회제도가 만든 외형적인 문제들은 근본적 중요성을 띠지 않는다. 츠빙글리는 음악을 전공하였음에도 불구하고 예배에 악기를 사용하는 것까지 반대하였는데 악기연주는 말씀을 듣는 것에 집중하지 못하도록 방해하기 때문이다.

둘째, 종교의 중요한 강조점을 도덕적·윤리적 거듭남과 개혁에 두는 것이다. 개인뿐 아니라 사회까지 거듭나게 하고 개혁하는 것을 강조한다. 츠빙글리는 사회참여에 앞장섰고 때문에 종교개혁을 반대하는 다섯 삼림지역 가톨릭 도시들이 일으킨 전쟁에 참여하였다가 전사하였다.

셋째, 예수 그리스도와 크리스천의 기본적 상관성은 속죄주라기보다 도덕적 모범(moral example)이다. 에라스무스와 츠빙글리는 그리스도를 본받는 것(imitatio Christi)을 발전시켰다.

넷째, 에라스무스와 츠빙글리는 어거스틴보다 제롬과 오리겐을 더 좋아하였다. 그러나 츠빙글리는 1520년 이후 어거스틴의 섭리 사상과 은총 사상의 중요성을 깨닫기 시작하였다.

다섯째, 에라스무스와 츠빙글리는 교회의 교리보다는 교회의 삶과 실천과 도덕을 기본적으로 관심가졌다.

여섯째, 에라스무스와 츠빙글리는 모두 교육적 과정을 중요시하였다. 그러나 인간교육 과정에 대한 츠빙글리의 관심은 점차 인간의 연약함을 제압하는 하나님의 역사(役事)를 포착하는 것으로 바뀌어져간다.[24]

비텐베르크 종교개혁은 스위스 종교개혁보다는 인문주의의 영향을 덜 받았지만, 여러 면에서 간접적으로 영향을 받았다. 츠빙글리의 스위스 종교개혁은 도덕적 생활에 강조점을 두는 반면 루터의 비텐베르크 종교개혁은 도덕보다는 신학적 관심, 특별히 의인화의 교리에 관심을 집중시켰다. 루터는 의인화의 교리에 촛점을 맞춘 어거스틴의 저술들을 주의 깊게 읽음으로써, 그가 친숙하였던 스콜라주의 신학이 잘못되었음을 확신하게 되었다. 루터의 과제는 스콜라주의 신학을 반대하는 것이었다.

루터는 스콜라주의와 싸우기 위하여, 성서와 교부들 특히, 어거스틴을 강하게 강조하였다. 루터는 자서전적 고백을 담은 그의 라틴어 저술들의 편집서문에서 인문주의자들이 편집한 어거스틴의 "영과 문자(De Spiritu et Littera)"에서 종교개혁 신학을 발견하였음을 고백한다. 어거스틴으로부터 의인화(justification)는 능동적으로 쟁취함(in nobis: impartation)이 아니라 수동적으로 전가됨(extra nos: imputation)을 강조한다. 다시 말해서 '낯선 손님같이 옷 입히시는 의로움(aliena iustitia Dei)'임을 깨달았다고 표현한다. 인문주

---

24) Alister Macgrath, 43.

의적 학문연구 방법론, 즉 본래적 자료로 돌아가는 고전연구에 의해 어거스틴의 저술들을 재발견하였고, 어거스틴의 신학도 재발견하게 된 것이다. 그래서 루터의 종교개혁은 역사의 재발견이라고 할 수 있다.

루터는 에라스무스가 편집한 희랍어 『신약성서 *Novum Instrumentum*』를 사용하였는데 이 희랍어 성서에서 롬 1:17의 참 뜻, 곧 죄인을 심판하시는 의가 아니라 죄인을 용납하시는 의를 발견하고 본성적·실제적 의가 아니라 '법적으로 전가되는 의'임을 깨닫게 된다. 루터는 이러한 새로운 자료들이 그의 교회개혁 프로그램을 도울 수 있게 된 것은 하나님의 섭리 이외에 아무 것도 아니라고 간주하였다. 그는 인문주의의 업적들을 단순히 그의 목적을 위해 사용하였다. 그의 슬로건 '성서와 어거스틴으로 돌아가자(back to the Bible and Augustine)'는 인문주의자처럼 보이게 한다.

루터의 종교개혁은 인문주의의 세 가지 영향 없이는 시작할 수 없었다. 희랍어 원어로 된 성서로의 접근, 성서 원어인 히브리어와 희랍어에 대한 지식, 성 어거스틴의 작품으로의 접근 등이 그것이다. 그리고 칼빈이나 멜랑히톤, 츠빙글리, 오이코람파디우스(Oekolampadius), 부처(Martin Bucer)와 달리 루터는 인문주의자들로부터 인문주의를 대학에서 직접 배운 적은 없지만, 그가 다녔던 에르푸르트(Erfurt) 대학에도 루터보다 한 세대 전에 인문주의가 확산되었고, 인문주의자 루베아누스(Crotus Rubeanus)와는 친구였다. 루터는 로이힐린을 통해서 히브리어를 배웠고, 에라스무스의 희랍어 성경과 멜랑히톤의 희랍어 강의를 통해서 희랍어를 배우도록 자극받았다. 결국 인문주의는 종교개혁 역사를 탄생시킨 세례 요한의 역할을 한 셈이다.[25]

인문주의자와 종교개혁가 사이의 긴장관계를 다음의 여섯 가지 측면에서 지적할 수 있다.

---

25) 이형기, 231.

첫째, 스콜라주의 신학에 대한 태도가 다르다. 인문주의자들은 스콜라주의의 표현이 이해하기 어렵고 우아하지 못하다는 것 때문에 스콜라주의를 거부하였지만, 종교개혁가들은 스콜라주의 신학이 기본적으로 잘못되었다는 확신 때문에 그것을 거부하였다.

둘째, 성서에 대한 태도가 다르다. 인문주의자들에게 있어서 성서의 권위는 고전성과 단순성과 설득력에 있었다. 그러나 스위스 종교개혁가 — 츠빙글리 — 는 기본적으로 성서를 도덕적 가르침의 자료로 보았다. 그런가 하면 비텐베르크 종교개혁가들은 성서를 하나님의 구원의 은혜로운 약속의 기록으로 보았다.

셋째, 교부들에 대한 태도가 다르다. 인문주의자 에라스무스는 교부들 중 오리겐과 제롬을 좋아했는데, 그들의 작품들의 고전성, 설득력, 우아함 때문이었다. 에라스무스는 최고의 신학자(summus theologus)는 어거스틴이 아니라 제롬이라고 주장하기도 했다. 츠빙글리는 이러한 에라스무스적 태도를 견지하였다. 물론 1520년 이후에는 점차 어거스틴을 좋아하게 되었다. 비텐베르크 종교개혁가들 — 루터와 칼스타트(Karstadt) — 은 분명한 신학적 기준을 갖고 교부들 중에서 어거스틴을 가장 탁월한 교부로 간주하였다. 그들이 교부들을 평가하는 기준은 '그들이 신약을 해석하는 것을 얼마나 신뢰할 수 있는가?'에 있었다. 이런 기준에 근거하여 그들은 오리겐이나 제롬보다 어거스틴을 더욱 좋아하게 되었다.

넷째, 교육에 대한 태도가 다르다. 인문주의자들은 교육의 기술에 관심 가졌지만, 종교개혁자들은 종교적 사상으로 가르치는 것에 관심가졌다.

다섯째, 수사학(rhetorics)에 대한 태도가 다르다. 인문주의자들은 수사학적 저술이나 연설의 설득력(eloquence)에 관심가졌으나, 종교개혁가들은 루터와 칼빈의 설교에 쓰여진 말씀과 선포된 말씀을 통해 종교개혁 사상을 촉진시키기 위하여 수사학에 관심가졌다.

여섯째, 인간의 의지에 대한 견해가 다르다. 루터는 그의 '하이델베르크 논제(Heidelberg Disputation)'에서 반인문주의적(antihumanistic), 반스콜라주의적(antischolastic) 주장을 하기 시작하였다.

본격적인 논쟁은 1524년과 1525년에 발생하였다. 1524년 에라스무스는 그의 저서 『자유의지론 De Libero Arbitrio』에서 인간구원의 과정에서 인간은 자유의지를 갖고 있음을 주장하였는데 이는 인간의 책임성을 강조한 것이다. 그는 기본적으로 옛 반(半)펠라기우스주의(semi-pelagianism)를 고수한다. 그러나 그는 하나님의 은혜 없이는 인간의 의지가 무효함을 강조하고 하나님께 최대의 영광을 돌리고 인간에게는 최소의 영광을 돌리고 있다. 에라스무스는 소크라테스, 키케로와 제롬의 사상을 존경한 반면 루터는 바울과 어거스틴의 겸손한 제자다. 루터는 본질적으로는 어거스틴의 사상을 따르면서도, 인간의지에 대한 이해는 어거스틴의 '갇혀진 자유의지(liberum arbitrium captivatum: captive free will)'와 다르다. 곧, 어거스틴은 타락한 상태에서는 자유의지가 갇혀져 있어서 죄 짓는 자유(posse peccare) 밖에는 없지만, 은혜를 받은 후에는 자유의지가 회복되어 죄 지을 가능성(posse peccare) 뿐만 아니라 죄를 짓지 않을 가능성(posse non peccare)도 있음을 강조한다. 그러나 루터는 타락한 상태도 노예의지요, 은혜를 받은 이후에도 노예의지임을 강조한다.

1525년, 루터는 에라스무스의 라틴어 저술 『자유의지론 De Libero Arbitrio』에 응답하기 위해 역시 라틴어로 『노예의지론 De Servo Arbitrio』을 저술하였다. 과거 에라스무스의 동역자였으나 루터의 예정론에 동조하게 된 츠빙글리도 『참 종교와 거짓 종교에 대한 해설 Commentary on True and False Religion』을 써서 에라스무스가 인간 본성과 자유의지를 지나치게 강조함을 공격하였다. 루터의 노예의지론은 마니교(Manichaeism)의 운명론(fatalism)이나 결정론(determinism)과 유사하다고 평가될 정도로 전능하신 하나님의 주권에 의한 예지와 예정을 강조한다. 하나님의 역사섭리 앞에 인간의 자유나 책임성은 전혀 없다. 하나님의 개인구원의 역사에 인간의 의지는 아무런 역할을 할 수 없다. 인간의 의지를 마치 말이나 당나귀 같은 짐승으로 비유하는데, 말이나 당나귀가 기사(rider)의 인도에 따라 끌려가듯이 악령이 타면 지옥으로 끌려가고 성령이 타면 천국으로 끌려가는 것이다. 타락한 상태에서는 악령이 지배하고 은혜의 상태에서는 성령이 지배한다. 루터는 숨어계신 하나님(Deus Absconditus: hidden God)과 계시하시는 하나님(Deus Revelatus: revealed God)을 구별하여, 인간의 지옥 심판이 계시하시는 하나님의 사랑의 속성 속에서는 이해될 수 없지만 숨어계시는 하나님의 속성 속에서는 이해될 수 있다고 해석한다. 이 '자유의지냐, 노예의지냐?'라는 논쟁으로 인문주의와 종교개혁은 완전히 나뉘어지게 되었다.

결국, 루터의 종교개혁은 16세기 유럽과 독일의 혁명적인 사상인 인문주의와의 깊은 관련 속에서 출발하게 된 것이다. 아니 인문주의적 고전연구의 방법론이 아니면 종교개혁은 일어날 수도 없었을 것이다. 또한 위에서 살펴본 대로 종교개혁가들이 인문주의 사상을 깊이 수용함으로써 자신의 신학을 전개했거나, 비판적으로 수용하였거나 간에, 인문주의를 무시하고는 자신의 종교개혁 신학을 전개할 수 없었던 것이다. 따라서 종교개혁은 인문주의라는 환경과 토양 위에서 자라난 나무이다.

2절_신비주의와 종교개혁

　루터의 종교개혁에 지성적·정신적 그리고 영적 영향을 강하게 준 요소는 인문주의뿐만 아니라 신비주의였다. 그런데 이 신비주의는 인문주의와 깊은 관련을 갖고 있었다. 16세기의 기독교 인문주의 사상은 '현대적 경건(Devotio Moderna)'이라는 신비주의 운동에서 발전된 것이었다. 이 현대적 경건은 14세기 네델란드에서 게라르드 그루테(Gerard Groote)가 이끄는 공동생활 형제단에서 비롯되었다.

　그루테는 1340년 네델란드 데벤터(Deventer) 시에서 출생하여 파리 대학에서 법학과 교회법전을 전공하여 석사학위를 받은 지성인이다. 세속적인 크리스천으로 사치와 방탕의 세월을 보내던 그는 1374년 방황하던 길거리에서 스스로에게 "너는 어찌하여 이곳에 서 있는가? … 너는 반드시 새사람이 되어야 한다"는 질문을 하면서 큰 고민에 빠졌다가 회심을 체험하기에 이르렀다.

　그에게 영향을 준 신비주의자는 수소(Susso)와 타울러(Tauler)의 사상을 계승한 루이스브룩(John Ruysbrook)이었다. 2년간의 수도생활로 신비주의에 몰입한 그는 네델란드의 크고 작은 도시들을 다니면서 회개의 설교를 외쳤다. 성직자들에게는 라틴어로 설교했고, 평신도들에게는 네델란드어로 설교하였다. 12명의 제자들을 선발하여 공동생활을 하였는데 그루테의 공동생활은 비난과 오해의 대상이 되어 우트레흐트(Utrecht)시의 승정으로부터 금지조치를 받았다. 그는 교황 우르반 4세에게 공동생활을 허락해달라는 청원서를 보냈으나 허가소식을 받지 못한 채 세상을 떠나고 말았다. 흑사병에 걸려 신음하던 제자를 간호하다가 자신도 감염되어 애석하게 45세를 일기로 세상을 마쳤다.

그루테가 남긴 공헌은 중세 스콜라주의가 무관심했던 성경을 재발견한 일이었다. 그는 중세 스콜라주의에서 종교개혁으로 넘어오는 과도기적 역할을 한 신비주의자였다. 그는 독일의 신비주의자들 타울러 에크하르트(Tauler, Eckhart)와는 달리 다르게 하나님, 성경, 그리고 그리스도를 강조하였고, 토마스 아퀴나스를 비판하고 어거스틴은 수용하였다. 그는 어거스틴 뿐만 아니라 초대 교부들을 좋아했고 초대 교회로 돌아가는 운동을 시도하였으며, 루터의 만인사제설과 같은 주장을 하였다. 만일 유부녀가 가정에서 헌신적으로 봉사한다면, 수도원에서 헌신적으로 수도하는 수녀와 똑같은 종교적 행위를 하는 것이라고 생각하였다.[26]

그의 사상은 그의 죽음과 함께 끝나지 않았고 '현대적 경건(Devotio Moderna)' 운동으로 계속 이어지게 되었다. 하나님 중심으로 사는 생활은 종말론적 신앙으로 하루하루 긴장 속에서 사는 것을 의미한다. 공동생활 형제단의 하루일과는 3-4시에 기상하여 기도와 독경을 하고, 침묵으로 식사를 하고, 청소와 병자방문과 전도와 소년 생활지도 등을 하는데, 그 중에서도 가장 괄목할 만한 일은 기독교 고전을 복사하는 일이었다.[27]

그런데 이 공동생활 형제단의 제도와 중세 수도원의 제도는 현격하게 달랐다. 이 공동생활 형제단의 제도는 어거스틴 수도원 규칙(Augustinian Canon Regular)에 따라 수도원을 설립하였으므로 모든 어거스틴 수도회 소속 수도원들이 이 형제들의 활동에 크게 영향받게 되었다. 이 현대적 경건 수도원 공동생활의 규칙에 근거한 북부 독일의 수도원 개혁의 개척자는 요한 부쉬(John Bush)였다. 루터는 요한 부쉬의 영향 하에 있었던 어거스틴 수도

---

26) 홍치모, 『북구 르네상스와 종교개혁』, (서울: 성광문화사), 1984, 19.
27) 홍치모, 21.

회 소속 수도사였다. 하나님의 역사섭리는 참으로 오묘함을 발견하게 된다. 루터가 다른 수도원이 아니라 하필 새로운 경건 운동의 영향을 강하게 받는 어거스틴 수도원에 몸담은 것은 역사를 운행해가시는 하나님의 섭리라고 말하지 않을 수 없다. 그는 이 새로운 신비주의 운동에서 어거스틴적 영성을 배우게 되었고, 앞에서 언급한 '현대적 방법으로' 운동의 영향으로 어거스틴 신학을 배우게 된 것이다.

그루테와 깊은 우애관계를 갖고 있던 요한 켈레(John Celle)는 현대적 경건을 신비주의에서 학문적인 운동으로 발전시킨 장본인이다. 켈레는 중세 스콜라주의의 교육방법과 다르게 성경을 낭독하고 성경을 받아 쓰고 성경을 공부하게 할 뿐만 아니라, 학생들이 초대 교회 교부들의 고전들을 읽고 공부하게 하였으며, 많은 기독교 고전들을 발굴하고 보급하게 하였다. 또한 공동생활 형제들은 기금을 모아 켈레로 하여금 즈볼레(Zwolle) 시 성 미가엘 교회 내에 유럽 최초의 시립도서관을 설립하게 하였다. 켈레에 이어 아그리콜라(Rudolf Agricola), 간스포르트(Wessel Gansfort), 헤기우스(Alexander Hegius) 등이 라틴어와 희랍어에 능통하였고 라틴 고전과 희랍 고전을 발굴하고 연구함으로써 에라스무스 이전의 인문주의 선구자들이 되었다. 에라스무스가 데벤터 학교(Deventer School)에서 학생으로 공부할 때, 희랍과 로마의 고전들의 대부분이 데벤터 시에서 간행되었다. 그래서 초창기의 신비주의적 경건생활보다 인문주의적 사상이 더욱 발전하게 되었다. 데벤터 학교는 경건한 신앙과 고전적 학문의 조화를 이루게 되었다.

루터는 마그데부르크(Magdeburg) 시에서 공동생활 형제단으로부터 성경을 배웠고, 에르푸르트 대학에서 공부할 때 공동생활 형제단에서 훈련받은 비엘(Gabriel Biel)의 책이 교과서였다. 따라서 루터는 이미 어거스틴 수사회에 소속되기 전부터 어거스틴적 경건 운동과 신비주의 운동에 영향을 받게 된 것이다. 이러한 신비주의적 영향의 배경 때문에 루터는 『독일 신학

Theologia Germanica』(1518)이라는 신비주의 저술을 출판하기도 하였고, 이 '현대적 경건'이라는 신비주의 운동으로 인하여 중세에 잊혀졌던 어거스틴 신학을 재발견하게 된 것이다.

3절_중세 후기의 종교적 상황과 종교개혁

　종교개혁 이전 중세 후기의 교회 상황은 교회의 행정적·도덕적·법적 개혁의 소리가 높았다. 교회 회의가 교황의 권위보다 더 높다는 주장(Conciliar Movement)이 일어나게 되었다. 교황청의 아비뇽(Avignon) 포로(1378-1415) 이후 콘스탄스 회의(Council of Constance, 1414-18)에서 이러한 주장들이 일어나게 되었는데, 콘스탄스와 바젤 회의(Council of Constance and Basel, 1431-49)에서 교회총회(General Council)는 다시 교황보다 더 높은 권위에 있음을 주장하였다. 또한 교황이 세속 일에 지나치게 개입하고 세속 권세 위에 군림하는 것에 대한 개혁의 소리가 높았다. 그리고 성서해석의 권위가 교황에게만 주어진다는 교황의 절대무오설(infallibility)에 대한 비판의 소리도 있었다. 교황은 추기경들과 대주교들을 많이 임명하여 값비싼 예복과 부담금을 부과함으로써 치부하였다. 이렇게 치부한 교황청이 성 베드로 성당 증축공사를 하고도 남는 돈이 있으면서도 가난한 교인들의 피를 짜내는 데 대한 비난의 소리가 높았다.

　중세교회는 선행의인화 사상에 의해 많은 선행 — 성지순례, 금식, 고행, 독신생활 등 — 으로 구원받는다고 생각하였다. 심지어는 성자들의 유품을 모으고 귀를 모으는 것, 성녀의 유두를 모으는 것, 성자와 성녀의 뼈를 갈아서 물에 타서 마시면 구원받는다는 착각과 미신에 빠지기도 하였다. 가장 극단적인 선행추구는 면죄부 판매였다. 면죄부 설교가들은 교인들이 면죄부 헌금함에 동전을 넣는 순간, 동전이 떨어지는 소리와 함께 연옥에 있는 부모의 영혼과 조부모의 영혼들이 천국으로 옮겨진다는 미신을 설교하였다. 그들은 이렇게 모아진 돈을 성 베드로 성당 증축 공사와 은행의 빚을 갚는 데 사용하였다. 루터는 교황을 공격하여 "교황이 자신의 돈으로도 증축공사를 하고도 남는데 가난한 양들의 피를 짜내는 헌금을 강요하는 것은 부당하다"고 지적하였다.

또한 성직자들의 도덕적 개혁의 소리도 높아졌다. 수도원과 수녀원에서 사생아들이 출산되었기 때문이다. 그리고 중세 학파의 성직자들은 포도주와 농산물 수입으로 너무 부유하여 영성을 잃게 되었다. 오늘의 한국교회가 지나치게 물량화되어가고 이웃의 가난과 고난에 무관심하는 것은 중세의 암흑기의 타락상의 전철을 밟는 것이 아닌가 우려된다.

교회의 영성 운동에 대한 강한 요청이 일어나기도 했다. 성지순례와 금식과 면죄부 판매행위가 구원을 얻는 행위인 것처럼 착각했기에 기독교신앙의 생동감과 신선감 상실에 대한 비판과 회복에 대한 강한 요청이 일어나게 되었다. 사도시대 초대 교회의 단순성과 열심과 사랑의 공동분배 운동을 사모했다. 또한 초대 교회 500년 교부시대 신학에로의 회복을 강하게 요청했다. 평신도들이 "기독교의 본질은 무엇인가?", "기독교 진리의 핵심은 무엇인가?"를 묻기 시작하였다. 평신도들의 지적 수준이 향상됨으로써 교회에 대한 비판의식이 증가하였다. "교회란 무엇이었는가(What the church was)?", "교회가 무엇이 되어야 하는가(What it might be)?"를 묻게 되었다.

13세기 스콜라주의 등장 이후 기독교 교리와 윤리의 점진적인 부패현상이 발생하기 시작했기에, 스콜라주의 신학은 그러한 평신도들의 질문에 명쾌한 답을 주지 못했다. 중세의 신학을 종합하고 교회의 정책을 결정했던 스콜라주의가 1500년대에 들어서면서 학자들 사이에 많은 갈등과 다양한 입장을 낳기 시작했다. 인문주의 플라톤 학파(The Platonic Academy)에 의해 학문적인 조직화가 이루어지면서, 아리스토텔레스 철학에 기초한 스콜라주의는 더 이상 후기 중세인의 지성을 충족시켜줄 수 없었다.

4절_스콜라주의와 종교개혁

15세기 후반의 스콜라주의의 두 가지 중요한 경향은 '현대적 방법으로 (via moderna: by modernity, modern way)'와 '고전적 방법으로(via antiqua: by antiquity, ancient way)'였다. '현대적 방법으로'는 현대적 방법으로 스콜라주의를 해석하는 학파로서 에르푸르트 대학교와 비엔나 대학교에서 지배적인 경향이었는데, 옥캄의 윌리엄(William of Ockham)의 교리를 추종하는 것이다. 윌리엄의 교리는 신학적 진리를 이해하기 위해서는 오직 신앙만이 필요하다는 것이었다.[28] 그리고 신앙의인화를 위해서는 작은 전제조건(minimum precondition)으로 겸손이 필요하다고 생각하였다. 다시 말해서, 겸손한 자에게 은혜를 주시기에 먼저 겸손하게 스스로를 낮추어야 한다는 것이다. 즉 겸손의 신학(theology of humility)이다. 윌리엄의 추종자들은 리미니의 그레고리(Gregory of Rimini: ?-1358), 피에레 아빌리(Pierre d' Avilly: ?-1420), 진 게르송(Jean Gerson: ?-1429), 가브리엘 비엘(Gabriel Biel: ?-1495) 등이었다. 비엘은 루터가 에르프르트에서 강하게 영향받은 학자로 특히 그의 미사(mass)

---

28) Harold Grimm, 61-2

해설이 루터에게 영향을 주었다.29) 이런 해석은 토마스 아퀴나스에게서 서서히 어거스틴으로 다시 돌아가는 경향이라고 볼 수 있다. 그럼에도 불구하고 아퀴나스적 요소가 계속 남아 있었다. 그것이 최소한의 전제조건으로서의 겸손의 노력이다.

'고전적 방법으로(via antiqua)'는 고전적 방법으로 돌아가자는 운동으로 토마스 아퀴나스와 둔스 스코투스(Duns Scotus: ?-1308)의 고전적 스콜라주의를 고수하는 학파다. 이들은 '현대적 방법으로'에 도전하는 학파로서 양자 사이에는 심각한 갈등이 있었다. 1473년 이후에 루베인과 파리에서 발전하였는데, 콜로냐(Cologne) 대학교와 라이프치히(Leipzig) 대학교 등 남서독일에 강한 영향을 미쳤다. 이성과 자연 신학을 중요시 하고 성서와 다른 초대 교회 자료들의 연구에 관심가졌다. 이 중에 카제탄(Cajetan)은 루터와 신학적인 논적으로서 회개와 개혁을 설교하여 가톨릭 종교개혁에 강한 영향력을 행사하였다.30)

서방교회의 구원론적 확신은 의인화 개념으로 정립되었다. 동방교회의 구원론은 신화(神化: divinization, deification)이다.31) 의인화 개념은 중세 신학의 발전과정을 통하여 체계화되었으며, 그 내용의 골격은 어거스틴 신학에 의존하였다. 그런가 하면 아리스토텔레스 철학을 통해 어거스틴 신학을 새롭게 재해석한 중세 신학은 토마스 아퀴나스 신학에서 최고조에 이르렀다. 그는 아리스토텔레스의 철학체계를 이용하여 신학체계를 세웠으며, 흔히

---

29) Grimm, 61.

30) Harold Grimm, 61.

31) 동방교회의 구원론이 서방과 다른 이유는 성령에 대한 이해의 차이인데 동방의 경우는 신플라톤주의의 영향이고 서방은 로마법 체계의 영향에서 기인한다. Alister E. McGrath, *Iustitia Dei*, (Cambridge: Cambridge Univ. Press, 1986), 3.

이성과 신앙을 조화시키는 신학체계를 이루었다고 평가받는다.

중세 신학에서는 의인화의 개념을 의인화(의로움을 선포하시는 하나님의 외적 선언)와 성화(의로움이 본성화되는 내적 갱신의 과정)의 구별 없이 '의인화 과정(processus justificationis)'으로 이해하였다.[32] 의인화의 내적 구조에 대한 연구는 12세기 초부터 시작되었는데, 주로 어거스틴의 의인화 과정에 대한 해석이었다고 볼 수 있다. 의인화의 과정은 주로 세 가지 요소로 구성되었다고 해석하였는데, '은총의 주입(gratiae infusio)', '자유의지의 협력(liberi arbitrii cooperatio)', 그리고 '완전(consummatio)'이다. 이들 요소는 독립적인 것이 아니라 내적 연관을 가진 것으로서, 은총의 주입에서부터 죄의 사면(remission of sin)에 이르는 일련의 과정으로 이해되었다. 일반적으로 의인화의 세 요소는 자유의지 움직임의 이중성, 즉 하나님을 향한 자유의지의 운동과 죄로부터 떠나는 의지의 운동 때문에 다시 네 가지 내적 구조로 재해석되었다.[33]

토마스 아퀴나스는 아리스토텔레스 철학을 의인화의 과정에 응용하였다. 그는 의인화 과정을 (1)은총의 주입, (2) 믿음을 통한 하나님을 향한 자유의지의 운동, (3) 죄에 반대하는 자유의지의 운동, (4) 죄의 제거의 네 단계를 아리스텔레스의 운동법칙에 따라 연쇄적으로 움직이는 것으로 이해하였다.[34] 어거스틴이 의인화를 인간이 본래적 존재의 위치를 회복하는 것으로 본 것에 비해, 아퀴나스는 타락한 인간 본성에 초자연적 은총(habitual grace)이 부어짐으로써 인간의 죄가 제거된 의의 상태로 변화되는 것으로 보았으며, 이때 하나님에 의해 부어진 초자연적 의(supernatural habit

---

32) Alister McGrath, 42.
33) McGrath, 43.
34) McGrath, 45.

of justice)가 의인화의 기초가 된다.[35] 이러한 면에서 그의 신학이 형이상학적 존재론적 신학임을 알 수 있다.

죄인이 의인화되기 전에 무슨 일이 일어나야 하는가? 이 문제에 대하여 12세기의 신학자들은 의인화를 위하여 인간에게 준비가 요청된다고 믿었다. 그들은 어거스틴의 "너 없이 너를 만드신 이는, 너 없이 너를 의롭게 하시지 않는다(Qui fecit te sine te, non te iustificat sine te)"는 가르침을 받아들였으며,[36] 인간의 역할과 상관된 중세의 의인화는 성만찬의 역할과 밀접한 관련을 가지고 발전하였다. 믿음에 의한 의인화라는 종교개혁적 개념은 볼 수 없고 오히려 믿음은 의인화를 위한 인간의 행위(disposition)의 결과로 주어지는 하나님의 선물로 이해되었다. 이렇게 인간의 의인화를 위한 준비는 초기 프란시스칸, 도미니칸 모두 주장하였으며, 그들의 인간행위와 관련한 논의는 의인화에서 인간 역할의 본질이 무엇인가를 숙고하는 것이었다. 초기 프란시스칸은 도미니칸보다 더 어거스틴의 가르침을 따른다. 그들은 인간 본성은 미리 준비되지 않으면 은총의 선물을 받을 수 없을 정도로 깨어지기 쉬운 것으로 보았다. 그래서 의인화를 위해 은총의 선물을 받아들일 수 있도록 선재적 은총이 준비를 시킨다. 이 선재적 은총을 '주어지는 은총(gratia gratis data)'[37]의 은총이라고 하였다. 선재적 은총은 인간 의지가 죄를 버리고 의인화를 갈망하게 만든다. 이제 인간 영혼이 초자연적 은총의 선물을 받아들일 수 있으며, 그럼으로써 본성에서 은총의 상태로의 전이가

---

35) McGrath, 46.

36) McGrath, 70.

37) 영혼의 순례자에게 하나님을 받아들일 수 있도록 변화시키는 하나님의 은총으로, 인간의 죄의 상태에도 불구하고 인간에게 부어져서 변화시키는 은총이다. 이것은 인간의 도덕적 죄의 상태와 함께 있을 수 없으며, 인간에 내재하게 되는 은총, 즉 'gratia gratum faciens'와 구별된다. Alister McGrath, 189.

일어난다.[38] 선재적 은총이 인간 의지를 먼저 움직여야 하는 이유를 메튜(Mattew of Aquasparta)는 태양에 비유하여 설명하였다. "눈부신 태양을 바라볼 때, 인간이 그 밝음에 적응되어야 태양을 볼 수 있듯이, 자유의지는 은총에 의해 감동되지 않으면 은총의 빛을 위한 준비행위를 할 수 없다."[39]

이러한 은총의 작용에 의한 의인화에 인간의 행위는 어떻게 관련되는가? 초기 프란시스칸들은 인간이 하나님의 은총없이 의인화를 위하여 준비하는 행위는 전혀 효과가 없다고 보았다. 이러한 행위를 구별하여 원거리 행위(remote disposition)라고 한다. 인간의 행위에 성령의 실재적 은총(actual grace)이 부어지면, 인간의 마음이 조명되고 상승되어, 인간의 행위가 의인화를 위한 행위로 된다. 이러한 인간행위를 근거리 행위(proximate disposition)라고 하며, 이것은 의인화의 효과를 가져온다.

도미니칸도 의인화를 위한 준비행위를 주장하였으나 그 이유가 다르다. 그들은 아리스토텔레스적 체계를 사용하였기 때문에, 프란시스칸과 같은 선재적 은총의 일차적 행위(prima facie)가 필요 없다. 그들은 "인간의 영혼은 본성적으로 은총을 받을 수 있다(naturaliter est anima gratiae capax)"고 하는 공리를 받아들이고 있었다. 은총은 형식(form)으로서, 사람 안에 존재한다. 그러면 인간의 자유의지가 어떻게 은총의 선물을 받을 수 있도록 준비할 수 있는가 하는 것이 그들의 문제였다.[40]

아퀴나스는 아리스토텔레스 철학의 분석에 기초하여 인간의 준비행위에 대한 신학을 전개하였다. 그의 초기작품인 『문장에 관한 주석 Commentary on the Sentences』에는 "인간은 은총 없이 은총을 향하여 자신을

---

38) McGrath, 79-80.

39) McGrath, 80.

40) McGrath, 81.

준비시킬 수 있는가(utrum homo possit se praeparare ad gratiam sine aliqua gratia)"를 숙고하면서, 인간 영혼에 내주하는 하나님의 은총에 의해서 인간 자유의지가 움직인다고 보았다. 다시 말해서 인간의 전적 타락을 인정하지 않고, 부분적 타락만을 인정한다. 까닭에 여기에 반(半)펠라기우스적(semi-pelagianism) 요소가 나타난다. 물론 펠라기우스처럼 인간타락을 완전히 부정하지는 않는다. 다시 말해서 타락한 죄인의 본성이 있으면서도 부분적으로는 초자연적 은총이 본성으로 남아 있다는 것이다. 아리스토텔레스의 운동법칙에 따라 하나님의 은총이 먼저 최초의 운동을 주어야 한다고 보았기 때문이다. 은총의 최초의 운동에 의해 최종목표를 향해 움직이는 인간의 자유의지는, 충고나 질병 등 인간 자신의 열등한 동기에 의해서 계속 의인화에 근거리 행위를 한다고 보았다.

아리스토텔레스와 반펠라기우스와 아퀴나스의 사상이 종합된 도미니칸에게서는 인간의 행위는 신적 은총의 영역과 직접 연결되어 있어서 인간의 행위는 곧 신적 의인화에 참여한다. 따라서 아퀴나스의 행위에 대한 신학은 본성적으로 인간의 평면에서 신적 평면으로 연결되고 있다. 그들은 '인간은 자신 안에 있는 것을 행해야 하는데, 그것은 그리스도께서 자신 안에 있는 것을 이미 행하셨으며, 인간은 그리스도에게 반응해야 할 의무를 주셨기 때문'이라고 한다. 그리고 인간 안에 있는 것으로 행해야 할 것을 일반적으로 참회와 연결지었다. 프란시스칸들은 '자신 안에 있는 것'을 행하는 것이 곧 공로가 되는 것으로 보지 않았다. 그들은 오직 은총의 조명을 받을 때에만 공로로서 인간의 의인화에 참여하는 것이라고 보았다. 그러나 도미니칸의 경우, '자신 안에 있는 것'에 대한 견해가 혼란스러웠다. 아퀴나스의 경우에도 초기와 후기의 견해가 상당한 차이를 보이고 있다. 초기 작품인 『문장에 관한 주석』에서 아퀴나스는 은총의 도움 없이 자신 안의 자연적인 능력으로 덕을 행함으로써 자신을 의인화에 준비시킬 수 있다고 하였다. 하나님은 자신 안에 있는 것을 행하는 자에게 필연적으로 끊임없이 은총을 부어주신다고 강조하였다. 이것은 아리스토텔레스적 체계에서 인과관계를 끌어낸 것으로 프란시스칸의 심한 공격을 받았다.[41] 그러나 아퀴나스의 후기작품인 『신학대전 Summa Theologia』에는 아주 다르게 수정되어 있다. 그는 준비의 필요성을 계속 주장하지만, 이러한 행함은 전적으로 인간의 본성적 힘 바깥에서 오는 것이라고 한다. 그래서 인간은 자신의 본성적 선행조차도 행할 수 없으며, 의인화를 위한 초자연적 선행은 말할 것도 없다고 한다. 오직 은총에 의해서만 자신 안에 있는 것이 행해진다. 하나님은 능동적이며, 인간은 수동적이다.

그러나 이러한 아퀴나스의 신학체계도 14세기에 이르면서 새로운 신학체계에 의해서 도전받기 시작하였다. 둔스 스코투스, 옥캄의 윌리엄, 가브리엘 비엘 등 중세 후기 신학자들은 어거스틴의 신학을 재발견하며, 아퀴나스 신학에 대한 문제제기와 새로운 신학적 대안을 만들어내었다. 이들의 등장은 16세기라는 새로운 시대를 여는 여명기가 되었다고 할 수 있다.

아퀴나스 신학의 실재론적 철학 사상에 대비하여 이들의 신학은 흔히 유명론이라고 불린다. 이들은 보편적 실재를 인정하지 않고 다만 개념적인 것으로 받아들이며, 실재하는 것은 개별자들이라는 이해를 바탕으로 그들의 신학을 정립해나갔기 때문이다.[42] 그러나 같은 유명론 안에서도 신학적 입장이 서로 다른 '현대적 방법으로'와 '현대적 어거스틴적 학문(scholar

---

41) McGrath, 85-86.
42) 실재론은 남자라는 보편개념을 중시하고, 유명론은 남자라는 보편 개념보다도 박OO, 김OO, 이OO 등 구체적인 개별개념을 중요시한다. 예컨대 실재론은 하나님의 단일성이라는 보편개념을 강조하다 보니 단일신론적 이단에 이를 수 있고, 유명론은 성부와 성자와 성령의 개별개념을 강조하다 보니 삼신론적 이단에 이를 수 있다.

Augustiniana moderna)'이 있었으며, 실재론적 입장을 견지하면서도 후기 신학을 전개한 '고전적 방법으로' 등과 함께 15세기의 복잡한 신학적 경향들을 보여주고 있다.

1349년, 옥스포드 대학의 토마스 브래드와딘(Thomas Bradwardine) 교수는 교부들의 전통을 경시하는 자들을 공격하는 "펠라기우스에 반대하여(Contra Pelagium)"라는 방대한 작품을 발표하였다. 그는 그들을 펠라기우스주의라고 비난하였는데, 이것이 후에 '현대적 방법으로'란 별명으로 발전하게 되었다.[43] 브래드와딘의 공격 이후, 독일에 대학들이 새로 세워지면서 이들이 채택한 현대주의적 방법들이 성행하게 되었고, 신학의 중심지가 파리에서 독일로 옮겨지게 되었다. 쾰른(1388), 에르푸르트(1392) 등에서 '현대적 방법으로'가 자리를 잡았고, 바젤, 튀빙겐 등이 새로운 중심지로 떠오르게 되었다.[44]

'현대적 방법으로'는 유명론 철학을 배경으로 한 신학이다. 유명론은 보편자를 지성의 작용으로 생각하고, 신과 인간 사이에 존재론적이고 실재적인 연관이 없다고 보았다. 이들은 아리스토텔레스의 철학을 이어받기는 하였으나 재해석하여 사용하였으며, 어거스틴의 약속(permissio) 중심개념으로 사용하고, 하나님의 '절대적 능력(potentia absoluta)'과 '질서를 통한 능력(potentia ordinata)'의 변증법으로 구원론을 해석하였다. 또한 형이상학적 존재론 대신에 예정론에서 구속과 의인화에 이르는 영역을 다루고 창조와 구원을 강조하며 구속사에 눈을 돌리는 '초역사적(metahistorical)' 개념을 사용하였다. 반사색주의(anti-speculative)를 표방하고 하나님의 의지를 중시함

---

43) Heiko A. Oberman, *The Impact of the Reformation*, (Michigan: Willam B. Eerdmans Pub. Co., 1994), 3-4.
44) Oberman, 4

으로써 주의주의(主意主義: volitionism)적 경향을 나타내었다.[45]

'현대적 방법으로'의 신학자들은 하나님에게 두 가지 능력이 있다고 정의한다. 그것은 하나님의 절대적 능력과 질서를 통한 능력이다. 이 두 능력에 대한 설명으로 아퀴나스의 말을 인용한다.

> 하나님은 전능하시다. 그가 행하시지 않지만, 하실 수 있는 일은 얼마든지 있다. 최초의 가능성의 전체집합에서, 하나님은 특정한 부분집합을 실현시키신 일이 있다. 하나님이 실현시킨 부분집합은 결코 하나님의 절대적 필요에 따라 된 것이 아니다. 그러나 하나님은 이러한 특정한 방법으로 행하시기로 결정하셨다. 따라서 행하시지 않은 다른 부분집합의 가능성은 단지 가설적으로만 고려될 수 있을 뿐이다.[46]

'현대적 방법으로'는 하나님의 이 두 가지 능력의 상호관계에 의해서 하나님과 인간의 관계를 설명하였다. 여기에서 인간의 의인화에 대한 이해도 발생된다. 하나님은 스스로 제정하신 질서에 자신을 조건짓기로 하셨기 때문에 스스로 제한하신 질서에 따라 행동하신다.[47] 그리고 이러한 하나님의 행동은 결코 필연적인 것이 아니며 하나님의 자발적인 의지에 의한 것이다. 윌리엄에 의하면, 하나님이 질서를 통한 능력으로 제한하여 인간과 관계를 맺는 것은 성서에 근거를 두는 것이지 결코 논리적 추론의 결과가 아니다. 그래서 이들은 하나님과 인간의 관계를 계약관계(de pacto)로 이해

---

45) Heiko A. Oberman, *The Dawn of the Reformation*, (Edinburgh: T. & T. Clark Ltd., 1986), 6-8.
46) McGrath, 120.
47) McGrath, 120.

한다. 인간과 하나님의 관계는 계약관계에 의해 하나님이 인간을 의롭다고 받아들임으로써 이루어지는 것이다. 인간이 의롭다고 하는 것은 단지 하나님과 인간의 계약에 따라 하나님이 외적으로 명명하는 것에서 비롯된다(extrinsic denomination).[48] 이러한 이해에 기초하여 중세의 형이상학적·존재론적 신학을 거부한다.

'현대적 방법으로'를 주의주의라고 부르기도 한다. 이것은 도미니칸을 주지주의라고 부르는 것과 비교하여 큰 특징을 보여주는 것이다. 주지주의는 인간의 행위에서 도덕적 행위와 공로적 가치의 행위가 직접적으로 상관되어 있다. 이 둘 사이의 전이는 은총 또는 자비의 매개에 의해서 이루어진다. 이 신학은 도덕적 행위와 공로적 가치 사이를 존재론적으로 연결짓고자 하는 경향이 있기 때문에 형이상학적이요 존재론적 신학이라고 불린다.[49] 그러나 주의주의자들인 '현대적 방법으로' 신학자들은 도덕적 행위와 공로적 행위 사이의 분명한 불연속을 지적한다. 그리고 공로적 가치의 영역은 전적으로 신적 의지에 의존되는 것이다. 도덕적 행위가 하나님에게 어떤 의무를 부과하지 못할 뿐 아니라, 어떤 영원한 생명을 주장할 수도 없다. 오직 하나님의 받아들이는 결정(acceptatio divina)에만 의존된다.[50]

'현대적 방법'의 신학은 자신의 본성적 이유로 인하여 의로워지는 것이 아니라, 계약의 상황에서 하나님이 부여하신 가치에 의해 의로워지는 것이다. 이것은 마치 지폐가 종이에 불과하지만 사회적 계약의 가치부여에 의해 돈의 효과를 나타내는 것과 같다. 그래서 비엘은 인간이 참회를 하는 이유는, 하나님이 인간의 참회기도를 듣고 그의 심판을 변경하시는 것이

---

48) McGrath, 125.
49) McGrath, 114-115.
50) McGrath, 115-116.

아니라, 참회의 기도를 통하여 합당한 처분을 얻을 수 있기 때문이라고 하였다. 윌리엄은 이렇게 인간의 행위가 공로로 받아지는 것은 하나님의 능력에 의존한 계약적 인과관계에 의해서라고 설명하였다.[51] 최소한의 조건인 겸손을 통해 우리와 구원을 계약하신다. 여기서 하나님의 계약에서의 실패, 즉 인간의 행위에 가치를 부여하지 않고 거절하는 하나님의 행위는 있을 수 없다고 한다. 그것은 하나님의 신적 본질에 위배되기 때문이다.

이들 신학간에는 공통점과 차이점이 나타나고 있다. 두드러진 특징을 살펴보면 다음과 같다.

첫째, 철학적 배경이 다르다. '현대적 방법'은 유명론 철학이 배경이고, '고전적 방법'은 아리스토텔레스 철학의 실재론이 배경을 이룬다.

둘째, '현대적 방법'은 인간의 도덕적 행위와 공로적 행위의 불연속성을 주장하며, 오직 하나님의 신적 용납(acceptatio divina)에 의존하지만, '고전적 방법'은 인간의 도덕적 행위와 공로적 행위를 하나님의 은총을 매개로 연속적인 체계로 세우려고 한다.

이상과 같은 차이점에도 불구하고 '고전적 방법'과 '현대적 방법'의 다음과 같은 공통점이 '현대적 방법'을 중세 신학으로 남아 있게 한다.

첫째, 두 신학 모두 '구원과정'으로서의 의인화 신학이다. 따라서 믿음의 역할이 특별히 구별되지 못하고 있으며, 구원의 과정에서 그리스도의 역할이 분명하게 제시되지 못하고 있다.

둘째, 인간 안에 내주하시는 은총(habitual grace)을 인정하고 있다. 성령의 역사로서의 실제적 은총 이전의 선행은총으로서 활동하는 은총, 인간영혼에 내주하는 은총이다.

---

51) McGrath, 116.

'현대적 방법' 신학은 성서에서 증거하는 계약 사상과 하나님의 질서를 통한 능력이 하나님과 인간을 관계시키는 것이라고 정의한다. 따라서 하나님과 인간의 존재론적인 결합을 강조하는 중세 스콜라주의적 신비주의의 오류를 배제하였다. '현대적 방법'은 인간 스스로의 행위에서 공로적 가치를 찾는 어리석음을 제거하고 하나님의 타자성을 강조하였다. 이러한 유명론 신학은 하나님의 타자성·절대주권·인간의 철저한 상대성 등의 신학적 이해를 더욱 전진시켜 종교개혁 사상의 토대를 만들었다. 그러나 구원의 과정으로서의 의인화를 견지하고 있는 것이나 신 중심의 신학을 전개하여 그리스도의 십자가의 공로가 무엇인지 분명하게 제시하지 못하고 있는 것은 여전히 중세 스콜라주의적 경향이 남아 있음을 의미한다. 또한 구원 계약의 최소조건으로 인간의 겸손을 요구하는 스콜라주의적 요소가 아직도 남아 있는데 이것은 종교개혁 사상에 임무를 넘겨주는, 신학적으로 과도기적 위치에 있다고 생각할 수 있다.

후기 중세를 지배한 신학인 스콜라주의의 두 기둥 곧 아리스토텔레스적 요소와 펠라기우스적 요소는 루터의 종교개혁의 길을 만들어 주었고 루터의 신학적 공격의 대상이 되었다. '고전적 방법'과 '현대적 방법' 모두 이 두 요소를 사상적 뿌리로 갖고 있었기에 루터는 이러한 스콜라주의 신학을 '영광의 신학(theologia gloriae)'이라고 비판하였다. 다시 말해서 하나님을 십자가에서 찾지 않고 아리스토텔레스적 이성의 사변에 의해 찾으려 하고 펠라기우스적 자유의지의 선행으로 찾으려고 한다는 것이다. 루터는 하나님 인식은 십자가안에서만 가능하기에 자신의 신학은 '십자가 신학(theologia crucis)'이라고 변증하고[52] "우리의 신학은 오직 십자가뿐이다(crux est sola theologia nostrae)"라고 강조한다.[53]

스콜라주의에 의해 부패할 대로 부패하고, 어두울 대로 어두워진 상황 속에서 루터는 후기 중세의 내재적 크리스천 민중들의 강력한 지지를 받아내는 십자가 신학을 전개할 수 있었다. 루터 자신은 이 십자가 신학을 발견한 경험을 '탑의 경험(Turmerlebnis)'이라고 부른다.[54] 십자가 사건을 통하여 우리에게 베푸시는 엄청난 용서의 은총을 믿기만 하면, 오직 믿음으로만 의롭다 하심을, 수동적으로 '낯선 손님 같은 의(aliena iustitia Dei)'를 옷 입게 된다는 것을 롬 1:17에서 발견하게 되었다고 고백한다.[55] 그래서 전에는 가장 미워하였던 롬 1:17을 이제는 가장 사랑하게 되었으며, 천국(paradise)의 문이 되었다고 표현한다.[56] 다시 말해서 중세 스콜라주의의 능동적 수평적 영성(impartation)이 한계상황에 이르게 되었을 때 루터는 수동적 수직적 영성(imputation)을 발견하기 시작한 것이다.

---

52) 1518 하이델베르크 논제에서 밝힌다. Martin Luther, *Dr. Martin Luthers Werke, Kritische Gesamtausgabe*, (Weimar, 1883-5), 1, 354, 17-21. 이하 *WA*로 표기함.
53) *WA*. 1, 176, 32-33.
54) McGrath, 73.
55) Martin Luther, *Luther's Works*, (St. Louis: Concordia Publishing House, 1987), Vol. 34, 336-37. 이하 *LW*로 표기함.
56) *LW*. 336.

5절_민족주의와 종교개혁

종교개혁은 인문주의뿐 아니라 민족주의(nationalism)와 깊은 관련 속에서 발전하였다. 민족주의는 교황의 세속적 권한을 약화시키는 운동이었다. 그리고 민족주의를 바탕으로 세속 민족국가가 교황의 세력에서 벗어나 서서히 힘을 형성하기 시작하였다. 단테는 그의 글 "왕국에 관하여(De Monarchia)"(1310-11)에서 왕이 교황의 세력에서 독립하는 왕정국가의 독립을 주장하였다. 파리 대학교 총장 마르실리오(Marsilio)는 1324년 정치와 종교의 분리를 주장하는 논문을 발표하였는데 이것이 나중에 루터의 정교분리 두 왕국설에 영향을 미치게 된다.

독일은 러시아 서쪽의 가장 큰 세력으로 주변 국가들과 좋은 산업관계를 유지하였으며, 남부 독일은 산악지대로 산업발전에 필요한 철광물을 산출하는 철광업지대였고, 북부 독일은 무역과 산업의 중심지였다. 특히, 루터의 종교개혁 중심지였던 삭소니는 탄광산업이 발전하여 동·은·주석 등의 채광이 활발하였다. 탄광산업의 힘에 의하여 삭소니의 문화가 향상되었고, 삭소니 통치자들은 정치적 영향력을 행사하였다. 이러한 경제적 발전은 지방정부, 도시국가(city state), 혹은 민족주의 개념을 증가시키는 중요한 역할을 담당하였다.

봉건주의가 무너지면서 자본주의가 발전하게 되었는데, 현대 자본주의의 특징인 자본과 노동(자본가와 노동자)의 개념이 이 시대에 형성되었다. 점차 무역을 독점하여 부를 축적한 소상인이 자본을 투자하는 은행가(banker) 역할을 하게 되었고, 이태리의 상인들은 십자군원정을 통해 동방과의 무역을 활성화하고 경제적 이익을 획득하였다. 상인들은 동방에서 상품을 아주

싸게 사서 서구시장에 아주 비싸게 팔았다. 발트해와 북해 무역 상인들은 한자동맹(Hanseatic League)을 형성해 북유럽 70개 도시를 연결시키는 상행위를 전개하기에 이르렀고, 상인 은행가들이 성공적인 은행경영을 통해 산업자본가로 발전하게 되었다.

그 대표적인 예가 푸거 은행(Fugger's Bank)이다. 이 은행은 당시의 자본주의 발전에 중요한 역할을 담당하였다. 합스부르크 통치자들은 이 은행에 은·동·탄광개발 계약을 하도록 하였다. 마인츠(Mainz)의 대주교가 이 은행의 도움이 없이 세 교구를 다스릴 수 없었다. 마인츠의 대주교 알브레히트 — 추기경이 됨 — 는 세 교구를 운영하면서 교황청에 상납하는 부담금이 많아서 푸거 은행에 진 빚이 많았다. 사실 면죄부(indulgence)를 판매하게 된 동기는 판매금의 절반을 이 빚을 갚는 데 쓰고, 또 다른 절반은 성 베드로 성당 증축 공사를 위해 쓰려는 것이었다.

각종 산업이 발전하면서 농촌 사람들이 더욱 좋은 직업을 얻기 위해 도시로 떠나가는 도시화 현상이 생기게 되었다. 종교개혁은 도시 중심의 도시 신학(urban theology)이었고, 도시에서 농촌으로 확산되어갔다. 루터는 비텐베르크를 중심으로, 츠빙글리는 취리히를 중심으로, 칼빈은 제네바를 중심으로 종교개혁을 발전시켰다. 경제적 도시화 현상은 정치적으로도 중세의 중앙집권적 전체주의 체제에서 민족주의와 민주주의 체제로 전환되는 데 영향을 미치게 되었고, 종교개혁은 민족주의와 민주주의, 자본주의와 도시화 현상 등과 맞물려서 진보하게 되었다.

독일에서 민족주의가 서서히 발전하게 된 것처럼, 스위스에서도 민족주의, 민주주의, 도시국가 형태의 정치체가 상당히 발전되어, 독일과 마찬가지로 중앙집권 체제의 로마 교황청의 영향권에서 벗어나 종교개혁의 중심센터로 발전할 수 있었다. 작은 주들(cantons)의 스위스 연맹(Swiss Confederation)이 형성되었는데, 이것은 신성로마제국(Holy Roman Empire)의 통치 아래 있으면서 독립적 연합체를 구성하게 된 것이다. 처음에 우리(Uri), 슈비츠(Schwyz), 운터발덴(Unterwalden) 주들이 자체 방어를 위해 연합체를 형성하였고(1291), 2세기 동안 15개의 도시와 농촌 공동체들이 가입하였으며, 1526년 제네바도 가입하게 되었다. 각 주들은 자치정부를 운영하고 대표들을 연합체에 보내 국회(Diet)를 형성하였다. 스위스는 이론적으로는 신성로마제국에 예속되어 있었으나, 그 관계에 별로 관심을 갖지 않았다. 제네바의 이러한 민족주의적 정치풍토가 칼빈의 종교개혁을 성공시킨 것이다. 처음에 칼빈은 제네바 시민들로부터 도전을 받아 1538년 스트라스부르크로 망명갈 수밖에 없었는데, 3년 후 1541년 다시 제네바로 들어가 종교개혁을 성공시킬 수 있었던 것은 이러한 민족주의에 의해 네 명의 최고 정치지도자들(syndics)이 모두 칼빈을 지지해주었기 때문이다.

루터의 종교개혁이 독일 국민들의 지지를 얻은 것은 민족주의 때문이었는데, 그는 독일 크리스천들의 가슴 속에 민족주의를 불지름으로써 종교개혁의 불을 붙여갔던 것이다. 또한 칼빈도 이러한 민족주의의 분위기로 인하여 종교개혁의 꽃을 피웠고 제네바 시의 사회적 성화 운동까지 전개할 수 있었다.

6절_인쇄술의 발전과 종교개혁

종교개혁 전야에 나타난 요하네스 구텐베르크(Johnannes Gutenberg)의 인쇄술 발명(1454)은 종교개혁 사상을 삽시간에 유럽 전역에 알리는 중요한 계기를 마련해 주었다. 마인츠(Mainz)에 이 금속활자가 소개되어, 1456년 라틴어 성경책(Latin Bible)을 인쇄하였다. 1457년에는 '마인츠 시편(Mainz Psalter)'을 인쇄하였는데, 첫 페이지에 출판사 이름, 출판사 위치, 출판 날짜가 명시되어 있었다. 이태리에도 인쇄술이 소개되어 수비아코(Subiaco)와 베니스에 인쇄소가 설립되었고, 1477년 영국의 웨스트민스터(Westminster)에 윌리엄 켁스톤(William Caxton)의 인쇄소가 설립되어 새로운 인문주의 지식을 널리 보급시키는 데 중요한 역할을 하게 되었다.[57] 런던에도 1476년 인쇄소가 생기게 되었다. 1495년 베니스에는 알두스 로마누스(AldusManutius Romanus)에 의해 이탤릭체(Italic style) 활자까지 인쇄하는 알다인 인쇄소(Aldine Press)가 생겼다.

인쇄술 덕분에 종교개혁의 선전내용이 빠르고 값싸게 만들어질 수 있었다. 읽을 수 있는 사람, 책을 살 수 있는 사람은 누구나 비텐베르크나 제네바에서 나오는 획기적인 새 아이디어들을 배울 수 있었다. 종교개혁가들의 설교들이 인쇄된 형태로 나타났을 때 커다란 영향을 미쳤다. 영국 상류층들은 이미 1575-1600년경에 루터 사상에 대하여 대부분 알고 있었다. 한자동맹의 길을 통하여 케임브리지에도 책들이 많이 들어왔기 때문에, 루터가 그의 아이디어를 설명하기 위하여 영국을 방문할 필요가 없었다. 루터는 사실 95개조의 항의문을 토론을 목적으로 학문적인 언어인 라틴어로 — 독일 민중들을 선동하려면 쉬운 독일어로 썼을 텐데 — 썼다. 그런데 자신이 의도한 것과 전혀 다르게 여러 나라 말로 번역되고 인쇄되어 삽시간에 유럽 전역에 퍼져나갔다. 루터가 몇백 명 앞에서 설교한 지 며칠이 못되어 수천 개의 인쇄된 설교문으로 팔리게 되었다. 그가 설교한 "크리스천 귀족에게 고함(To the Christian Nobility)"이 4천 부나 인쇄되어 팔렸고 곧 재판되어 보급되었다.[58]

---

57) Grimm, 68.

영국과 프랑스의 상류층 계급에 개신교가 강하게 보급된 이유가 여기에 있다. 그리고 케임브리지는 항구도시여서 옥스포드보다 외국 책들이 일찍 들어오기 때문에 개신교 신학의 영향을 더욱 많이 받았다.

인쇄술의 발전은 특히 종교개혁의 원초적인 자료인 성경과 초대 교부들의 저서들의 신빙성 있는 사본들을 사용할 수 있게 해주었다. 또한 인쇄술의 발전으로 보다 정확한 편집들을 해낼 수 있었다. 15세기 말과 16세기 초에 인문주의 학자들은 유럽의 도서관에서 초대 교부들의 저서를 샅샅이 뒤져서 편집하고 인쇄하였는데, 신학적 분석에 의하여 오류들을 제거하고 가장 좋은 본문들을 사용할 수 있었다. 모든 사람들이 신약성서의 믿을 만한 편집을 구할 수 있었고 어거스틴의 저술들을 구할 수 있었다. 인문주의자들의 노력으로 어거스틴의 저서 11권이 1490-1506년에 걸친 편집작업을 거쳐 바젤의 아메르바흐(Amerbach) 출판사에서 출판되었다. 후에(1528-9) 에라스무스가 어거스틴 전집을 바젤의 요한 프로벤(Johann Froben) 출판사에서 다시 편집·출판하였다

인쇄술은 개인적 경건과 가정적 경건생활을 돕는 많은 책들을 출판하게 하였다. 단순한 복음적 경건을 훈련시킬 수 있는 주기도문, 십계명, 사도신경, 시편의 번역과 해설 특히 시편 51편의 번역과 해설 등이 인쇄되었다. 가정용 교리문답서가 인쇄되었고 루터의『소교리문답 *Little Catechism*』과『대교리문답 *Large Catechism*』등이 인쇄됨으로써 종교개혁 진리를 교회나 가정에서 평신도들에게 교육시키기에 좋았다. 인쇄술은 종교개혁의 촉매작용을 했고, 선결조건을 제공했다. 인쇄된 종교개혁의 선전내용 없이는 종교개혁 운동이 성장할 수 없었다. 그러나 인쇄술이 종교개혁의 직접적인

---

58) Joseph Lortz, *The Reformation in Germany*, Vol. 1, trans. Ronals Walls, (New York: Herder and Herder, 1968), 45.

원인이 되었다고는 말할 수 없다.[59]

인쇄술은 신학적 지식을 풍부하게 나누어 주는 데 아주 막대한 공헌을 하였다. 1517년, 종교개혁이 시작되기 전의 60년 동안 인쇄술이 발전되어 성경, 교회예배서, 교과서, 사전류들을 출판해왔는데, 종교개혁이 시작되면서 인쇄술이 종교개혁의 심부름꾼 노릇을 하고 선전매체 노릇을 하게 된 셈이다. 종교개혁가들은 보다 많은 사람들에게 드라마틱하게 그들의 주장을 퍼뜨릴 수 있었다.[60]

---

59) Euan Cameron, *The European Reformation*, (Oxford: Clarendon Press, 1991), 6.
60) Cameron, 6. 종교개혁과 인쇄술의 관계는 L.Febvre and H.J. Martin, *The coming of the Book: The Impact of Printing* 1450-1800, trans. D. Gerard, (London, 1976)에서 자세히 취급하고 있다.

2장
종교개혁 이전의 종교개혁 운동

들어가는 글

'종교개혁 이전의 종교개혁 운동'은 16세기의 루터를 비롯한 프로테스탄트 종교개혁가들이 외친 많은 가르침을 14, 15세기 동안에 전개한 것이다. 앞에서 살펴본 대로 '현대적 경건 운동'이나 '인문주의 운동'이 중세사회와 중세 가톨릭 교회의 개혁을 불러일으켰다. 영국의 존 위클리프, 보헤미아의 얀 후스, 플로렌스의 사보나롤라(Savonarola), 북부독일의 베셀(Wessel), 고흐(Goch), 베젤(Wesel) 등이다. 이들은 조용한 방법으로 생활의 정화를 추구하였고 교회의 제의나 교리적 가르침에 무관심한 독일신비가들(German mystics)과도 달랐다. 또한 이 개혁가들은 드 아일리(D'Ailly), 게르송(Gerson), 니콜라스(Nicolas of Clamanges)처럼 교회행정과 교회법의 개혁의 수준을 결코 넘어서지 않는 교회의 제도적 개혁가들(ecclesiastical reformers)과도 달랐다.[1]

이들은 소위 교회 회의주의자(concilialists)들이라고 불리우는데, 신성로마제국의 황제 지기스문트(Sigismund)의 도움을 받으면서 제한된 차원에서만 교회의 제도적 개혁을 시도하였다. 다시 말해서 교황이 교회의 최고의 권위가 아니라 교회 회의가 최고의 권위라고 주장하면서 교황은 교회회의의 결정을 따라야 한다는 수준에서 개혁을 시도하기를 원하였지 위클리프나 후스처럼 교황을 적그리스도라고 하지는 않았다.

　위클리프나 후스의 개혁이 실패로 돌아간 이유는 그 시대의 상황에서 너무나 과격한 주장을 했기 때문이다. 교황을 적그리스도라고 했을 때 위클리프는 지지세력을 잃어버렸다. 교황청의 아비뇽 포로기간(1304-77)과 로마와 아비뇽의 교황청 분열기간(1378-1417)임에도 불구하고 대부분의 영국사람들은 교회의 세력이 국가의 정치세력에서 분리되어야 한다는 위클리프의 주장을 받아들일 수 없을 만큼 아직은 너무나 보수적이었다.[2] 또한 위클리프나 후스의 시대는 아직 루터가 프레데릭 4세(Frederick IV) 같은 정치적 지도자층의 도움이나, 민족주의 사상으로 의식화된 독일귀족이나 민중의 지지를 받은 것 같은 역사적 상황이 충분히 형성되지 못한 상태였다.

---

1) Philip Schaff, *History of the Christian Church*, Vol. VI, (Grand Rapids: WM. B. Eerdmans Publishing Company, 1976), 315.
2) William R. Estep, *Renaissance and Reformation*, (Grand Rapids, Michigan: William B. Eerdmans Publishing Company, 1986), 58.

1절_존 위클리프

A. 생애

존 위클리프(John Wycliffe)는 종교개혁의 새벽별(morning star)이라고도 불리고, 그가 죽었을 때 영국과 보헤미아에서는 복음적 박사(evangelical doctor)라고 불리기도 하였다.[3]

콘스탄스 회의에서 이단으로 정죄당한 후 그의 친척들에 의해 모든 자료들이 없어짐으로 인해 그의 출생장소와 부모와 가족에 관하여 알려진 것은 별로 없지만, 그의 자서전에는 1324년에 출생한 것으로 기록되어 있고, 요크셔 지방 리치몬드(Richmond) 시 가까이에 있는 장원(봉건영주의 영토)에서 삭소니족(Saxon)으로 태어난 것으로 추측된다.[4]

그는 옥스퍼드 대학교에서 공부하다가 부친이 사망한 후 1353년 위클리프 가의 장원의 영주가 되었다가, 다시 옥스퍼드로 돌아와서 옥스퍼드 대학교를 졸업하였다. 그 당시 옥스퍼드에는 학생감옥[5]이 있었고, 수도사나 사제들이 학생수보다 많았으며 안수받는 사제나 수도사가 아니더라도 많은 학생들이 탁발하였다. 1361년 옥스퍼드 대학교 발리올 대학(Balliol College)에서 문학석사 학위(Master of Art)를 받았다. 그 당시는 대학에서 학

---

3) Schaff, 315.
4) William R. Estep, 59. Estep은 그의 탄생이 그의 자서전의 기록 1324년보다 늦은 1328년경이라고 해석한다.
5) 이 감옥에 Thomas Cranmer가 갇혀 있다가 참수형을 당하기도 하였다.

사과정을 거쳐 석사학위를 받는데 8년이 걸렸고 박사학위를 위해서는 8년이 더 걸려야 했다. 그는 신학뿐 아니라 법학·수학·천문학을 공부하기도 하였다. 그는 사제안수를 받고 1361년 필링햄(Fillingham)의 교구담당 사제가 되었고, 1365년에 캔터버리홀(Canterbury Hall)의 관장(warden)이 되었다.[6] 1366년에는 왕실예배의 설교자들 중의 하나로 선정되었고, 다시 1368년에 루저스홀(Ludgershall)의 교구사제가 되었다. 1370년부터는 중세 신학교 교과서인 피터 롬바르드(Peter Lombard)의 『문장 Sentences』을 강의하기 시작하였다. 이 강의를 마친 후 1년간 옥스퍼드 대학교 예배당 성 메리(St. Mary)에서 박사학위 후보자들이 1시간 반에서 2시간 동안 하는 라틴어 설교를 하였다. 위클리프는 신학연구에 몰두한 지 9년 만인 1372년에 박사학위를 받았다.

    그는 옥스포드 출신의 학자로, 애국자로, 신학적 개혁과 실천적 개혁의 챔피언으로, 성경을 번역할 수도 없는 종교적 상황 속에서 성경을 영어로 번역한 번역자로 탁월한 위치를 차지하게 되었다.

    또한 그는 교회문제에 교황이 최고의 권위를 가지려는 것에 반대하는 자들 중의 하나로 등장하기 시작하였다. 1372년 박사학위를 받기 전에 영국 왕 에드워드 3세(Edward III)를 섬기기 시작했는데, 1374년 여름 에드워드 3세는 교황과 대립하는 아주 긴급한 상황에 처하게 되었다. 프랑스와의 전쟁이 수월치 못하자 프랑스와의 화해를 논의하고, 교황의 대리자와 만나서 논의하는 일을 위해 왕이 임명한 대표의 한 사람으로 브뤼주(Bruges)로 갔다. 그는 뱅거(Bangor)의 감독 다음에 명단이 적힐 정도로 중요한 위치에 있었다. 그는 브뤼주에서 에드워드의 가장 사랑하는 아들인 공작 존(John of

---

6) 캔터버리 홀은 수도사나 사제들이 옥스퍼드 대학교에서 교수(fellow)로 가르치기 위해 기숙하고 연구하는 홀이다.

Gaunt)과 깊은 친분관계를 갖게 되었고, 존을 섬김으로써 민족적 지도자가 되었다. 영국 왕실이 경제적으로 빚을 지는 상황을 맞게 되어 아비뇽 교황청의 도움을 받기 위해 대표를 파견하였으나 아무런 도움도 받지 못하고 돌아왔다. 위클리프는 이러한 상황에서 에드워드 3세의 관심을 대변하는 대표가 된 것이다. 위클리프는 영국 대표들 중에 유일한 신학자로서 원칙을 중요하게 생각하였으나 영국 대표들이 교황 그레고리를 즐겁게 해주는 합의를 의논하자 그 자리를 떠나버렸다. 타협을 위해 원칙이 희생되어서는 안 된다고 주장한 것이다.

그는 영국으로 돌아오자마자 종교개혁가로서 말하기 시작하였다. 옥스포드와 런던에서 교황의 세속권한에 항거하여 설교하였다. 그는 로마 교황을 적그리스도, 거만하고 세속적인 로마의 사제, 가장 저주받은 절름발이로 묘사하여 두 교황 우르반 5세(Urban V)와 그레고리 12세(Gregory XII)와 부딪히게 되었다. 또한 그는 주교와 사제의 물질적 욕망과 세속성을 꾸짖었다. 교회의 재산은 사제의 것이 되어서는 안 되고, 사제는 세속재산을 소유해서도 안 되고 오로지 십일조로 생활해야 함을 강조하였다. 교회의 계급제도에 대하여 연설과 글로써 항의하였고 교황도 평신도들에 의해서 법적으로 탄핵받을 수 있다고 강조하였다.

위클리프를 정죄하려고 교황이 세 번이나 재판을 열려고 했으나 가운트의 존과 민중의 지지에 의해 번번히 좌절되었다. 그는 영국 민중의 영웅이었다. 1377년, 위클리프는 공작과 런던 주교에 의해 성 바울 교회(St. Paul Church)로 불려갔다. 교황 그레고리 11세는 그의 저서의 내용 중에서 교회와 국가를 위협하고 잘못된 점을 19가지 죄목을 붙여서 정죄하였다. 이 사건으로 위클리프는 국제적으로 알려지는 인물이 되었다.

그는 존 웨슬리(John Wesley)처럼 순수한 복음의 선포자였다. 1380년경에 이미 그는 감리교회의 웨슬리나 구세군의 부드(William Booth)처럼 순회

존 위클리프(John Wycliffe: 1330-84)
54세의 위클리프, 그는 그의 담당의사의 예언대로 갑자기 죽음을 맞이했다.

설교를 시작하였다. 그의 설교와 선교 운동은 조직적이지는 않았으나 반향을 일으켰다. 그는 웨슬리처럼 예배당 밖 옥외에서, 세속적인 장소에서, 사거리에서, 감독과 교황의 허락없이 옥외 설교(outfield)를 하였다. 그는 화체설에 반대하여 그리스도의 몸이 상징적으로 출석함을 강조하였다. 그는 "마지막 날에 진리는 정복할 것이라고 나는 믿는다"고 고백하였다. 대주교 수드베리(Sudbery)는 위클리프를 이단으로 정죄할 마음이 없었다. 그러나 1381년에 새로 부임한 대주교 코트니(Courtenay)가 1382년 위클리프를 불러서 성만찬과 교황청과 고해성사와 세속지배에 대한 위클리프의 가르침을 정죄하였다. 1384년 12월 29일 그는 중풍맞은 지 3일 만에 사망하였다.

그의 개혁 운동을 따르는 옥스퍼드 사제들을 루터워스(Lutterworth)라고 부른다. 그 뜻은 덴마크어로 '중얼대며 기도하는 사람들'이라는 말이다. 그들 중에 헤리퍼드(Nicholas Hereford)가 지도자였는데 그는 위클리프 성서 번역에 참여한 학자로 그는 대주교 코트니에 의해 유배당하였다. 퍼비(John Purvey)는 위클리프 번역판을 발전된 번역으로 개정하여서 많은 영국인들에게 나누어주었다. 루터워스는 국회에서 충분한 힘을 얻었기에 영국 국회가 로마 가톨릭 개혁의 12개 조항을 결의하게 하였다. 영국 교회가 로마에 종속됨을 거부하였고, 화체설과 성직자 독신론과 독신으로 인한 도덕적 부패, 죽은 자를 위한 기도와 성지순례, 성상 및 성물 숭배 등을 비판하였다. 또한 성직자에게 죄를 고백하는 것은 구원과 무관함을 결의하였다. 그러나 평신도의 설교나 영어 성서번역은 12개 항에 넣지 않았다. 그것은 많은 평신도들에게 큰 호응을 얻게 되었다. 루터나 종교개혁가들의 주장을 미리 선포하였던 것이다. 이들의 신앙을 지지함으로써 감옥에 갇히게 된 올드케슬 경(Sir John Oldcastle)을 구하기 위해 무장폭동을 일으키는 데 가담함으로써 루터워스들은 정치적 탄압을 받기 시작하였다. 그 후로는 지하로 들어가서 영국사회 속에 숨게 되었다. 이들은 종교개혁시대까지 많은 순교자들을 배출하게 되었고, 이들의 지하 운동은 제도화된 성직자들에게는 큰 불안의 요소가 되었다.

B. 사상

1. 신학적 뿌리

　토마스 브래드와딘(Thomas Bradwardine)이 위클리프의 은총 신학에 큰 영향을 미쳤다. 브래드와딘은 학사학위밖에 없었지만 옥스퍼드 대학교 머톤 대학(Merton Collge)에서 은총교리를 강의하였다. 그는 펠라기우스주의에 반대하여 인간의 자유의지적 노력을 거부하고 어거스틴적 은총교리를 강조하였다. 이것은 위클리프의 예정 신학에도 큰 영향을 미치게 되었다. 1349년 브래드와딘은 아비뇽에서 켄터베리의 대주교로 성별된 후 영국으로 돌아와 사망하였다. 결국 위클리프는 브래드와딘을 통하여 어거스틴을 배우게 되었고 성서와 함께 어거스틴의 사상에 가장 많이 영향받았다고 할 수 있다.

　파두아의 마르실리오(Marsiglio of Padua)의 영향으로 위클리프는 교황의 권한 제한을 강조하였고 교회와 국가의 분리를 주장하였다. 옥캄의 윌리엄을 통해 마르실리오의 사상을 배웠고, 반 세기 전에 마르실리오가 말한 것을 위클리프가 다시 말하기 시작한 것이다. 14세기의 둔스 스코투스(Duns Scotus)와 윌리엄의 영향을 받았다. 위클리프는 신유명론을 따르지 않고 오히려 토마스 아퀴나스에 가까운 실재론을 받아들였다. 후기 유명론은 스콜라주의의 멸망을 가져왔다.

2. 성만찬론

그의 성만찬론은 교황 그레고리 II세에 의해 정죄되었다. 위클리프는 두 저서 『배교론 *De apostasia*(On Apostasy)』, 『성찬론 *De eucharistia*(On Eucharist)』에서 성만찬해석을 취급했다. 그는 학생시절에는 화체설을 받아들였다. 사제의 성별기도 후에 맛과 색깔과 모양과 냄새(accident)는 그대로 있으나, 본질(substance)은 그리스도의 몸과 피로 화한다고 해석하고, 실제로 그리스도의 몸과 피가 성만찬에 들어간다고 해석하였다.

그러나 그가 실재론(realism) 철학을 받아들인 다음 생각이 바뀌기 시작하였다. 어거스틴의 해석을 수용하고 아퀴나스의 해석과 화체설을 모두 비판하였다. 떡과 포도주는 그리스도의 상징이다. 다만 상징(represent)일 뿐이다. 뿐만 아니라 그리스도의 현존을 상징한다. 어거스틴은 그리스도의 현존은 상징 이상을 의미한다고 해석하고 그리스도의 현존은 신앙으로 포착할 수 있다고 주장한다. 떡과 포도주를 통해 그리스도가 성도의 영혼 속에 거하는 것이 성찬의 목적이라고 위클리프는 말한다. 그러니까 위클리프의 그리스도의 현존 이해는 그리스도의 몸이 성찬상에 임재한다는 루터적인 공재설(consubstantiation)보다는 성령으로 임재한다는 칼빈의 영적 임재설(spiritual presence)에 가깝다. 그리고 츠빙글리의 상징설(symbolism)을 종합한 해석에 가깝다고 볼 수 있다.

3. 인효론(人效論) 주장

위클리프는 사효론(事效論)적 해석을 비판하고 인효론(人效論)적 해석을 했다. 어거스틴과 도나티스트의 논쟁에서 나타났던 문제가 여기에서 다시 등장한다. 즉 어거스틴은 성례전의 효력은 성례전을 집례하는 성직자의 도덕성에 있는 것이 아니라 삼위일체의 이름으로 행해지는 성례의 사건에 있다고 주장하였고, 도나티스트는 성례를 행하는 성직자의 도덕성이 효력을 발생한다고 주장함으로써 박해시에 배교한 성직자들에 의해 행해진 세례와 성만찬과 사제안수식 등의 성례는 무효라고 선언한 것이다. 위클리프는 어거스틴의 사효론보다는 도나티스트의 인효론을 받아들였다. 그 이유는 당시의 가톨릭 성직자들이 도덕적으로 부패하고 성화생활을 힘쓰지 않았기에 그러한 인효론적 주장을 할 수밖에 없었다. 그러니까 이 문제에 있어서는 위클리프가 어거스틴을 따르지 않고 도나티스트적 해석을 하고 있다. 불결한 성직자에 의해서 행해지는 성만찬은 받아서는 안 된다는 것이다. 그리스도의 현존은 사제의 말씀에 의해서가 아니라 받는 자의 믿음에 의존한다고 해석한다.

4. 성직자론

위클리프는 성직자는 단순하고 조심스럽게 살아야 한다고 주장하였다. 성직자가 의무를 게을리하고 양의 무리 앞에 모범된 생활을 보이지 않으면 교인들도 지지하지 않을 것이라고 하였다. 돈사랑이 로마 가톨릭 교회의 도덕적 연약함의 뿌리라고 생각하였다. 그리고 수도사가 성서적이지도 않고 성실하지도 않음을 비판하면서 세속적 욕망만을 추구하는 수도원 제도

위클리프가 죽은 지 44년 후에 그의 무덤을 파서 뼈를 불태우는 장면
역사가 필립 샤프(Philip Shaff)는 그의 재는 테임즈 강을 타고 대서양으로 흘러들어가 전 유럽에 확산되었다고 해석하였다. 위대한 종교개혁 정신은 불태워지지 않고 영원히 부활한 것을 말해준다.

의 폐지를 주장하였고, 하나님은 결코 수도원에 숨는 것을 원치 않으신다고 강조하였다.

성직자는 세속재산을 소유할 수 없다고 주장하고, 수도사는 걸식하지 말고 노동해서 살아야 한다고 강조하였다. 또한 명상생활만을 즐기는 것은 게으름이라고 주장하면서 중세 학파의 명상에 대해 강하게 비판하였다. 또한 성직자의 결혼을 주장하였다. 그리고 평신도도 성직자임을 강조하는 만인사제론을 루터 이전에 이미 강조하였다.

2장 | 종교개혁 이전의 종교개혁 운동_ 75

5. 교회론

1378년 말경 위클리프는 그의 『교회론 저서 *De ecclesia*(*On the Church*)』를 완성하였다. 그는 참교회와 로마 가톨릭 교회를 구분지었다. 보이는 교회(visible church) 곧 제도적 교회 속에는 성자와 죄인이 함께 있고, 구원받을 자와 멸망할 자가 함께 있으며, 보이지 않는 교회(invisible church)는 창세 전에 구원받기로 예정된 자들로 이루어진다고 강조한다. 예정된 자들은 하나님의 은총 안에 사는 것을 보여 주고, 경건과 복종과 비이기적인 헌신과 타인의 복지에 대한 희생의 자세를 보여주는데, 예정에 들지 못한 자들은 이렇게 구별된다.

위클리프는 오직 그리스도만이 교회의 머리라고 강조한다. 교회는 모든 예정된 자들의 몸(congregatio omnium predestinatorum)이요, 예정된 자들의 몸 밖에 있는 자들은 구원에 이를 수 없다고 해석하였다. 오직 그리스도만이 교회의 유일한 머리요, 교황은 다만 개체교회(local church)의 머리일 뿐이라고 주장한다. 교회의 직책이 아무리 높아도 그것이 교황일지라도 구원을 보증하지는 못한다. 그리스도를 따르지 않는 모든 교황과 추기경은 구원받을 수 없으며, 그리스도를 따르지 않는 교황청(curia)은 이단자들의 안식처가 될 뿐이라고 비판하였다. 교황과 추기경들이 지옥에 던져진다면, 신자들은 그들 없이 구원을 받게 될 것이라고 강조하였다. 마 16:18에 베드로에게 주어진 열쇠는 천국열쇠와 영적 권능을 상징하는 것으로, 이것은 로마 교황에게만 주어지는 것이 아니라 모든 성도에게도 주어지는 열쇠라고 해석하였다.

어거스틴의 발상에 따라 위클리프도 세 교회상을 표현하고 있다. 첫째로, 승리한 교회로서 하늘의 구원받은 성도들을 말한다. 둘째로, 전투적 교회로서 지상에 아직 살아 있는 예정된 성도들을 말한다. 셋째로, 잠자는 교회로서 연옥에서 이미 죽어 있는 자들과 연옥에 갈 자들이다. 위클리프는 '보편자(universalism)는 개체(individual)에 앞선다'는 실재론(realism)에 의해 그리스도의 성육신 이전에 이미 교회가 존재했었다고 주장한다. 왜냐하면 교회는 항상 하나님의 마음 안에 존재하기 때문이다.[7]

그의 교회론은 결국 화해를 이룰 수 없었고, 심각한 갈등을 일으키게 되었다.

6. 지배권과 정교분리

브뤼주에서 돌아온 후 위클리프는 옥스퍼드에서 지배권(Lordship)에 대하여 강의하기 시작하였다. 1374년에 『결정 *Determinatio*』, 1375년에는 『신적 지배권 *De domino divino*』, 1376년에는 『시민적 지배권 *De civilio domino*』 등 세 권을 저술하였다. 그의 저술에서 위클리프는 하나님만이 주님이시요, 인간은 모두 주인의 종, 곧 청지기임을 강조하였다. 인간은 다만 하나님의 은총에 의해서 한시적이요 조건적 상태에서만 지배권을 갖는다. 교회 지도자들은 이 은혜 안에 있지 않으면 세속권력에 항상 부패할 수 있다고 주장한다.

그리고 그리스도는 교회지도자에게 영적인 문제에 한해서만 지배권을 부여한 것이지, 세속문제에 있어서는 지배권을 부여하지 않았다고 위클리프는 옥캄의 윌리엄과 마르실리오와 함께 강조한다. 콘스탄틴 대제가 교회에게 부와 권력을 모두 주었기 때문에 교회가 타락하였음을 지적하고, 그리스도도 가이사에게 세금을 바쳤듯이 교황도 세금을 내야 하며 교황이 왕

---

[7] Estep, 65.

을 폐위시키는 것은 악마적 폭력이라고 해석하였다. 또한 교황의 발톱에 키스하는 것은 성서적으로도 이성적으로도 근거가 없다고 주장하였다.

위클리프는 교황청제도를 부정하고, 추기경에 의한 교황선출은 악마적이라고 비판하였다. 권위주의적 교회제도와 구조를 부정하고 민주적인 교회체제의 개혁을 강조하였던 것이다. 교황이 죄를 면죄해줄 수 없고 속죄해줄 아무런 권한도 없다고 주장한다. 면죄부는 거짓된 진리에 근거한 것임을 위클리프는 지적했다.

1378년 교황청의 분열을 보면서 위클리프는 1379년에 저술한 『교황의 권능에 관하여 *De potete pape*(*On the Power of the Pope*)』에서 교황직은 어떤 신학적 근거도 없음을 강조하고 인간적·사탄적 발상이며, 그리스도의 단순성과 가난을 따르지 않는 교황은 적그리스도라고 비판하였다. 위클리프는 전혀 타협하지 않는 옥스퍼드 신학자였다.

7. 성서관

스콜라주의 학자들은 성서의 권위는 교회의 전통에 협력하는 것으로 해석하였는데, 위클리프는 그것은 오류요 성서의 권위는 전통이나 교회보다 훨씬 더욱 중요하고 모든 교황의 권위와 사제의 권위 위에 있다고 주장하였다. 성서는 그리스도의 법이요 생명의 책(liber vitae)이며 구원을 위한 신앙의 책, 인간 완전의 기초적 원리와 기독교 선포의 원초적 근거가 된다고 강조하였다. 따라서 어거스틴이나 제롬도 성서에 근거하지 않을 때는 받아들일 수 없다는 것이다. 성서가 최고의 권위를 갖고 있음을 주장하게 된 것은 링컨(Lincoln)의 감독 그로세테스테(Grosseteste)의 영향이다.

위클리프는 사제와 평신도를 위한 지고의 권위는 성서라고 이해하며,

평신도도 성서를 이해하기 위해서는 그들의 언어로 성서가 번역되어야 함을 강조한다. 영국 사람들이 중세 가톨릭 교회가 사용해온 라틴어 성서를 이해할 수 없기에 영국인의 마음 속에 해석되는 성서메세지가 되려면 영어로 번역해야 한다고 위클리프는 주장하였다. 성령은 그리스도가 마음 속에 새겨둔 법의 의미를 깨닫게 해주며 평신도도 성령의 역사에 의해 성서를 깨달을 수 있다고 보았다. 1380년 위클리프는 그의 동료들과 더불어 성서를 번역하였다. 그는 히브리어와 희랍어를 몰라서 라틴어 번역판 불가타(Vulgate)를 영어로 번역하였다. 이것은 평신도도 성서를 읽을 수 있는 가능성을 열어 놓는 혁명적 발전이라고 할 수 있다.[8]

2절_ 얀 후스

A. 후스의 생애와 개혁 운동

위클리프의 사상은 영국에서보다 보헤미아에서 더욱 뿌리깊게 발전하게 되었다. 그의 사상을 'Wycliffism'이라고 부르며, 그를 추종하는 사람들을 'Wycliffites'라고 부르게 되었다. 이 사상의 가장 중요한 대변자가 프라하의 제롬(Jerome of Prague)과 보헤미아의 얀 후스(John Huss of Bohemia)였다. 특히 후스로 말미암아 보헤미아의 프라하가 종교적 진보의 역사에 괄목할

---

8) Estep, 65.

만한 위치를 확보하게 되었다. 후스의 사상(Hussitism)은 특히 예수회(Jesuits)에 의해 많은 박해를 받았으나 헤른후트의 모라비안들(Moravians of Hermhut)을 통하여 현대교회사에 큰 공헌을 하게 되었다. 1344년 프라하에서 대주교가 탄생하였고, 1347년 프라하 대학교(The University of Prague)가 설립되게 되었다. 위클리프의 문서들은 도서관에 많이 남아 있지 않으나 후스의 문서들은 잘 보관되었고 널리 잘 알려지게 되었다. 후스는 위클리프의 제자였으나 위클리프보다 더욱더 도덕적 열정을 갖고 교회의 정화와 개혁을 설교하였다.

후스는 1369년 체크족(Czech) 부모에 의해서 남부 보헤미아 후시넥(Husinec)에서 태어났다. 후스는 거위란 뜻이고 그가 태어난 후시넥은 '거위마을'이라는 뜻이다. 그의 어머니는 매우 경건한 신앙인이었다. 그는 어머니의 노력으로 대학교육의 준비과정으로 필수적으로 요구되는 라틴어 교육을 받았다. 후스의 생애는 프라하 대학교를 들어가면서 시작되었다. 그는 프라하 대학교 시절에 노래와 노동으로 독학하였다. 1394년 학사학위를 받았으며, 1396년 인문학석사(M.A.) 학위를 받았다. 1398년 프라하 대학교에서 강의를 시작하여 5년 후에는 그 대학의 학장이 되었다. 그는 1398년 그의 손으로 위클리프의 저술들을 다섯 개나 복사하였다. 그는 1402년 베들레헴의 성자의 예배당(the Chapel of the Holy Innocents of Bethlehem)의 목사로 임명되었다.

그는 1402년 초부터 프라하 대학교에서 강의하면서 위클리프의 견해를 변호하는 주요 인물로 등장하기 시작하였다. 1403년부터 성직자들에 의한 반발이 나오면서 위클리프의 45개조를 설교하고 가르치는 것을 금지시키고 45개조의 가르침중에 24개조들을 정죄하였고, 위클리프의 가장 공격을 받은 것은 성만찬 교리였다. 1405년 프라하 노회가 위클리프 사상을 가르치는 것을 금지시켰고, 45개조들을 다시 한번 정죄하였다. 후스는 신학을

얀 후스(John Juss: 1369-1415)
후스라는 말의 뜻은 거위이다. 1415년 그가 처형당할 때 "만약 당신들이 지금 거위를 불태운다면, 백년 후에 당신들이 해칠 수도 구이를 할 수도 없는 백조가 나올 것이다"라고 예언하였는데 과연 거의 백년 후 1517년 루터가 나타났다.

연구하기 시작하여 1404년에 신학사 학위를 받게 되었다. 후스는 1407년 부터 신학박사 과정의 하나로 피터 롬바르드(Peter Lombard)의 『문장 Sentences』을 강의하기 시작하였으나, 교황 요한 23세(John XXIII)의 반대로 박사학위를 받을 수 없었다. 그러나 위클리프는 체코 동료들과 민중들과 젊은 대주교 즈비네크(Zbynek)의 지지를 받았다. 1408년 어떤 교구의 성직자들이 후스를 이단시하자, 대주교는 후스를 보호하였다. 체코 왕 웬체스라스(Wenceslas)도 후스를 지지하였다. 왕과 대주교와 백성의 지지는 후스에게 도움이 되기도 하였고 방해가 되기도 하였다. 5년 전에 후스를 지지하지 않았던 프라하 대학교의 독일인 교수들도 후스의 가르침을 지지하기 시작하였다. 위클리프의 책들을 읽는 것을 금지하였을지라도 프라하 대학교에서는 그의 책들을 계속 읽었고 계속 가르쳤다. 프라하 대학교 교수들 중의 1/4이 체코 교수들인데 그들은 실재론자들이었고, 3/4이 독일 교수들인데 그들은 유명론자들이었다.

아비뇽 교황과 로마 교황으로 분열되자 독일 교수들은 알렉산더 5세(Alexander V)를 교황으로 인정하지 않고 그레고리 12세(Gregory XII)를 추종하였다. 체코 왕 웬체스라스는 알렉산더 5세를 지지하였다. 즈비네크 대주교는 왕의 압력에 당황한 나머지 그레고리 12세에서 알렉산더 5세로 지지 입장을 바뀌었다. 독일 교수들은 왕과 견해가 일치하지 않자 체코를 떠나 독일 라이프치히에 가서 대학을 세웠다. 대주교 즈비네크는 알렉산더 5세에게 충성하기 위하여 개혁 운동을 반대하기 시작하였다.

1410년 프라하 대주교 즈비네크가 후스의 저술들을 불태우고 출교시켰다. 후스는 교황과 대주교의 파문장을 받고서도 베들레헴 교회에서 계속 설교하였고, 체코의 대설교가가 되었다. 그의 설교들은 라틴어로 쓰여졌지만, 실제로 설교할 때는 민중을 위해 체코어로 설교하였다. 후스는 체코어로 "신앙 해설", "십계명 해설", "주기도문 해설" 등을 저술하였고, 라틴어로 논쟁집 "성직매매에 관하여(De simonia)", 신학저서 『교회에 관하여 De ecclesia』를 썼다. 대주교 즈비네크는 체코의 왕 웬체스터의 형이자 헝가리의 왕 지기스문트를 신성로마제국의 황제로 임명하는 관을 씌워주러 가는 도중 사망하였다.

1414년 9월1일 후스는 콘스탄스 회의(The Coucil of Constance)의 소환에 응할 것이라고 지기스문트 왕에게 편지하였다. 지기스문트 왕은 두 사절까지 보내면서 안전을 약속하면서, 왕은 보헤미아 왕국으로부터 모든 이단 정죄가 사라지게 만들겠다고 약속하였다. 그러나 교황의 불참기간 동안에 후스를 놓아줄 수도 있었는데 왕은 그를 해방시키지 않았고, 그의 정치적 입장이 불리해지자 후스를 지지하는 일에서 손을 떼게 되었다. 피터 드 아빌리(Peter d' Avilly) 같은 회의주의자들(conciliarists)은 교황을 반대하고 이단 정죄를 반대하기 위하여 회의에 참석하기를 원하였다. 후스는 3개월간 감옥생활을 하게 되었다. 성경을 포함하여 모든 독서를 금지당하였고, 편지도 쓸 수 없었으며 열과 구토가 있었다. 후스는 요나처럼, 다니엘처럼 하나님이 그를 구원하여주실 것을 믿었다. 그는 1415년 5월 24일부터 6월 5일까지 13일간 고트리벤(Gottlieben) 성에 끌려가서 콘스탄스감독에 의해 낮에는 걷고, 밤에는 벽에 묶임을 당했다. 그 성에서 그는 기근에 시달려야 했고, 치질과 두통과 온갖 병에 시달려야 했다.

1415년 6월 15일의 콘스탄스 회의에서 평신도에게 잔을 나누어주는 것을 거부하기로 결정하였다. 또한 후스는 사악하고 미친 짓을 하는 사람으로 정죄되었다. 그의 실수항목이 42개에서 39개로 줄어들기는 하였으나 이단으로 정죄당하였다. 그리스도의 명령과 그리스도의 모범을 따르지 않는 사람이라는 것이었다. 6월 24일에는 회의의 명령에 의해서 후스의 저서들이 불탔다. 그는 사도와 순교자들, 특히 그리스도의 수난을 회상하면서 그의 모든 죄들이 화염불길에 의해 속죄받는 것을 믿었다. 7월 1일 리가(Riga)와 라우사(Rausa)감독들이 그의 구원을 위해 노력하였고, 7월 5일 아빌리와 자바렐라(Zabarella) 추기경이 그의 구원을 위해 노력하였다. 7월 16일 토요일 오전 6시 미사 후에 그는 '참으로, 실제적이고, 공개적인 이단(true, real, open heretic)'으로 정죄되었으며, 그리스도의 제자가 아니 위클리프의 제자라고 정죄당하였다. 후스는 지기스문트 왕을 보면서 설교하기 시작하였지만, 왕은 얼굴이 빨개지면서 아무 말도 하지 않고 악마의 그림이 그려진 모자를 그의 머리 위에 씌웠다. 사람들이 후스는 악마에게 그의 영혼을 맡겼다고 비난하자, 후스가 고백하기를 "가장 영광스러운 주 예수께 나를 맡깁니다. 그리스도여 내게 자비를 베푸소서"라고 하였다. 그가 눈물로 간절히 기도할 때 종이모자가 떨어져 내려왔으나 사람들이 씌우라고 소리쳤다. 손은 등 뒤로 묶이고 사슬로 목이 묶여졌으며 짚과 나무가 그의 턱까지 쌓아 올려졌다. 그는 "나는 내가 설교한 복음의 신앙으로 오늘 기쁨으로 죽을 것이다. 그리스도여 살아계신 하나님의 아들이시여 나에게 자비를 베푸소서"라고 고백하였다. 불을 붙이자 그는 기도와 찬양으로 죽어갔다. 그의 옷과 신발도 불에 던져졌다. 사람들이 그의 재를 모아서 라인강에 뿌렸다.

후스는 죽은 후 민족의 영웅이 되었고 순교자로 추앙되었다. 사제들의 집이 공격받았고, 대주교도 공격받았다. 프라하 대학교와 보헤미아의 귀족

(왼쪽) 후스가 고문당하는 장면
(오른쪽) 후스가 처형당하는 장면. 머리에는 "이단들의 주모자"라는 글을 써서 붙였다.

들과 체코의 민중들이 콘스탄스 회의를 정죄하였다. 후스가 콘스탄스에 있는 동안 평신도들에게 포도주가 분급되기도 하였다. 교황 마르틴 5세(Martin V)가 면죄부까지 약속하면서 보헤미아를 공격하기 위한 십자군을 모집하였는데 15만 명이 모여들었고, 5번 공격하고 5번 후퇴하였다.

그 후에 세 유형의 후스파가 나타나게 되었다. 첫째는 가장 과격한 타볼파(Taborites)는 타볼(Tabor)언덕에서 형성된 무리들로서 화체설·성자숭배·죽은자를 위한 기도·면죄부·고해성사·댄스 및 기타의 오락을 일체 거부하였다. 그들은 설교의 직책을 평신도뿐 아니라 여성에게까지 맡겼고, 자국어로 예배드렸다. 1452년 타볼산은 점령당하였다.

두 번째 파는 칼릭스파(Calixtines) 혹은 우트라파(Utraquist)이다. 칼릭스(Calix)는 잔(cup)이란 뜻으로 평신도들에게도 잔을 주어야 한다는 주장이다. 또한 2종성찬(sub utraque specie)을 주장하는 것에서 2종성찬파(Utraquist)란 이름이 나왔다. 그들은 네 개의 신조를 만들었다. (1) 복음에 대한 자유로운 설교, (2) 평신도들에게 잔을 분배하는 것, (3) 일반 시민 법정에서 숙명적인 죄로 정죄된 자의 출교, (4) 성직자들이 사도적 가난의 실천으로 돌아가는 것 등을 강조하였다. 우트라퀴스트 교회(Utraquist Church)는 예배와 교리에 있어서 영국 성공회의 전신이라고 생각되었다.

셋째파는 보헤미아 형제(Unitas Fratum, Bohemian Brethren)이다. 이들은 다른 파들보다 오랜 역사를 가진 파인데, 시작은 확실치 않으나 1457년부터 나타난 운동이다. 프라하의 그레고리(Gregory of Prague)는 우트라파를 떠나서 동보헤미아에 교회를 세웠다. 종교개혁 시대까지 성장하여 30년전쟁 후에는 진젠도르프를 만나면서 헤른후트에 센터를 두고 모라비안(Moravian)이라는 이름으로 경건주의 운동에 앞장서게 되었다. 결국 모라비아와 보헤미아는 로마 가톨릭으로부터 분리되었다. 1467년 67명이 노회를 구성하였고, 리티츠(Lititz)라는 곳에 정착하였다. 성찬을 가톨릭 사제로부터 받지 않고 그들 스스로가 성례를 행하였으며 전쟁봉사와 군대봉사를 거부하고 연옥설을 거부하였다.

B. 후스와 위클리프 사상의 공통점과 차이점

후스의 사상은 대부분 위클리프의 사상과 비슷하였다. 위클리프처럼 후스도 교황의 세속적 권위를 거부하고 교회가 국가문제에 개입하는 것을 반대하였다. 평신도 성경읽기와 성서번역 문제에서도 일치하고, 교회론과 이종성찬 주장과 성직매매 반대 등이 일치한다고 볼 수 있다.

그러나 이러한 견해의 일치에도 불구하고 몇 가지 면에서 차이를 드러낸다. 후스는 위클리프보다 중세교회의 주장에 더욱 가깝다. 후스는 위클리프의 메아리 이상이다.

첫째, 성직자의 도덕성이 성찬에 영향을 미친다는 위클리프의 주장에 반대하였다. 위클리프는 도나티스트의 인효론을 받아들였지만 후스는 어거스틴의 해석대로 사효론을 받아들였다.

둘째, 성찬론에서 일치하지 않는다. 후스는 위클리프처럼 성별된 빵과 포도주는 여전히 빵과 포도주로 남아 있다고 해석하면서도 본질이 그리스도의 몸으로 화한다는 화체설을 인정하고 있다.

셋째, 교황청 제도에 대한 견해가 다르다. 교황이 적그리스도가 될 수 있다고 말할지라도 교황직 전체를 거부하지 않았다.

셋째, 위클리프는 신학적이라면 후스는 대중적이었다. 위클리프는 신학 저술을 통하여 자신의 주장을 전개하였고, 후스는 설교를 통하여 자신의 주장을 펼쳐나갔다. 후스는 위클리프보다 대중적 인기가 더욱 컸기 때문에 위클리프보다 더욱 더 이단으로 취급당했다.

3장
종교개혁 신학의 선구자 성 어거스틴의 은총 이해

들어가는 글

종교개혁 신학의 역사적 뿌리는 성 어거스틴(St. Augustinus: A.D.354-430)의 은총론이었다. 성 어거스틴의 의인화 은총 이해는 마르틴 루터에게 영향을 미쳤고, 예정 은총은 존 칼빈에게 영향을 미쳤으며, 선재적 은총과 성화 은총 이해는 존 웨슬리에게 영향 미쳤다고 볼 수 있는 것은 흥미로운 사실로서 역사적으로 고찰해볼 필요가 있다.

성 어거스틴의 은총론이 그의 생애 속에서 어떠한 과정을 거치면서 발전하였는지를 고찰하여볼 때 그 전개과정을 역사적으로 확연하게 알 수 있다. 그리고 그러한 역사적 배경 위에서 성 어거스틴이 루터와 칼빈과 웨슬리에게 미친 영향을 살펴보고자 한다.

1절_성 어거스틴 은총론의 역사적 발전과정

A. 성 어거스틴의 생애

어거스틴은 354년 북아프리카의 타가스테(Thagaste)에서 아버지 파트리키우스(Patricius)와 어머니 모니카(Monica)의 사랑을 받는 아들로 태어났다. 371년에는 카테이지(Carthage)로 가서 공부하였고, 372년에는 아버지 파트리키우스가 사망하였다. 어거스틴은 내연의 처와 동거생활을 하여 373년 사생아 아데오다투스(Adeodatus)를 낳았다. 375년에는 고향 타가스테로 돌아와서 가르치는 일을 시작하였다. 384년에는 밀라노의 수사학 교수로 임명되었다. 385년 모니카가 밀라노에 도착하였다. 386년 플라톤 서적을 탐독하였고(6월), 밀라노의 정원에서 "집어라 읽어라(tolle lege)"는 아이들의 노래 소리에 감동하여 성경책 롬 13:11-14을 읽다가 회심을 체험하였고(8월 말), 카시키아쿰(Cassiciacum) 공동체 생활에 들어갔다(9월). 387년 4월 24일 세례를 받았으며, 어머니 모니카가 사망하였다. 모니카는 30년 이상을 눈물로 기도한 아들 어거스틴이 회개하고 거듭남을 체험한 후 세례까지 받게 되자 평안한 마음으로 세상을 떠날 수 있었다.

388년에 『자유의지론 De Libero Arbitrio』 1권과 『마니교를 반대하는 창조에 관하여』를 저술하였다. 391년 『자유의지론』 2-3권, 394년 『도나투스파를 반대하는 시편』을 저술하였고, 카르타고에서 『로마서』를 강의하였으며, 『로마서의 최초 강해』와 "갈라디아서 강해"를 저술하였다. 395년 발레리우스를 계승하여 감독으로 안수를 받았다. 397년 『마니교도 파우스투를 반대하여』와 『고백록』, 399년 『마니교도를 반대하는 선한 본성에 관하여』와 『삼위일체론』, 400년 『도나티스트를 반대하는 세례론』, 401년 『좋은 결혼에 관하여』와 『거룩한 처녀성에 관하여』, 405년 『교회의 일치에 관하여』를 저술하였다. 408년 『금식의 유용성에 관하여』, 411년 1월부터 3월까지 카르타고에서, 4월부터 6월까지 키르타에서 정기적으로 도나투스주의자들을 반대하는 설교를 하였다. 412년 "영과 문자(De Spiritu et Littera, The Spirit and the Letter)"를 저술함으로써 펠라기우스주의자들을 본격적으로 논박하기 시작하였다. 413년 『하나님의 도성』 I-III권, IV-V권과 "자연과 은총에 관하여"를 저술하였다. 415년 『인간의 의의 완성에 관하여』와 『하나님의 도성』 VI-X권을 저술하였다. 416년 펠라기우스와 코일레스티우스를 정죄하는 밀레비스 회의에 참석하였다. 417년 『펠라기우스의 진상에 관하여』와 『하나님의 도성』 XI-XIII권, 418년 『그리스도의 은총에 관하여』, 『원죄에 관하여』, 그리고 『하나님의 도성』 XIV-XVI권을 저술하였다. 419년 『결혼과 성욕에 관하여』와 『영혼과 그 기원에 관하여』, 420년 『펠라기우스의 두 개의 편지를 반대하여』와 『하나님의 도성』 XVII권, 428년 "성도의 예정에 관하여"와 『견인의 은사에 관하여』, 429년 『불완전에 관한 줄리우스의 두 번째의 답변을 반대하여』를 저술하였다. 430년 반달족의 침입의 위기 속에서 76세로 사망하였다.

B. 세 신학논쟁을 통한 어거스틴의 은총 이해의 역사적 발전과정

1. 마니교와의 논쟁기 속에 나타난 은총 이해(386-404)

어거스틴이 밀라노 정원에서 "집어라 읽어라(tolle lege)"는 아이들의 노래소리에 감동하여 방에 들어가 성경책을 집어서 롬 13:11-14을 읽다가 회심을 경험하게 된 386년부터 그가 전에 몰입하였던 마니교 가르침의 오류를 깨닫고 마니교와의 논쟁에 들어가서 404년 『마니교에 대항하는 선의 본성에 관하여 De Natura Boni contra Manichaeos』를 쓸 때까지를 마니교와의 논쟁시기로 잡을 수 있다.

어거스틴은 초기 마니교와의 논쟁기에 마니교의 숙명론적 인간 이해와 이원론적 창조와 역사 이해에 강하게 도전하고 있다. 그는 점성술에 기초한 마니교의 결정론(determinism)이나 숙명론(fatalism)을 철저히 거부하고 자유의지론을 주장한다.

어거스틴은 칼빈과 같은 예정론자로 알려져 있지만 어거스틴은 칼빈과 같은 이중예정론자는 아니며, 칼빈이나 루터같이 인간의지의 노예신세(servum arbitrium)를 주장하지 않는다. 어거스틴은 칼빈처럼 악의 근인(近因)은 인간의 의지요 원인(原因)은 하나님이라고 보지 않는다. 하나님은 결코 악의 원인이 될 수 없다는 것이다. 어거스틴은 하나님은 악을 창조하지 않으시고 다만 선만을 창조하셨다고 강조한다. 그러면 악은 어디서 오는가? 선의 상실과 부패와 타락으로 부터 오는데 그 자리는 인간의 자유의지다. 자유의지가 죄와 악의 근거가 된다.

어거스틴은 마니교의 혼합주의적 이원론(dualism)을 비판하면서 일원론(monism)적 창조와 역사 이해를 전개한다. 마니는 인도의 부처, 페르시아의 조로아스터, 서방의 예수를 (특히 영지주의적) 혼합주의적으로 종합하여 선과 악, 빛과 어둠의 이원론적인 창조를 주장하는데, 어거스틴은 여기에 대하여 공격한다.

어거스틴은 신플라톤주의(Neo-platonism)와 기독교 신학의 영향을 받아서 악의 원인은 하나님이 아니고 선의 결핍과 타락이라고 주장하고, 죄 짓는 것은 자유의지에서 나옴을 강조한다. 하나님은 모든 본성과 존재들을 만드신 분이라고 가톨릭 교회가 선포할 때, 하나님은 악을 지으신 분이 아님을 이해하게 된다. "모든 것들의 존재의 원인이신 그 분이 어떻게 동시에 그들의 비존재 — 즉 본성으로부터 떨어져 나와 비존재로 향하는 것 — 의 원인이 되시겠는가?"라고 질문한다. 그러면서 악은 비본성과 비존재임을 어거스틴은 주장한다.

어거스틴은 비록 사탄도 그 본성에 있어서는 선하며, 다만 선한 본성을 지닌 천사가 선을 상실하고 부패하고 타락함으로써 악한 사탄이 되었다고 생각한다. 인간의 죄악행위는 욕망(libido 혹은 cupiditas 나중에 concupiscentia로 표현함)에서 나오는데,[1] 영혼이 그 욕망에 끌려감으로써 나타나며, 영혼이 욕망에 끌려다니는 것은 영혼 속에 있는 자유의지 때문이라고 주장한다. 죄는 정의가 금하는 것을 따르고 유지하려는 의지요, 정의가 자제시키는 것으로부터 자유하는 것이다. 자유롭지 않으면 의지가 아니다. 죄는 의지가 자유롭지 않을 때 범하는 것이 아니라 의지가 불의를 원할 때 범하는 것이다. 죄는 정의가 금지하는 것을 유지하려는 의지 혹은 얻으려는 의지(the will of retaining or of obtaining)라고 해석한다.[2]

어거스틴이 『회고록 De Civitate Dei』에서 제1권은 로마에서 썼고 제2, 3

---

1) Augustine, *De Libero Arbitrio*, I, iii, 6.
2) Augustine, "De Duabus Animabus, contra Manichaeos," 11, 15.

권은 아프리카 히포의 사제로 안수받은 후에 썼음을 회고하는 점으로 미루어보아[3] 초기 제1권에서는 신플라톤적인 자유의지론을 주장하였지만 후기 제2권과 제3권에서는 선재적 은총으로 회복된 자유의지를 말하고 있음을 알 수 있다. 다시 말해서 본성적 자유의지의 요소도 있으면서도, 은총에 의해 세워지고 회복되며 움직여지는 자유의지의 요소도 있다는 것이다. 하나님의 은총에 의해 자유의지 자체가 그것이 빠져 있는 죄악의 속박에서 해방되고, 그 악을 극복하도록 도움을 받지 못한다면, 인간은 결코 의롭고 거룩하게 살아갈 수 없다고 해석한다. 결국 은총의 중요성을 자유의지에서도 강조함을 알 수 있다. 은총이 선재적으로 역사하지 않으면 자유의지는 제대로 선을 실천할 수 없다는 것, "자유의지에 관하여(De Libero Arbitrio)" 제2권과 제3권에서 '갇혀진 자유의지(liberum arbitrium captivatum)'와 은총의 선재성이 나타나고 있음을 어거스틴은 주장한다.

어거스틴은 의지의 세 단계 발전과정을 언급한다. 첫째, 타락 전에는 '죄 지을 가능성(posse peccare)'과 '죄 짓지 않을 가능성(non posse peccare)', 곧 '자유의지'를 갖고 있음을 강조한다. 아담은 불가항력적 은총을 받는 사건이 일어나지 않았기에(sine quo non fit: without that not happen) 타락하였다는 것이다. 둘째, 타락 후에는 죄 지을 가능성, 갇혀진 자유의지, 곧 죄 지을 가능성밖에 없고 죄 때문에 갇혀진 자유의지 신세가 되었다는 것이다. 어거스틴은 "아담 안에서 모든 사람이 범죄하게 된다(in quo omnes peccaverunt)"고 말한다. 셋째, 은혜를 받은 후에는 다시 죄 지을 가능성과 죄 짓지 않을 가능성, '해방된 자유의지(liberum arbitrium liberatum)'를 회복한다. 다시 말해서 해방된 자유의지가 되어서야 죄를 지을 수도 있고, 죄를 짓지 않을 수도 있다. 그러나 '죄와 상관이 없는 상태(non posse peccare)'는

---

3) Augustine, *Retractions*, I, ix, 1.

오직 예수에게만 해당된다. 롬 8:28에 근거하여 신인협력(Divine-human cooperation)을 주장한다. 은총은 의지를 자극하고(boost), 강화하며(strengthen), 촉진시키고(stimulate), 움직이며(move), 지지하고(support), 돕는다(help)고 말한다. 우리 없이 우리를 만드신 분은 우리 "없이 우리를 구원하시지 않는다(Qui fecit nos sine nobis, non salvabit nos sine nobis)".

어거스틴은 당시의 논쟁을 위해 쓰기 시작하였던 "자유의지에 관하여" 등의 여러 논문에서 이런 문제를 본격적으로 취급한다. 그는 한편으로는 신플라톤주의의 강한 영향으로 악의 원인은 하나님이 아니라 선의 결핍과 타락이라고 주장하고, 한편으로는 기독교 신학의 강한 영향으로 죄 짓는 것은 자유의지에서 나옴을 강조하고 있다.[4] 신플라톤주의의 영향을 받은 어거스틴은 하나님은 악을 창조하지 않으시고 악한 본성의 원인이 아님을 이렇게 주장한다.

> 하나님은 모든 본성과 존재들을 만드신 분이라고 가톨릭 교회가 선포할 때 … 하나님은 악을 지으신 분이 아님을 이해하게 된다. 모든 것들의 존재의 원인이신 그분이 어떻게 동시에 그들의 비존재 — 즉 본성으로부터 떨어져 나와 비존재로 향하는 것 — 의 원인이 되시겠는가?[5]

어거스틴은 또한 "마니교도들의 도덕에 관하여(De Moribus Manicaeorum: 388-390)"에서 악은 비본성이요, 비존재임을 강조하고 모든 본성과 존재는

---

4) Stanley Romaine Hopper, "The Anti-Manichean Writings," ed. Roy W. Battenhouse, A Companion to the Study of St. Augustine, (New York: Oxford Univ. Press, 1955), 163-4.
5) Augustine, De Moribus Manichaeorum, iii, 3.

선함을 주장한다.

> 왜냐하면 악이 본성에 반대된다면, 악은 본성이 아니기 때문이다 … 여기서 당신들이 고집을 버리고 문제를 성찰한다면, 우리는 악이란 본성(essence)으로부터 떨어져나와 비 존재(non-existence)로 향하는 경향임을 알게 된다.[6]

결국 악은 본성이 아니라 악은 본성에 반대되는 것이다. 어거스틴은 마니교도들을 향하여 "그런데 너희들은 지금 악은 확실한 본성(nature)이요, 실체(substance)라고 말한다"[7]고 공격한다. 여기서 어거스틴은 존재하는 것을 본체(essentia), 실체(substantia), 본성(natura) 등으로 표현한다. 악은 이 어떤 용어에도 해당되지 않고 이 개념들과 반대된다는 것이다.

기독교 신학의 영향에 의해 자유의지와 죄악행위와의 관계를 논한 어거스틴의 해석을 다음과 같이 종합할 수 있다. 인간의 죄악행위는 욕망에서 나오는 데,[8] 그 욕망에 영혼이 끌려다니는 것은 영혼 속에 있는 자유의지 때문이라는 것이다. "따라서 우리의 논의가 가르쳐주는 바는, 영혼 그 자체의 의지와 자유로운 선택 이외에는 아무 것도 영혼이 욕망의 동반자가 되게 할 수 없다"[9]고 어거스틴은 강조한다. 또한 "마니교도 들에 대항하

---

6) Augustine, *De Moribus Manichaeorum*, 2, 2. A Select Library of the Nicene and Post-nicene Fathers of the Christian Church. First Series, Vol. IV. 이하 N.P.N.F.로 표기함.
7) Augustine, "De Moribus Manichaeorum," 2, 2.
8) Augustine, *De Libero Arbitrio*, I, iii, 6.
9) Augustine, *De Libero Arbitrio*, I, xi, 21.

여, 두 영혼에 관하여(De Duabus Animabus, contra Manichaeos)"에서 죄를 짓는 것은 욕망의 노예가 되어서일 뿐만 아니라 하나님이 원하시는 정의를 거슬려 행하는 인간 자유의지의 잘못된 훈련 때문이라고 해석한다. "죄 짓는 것은 악의 훈련에 의해서만 일어난다."[10] 어거스틴은 죄를 다음과 같이 정의한다.

> 죄는 정의가 금하는 것을 따르고 유지하려는 의지요, 정의가 자제시키는 것으로부터 자유하는 것이다 … 자유롭지 않으면 의지가 아니다 … 죄는 의지가 자유롭지 않을 때 범하는 것이 아니라 의지가 불의를 원할 때 범하는 것이다 … 죄는 정의가 금지하는 것을 유지하려는 의지 혹은 얻으려는 의지이다(the will of retaining or of obtaining).[11]

그리고 어거스틴은 "참 종교에 관하여(De Vera Religiones)"에서 하나님이 아니라 자유의지가 죄의 원인임을 다시 한 번 강조한다.

> 그러므로 의지에 의해서 죄를 짓는다. 또 사람이 죄를 짓고 있음이 확실하므로 영혼들이 자유의지를 갖고 있음도 확실하다. 하나님도 당신의 종들이 자유롭게 당신을 섬기는 편이 더욱 좋다고 판단하셨으니, 자유에 의해서가 아니라 필연에 의해서 섬긴다면 참 섬김이 아니다.[12]

---

10) Augustine, "De Duabis Animabus, contra Manichaeos," N.F.P.F. first series, Vol. IV, 10, 14.
11) Augustine, "De Duabus Animabus, contra Manichaeos," 11, 15.
12) Augustine, *De Vera Religiones*, xiv, 27.

따라서 칭찬받을 만한 행복한 삶도 인간의 자유의지에 의한 것이고 수치스럽고 불행한 삶을 사는 것도 인간의 자유의지에 의한 것임을 강조하게 된다.[13] 사람의 행복과 불행이 자유의지에 달려 있음을 말한다. 특히 어거스틴은 하나님이 자유의지를 주신 것은 선행을 행하고 행복하게 살게 하기 위함인데 이 자유의지를 잘못 사용함으로써 죄를 짓고 악을 가져오게 된다는 것이다. 그래서 어거스틴은 '자유의지는 항상 자유롭지만 항상 선한 것은 아니다(Semper voluntas est libera, sed non bona)'라며 중도적 선(intermediate good)을 주장하고, 죄를 범하고 악을 행한 인간이 다시 선을 행하려면 은총의 도움을 받아야 한다고 강조한다.

어거스틴 자신이 그의 『회고록 Retractions』에서 회고하였듯이 당시에는 그 논쟁에서 나타난 주제가 그런 까닭에, 이 논문에서는 선민을 예정하시고, 자신의 자유로운 선택의 자유를 활용하는 자들 가운데서 그들의 의지를 준비해주시는 하나님의 은총에 관하여 논의하지 않았다.[14]

그래서 펠라기안들이 이 논문에 나타난 어거스틴의 입장이 자신들의 자유의지론과 일치한다고 주장하게 되었다. 그러나 어거스틴은 펠라기우스주의와의 논쟁에서 펠라기안적 자유의지론을 철저히 공격한다. 그 이유는 펠라기안들이 선재적 은총으로 회복된 자유의지가 아니라 인간의 본성으로서의 자유의지를 강조하기 때문이다. 그래서 어거스틴은 펠라기우스주의자들이 하나님의 은총의 여지를 남겨두지 않고 자유의지를 주장하는 이단이라고 공격한다.[15] 어거스틴은 이 논문에서 펠라기우스주의자들을 공격한 것이 아니라 마니교도들을 공격한 것이지만, 그럼에도 불구하고 어

---

13) Augustine, *De Libero Arbitrio*, I, xiii, 28.

14) Augustine, *Retractions*, I, ix, 2.

15) Augustine, *Retractions*, I, ix, 3.

거스틴 자신이 이 논문에서 하나님의 은총에 대하여 전적으로 침묵하지 않았음을 또한 강조한다.

어거스틴은 계속하여 "하나님의 은총에 의해 자유의지 자체가 그것이 빠져 있는 죄악의 속박에서 해방되고, 그 악을 극복하도록 도움을 받지 못한다면, 인간은 결코 의롭고 거룩하게 살아갈 수 없다"[16]고 해석한다. 결국 은총의 중요성을 자유의지에서도 강조함을 알 수 있다. 은총이 먼저 선재적으로 역사하지 않으면 자유의지는 제대로 선을 실천할 수 없다는 것이다. 어거스틴의 "자유의지에 관하여" 제2권과 제3권에 갇혀진 자유의지와 은총의 선재성이 나타나 있다.

2. 도나티스트와의 논쟁기 속에 나타난 은총 이해(394-417년)

394년 "로마서의 몇 가지 논제에 대한 주석(Expositio Quarundam Propositionum ex Epistola ad Romanos: 394-95)"을 쓰기 시작하여 417년 "도나티스트의 부패에 관하여(De Correctione Donatistarum Liber seu Epistola)"(417)를 쓰기까지의 기간 동안 어거스틴은 인간의 의지의 무력함과 선재적 은총으로 선행을 향한 의지의 활동이 가능함을 강조하고, 오직 '우리를 의롭다 하시는 은총'에 의해서만 인간구원이 가능함을 주장하며 객관적 은총(imputation)의 중요성을 강조하여 도나티스트의 주관적 은총(impartation)을 공격한다. 다시 말해서 성직자의 도덕적 거룩성이 은총의 수단이 되지 않고 은총의 효력을 나타내지도 않고 은총은 오직 그리스도에 의하여 주어짐을 강조한다. 이 당시에는 인간을 의롭다 하시는 의인화의 은총이나 인간

---

16) Augustine, *Retractions*, I, ix,4.

을 거룩하게 하시는 성화의 은총이 모두 수동적이며 객관적임을 주장하면서, 의인화와 성화의 능동적 주관적 요소를 강조하는 도나티스트와 논쟁한다.

1) 사효론(事效論)

어거스틴은 도나티스트와의 논쟁에서 성부와 성자와 성령의 이름으로 세례를 베푸는 은총의 객관적 사건이 세례를 베푸는 성직자의 거룩성과 도덕성(인효론)보다 더 중요하며 세례의 성결을 강조하는 도나티스트에게 세례보다 성령으로 거듭나는 은총을 받는 것이 더욱 중요함을 역설하고, 객관적 신앙고백이 성례전보다 더욱 중요하며, 복음의 말씀으로 세례받는 것은 영원히 능력을 나타내고 어디서나 타당하기에(validity) 다시 세례를 베풀 필요가 없음을 강조한다. 성부와 성자와 성령의 이름으로 행해지는 성례전은 어떤 사람에 의해서도, 마음과 생활이 선하게 변화되지 않은 사람에 의해서도 오염될 수 없으며, 인간의 도덕성에 의해 좌우되지 아니하는 하나님의 은총의 객관적 타당성과 능력이 중요하다. 즉 성례전의 사건 자체가(per se) 타당성을 발휘하는 것이며(ex opere operato), 어떤 인간이나(per hominibus) 어떤 성직자의 도덕적 능력이나 인격(per ministrium)에 의해서가 아닌 오직 그리스도의 권능으로(per potestatem) 타당성이 인정됨을 믿는다는 것이다. 삼위일체의 이름으로 행해지는 성례전의 타당성은 교회 안에서나 밖 어디에서든 인정되지만 그 효력성은 교회 안에 들어와야 함을 강조한다. 따라서 박해 시에 배교한 성직자들에게 세례나 성찬을 받은 사람들이 다시 교회로 돌아올 때 다시 세례를 받을 필요가 없음을 주장한다.

2) 교회론

도나티스트는 교회는 성결한 무리들만 모이는 공동체요, 죄인들은 공동체에 들어올 수 없음을 말하나, 어거스틴은 교회 속에 '보이는 교회(visible church)'와 '보이지 않는 교회(invisible church)'가 함께 있고 알곡과 쭉정이가 함께 있음을 강조한다. 심판 이전에 인간이 감히 누가 쭉정이요, 알곡인지를 정죄할 수 없음을 주장함으로써, 교회의 일치(unity)와 사랑(bond of love) 곧 우주적 공교회(catholicity: 共敎會) 정신을 강조한다.

3) 은총론

어거스틴은 롬 7:7-25 해석에서 인간의지의 무력함과 은총에 의한 인간의지의 해방을 강조한다. 그러나 인간의 자유의지가 무력하긴 하여도 완전히 파괴되지 않고 다만 죄와 율법 아래 갇혀 있는 상태이다.

> '원함은 내게 있으나'라고 말하는데 어찌 바울이 그것(의지)을 제거하겠는가? 사실 실제적 원함은 확실히 우리의 능력에 속하는 것이다. 선을 행하는 능력이 우리에게 없다는 것은 부분적으로는 원죄에 따른 결과이다 … 우리가 믿음으로 자신을 하나님께 복종시킬 때, 우리의 창조주이신 하나님의 은총이 우리를 그로부터 해방시키는 것이다.[17]

어거스틴은 죄악의 죄책의식과 능력에서 벗어나는 길은 그 자신의 능

---

17) Augustine, *Retractions*, I, ix, 4. 19. Augustine, "De Diversis Questionibus ad Simplicianum," I, 1st Quest. 11.

력으로는 불가능하고 믿음으로 하나님께 복종할 때 하나님의 은총으로 해방되는 것이라 하였다. 인간의 자유의지가 선을 행하기를 원하는 것도 하나님의 선재적 은총으로 가능한 것이다.

어거스틴은 계속하여 롬 9:10-29 주석에서 선택을 칼빈처럼 미리 기름부으심(foreordination)으로 설명하지 않고 예지(foreknowledge)로 해석한다.

> 하나님은 야곱이 자기의 자유의지로 믿게 될 것을 미리 아시고, 그의 예지로 인해 아직 태어나지도 않은 자를 의롭게 하시기 위하여 선택하셨다는 말인가? 선택이 예지에 의한 것이고, 하나님이 야곱의 믿음을 예지하셨다면, 결국 하나님이 야곱의 행위를 보시고 그를 선택하신 것이 아니라고 어떻게 증명하겠는가?[18]

결국 하나님은 인간의 믿음과 선행까지도 예지하시고 그를 선택하신다는 것이다. 다시 말해서 하나님이 먼저 선재적으로 구원과 선택의 뜻을 가지시고 우리에게 다가올 때 우리의 원함과 달음박질도 가능하게 된다는 것이다.

> 너희도 얻도록 이와 같이 달음질하라는 말씀도 있다. 하지만 우리가 원하는 것을 얻고 바라는 것에 도달하는 것은, 원하는 자도 아니고 달음박질하는 자도 아니고 오직 긍휼히 여기시는 하나님으로 말미암는다.[19]

여기서 어거스틴의 선재은총의 이해를 강하게 찾아볼 수 있다. 어거스

---

18) Augustine, "De Diversis Questionibus ad Simplicianum," I, 2nd Quest. 5.
19) Augustine, "De Diversis Questionibus ad Simplicianum," I, 2nd Quest. 10.

틴은 신인협조적 구원 이해를 말하되 펠라기우스적 신인협조(인간의 본성적 자유의지에 의한 선행 50%, 거기에 대한 하나님의 은총의 응답 50%)가 아니라 후대 웨슬리에게서 강조된 선재적 은총에서 나오는 복음적 신인협조설(evangelical synergism)처럼 하나님의 먼저 다가오시는 선재적 은총 100%, 거기에 대한 인간의 자유의지적 응답 100%로 구원을 이루어가심을 말한다. 하나님이 원하시는 바를 원함의 능력은 하나님의 것임과 동시에 우리들의 것이기도 하다. 그것은 하나님이 부르신다는 점에서 하나님의 것이고, 부름을 받았을 때 우리가 따른다는 점에서 우리의 것이다.[20] 이것은 '하나님 아버지께서 일하시니 나도 일한다'는 요 5장의 말씀을 근거로 선재적 은총을 해석하는 웨슬리의 해석과 대동소이하다.

어거스틴은 이와 비슷한 시기인 397-400에 쓴 『고백록 De Confessiones』에서 자신의 내면 속에서 싸우는 두 의지의 대립과 갈등이 은총으로 극복되는 것을 고백하고 있다. 인간은 다른 사람이 아닌 바로 나 자신의 의지의 쇠사슬(mea ferrea voluntas)에 묶이게 되는데, 그것은 왜곡된 의지(voluntas perversa)로부터 욕망(libido)이 생겨나고, 욕망의 종노릇을 하다가 습관이 생겨나고 그 습관에 저항하지 못하여 필연성(necessitas)이 생겨나기 때문이다. 그리고 그 필연에 의해 인간은 강한 예속상태(dura servitus)에 사로잡히게 되는 것이다.[21]

그런데 하나님을 예배하고 즐기려는 새로운 의지(voluntas libera)가 생겨나지만, 그것이 강한 예속상태에 사로잡힌 옛 의지를 극복할 수가 없어서 인간의 내면 속에 두 가지 의지 즉 옛 의지(una vetus)와 새 의지(alia nova), 육적 의지(carnalis)와 영적 의지(spiritalis)가 서로 충돌하고, 그 불화로 인하여

---

20) Augustine, "De Diversis Questionibus ad Simplicianum," I, 2nd Quest. 10.
21) Augustine, De Confessione, VIII, v. 10.

영혼을 분열시킨다고 보았다.[22]

그러나 이런 갈등은 마니교적 이원론에 의해 나오는 것이 아니라 선의 상실과 타락과 부패 때문에 인간에게 다가오게 되었음을 고백하며, 그런 까닭에 시간 속에서 탄식하는 인간에게 영원한 현재이신 그리스도께서 다가오실 때 영원한 생명과 구원이 가능하다고 하였다. 어거스틴은 그리스도의 은총의 주입만이 그를 온갖 불안과 좌절에서 해방시켜 하나님 품에 안기는 영원한 안식과 평화를 누리게 됨을 고백하였다.

3. 펠라기우스파와의 논쟁기 속에 나타난 은총 이해(412-430)

어거스틴이 412년에 쓴 "영과 문자 *De Spiritu et Littera*"에서 루터를 비롯한 종교개혁자들에게 지대한 영향을 미치게 된 은총 곧 수동적·객관적으로, 주입되고 전가되는 은총(imputation)의 개념이 나타난다. 어거스틴 자신이 후에 회상하는 『회고록 *Retraction*』에서, 이 "영과 문자"에서 '경건치 못한 자를 의롭다 하시는 하나님의 은총'을 거부하는 자들(펠라기우스주의자들)과 논쟁하였다고 언급하였다.[23] 또한 인간은 이생에서(in this life) 완전히 의로워질 수 없음을 강조하였다고 고백한다.[24]

어거스틴은 여기에서 성령의 역사는 의(righteousness)의 역사로서 성령을 통하여 우리가 의를 행하게 하신다고 강조한다.[25] 그 성령의 의롭게 하

---

22) Augustine, *De Confessione*, VIII, v, 10.

23) Augustine, "De Spiritu et Littera," N.P.N.F., First Series, Vol. V. 80.

24) Augustine, 80.

25) Augustine, 96.

시는 역사는 '의의 옷(vestment of righteousness)'을 입히시는 수동적 은총(義認化: imputation)의 역사다.[26] 어거스틴은 고후 5:5에 나오는 말씀을 인용하면서 우리의 장막집(육체)이 무너지면 성령의 역사로 하늘로부터 오는 새로운 집(신령한 몸)으로 옷 입는 것과 같다고 해석한다.[27]

어거스틴은 의롭다 하심은 전적으로 성령의 역사로서 우리에게 주어지는 하나님의 선물임을 강조한다. 의인화는 율법의 선행으로 의로워질 수 없고, 오히려 예수 그리스도를 믿는 신앙을 통하여 이루어짐을 주장한다.[28] 하나님의 의를 모르는 사람들(펠라기우스주의자들)은 그들 자신의 의를 성취하려 하고 하나님의 의(iustitia Dei)에 자신들을 복종시키려고 하지 않는다. 어거스틴은 '의롭다 함을 얻게 하는 믿음은 인간의 의지인가? 하나님의 선물인가?'라는 질문을 던진다. 믿음이 인간 자신의 능력 안에 있지만, 믿는 것조차 그것을 주시는 분은 하나님이시다. 인간이 원하고 의지하는 것은 모두 하나님으로부터 온다는 것이다. 그는 하나님으로부터 오지 않는 의지가 없음을 강조한다.[29]

어거스틴은 한 걸음 더 나아가 그리스도 안에서 우리가 의로워지고 그리스도를 통하여 의로워진다(made righteousness)고 해석한다. 그리스도의 형상으로 우리의 본성마저도 의로워지는 주관적 은총 곧 의인화(義人化, impartation)의 역사도 강조한다.[30] 루터는 이 논문에서 객관적·수동적 의인화(義認化, imputation)를 발전시켰으나, 웨슬리는 주관적·능동적 의인화

---

26) Augustine, 96.
27) Augustine, 96.
28) Augustine, 104.
29) Augustine, 107.
30) Augustine, 96.

(impartation)까지도 발전시켰다. 이 주관적·능동적 의인화(義人化)가 곧 성화다. 이 성화는 인간의 자유의지의 참여를 배제하지 않고 자유의지를 공허하게 하지 않는다. 은총은 자유의지를 세우고, 자유의지에 의해 율법이 성취된다. 그것이 곧 성화이다.[31] 은총에 의해 영혼이 치유되고, 영혼의 건강에 의해 죄의 질병으로부터 해방되고, 은총이 자유의지를 치유함으로써 의지가 자유롭게 의를 사랑하고 사모하게 된다.[32] 심지어 어거스틴은 이 세상 삶에서의 완전, 곧 완전성화의 가능성을 인정한다.[33] 그러나 완전 실현의 현실성은 인정하지 않는다. 매순간 성화의 은총 없이는 우리가 또한 죄악과 욕망(concupiscentia)을 이길 수 없다. 상처 나고, 다치고, 피해입고, 파괴된 인간 본성이 하나님의 은총 없이는 회복될 수 없다. 은총은 우리의 본성을 파괴하는 것이 아니라 우리의 본성을 회복시키고 재창조한다.[34] 하나님의 은총이 아니면 죄를 피하고 극복하고 이길 능력이 안 생긴다.[35]

어거스틴은 426년 혹은 427년에 쓴 "은총과 자유(De Gratia et Libera)"에서도 계속해서 은총과 자유의지의 관계를 논하였다. 그는 이 논문에서 자유의지를 부인하면서 은총을 유지하는 것을 경고하고, 은총을 부인하면서 자유의지를 유지하는 것도 경고한다. 은총은 우리의 공로에 의해서 주어지지는 않지만, 믿고 기도하는 인간의 선행적 선한 의지의 공로에 따라서 주어짐을 강조한다. 또한 우리가 계명을 성취함에 있어서 결코 간과할 수 없는 사랑마저도 하나님 자신으로부터 옴을 어거스틴은 주장한다.[36]

---

31) Augustine, 106.
32) Augustine, 106.
33) Augustine, 85.
34) Augustine, 142.
35) Augustine, 145.
36) Augustine, "De Gratia et Libero Arbitrio," N.P.N.F., Vol. V, 443.

선행이 없으면 신앙은 구원을 위해 충분하지 않음을 어거스틴은 역설한다. 야고보서에서 강조하듯이 어거스틴은 "사랑으로 역사하는 믿음(faith which works by love)"을 중요하게 생각하고, 사랑으로 역사하는 믿음은 그 선행과 함께 영생을 보상받는다고 해석한다.[37] 계속해서 어거스틴은 흥미있는 질문을 던진다. "영생은 값 없이 주시는 은총인가? 사랑의 봉사에 대한 상급인가?" 영생은 은총인 동시에 사랑의 봉사에 대한 상급임을 강조한다.[38] 따라서 어거스틴은 웨슬리와 함께 믿음은 구원의 출발(initial salvation)로써 구원의 필요조건이요, 사랑의 선행은 구원의 완성(final salvation)을 위한 충분조건임을 강조한다. 그러므로 어거스틴에게 있어서 의인화(justification)는 단순하게 전적으로 은총이요, 영생은 상급이요 동시에 은총이다.[39] 그러나 선행 자체도 하나님의 은총이나 왜냐하면 우리는 그리스도 없이는 아무것도 행할 수 없기 때문이다. 또한 자유의지는 은총을 통해 율법의 요구(사랑의 선행)를 실천할 도움을 받는다.[40] 이것이 곧 성화의 과정이다. 은총과 자유의지의 관계를 어거스틴은 아래의 문장에서 잘 묘사한다.

너희 안에 선한 일을 시작하신 그 분은 예수 그리스도의 날까지 이루실 것이다. 그러므로 그분은 우리가 의지하도록 우리 없이 일하신다. 그러나 우리가 의지할 때, 행동하기 위하여 의지할 때, 그분은 우리와 함께 협동하신다. 그러나 우리는 그분의 도움 없이는 아무런 경건한 선행도 행할 수 없다. 우리가 의지하는 행위도 우리가 의지하는 협동도.[41]

---

37) Augustine, 451.
38) Augustine, 451.
39) Augustine, 451.
40) Augustine, 457.

여기서 어거스틴은 선재적 은총 · 신인협조 · 성화를 위한 선행을 강조하고 있다. 그리고 428년 혹은 429년에 쓴 "성도의 예정에 관하여(De Praedestinatione Sanctorum)"에서 예지예정론을 주장한다. "예정 없이 예지(foreknowledge)가 존재할 수 없을지라도, 예지 없이 예정이 존재할 수 있다. 왜냐하면 하나님은 그가 행동하려는 것들을 예정에 의하여 미리 알았기 때문이다."[42] 칼빈은 예정을 중요시하였으나 어거스틴은 예지를 중요하게 여겼다. 또한 하나님의 선택은 우리가 거룩하기 때문에 이루어지는 것이 아니라, 우리를 거룩하게 하기 위하여 이루어지는 것이라고 하였다.

하나님은 창세 전에 우리가 거룩하게 되기 위하여 선택하셨다. 하나님은 창세 전에 그리스도 안에서 그리스도의 교인들을 선택하셨다. 존재하지도 않은 그들을 예정하는 것 이외에 어떻게 선택하셨나? 그러므로 그는 우리를 예정하시므로 우리를 선택하셨다. 그는 거룩하지 않은 사람과 깨끗하지 않은 사람들을 선택하셨나?[43]

깨끗하고 그렇지 않고가 문제가 아니라 우리를 성결한 사람이 되게 하기 위해서 선택하셨다고 강조한다. 선택은 또한 믿음보다도 앞선다. 믿음이 있어서 선택하는 것이 아니라 선택하셨기에 믿음이 생긴다.
이것을 다시 의인화의 은총 · 성화의 은총 · 예정의 은총으로 정리하여 보면 다음과 같이 요약할 수 있을 것이다.

---

41) Augustine, 458.
42) Augustine, "De Praedestinatione Sanctorum," N.P.N.F., Vol. V, 507.
43) Augustine, 525.

1) 의인화의 은총

(1) 객관적 은총(Imputation): 412년에 쓴 "영과 문자"에서 수동적으로, 객관적으로 주입되고 전가되는 은총(imputation)의 개념을 강조함으로써 의롭다 하시는 하나님의 은총을 거부하는 자들(펠라기우스주의자들)과 논쟁하였다. 마 20: 1 이하에 나오는 포도원 일꾼의 비유를 통하여 누구에게나 똑같이 주어지는 의롭다 하심의 객관적·수동적 은총을 해석한다.

(2) 수동적 옷 입히심: 성령의 역사는 의(righteousness)의 역사로서 성령을 통하여 우리가 의를 행하게 하신다고 강조하고, 그 성령의 의롭게하시는 역사는 의의 옷(vestment of righteousness)을 입히시는 수동적 은총(義認化: imputation)의 역사로서, 고후 5:5에 나오는 말씀을 인용하면서 우리의 장막 집(육체)이 무너지면 하늘로부터 오는 성령의 역사로 새로운 집(신령한 몸)으로 옷 입는 것과 같다고 해석하였다.

(3) 하나님의 선물: 의롭다 하심은 전적으로 성령의 역사로서 우리에게 주어지는 하나님의 선물이며, 의인화는 펠라기우스주의자들처럼 율법의 선행으로 의로워질 수 없고 오히려 예수 그리스도를 믿는 신앙을 통하여 이루어진다. 하나님의 의를 모르는 사람들(펠라기우스주의자들)은 그들 자신의 의를 성취하려고 하고 하나님의 의(iustitia Dei)에 자신들을 복종시키려고 하지 않는다. 믿음은 하나님의 선물인데, 그 이유는 인간이 원하고 의지하는 것은 모두 하나님으로부터 오며 하나님으로부터 오지 않는 의지가 없기 때문이다.

(4) 그리스도의 은총을 통한 의: 우리는 그리스도 안에서 의로워지고 그리스도를 통하여 의로워진다(made righteousness)고 해석하고, 그리스도의 형상으로 우리의 본성마저도 의로워지는 주관적 은총 곧 의인화(義人化: impartation)의 역사도 강조한다. 이것은 자연히 성화의 개념으로 이어진다.

2) 성화의 은총

(1) 의인화(義人化): 주관적 능동적 의인화(義人化)가 곧 성화이며, 성화는 인간의 자유의지의 참여를 배제하지 않고 자유의지를 공허하게 하지 않는다. 은총은 자유의지를 세우고(establish), 자유의지에 의해 율법이 성취된 은총에 의해 영혼이 치유(healing)되고 영혼의 건강(health)에 의해 죄의 질병으로부터 해방되고, 은총이 자유의지를 치유(cure)하므로 의지가 자유롭게 의를 사랑하고 사모하게 된다.

(2) 완전 성화의 비현실성: 이 세상 삶에서의 완전, 곧 완전 성화의 가능성(possibility)을 인정하나 완전 실현의 현실성(actuality)은 인정하지 않는다.

(3) 성화와 선재적 은총: 413년에 쓴 "자연과 은총에 관하여(De Natura et Gratia contra Pelagium)"에서 '선재적 은총(preventing grace)'과 '뒤따르는 은총(subsequent grace)'이란 용어를 사용한다.

> 우리는 그 일(의롭다 하심)을 행하시는 그분과 함께 동역하는 친구(fellow-worker)이다. 왜냐하면 그의 자비가 우리보다 앞서기 때문이다. 우리가 치유되도록 그가 앞서신다. 그러나 치유된 우리가 건강하고 강하게 자라도록 우리의 뒤를 따르신다. 우리를 부르기 위해 우리보다 앞서신다. 그러나 우리가 영화롭게 되기 위해 우리를 따르신다. 우리가 거룩한 삶(성화)을 살도록 우리보다 앞서 일하신다. 그러나 우리가 항상 그와 함께 살도록 우리를 뒤따르신다. 왜냐하면 그분 없이 우리는 아무것도 할 수 없기 때문이다.[44]

---

44) Augustine, "De Natura et Gratia," N.P.N.F., First Series, V, 133.

선재적 은총이 먼저 역사할 때 우리가 의로워지고 치유되고 속죄함을 얻지만, 그러나 그분과 함께 거룩하게 살고 영화롭게 변되되기까지 성화를 이루려면 우리의 자유의지가 활동해야 하며, 그렇게 성화를 추구하도록 우리 뒤에서 우리를 도우신다.

(4) 영적 치유와 성장의 성화: 매순간 성화의 은총이 없이는 우리가 죄악과 욕망을 이길 수 없고, 또한 상처나고, 다치고, 피해입고, 파괴된 인간 본성이 하나님의 은총이 없이는 회복될 수 없다. 은총은 우리의 본성을 파괴하는 것이 아니라 우리의 본성을 회복시키고 재창조하며, 하나님의 은총이 아니면 죄를 정복하고 극복하며 이길 능력이 생기지 않는다.

(5) 성화를 위한 신인협력(Divine-human cooperation): 어거스틴은 슥 1:3의 말씀 "내게로 돌아오라, 그리하면 내가 너희에게 돌아갈 것이다"에서 펠기우스주의자들은 우리의 자유의지가 먼저 하나님께 돌아가면 하나님도 우리에게 돌아오시는 은총을 베푸시는 것처럼 생각하며, 인간이 구원의 은총을 받기 위해 주도권을 갖는 것처럼 오해한다고 지적하고, 요 6:65 "아버지께서 이끌지 아니하시면 아무도 내게로 올 수 없다"는 말씀을 인용하면서 하나님의 선재적 은총이 아니면 아무도 주님께 나올 수 없음을 강조한다. 여기서 은총의 우위성을 강조하면서 그 선재적으로 역사하는 은총은 자유의지를 배제하지 않음을 주장한다.

(6) 성화를 위한 신앙과 선행의 관계: 어거스틴은 선행이 없는 신앙은 구원을 위해 충분하지 않다고 역설한다. "사랑으로 역사하는 믿음"을 중요하게 생각하고, 이러한 믿음은 그 선행과 함께 영생을 보상받는다고 해석한다.

3) 예정의 은총

(1) 예지예정론: 428년 혹은 429년에 쓴 "성도의 예정에 관하여(De Praedestinatione Sanctorum)"에서 예지예정론을 주장한다. 칼빈은 예지가 아닌 예정을 중요시 여겼으나 어거스틴은 예지를 중요하게 여긴다.

(2) 거룩하게 하기 위한 예정: 하나님의 선택은 우리가 거룩하기 때문에 이루어지는 것이 아니라, 우리를 거룩하게 하기 위하여 이루어진다.

(3) 단일예정론(single predestination): 어거스틴은 구원받을 자의 예정에만 관심을 보이지, 멸망당할 자의 예정에는 별로 관심을 보이지 않는다. 그러나 칼빈은 이중예정을 발전시켰다.

(4) 보존의 은총(perseverance): 어거스틴은 예정된 성도들을 끝까지 지키시는 보존의 은총을 또한 강조한다. 결코 다시 타락하지 않는다는 것이다.

(5) 부드러운 폭력(soft violence): 어거스틴은 하나님의 예정은 부드러운 폭력과 같음을 주장한다.

(6) 예정과 자유의지: 어거스틴은 예정과 인간의 책임성으로서의 자유의지의 역할을 함께 강조한다. 특히 『하나님의 도성 *De Civitate Dei*』에서 하나님의 역사섭리와 예정을 강조하면서도 인간의 의지에 의한 역사의 발전을 동시에 강조한다.

C. 역사와 시간 이해

1. 하나님나라의 실현

(1) 일원론적 역사창조: 무로부터의 선한 창조(bonum creatio ex nihilo), 하나님만이 세계와 역사의 유일한 원인이요, 창조자라고 어거스틴은 주장한다. 앞에서 살펴보았듯이 어거스틴은 마니교의 이원론적 창조론을 비판한다.

(2) 타락의 역사: 인류는 이기적 사랑(amor sui: selfish love)으로 인하여 타락의 역사를 만들었다. 그 이기적 사랑에 의한 세상왕국의 건설자는 아벨을 쳐 죽인 카인이었다고 어거스틴은 해석한다.

(3) 하나님의 사랑과 섭리: 하나님의 사랑만이 인류를 구원하려는 섭리로 나타난다. 십자가는 이 사랑과 섭리의 극치를 보여준 역사적 사건이다.

(4) 사랑을 통한 인류사회의 통일: 하나님의 사랑에 의해 종교, 정치, 경제, 도덕, 사회생활, 그리고 문화의 통일을 지향하는 역사(proximus homini est omnibus homo)를 희망한다. 어거스틴은 하나님의 사랑은 서구문명과 중세 기독교사회(Christendom)의 기초가 되었다고 이해한다.

(5) 사랑을 통한 인간의 사회성: 참 역사는 사회적 형태로 시작된다고 보며(역사의 단위는 civitas로 해석하고), 기독교적 사랑을 통한 사회적 자유의 실현을 어거스틴은 강조한다.

(6) 직선적 목적론적 역사관(linear teleological history): 역사는 하나님의 사랑이 온전히 실현되는 하나님의 도성의 최종승리로 진보함을 강조한다.

(7) 진보의 과정: 어거스틴은 역사의 과정을 유아기(infancy), 소년기

(childhhood), 청년기(youth), 청장년기(early manhood), 중장년기(later manhood), 노년기(old age) 등의 여섯 단계의 발전으로 이해한다. 또한 어거스틴은 역사를 크게 3단계로 보기도 한다. 첫째, 유아기(Childhood)는 율법 이전의 시대(before the law)이고, 둘째 장년기(manhood)는 율법 아래(under the law)의 시대이며, 셋째 노년기(old age)는 은혜 아래 있는 시대(under the grace)이다. 여기서부터 요아킴(Joachim of Floris), 헤겔, 마르크스 등의 역사진보론이 나오게 되었다.

2. 역사의 이중구조

(1) 두 가지 사랑: 하나님의 도성(civitas Dei)의 정치적 기초는 황금율, 세상왕국의 정치적 기초는 자아교만과 이기주의이다. 자아사랑을 거부하는 하나님 사랑(amor Dei usque ad comtemptum sui)과 하나님 사랑을 거부하는 이기적 사랑(amor sui usque ad contemptum Dei), (De Civitate Dei, XIV, 28, 404)이 역사 속에서 갈등을 일으킨다.

(2) 두 가지 영광: 인간의 영광(hominibus gloriam)과 하나님의 영광(gloriam Dei)이 서로 대립하며 갈등을 일으킨다.

(3) 두 가지 능력: 인간의 능력(illa in suis potentibus diligit virtutem suam: 그 자신의 능력을 사랑하는 인간적 능력)과 하나님의 능력(diligam te, Domine, virtus mea: 나의 힘이 되신 주님, 내가 당신을 사랑합니다, 시 18:1)이 대립한다. 사랑으로 역사하는 믿음만이 역사의 원동력이다.

(4) 두 지혜: 자기숭배에서 나오는 지혜와 하나님 예배에서 나오는 지혜가 역사 속에서 서로 대립한다.

(5) 두 종류의 인류: 인간의 욕망을 따라 사는 인간(qui secundum

hominem vivunt)과 하나님의 소욕에 따라 사는 인간(qui secundum Deum vivunt)이 대립한다. 어거스틴은 갈 5:17에 근거한 성령의 소욕과 육체의 소욕의 싸움을 역사의 두 갈등의 요소로 보았다.

(6) 두 왕국의 설립자: 창 4:17에 근거하여 카인은 세속도성의 설립자이고, 아벨은 하나님의 왕국의 설립자이다. 카인은 동물처럼 사는 존재(quod animale)요, 아벨은 영적 존재(quod spirituale)이다.

(7) 두 과정: 세속 도성(civitas terrenae)은 카인 — 에녹 — 바벨탑 — 하갈 — 이스마엘 — 앗수르 — 바빌론 — 그리스 — 로마로 이어지며 발전한다. 하나님의 도성은 아벨 — 셋 — 노아와 그의 가족 — 아브라함과 이삭 — 모세의 율법히브리 민족 — 다윗 왕 — 기독교회로 이어지며 발전한다.

3. 하나님의 도성과 교회

(1) 하나님의 도성의 지상의 모습: 교회는 하나님의 도성의 현존적 실체, 지상의 모습, 순례하는 공동체이다.

(2) 무천년설(amillenium): 교회는 그리스도의 통치(regnum Christi)요, 하늘나라의 통치(Ergo ecclesia et nunce est regnum Christi regnumque caelorum)라고 어거스틴은 이해한다. 이것이 중세에서 황제와 교황이 서로 권력을 잡아서 그리스도의 통치의 왕국을 만들려는 욕심으로 발전하게 되었다.

(3) 미래적 초월적 승리: 교회는 역사의 종말에 최종승리를 가져온다.(요계 20:4)

4. 세속도시로서의 국가

(1) 부정적 해석: 어거스틴은 세속정부는 죄의 조직화로 이해하며, 제국주의를 비판한다.(III. 10, IV. 3, 15)

(2) 긍정적 해석: 왕의 거룩한 직책을 강조하며, 왕의 의무는 정의를 실현하고, 신적 능력을 드러내며, 영원한 행복을 이룩할 사명이 있음을 어거스틴은 주장한다. 국가의 본질과 기초는 정의라고 이해하고, 정의가 없으면 국가가 존재하지 않는다고 보았다. 왕이 있는 곳에 공공복지가 있어야하며, 참 정의는 하나님께 대한 참 사랑과 참 예배를 일으킨다고 보았다. 참 민주적인 하모니는 하나님과의 참 사랑의 교제를 성취시킨다. 그러나 국가를 하나님 나라와 동일시하지는 않았다.

5. 역사와 인간의 책임성

(1) 관계 속에 있는 인격(persona): 인격은 하나님과의 관계와 타자와의 관계 속에 있다. 인간의 인격은 홀로 고독하게 존재하지 않는다고 어거스틴은 이해한다. 하나님과 인간관계에 있어서 인격의 움직임과 변화에 따라서 역사를 창조하고 만들고 발전시킨다.

(2) 변화하는 인격과 역사의 변화: 변화하는 인격은 변화하는 직선적 역사를 만든다. 다른 사람과의 사회적 조화, 다른 종교와의 사회적 조화, 인류와의 사회적 조화가 역사를 만드는 요소가 된다. 행위와 명상 사이에서 인간의 인격은 역사적 순간을 결정짓는다.

(3) 역사의 중심 그리스도: 그리스도는 역사의 중심이며, 이기적 사랑의 역사를 하나님 사랑의 역사로 만드는 중심이고 하나님과 인간의 참여에

의하여 역사를 만들어가는 중심이다.

6. 시간 이해: 『고백록 De Conffesiones』 제11권

(1) 실존적 시간 이해: 어거스틴은 내면적·도덕적·수직적·실존적 시간 이해를 가졌다. 시간은 현재의 직관(contuitus), 과거는 현재의 기억(praesentia de praeteritis), 미래는 현재의 기다림(preasentia de futuris)이다.

(2) 영원한 현재: 과거와 미래는 영원한 현재 안에서 창조되고 창조케 되었다.

(3) 영원과 시간의 질적 차이: 영원한 하나님 안에서 참 안식과 평화와 은혜를 체험하였다.

7. 종말론

(1) 무천년설: 어거스틴은 그의 『신국』 XX권 7-9장에서 티코니우스(Tyconius)의 무천년설을 수용하였다.

(2) 그리스도의 통치(regnum Christi): 『신국』 XX권 9장에서는 그리스도의 통치가 역사 속에서 실현됨을 강조한다.

(3) 림보(limbo)와 중간상태: 『신국』 XXI권 13장에서 벧전 3:18-20, 4:6을 언급하면서 영적 중간상태를 해석한다. 림보에 이르는 사람들은 예수이전의 구약성도들과 세례받지 못한 유아들이라고 어거스틴은 해석한다. 이것은 중세의 연옥설과는 다르다. 천국과 지옥, 그리고 그 중간상태를 어거스틴 이후 교회사에서 계속해서 논의해왔다.

2절_성 어거스틴 은총론이 종교개혁 신학에 미친 영향

A. 성 어거스틴의 의인화 은총 이해가 마르틴 루터에게 미친 영향

1. 공통점

옥스포드 대학교의 역사 신학 교수 알리스터 맥그레스(Alister E. McGrath)는 어거스틴과 루터의 의인화 사상이 '하나님의 의(義, iustitia Dei)' 개념에서 나왔음을 강조하며, 특히 이 '하나님의 의' 개념은 헬라적이 아니라 히브리적 전통에서 나왔음을 주장한다. 구약에 나타난 히브리적 하나님의 의는 하나님과 인간 사이의 계약관계에서 나타나는 구원론적 성격을 갖고 있다고 맥그레스는 해석한다. 다시 말해서 인간 자신이 의로운 것이 아니라 하나님의 구원론적 계약의 성실함과 사랑에 의해 값 없이 주시는 은총으로 의인화가 부어지고 전가된다는 것이다.[45]

이렇게 '하나님의 의'는 그의 사랑과 자비의 약속에 근거하기에 인간적 정의의 개념을 하나님에게 적용하는 것은 맞지 않다. 정의의 인간적 이해는 악에 대한 악의 보복, 선에 대한 선의 응답을 뜻하지만, 하나님은 악에 대해 선을 베푸신다. 사망에 해당하는 자에게 영생을 주시는 하나님의 자비를 '하나님의 의' 속에서 발견하게 된다. 하나님의 자비와 하나님의

---

45) Alister E. McGrath, "The Righteousness of God' from Augustine to Luther," *Studia Theologica*, Vol. 36, (Oslo, Universitetsforlaget: 1982), 64-65.

정의가 분명히 대립되는데도 불구하고, 하나님의 자비는 하나님의 정의에 근거하고 '하나님의 의'는 우리가 상급 받기에 해당되지 않음에도 최고의 선과 최고의 사랑으로 나타난다. 그래서 어거스틴은 키케로의 인간적 의의 개념을 비판한다고 맥그레스는 해석한다. 어거스틴에게 있어서 정의는 신적 의지와 의도에 대한 신학적·법적·도덕적 의미를 뜻한다.[46]

이러한 어거스틴적 해석이 중세 후기 어거스틴적 신학방법론으로 돌아가기를 주장했던 '현대적 방법(via moderna)' 학파 가브리엘 비엘(Gabriel Biel)을 통해 청년 루터에게 영향을 주어 루터의 초기 신학적 발전로 이어지고 있다.[47]

루터는 1545년 그의 라틴어 저술 편집 서문에서 '하나님의 의'의 계시가 어떻게 복음이 되는지를 몰랐는데 그것을 발견하게 되었음을 고백하였다.[48] 루터의 운명을 바꾸어 놓은 본문이 롬 1:17이다. 그 구절 전반부에 나타난 하나님의 의를 능동적인 의(active righteousness), 곧 심판하시고 정죄하시고 저주하시는 의로만 생각하고, 그 무서운 심판 앞에 죄인인 자신의 모습 때문에 큰 절망, 즉 죽음에 이르는 병(Krankheit zum Tode)에 빠지게 되었다. 그러나 그 말씀을 묵상하고 또 묵상하는 가운데 그 뜻이 전혀 다른 것을 발견하였고, 죄인을 무서운 공포와 절망에 빠뜨린 죽음에 이르는 병에서 해방되는 순간을 경험하였다. 능동적인 의(active righteousness)가 아니라 수동적인 의(passive righteousness), 곧 무조건 용서하시고 받아주시고 사랑하시는 하나님의 의임을 깨닫게 된 것이다.

십자가 사건을 통하여 우리에게 베푸시는 엄청난 용서의 은총을 믿기

---

46) McGrath, 66.
47) McGrath, 73.
48) McGrath, 73.

만 하면, 오직 믿음으로만 의롭다 하심을 수동적으로 낯선 손님 같은 의(aliena iustitia)를 옷 입게 된다는 사실을 바울의 롬 1:17뿐만 아니라 어거스틴의 "영과 문자"에서도 발견하게 되었다고 그의 라틴어 저술 편집 서문에서 고백한다.[49] 루터는 어거스틴이 그렇게 객관적으로 전가하시고 부어주시는 은총(imputation)을 모호하게 강조하였지만, 자신은 보다 분명하게 주장한다고 말한다.[50] 그래서 전에는 가장 미워하였던 롬 1:17을 이제는 가장 사랑하게 되었으며 파라다이스의 문이 되었다고 표현한다.[51]

루터는 인간의 능동적인 선행과 노력은 아무런 효과가 없고, 인간의 이성으로 자연 속에 나타난 하나님의 능력을 이해하는 중세 스콜라주의적인 사변도 하나님의 의와 사랑을 온전히 발견할 수 없으며, 오직 십자가의 은총을 믿을 때에만 구원이 가능함을 강조하면서 "우리의 신학은 오직 십자가뿐이다(crux est sola nostra theologia)"라고 한다.[52] 이러한 신학적 전환의 회심 체험이 일어난다. 루터의 서재가 탑에 있었으므로, 이것을 '탑의 경험(Turmerlebnis)'이라고도 부른다.[53]

탑의 경험에서 그가 체험한 수동적·객관적 주입의 의롭다 하심을 바울과 어거스틴의 신학에서 배우고 있음을 고백한 글을 각주에서 소개해본다.[54] 이 고백에서 의롭다 하심의 은총은 법적이고(forensich) 우리 밖에서

---

49) Martin Luther, *Luther's Works*, (St. Louis: Concordia Publishing House, 1987), Vol. 34, 336-37. 이하 *LW*로 표기함.
50) *LW*, Vol. 34, 336-37.
51) *LW*, Vol. 34, 337. Mcgrath, 336.
52) Martin Luther, *Dr. Martin Luther's Werke*, Kritische Gesamtausgabe, (Weimer, 1883~), 5. 176. 32-3. 이하 *WA*로 표기함.
53) *WA* 54, 179-87. Alister E. McGrath, *Reformation Thought*, (Cambridge, MA: Basil Blackwell, 1988), 73.

(von aussen) 주입되는 은총(eingegossenen Gnade: gratia infusa)이라고 해석한다.[55]

이렇게 탑의 경험에서 고백한 대로 "영과 문자"와 바울의 롬 1:17에서 영향을 받았을 뿐만 아니라, 시편 제1강해 동안 '하나님의 의'의 개념을 새롭게 발견하게 된다. 시 70편과 71편 주석에서 '하나님의 의'는 곧 구원이며 그리스도를 믿는 신앙(fides Christi)임을 강조한다.[56] 로마서 자체보다 시편과의 씨름에서 이런 변화를 가져오고 있으며, 몇 년 후에 로마서를 강해할 때는 이미 하나님의 의의 새로운 해석을 확실하게 보여주고 있다. 따라서 어거스틴과 루터는 다음과 같은 3단계로 의인화의 논리를 전개한다.

(1) 인간은 죄인이다(Man is a sinner).
(2) 하나님은 의로우시다(God is just).
(3) 그러므로 하나님은 인간을 의롭다 하신다(God justifies man).[57]

하나님은 그의 의 안에서 죄인인 인간을 의롭다 하신다. 따라서 어거스틴과 루터에게 있어서 '하나님의 의'는 인간의 의와 아주 거리감이 있는 것이다. 결국 어거스틴과 루터는 인간이 하나님께 의롭다 함을 얻기 위하여 인간적 개입을 하는 것에 불만을 표시하는 결과로 구약의 히브리적 '하

---

54) *WA*. 54, 186.
55) Von Reinhart Staatas, "Augustins 'De Spiritu et Littera' in Luthers reformatorischer Erkenntnis", *Zeitschrift fuer Kirchengeschichte*, Vol. 98, no. 1, (Verlag W. Kohlhammer Stuttgart Berlin Koeln Mainz: 1987), 35
56) *WA*. 3, 458. *WA*. 3, 463-4.
57) McGrath, "The Righteousness of God," 75.

나님의 의'로 돌아간다. 그래서 '하나님의 의'는 하나님의 구원 약속의 계약인 그리스도를 믿는 신앙이다. 그러므로 어거스틴이나 루터 속에서 이해된 의롭다 하심은 '의인화(義認化: imputaion)'이다.

2. 차이점

우리는 이제 새로운 질문을 던지게 된다. 과연 어거스틴이나 루터에게서 '의인화(義認化: imputation)'을 넘어서서 동방 희랍 신학전통에서 강조하는 '의인화(義人化: impartaion)'를 찾아 볼 수 있는가? 다시 말해서 신적 본성에로까지 참여하는 '신화(神化: deification, divinization)'의 개념이 있는가? 그리스도 안에서 우리의 변화를 위해 성령을 주시는 은총에 대하여 우리가 협력함으로써 신적 본성을 본받는 '성화(聖化: sanctification)'의 개념은 비단 동방교회 신학에서 뿐만 아니라 어거스틴 신학 속에서도 발견된다. 신적 생명과 본성에로의 인간참여는 창조질서를 회복하고 완성하는 것으로 어거스틴에게서도 중요한 주제가 되고 있다.

어거스틴은 특히 반펠라기우스(anti-pelagian) 논쟁 저술들 속에서 타락한 죄인인 인간과 의로우신 하나님과의 철저한 분리를 강조한다. 친교의 수여자이신 성령이 인간의 마음을 떠나버렸기 때문에 하나님과의 인격적 교제나 구원의 가능성이 없어졌다. 그럼에도 불구하고 반펠라기우스적인 글 속에서도 어거스틴은 한편으로는 하나님과 인간의 차별성과 거리감(distance)을 말하면서도, 또 한편으로는 우리의 성화를 도우시는 성령의 내주(dwelling) 안에서 하나님과 인간의 관계성(relationship)을 말한다.[58] 한편으로 어거스틴이 신적 생명에로의 참여로서 은총을 말할 때에 성도들을 격려하고 인도하는 그의 양무리들에 대한 목회적 양육(pastoral nurture)에 깊은 관심을 가진다.⁵⁹⁾ 또 한편으로는 예정과 인간의 무능을 말할 때 개인과 세계역사의 중심이신 하나님의 주권성과 구원의 역사에서의 하나님의 궁극적 승리에 관심을 가진다.⁶⁰⁾

루터는 그의 신비주의 저술편집 『독일 신학 Theologia Germanica』(1518)의 서문에서 어거스틴을 성경 다음의 두 번째 신학적 진리의 자료로 생각하였다.⁶¹⁾ 루터가 어거스틴으로부터 영향받은 신비주의적 신학은 한편으로 신성에 참여하는 성화를 확신하는가 하면, 또 한편으로 신적 본성에 참여하는 성화는 인간의 '전적 희망 없음'과 하나님께 대한 '전적 의존' 안에서 일어난다고 볼 수 있다.⁶²⁾

루터는 1519년 그의 "두 종류의 의(Two Kinds of Righteousness)" 설교에서 '낯선 의(alien righteousness)'는 전적으로 하나님에 의해서만 주어지고 순간적으로 주어지지만,⁶³⁾ 한 순간에 완성되지는 않고 점진적으로 증가하고 점진적으로 죽음을 통하여 완성되어진다고 확신한다. 낯선 의는 또한 우리 속에 '속성적 의(proper righteousness)'를 생산한다. 우리 자신을 십자가에 못 박고 하나님께 가까이 나아가고 이웃을 사랑함으로써, 이 의가 죄를 파괴하고 그리스도의 본을 따르고 그와 같이 변화하게 한다. 그러므로 루터는

---

58) Patricia Wilson-Kastner, "On Partaking of the Divine Nature: Luther's Dependence on Augustine," *Andrews University Seminary Studies*, Vol. 22, no. 1, (Andrews University Press: Spring 1984), 115.
59) Patricia Wilson-Kastner, 115
60) Wilson-Kastner, 116
61) ed. Martin Luther, *The Thelogia Germanica of Martin Luther*, trans. Bengt Hoffman, (New York, 1980), 54
62) Wilson-kastner, 118
63) Martin Luther, "Two Kinds of Righteousness," ed. John Dillenberger, 88.

하나님과의 관계적 변화(relative change)만을 말하지 않고, 실제적 변화(real change)도 배제하지 않는다.[64]

루터는 1515년 시 82:6의 "너희들은 신들(gods)이다"를 주석할 때, 하나님의 자녀로서 하나님과의 관계를 말하는 것이지 신적 속성을 말함이 아니라고 해석한다.[65] 그러나 1530년 제2시편 강해에서는 하나님의 말씀을 통하여 성결과 신성을 소유함을 해석한다. 하나님의 부르심의 말씀 때문에 진실로 참으로 신적 속성에 참여함이 가능하다고 강조한다.[66]

1523년에 베드로 후서 주석에서 루터는 벧후 1:4에 약속되어진 '신적 속성에의 참여자(partakers of divine nature)'라는 표현은 신약과 구약에서 유일한 것으로 해석한다. 어떻게 우리는 신적 본성에 참여할 수 있는가? 루터는 오직 믿음을 통해서만 가능하다고 해석한다. 믿음을 통하여 얻어지는 신적 속성을 루터는 다음과 같이 설명한다. "무엇이 신적 속성인가? 그것은 영원한 진리 · 정의 · 지혜 · 영원한 생명 · 평화 · 기쁨 · 행복, 그리고 무엇이든 선하다고 불리워질 수 있는 것이다."[67] 다시 말해서 신적 본성에 참여하는 자는 영생, 기쁨, 그리고 하나님과의 평화를 누릴 수 있다. 그리고 그는 악마와 죄와 죽음에 대항할 수 있도록 순수하고 깨끗하고 의롭고 전능하다. 하나님이 영원한 진리와 영원한 생명을 가지고 계신 것처럼 크리스천도 영원한 진리와 생명을 소유한다. 루터는 그러한 풍부한 속성은 우리의 선행이 아니라 오직 믿음을 통하여 가능함을 강조한다.[68]

---

64) Martin Luther, "Two Kinds of Righteousness," 88-89.
65) "Psalm 82," *LW*. Vol. 11, First lectures on the Psalms II, 110-11. 115.
66) "Psalm 82," *LW*. Vol. 13, Selected Psalm II, 71.
67) "Sermons on the Second Epistle of St. Peter," in *LW*. Vol. 30, 155.
68) *LW*. Vol. 30, 155.

어거스틴은 신적 속성에로의 인간참여가 선행을 통하여 가능함을 강조하는데, 성령을 통하여 우리 마음에 사랑이 부어지기 때문이다. 성령은 사랑의 선행을 통하여 신적 생명에 참여하게 만드신다.[69] 그러나 루터는 1535년 창세기 주석에서 창조와 구속을 구분지으면서 하나님의 형상을 회복시키는 구속의 복음은 우리 안에 더 나은 창조를 이루는 변화를 의미하며 이러한 변화는 신앙을 통하여 은총으로만(by grace through faith) 가능하다고 하면서 은총의 절대적 우위성을 강조한다. 인간 본성의 변화는 사랑에 의해서는 불가능하고 신앙으로만 가능하다고 한다(not by love but by faith).

3. 종합과 분석

어거스틴과 루터의 은총 이해의 공통점과 차이점을 다음과 같이 몇 가지로 종합적으로 분석해서 말할 수 있다.

첫째, 어거스틴의 의인화의 은총 이해를 재발견하면서, 토마스 아퀴나스적 중세 스콜라주의의 선행의인화(善行義認化: justification by works) 사상을 비판하면서 종교개혁 신학을 발전시킨 루터는 오직 신앙으로만(sola fide) 의롭다 하심(信仰義認化: justification by faith)을 얻는다는 교리를 주장하였다.

둘째, 루터는 또한 어거스틴으로부터 객관적·수동적 의인화의 주입(imputation)을 영향받았다. 의롭다 하심은 능동적·주관적으로 쟁취하는 것이 아니라, 그리스도의 십자가의 은총으로 말미암아 값 없이 거저 옷 입혀지는 것이다.

셋째, 한편으로 은총의 주입을 말하면서도, 또 다른 한편으로 신적 은

---

69) Wilson-Kastner, 122.

총의 활동에 대해 저술할 때 어거스틴이나 루터나 신적 본성에로의 참여를 생각하고 있다. 어거스틴과 루터 둘 다 신적 생명의 나눔 안에서 크리스천이 성장함과 신적 의로움에 참여함을 믿고 있으나, 루터는 어거스틴 만큼 본성적 의로움의 성화를 신학의 중심으로 두지는 않는다.

넷째, 어거스틴과 루터 모두 본성적 죄(inherent sin)와 본성적 선함(inherent goodness)을 말하고 있으나, 루터는 본성적 선함에 이르는 길은 인간의 어떤 가능성에서는 불가능하고 오직 하나님과 인간을 연결시키는 것은 하나님에 의하여 주어진 믿음으로만 관계 회복이 가능하다고 주장한다. 그러나 어거스틴은 신앙만이 아니라 성령에 의해 역사하는 사랑의 행위도 신적 본성 회복에 영향을 미침을 강조한다. 다시 말해서 신의 은총이 신적 본성 회복의 근원이요 출발점이지만, 인간의 책임적 참여를 배제하지 않는다는 것이다. 다시 말해서 루터는 구원의 과정에서 인간의지의 노예신세(servum arbitrium)를 강조함으로써 인간의 무력함을 주장한 반면에, 어거스틴은 구원의 과정에서 인간의지의 참여를 말한다. 왜냐하면 어거스틴은 은총에 의해 인간의 의지가 갇혀진 상태(liberum arbitrium captivatum)에서 해방된 자유의지 상태(liberum arbitrium liberatum)로 회복되기 때문이다.

다섯째, 의인화가 성화와 신화에 이르는 은총의 존재론적 차원을 어거스틴은 분명하게 취급하지만, 루터는 분명하게 취급하지 않는 두 가지 이유가 있다. 첫째 이유는 유명론적 신학훈련 때문이다. 어거스틴처럼 신적 본성에로의 참여개념을 루터가 근본적으로 취급하지 않는 이유는 신적생명과 하나님 안에서의 본성적 변혁의 언어는 '오직 은총으로만(sola gratia)'의 상황 안에서만 사용될 수 있다. 루터는 본성적으로나 은총에 의해서나 하나님 안으로의 본성적 참여의 존재론적 근거에 대해서 참으로 관심갖지 않는다. 루터는 마지막 날에 종말론적으로 심판받을 세상을 향해 값 없이 주시는 하나님의 은총을 설교한다. 또 다른 두 번째의 이유는 루터의 목회적 상황과 당시의 역사적·종말론적 상황이 어거스틴의 상황과 아주 다르다. 이러한 목회적·역사적 상황의 차이가 루터로 하여금 어거스틴 만큼 신화, 즉 신적 생명과 본성의 참여를 강조하지 않게 한 것이다.

여섯째, 결국 루터는 은총의 박사 어거스틴으로부터 의인화 은총(imputed justification)의 영향을 강하게 받았으나, 어거스틴처럼 의인화(imparted justification)로까지 총제적으로(holisitic) 종합하지는 않았다. 물론 루터도 의인화를 강조하는 것이 사실이지만 어디까지나 의인화(義認化)의 수직적 영성(imputation)의 기초 위에서 부차적으로 언급하는 것이지 어거스틴처럼 수평적 영성(impartaion)도 동등하게 취급하지는 않는다. 다시 말해서 루터의 성화론이나 신화론은 그의 의인화론만큼 강한 신학적 핵심주제는 아니다. 그렇다고해서 극단적 루터주의자(high Lutheranism)처럼 루터에게서 성화론을 아주 배제해서도 안 된다.

결론적으로 루터는 어거스틴의 다양한 은총 이해 중에서 의인화의 은총의 개념에 가장 강하게 영향받아 어거스틴을 통하여 바울의 신앙의인화론을 다시 부활시켰다고 할 수 있다. 그것이 루터로 하여금 종교개혁의 기치를 들게 만든 원동력이다. 결국 바울의 재발견이요, 어거스틴의 재발견이며, 역사의 재발견이다. 루터에게서 다시 재현된 어거스틴 신학을 한마디로 요약하여 표현한다면 '의로워진 죄인(simul justus et peccator)'이다. 곧 법적으로 의롭다 하심을 인정받고, 간주받고, 인치심을 받았으나 죽을 때까지 계속 죄 지을 가능성이 남아 있는 죄인이다.[70]

---

70) James F. McCue, "Simul iustus et peccator in Augustine, Aquinas, and Luther: Toward Putting the Debate in Context," Journal of the American Academy of Religion, Vol. 48, March 1980, 81-96.

B. 성 어거스틴의 예정 이해가 존 칼빈에게 미친 영향

1. 공통점

칼빈은 그의 저술에서 그 자신의 신앙고백을 위해 어거스틴을 최대한 많이 인용해야 만족스럽다고 고백한다.[71] 칼빈은 "어거스틴은 우리의 전부이다(Augustinus … totus noster est.)"[72] 라고 표현한다. 또한 그의 『기독교강요 Institutio Religionionis Christianae』에서 "우리는 어거스틴의 모든 전집을 다 언급할 수는 없었으나, 독자에게 그의 말씀보다 나은 다른 말씀들을 사용할 경우를 찾을 수 없었다는 것은 쉽게 보여줄 수 있었다"[73]고 말한다. 칼빈 자신은 단순히 어거스틴의 가르침을 회복하고 있다고 믿었고 어거스틴으로부터 떠나는 것을 망설였다. 그가 어거스틴의 입장을 반대할 때는 이름을 밝히지 않고 주장하였고 공공연히 어거스틴을 비판할 때에도 그에 대한 존경심을 보여주고 있다.[74] 레인(A.N.S.Lane)은 칼빈이 어거스틴에게 신학적 권위를 부여하는 네 가지 이유를 언급한다. 첫째, 칼빈 자신과 어거스

---

71) John Calvin, *Concerning the Eternal Predestination of God*, trans. with an Introduction by J.K.S.Reid, (London: James Clarke & Co., 1961), chap. IV. 이하 Predestintion으로 표기함.
72) John Calvin, *Predestination* 63.
73) John Calvin, *Institutes of Christian Religion*, (Grand Rapids: WMB Eerdmans Publishing Company, 1983), III-xxiv-1, III-xxiii-1, III-xxi-5 이하 *Institutes*로 표기함.
74) A. N. S. Lane, "Calvin's Use of the Fathers and the Medievals," *Calvin Theological Journal*, Vol. 16, no. 2, November, 1981, 171.

틴의 가르침이 매우 친숙했는데 칼빈의 사상은 어거스틴주의의 부활이기 때문이다. 둘째, 16세기 서방교회에서는 로마 가톨릭 학자들이나 칼빈의 논적 루터파 학자들도 모두 어거스틴을 가장 위대한(par excellence) 교부로 생각했기 때문이다. 셋째, 칼빈은 어거스틴이 초대 교회의 가르침에 대한 가장 좋은 안내자요, 초대 교회 고전성에 대한 가장 위대한 증인이라고 생각했기 때문이다. 넷째, 어거스틴은 칼빈의 회심에 영향을 미쳤기 때문이다.[75]

칼빈은 이렇게 신학과 교리해석에 있어서 어거스틴에게 절대적인 권위를 부여하였다. 그러나 성서주석에서는 어거스틴의 알렉산드리아 학파적 알레고리적 해석을 비판하고 오히려 크리소스톰(John Chrysostom)의 안디옥 학파적 문자적 해석을 좋아하였다. 특히 크리스스톰의 신약해석을 즐겨 사용하였다.[76]

칼빈은 어거스틴처럼 성서적 예정교리를 믿는다고 확신하였고, 어거스틴의 예정교리를 단순히 다시 서술한다고 생각하였다.[77] 어거스틴은 "예정된 자의 숫자는 정해져 있다. 아무리 교회가 성장하여도 하나님나라에 들어갈 자들의 숫자는 항상 똑같이 남아 있을 것이다"라고 말한다.[78] 칼빈은 타락한 인간은 그의 구원을 성취함에 있어서 그 자신이 어떠한 주도권도 가질 수 없고 오히려 하나님이 구원의 주도권을 갖고 무조건적이고(unconditional) 불가항력적이며(irresistable), 끝까지 보존하시는(persevering) 예

---

75) Lane, 172.
76) Lane, 172.
77) Larry D. Sharp, "The Doctrine of Grace in Calvin and Augustine," *Evangelical Quarterly*, Vol. 52, April-June, 1980, 90.
78) Augustine, *De Corruptione et Gratia*, 13.

정의 은총으로 부르신다는 어거스틴의 확신을 분명하게 공유하고 있다. 이러한 불가항력적 은총의 개념은 어거스틴으로부터 배운다. 어거스틴에게 있어서 은총은 불가항력적이며, 주어진 은총은 인간의 의지로 거부할 수 없다.[79]

이러한 어거스틴과 칼빈의 예정 교리의 핵심은 하나님의 절대적인 주권(sovereignty)에서 출발한다. 인간은 타락하여 구원을 위해 아무런 노력도 할 수 없기에 하나님의 주권에 의한 구원의 주도권을 강조한다. 또한 아담의 죄와 사망은 우리 모든 인간의 죄와 사망으로 이어짐을 강조한다. 칼빈의 예정교리는 어거스틴이 주장한 하나님의 전능을 강조하면서도 어거스틴보다 하나님의 영광을 더욱 강하게 보존한다. 하나님의 전능은 칼빈에게는 추상적이지 않고 구체적이다.[80] 창조의 모든 콘트롤에 있어서 하나님의 영광을 강조한다.[81]

어거스틴과 칼빈은 공통적으로 원죄교리의 핵심을 확신한다.[82] 양자는 모두 우리 죄악의 본성은 욕망(concupiscentia)에 있다고 주장한다. 이 욕망은 이기적 욕망(amor sui) · 성적 욕망 · 하나님 사랑(amor Dei)의 결핍으로 묘사된다. 마땅히 치유되어야 하는 상처로서, 이 상처와 질병은 하나님의 은총에 의해서만 치유된다는 것에 어거스틴과 칼빈의 견해는 동일하다.[83] 특히 어거스틴은 그의 저서 『하나님의 도성 *De Civitate Dei*』에서 역사를 이기적 사

---

79) Gonzalez, 45.

80) Mark E. Vanderschaaf, "Predestination and Certainty of Salvation in Augustine and Calvin," Reformed Review, Vol. 30, no. 1, Autumn 1976, 4.

81) Vanderschaaf, 4.

82) Sharp, 85.

83) Sharp, 85.

랑에 의해 지배되는 세상왕국(civitas Terrenae)과 하나님의 사랑에 의해 지배되는 하나님의 도성(civitas Dei)의 대립과 갈등관계로 해석한다. 결국 이기적 사랑의 세상왕국은 멸망하지만, 하나님의 사랑의 신국은 최종 승리를 이룬다는 목적론적 역사관으로 역사를 해석한다. 물론 이 역사 속에도 하나님의 사랑이 지배하는 알곡적 요소가 교회 안에서 나타나기에 교회는 그리스도의 통치(regnum Christi)가 실현되는 신국의 치상의 모습(representative of kingdom of God)이다. 그러나 하나님의 통치(regnum Dei)가 완전히 실현되는 하나님 나라는 아니다. 그 이유는 알곡적 요소도 있지만 역사와 교회 속에 쭉정이적 요소 곧 이기적 사랑이 여전히 존재하기 때문이다.

2. 차이점

칼빈은 예정과 함께 구원의 확실성과 확신을 강조한다. 그러나 어거스틴은 예정은 강조하지만 구원의 확실성과 확신을 함께 강조하지는 않는다고 샤프(Shaff)는 강조한다.[84] 반더샤프(Vanderschaaf)도 칼빈은 예정교리와 하나님의 은혜로운 목적에 대한 확실성과 확신의 요구를 연결시키지만, 어거스틴은 예정은 인간의 눈에는 여전히 신비롭고 알 수 없는 은총으로 이해한다고 해석한다.[85] 이렇게 예정은 알 수 없는 은총이기에 구원의 확증의 원인으로 보지 않는다. 그러므로 어거스틴은 성도의 보존과 견인의 은총(perseveranting grace)을 강조하면서도 이러한 하나님의 보존의 은총을 받기 위해서는 두려움과 떨림으로 구원을 희망하고 기도해야 한다고 했다.

---

84) Vanderschaaf, 1.

85) Vanderschaaf, 4.

그 이유는 우리는 교만으로 넘어질 수도 있고, 사탄의 사자에 의해 삼켜질 수도 있기 때문이다.[86] 그러나 칼빈에게서는 이러한 보존의 은총을 위한 기도나 두려움과 떨림의 노력이 필요 없다. 창세 전에 하나님이 그리스도 안에서 우리를 택하신 신앙에 기초하기 때문이다. 그리스도가 나에게 수천 번의 확증 이상이라고 강조한다.[87]

또한 어거스틴은 구원과 관계되는 예정만을 말하고 멸망받을 자의 예정은 강조하지 않는다. 유스토 곤잘레스(Justo Gonzalez)가 주장하는 대로 어거스틴은 단일예정론(single predestination)을 말한다.[88] 곤잘레스는 어거스틴에게 있어서 "하나님은 인간이 죄를 범하도록 혹은 멸망에 이르도록 예정하지 않는다(God does not predestine man to sin or to damnation)"고 해석한다.[89] 또한 유진 테셀레(Eugene TeSelle)도 어거스틴은 구속의 예정만을 말하였고 인간의 멸망과 타락의 예정은 말하지 않았음을 이렇게 말한다. "우리가 예정의 문제를 취급하는 것은 오직 구속의 역사와 관련지어서만 말해야 한다."[90] 또한 미국 위스콘신 주 메디슨 시(Madison,Wisconsin)에서 개최된 어거스틴의 성직안수 1600년 기념 국제회의에서 영국과 이탈리아와 미국에서 온 국제적인 학자들이 "어거스틴과 칼빈"이란 주제토론에서, 어떤 학자들은 칼빈이 어거스틴으로부터 이중예정과 타락 전 예정을 발전시킨 것은 어

---

86) Augustine, "On the Predestination of the Saints," N.P.N.F. first series, Vol. 5, chap. 23.
87) Calvin, *Predestination*, chap. VIII.
88) Justo L. Gonzalez, *A History of Christian Thought*, Vol. II, (Abingdon Press: Nashville, 1971), 46-47.
89) Gonzalez, 46.
90) "Eugene TeSelle, *Augustine the Theologian*", (New York: Herder & Herder, 1970), 319.

거스틴을 바로 읽은 것이라고 하지만, 많은 학자들은 "어거스틴은 단일예정을 가르쳤으나 칼빈이 그것을 이중예정으로 경직시켰다고 말했다(It is commonly said that Augustine taught single predestination and that Calvin hardened it into double predestination)."[91] 고 위스콘신 대학교 역사학 교수 로버트 킹덤(Robert M. Kingdom)은 보고하였다.

어거스틴은 예정을 우리를 구속하시고 구원하시는 하나님의 자비와 사랑에 국한해서만 강조하고 있다. 그리고 어거스틴은 구원받을 자의 예지(foreknowledge)를 말하지만, 구원받을 자와 멸망할 자의 미리 기름부으심(foreordination)을 말하지는 않는다. 그러나 칼빈은 구원받을 자와 멸망받을 자의 미리 기름부으심까지도 강조하는 이중예정론(double predestination)을 말한다. 자비의 차원에서만 예정을 말하는 것이 아니라 심판의 차원에서도 예정을 말하는 것이다. 칼빈은 어거스틴을 넘어서서 그 자신의 유기교리를 첨가한다. 칼빈은 인간 구원에 있어서 인간의 어떤 가능성도 배제한다. 오직 하나님의 주권—하나님의 능력과 뜻에 의해서만 인간 구원이 가능함을 강조한다. 마치 토기장이가 한 그릇은 귀하게, 한 그릇은 천하게 그 뜻대로 만드는 것처럼, 하나님께 모든 인간 구원의 가능성이 달려 있다는 것이다. 그래서 칼빈은 어거스틴의 구원받을 자의 예정(single predestination)을 발전시켜 한 걸음 더 나아가 구원받을 자의 예정과 멸망 받을 자의 예정도 말하

---

91) Robert M. Kingdom, "Augustine and Calvin," *Saint Augustine the Bishop*, (ed.by FannieFannie LeMoine), (New York: Garland Publishing, Inc., 1994), 178.

92) Ioanis Calvini, *Institutio Religionis Christianae*, (Brunsvigae: Apud C. A. Schwetschke et Filium, 1869), III-xxiv-1, III-xxiii-1, III-xxi-5 이하 *Institutio*로 표기함. 존 칼빈 지음, 이종성 외 공역, 『기독교강요』, (서울: 생명의 말씀사, 1991), 중권(Vol. III) 24장-1절, 중권(Vol. III)-23장-1절, 중권(Vol. III)-21장-5절. *Institutes*, III-XXiV-I, III-XXiii-I, III-XXi-5.

는 이중예정론을 말한다.[92] 칼빈에게서 유기교리는 점차적으로 중요하여 『기독교강요 Institutio Religionionis Christianae』 마지막 판까지 그의 이중예정의 교리에서 예정을 정의한다. "하나님은 그의 자비에서 어떤 자는 영생의 희망으로 양자 삼으시고, 어떤 자는 영원한 죽음에로 정죄한다"[93]

그리하여 칼빈은 인간의 예정은 그의 탄생과 창조 이전으로 소급한다. 칼빈은 예정을 하나님의 인류창조의 첫 목적에로 끌고 간다. 어떤 자들은 자비롭게 구원받도록 결정하신다고 확신하는가 하면, 모든 사람들은 동등한 조건으로 창조되지 않고 다르게 창조되었다는 것이다.

모든 사람들은 동등한 조건으로 창조되지 않았다. 오히려 영생은 어떤 사람들을 위해 미리 기름부어졌고, 영원한 정죄는 또 다른 사람들을 위해 미리 기름부어졌다. 그러므로 어떤 사람이 두 목적 중에 어느 하나에로 창조된 것처럼, 우리 그 사람에 대해서 생명에로 예정되었는지 혹은 죽음에로 예정되었는지를 말한다.[94]

그러므로 칼빈은 타락전 예정설(supralapsalismus)을 강조한다. 하나님은 아담의 타락 이전에 모든 인간종족(the whole human race)과 모든 개인(every individual)에게 무엇이 일어나야 하는지를 영원히 예정하셨다고 주장한다.[95] 그러나 어거스틴은 창조 이전으로까지 소급하지 않는다. 타락한 인간을 구원하도록 예정하신다는 타락 후 예정설(infralapsalismus)을 강조한다.[96] 칼빈은 강하게 악을 행할 것까지도 허락하셨다고 주장하고 멸망할 자까지 예정

---

93) *Institutes*, III, 21, 5.

94) *Institutes*, III, 21, 5.

95) John Calvin, *Predestination*, chap. VIII, 5.

96) Mark E. Vanderschaaf, "Predestination and Certainty of Salvation in Augustineand Calvin," *Reformed Review*, Autumn 1976, Vol. 30, no.1, 1.

하셨다고 주장함으로써 하나님을 인간의 죄악과 타락의 책임자로 만들고 있다. "아무도 하나님이 그가 창조되기 이전에 어떤 목적으로 운명지어지 도록 미리 아셨다는 것을 부인할 수 없다. 하나님의 명령에 의해 그가 기름 부어졌기 때문에 하나님은 미리 아셨다는 것을 아무도 부인할 수 없다"[97] 그러면서도 한편으로 칼빈은 자범죄를 짓는 것은 인간의 자유의지 때문이라고 이율배반적으로 강조한다. 멸망의 원인과 기회는 인간의 의지에 달려 있다는 것이다.[98] 그런가하면 인간의 죄악행위는 하나님의 섭리와 인간의 지의 실수라고 양면적으로 표현한다.[99] 결론적으로 죄악의 먼 원인(原因: remote cause)은 하나님이고, 가까운 근인(近因: proximate cause)은 인간의지다.[100] 또한 예정의 먼 원인도 하나님이시고, 가까운 근인도 인간의지라고 해석한다.[101] 멸망당할 자가 정죄되는 이유는 하나님께 대항하는 교만과 거역의 자유의지적 행동이라고 해석한다.[102]

그러나 어거스틴은 하나님은 완전하시지만 악에 오염되지 않게까지는 할 수 없고, 또한 죄악된 인간성의 조건은 아담으로부터 나오는 것으로 하나님은 선의 가능성(posse non peccare)은 주셨으나 죄를 짓지 않게 할 수는 없었다고(non posse peccare) 주장한다.[103] 여기서 칼빈은 어거스틴을 비판하면서 어거스틴보다도 더욱 숙명론적으로 예정을 다음과 같이 해석한다.

---

97) *Institutes*, I. xv. 8.
98) *Institutes*, III. 23. 8. 『기독교강요』, III. 23. 8(중권 p.547)
99) *Institutes*, III. 23. 8. 『기독교강요』, III. 23. 8(중권 p.548)
100) 『기독교강요』, III. 23. 9(중권 548쪽)
101) John Calvin, *Concerning the Eternal Predestination of God*, chap. VII.
102) John Calvin, *Predestination*, VIII. 4.
103) Vanderschaaf, 2-3.

나는 지금까지 어거스틴으로부터 기쁘게 받아들였던 것과는 달리 여기서는 어거스틴의 사상을 반복하지 않을 것이다. 어거스틴은 죄와 악 속에는 어떠한 긍정적인 것이 없다고 생각한다. 왜냐하면 이것은 많은 사람들을 만족시킬 수 없기 때문이다. 그러나 나 자신은 또 다른 원리를 취한다. 인간에 의해 잘못되게 혹은 불의하게 행하여진 모든 것들은 하나님의 정의롭고 의로운 역사들이다.[104]

또한 칼빈에게 있어서 구원의 예정도 근인이 그들의 신앙일지라도, 원인은 하나님의 선택이라고 주장한다. 하나님에 의해 선택된 자는 믿게 되어 있다는 것이다.[105] 결국 칼빈은 하나님은 악에 대한 원수이며 또한 동시에 악의 원인이라는 역설을 주장한다.[106]

따라서 칼빈에게서 인간의 의지는 노예적이며, 성령이 없으면 자유가 없다.[107] 인간의지는 마치 두 기사 앞에 놓인 짐승 혹은 말과 같은 존재로서 성령이 타면 천국으로, 악령이 타면 지옥으로 달려간다.[108] 이렇게 칼빈은 의지의 노예신세(servum arbitrium)만을 강조하나, 어거스틴은 갇혀진 자유의지(liberum arbitrium captivatum)에서 해방된 자유의지(liberum arbitrium liberatum)로 변화시키는 은총의 역할을 말한다. 어거스틴은 구원의 선택과 예정을 위해 인간의 책임을 강조한다. 어떤 사람이 은총을 거절한다면, 그는 강요되지 않고 얼마든지 자유스럽게 자발적으로 그렇게 거부할 수 있

---

104) John Calvin, *Predestination*, chap. X, 7.
105) Calvin, *Predestination*, chap. VIII, 4.
106) Vanderschaaf, 4.
107) 『기독교강요』, II, 4, 1.
108) *Institutio* II-iv-1, *Institutes* II-iv-1, 『기독교강요』, 상권(Vol. II)-2부-4장-1절.

다. 어떤 사람이 하나님의 자비를 받아들이기를 선택한다면, 자유스럽게 자발적으로 그렇게 할 수 있다. 아무도 죄 짓기를 강요당하지 않고, 아무도 믿도록 강요당하지 않는다. 이런 관점에서 어거스틴은 자유의지는 원죄와 함께 폐기되지 않는다고 확신한다. 인간에게 폐기된 것은 불멸성과 함께 충만한 의를 소유하는 인간의 자유이다.[109]

그러나 자유의지는 항상 주권적 은총과 하나님의 능력 아래 있다. 그래서 자유의지의 훈련은 결코 하나님의 은총으로부터 떠나지 않는다. 의로운 삶과 신앙이 모두 하나님의 은총의 선물인 것처럼, 자유의지도 하나님의 은총의 선물이다. 따라서 어거스틴에게서 자유의지는 하나님의 능력과 은총에 의해서 주어진 또 하나의 선물이다.[110] 어거스틴은 "은총과 자유의지에 관하여(De Gratia et Libero Arbitrio)"에서 다음과 같이 선재적·은총적 의미에서의 자유의지를 말한다.

> 만일 우리가 의지하면, 계명을 지키는 것은 우리다. 그러나 그 의지는 주님에 의해서 준비되어 있다. 우리는 의지의 그러한 힘을 요구하지 않으면 안 된다. 우리가 의지할 때 의지하는 것은 우리다. 그러나 우리로하여금 선한 것을 의지하게 하는 것은 하나님이다. 우리가 행동할 때 행동하는 것은 확실히 우리다. 그러나 우리가 행동하게 만드는 것은 하나님이다. 우리의 의지를 움직이는 효과적인 힘을 사용함으로써.[111]

그러나 칼빈은 자유의지가 하나님의 영광을 도둑질하는 위험이 있다고

---

109) Augustine, "Against Two Letters of the Pelagians," N.P.N.F. Vol. V, 2, 5.
110) Sharp, 90.
111) Augustine, "De Gratia et Libero Arbitrio," N.P.N.F. Vol. V, 16, 32.

생각하고, 자유의지는 폐기되어야 한다고 강조한다.[112] 어거스틴은 은총에 응답하는 의지를 가능케 하는 하나님의 능력을 강조하지만, 칼빈은 구속의 과정에서 자유의지의 역할을 부정한다. 칼빈에게서는 은총을 받으면 성령의 노예가 되나, 어거스틴에게서는 자유의지가 회복된다. 타락하기 전에는 선의 가능성(posse non peccare)과 악의 가능성(posse peccare)을 갖고 있다가, 타락한 후에는 선의 가능성을 상실하고 악의 가능성밖에 남지 않는 상태가 된다. 그러나 다시 은총이 임하면 선의 가능성이 회복되고 동시에 악의 가능성도 죽을 때까지 남아 있다. 그래서 선행을 통한 성화의 삶이 계속 요구되는 것이다.

결국 어거스틴은 인간이 그의 선택에 있어서 얼마나 충분히 응답할 수 있는지를 강조하는 반면에, 칼빈은 인간이 어떻게 무능한지를 보여준다. 어거스틴은 하나님께서 선택한 자의 회심으로 자유의지를 자유하게 할 때까지 의지는 죄에 갇혀 있고 자유롭지 못하다고 강조한다. 그러나 칼빈은 어거스틴의 선재적 은총개념을 잘못 해석하여,[113] 회심과 성화는 하나님이 홀로 행하시는 필연성으로 해석한다.[114]

또한 타락의 해석에 있어서도 어거스틴과 칼빈의 차이가 나타난다. 어거스틴은 아담의 죄의 결과로 인간의 상처와 질병이 온 인류에게 이어진 것으로 해석하나, 칼빈은 아담의 죄의 결과는 인간의 질병 이상으로 인간의 멸망을 가져오게 되었다고 이해하고[115] 한 걸음 더 나아가 전적 타락과 부패(total depravity and corruption)를 가져오게 되었다고 해석한다.

---

112) *Institutes*, II, 2, 8.
113) 『기독교강요』, II, 2, 8.
114) *Institutes*, II, 3, 6.
115) Sharp, 85.

따라서 은총 이해도 달라진다. 어거스틴은 은총을 중보자를 통해 우리의 영적 상태를 치유하시는 약으로 이해한다. 그래서 선한 사마리아인의 비유에서 선한 사마리아인은 그리스도요, 상처를 치유하는 기름이요, 주막은 교회로 보았다고 교회라는 병원을 통해 성도들은 계속 치유받아야 성화된다고 강조한다. 이렇게 어거스틴은 은총을 성도 안에 주입된 치유의 능력(healing power)으로 보는 데 비해, 칼빈은 은총을 영혼의 약이라고 보지 않고 예수 그리스도를 통하여 일어나는 하나님의 행위라고 보며 하나님의 은총을 말할 때마다 그리스도를 언급하고 은총과 그리스도의 공로를 연결시킨다.[116] 성령도 우리를 그리스도와 연합시키고 연결시키는 줄이라고 해석한다.

또한 신앙과 선행의 관계 해석에 있어서도 어거스틴과 칼빈은 달라진다. 어거스틴은 신앙과 선행의 연속성을 강조하지만, 칼빈은 신앙과 선행의 불연속성을 강조한다. 어거스틴과 칼빈은 우리 자신의 능력으로 행하는 선행이나, 우리 자신의 영광을 위해 행하는 선행에 의해 구원받지 않음을 강조한다. 그러나 어거스틴은 선행을 배제하지 않는다. 다시 말해서 우리가 구원받는 곳에서 선행을 행하도록 우리를 도우시는 하나님의 능력과 은혜 곧 행동하는 신앙으로 구원받는다는 것이다. 그래서 어거스틴은 신앙과 선행에 날카로운 구분을 짓지 않는다. 어거스틴에게 있어서 구원은 전적으로 인간의 공로가 없는 하나님의 선물이지만, 하나님은 그가 선택한자에게 신앙과 행위와 공로의 선물을 주심으로써 구원을 성취한다고 해석한다.[117] 선택된 자들에게 신앙과 선행과 공로를 은혜로 선사하심으로써 구원받게 하신다는 것이다.

---

116) Sharp, 86.
117) Sharp, 87.

그러나 칼빈은 신앙과 선행을 구분짓는다. 그는 인간의 공로를 제거하는 것에 관심을 집중시킨다. 신앙만이 구원의 유일한 조건이며,[118] 신앙을 통해서만 하나님의 자비에 의해 주어지는 자유로운 의를 획득할 수 있다고 주장한다.[119] 의로운 선행은 우리를 의롭다 할 수 있고 구원할 수 있지만 우리에게 그러한 의로운 선행들이 결핍되어 있다는 것이다.[120] 그런데 칼빈은 하나님의 절대적 주권과 통치를 말하면서도 행동주의적 성화신앙을 강조한다. 누가 구원을 받았는지, 누가 하나님의 예정에 들었는지 알 수 없기 때문에 구원의 확신을 얻기 위해 선행을 실천해야 한다는 행동주의 신앙이 나오게 된다. 따라서 칼빈의 『기독교강요』 전체를 보면 예정론보다 성화론이 더욱 강조된다. 역사 신학자 제베르그(Reinhold Seeberg)나 워커(Williston Walker)도 그렇게 강조한다.[121] 칼빈은 우리의 성화의 채찍질로서의 율법의 적극적 역할, 곧 제3의 용법(tertius usus legis)을 강조한다.[122]

거기에 비해 루터는 율법이 죄를 깨닫게 하는 역할(제1의 용법)만을 한다고 주장한다. 그런 까닭에 칼빈은 성도가 율법의 요구에 따라 게으르지 않고 부지런히 행동해야 한다고 생각한다. 세속 직업이 하나님이 내게 주신 소명인 줄 알고 그 직업 속에서 확신을 얻으려고 하였다. 또한 그 직업 속에서 하나님의 영광을 드러낼 뿐 아니라 그 직업을 천국으로 만들어야 함

---

118) *Institutes*, III, 11, 1
119) *Institutes*, III, 11, 1.
120) *Institutes*, III, 11, 15.
121) Williston Walker, *John Calvin*, (New York: The kinker Bookes Press, 1906), 416. Reinhold Seeberg, *The Book of the History of Doctrines*, Trs. Charles E. Hay (Grand Rapids: Baker House, 1952), 407.
122) *Institutio* II-vii-12f: *Institutes*, II-vii-12f:『기독교강요』, 상권(2부: Vol. II) 7장 12절 이하.

을 강조한다. 이러한 금욕적 직업생활은 자본주의를 발전시켰다. 막스 베버(Max Weber)는 『개신교 윤리와 자본주의 정신』에서 자본주의가 발전한 나라들을 모두 조사해보니 칼빈주의 신앙이 강한 나라들임을 증명하였다.

칼빈의 성화(Sanctification)는 사회적 성화 운동으로까지 발전한다. 곧 제네바 시를 하나님의 뜻이 실현된 신정정치의 사회로 만들고자 했다. 많은 시련과 역경을 겪으면서(개 이름을 칼빈이라고 짓기까지 모욕을 당함) 인내를 갖고 사회적 성화 운동을 실천했고, 저속한 노래를 금지시키고 카드놀이도 금지시키며 76명을 귀양 보내고 58명을 처형시켰다. 그들의 죄는 간음죄, 칼빈 모독죄, 혹은 세르베트(Michael Servetus)의 삼위일체 부인죄 등이었다.[123]

루터는 두 왕국설을 주장하면서 하나님의 오른손 왕국(교회)과 왼손 왕국(국가)의 정교 분리를 강조했고 모든 권세는 하나님께로부터 왔기에 독재 권력에도 복종해야 한다고 생각했다. 그러나 칼빈은 교회의 주인도 그리스도요, 국가의 주인도 그리스도라고 생각하였다. 곧 세속국가도 그리스도의 뜻을 거슬러서는 안 된다고 하며 하나님의 통치가 교회와 국가 속에서 모두 실현되는 역사의 목표를 희망하였다.

정치적 왕국이 단순히 의식주에 관계된 현실생활에만 관심 갖는 것이 아니라, 시민들이 거룩하게 경건하게 존경받을 만하게 살도록 관심 가져야 하고,[124] 하나님에 의해 국가가 세워졌기에 국가는 하나님의 정의를 위해 봉사하여야 한다. 그러므로 똑같은 하나님의 권위와 통치가 시민법의 근거가 되어야 한다.[125]

---

123) Grimm, *The Reformation Era* 1500-1650, (New York: Macmilan Publishing Co, Lnc, 1973), 281-84.
124) *Institutio* III-xix-15: Institutes III-xix-15: 『기독교강요』, 중권(Vol. 3) 19:15.
125) *Institutio* IV-xx-1-2: Institutes IV-xx-31: 『기독교강요』, 하권(Vol. 4) 20:1-2.

따라서 칼빈의 구원론과 정치윤리에 있어서는 하나님의 통치와 주권이 아주 중요하다. 칼빈은 국가의 권위에 대한 복종의 문제에 있어서 두 가지의 예외를 주장한다. 첫째 최고 통치자(왕) 밑에 있는 관리들은 백성의 이익을 위해 변호하고 백성들을 대변해야 한다. 둘째 그리스도의 뜻과 법에 어긋난 모든 것에 복종해서는 안 된다. 칼빈은 신앙의 문제뿐 아니라 정치의 문제에 있어서도 통치자가 그리스도의 뜻을 거스를 때는 복종해서는 안 된다는 것이다.[126] 그 예로서 예레미야, 다니엘, 나단, 사무엘, 호세아 등 선지자들을 언급한다. 교회는 예언자적 사명감으로 불의한 권세에 굴복하지 않고 국가가 하나님의 말씀대로 발전하도록 가르쳐야 한다는 것이다. 칼빈의 이러한 사회적 성화신앙과 저항정신은 메리 여왕에게 항거했던 존 녹스, 히틀러 정권에 항거했던 디트리히, 본회퍼 등으로 이어졌다.

그러나 이러한 선행마저도 우리 안에서 역사하는 성령의 역사로 일어나는 것이지 우리의 의지로 실천하는 선행은 아니다. 어거스틴은 하나님의 은총이 역사함으로써 우리의 의지가 선행할 능력을 회복하여 은총에 책임적으로 응답함으로써 선행이 일어난다고 해석한다. 또한 칼빈에게는 선행은 구원의 조건은 되지 못하고 상급의 조건이 된다. 그러나 어거스틴에게는 신앙은 구원의 필수조건이지만 선행은 구원의 충분조건이 될 수 있다. 다시 말해서 구원의 출발은 믿음으로만 되지만 구원의 완성은 믿음뿐만 아니라 믿음과 행함으로 이루어진다는 것이다. 따라서 칼빈의 성화론은 루터처럼 어디까지나 은총의 주입(Imputation)의 성격을 지니지만, 어거스틴의 성화론은 은총의 주입의 차원을 넘어서서 본성의 변화(impartation)의 차원에까지 나아간다. 칼빈의 성화론은 율법의 제3의 용법을 루터보다 더 강조하지만 역시 루터적인 객관적·수동적 은총의 차원(extra nos: impartaion)을

---

[126] *Institutio* IV-xx-31 : Institutes IV-xx-31 : 『기독교강요』, 하권(Vol. IV) 20:31.

넘어서지 못한다. 여기서 칼빈은 어거스틴의 추종자였으면서도 어거스틴을 비판하는 표현을 하지 않을 수 없게 된다.

> 그 문제에 있어서 우리는 어거스틴의 견해를 전적으로 받아들일 필요가 없다. 어거스틴은 의에 대한 모든 신용을 인간으로부터 제거하고 의를 하나님의 은총에로 전가하지만, 그는 은총을 성화 아래 포함시킨다. 그는 성화에 의해 성령을 통하여 삶의 갱신으로 다시 태어난다고 강조한다.[127]

눅 18장 세리와 바리새인의 '기도비유 주석'에서 어거스틴은 바리새인의 잘못은 그가 의롭지 못하다는 것을 깨닫지 못한 것이라고 보았다. 세리처럼 용서의 자비를 간절히 울부짖지 못한 것이 그의 잘못이 아니라, 그의 의의 증가나 의의 완전을 위해 아무것도 원하지 않은 것이다. 즉 더욱 더 큰 은사를 구하지 않는 것이 잘못이라고 주석한다.[128] 여기서 어거스틴은 하나님이 그의 자비 안에서 우리 안에 있는 선을 취하시고 그것을 더욱 좋게 만드신다고 생각한다. 하나님은 우리의 죄된 질병을 치유하시고 영생으로 우리에게 상을 베푸신다. 다시 말해서 우리가 갖고 있는 어떤 의를 취하시고 그의 치유하시는 은총에 의해서 그것을 더욱 증가시키시고 우리가 구원받게 하신다. 그러나 인간은 성적 욕망(concupiscentia) 때문에 지상에서는 완전 성화가 불가능하고 죽음 이후에나 가능하다고 강조한다.[129] 이 세상

---

127) *Institutes*, III, 11, 15.
128) Augustine, "De Spiritu et Littera(On the Spirit and Letter)", *The Nicene and Post-Nicene Fathers*, Vol. V, (Grand Rapids, Michigan: Wm. B. Eerdmans Publishing Company, 1956), 13, 22. 이하 N.P.N.F로 표기함.
129) *Augustine*, "De Spiritu et Littera," 35, 62.

사는 동안에는 범죄 불가능성(non posse peccare: impossibility to sin)이 이루어질 수 없고 죽음 이후에나 가능하며 그리스도만이 범죄 불가능성을 갖고 사셨다고 해석한다.

칼빈은 '기도비유 주석'에서 바리새인의 잘못은 그가 전적으로 마음을 비우지 않은 것이라고 지적한다.[130] 우리 자신의 의를 드러내는 어리석은 의의 추구로부터 이런 잘못이 나타난다.[131] 하나님은 우리가 전혀 갖고 있지 않은 하나님의 자비, 그리스도의 의를 우리에게 주신다. 그리스도의 의는 전적으로 우리 밖에서 그리스도에 의해서 주어진다. 우리 자신의 의나 우리가 의롭게 사는 우리의 능력과는 전혀 상관없다.

3. 종합과 분석

(1) 어거스틴의 구원받을 자의 예정에 대한 주장은 칼빈에게로 직접 이어지고 있다. 칼빈의 예정론은 어거스틴에게 많은 빚을 지고 있다.

(2) 어거스틴이나 칼빈의 예정 이해는 인간의 의지로는 저항하거나 거부하기에 불가능한 불가항력적 은총(irresistable grace)을 강조한다.

(3) 어거스틴이나 칼빈에게서 예정은 하나님의 절대적 주권으로부터 나온다. 하나님의 능력을 강조하는 데서 예정은 출발한다. 그런데 칼빈은 어거스틴보다 한걸음 더 나가 하나님의 영광과 예정을 연결시킨다.

(4) 어거스틴과 칼빈 모두 인간의 원죄와 전적 타락에서부터 인간의 무능과 십자가를 통한 하나님의 사랑에서 예정을 논한다. 어거스틴과 칼빈은

---

130) *Institutes*, III, 12, 7.
131) *Institutes*, III, 12, 7.

인간구원의 예정은 하나님의 자비에서부터 나왔음을 함께 주장한다.

(5) 그러나 어거스틴은 하나님의 자비에 입각한 구원받을 자의 '단일예정'만을 말하지만, 칼빈은 하나님의 정의와 심판의 차원에서 멸망받을 자의 예정까지도 말하는 이중예정을 강조한다.

(6) 따라서 어거스틴은 하나님이 선만을 만드셨다고 강조하는 일원론을 주장하지만, 칼빈의 예정론은 하나님이 죄악과 멸망의 책임까지도 져야 하는 이원론적 성격을 띠고 있다.

(7) 그러므로 어거스틴의 예정론은 '타락 후 예정'을 수용하는 반면에, 칼빈은 '타락 전 예정'을 강조한다. 어거스틴은 타락한 인간에 대한 하나님의 사랑에 의해 그리스도의 십자가 사건이 계획되었음을 강조하지만, 칼빈은 하나님이 창조 이전부터 타락할 것 까지도 계획하시고 그리스도를 통한 구원을 예정하신 것으로 해석한다.

(8) 어거스틴은 예지(foreknowledge)에 관심을 더욱 집중시키고 멸망할 자와 구원받을 자의 미리 기름부으심(foreordination)에 관심을 갖지 않는 반면에, 칼빈은 미리 기름부으심에 대해 관심을 집중시킨다.

(9) 어거스틴은 우리의 본성 속에 의의 증가나 의의 충만이 가능함을 주장하는 성화론이 강하지만, 칼빈은 다만 의로움이 전가되고 부어짐을 강조한다.

(10) 어거스틴은 성화론 속에서 신앙과 선행을 다 함께 구원의 중요한 요소로 해석하지만, 칼빈은 오직 신앙만이 구원의 조건이요 선행은 상급을 위해 실천해야 하는 것으로만 해석한다.

(11) 어거스틴은 하나님의 은총은 자유의지를 파괴하는 것이 아니라 오히려 자유의지를 움직이고 자극하고 회복시켜서 구원의 과정에서 인간의 책임성을 배제하지 않지만, 칼빈은 인간의지의 노예신세를 강조함으로써 구원에 자유의지가 아무런 역할을 할 수 없음을 주장한다.

C. 성 어거스틴 은총론이 존 웨슬리에게 미친 영향
(先在的 은총과 聖化은총을 중심으로: prevenient grace and sanctification)

1. 어거스틴의 영향

첫째, 웨슬리는 선재적 은총의 차원에서 영향받았다. 웨슬리는 어거스틴의 복음적 신인협조적 해석, 곧 하나님의 은총이 먼저 100% 주도권적으로 역사할 때 인간의지도 100% 참여함으로써 구원을 이룬다고 주장한다. 웨슬리는 어거스틴의 예정의 교리를 받아들이지 않았지만, 어거스틴의 선재적 은총개념을 자신의 사상으로 끌어들인다. 그는 그의 설교 "우리 자신의 구원을 이룸에 관하여(On Working Out Our Own Salvation)"에서 어거스틴의 표현을 그대로 인용한다. "우리 없이 우리를 만드신 하나님은 우리 없이 우리를 구원하지 않으실 것이다(Qui fecit nos sine nobis, non salvabit nos sine nobis)."[132] 하나님은 우리의 참여와 더불어 우리를 구원하신다는 것이다. 만일 우리가 우리의 구원을 위하여 신앙의 선한 싸움을 하지 아니하면, 자기를 부인하고 자기 십자가를 지고 주님을 좇지 않으면, 좁은 길을 가기를 힘쓰지 않으면, 하나님도 우리를 구원하지 않으실 것이라고 웨슬리는 강조한다. 앞에서 살펴본 대로 어거스틴은 초기 마니교와의 논쟁에서는 신플라톤주의의 영향으로 인간의 본성적 자유의지를 말했으나, 펠라기우스와의 논쟁으로 들어가면서 예정을 말하면서도 인간의 책임성을 부인하지 않는다. 다시 말해서 선재적 은총이 죄로 인해 갇혀진 자유의지(liberum arbitrium captibatum)를 해방된 자유의지(liberum arbitrium liberatum)로 만든다는 것이다.

---

132) Wesley, "On Working out Our Own Salvation"(1785), *Works*, Vol. IV, 513.

그러므로 웨슬리의 선재적 은총의 개념은 어거스틴의 개념을 수용하고 있다. 어거스틴에게 있어서 자유의지는 선재적 은총이다. 물론 초기 마니교와의 논쟁시에 쓴 『자유의지론 De Libero Arbitrio』에서는 본성적 자유의지론이 강한데, 타락 이전의 아담의 자유의지를 중심으로 썼기 때문이다. 그러나 펠라기우스주의자들과의 논쟁 시에는 선재적 은총으로서의 자유의지 개념이 강하다. 어거스틴에게서 선재적 은총은 의지를 세워주고(establish), 자극하고(stimulate), 움직이고(move), 후원하고(support), 유지시키고(sustain), 강화한다(strengthen).[133]

어거스틴은 논문 "은총과 자유의지에 관하여(De Gratia et Libero Arbitrio)"에서 하나님은 우리가 의지하도록 하기 위해서 우리 없이 일하시지만, 우리가 의지할 때 우리와 협력하신다고 말한다.[134] 물론 어거스틴은 은혜가 불가항력적(irresistible)이며, 가벼운 폭력으로(a soft violence) 다가옴을 주장한다. 이 점에서는 웨슬리와 일치하지 않는다. 왜냐하면 웨슬리에게 있어서 은혜는 받아들일 수도 거부할 수도 있는 것이기 때문이다.

그러나 은총이 임할 때 자유의지가 일할 수 있게 된다는 면에서는 공통적이다. 그런 까닭에 펠라기우스주의가 말하는 신인협조설(synergism)과는 전혀 다르다. 펠라기우스주의는 본성적 자유의지가 일할 수 있고 구원에 있어서 인간의 자유의지가 먼저 일할 수 있다는 사상, 다시 말해서 '인간 50%, 하나님 50%'의 구조를 가진다. 그러나 웨슬리나 어거스틴에게 있

---

133) Justo L. Gonzalez, *A History of Christian Thought II*, (Nashville: Abingdon Press, 1971), 45. 어거스틴은 그의 논문 "은총과 자유의지에 관하여(On the Grace and Free Will)", "자연과 은총에 관하여(On the Nature and Grace)", "영과 문자(The Spirit and the Letter)" 등에서 선재적 은총으로서의 자유의지를 강조한다.

134) St. Augustine, "De Gratia et Libero Arbitrio," *N.P.N.F.*, First Series, Vol. V, 458.

어서 은총의 주도권은 하나님께 있다. 구원의 전 과정에 은총이 주도권을 갖는 하나님이 구원의 주도권자(initiator)이다.

둘째, 웨슬리는 어거스틴의 성화론의 영향을 받았다. 다시 말해서 웨슬리는 어거스틴의 은총의 양면성(imputaion & impartation)을 발전시킨 것이다. 그러나 루터는 어거스틴의 한 면(imputation)만을 받아들였다. 맥그레스는 루터가 어거스틴의 주관적·본성적 의(inherent and imparted righteousness)의 차원을 이해하지 못하였다고 지적한다. 종교개혁은 어거스틴의 재발견이요, 반펠라기우스주의에 대한 도전이었지만, 루터는 어거스틴의 법적으로 객관적으로 전가되고 옷 입혀지는 의만 이해하였지 의인(義人)으로 화하는 개념을 강조한 것을 이해하지 못하였다.[135]

루터에게 선행은 의로워진 크리스천에게 자동으로 나타나는 좋은 열매이다. 루터는 의롭다 함을 얻는 것은 좋은 나무가 되는 것이요, 좋은 나무에서 저절로 선행의 열매가 맺힌다고 해석한다.[136] 따라서 루터는 믿음을 강조한 로마서는 평가절상하고 행함을 강조한 야고보서는 지푸라기 복음이라고 평가절하하였다. 그러나 웨슬리는 야고보서도 중요시하였다. 야고보서가 말하는 행함은 로마서의 믿음을 전제한 행함이란 것이다. 아브라함이 믿음으로 의롭다 함을 얻은 것은 75세 때, 갈대아 우르를 떠날 때이고 행함으로 의롭다 함을 얻고 인정받은 것 (야고보서가 주장하는 대로) 은 100세 때 낳은 이삭을 모리아 산에서 제물로 바칠 때의 행위 때문이라는 것이다. 따라서 야고보서가 말하는 행함은 로마서의 믿음을 전제한 행함이요, 바울이 로마서에서 비판한 것은 믿음 이전의 행함이라고 웨슬리는 해석한다.

---

135) McGrath, *Iustitia Dei*, (Cambridge: Cambridge University Press, 1989), 181-85.

136) Martin Luther, *The Freedom of a Christian*, ed J. M. Porter (Philadelphia: Fortress Press, 1974), 34-35.

웨슬리는 루터적 모라비안주의를 공격하는 그의 논문 "그리스도의 전가되는 의로움에 관한 논문(Thought on the Imputed Righteousness of Christ)" (1762)에서 그리스도의 전가하시는 의는 어떤 성결도 요구하지 않고, 욕망과 온갖 부정결함을 제거하는 어떤 노력도 요구하지 않는다고 강조한다. 웨슬리는 이런 교리는 율법폐기론에 빠질 위험이 있다고 두려워했다. 웨슬리의 논적이었던 허비(James Hervey)[137]는 그리스도께서 율법을 완성하신 이래 어떤 성도도 율법을 성취할 필요가 없다고 보았다. 웨슬리는 이러한 율법폐기론은 하나님을 죄의 창조자(죄 짓게 만드는 분)로 만든다고 생각했다. 하나님의 의에 동참하는 것(impartation)은 우리의 죄악된 본성이 갱신되고 하나님의 형상, 곧 의로움과 성결함에 동참할 수 있음을 의미한다.[138] 완전한 크리스천은 하나님의 본성의 파트너이며 동참자가 된다. 웨슬리는 말했다. "당신의 완전한 본성의 파트너로 나를 당신 안에 있게 하셨고 새로운 죄 없는 피조물로…."[139] 율법의 완성을 이루는 오직 사랑만이 하나님의 본성에 참여함을 확신시켜 준다.

어거스틴처럼 웨슬리에게 선행은 구원의 확신을 위해 필요하다. 구원을 확신하는 한 가지 방법은 영적이고 신비적인 것으로, 곧 성령이 인간의 영에게 확증시켜주는 신비적·영적 체험이다. 그러나 구원을 확신하는 또

---

137) James Hervey는 옥스퍼드 대학교에서 웨슬리의 가르침을 받은 학생이었으나 후에 칼빈주의자가 되고 율법폐기론자가 됨.
138) Wesley, "Justification, Assurance and Sanctification", (Minutes of Some Late Conversation 1744-7), *The Works of John Wesley*, (Peabody, MA: Hendrickson Publishers, 1986), Vol. VIII을 참조하라. 이하 *Works*로 표기함. Wesley, A Plain Account of Christian Perfection, (London: Epworth Press, 1960), 33을 참조하라. 이하 *A Plain Account*로 표기함.
139) Wesley, *A Plain Account*, 39.

하나의 방법은 선행이며 또한 선행은 구원의 완성을 위해 필요하다. 구원의 시작은 믿음에 의해 이루어지지만, 구원의 완성은 선행으로 이루어진다고 웨슬리는 해석한다. 그리고 선행은 구원의 풍성함을 위해 필요하다. 선행을 하는 것은 신앙이 성장하고 있음을 뜻한다.[140] 웨슬리는 어거스틴이 말한 것처럼 말한다. "선한 생활은 사랑에 의해 역사하는 참 신앙과 분리될 수 없다."[141]

2. 어거스틴과 웨슬리의 차이점

웨슬리와 달리 어거스틴은 죽기 전의 완전성화가 가능하다고 믿지 않고, '완전'이 불가능하다고 믿는다. 그 이유는 성적 욕망이 죽는 날까지 계속 인간에게 남아있기 때문이다.[142] 어거스틴은 완전(non posse peccare)은 그리스도에게만 해당되고, 죽음 이후 천국에서나 죄 짓지 않는 완전 자유가 가능하다고 믿었다. 마 5:48에 하나님의 온전하심같이 너희도 온전하라고 하셨기에 완전의 가능성(possibility)은 믿었으나 현실성(actuality 혹은 attainability)은 믿지 않았다.[143] 그러나 웨슬리는 죽기 전에 완전성화가 가능함을 주장한다. 다만 절대적 의미의 완전은 아니고 상대적 의미의 완전이

---

140) Wesley, "The Doctrine of Salvation, Faith and Good Works, Extracted from the Homilies of the Church of England," *John Wesley*, ed. Albert Outler, (New York: Oxford University Press, 1980), 129-33.

141) Wesley, "The Doctrine of Salvation, Faith and Good Works, Extracted from the Homilies of the Church of England," 131.

142) Augustine, "On Marriage and Concupiscence", *N.P.N.F.*, Vol. V, 276.

다. 하나님 같은, 혹은 천사 같은 완전이 아니다. 절대적 완전은 죽음 후의 영화(Glorification)에서 이루어진다. 지상의 완전은 의식적인 죄(voluntary sin)는 범하지 않지만 무의식적인 죄(involuntary sin)의 가능성은 남아 있고, 무지(ignorance)・실수(mistake)・유혹(temptation)・연약(weakness)의 상태가 남아 있기에 상대적 완전이다. 그리고 완전은 정착된 상태가 아니고 계속적인 과정(continuous process) 속에 있다. 어디까지 이르렀든지 계속 달려가는 것이 완전이다.[144]

웨슬리는 알미니우스주의(Arminianism)의 영향으로 성화의 완성(perfection 혹은 entire sanctification)이 죽기 전에 은총의 낙관주의(optimism of grace)에 의해 가능하다고 해석한다. 우리의 죄악성의 깊이로는 불가능하지만, 은총의 높이가 크시기에 크신 은총으로 지상의 완전이 가능하다고 믿는 것이 은총의 낙관주의(optimism of grace)다.

또한 은총의 낙관주의에 의한 웨슬리의 완전 사상은 동방교회적 뿌리를 가진다. 동방교회에서 말하는 신화(神化: divinization)는 웨슬리의 온전한 성화(entire sanctification) 혹은 완전(perfection) 이해로 나타났다. 웨슬리는 그의 완전교리를 마카리우스(Macarius the Egyptian)에게서 배웠고, 닛사의 그레고리의 "성령 안에서의 완전에 관하여(Peri Teleiotetos en Pneumati)"에 영향받았다. 웨슬리는 마카리우스와 그레고리로부터 완전이 크리스천 생활의 목

---

143) Seung-An Im, "John Wesley's Theological Anthropology: A Dialectic Tension Between the Latin Western Patristic Tradition(Augustine) and the Greek Eastern Patristic Tradition(Gregory of Nyssa)," (Madison, New Jersey: Drew University PH. D dissertation, 1994), 305.

144) Wesley, "On Perfection," *The Works of John Wesley*, (Peabody, MA: Hendrickson Publishers, 1986), Vol. VI, 460-1.

표임을 배웠다.

그리고 어거스틴과 웨슬리의 큰 차이는 예정 이해에 있다. 웨슬리는 칼빈의 이중예정뿐 아니라 어거스틴의 단일예정도 받아들이지 않는다. 어거스틴에게 있어서 구원의 은총이 선별적(selective)으로 임하지만 웨슬리에게 있어서는 일반적·보편적으로(universal) 누구에게나 임한다.[145] 어거스틴은 예정교리에 의해 은총은 거부할 수 없는 불가항력적인 것(irresistable)임을 강조하나, 웨슬리는 거부할 수 있는 것(resistable)임을 주장한다. 또한 어거스틴은 예정의 교리에 의해 성도는 끝까지 지키신다는 견인의 은총(perseverance)을 주장하지만, 웨슬리는 자유의지 때문에 타락할 수도 있으며 따라서 두려움과 떨림으로 구원을 이루어야 한다고 강조한다. 바로 이 점에서 웨슬리는 어거스틴과 함께 칼빈도 비판한다. 1739년에 웨슬리는 예정론에 대하여 공격하며 만인속죄론을 강조한 설교 "값 없이 주시는 은총(Free Grace)"을 설교하였다. 이 설교는 영국의 복음주의 계열 가운데 있었던 큰 분열의 표시로서 주목할 만하다. 이 설교 때문에 오랫동안 적대자들이 있게 되었다. 그것은 존 웨슬리와 조지 휘트필드 사이의 개인적 충돌을 보여주는 것인데 그 충돌은 결코 완전히 치유되지 않았다. 예정에 의해 제한된 사람에게만 구속의 은총이 임한다는 것에 반대하여 웨슬리가 모든 사람들에게 값 없이 자유롭게 은총이 주어질 수 있다고 주장하는 것은 모든 칼빈주의자들의 예정교리에 대한 설명을 전적으로 거부하는 것이다.

---

145) Seung-An Im, "John Wesley's Theological Anthropology: A Dialectic Tension Between the Latin Western Patrisric Tradition (Augustine) and the Greek Eastern Patristic Tradition (Gregory of Nyssa)," (Madison, New Jersey: Drew University PH.D. dissertation, 1994), 289.

D. 종합과 분석

어거스틴, 루터, 칼빈과 웨슬리의 신학을 비교·분석하여 총괄적으로 종합하면 다음과 같다.

(1) 루터는 어거스틴의 의인화의 은총 이해를 재발견하면서, 토마스 아퀴나스적 중세 스콜라주의의 선행의인화 사상을 비판하며, 종교개혁 신학을 발전시켰다. 그는 오직 신앙으로만(sola fide) 의롭다 하심(信仰義認化: justification by faith)을 얻는다는 교리를 주장하였다. 루터뿐 아니라 칼빈과 웨슬리도 바울의 신앙의인화를 재발견한 어거스틴의 은총 이해를 똑같이 수용하였다.

(2) 바울의 신학을 재해석한 어거스틴, 루터, 칼빈과 웨슬리는 객관적·수동적 의인화의 주입(imputation)을 주장한다. 의롭다 하심은 능동적·주관적으로 쟁취하는 것이 아니라, 그리스도의 십자가의 은총으로 말미암아 값 없이 거저 옷 입혀지는 것이다.

(3) 어거스틴, 루터, 칼빈, 웨슬리는 한편으로 은총의 주입을 말하면서도, 또 다른 한편으로 신적 은총의 활동에 대해 저술할 때 신적 본성에로의 참여를 생각하고 있다. 그러나 어거스틴이나 루터나 칼빈이나 웨슬리가 신적 생명의 나눔 안에서 크리스천이 성장함과 신적 의로움에 참여함을 믿고 있으나, 칼빈은 어거스틴이나 웨슬리만큼 본성적 의로움의 성화를 루터나 신학의 중심으로 두지는 않는다.

(4) 어거스틴, 루터, 칼빈, 웨슬리 모두 본성적 죄(inherent sin)와 본성적 선함(inherent goodness)을 말하고 있으나, 루터와 칼빈은 본성적 선함에 이르는 길은 인간의 어떤 가능성에서는 불가능하고 하나님과 인간을 연결시키는 것은 오직 하나님에 의해 주어진 믿음으로만 가능하다고 주장한다. 그

러나 어거스틴과 웨슬리는 신앙만이 아니라 성령에 의해 역사하는 사랑의 행위도 신적 본성 회복에 영향을 미침을 강조한다. 다시 말해서 신의 은총이 신적 본성 회복의 근원이요 출발점이지만, 인간의 책임적 참여를 배제하지 않는다는 것이다. 즉 루터와 칼빈은 구원의 과정에서 인간의지의 노예신세(servum arbitrium)를 강조함으로써 인간의 무력함을 주장한 반면에, 어거스틴과 웨슬리는 구원의 과정에서 인간의지의 참여를 말하는데, 그 이유는 어거스틴과 웨슬리는 은총에 의해 인간의 의지가 갇혀진 상태에서 해방된 자유의지 상태로 회복되기 때문이라는 것이다.

(5) 어거스틴과 웨슬리는 의인화가 성화와 신화에 이르는 은총의 존재론적 차원을 분명하게 취급하지만, 루터와 칼빈은 분명하게 취급하지 않는데, 신적 생명과 하나님 안에서의 본성적 변혁의 언어는 '오직 은총으로만(sola gratia)'의 상황 안에서만 사용될 수 있기 때문이라는 것이다. 루터와 칼빈은 본성적으로나 은총에 의해서나 하나님 안으로의 본성적 참여의 존재론적 근거에 참으로 관심갖지 않고, 마지막 날에 종말론적으로 심판받을 세상을 향해 값 없이 주시는 하나님의 은총을 설교한다. 루터와 칼빈의 개인적 목회적 상황과 당시의 역사적·종말론적 상황은 어거스틴과 웨슬리의 상황과 아주 다르다. 이러한 목회적·역사적 상황의 차이가 루터와 칼빈으로 하여금 성화 즉 신적 생명과 본성의 참여를 어거스틴과 웨슬리만큼 강조하지 않게 한 것이다.

(6) 결국 루터와 칼빈은 은총의 박사 어거스틴으로부터 의인화 은총의 영향을 강하게 받았으나, 어거스틴처럼 의인화로까지 총제적으로 종합하지는 않았다. 물론 루터와 칼빈도 의인화를 강조하는 것이 사실이지만 어디까지나 의인화(義認化)의 수직적 영성의 기초 위에서 부차적으로 언급하는 것이지 어거스틴처럼 수평적 영성(impartaion)도 동등하게 취급하지는 않는다. 다시 말해서 루터에게 있어서 성화론이나 신화론은 의인화론만큼 강

한 신학적 핵심주제는 아니다. 오히려 이러한 요소는 웨슬리가 강하게 영향받았다. 그러므로 어거스틴의 성화론은 루터나 칼빈보다 웨슬리에게 더욱 강하게 영향을 미친다. 어거스틴이 강조한 점진적인 영적 치유의 성화 과정이 웨슬리에게서도 나타나는데, 웨슬리는 우리의 본성이 그리스도를 본받아서 그리스도에게까지 자라가야 한다고 보았다. 그러나 웨슬리는 어거스틴보다 성화를 더욱 강조하여 지상에서의 완전성화의 가능성을 강조한다.

(7) 어거스틴과 웨슬리는 신앙뿐만 아니라 선행도 성화와 구원 완성의 중요한 요소로 생각한다. 그러나 신앙이 필수조건이라면 선행은 충분조건이다. 선행은 상급만 아니라 구원 완성(final salvation)을 위하여 필요하다. 그러나 구원의 출발(initial salvation)은 오직 믿음이다. 거기에 비하여 루터와 칼빈은 오직 믿음을 구원의 조건으로 보고, 행함은 상급으로만 생각한다.

(8) 어거스틴의 구원받을 자의 예정에 대한 주장은 루터와 칼빈에게로 직접 이어지고 있다. 루터와 칼빈의 예정론은 어거스틴에게 많은 빚을 지고 있다. 그러나 루터보다 칼빈이 어거스틴의 예정을 더 많이 받아들이고 있다. 칼빈의 예정 이해는 인간의 의지로는 저항하거나 거부하기에 불가능한 불가항력적 은총(irresistable grace)을 강조한다.

(9) 어거스틴과 칼빈에게 있어서 예정은 하나님의 절대적 주권으로부터 나온다. 하나님의 능력을 강조하는 데서 예정은 출발한다. 그런데 칼빈은 어거스틴보다 한걸음 더 나아가 하나님의 영광과 예정을 연결시킨다. 어거스틴이나 칼빈은 모두 인간의 원죄와 전적 타락에서부터 인간의 무능과 십자가를 통한 하나님의 사랑에서 예정을 논한다. 인간 구원의 예정은 하나님의 자비에서부터 나왔음을 어거스틴이나 칼빈은 함께 주장한다. 어거스틴은 하나님의 자비에 입각한 구원받을 자의 단일예정만을 말하지만, 칼빈은 하나님의 정의와 심판의 차원에서 멸망받을 자의 예정까지도 말하

는 이중예정을 강조한다. 루터도 이중예정을 강조하지 않고 단일예정을 강조하는 경향이 있다. 웨슬리는 어거스틴·루터·칼빈과는 다르게 구원에 관계되는 일반적 예정(general predestination)을 부정한다. 그러나 선지자·사사·왕·목사·전도사·선교사 등 특수사명을 위해 예정하시는 특수예정을 인정한다.

(10) 따라서 어거스틴은 하나님이 선만을 만드셨다고 강조하는 일원론을 주장하지만, 칼빈의 예정론은 하나님이 죄악과 멸망의 책임까지도 져야 하는 이원론적 성격을 띠고 있다. 그러므로 칼빈이 하나님의 주권과 인간의 무능력과 노예신세를 가장 강조하고 그 다음이 루터, 그 다음이 어거스틴이고, 그 다음이 웨슬리다. 따라서 네 명의 신학자 중에 인간의 책임성과 성화론을 가장 중요하게 여기는 신학자가 웨슬리요, 그 다음이 어거스틴이요, 그 다음이 루터요, 그 다음이 칼빈이다. 어거스틴보다 칼빈이 더욱 신본주의적인 이유는 타락전 예정을 강조하기 때문이다. 그리고 어거스틴은 예지(foreknowledge)에 관심을 더욱 집중시키지만 멸망할 자와 구원받을 자의 미리 기름부으심(foreordination)에 관심을 갖지 않는 반면에, 칼빈은 미리 기름부으심에 대해 관심을 집중시키기 때문이다. 또한 어거스틴은 하나님의 은총은 자유의지를 파괴하는 것이 아니라 오히려 자유의지를 움직이고 자극하고 회복시켜서 구원의 과정에서 인간의 책임성을 배제하지 않지만, 칼빈은 인간 의지의 노예신세를 강조함으로써 자유의지가 구원에 아무런 역할을 할 수 없음을 주장한다.

(11) 어거스틴의 구원론의 신인협조적 요소가 웨슬리에게도 나타난다. 그러나 어거스틴이나 웨슬리는 펠라기우스가 말하는 인간 본성의 낙관주의(optimism of nature)에 기초하여 인간이 선행으로 구원의 과정을 출발하면(인간 50%), 하나님의 은총이 임한다는(은총 50%) 신인협조설이 아니라, 은총의 낙관주의에 기초하여 하나님의 은총이 먼저 역사하면(은총 100%) 인간의

자유의지의 선행이 응답한다는(인간 100%) 복음적 신인협조설을 강조한다

(12) 어거스틴·루터·칼빈은 지상에서의 완전의 가능성과 현실성을 인간의 죄악성과 인간의 욕망 때문에 거부하지만 어거스틴은 어느 정도 가능성을 인정하고 있다. 웨슬리는 지상에서의 완전의 가능성과 현실성을 동방교회적 전통과 웨슬리 당시의 신비주의적 전통에서 받아들인다.

50대 중반의 마르틴 루터(Martin Lutter: 1483-1546)
왼쪽 옆에 있는 거위는 학자를 상징하는데, 왼쪽 위에 거위 깃털로 된 펜이 그것을 말해준다.

4장
독일 종교개혁의 발전과정

마르틴 루터(Martin Luther: 1483-1546)는 1483년 11월 10일, 아이슬레벤(Eisleben)에서 농부 한스 루터(Hans Luther)와 마가레타 루터(Margaretta Luther)의 아들로 출생하였다. 루터의 부모는 아이슬레벤에서 농부생활을 하다가 맨스필드(Mansfield)로 이사하여 광부생활을 하게 되었다.

그의 부모는 모두 엄격하고 경건한 기도의 사람이었다. 에릭 에릭슨(Erik Erikson)은 그의 저서 『청년시절의 루터 Young Man Luther』에서 루터는 아버지의 엄한 양육방법 때문에 비정상적인 심리를 가진 소년시절과 청년시절을 보냈다고 지적하고 있다.[1] 에릭슨은 루터를 "자기정체성의 위기"의 젊은이로 묘사했다. 세 번씩이나 아버지로부터 심한 매를 맞았기에 하나님을 아버지와 연결시켜 무서운 심판관으로 이해했으며, '벙어리 귀신' 들린 아이와 자신을 혼동하였다고 해석하였다.

그러나 많은 역사가들이 에릭슨의 해석은 편파적이고 부분적인 자료를

---

1) Preserved Smith, Paul J. Reiter 등도 루터의 심리적 불안과 노이로제를 지적하고 있다.

루터가 종교개혁의 시련 중에서 그의 동역자들에게 간절히 도움을 호소하기 위하여 손을 비틀면서 간청하고 있다.

사용하였다고 비판하였다. 역사가들은 당시의 교육방법이 현대와는 달리 엄격하였기에 심리적인 비정상인으로 왜곡된 해석을 가할 수 없다고 지적한다. 루터는 부모와 항상 깊은 애정을 유지하였다. 그는 부모에 대한 효심이 지극하였고, 생애의 후반기에는 부친과의 갈등을 표현하는 자료들이 거의 없다.

　루터는 마그데부르크(Magdeburg)에서 공부하였는데(1497-98), 그의 스승들로부터 중세 수도원적 공동생활의 영성을 깊이 배우게 되었다. 그는 아이젠나하(Eisenach)에서 공부하면서(1498-1501) 프랜시스 교단의 영성을 배였고 여기서 사귄 많은 친구들 가운데는 그의 남은 생애까지 좋은 우정을 나눈 친구들이 있었다.

그는 에르푸르트(Erfurt)에서 인문과학 학사과정을 마쳤으며, 문법, 수사학, 아리스토텔레스 논리학, 아리스토텔레스 윤리학과 형이상학 등을 공부하였다(1501-05). 그곳에서 선생 가브리엘 비엘(Gabriel Biel: d.1495)을 통하여 윌리엄(William of Ockham)의 유명론(Nominalism)을 배우게 되었다.[2]

비엘이나 윌리엄은 플라톤 철학과 어거스틴 신학에 심취하였으므로, 이를 통해 아리스토텔레스와 토마스 아퀴나스의 신학을 비판하는 지혜를 훈련받게 되었다. 비엘이나 윌리엄은 아퀴나스처럼 인간 이성을 강조하는 주지주의(intellectualism)보다는 양심과 자유의지를 강조하는 주의주의

---

2) 유명론은 실재론(Realism)에 반대되는 스콜라주의 철학으로서, 개별(individuals)이 보편(universal)보다 더욱 중요한 것, 곧 보편은 다만 이름일 뿐이라는 이론이다. 예를 들면, 남자라는 보편개념보다 김 아무개라는 개별적 존재가 더욱 중요하다는 말이다. 그러나, 실재론은 개별자보다 보편개념이 더 중요하다. 예컨대, 김 아무개, 박 아무개보다 남자가 더 중요하다고 생각하는 철학이다. 따라서 삼위일체 이해에 있어서 실재론이 극단화되면 하나님의 통일성을 강조하고 객체성을 약화시키기에 단일신론의 위험이 있으며, 유명론이 극단화되면 하나님의 객체성을 강조하고 통일성을 약화시키기에 삼신론의 위험이 있다. 그리고 실재론에서는 국가라는 보편개념이 더욱 중요하고 개개 국민은 중요하지 않지만, 유명론에서는 국가보다는 개개의 국민이 더욱 중요하다. 또한 실재론에서는 교회라는 보편개념이 개개 신자보다 중요하지만, 유명론에서는 교회보다는 개개의 신자가 더욱 중요하다. 이러한 유명론적 사고에 영향받은 루터는 로마 가톨릭 교회라는 보편개념보다는 개개의 신자가 어떻게 구원을 받을 수 있는가를 실존적으로 고민하게 되었던 것이다. 루터는 유명론뿐만 아니라 인문주의의 영향으로 개인주의적 실존적 영적 순례의 길을 걷다가 롬 1:17을 통하여 종교적 회심을 하게 된 것이다.

(voluntarilism)를 더욱 중요하게 생각하였고, 특수 계시인 성서의 권위를 높이고 신앙을 강조하였다. 따라서 루터는 어거스틴과 신비주의 저서들을 접하면서 인문주의 사상에도 많은 영향을 받기에 이르렀다. 종교개혁연구의 대가인 오버만(Heiko Obermann) 교수는 루터와 유명론과의 관계를 깊이 취급하였다.

1505년 아버지의 요구대로 석사학위를 끝낸 루터는 법학을 연구할 계획이었다. 그러던 중, 7월 2일 친구와 함께 스토테른하임(Stotternheim) 근처에서 벼락을 맞게 되자, 광부들의 수호성인 성 안나를 부르고 서원기도를 하였다. "수도사가 되겠습니다." 이 서원은 심사숙고한 결단이 아니라 큰 위기의 순간에 그의 입에서 튀어나온 고백이었다.

7월 17일 아버지의 반대를 무릅쓰고 어거스틴 수도회 소속 에르푸르트 수도원에 들어갔다. 루터가 수도원에 들어가게 된 가장 큰 요인은 영적 유혹, 즉 "자비로우신 하나님을 내가 어떻게 발견할 수 있나?"라는 문제를 찾기 위한 기나긴 영적 투쟁의 결과였다. 이 질문은 "선행적 의인화(work-justification)" 사상과 연결되어 있었다.

중세 스콜라주의에서 강조된 선행의인화는 하나님을 사랑하고 신뢰할 수 있는 능력, 곧 제1계명을 성취할 수 있는 가능성을 인간에게 두고 있다. 루터의 이런 영적 유혹은 또한 중세적 영성 훈련에서 나왔다. 곧 하나님의 요구에 충분히 부합되리만큼 선에 대한 불안, 임박한 죽음에 대한 두려움, '구원에로 예정되었는가' 혹은 '예정에 들지 못 했는가'에 대한 불확실성, 죄책과 죄의 형벌에서 자유함을 얻었는가에 대한 불안 등이다.

만일 그러한 영적 유혹이 없었다면, 사람들은 자신들을 위해서나, 연옥에서 번민하고 있는 가족들을 위해서 면죄부를 사지 않았을 것이다. 따라서 당시 사람들의 최대 관심은 영적 구원의 확신이었다. 루터의 고민도 바로 영적인 관심, 즉 자비로우신 하나님을 만나고 구원의 확신을 얻는 것이

루터가 벼락을 맞은 곳

었다. 심리학적 분석으로 해석할 수 없는 영적인 진지성과 열정이 루터로 하여금 수도사가 되게 하였던 것이다.

루터는 1507년 2월 27일 에르푸르트에서 신부로 안수받았으며, 부사령관 비칼(Vical General)의 명령으로 신학을 공부하였다. 그의 스승이자 어거스틴 수도원 원장이었던 스타우피츠(Staupitz)는 루터를 지력과 종교적 영성이 뛰어난 젊은이로 인정하여 1509년 비텐베르크(Wittenberg) 대학에서 교수가 될 수 있도록 프레데릭에게 천거하였다.

1509년 3월 성서 신학(Baccalaureus biblicus)으로 학사학위를 받은 후 스콜라 학파인 피터 롬바르드(Peter Lombard)의 조직 신학 저서 『문장 Sentences』을 강의하기 시작하였다. 1508-9년 동안 스타우피츠에게 루터는 영적인 문제를 신학적으로 극복하는 데 많은 도움을 받았다.

1510년 루터는 어거스틴 수도원의 규칙을 강화하고 재정비하는 일을 위한 대표로 뽑혀 로마에 가서 로마 교황청 계단을 무릎을 꿇고 올라가면서 구원의 확신을 얻으려 하였으나 오히려 심한 절망에 빠지게 되었다. 뿐만 아니라 그의 로마 방문은 로마 교회의 세속화를 개탄하고 비판하는 계기가 되었다. 에르푸르트로 돌아온 루터는 스타우피츠에 의해 다시 비텐

루터의 박사학위 가운과 베레모자

베르크의 교수로 재임명되어 1511년 이후 여생을 마칠 때까지 그곳에서 살았다. 비텐베르크는 그의 삶의 중심지가 되었고 또한 그의 종교개혁 신학과 운동의 중심지가 되기도 하였다.

1512년 10월 루터는 신학박사 학위를 수여받았고 동시에 성서주석학 강의를 맡는 교수가 되었으며 1513년부터 신학교수로 30년 이상을 일하게 되었다. 1512년 어거스틴 수도원의 부원장이 되었고 1515년에는 어거스틴 수도회의 지방책임자(district vicar)로 일하게 되었으며, 1514년부터는 비텐베르크 교구목사로 설교하기에 이르렀다.

1513년-1515년 시편 강해, 1515년-1516년 로마서 강해, 1516년-1517년 갈라디아서 강해, 1517년-1518년 히브리서 강해를 통하여 그의 신학을 전개하였으며, 그것은 수많은 학생들과 동료들의 관심을 끌었다. 1518년-

1521년에는 다시 제2차 시편 강해를 하였는데, 초기에는 비엘이나 윌리엄의 스콜라주의에 입각한 겸손의 신학에 기초한 강의였지만 점차 복음주의적 신학으로 바뀌어졌다. 제1차 시편 강해에서는 스콜라주의적 요소가 많았기 때문에, 제2차 시편 강해에서는 복음주의적 시각에서 강의하였다.[3]

양심의 자기고발과 노력에 의한 겸손은 은총의 아주 작은 전제조건이라고 생각하는 수도원적·반펠라기우스적(semi-pelagian) 요소가 있었다. 그러나 루터는 '의롭다 하심은 은총과 자비(justitia est gratia et misericordia)'라고 강조하고[4] '기독자는 항상 죄를 범할 수 있음과 동시에 항상 의롭다 하심을 받는(semper peccamus, semper justificandi)' 존재임을 주장한다.[5]

강의를 시작한 1513년 이후 그는 점차 스콜라주의 신학을 문제삼기 시작하였다. 스콜라주의의 기초를 이루고 있는 아리스토텔레스의 이성과 펠라기우스주의의 자유의지를 비판하였고 인간의 이성적 사변이나 자유의지적 결단과 선행의 노력으로 구원을 얻을 수 없음을 확신하기 시작하였다. 학자들에 따라서는 루터의 복음주의적 종교개혁적 신학의 전환이 1518년경이라고도 하고 1515년경 로마서 강해를 할 때라고도 하는데 필자는

---

3) 이형기 교수는 제1차 시편 강해도 복음주의적인 해석의 원리에 입각하여 복음적으로 주석한 것이라고 말하지만(이형기, 『종교개혁 신학 사상』, 35), 알리스터 맥그래스(A. McGrath) 등은 겸손의 신학과 계약 신학을 강조하는 후기 스콜라주의 곧 비엘(Biel) 등이 이끄는 유명론적 스콜라주의 시각이 강한 것으로 해석한다. 필자는 맥그래스의 해석이 옳다고 본다. 1515년경 '탑의 경험'을 하면서 로마서 강해에서는 복음주의적 시각이 나타나지만, 이 제1차 시편 강해 때에는 스콜라주의적 신학이 나타난다. 즉 겸손이 인간의 노력이라는 것이다. 그러나 복음주의 신학을 발견한 후에는 겸손마저도 하나님의 은혜로 된다고 한 것이다.
4) WA. 3. 179.
5) WA. 4. 364.

라틴어로 쓰여진 95개조 항의문

비텐베르크 대학교 성곽 예배당 정문
이 문에 루터가 작성한 95개조 항의문이 지금도 새겨져 있다.

1515년경이라고 본다.[6]

그리고 그는 어거스틴 신학에 입각하여 인간구원에 있어서 의지의 노예신세를 강조하고 믿음으로 은총을 통하여서만 구원받음을 주장하게 되었다. 이러한 새로운 신학의 발견은 그의 "스콜라주의 신학에 항거하는 논제(Disputation Against Scholastic Theology)"(1517. 9. 4)에 잘 나타나 있다. 그것이 다시 1517년 10월 31일 비텐베르크 대학교 성곽예배당 정문에 게시된 95개조 항의문으로 이어지게 된 것이다.

사실 중세 가톨릭 신학과의 결별은 그의 자서전적 고백에 의하면 롬 1:17의 해석에 있었음을 알 수 있다. 이 본문을 명상하고 읽고 또 명상하고 읽는 가운데, 무섭게 심판하시는 '하나님의 의(iustitia Dei: righteousness of God)'가 아니라 우리를 용납하시고 사랑하시는 '하나님의 의'로 이해하게 되었다. 그가 가장 미워하던 롬 1:17이 가장 사랑하는 구절로 되었고 바로 천국의 문이 되었다고 고백한다. 루터는 이 경험을 '탑의 경험(turmerlebnis: tower experience)'[7]이라고 표현하였다. 루터는 '오직 믿음만으로 말미암는 구원'을 체험하는 그의 기본적인 경험으로 간주했던 것을 회상한 것은 그의 생애 말기(1545), 곧 그의 "라틴어 저술 서문"에서였다. 많은 역사가들은 이 "탑의 경험"의 사건이 1514년 말경에 있었다고 생각한다.

---

6) 이 문제에 있어서 이형기 박사도 1515년경으로 해석하고 있다. 이형기『종교개혁 신학 사상』, 25.

7) 루터의 서재가 비텐베르크 대학교 탑에 위치해 있었기 때문이다. 그러나 이 경험이 언제 일어났는 지에 대해서 자세히 알 수 없다. Heinrich Behmer는 1513년 4월 혹은 5월로, Uuras Saarnivaara는 1518-19년 가을이나 겨울로, Gordon Rupp은 1517년 95개조 항의문이 발표되기 직전으로 보고 있다.

은총의 발견

나는 로마서 첫 장에 쓰여진 용어, 즉 '복음에는 하나님의 의가 나타난다'를 이해하고자 열심을 다하였다. 그때까지는 내 꿈들이 곤경에 처해 있었기 때문이다. 나는 신학자의 습관적인 어법이 그 말을 철학적인 의미로 이해하게끔 했기에 '하나님의 의(iustitia Dei)'라는 말을 미워했다. 나는 그들이 '형식적인 의' 혹은 '능동적인 의'로 부르는 하나님의 의라고 이해했으며, 그 의로 하나님은 의로우시며 그 의가 죄를 지은 죄인을 벌하시게끔 재촉한다고 생각했다. 수도사로서의 내 삶이 흠잡을 데 없음에도 불구하고, 나는 하나님 앞에 죄인으로 남아 있다고 느꼈다. 내 양심은 심히 혼란스러웠고, 내가 속죄함을 받았다고 만족하는 것을 하나님이 기뻐하신다고 결코 확신할 수 없었다. 게다가 나는 이 의로우시며 심판하시는 하나님을 사랑할 수 없었다. 나는 그분을 미워했다. 내가 하나님을 은밀하게 모독하지 않았다 하더라도 나는 확실히 분개해 있었고 그분에 대항하여 격렬히 불평하고 있었다. 나는 말했다. '그분이 우리 조상의 죄 때문에 우리를 영원한 죽음으로 저주하시는 것으로 충분하지 않은가? 그분은 우리가 모든 법의 준엄함을 견디도록 하신 것으로 충분하지 않은가? 그분은 복음으로 말미암아 우리의 고통을 가중시켜서 마침내 그의 의와 진노를 두려워하게 하셔야 했나? 나는 내 자신을 벗어났다. 내 양심은 너무 격양되었다. 나는 성 바울의 가르침이 의미하는 바가 무엇인지 불타는 열망을 가지고 알고자 하는 가운데 끊임없이 혼란스러웠다. 마침내 주님은 내게 은총을 베푸셨다. 나는 밤낮으로 '의인은 믿음으로 말미암아 산다'는 복음에 나타난 '하나님의 의'의 함축된 의미를 음미하면서 묵상하였다. 나는 여기에 쓰여진 하나님의 의가 하나님이 주시는 의이며 그 의가 믿음으로 인하여 의인이 산다는 뜻임을 깨닫기 시작했다. 그러므로 그 구절은 복음이 하나님의 의를 우리에게 밝혀준다는 의미이다. 그러나 이것은 믿음으로 말미암아 하나님의 은총 안에서 우리를 의롭다 하시는 '수동적인 의'이다. 기록된 바 '의인은 믿음으로 말미암아 살리라.' 곧 나는 내 자신이 새롭게 태어남을 느꼈고 천국의 넓은 문들로 (the broad gates of paradise) 들어간 듯했다. 그 이후로 모든 성경이 내 눈에 다르게 보였다. 내 기억력이 그 본문들을 회상하는 대로, 그리고 하나님의 역사같이, 즉 하느님께서 우리 안에 이루어놓으신 역사들같이 비슷한 방식으로 설명된 본문

> 들을 독파하게 되었다. 믿음으로 말미암아 그분이 우리를 강건케 하심을, 믿음으로 말미암아 그분이 우리를 지혜롭게 하시는 지혜를 생각해내었으며, 구원이 하나님의 영광이라는 사실을 상기하였다. 전에 나는 '하느님의 의'를 몹시 싫어하였으나 이제는 그것을 사랑하며 너무나도 달콤한 말로 간직하게 되었다.
>
> 루터, "라틴어 저술 서문" (1545), Jean Comby with Diarmaid MacCulloch, How to Read Church History, Vol. 2, (New York: Crossroad, 1996), p.9에서 재인용.

　루터는 본래 종교개혁을 일으킬 의도가 없었다. 그래서 95개조의 항의문을 쉬운 독일어로 쓰지 않고 어려운 학문적 언어인 라틴어로 썼다. 학문적인 토론을 하고 싶어서였다. 그러나 그의 의도와는 전혀 다르게 항의문은 삽시간에 인쇄되어 유럽 전역에 여러 나라 말로 번역되어 알려지게 되었다. 그래서 그는 어쩔 수 없이 운명적으로 논쟁에 휩싸이게 되었다.

　1517년부터 1521년까지 논쟁은 계속되었다. 1518년 삭소니(Saxony)의 선제후 프레데릭 4세가 가톨릭 추기경 카제탄(Cardinal Cajetan)과의 인터뷰를 주선하였다. 루터를 보호하고 그가 설립한 비텐베르크 대학교를 보호하기 위해서였다.

　아우구스부르크 회의가 있었던 1518년 10월에 인터뷰를 가졌다. 카제탄은 면죄부에 대한 루터의 비판은 수용하였으나 교황청의 권위에 대한 루터의 도전은 받아들일 수 없었다. 또한 루터는 성만찬은 믿음으로 받아야 함을 강조하였다. 카제탄은 교회를 주관적 신앙의 확신을 넘어서서 객관적 현실성으로 생각하였으나, 루터는 크리스천 신앙은 구원의 확신이 없이는 불가능하다고 생각하였던 것이다. 카제탄은 루터와의 대화를 위해서 쓴 그 논문에서 루터가 새 교회를 설립할 의도가 있음을 강조하였다. 루터는 인

루터의 종교개혁 중심지인 비텐베르크 대학교. 동독지역이어서 대학교가 폐허화되었고 현재는 Youth Hostel로 쓰이고 있다.

추기경 카제탄.

터뷰 후에 즉시 교황에게 1518년 11월 28일 교회회의에서 재판 받기를 호소하였다. 콘스탄스 회의와 바젤 회의 같은 회의는 모든 가톨릭 교회가 성령 안에서 합법적으로 모여지고 신앙 문제에 있어서 교황보다 더욱 우위에 있었기 때문이다. 루터가 이렇게 교회회의에 호소한 것은 그 당시 유행했던 교회회의 운동(conciliar movement)에 동조해서가 아니라, 교회회의는 하나님의 말씀의 권위아래 있다고 생각하였기 때문이었다.[8]

그리고 1518년 루터는 자신이 소속해 있던 어거스틴 수도회 수도사들 앞에서 자신이 새롭게 말하는 신학인 십자가신학(theologia crucis)을 설명하는 '하이델베르크 논제(Heidelberg Disputation)'를 발표하였다. 그는 로마 가톨릭 교회의 스콜라주의 신학을 '영광의 신학(theologia gloriae)'이라고 비판하기도 하였다.

1519년 7월 가톨릭 신학자 존 엑크(John Eck)와의 라이프치히(Leipzig) 논쟁이 있었다. 원래는 엑크와 루터의 비텐베르크 동료 칼스타트(Andreas Bodenstein of Karlstadt) 사이의 논쟁으로 계획되었으나 엑크의 질문의 핵심이 루터를 향하여 던져지는 것이었기에 루터가 논쟁을 하러 나오게 되었다.

---

8) Bernard Lohse, *Martin Luther*, (Philadelphia: Fortress Press, 1980), 47.

엑크의 의도는 루터를 이단시하는 것이었고 그 후에도 계속 그렇게 몰아갔다.

그 논쟁에서 루터는 교회의 최고권위는 교황의 말씀이나 교회의 전통이 아니라 성서임을 강조하였고 교황무오설에 감히 도전하여 교황도 오류를 범할 수 있다고 강조하였다. 루터는 또한 후스 같은 개혁가를 이단으로 정죄한 콘스탄스 회의의 결정은 오류라고 지적하면서 교회의 권위와 성서의 권위를 차별화시켰다. 루터는 이러한 주장을 위해서 게르송(Jean Gerson)과 어거스틴을 인용하였다.

루터란들의 혁명. 루터가 거위털로 만든 펜으로 95개조의 항의문을 쓰고 있고, 그 항의문이 사자로 묘사된 교황 레오 10세의 귀를 뚫고 지나가고 있다. 사람들이 신성로마제국 황제 찰스 5세의 왕관을 벗기고 있고, 성경말씀이 참예수를 비추고 있다. 한편에서는 중세 르네상스 인문주의자와 가톨릭 신학자가 거위로 상징된 얀 후스를 불태워서 끌고 가고 있다.

하이델베르크 성은 아직도 아름답게 보존되어 있다. 2차대전시의 미공군장교가 하이델베르크에서 유학하였기에 이 아름다운 성을 폭파하지 않았다.

하이델베르크 대학교(위)와 가장 오래된 르네상스식 호텔(아래)

루터가 자신의 신학을 십자가 신학이라고 표현하였던 하이델베르크 시 전경과 하이델베르크 시내 풍경 아래는 하이델베르크 성을 배경으로 한 필자

1520년 6월 15일 루터의 파문을 위협하는 교황의 칙서(Exerge Domine)가 왔다. 루터를 정죄하는 과정이 엑크와 카제탄에 의해 빠르게 진행되었다. 루터의 가르침에 대한 콜로냐(Cologna) 대학교와 루베인(Louvain) 대학교의 견해에 근거하여 1519년에 만들어진 41개 조항으로 루터를 가톨릭 가르침에 거슬리는 이단적이고 치욕스러운 사람으로 정죄하였다. 루터는 파문을 위협하는 이 칙서를 1520년 12월 10일 비텐베르크 학생들 앞에서 비텐베르크 엘스터문(Elster Gate)에서 불태워버렸다. 1521년 1월 3일에 마지막 파문장(Decet Romanum Pontificem)이 다시 나왔다.

1520년 루터는 그 유명한 3대 논문들 "독일 크리스천 귀족에게 고함", "교회의 바빌론 포로", "크리스천의 자유"를 썼다. 결국 로마 가톨릭 교회로부터 파문을 당하게 되었고, 신성로마제국(The Holy Roman Empire) 황제 찰스 5세(Charles V)도 루터는 법의 보호를 받지 못하는 사람으로 선포하기에 이르렀다. 1521년 보름스(Worms) 국회에서 이러한 황제의 선언을 받았을 때 그의 유명한 최후 진술 "하나님, 내가 여기 있나이다. 나를 도우소서 (Ich stehe hier, helfe mir, Gott!: Here I stand, help me, God!)"를 남겼다.

그 후 그는 삭소니 지방의 선제후 — 황제를 선거하는 제후 — 프레데릭 4세의 도움으로 1521-22년 기사의 옷을 입고 수염도 깎지 않고 기사의 이름(게오르규)으로 숨어서 바르트부르그(Wartburg) 성에서 망명생활을 하게 되었다. 이때부터 성경을 루터는 쉬운 독일말로 번역하는 위대한 작업을 하기에 이르렀다.

루터가 없는 동안 비텐베르크는 칼스타트(Andreas Bodenstein)의 지도 하에 있었는데, 당시에 츠비카우에서 온 과격파 종교개혁가들(Zwikaw Prophhets)에 의해 말씀보다는 영적 체험을 중요시하는 운동이 일어났다. 루터의 제자 멜랑히톤(Melanchthon)도 망설이면서도 따라갈 수밖에 없었다. 1522년 3월에 다시 돌아온 루터가 비텐베르크에 남아 있던 종교개혁가들의 잘못을 지적하고 여덟 번의 설교를 자신의 신학적 입장을 통해서 밝혔다. 그는 체험보다 말씀을 강조하였다.

1523년 이후 종교개혁은 농민전쟁의 그림자 아래 위협받게 되었다. 초기에 농민의 편에 섰던 루터는 프레데릭 선제후의 갑작스러운 죽음을 계기로 제후와 귀족계급으로부터 정치적 도움을 받아야 종교개혁을 성공적으로 이끌어갈 수 있기에, 그는 농민을 비판하고 정치지도자의 편에 서기 시작하였다. 이러한 루터의 입장은 뮌처나 농민들의 강한 비난을 받게 되었다. 루터는

로마 가톨릭 교회 신학자 존 엑크(John Eck)

그의 논문에서 살인하고 약탈하는 농민을 칼로 다스려야 한다고 주장하였다. 이 논문 때문에 루터는 가톨릭뿐 아니라 멜랑히톤 같은 루터의 지지자들로부터도 비판을 받기에 이르렀다.

1524년 에라스무스(Desiderius Erasmus of Rotterdam)가 그의 저술 『자유의지론 De Libero Arbitrio』을 통해 인간구원의 과정에서 인간의 의지적 책임성이 중요함을 강조하면서 루터의 노예의지론을 공격하였다. 루터는 1525년 『노예의지론 De Servo Arbitrio』에서 의지의 무력과 은총의 위대하심을 강조함으로써 인문주의 운동과 완전히 결별하게 되었다.

루터의 종교개혁은 지리적 영역을 더욱 더 넓혀갔다. 많은 지역들이 루터의 충고를 요구하였고 교회생활에 개혁신앙을 소개하기 시작하였다. 많은 책과 팜플렛의 출판을 통해 그의 영향을 넓혀갔고, 강연과 설교를 계속하였다.

루터의 라이프치히 논쟁을 기념하는 벽화. 이 논쟁에서 루터는 가톨릭 신학자 엑크에게 교회의 최고권위는 교황의 말씀이나 전통이 아니라 성서임을 강조했다. 베를린의 한 성당에 새겨져 있다.

1521년 보름스 국회에서 루터가 종교재판을 받았던 자리. 루터는 신성로마제국 황제 찰스 5세 앞에 서서 "하나님, 내가 여기 있나이다. 나를 도우소서"를 외쳤던 것이다.

1520년 12월 10일, 루터는 교황이 루터 사상에 대해 경고한 칙서를 많은 대학생들이 지켜보고 기뻐하는 가운데 불지르고 있다. 루터는 "그들이 나의 책들을 불질렀기 때문에 나는 그들의 것을 불지른다"고 그의 행위를 정당화하였다.

찰스 5세 앞에 서서 종교재판을 받고 있는 루터. 그는 정죄받았으나 선제후 프레데릭 4세 (Frederick the Wise라고 불림)의 도움으로 바르텐부르크 성으로 도피할 수 있었다.

4장 | 독일 종교개혁의 발전과정 _ 177

보름스에 세워진 루터와 그의 동역자, 종교개혁가들의 동상. 빵과 포도주를 함께 분급하는 2종성찬 등 루터의 주장들을 조각화했다.

보름스 국회의 장면
1. 신성로마제국 황제 찰스 5세, 2. 로마 교황청의 종교문제 대사 알레안더(Aleander), 3. 로마 교황청의 정치문제 대사 카라치올로(Caraccilolo), 4. 삭소니의 선제후 프레데릭 4세, 5. 최고 종교재판관 존 엑크(John Eck), 6. 마틴 루터, 7. 신성로마제국의 전령관, 8. 비텐베르크 대학교 법대 교수이면 루터의 변호사 제롬 슈르프 박사(Dr. Jerome Schurff)

1525년 6월 13일 농민전쟁이 끝난 후, 루터는 전에 수녀였던 카타리나 본 보라(Katharina Von Bora)와 결혼하였다. 루터의 결혼은 부정적인 반응을 일으켰다. 수도사로서 수녀와 결혼했다는 이유로 가톨릭으로부터 간음하고 타락한 성직자로 비난받을 뿐 아니라, 개신교 동지들 — 종교개혁가들 — 로부터는 많은 지역에서 아직도 농민전쟁이 끝나지 않았으므로 시기적으로 적절하지 않다는 이유로 많은 비난을 받았다.

성직자의 결혼은 하나의 혁명적 사건이었다. 사실상 농민전쟁은 루터의 자유 운동, 개혁 운동과 맥을 같이하면서 그들의 자유를 실현하려 하였고, 루터의 저서 "크리스천의 자유"는 농민전쟁의 교과서였다. 농민들이 자유를 쟁취하기 위해 투쟁하는 시기, 그것도 그들의 운동이 좌절되고 패배당하는 아픔의 시기에 어떻게 루터는 자신의 개인적 행복을 생각할 수 있는가? 라고 의심받았다.

보름스의 루터 동상 옆에 서 있는 선제후 프레데릭 4세

가까운 동지들조차 비판적이었다. 멜랑히톤도 루터가 무엇을 하려는지에 대해 아무에게도 말하지 않았다고 불평하였다. 그러나 농민전쟁의 와중에서도 루터에게는 성직자들의 결혼이 심각한 문제였다. 수녀원의 수녀들을 결혼시키기 시작하였는데, 마침내 모두들 신랑을 찾아가고 카타리나만 남게 되었다. 카타리나의 신랑감도 열심히 찾았으나 성공하지 못하자 자신이 그녀와 결혼함으로써 문제를 해결하였다.

카타리나는 신중하고 지혜롭게 가사를 돌보았다. 선제후 프레데릭 4세가 수도원(Black Cloister)을 그의 개인재산으로 주었는데, 카타리나는 학생들과 손님들을 위해 수도원을 잘 제공하고 관리하였다. 루터는 항상 행복한 결혼생활을 유지하였고, 경제문제를 심각하게 생각하지 않았다. 출판사에서 1년에 400굴덴(Gulden) —

프레데릭 4세(Frederick IV)

교수 봉급보다 더 많은 액수― 을 지불하겠다고 했으나 루터는 거절하였다. 그는 일 페니(penny)의 이익금도 없이 저서들을 출판하였다. 1522년 신약성경을 출판한 후 구약성경도 번역하여 1534년에 출판하였다.

1525년부터 시작된 루터와 츠빙글리의 논쟁은 1529년 마르부르크(Marburg) 논쟁으로까지 발전하였다. 헤세지역 통치지도자 필립공(Philip of Hesse)이 그 지역의 개신교를 연합시키고 동맹을 맺기 위해 회의를 소집하였으나, 결과적으로는 개신교 내의 단합을 이루지 못하고 분열하게 되었

보름스에 있는 루터의 종교 개혁기념 예배당
루터가 작사, 작곡한 찬송 가사 "내 주는 강한 성이요"가 예배당 정문에 새겨져 있다.

다.9) 거의 모든 종교개혁가들이 참여한 이 논쟁은 루터의 임재설(real presence)과 츠빙글리의 상징설(symbolism)로 나뉘어졌다. 루터는 알렉산드리아 학파의 기독론에 영향을 받아, 부활하신 그리스도의 몸은 신성과 인성이 하나된 실체(communicatio idiomatum)로서 보좌 우편에 계실 뿐 아니라 성만찬 상에도 출석하실 수 있다고 해석(ubiquity) 하였던 반면, 츠빙글리는 안디옥 학파의 기독론에 영향을 받은 부활하신 그리스도의 몸은 보좌 우편에 계시기에 성만찬 상에 출석할 수 없다고 해석하였다.

---

9) Bernhard Lohse, 34-35.

루터는 1529년 『대교리문답 Large Catechism』을 만들었다. 루터는 삭소니 (Saxon) 지역 교회와 학교를 방문한 후에 평신도들에게 교리와 신학을 쉽게 설명해주는 교육용 교재의 필요성을 절실히 느끼고 이 『대교리문답』을 저술하기로 마음먹었다. 루터 자신이 쓴 교리에 관한 가장 기본적인 문제들을 최대한 이해하기 쉽게 쓰려고 노력하였다. 그리고 루터가 전에 결코 취급하지 않았던 교리적 주제들에 관해서도 짧은 해석이긴 하지만 설명하려고 시도하였다. 버나드 로제는 이 『대교리문답』은 특별히 세 가지 관점에서 독특하다고 분석한다. 첫째 옛 교리문답들과 『대교리문답』과의 차이를 비교연구한 것이고, 둘째 자신의 초기 교리문답들과 이 『대교리문답』과의 차이를 비교연구한 것이며, 셋째 『노예의지론』에서 취급했던 하나님 이해와 『대교리문답』에서 취급한 하나님 이해를 비교연구한 것 등이다.[10] 『대교리문답』의 내용은 크게 세 가지로 분류되어 있다. 첫째 십계명 해설, 둘째 사도신경 해설, 셋째 주기도문 해설이다. 루터는 십계명은 교리 중의 교리로, 사도신경은 역사 중의 역사로, 주기도문은 기도 중의 기도로 생각하였다고 필립 샤프 (Philip Shaff)는 해석한다.[11]

루터가 종교개혁 사상을 제일 처음 설교했던 예배당. 보름스에 있음.

---

10) Lohse, 135.

11) Philip Schaff, *History of Christian Church*, (Michigan: WM.B.Eerdmans Publishing Company, 1910), 552.

두 아낙네가 루터의 진리가 옳은가 아닌가를 논쟁하는 장면. 한 여인이 루터의 진리가 옳으면 여기에서 나무가 자랄 것이라고 외치면서 막대기를 꽂았는데, 이렇게 큰 나무를 이루었다하여 길 이름도 '루터나무 거리(Luthers Baum Strasse)'가 되었다.

그는 1531년부터 『소교리문답 Little Catechism』도 쓰기 시작하여 여러번 고쳤다. 그리고 1520년에 십계명 해설, 사도신경 해설, 주기도문 해설을 했었는데, 『대교리문답』은 이것을 함께 취급하면서 더욱 신학화하고 더욱 체계화한 것이라고 볼 수 있다.

1530년 종교개혁 운동은 심각한 테스트를 받게 되었다. 1521년의 보름스 칙령은 합스부르크(the Hapsburgs) 가의 통치를 받는 영역 안에서만 효력이 있었다. 찰스 5세는 보름스 국회 이후 즉시 프랑스의 프란시스 1세(Frances I)의 무력 침략을 받아 보름스 칙령을 실행하지 못하고 독일제국의 영토로 돌아올 수밖에 없었다. 그래서 1530년 아우구스부르크 종교회의를 소집하게 된다. 그는 종교개혁자들을 "저항자(Protestatio: Protestant)"라고 불렀다. 파문당한 루터는 프레데릭 4세가 다스리는 삭소니 주의 코부르크(Coburg) 성에 갇혀 있었기 때문에 아우구스부르크 종교회의에 올 수가 없었으므로 루터는 멜랑히톤에게 신앙고백서를 작성하게 하였다. 이 신앙고백을 루터가 모두 만족해하지는 않았지만 루터란들에게는 큰 자부심을 주는 사건이 되었다. 이 아우구스부르크 회의 신조는 보름스 칙령을 갱신시켰다. 그 결과로 개신교국가들의 상황이 심각하게 위협받게 되었다.

그래서 개신교 국가들이 1531년에 슈말칼드 동맹(Smalcald League)을 맺기에 이른다. 황제가 종교적인 문제를 해결하기 위해 군사적인 힘을 사용할 것에 대비하여 정치적·군사적 동맹을 맺은 것이다. 루터는 적극적 저항을 반대하고 소극적 저항의 권리를 사용할 것을 원하였으나, 더 이상 현실성이 없었다. 황제의 권위는 부동산 소유의 권위보다 우위에 있을 수 없다는 변호사들의 견해를 받아들였다. 루터는 프로테스탄트 국가들의 동맹에 반대하는 그의 입장을 철회할 수밖에 없었다. 그러나 루터는 하나님을 계속적으로 신뢰하지 않고 무기를 신뢰하는 것을 경고하였다. 1520년대와 30년대에 저항의 권리에 대한 루터의 논문들이 쓰여졌는데 결국 두 왕국이

루터가 갇혀 있었던 바르트부르크 성 안에서 밖으로 찍은 사진이다.

바르트부르크 성
루터가 보름스에서 종교재판을 받은 후에 프레데릭 4세의 도움으로 이곳에 숨어서 성서를 독일어로 번역했다. 아래는 바르트부르크 성 정면모습과 측면모습

론에서 날카롭고 철저하게 정의내리게 되었다.

    1532년 뉘른베르크 휴전협정(Truce of Nuemberg)이 있었다. 종교개혁은 힘의 사용으로 성취되어서는 안 된다는 루터의 입장을 확신시켜 주는 것이었다. 그러나 군사동맹에 의한 정치적 방어는 종교개혁을 발전시키는 중요한 힘이 되었다. 이 시기에 비텐베르크 대학교 교수진이 재조직되었고(1533년), 비텐베르크의 모든 대학교가 재조직되었다(1536년). 그리고 다시 스콜라주의 비판의 논쟁이 전개되었다. 루터는 이 논쟁들로 인하여 주석가, 설교가, 저자, 성서번역가뿐만 아

루터는 바르트부르크 성 안에서 이런 중세기사의 옷을 입고 수염도 깎지 않고 철저히 은폐하면서 숨어서 성서를 번역하였다. 아래 왼쪽은 성 안에 있는 내부 통로. 성이 너무 커서 두 시간 정도는 관광해야 한다. 오른쪽은 바르트부르크 성 안에 있는 복도. 루터가 이 깊은 요새 통로 속으로 들어가 있는 방에서 성서를 번역했다.

루터가 성서를 번역했던 방. 바르트부르크 성 안에 깊숙이 들어가 있는 곳에 위치해 있다.

은폐하기 위해 수염도 깎지 않은 루터와 41세에 결혼한 그의 부인 카타리나 본 보라(Katharina von Bora). 외로운 루터의 유일한 친구였던 새

니라 교회의 선생으로도 알려지게 되었다.

1536년에는 비텐베르크 협약(The Wittenberg Concord)이 이루어졌다. 루터의 신학적 입장을 따르고 동조하던 중부독일 신학자들과 종교개혁 사상을 지지하던 남부독일 신학자들이 성만찬 교리에 합의하는 협약이었다. 1531년 츠빙글리의 사망 이후로 루터의 영향이 남부독일에서 중부독일보다 더 강해지기 시작하였다. 마틴 부처(Martin Bucer)의 중도적 화합의 노력의 결과로 남부독일 신학자들에 의해 만들어진 성만찬 교리 협약의 문서를 루터가 동의하기에 이르렀다. 부처는 에큐메니칼 정신을 가진 자로서 종교개혁 신학과 신앙을 에큐메니칼적으로 일치시키는 노력을 기울였다. 그의 목회지요, 종교개혁 중심지는 스트라스부르크(Strassburg)였다. 후에 그는 누이동생을 토마스 크랜머에게 시집보냄으로써 영국의 종교개혁을 일으키게 하였다.

(왼쪽) 종교개혁 동역자들(이전의 카톨릭 신부들)을 기쁜 마음으로 동정서약에서 해방시켜 수녀들과 결혼시켜 주는 것을 상징하는 만화
(오른쪽) 루터부부가 20년 동안 살았던 집. 전에 수도원이었는데 프레데릭 4세가 주었다.

비텐베르크 성곽 예배당 강단. 루터는 이 강단 아래에 묻혀 있다.

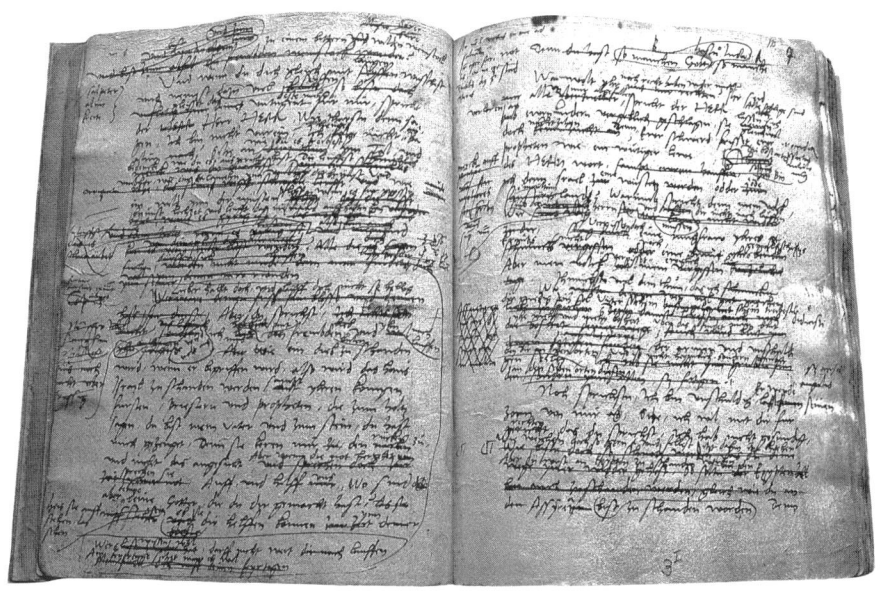

루터가 히브리어에서 독일어로 번역한 구약성서 친필

이 시기에 일어난 유명한 신학논쟁이 율법폐기론(antinomianism)이다. 이것은 요한 아그리콜라(Johann Agricola)의 가르침의 결과로 나타난 사상이다. 루터는 몇 번의 논쟁과 논문들을 통하여 율법과 복음의 관계를 재해석하고 의인화 교리를 재해석하였다. 율법과 선행의 무용성을 말할 수 없으며 성화를 말하지 않을 수 없음을 "신앙과 율법에 관한 논문(Theses Concerning Faith and Law)"(1535), "인간에 관한 논제(The Disputation Concerning Man)(1536)", "의인화에 관한 논제(The Disputation Concerning Justification)(1536)" 등의 논문들에서 강조하였다.(LW, 34: 109-196)

1541-42년 사이에 스트라스부르크를 중심으로 신학논쟁이 이루어졌다. 멜랑히톤, 부처, 칼빈 등이 스트라스부르크에 머물고 있었는데, 루터는

이 당시 스트라스부르크에 없었기에 이 신학토론에 참여하지 않았다. 로마 가톨릭 신학자 존 그로퍼(John Gropper)와 부처 사이에 의인화교리에 대한 동의가 이루어졌다. 이 동의는 1541년에 소위 『로젠브루크서 *Rogenburg Book*』라는 이름으로 만들어졌다. 그러나 루터에 의해 이 합의가 거절당하였다. 루터는 이 책에 종교개혁 사상이 적절하게 표현되지 않았다고 생각하였다. 루터가 나이들면 들수록 로마 교황청은 더욱 더 루터를 신뢰하지 않았다. 또한 화체설에 대한 의구심이 신학적 합의를 도출시킬 수가 없었다. 여기에서 우리가 주목할 점은 부처야말로 개신교 내의 신학적 일치를 추구한 인물일 뿐만 아니라, 개신교와 가톨릭 사이의 깨진 관계를 신학적으로 화해시키려고 노력한 에큐메니칼적 인물이라는 것이다.

새롭게 제기된 이 신학적 타협이 또한 로마 교황청에 의해 받아들여지

성만찬 논쟁을 하였던 마르부르크(Marburg) 성과 헤세 지역의 지도자 필립의 성

신성로마제국 황제 찰스 5세가 아우구스부르크 신앙고백에 서명하였다.

지 않았다. 찰스 5세는 군사적 힘으로 프로테스탄트를 정복하고 가톨릭으로 돌아서게 하려던 오래 전부터의 생각을 실천하기 시작하였다. 그 절호의 기회가 바로 1540년 헤세의 필립의 축첩행위 사건이었다.[12] 독일 개신교의 정치적 쇠퇴는 이 결혼을 계기로 날로 가속화되기 시작하였다. 당시의 법으로는 두 번 결혼은 사형언도를 받는 행위에 해당되었다. 슈말칼드 동맹은 약화되고 황제는 그의 꿈을 실현시킬 수 있었다. 결국 1546-47년 사이에 슈말칼드 전쟁이 일어났다. 물론 루터는 그 전쟁이 발발하기 전에 운명하였다. 루터는 그의 생전에 황제가 오래 전부터 군사적 대립을 꿈꾸고 있었음을 전혀 의식하지 못하였다.

루터는 그의 말년에 제후들이 프로테스탄트 위에 영향력을 너무 많이 행사하는 것을 의식하였으나, 제후들이 교회의 조직적 구조를 콘트롤하려

---

12) Lohse, 38.

는 것으로부터 교회를 보호할 수 없었다. 루터는 아마도 이러한 정치적 힘의 견제를 위해 독일 루터교 감독체제를 만들었는지도 모른다. 루터는 막강한 교황청과 로마 가톨릭 교회의 계급제를 비판하면서도 결코 교회의 조직화에 무관심하지 않았다. 조직적인 힘이 있어야 프로테스탄트가 로마 가톨릭 교회의 조직적 힘과 제후들의 조직적 정치력 사이에서 정치적 힘을 발휘할 수 있었기에, 이를 위한 힘의 정치(power politics)가 필요하다고 생각하였을지도 모른다. 그는 1541-42년 사이에 나움브루크(Naumburg) 감독 니콜라우스 암스도르프(Nikolaus Amsdorf) 등을 루터교 감독으로 세웠다.

루터는 프로테스탄트 교회와 독일국민에 대하여 매우 깊이 관심가졌다. 그는 그의 논문 "마르틴 루터 박사의 친애하는 독일국민에 대한 경고(Dr. Matin Luther's Warning to His Dear German People)(1531)"에서 분명히 종말론적인 기대를 보였다. 특별히 루터는 나이 들수록 그의 관심과 두려움은 증대되어, 세상의 끝이 곧 가까이 다가오고 있다고 생각하였다. 정부는 매사에 신적 심판을 가능한 한 늦게 연기시킬 수 있어야 한다고 생각하였다. 종말론적 기대가 강하였을 때 루터는 신성모독적인 유대인 예배가 금지되지 않으면 안 된다고 생각하였다. 신성모독이 금지되지 않으면 하나님의 즉각적인 심판이 다가온다고 생각하였다. 교황청에 대한 그 공격도 그의 생애 마지막에 더욱 강하게, 종말론적 시각에서 불을 붙였다.

루터는 죽기 전에 오랫동안 건강상태가 좋지 않았다. 1521년 보름스 국회에서 종교재판을 받을 때부터 불면증으로 시달렸는데 결국 그 불면증은 완치되지 않았다. 1525년경에 담석증 증세가 나타나기 시작하여 1537년 슈말칼드에서 매우 악화되어 매우 오랫동안 고생하였다. 또 귀의 염증으로 시달리기도 하였고 나이가 들수록 협심증(anigina) 증세가 발전하여 결국은 그를 죽음으로 몰고갔다. 이렇게 다양하고 혹심한 병에도 불구하고 그의 평생에 창조적 에너지와 능력은 계속 유지되었고, 그의 병으로 인하여 영적으로 유혹에 빠지는 것은 불가능하였다. 결국 멘스펠드 백작들의 법적 논쟁을 해결하기 위해서 고향 아이슬레벤에 갔다가 사망하게 되었다.

농민전쟁(1525년) 이후 루터의 교회론은 감독 교회 체제를 가진 국가 교회로 발전한다. 교회와 국가는 상호협력적 유기적 관계를 가진다. 루터의 두 왕국 사상에 입각하여 국가 교회를 세상나라를 낙관적으로 보는 방향으로 형성하여갔다. 그래서 히틀러 같은 폭군이 나타날 때에 교회의 고유 영역을 침범하고 독일 루터 교회가 독재정치에 복종하게 될 수밖에 없었다. 1555년 아우구스부르크 평화협정(the Peace of Augsburg)에서 "cuis regio, eius religio(통치자의 종교를 그루가의 종교로 한다, whose the rule, his the religion)"가 확정되었다. 곧 누가 통치하는 지역인가에 따라 그 지역은 그 통치자의 종교가 되었다.[13] 가톨릭 교회와 루터 교회가 동등한 권한을 갖게 되었다. 다시 말해서 한 행정구역을 다스리는 제후의 종교가 가톨릭인가 루터교인가에 따라서 종교의 결정권을 행사할 수 있게 한 것이다.[14] 이처럼 루터 교회는 독일에서 국가 교회의 형태로 발전하였고, 스웨덴, 덴마크, 노르웨이 등 스칸디나비아 지역들도 국가 교회 형태를 갖게 되었다. 그러나 스위스에서 발전한 개혁 교회들은 프랑스, 네델란드, 스코틀랜드 등으로 확산되어갔는데, 1618-48년까지 교파주의적 절대주의와 민족주의가 얽힌 30년 전쟁을 치른 후에 1648년 베스트팔렌 평화협정을 가짐으로써 비로소 종교적 자유를 누리게 되었다.

---

13) ed. Thomas A. Brady Jr., Heiko A. Oberman and James D. Tracy, *Handbook of European History 1400-1600*, Vol. 2, (Grand Rapids, William B. Eerdmans Publishing Company, 1995), 670.

14) Williston Walker, *A History of the Christian Church*, (New York: Charles Scribner's Sons, 1970), 342.

5장
종교개혁 신학의 개척자 마르틴 루터의 신학 사상

1절_95개조 항의문에 나타난 사상

1. 역사적 배경: 면죄부의 부당성

면죄부는 11세기 말 1095년 제1차 십자군원정 지원병 모집 때부터 우르반 2세(Urban II)에 의해 등장했다. 중세 신학의 대가 아퀴나스는 죄로부터 해방되는 회개의 세 가지 방법, 즉 회개와 고백과 속죄를 말하면서 동시에 하나님의 만족을 얻기 위하여 기도·금식·자선의 세 가지 고행의 과정이 필요하다고 강조하였다.

중세교인들은 지옥보다 연옥을 더욱 두려워하였다. 연옥의 형벌은 교회가 지정한 고행을 해야 피할 수 있기 때문이다. 중세교인들은 하나님은 확실히 믿었으나 신부들의 보속 행위의 명령은 믿지 못하였다. 그래서 보속 행위의 명령을 따라 금식도 하고 헌금도 하고 고행도 실천하였지만 죄 사함을 받았다는 확신이 없었다. 이 세상에서 죄 사함을 다 받지 못하면 연

옥에서 천 년 동안 형벌을 받는다고 생각하고 두려워하였다. 그런데 경건한 고행을 대신하는 방법이 바로 면죄부였다. 면죄부를 사기만 하면 연옥의 불같은 심판과 형벌에서 구원받는다고 생각하였다. 마인츠의 대주교 알브레히트는 면죄부 판매금 중 1/2은 성 베드로 성당 증축에 사용하고, 남은 1/2은 푸거은행(Fugger's Bank)에 '진 빚을 갚는 데 사용하였다. 특히 신학박사이면서 철학박사인 텟젤(Tetzel)이 면죄부를 설교하

(위) 면죄부를 설교하는 텟젤
(아래) 텟젤이 설교하면서 면죄부를 팔고, 그 동전을 모으고 있는 장면을 묘사한 삽화. 오른쪽은 면죄부

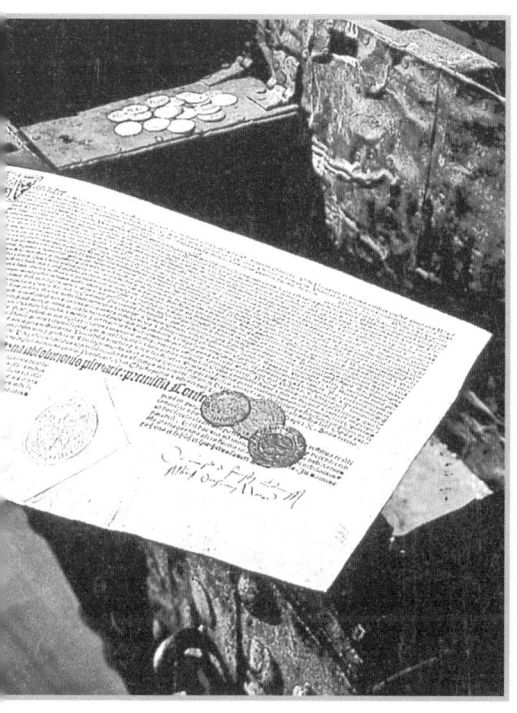
고 다니는 것이 문제가 되었다.

　루터가 면죄부에 도전하게 된 원인은 첫째, 교황의 경제적 횡포에 대한 독일민족적 적개심의 발로였다. 만일 교황이 독일민중의 가난을 알았더라면 교황의 어린 양들의 피로 성 베드로 성당을 짓기보다 차라리 잿더미 위에 버려두었어야 한다고 생각하였다. 교황은 성 베드로 성당을 증축하고도 남는 돈을 갖고 있었음에도 불구하고 어린 양들의 피를 짜내는 것은 죄악이라고 지적하였다. 성 베드로 성당은 교황청의 영광과 치욕을 동시에 말해주고 있다. 1506년에 시작하여 1626년에 완공한 120년간의 총공사비는 4천 6백만 스쿠디(Scudi)였다. 매년 3만 6천 달러를 120년간 지불한 액수이다.

　둘째, 연옥설에 대한 회의에서 도전하게 되었다. 면죄부는 죄를 사할 수 없고 연옥에 있는 영혼들에게 영향을 미칠 수 없다고 질문하기에 이르렀다. 중세기독교인들은 십자가의 구속의 은총을 믿기만 하면 무조건적인 죄의 용서를 받고 구원의 확신에 이를 수 있다는 것에 익숙치 않았다.

　셋째, 루터는 오직 믿음에 의한 의인화만이, 신앙을 통한 그리스도의 말씀만이 우리를 평화롭게 한다고 생각하였다. 중세의 고해성사에는 네 단계가 있다. (1) 마음속 중심에서부터 통회하는 것(contrio: contrition), (2) 입으로 죄를 고백하는 것(confessio oris: confession by mouth), (3) 기도와 금식과 구제 등의 보속적 선행에 의한 만족(satisfactio: satisfaction), (4) 용서(absolutio: absolution)를 얻는 것 등의 순서이다. 이러한 고해성사의 단계에 대하여 신학적 문제를 제기한 것이다

루터가 95개조의 항의문을 제시한 것은 용기 있는 역사적 행위였다. 이것은 마치 예수께서 바리새인들과 제사장들의 돈줄 노릇을 한 세속상인들을 성전에서 숙청하면서 공생애를 시작하신 것과 같다. 또한 독일선교사 보니페이스가 7백년 전 9세기경에 정령숭배의 대상이었던 참나무(sacred oak)를 용감하게 자른 행위와 같다.

1517년 10월 31일 루터는 비텐베르크 대학교 성곽예배당 정문에 95개조의 항의문을 라틴어로 게시하고 학문적인 토론을 제안하였으나, 비텐베르크 대학교 내에서는 어떠한 학문적인 토론이나 도전도 없었다. 그러나 95개조의 항의문은 복사되고 번역, 인쇄되어 천사의 날개처럼 퍼져 나가, 독일과 유럽 전역에 몇 주 안에 확산되어 갔다.

2. 95개조 항의문에 나타난 신학적 이슈

(1) 중세 스콜라주의 신학에 대한 정면적 대결은 없었다. 스콜라주의에 대한 공격은 바로 이 95개조 직전(9월 4일)에 발표한 "스콜라주의 신학에 항거하는 논제(Disputation against Scholastic Theology)"에서 과격하게 표현하고 1518년 하이델베르크 논제에서 자신의 신학은 십자가 신학임을 밝혔다. 여기서는 면죄부와 고해성사에만 공격을 집중시킨다.

(2) 면죄부의 부당한 사용을 지적한다. 86조에서 "교황이 크라수스(Crassus)보다 더 부자인데, 그의 돈으로 짓지 않고 가난한 신자들의 돈으로 짓는가?"라고 항의한다. 71조에서는 면죄부의 사용에 대해서는 문제를 삼

지 않고 죄 사함의 효력을 발휘한다는 것에 집중적으로 비판을 가한다. 32조와 36조에서는 면죄부 없이 죄 사함을 강조한다.

(3) 참 회개가 무엇인지를 강조한다. 2조와 3조에서 참 회개는 육체의 죽음의 행위(mortification)임을 주장한다. 형식적 고백(confession)과 만족(satisfaction)의 행위보다 내적 회개(inner repentance)가 중요함을 주장한다. 4조에서 참 마음의 회개와 갱신은 매일 우리가 죽어 하나님나라에 들어갈 때까지 평생 계속되어야 함(lifelong repentance)을 강조한다. 따라서 회개는 성례전 행위에 제한시킬 수 없다는 것이다. 26조와 27조에서는 돈이 헌금함에 떨어지자마자 영혼이 연옥에서부터 자유한다는 것은 인간적 가르침이라고 비판한다. 35조에서 참 회개는 면죄부를 얻어야 하는 것이 아니라 그 반대로, 내적인 통회자복이 참 회개로서 죄 사함과 형벌의 사면을 준다는 것이다.

(4) 오직 그리스도의 공로로써 죄 사함을 받을 수 있다고 주장한다. 5조와 6조에서 죄 사함은 교황이 줄 수 없고, 7조, 21조, 22조에서 오직 그리스도의 공로로써 하나님이 용서하신다고 하였다. 그리스도 안에 있는 하나님의 은총을 믿는 산 믿음에 의해서 용서받는다고 주장한다. 사제 자신이 죄 사함을 선포할 수 없고, 사제는 오직 하나님에 의해 죄 사함을 받음을 확인하는 선포를 할 수 있을 뿐이라고 강조한다. 62조에서 교회의 참 보화는 하나님의 영광과 은혜의 거룩한 복음이라고 지적하며, 중세의 보화인 외적인 공로와 상급(extra merits and rewards)을 비판한다. 따라서 복음에 대한 설교가 면죄부 설교보다 더 중요하다고 52조와 55조에서 주장한다. 그리고 69에서 80조까지는 복음에 위배되는 면죄부를 비판한다.

(5) 오직 산 사람의 회개가 참 회개라고 주장한다. 8조에서 회개는 오직 산 사람에게만 해당되지 죽은 사람에게는 강요될 수 없다는 것이다. 22조에서 교회법에 따라 이 세상에서 회개해야지 죽은 다음에 죄를 위해 지

불할 필요가 없다고 강조한다.

(6) 교회적 권위의 문제를 취급한다. 교황청이 교회 최고의 권위가 아님을 지적한다. 물론 하나님의 말씀이 교회의 최고 권위라는 것이 아직 여기서는 나타나지 않고 있다. 그것은 1519년 라이프치히 논쟁에서 나온다. 5조와 6조와 33조에서 교황의 용서가 불필요함을 주장한다. 86조에서 교황의 부당한 성당 증축을 언급하기도 한다. 20조에서 29조까지에서는 교황의 권위로는 어떤 사람도 연옥의 형벌로부터 자유롭게 할 수 없음을 주장한다.

(7) 십자가 신학을 본격적으로 말하지 않지만 십자가 신학적 요소가 여기에서도 나타난다. 환난의 필요성을 통해서 십자가 신학적 해석을 한다. 95조에서 거짓 평화의 확증을 비판하고, 많은 환난을 통해서 하나님나라에 들어감을 강조한다(롬 8:17). 92조에서는 평화를 외치는 거짓 예언자, 93조에서는 십자가를 외치는 참 예언자를 강조한다.

(8) 그리스도를 본받는 성화의 영성도 강조한다. 크리스천은 지옥과 죽음을 통하여 십자가를 지는 일에, 그리스도를 본받는 일에 열심을 내야 함을 94조에서 강조한다.

(9) 사랑과 선행은 면죄부보다 더 좋다고 주장한다. 41조에서 52조까지에서 면죄부보다 사랑의 선행을 베푸는 것이 더욱 좋다고 강조하고 43조에서 특히 강조한다. 루터의 참 교회상은 회개, 말씀, 사랑으로 이루어짐을 알 수 있다.

루터의 95개조 항의문 중에서 중요한 것들만 라틴어, 독일어, 영어, 그리고 한글로 소개하면 다음과 같다.

95개조 항의문

1. Dominus et magister noster Iesus Christus dicendo 'Penitentiam(Matth. 4, 17) agite &c.' omnem vitam fidelium penitentiam esse voluit.
1. Da unser Herr und Meister Jesus Christus spricht: Tut Busse usw(Matth. 4, 17), hat er gewollt, dass Leben der Glaubigen Busse sein soll.
1. Our Lord and Master Jesus Christ, in saying: "Repent ye", etc., intended that the whole life of believers should be penitence.
1. 우리들의 주님이시며 선생이신 예수 그리스도께서 "회개하라"(마 4:17)고 말씀하셨는데 이는 신자들의 전생애가 참회가 되어야 한다는 것을 의미한다.

4. Manet itaque pena, donec manet odium sui (id est penitentia vera intus), scilicet usque ad introitum regni celorum.
4. Daher waehrt auch die goettliche Strafe so lange, als der Mensch an sich selbst Gericht uebt (das ist die wahre innere Busse), naemlich bis zum Eingang ins Himmelreich.
4. The penalty thus continues as long as the hatred of self—that is, true inward penitence-continues, namely, till our entrance into the kingdom of heaven.
4. 그런 고로 사람이 자기 자신을 미워하는 한에는(참 내적 참회를 계속하는 한에는) 형벌이 계속될 것이다. 즉 우리들이 하늘나라에 들어갈 때까지 계속될 것이다.

16. Videntur infernus, purgatorium, celum differre, sicut desperatio prope desperatio, securitas differunt.
16. Wie mich duenkt, unterscheiden sich Hoelle, Fegefeuer, Himmel genau so wie verzweifeln, und des Heiles gewiss sein.
16. Hell, purgatory, and heaven appear to differ as despaer, near-despair, and peace of mind differ.
16. 지옥과 연옥과 천국의 다른 점은 절망의 상태와 절망에 이르는 상채와 구원의 확실성과의 차이와 같다고 볼 수 있다.

21. Errant itaque indulgentiarum predicatores ii, qui dicunt per pape indulgentias hominem ab omni pena solvi et salvari.

21. Daher irren alle die Ablassprediger, welche verkuendigen, dass durch des Papstes Ablass der Mensch von aller Strafe los und selig werde.

21. Thus those preachers of indulgences are in error who say that by the indulgences of the Pope a man is loosed and saved from all punishment.

21. 그러므로 교황의 면죄로써 인간은 모든 형벌로부터 해방되며 구원받을 수 있다는 것을 선전하는 면죄증 설교자들은 모두 오류에 빠져 있는 것이다.

27. Hominem predicant, qui statim ut iactus nummus in cistam tinnierit evolaredicunt animam.

27. Menschenlehre predigen die, welche sagen, sobald Groschen im Kasten Klingt, die Seele aus dem Fegefeuer auffahre.

27. They preach human doctrine who say that the soul flies out of purgatory as soon as the money thrown into the chest rattles.

27. 연보궤 안에 던진 돈이 딸랑 소리를 내자마자 영혼은 연옥에서 벗어나온다고 말하는 것은 인간의 학설을 설교하는 것이다.

31. Quam rarus est vere penitens, tam rarus est vere indulgentias redimens, i. e. rarissimus.

31. Wie selten die sind, die wahrhaftif reuig sind, so selten sind auch die, welche wahrhaftig Ablass erwerben,d. h. ihrer sind sehr wenige.

31. Rare as is a true penitent, so rare is one who truly buys indulgences, that is to say, most rare.

31. 진실로 회개한 사람이 드문 것같이 면죄증을 진심으로 사는 사람도 드물다. 말하자면 그러한 사람은 거의 없는 것이다.

51. Docendi sunt christiani, quod Papa sicut ita vellet, etiam vendita (si opus sit) Basilica s. Petri, de suis pecuniis dare illis, a quorum plurimis quidam concionatores veniarum pecuniam eliciunt.

51. Man lehre die Christen, dass der Papst, wie es ihm gebuehrt, gern bereit waere, selbst wenn er dazu St. Peters Domverkaufen muesste, von seinem eigenen Gelde mitzuteilen, deren vielen jetzt etliche Ablassprediger ihr Geld ablicken.

51. Christians should be taught that the Pope, as is his duty, would rather, if necessary, sell the Basilica of St. Peter and give of his own money to those from whom the preachers of indulgences, extract money.

51. 면죄증 설교자들에게 돈을 빼앗긴 많은 사람들에게 교황은 필요하다면 성 베드로 성당을 팔아서라도 자신의 재산으로 갚아주려고(당연하기는 하나) 한다는 것을 크리스천들에게 가르쳐야 한다.

92. Valeant itaque omnes illi prophete qui dicunt populo Christi "Pax, pax," et non est pax.

92. Hinweg also mit alle den Propheten, die dem Volke Christi sagen: "Friede, Friede", und ist kein Friede (Hesek. 13, 10. 16).

92. Away, then, with all those prophets who say to the people of christ, "Peace, peace", though there is no peace (Ezek. 13:10 etc).

92. 그런 고로 평안도 없는데 그리스도의 백성을 향하여 "평안, 평안, 하고 부르짖는 예언자들은 다 물러가라" (겔 13:10, 16, 렘 6:14, 8:11, 살전 5:3).

93. Bene agant omnes illi prophrtr, qui dicunt populo Christi "Crux, crux," et non est crux.

93. All den Propheten aber muesse es wohlergehen, die Christi Volk sagen: Kreuz, Kreuz und ist kein Kreuz.

93. Blessed be all those prophets who say to the people of Christ, "the cross, the cross", and there is no cross.

93. 그러나 그리스도의 백성을 향하여 "십자가, 십자가" 하고 부르짖는 모든 예언자들은 축복을 받을지어다. (사실) 십자가는 없는 것이다.

루터 지음, 지원용 옮김, 『루터 선집』, 5권(서울: 컨콜디아사, 1984), p.45-76. "95개조 항의문", 이하 『루터 선집』으로 표기함.

2절_ 신앙의인화(信仰義認化: justfcation by faith)

루터의 신앙의인화론은 그의 『로마서 강해』, 『갈라디아 주석』, "두 종류의 의", 『탁상대화록』 등에 나타나 있다.

1. 오직 은총으로만(sola gratia)

루터의 운명을 바꾸어 놓은 본문이 롬 1:17이다. 그 구절 전반부에 나타난 하나님의 의는 능동적인 의(active righteousness), 곧 심판하시고 정죄하시고 저주하시는 의로만 설명되었다. 인간은 그 무서운 심판 앞에 죄인인 자신의 모습 때문에 큰 절망, 죽음에 이르는 병(Krankheit zum Tode)에 빠지게 되었고 인간은 병든 환자처럼 본성이 타락하여 원죄로 말미암아 구원의 가능성을 전혀 상실하게 되었다. 타락한 본성은 노예의지 상태에 빠져 있으므로 구원에 아무런 역할도 할 수 없게 되었다.

루터는 이 말씀을 묵상하고 또 묵상하는 가운데 그 뜻이 전혀 다른 것을 발견하였다. 죄인을 무서운 공포와 절망에 빠뜨린 죽음에 이르는 병에서 해방되는 순간을 경험한 것이다. 능동적인 의가 아니라 수동적인 의(passive righteousness), 곧 무조건 용서하시고, 받아 주시고, 사랑하시는 '하나님의 의' 라는 깨달음을 발견할 때 루터의 서재가 탑에 있었다하여 이것을 '탑의 경험(Turmerlebnis)' 이라고 부른다.[1]

루터는 십자가 사건을 통하여 우리에게 베푸시는 엄청난 용서의 은총

---

1) Alister E. McGrath, *Reformation Thought*, (Cambridge, MA: Basil Blackwell, 1988), 73.

을 믿기만 하면 오직 믿음으로만 의롭다 하심을, 수동적으로 낯선 손님 같은 의(aliena iustitia)를 옷 입게 된다는 사실을 어거스틴의 "영과 문자(De Spiritu et Littera, The Spirit and the Letter)"에서, 그리고 바울의 롬 1:17에서 발견하게 되었다고 그의 라틴어 저술 편집 서문에서 고백한다.[2] 그래서 이제는 롬 1:17을 가장 사랑하게 되었다고 한다.[3]

루터의 『탁상대화록』에서도 이 하나님의 의는 우리가 능동적으로 얻을 수 있는 것이 아니라 오히려 하나님의 자비로 그리스도를 통해서만 얻을 수 있고, 성령이 이 탑에서 내게 계시함으로써 전에 일찍이 경험하지 못하였던 위대한 기쁨을 얻게 되었음을 고백한다.[4] 또한 롬 1:17에 이르기 전에는 교황청의 오랫동안 오류 속에 갇혀 있었으며 롬 1:17을 통하여 율법의 의와 복음의 의의 차이를 구별하게 되었다고 고백한다. 그 이전에는 율법과 복음, 모세와 그리스도의 차이를 구별하지 못하였다고 고백한다.[5]

2. 오직 믿음로만(sola fide)

루터는 인간의 능동적인 선행과 노력이 아무런 효과가 없고, 인간의 이성으로 자연 속에 나타난 하나님의 능력을 이해하는 중세 스콜라주의적인 사변도 하나님의 의와 사랑을 온전히 발견할 수 없으며, 오직 십자가의 은

---

2) Martin Luther, *Luther's Works*, (St. Louis: Concordia Publishing House, 1987), Vol. 34, 336-37. 이하 *LW*로 표기함.
3) McGrath, 336.
4) 루터, 『탁상대화록』, 3. 3232. 『루터 선집』
5) 루터, 『탁상대화록』, 26. 36.

총을 믿을 때만이 구원이 가능함을 강조한다. 그리고 전에는 그 믿음을 지적으로 인정하는 믿음(assent: assentia)으로 생각했는데, 이제는 전존재를 걸고 내맡기는 신뢰(trust: fiducia)라고 생각하게 되었고 이 신뢰는 인간적인 것이 아니라 하나님의 선물로 주어짐을 발견하게 되었다(엡 2:8). 다시 말해서 성령이 우리 속에서 믿음을 창조하실 때 믿음이 일어남을 주장한다. 바로 이점에서는 칼빈과 웨슬리도 루터의 해석을 받아들인다.

루터는 '오직 믿음'을 너무나 강조한 나머지 희랍어 신약성서를 독일어로 번역할 때 롬 1:17 하반절에 '오직 믿음'을 집어넣었다. 희랍어 원본에는 그냥 '믿음'이라고만 되어 있는 것을 '오직 믿음'이라고 '오직'을 추가하였던 것이다. 우리말 '개역성경'에는 '오직 믿음'이라고 되어 있는데, 희랍어 원본에 보다 충실하게 번역한 '표준 새 번역'에는 그냥 '믿음'이라고 되어 있다.

루터는 "갈라디아서 강해(Commentary on the Epistle to Galatians)"에서도 신앙·그리스도·용납하심 혹은 전가하심은 함께 연결되어 있으며, 마치 반지가 보석을 붙들듯이 신앙은 그리스도를 붙들고 그리스도를 현존케 하며 그리스도를 우리 안에 내주하게 한다고 강조하였다. 그리고 하나님은 마음으로 그리스도를 신뢰하는 자를 의롭다고 여기시며, 그리스도를 신뢰할 때만이 우리를 용납하시고 의롭다고 여기신다고 주장하였다. 또한 죄 사함과 의롭다 하심을 얻을 수 있는 유일한 수단이 신앙이라고 역설하였다.[6] 역시 갈라디아서 강해에서 율법주의자들과 공로주의자들은 은혜와 영생을 얻지 못할 것이며, 다만 믿음을 가진 자들에게만 그의 은혜를 자유롭게 주신다고 주장하였다.[7]

---

6) Luther, *Commentary on Galatians*(1531), 이형기, 『종교개혁 신학 사상』, 29에서 재인용.

3. 오직 말씀으로만(sola scriptura)

'오직 믿음'은 말씀을 들을 때에 일어난다. 루터는 중세 스콜라주의의 선행과 중세 신비주의의 체험을 비판한다. 주관적 내면적 체험이 아니라(in nobis), 우리 밖에서 객관적으로 우리에게 다가오는(extra nos) 말씀으로 믿음이 일어남을 강조한다. 은총 — 성령의 역사 — 은 말씀 안에서(in the Word), 말씀을 통하여(through the Word), 말씀과 함께(with the Word) 우리에게 다가온다. 성령의 역사는 말씀 이외의 신비적 체험, 곧 꿈과 환상을 통하여 오는 것이 아니라 말씀을 통하여 일어난다고 이해한다.[8]

그가 바르트부르크 성에 갇혀 있는 동안에 일어난 비텐베르크 소동(Wittenberg Disturbance)이란, 츠비카우 선지자들(Zwikau Prophets)이 중심이 되어 뮌처와 칼스타트 등 루터의 동료들도 동참하여 신비적 환상과 꿈을 강조하는 신비주의 운동을 말한다. 루터는 비텐베르크를 그의 말씀 신학으로 돌이키기 위해서 여덟 번의 설교를 하지 않을 수 없었다. 그리하여 루터는 "말씀으로 돌아가자(return to the Bible, back to the Bible)"는 슬로건을 내세우게 된 것이다.

또한 라이프치히 논쟁에서 루터는 교회의 최고의 권위는 교황의 말씀이나 교회의 전통(tradition)이 아니라 오직 성경이어야 함을 강조하였다. 그래서 그는 감히 로마 교황의 무오설에 항거하여 교황도 오류를 범할 수 있음을 지적하게 되었다.

---

7) Luther, *Commentary on Galatians*(*Middleton edition*), 81.
8) 루터의 "영과 문자"의 관계에 대한 해석은 Martin Luther, "Concerning the Letter and the Spirit", Martin Luther's Basic Theological Writings, ed. by Timothy F. Lull, (Minneapolis: Fortress Press, 1989), 70-103을 보라. 이하 *LBW*로 표기함.

4. 전가되는 의로움(imputation: forensic passive righteousness)

인간의 죄에는 내면적·본성적 죄나 외향적·행위적 죄가 있듯이, 그리스도인의 의에도 두 가지가 있음을 강조한다. 첫째는 외래적인 것이다. 밖에서부터 들어오는 그리스도의 의, 하나님의 의이다. 곧 낯선 손님 같은 의(aliena iustitia Dei)이다. 고전 1:30에 "하나님은 그를 우리의 지혜와 의로움과 거룩함과 구속함이 되게 하셨다"고 기록한 것처럼, 이 그리스도의 의에 의하여 신앙을 통해 의롭다 함을 얻게 하신다. 우리는 죄로 인하여 마땅히 정죄되어야 하지만, 세례와 참 회개를 통하여 그리스도의 의가 우리의 의가 된다.[9] 루터는 특히 롬 3:28을 중요하게 취급한다. "두 종류의 의"에서도 "칭의에 관한 토론문"에서도, 루터는 롬 3:28을 해석한다. "우리가 사람이 믿음으로 의롭다 하심을 얻는다는 것을 붙든다". 이것은 한 순간에 모든 죄를 삼키는 무한한 의(infinite righteousness)인데, 그리스도 안에서는 죄가 존재할 수 없기 때문이다. 우리에게 그리스도가 내주하시므로 그리스도와 똑같은 의를 소유한다. 이 의가 우리 자신의 모든 행위적 의의 근원이 된다.[10] 따라서 이 그리스도의 외래적 의는 우리의 선행과는 아무 관계 없이 은총으로만, 말씀으로만, 믿음으로만 주어지는 것이다. 이것은 "전가된다"는 표현뿐만 아니라 "의로 여겨진다, 간주된다, 용납받는다(regarded, reckoned, accepted)" 등으로 표현되기도 한다. 오직 은혜와 신앙만이 우리가 그리스도와 연합하게 하는 근거가 되고, 그리스도만이 성도의 의의 근거가 됨을 루터는 강조한다.[11]

---

9) *LBW*, 156.
10) *LBW*, 156.
11) *WA*, 56. 279.

5. 본성적 의로움(impartation: real active righteousness)

루터는 그의 설교 "두 종류의 의(Two Kinds of Righteousness)"에서 외래적·객관적 의와 함께 우리 안에서 본성적·주관적 의로움도 이루어지는 것으로 강조한다. 그것이 우리 자신의 의이다. 외래적 의가 우리로 하여금 이 행동적 의를 가능케 하는 것이다. 다시 말해서 날마다 정과 욕심을 십자가에 못 박는 선행 속에서 이 의는 나타난다. 또한 더욱 적극적으로는 이 의는 이웃사랑으로 나타나고, 더 나아가서는 하나님을 향한 두려움과 온유함으로 나타난다.[12]

이 의는 열매를 맺는 것으로 나타나는데, 그리스도를 믿는, 신앙을 가진 자들 중에서 사랑·기쁨·평화·인내·친절·선함·성실함·온유함·절제 등의 열매로 나타난다는 것이다. 이것은 옛 아담은 죽고 죄의 몸이 멸하는 것을 의미한다. 그리고 그리스도의 모범을 따르는 의로움이다. 이것은 성화를 위한 의로움이요, 신랑 예수는 "나는 너의 것이다"라고 말하고 신부 성도도 "나는 당신의 것입니다"라고 말하는 관계를 형성하는 것이다.[13] 그럼에도 불구하고 루터는 이러한 본성적 의로움(impartation)을 많이 강조하지 않는데 당시의 로마 가톨릭 교회도 이 본성적 의로움을 강조하였기 때문이다. 칼빈도 이 점에서는 마찬가지다. 칼빈도 본성이 변화되는 의로움을 말하기는 하지만, 다시 말해서 성화론을 말하기는 하지만 약하게 나타난다. 이 본성적 의로움의 성화론은 웨슬리에게서 강하게 나타난다.

---

12) *LBW*, 157.
13) *LBW*, 158.

6. 죄 사함(forgiveness)

의인화는 평생에 지은 모든 죄들을 다 사함 받는 것을 의미한다. 우리의 모든 불의와 악을 의로 여겨주시는 죄 사함의 사건이다. 그리스도의 십자가의 은총으로 말미암아 과거에 지었거나 아직 육체에 남아 있는 어떤 죄도 우리에게 돌리지 아니하시고 마치 죄가 없는 것처럼 죄를 사해주셔서 우리의 죄가 제거되는 것이다. 새로운 피조물의 출발은 이 믿음과 또한 육의 죄와의 싸움을 동반한다. 그리스도에 대한 믿음이 이런 죄를 용서받게 하고 죄를 정복하게 한다.[14]

루터는 거듭난 성도의 영적 상태가 위궤양이나 절름거리는 것 등과 같은 불치의 병을 몸속에 그대로 놓아두는 것과 같아서 그리스도의 십자가의 의로 모두 죄 사함 받고 치유되어야 한다고 해석한다. 율법의 의로는 이러한 영적 질병을 치유할 수 없고 병을 더욱 악화시킬 뿐이다.[15] 루터는 롬 5:12-14 주석에서 원죄를 성적 욕망(concupiscentia)으로 보는 어거스틴적 해석을 시도하면서 과격한 원죄의 개념을 말한다. 이 원죄의 모습은 의지의 노예화 · 자기 사랑 · 자기 우상화로 발전한다고 해석하고, 롬 8장 주석에서 가브리엘 비엘의 입장, 곧 양심의 불꽃을 통하여 인간의 의지적 노력에 의한 최선의 성취를 비판하면서 인간의 무능함과 전적 타락을 강조한다. 롬 10:9 주석에서는 아리스토텔레스 윤리학이 말하는 사람의 의를 비판하면서 사람의 의가 아닌 하나님의 의에서 죄 사함과 선행이 나옴을 주장한다.[16]

---

14) 루터, "칭의에 관한 토론문", 『루터 선집』, 6권, (서울: 컨콜디아사, 1989), 375.
15) "칭의에 관한 토론문", 『루터 선집』, 6권, 374.
16) *Lectures on Romans*, 18.

바울의 로마서에 붙인 서문

그러나 율법을 수행하는 것은 즐거움과 사랑으로 그 행위를 행하는 것이며, 율법의 강제 없이 자발적으로 경건하고 선한 생활을 영위하는 것이다. 율법에 대한 이러한 즐거움과 사랑은 사도 바울이 5:5에서 말하는 것과 같이 성령에 의하여 마음속에 주어진다. 그러나 성령은 사도 바울이 머리말에서 말하는 것처럼 예수 그리스도를 믿는 신앙 안에서, 신앙으로 그리고 신앙에 의해서만 주어진다. 더욱이 신앙은 하나님의 말씀이나 복음을 통해서만 주어진다. 하나님의 말씀이나 복음은 그리스도를 전하며, 또한 그가 하나님의 아들이시고 인간이시며 우리를 위하여 돌아가셨고 부활하셨다고 한다. 이것은 사도 바울이 3:25, 4:25 및 10:9에서 말하는 것과 같다. 그러므로 신앙만이 사람을 의롭게 하며 율법을 성취하게 한다. 왜냐하면 신앙은 그리스도의 공로로 성령을 임하게 하기 때문이다. 그리고 성령은 율법이 요구하는 것처럼 마음을 즐겁게 하고 자유롭게 한다. 따라서 선행은 신앙 자체에서 나온다. 사도 바울이 3:31에서 말하는 것이 이러한 뜻이다. 바울의 말은 율법의 행위를 거부한 이후 마치 율법을 이 신앙으로 타도하려고 하는 것처럼 들린다. 그는 이렇게 말한다. "그렇지 않다. 우리는 신앙으로 율법을 떠받든다." 곧 신앙으로 율법을 성취한다는 것이다. 그러나 신앙은 요 1:12-13에 기록되어 있는 바와 같이, 우리를 변화시키고 하나님에게서 새로 나게 하며 우리 가운데서 일어나는 하나님의 역사이다. 신앙은 옛 아담을 죽이고, 마음과 영과 정신과 능력에 있어서 전혀 새 사람이 되게 한다. 그리고 신앙은 이와 함께 성령을 임하시게 한다. 실로 이 신앙은 살아 있고 분주하고 활동적이고 힘찬 것이다. 신앙은 끊임없이 선행을 행하지 않을 수 없다. 신앙은 '선행을 행해야 하는가' 하고 묻지 않고, 묻기 전에 이미 선행을 행했으며, 또한 부단히 행하고 있다.

신앙은 하나님의 은총에 대한 모험적이고 생생한 확신이다. 어찌나 확고부동한지 신자는 그의 생명을 몇천 번이고 거기에 걸 것이다. 하나님의 은총에 대한 이러한 지식과 확신은 하나님의 의가 모든 피조물들을 대할 때에 사람들로 하여금 기쁘고 대담하고 행복하게 만든다. 그리고 이것은 성령께서 신앙 가운데서 행하시는 역사이다. 인간은 이러한 신앙으로 인하여 그에게 은총을 보여주신 하나님에 대한 사랑과 찬양의 마음에서 자발적으로 모든 사람에게 아무 때고 기꺼이 선을 행하고 도와주고 모든 것을 참는다. 이리하여 신앙과 행위는 분리시킬 수 없다. 이것은 마치 열과 빛을 불에서 분리시킬 수 없는 것과 꼭 같다.

의(義)란 이러한 신앙이다. "하나님의 의"라고도 불리는데, 그것은 이 의를 하나님께서 주시고 우리의 중보자이신 그리스도로 인하여 의로 간주하시며 또한 인간으로 하여금 모든 사람에 대하여 자기의 의무를 이행하게 하시기 때문이다. 이렇게 하여 인간은 신앙을 통하여 죄에서 해방을 받게 되고[17] 하나님의 계명을 기쁘게 여기게 되며, 따라서 하나님에게 마땅히 돌려야 할 명예를 돌리고 그에게 마땅히 드려야 할 것을 드리게 된다. 이와 같이 인간은 어떤 방법으로든지 동료 인간을 기꺼이 섬기며, 따라서 모든 사람에게 진 빚을 갚는다. 본성과 자유의지와 우리 자신의 능력은 이러한 의를 가져오지 못한다. 왜냐하면 어떤 사람이나 그 자신에게 신앙을 줄 수도 없고 또 그 자신의 불신을 제거할 수도 없기 때문이다. 그렇다면 아무리 작은 죄라고 할지라도 어떻게 인간이 단 한 가지라도 제거할 수 있겠는가? 그러므로 신앙 없이 혹은 불신 가운데서 행해지는 모든 행위는 다 거짓된 것이다. 롬 14: 23에 기록되어 있는 바와 같이 그 행위가 아무리 훌륭하게 보인다고 할지라도 위선이며 죄인 것이다.

사도 바울은 처음 세 장에서 죄를 드러내고 의에 이르는 신앙의 길을 가르친 후에 제4장에서 다소의 항의와 반대에 응하기 시작한다. 첫째 그는 모든 사람들이 행위 없이 신앙으로 의롭게 된다는 말에 대해 공통적으로 문제를 제기하는 것을 다룬다. "그렇다면 선행을 행하지 말아야 하는가?"고 그들은 말한다. 그리하여 바울 자신이 아브라함의 예를 들고 이렇게 묻는다. "그때에 아브라함이 그의 선행으로 무엇을 행했는가? 그의 선행이 다 허사였는가? 그의 행위가 아무 소용도 없었는가?" 아브라함은 아무 행위도 없이 신앙만으로 의롭게 되었다고 그는 결론을 내린

---

17) Wird on sunde.

다. 창 15:6에서 아브라함은 할례의 행위 이전에도 신앙만으로 의롭게 되었다고 단언한다. 그러나 하나님께서 할례를 명령하셨고 또 이것이 복종의 선행임에도 불구하고 만일 이 할례의 행위가 아브라함의 의에 기여하는 것이 아무 것도 없었다면, 분명히 다른 선행도 의에 기여하는 것이 아무 것도 없을 것이다. 오히려 아브라함의 할례가 신앙으로 이미 그에게 있던 의를 보여주는 하나의 외적인 징표였던 것과 같이 모든 선행들도 신앙에서 나오는 외적인 징표에 지나지 않는다. 이 행위들은 좋은 열매와 같이 사람이 하나님 앞에서 이미 내적으로 의롭다는 것을 실증해준다. 사도 바울은 이러한 성서의 강력한 예증으로써 그가 이미 제3장에서 기술한 신앙의 가르침을 확증한다. 그는 역시 다른 증인으로서 다윗을 인용한다. 다윗은 시 32:1-2에서 말하기를 인간은 행위 없이 의롭게 된다고 한다. 곧 인간은 의롭게 되었을 때 행함이 없이 그대로 있어도 의롭게 된다는 것이다. 바울은 이 예를 보다 널리 적용시켜 율법의 다른 모든 행위에 적용시킨다. 그는 유대인들이 단순히 그들의 혈통으로 인하여 아브라함의 후사가 되지 못할진대, 율법의 행위에 의해서는 더욱 그러하다고 결론을 내린다. 만일 그들이 참된 후사가 되려고 하면 아브라함의 신앙을 물려받아야 한다는 것이다. 왜냐하면 아브라함은 율법 이전에, 곧 모세의 율법과 할례의 율법 이전에 이미 신앙에 의하여 의롭게 되고 모든 믿는 자들의 조상이라고 불림을 받았기 때문이다. 더욱이 율법은 그것에 대한 사랑과 즐거움으로 지키는 사람이 하나도 없으므로 은총보다 오히려 진노를 가져온다. 따라서 율법의 행위에 의하여 오는 것은 은총보다 염악(厭惡)이다. 그러므로 아브라함에게 약속된 은총을 얻는 것은 다만 신앙뿐이어야 한다. 왜냐하면 이러한 예도 역시 우리로 하여금 믿을 수 있게 하기 위하여 우리 때문에(롬 15:4) 기록된 것이기 때문이다.

『루터 선집』, 제4권, p.43-58, LW, 35:365-380

7. 화해(reconciliation)와 회복(restoration)

사람이 하나님의 형상대로 지음을 받았으나 아담의 타락 이후에 그것을 상실하였다. 의와 거룩함과 진리의 형상으로 지음을 받았으나 그것을 잃어버렸기에 낙원을 잃어버렸다. 그런데 이것이 그리스도 안에서 회복되었다. 하나님과 원수된 것을 그리스도를 통하여 화해하고 잃어버린 하나님의 형상을 다시 회복하게 된 것이다.[18]

8. 용서받은 죄인

인간은 죽는 날까지 죄인으로 남아 있다. 용서받은 죄인(simul justus et peccator)이다. 세례가 원죄를 제거하지 못한다. 원죄는 그 본질에 관한 한 죽을 때까지 남아 있다. 우리는 매일매일 그것을 씻어버려야 하며, 날마다 선한 일에 자라야 하고, 마음의 평화를 얻고 살아야 한다.[19] 그것은 무덤에 들어갈 때 비로소 완전히 제거된다.[20]

---

18) "칭의에 관한 토론문", 『루터 선집』, 6, 399.
19) 『루터 선집』, 6, 402.
20) 『루터 선집』, 6, 403.

9. 믿음과 선행의 관계

롬 3:28 "사람이 의롭다 하심을 얻는 것은 율법의 행위에 있지 않고 믿음으로 되는줄 우리가 인정하노라"는 루터의 믿음과 선행의 관계를 말해주는 핵심적인 말씀이다. 선행이 없이 믿음으로만 우리를 의롭게 하고, 믿음에 의해 선행의 열매가 맺힌다. 그리스도의 의가 되려면 선행이 배제되어야 하고, 의롭다 함을 얻은 성도가 그리스도 안에서(en Christo) 선행을 실천하게 된다. 그리스도 밖에서 행하는 선행은 선행이 아니라는 것이다. 그러한 선행은 자기 의를 드러낼 뿐이다. 좋은 나무가 좋은 열매를 맺듯이, 믿음이 선행의 결과를 가져오게 한다. 선한 믿음, 건강한 믿음, 올바른 믿음인지 아닌지는 선행이 말해준다는 것이다. 사랑이 없으면 그 믿음은 비록 산을 옮긴다 할지라도 거짓되고 공허한 믿음이라고 주장한다. 그리고 참 믿음은 게으르지 않다. 루터는 게으르지 않고 부지런히 사랑과 선행의 열매를 맺는 것을 보아 참 믿음을 가진 자들을 확인하고 인정할 수 있다고 강조한다.[21]

---

21) "칭의에 관한 토론문," 『루터 선집』, 6, 405.

3절_ 십자가 신학(theologia crucis)

1. 역사적 배경

루터는 "우리의 신학은 오직 십자가뿐이다(crux est sola nostra theologia)"라고 강조한다.[22] 그래서 1518년 '하이델베르크 논제(Heidelberg Disputation)'에서 자신의 신학은 십자가의 신학임을 밝히고 있다.[23] 1518년 4월 루터는 그가 말하는 새로운 신학이 무엇인지를 그가 소속한 어거스틴 수도회의 하이델베르크 모임에서 공개 토론할 기회를 갖게 되었다. 루터는 28개조의 신학적 논제와 12개조의 철학적 논제를 포함하여 총 40개조의 논제들을 발표하였다. 그는 크게 네 가지 관점에서 그의 기본적인 종교개혁 신학을 언급하였다. 그것은 첫째 인간의 죄악성이요, 둘째 하나님과의 관계에서 '의지의 노예신세'를 말하는 것이고, 셋째 인간의 협력을 필요로 하지 않는 하나님의 은총의 역사를 강조하는 것이고, 넷째 그의 가르침에 대한 날카롭고 분명한 신조를 밝히는 것이다. 그는 중세 스콜라주의를 영광의 신학(theology of glory)이라고 하면서 그 영광의 신학에 반대하여, 십자가 신학을 강조하였다. 그 당시의 스콜라주의자들은 '루터의 날카로운 비판은 자신들의 입장을 정확히 이해한 것에 근거하지 않았다'고 느꼈다.[24]

---

22) WA, 5, 176, 32-3.
23) WA, 1, 354, 17-21.
24) Lohse, 46.

영광의 신학이라는 루터의 해석이 역사적으로 타당한 것인지는 논란이 많다. 어쨌든 스콜라주의의 '인간 본성의 낙관주의(optimism of human nature)'에 기초한 이성적 요소와 선행적 요소에 항거하여, '인간 본성의 비관주의(pessimism of human nature)'에 기초한 죄악성과 '은총의 낙관주의(optimism of grace)'에 기초한 십자가은총의 강조는 루터 신학의 중심을 이루게 되었다.

둘째 그의 십자가 신학이 가장 잘 드러나는 저술은 "마리아 찬양(Magnificat)"(1521)이다. 이 주석은 1520년에 저술하다가 갑자기 보름스 국회에 불려가게 되어 중단했다가 바르트부르크 성에 갇혀 있던 그의 기막힌 실존적 고난의 상황에서 마쳤기에 더욱 의미심장하다. 이것은 선제후 프레데릭 4세에게 바치는 글 형식으로 스팔라틴(Spalatin: 1484-1545)에게 쓴 편지 가운데 들어있다. 1521년 스팔라틴에게 보내는 편지에서 조속한 시일 내로 이 강해를 완성하겠다고 하였고 곧 출판되었다. 셋째 그의 십자가 신학이 잘 드러나는 저술은 『히브리서 강해』(1519)라고 볼 수 있다. 1517년 3월부터 1518년 부활절 때까지 히브리서 강의를 하였는데, 그는 에라스무스가 편집한 희랍어 신약성서의 히브리서를 많이 참고하였고, 인문주의자 무티아누스(Mutianus)가 번역한 크리소스톰(Chrisostom)의 히브리서 설교집을 많이 사용하였다. 히브리서 강해에 물론 중세 인문주의적 잔재가 남아있기는 했지만, 십자가 신학이 주요 내용을 이룬다. 루터는 히브리서에 예수님의 낮은 모습과 십자가상의 고난을 통하여 하나님이 계시되었다고 강조한다. 또 그는 십자가는 인간의 지적·도덕적 교만을 죽이고, 구원이 대속의 죽으심에 의하여 이루어짐을 강조한다고 해석하고 인간을 구원하시기 위하여(opus proprium) 인간이 이해하기 힘든 낯선 십자가의 길(opus alienum)을 택하셨다고 해석한다. 이 십자가 사건과 더불어 율법의 고발적 기능도 하나님다운 행위(opus proprium)를 위한 하나님의 하나님답지 않은 행위(opus alienum)에 속한다고 해석한다.

하이델베르크 논제
(Disputatio Heidelbergae habita: 1518. 4. 26)

신학적인 논제

1. 생활의 가장 유익한 교리인 하나님의 율법은 인간을 의의 길로 나가게 할 수 없으며, 오히려 그렇게 하는 것을 방해한다.
2. 자연적인 이성의 도움을 받아 거듭거듭 행해지는, 말하자면 인간적인 업적은 더욱 더 그 목적에 이를 수 없게 된다.
3. 비록 인간의 업적들이 언제나 매력 있고 선한 것처럼 보이기는 하나, 그 업적 자체는 "죽을 죄"인 것과 같을 따름이다.
4. 비록 하나님의 업적이 항상 매력 없고 좋지 않은 것처럼 보이기는 하나, 그 업적 자체는 참으로 영원한 공적인 것이다.

9. 그리스도 없는 업적은 죽은 것이며, 죽을 수밖에 없다고 하지 않는 것은 하나님에 대한 두려움을 포기하는 위험한 일을 행하는 것과 같이 보인다.
10. 사실 인간의 업적이 무기력할 수는 있지만 그 반면에 유해하고 중한 죄는 될 수 없다고 하는 이론을 이해하기는 매우 어렵다.

12. 인간들이 죄를 죽을 수밖에 없는 것으로 두렵게 여길 때 비로소 그 죄가 하나님 앞에서 참으로 용서받을 수 있게 된다.
13. 자유의지는 타락 이후 오직 그 명칭뿐이며, 그가 할 수 있는 것을 행하는 한 그것은 죽을 죄를 범하는 것이다.
14. 타락 이후 자유의지는 다만 수동적인 능력으로만 선을 행할 힘을 가지고 있으며, 능동적인 힘으로는 항상 악을 행하게 된다.

16. 자기 안에 있는 것을 행함으로써 은총을 얻을 수 있다고 믿는 사람은 죄에 죄를 더함으로써 이중으로 범죄하게 된다.

17. 이렇게 말하는 것은 실망하게 하려는 것이 아니라 자신을 겸비케 하고 그리스도의 은총을 구하는 욕망을 일으키게 하려는 것이다.
18. 그리스도의 은총을 받을 준비가 되어 있기 전에 인간은 그 자신의 능력에 대해서 전적으로 실망할 수밖에 없다.
19. 하나님의 보이지 않는 것들을 실제로 일어난 사물들 가운데서 분명히 인식할 수 있는 것처럼 생각하는 사람이 있다면 그는 신학자로 불릴 만한 가치가 없다(롬 1:20).
20. 그러나 고난과 십자가를 통하여 나타내어진 하나님의 보이고 명백한 것들을 깨닫는 사람은 신학자로 불릴 만한 가치가 있다.
21. 십자가의 신학(eine Theologie des Kreuzes)은 사물을 사실 그대로 부른다.

24. 그렇다고 해서 그러한 지혜 자체가 악한 것은 아니며, 또한 율법이 회피할 것은 아니다. 그러나 사람은 십자가의 신학이 없이는 가장 선한 것을 가장 나쁘게 오용하게 된다.
25. 많이 행하는 사람이 의로운 것이 아니라, 업적이 없이라도 그리스도를 굳게 믿는 사람이 의롭다.
26. 율법은 "이것을 행하라"고 명하나, 그것이 이루어진 일은 결코 없다. 은총은 "이것을 믿으라"고 말하나, 모든 것은 이미 이루어져 있다.
27. 사실로 우리는 그리스도의 업적을 활동하는(wirkend) 일이라고 부르고 우리의 업적을 완성된 일(das gewirkte Werk)이라고 불러야 하며, 그 활동하는 일은 은총에 의하여 하나님을 기쁘시게 하는 완성된 일이 되어야 한다.

『루터 선집』, 제5권, p.263-274, WA, 1:353-374, LW, 31:39-70

2. 숨어계신 하나님

"어찌하여 나를 버리셨나이까?"라는 절규 속에서도 침묵하시고, 외면하시고 '숨어계신 하나님(Deus Absconditus: Hidden God)'은 숨어계시는 방법으로 현존하신다(Deus Absconditus: Hidden presence of godDeus Revelatus in).[25] 여기서 루터는 하나님의 속성의 양면성 곧 계시하시는 하나님(Deus Revelatus)과 숨어계시는 하나님(Deus Absconditus)을 말한다. 에라스무스가 '사랑의 하나님이 어떻게 지옥을 만들 수 있을까'라고 질문할 때 루터는 사랑의 하나님에서는 이해가 안 되지만 숨어계신 하나님의 속성 속에서는 이해가 된다고 말하였다. 인간의 이성과 의지로는 도저히 이해가 안 되는 하나님의 깊은 숨어계시는 의지와 뜻이 있다는 것이다. 사랑과 자비의 하나님이 십자가라는 옷을 입고 숨어계신 하나님으로 현존하신다. 프렌터(R. Regin Prenter)는 "모든 선한 것들은 십자가 안에 그리고 십자가 아래 숨어있다(omnia bona in cruce et sub cruce abscondita sunt)"고 루터를 해석한다.[26]

---

25) 1519년까지 루터는 간접적인, 숨어계신 방법으로 계시하시는 하나님을 말하였으나, 1525년 그의 『노예의지론 *De Servo Arbitrio*』에서는 그의 숨어계신 뜻을 인간에게 전혀 알리지 아니하시는 숨어계신 하나님을 말한다. 인간의 의지는 노예신세이므로 하나님의 의지와 뜻을 전혀 알 수 없는 세계도 있다는 것이다. 여러 면에서 하나님은 자신을 열어 계시하시지 않는 역사의 수수께끼가 많다는 것이다. 이를 하나님의 마스크(mask of God)라고도 부른다.

26) Regin Prenter, *Luther's Theology of the Cross*, (Philadelphia: Fortress Press, 1971), 4.

3. 자비의 분노

하나님의 자비는 하나님의 진노 속에 의존적으로 계시된다. 하나님의 분노와 자비가 동시에 계시되는 것이다. 하나님의 분노에는 두 가지가 있다. 형벌의 분노(ira severitas)와 자비의 분노(ira misericordiae)이다.[27] 십자가는 자비의 분노이다. 다만 신앙만이 계시된 분노를 나타내시는 자비로우신 하나님의 의도를 식별한다. 신앙이 아닌 인간의 이성 — 중세 스콜라주의의 영광의 신학(theologia gloriae) — 은 이것을 식별하지 못하고 형벌의 분노와 자비의 분노를 혼동한다는 것이다.[28] 영광의 신학자들은 하나님이 강함과 영광과 능력 속에서만 계시되기를 원하고, 십자가 안에서의 포기와 패배 — 궁극적으로 승리하는 — 를 받아들일 수 없다고 루터는 해석한다.[29] 루터는 또 다른 변증법적 해석으로 십자가에서 나타나는 하나님의 양면성을 보여준다. 곧 '하나님의 속성에 낯선 행위(opus alienum)'와 '하나님의 속성에 속하는 행위(opus proprium)'이다. 사랑의 하나님의 속성에서는 도저히 분노하고 정죄하실 것 같지 아니하나, 그렇게 정죄하고 분노하시는 것은 죄인들을 의롭다 하시기 위함이다. 결국 구원하시는 하나님의 속성을 보이시기 위해 하나님답지 않은 행위를 보이신다는 것이다. 그래서 십자가에서 부당하게 정죄당하고, 연약하게 창피당하고, 어리석게 패배당하고, 철저히 죽음을 당하셨다. 바로 그 치욕스러운 십자가의 스캔들 속에 하나님의 의와 영광과 지혜와 능력과 구원이 숨어 있는 방법으로 계시되었다.[30]

---

27) Alister E. McGrath, *The Theology of the Cross*, (Oxford: Basil Blackwell, 1985), 154.
28) McGrath, *The Theology of the Cross*, 157.
29) McGrath, *The Theology of the Cross*, 167.
30) McGrath, *The Theology of the Cross*, 158.

4. 이성을 배제하는 십자가 신학

하이델베르크 논제 20조에서 루터는 인간이 선행과 이성을 통해 신 인식에 이를 수 없음을 주장한다. 하나님은 이성적 방법으로 알려지는 것이 아니라, 고난과 십자가를 통하여 알려지기를 원하신다는 것이다.[31] 하나님은 연약함과 어리석음을 통해 당신의 지혜와 능력을 나타내신다. 세상이 지혜를 통하여 하나님을 알지 못하므로 설교의 어리석음을 통하여 하나님을 기쁘시게 한다고 루터는 20조에서 주장한다.[32] 영광과 능력 속에서 하나님을 인식하는 것은 충분치 않고 좋지 않다고 루터는 강조한다.

하나님은 지혜자의 지혜를 파괴하신다. 만일 십자가의 겸손과 부끄러움 속에서 하나님을 인식하지 않으면 영광 중에 계신 하나님을 인식할 수 없다는 것이다. 루터는 20조에서 요 14:9에 빌립이 영광의 신학에 따라 "우리에게 아버지를 보여주옵소서"라고 요구할 때 그리스도의 십자가의 길을 통하여, 고난 속에 계신 하나님을 통하여 알 수 있음을 성경구절들로 강조한다.(요 14:9, 요 14:6, 요 10:9) 영광의 신학자들은 고난보다 행위, 십자가보다 영광, 약함보다 강함, 어리석음보다 지혜를 구하는데, 그것은 인간 이성에 기초하고 있으며 십자가의 원수라고 21조에서 못박아 강조한다.

---

31) *LW*, 31, 52.
32) *LW*, 31, 52.

5. 신앙의인화 이후의 선행과 성화

루터는 하이델베르크 논제 후반 25조, 26조, 27조에서 특히 신앙의인화 이후의 선행과 성화를 주장한다. 선행이 의인화에 아무것도 공헌할 수 없기에, 성도는 선행 없이 은혜와 신앙이 주어지고 신앙에 의해 선행이 나온다. 그의 선한 행위가 그를 의롭게 하지 않고 오히려 그를 신앙으로 의롭게 한 하나님의 의가 선행을 창조한다고 루터는 25조에서 말한다.[33] 26조에서 그리스도가 모든 계명을 성취하셨으므로, 계명을 성취하신 그리스도를 통하여 우리도 모든 것을 성취할 수 있다.

27조에서 그리스도는 능동적인 행위요, 인간은 성취하는 행위라고 루터는 해석한다. 그리스도가 신앙을 통해 우리 안에 사시기 때문에, 그는 우리로 하여금 그의 행위를 믿는 산 믿음을 통해 선행을 하게 하신다. 그가 행하시는 선행은 신앙을 통해 우리에게 주신 하나님의 계명의 성취라는 것이다. 루터는 자비의 행위는 그리스도가 우리를 구원하신 것을 통한 행위에 의해 일어난다고 말한다. '우리 안에 행위가 있다면 그것은 믿음을 통해 살아나고, 그리스도의 행위의 향취를 따라 나를 인도한다'고 루터는 주장한다.[34]

---

33) *LW*, 31, 56.
34) *LW*, 31, 57.

6. 하나님의 혁명

인간의 모든 지혜와 능력이 끝장나는 십자가 속에서 비로소 하나님의 지혜와 능력이 역사하기 시작한다. 루터는 "마리아 찬양(Magnificat)"에서 눌린 자, 겸손한 자, 비천한 자, 가난한 자를 높이시고 — 인간의 가능성과 능력이 끝장 난 자들을 높이시고 — 누르는 자, 교만한 자, 권세 있는 자, 부자를 낮추시고, 심판하신다고 해석하고 여인 마리아의 입을 통해서 하나님의 혁명적 선포가 외쳐졌다고 루터는 해석한다. "인간의 강함이 끝나는 곳에, 하나님의 강함이 시작한다. 억눌림이 끝날 때, 위대한 강함이 약함 아래 숨어 있었다는 것을 나타내준다."[35]

1519년 "주기도문 해설(Exposition of the Lord's Prayer)"에서 하나님나라는 미래에 다가오는 것이나, 하늘에서 기쁨과 행복과 유익과 복락을 누리는 것이 아니라 십자가의 은총을 믿음으로 말미암아 지금 여기에서 하나님의 내주와 통치를 경험하는 것(눅 17:21)임을 역설한다.[36] 루터가 이해한 그리스도는 역사 속에 성육신하여 가난한 자, 비천한 자, 겸손한 자, 소외된 자 속에서 함께 아파하시고 그들을 높이시고 해방하시는 분이라고 마리아의 찬양 주석에서 해석한다.[37] 십자가의 은총은 영적 해방뿐 아니라, 육체적 해방도 의미하는 총체적 — 복음화와 인간화 — 해방을 이루시는 하나님나라의 복음이다. 하나님나라에 대한 루터의 기다림은 역사의식을 상실한 묵

---

35) *LW*, 21:34f. 이 "마리아 찬양"에 대한 해석은 구약의 한나의 찬양과 함께 여성신학에서 여성의 억눌림과 고통에서 해방시키시는 하나님의 혁명을 해석하는 근거로 사용한다.
36) *LW*, 42, 41.
37) *LW*, 21, 297-358.

시문학적 몬타니즘적 기다림이 아니었다. 루터는 종말론적 사건을 현재의 역사의 한복판에서 일어나는 사건으로 생각하였다. 그래서 내일 종말이 온다고 해도 한 그루의 나무를 심겠다는 심정으로 세속 직업 속에서 성실한 직업인이 되어야 함을 강조하였다. 어떠한 직장이나 사업이라도 아무리 비천한 직업이라도 그것이 하나님이 나에게 주신 소명이라고 생각하여 그 일터에서 하나님께 영광을 돌려야 한다고 역설한다. 따라서 루터는 요한계시록을 평가절하하였다.

마리아 찬양

사도 바울도 고전 1:27, 28에서 "하나님께서 형상의 미련한 것들을 택하사 지혜 있는 자들을 부끄럽게 하려 하시며, 하나님께서 형상의 천한 것들과 멸시받는 것들과 없는 것들을 택하고, 있는 것들을 폐하려 하신다"라고 말했다. 이같이 하여 하나님께서는 모든 지혜와 권세를 가진 이 세상을 어리석은 것으로 만들어 버리시고, 우리에게 다른 지혜와 권세를 주신다. 게다가 심연에 처하여 멸시받고 있는 이들을 중시하는 것이 하나님의 방법이므로, 나는 "겸손"이란 단어를 "무" 혹은 "비천한 처지"로 간주했다. 그러므로 마리아의 찬양은 다음과 같은 의미가 있다. "하나님은 부유하고 유명하고 고상하고 권세 있는 여왕과 방백과 큰 권세를 가진 군주들의 딸을 찾으실 수도 있었지만, 가난하고 멸시받고 비천한 계집인 나를 귀하게 여기셨도다. 하나님께서는 이 세상에서 가장 높은 지위를 누리고 있던 안나스와 가야바의 딸을 찾으실 수도 있었도다. 그러나 하나님께서는 그의 순전하고 은혜로운 눈길을 나에게 돌리셔서, 가난하고 멸시받는 한 소녀를 이용하시어 비록 그가 자랑할 만한 것을 갖고 있다고 하더라도 하나님 앞에서는 자랑치 못하게 하셨도다. 게다가 나는 이 모든 일들이 순전한 은혜와 자비이며 결코 나의 공적이나 훌륭함이 아님을 고백해야 하도다." 그런데 우리는 앞에서 이 자애로운 동정녀의 신분이 얼마나 비천했는가와 영광이 전혀 예기치 않았음에도 그녀에게 주어진 사실을 충분히 기술했다. 여기에서 하나님께서도 마리아에게 그처럼 충만한 은혜를 베풀어주셨음이 분명하다. 그래서 마리아는 그녀의 훌륭함이나 심지어 무익함조차도 자랑하지 않고, 단지 하나님의 돌보심만을 자랑하였다. 이 돌보심은 너무나도 관용적이고 은혜로와서 하나님께서는 이처럼 비천한 소녀를 중시하시어, 참으로 영광스럽고 명예로운 방법으로 그녀를 돌보신다. 그러므로 마리아가 진정 그녀의 순결이 아니라 겸손을 자랑했다고 주장하는 자들은 그녀를 잘못 본 것이다. 마리아는 전자와 후자 그 어느 것도 자랑하지 않았다. 다만 하나님의 은혜로운 돌보심을 자랑했다. 그래서 우리는 "비천함"이란 단어가 아니라 "돌아보셨음"이란 단어를 강조해야 한다. 왜냐하면 그녀의 겸손이 아니라 하나님의 돌보심이 찬양되어야 하기 때문이다. 만일 어떤 왕자가 한 가난한 거지의 손을 잡았다면, 칭송을 받아야 할 일은 거지의 비천함이 아니라 왕자의 호의와 자비인 것이다. 오늘날 이 세상에 가득 차 있는 겸손한 옷차림, 말씨, 행위 뒤에는 참으로 많은 교만이 들어 있도다! 사람들은 스스로를 낮추지만 이것은 다른 사람들로부터 멸시받지 않기 위함이요, 이들은 또한 명성을 피하려 하지만 이것은 명성이 뒤따르도록 하기 위함이다. 이들은 교만한 행위를 피하지만 사실 이것은 존경과 칭송을 받기 위함이며, 그들의 겸손한 행위가 너무 하찮은 것으로 간주되지 않도록 하기 위함이다. 그러나 거룩한 동정녀 마리아는 그녀의 비천한 신분만을 언급하였다. 마리아는 이 신분으로 그녀의 여생을 만족하게 보냈으며, 결코 존경받거나 칭송을 받기를 추구하지 않고, 그녀 자신의 겸손을 인식하게 되는 일도 전혀 없었다. 사실 겸손이란 너무 까다롭고도 소중한 일이어서 원래의 모습을 그대로 유지할 수가 없다. 그래서 진정한 겸손이란 "(하나님은) 스스로 낮추사 천지를 살피시고"처럼 노래한 시 113:6과 같이 하나님의 보살핌에만 있을 수 있다. 실제로 누구든지 그 자신의 겸손을 볼 수 있다면 그는 스스로가 구원받을 가치가 있다고 판단할 수 있으며, 그래서 하나님의 심판에 대해 미리 준비할 수 있을 것이다. 왜냐하면 하나님은 확실히 겸손한 자들을 구원하신다는 것을 우리가 알고 있기 때문이다. 그러므로 하나님께서는 겸손을 알아볼 권리를 하나님 자신만 소유하시고 우리 인간들에게는 천한 계층의 일들만 보여 주심으로써 우리를 관련시켜 겸손을 알지 못하게 하셔서, 우리가 우리 자신에게 관심을 갖는 일을 잊어버리게 하셨음에 틀림없다. 바로 이것이 이 땅 위에서 우리가 겪어야 할 허다한 수난과 죽음, 모든 종류의 고난의 목적이다. 이러한 고난들이 우리에게 가져다 준 고통과 수고를 통해서 우리는 범죄한 눈을 빼어 버릴 수 있다.
……

마리아도 역시 어떤 선한 일들을 특별히 열거하지 않고, 이것을 한 마디로 "하나님께서 큰 일을 내게 행하셨다"고 말했다. 말하자면 "하나님께서 내게 행하신 모든 일이 위대하다"는 것이다. 마리아는 여기에서 마음 속에 헌신의 뜻이 크면 클수록 그만큼 말하는 것은 줄어든다는 것을 가르쳐준다. 사실 그녀는 아무리 노력해도 이것을 말로 표현할 수 없음을 느꼈었다. 그러므로 성령이 말한 이 몇 마디는 너무나 위대하고도 시원하여 아무도 최소한 얼마라도 이와 동일한 성령을 소유하지 않는다면, 이것을 이해하지 못한다. 그러나 많은 말들이 전혀 어울리지 않으며, 소금의 맛이 완전히 사라진 것 같다. 그리스도께서도 마 6:7에서 우리가 기도할 때 믿지 않는 자처럼 말을 많이 하지 말라고 하셨다. 왜냐하면 저들은 말을 많이 해야 하나님께서 들으실 것이라고 생각하고 있기 때문이다. 오늘날의 교회에서도 이와 똑같이 종소리, 트럼펫 소리, 찬송 소리, 외침 소리, 기도 소리로 떠들썩하지만, 나는 요 4:24에서 말한 것처럼 하나님께서 원하시는 신령과 진리로 예배드리는 자는 아주 적을까 염려된다.
……

그런데 하나님의 어머니가 이 어구로써 보여주려는 의미는 다음과 같다. "이 모든 위대하고도 거룩한 일들 중에서 나의 것은 아무 것도 없으나 모든 일을 행하시고 그의 권능으로 만물 안에서 역사하시는 하나님께서 홀로 이처럼 큰 일들을 나를 위해 행하셨다"는 것이다. 왜냐하면 "능하신"이란 단어는, 이 땅의 한 왕이 비록 가만히 앉아서 아무 일도 하지 않지만 그를 능력 있다고 하는 것처럼, 무활동의 권능을 의미하는 것이 아니기 때문이다. 이 단어는 끊임없이 역사하고 움직이는 강력한 힘이요, 계속적인 활동이다. 왜냐하면 하나님께서는, 그리스도가 요 5:17에서 "내 아버지께서 이제까지 일하시니 나도 일한다"고 말한 것처럼 쉬지 않으시고 계속 일하시기 때문이다. 사도 바울도 이와 같은 의미로 엡 3:20에서 "하나님은 우리의 구하는 모든 것보다 더 넘치도록 하실 수가 있다"고 말했는데, 이것은 하나님께서는 항상 우리가 구하는 것보다 더 많은 것을 베풀어주신다는 뜻이다. 이것이 곧 하나님의 방법이며, 하나님의 권능은 이렇게 역사한다. 본인이 마리아가 우상으로 섬겨지는 것을 원치 않았다고 말한 이유는 그녀는 아무 일도 하지 않았고, 하나님께서 모든 일을 하셨기 때문이다. 우리는 마리아에게 하나님께서 그녀를 위해서 우리가 구하는 것을 들어주시고 이루어주시기를 기원하지 않으면 안 된다. 이렇게 하여 우리는 다른 모든 성도들이 행하는 일도 어떻게 해서든지 하나님 한 분의 행하심이 되도록 그들에게 기원해야 한다.

......

여기에서 비천한 자들이란 겸손한 자를 일컬음이 아니라, 세상 사람들로부터 멸시받고 하찮은 존재로 여김을 받는 자를 뜻한다. 마리아가 눅 1:48에서 "하나님께서 당신의 계집종의 비천함을 돌아보셨도다"라고 했을 때에도 이와 같은 의미에서이다. 그렇지만 진정으로 무가치하고 겸손한 자가 되기를 기꺼이 받아들이며, 위대해지려고 애쓰지 않는 자라면 참으로 겸손한 자들이다. 그런데 하나님께서 당신을 두려워하는 자들에게 긍휼을 보이실 때에 그들을 학식이 있다고 자긍하는 자들, 다시 말해서 교만한 자들의 권좌에 앉게 하시지 않음과 같이 이 겸손한 자들을 높이신다는 것은 이들로 하여금 하나님께서 내리치셨던 자들의 권좌에 앉도록 하시지는 않음을 의미한다. 하나님께서는 또한 이들을 현재와 장차 영적으로 하나님 뜻 안에서 높임을 받도록 하시며, 권좌들과 힘과 모든 권세의 심판자가 되게 하신다. 왜냐하면 이들은 학식이 있다고 자긍하는 자들과 권세자들 전부보다도 더 많은 지식을 갖고 있기 때문이다. 이같은 일이 어떻게 이루어지는가는 하나님의 첫 번째 일부분에서 언급했으므로 반복할 필요는 없으리라 본다. 우리가 이것이 사실이라고 믿을 정도로 큰 믿음만 가지고 있다면 이 모든 것은 고통받는 자들에게는 위로를, 압제자들에게는 두려움을 가져다주는 것이라고 말할 수 있다.

『루터 선집』, 제3권, p.271-335.

7. 십자가 신학의 현대적 해석

루터의 바로 이 해석에서 몰트만은 그의 저서『십자가에 달리신 하나님 Der gekreuzigte Gott』을 전개한다. 몰트만은 엘리비젤(Eliewiiesel)의『밤 Night』에 나타난 숨어계신 하나님을 루터의 십자가 신학과 연결짓는다. 원인 모르게 죽어가는 유태인의 죽음 속에서 지금도 신음하고 계시는 삼위일체 하나님을 해석한다.[38] 재판을 받기 위해 보름스 국회(The Diet of Worms)로 가는 루터의 결단의 클라이막스에 십자가의 신학(theologia crucis)이 서 있다고 몰트만은 해석한다.[39] 몰트만은 루터의 십자가 신학이 너무나 실존적 차원에만 머물러 있고 사회윤리적 차원으로 전개되지 못했음을 지적하면서, 오늘의 역사현장에서 고난당하는 사람들과 함께 아파하시는 삼위일체 하나님을 해석한다. 또한 삼위일체 하나님의 역사적 해방 운동을 해석한다. 일본 신학자 가조 기타모리(Kazo Kitamori)도 일본의 히로시마 원폭피해의 역사적 상황에서 '하나님의 아픔의 신학'을 전개한다. 그의 해석은 루터의 십자가 신학의 일본적 토착화 작업이었다. 더글라스 홀(Douglas Hall)도 그의 저서『빛과 어둠 Lighten on Darkness』에서 북아메리카 상황에서 십자가의 신학을 사회윤리적 조명에서 재해석한다. 홀은 루터의 십자가 신학에 사회윤리적 요소가 결여되었음을 지적한다. 루터의 십자가 신학은 노예의지론과 두 왕국설과 연결되어 있다. 루터는 가난한 자와 억눌린 자와 고난당하는 자들을 대변하지만 그 고난에서 해방되는 역사적 해방은 하나님의 혁명에 의해 이

---

38) Jurgen Moltmann, *The Curucified God*, (New York: Harper & Row, 1974), 274, 278.
39) Moltmann, 208. 루터는 보름스 국회 이후 평생 정신적인 스트레스 때문에 불면증으로 시달렸고, 마침내 협심증으로 죽음을 맞이할 수밖에 없었다.

루어진다고 해석한다. 하나님의 혁명에 인간의 의지는 노예신세일 뿐이다.

또한 루터는 두 왕국설에 의해 인간을 억누르고 탄압하는 불의한 권세일지라도 그 권세에 항거해서는 안 된다고 해석한다. 현대 신학자들은 이러한 루터의 십자가 신학의 한계와 약점을 지적하면서 현대의 역사적 상황속에서 십자가 신학을 다시 해석한다. 함석헌은 바로 그의『뜻으로 본 한국역사』에서 십자가 신학적 발상을 전개한다. 수 · 당 · 명 · 청 · 일본 등에 의해 수없이 짓밟혀온 한국은 다시 자본주의와 공산주의의 냉전의 희생양이 되어 현대사의 죄를 지고 십자가에 달린 늙은 여인으로 묘사된다.[40]

4절_자유의 복음

1. 역사적 배경

1517년 95개조의 항의문을 붙인 후, 루터는 그의 의도와 달리 로마 가톨릭의 교회체계와 교리에 대한 분명한 공격을 하지 않으면 안 되는 운명에 놓이게 되어서 1520년에 "크리스천의 자유"를 쓸 수밖에 없었다. 1520년 6월 15일 파문을 위협하는 교황의 칙서가 만들어졌고 그 이해 가을에 밀티츠(Karl von Miltitz)에 의해 루터와 로마 교황청과의 화해를 위해 만들어진 제안이 있었고 루터는 이 밀티츠에 대한 답변을 시도했다. 또한 루터는 10월 10일에 교황의 칙서를 받은 후에 이에 대한 최후노력으로 교황과 로

---

[40] 함석헌,『뜻으로 본 한국역사』,(서울: 성의사, 1963), 250.

마 가톨릭에 대한 화해의 뜻을 표현하게 되었다. 루터는 교황청과 자신 사이에 무슨 일이 일어났는지를 충분히 이해할 수 없었다.[41] 이 논문은 교황 레오 10세에게 공개편지 형식으로 보냈다. 이 "크리스천의 자유"의 서문이 바로 교황에게 보내는 공개서한이다. 루터는 교황 레오 10세를 이리 떼 속에 있는 어린 양 같은 분, 혹은 사자굴 속에 있는 다니엘 같은 분으로 묘사했다. 12일 동안에 쓰여져서 11월 초에 출판된다. 이 짧은 논문이 루터의 신앙에 대해 가장 설득력 있고 가장 간결한 고백을 담고 있다.

이 논문은 그의 저술들 중에서 가장 진주와 같은 글로 알려지고 있으며, 『갈라디아서』의 자유와 독립선언의 정신이 담겨져 있다. 『갈라디아서』가 초대 교회 시대의 독립선언문이라면, "크리스천의 자유"는 종교개혁시대의 독립선언문이다. 그는 참 자유가 어디에 존재하는지를 보여주고 있으며 복음에 근거하여 자유를 말하고 있다. 그 자유는 그리스도로부터의 자유가 아니라, 그리스도 안에서의 자유(en Christo: in Christ)이다. 그는 그의 스승 스타우피츠와 타울러에게서 배운 그리스도 안의 신비주의(en Christo mysticism)를 강조하고 있다. 그리고 사도 바울이 묘사한 자유인과 종의 변증법적 표현을 루터가 그대로 배우고 있다.

루터는 이 영적 자유의 개념을 갖고 농민전쟁의 신체적·육적 자유개념을 비판하고 있다. 1521년에 나온 멜랑히톤의 『신학총론 Loci Commune』에서도 루터적 자유개념이 나타나고 있다. 이러한 자유개념은 농민을 지지한 안드레아스 칼스타트의 자유개념과 아주 비교된다. 루터는 바로 십자가 신앙을 통해 중세인을 자유하게 하였다. 율법과 선행의 무거운 짐에서 자유하게 하였다. 고해성사의 짐에서 자유하게 하여 모든 평신도도 제사장으로서 하나님께 직접 죄를 고백하게 하였고, 신부만 떡과 포도주를 먹고 마

---

41) Lohse, 129.

루터가 불지른 파문장

실 수 있고 평신도들이 떡만을 먹게 하였던 교회의 바빌론 포로에서 해방시켜 모든 평신도도 포도주를 마실 수 있도록 하였다. 그리스도의 피가 평신도들의 죄를 위해서도 흘려진 것이요 그리스도께서 둘 모두를 주셨으니 당연히 둘 모두 평신도들에게도 주어야 한다는 것이다.[42]

또한 어려운 라틴어 예배의식의 노예에서 벗어나 평신도 알아들을 수 있는 쉬운 독일어 예배의식으로 바꾸었다. 신부만 성경을 라틴어로 읽던 모순에서 평신도 성경을 읽을 수 있도록 쉬운 독일어로 번역하여 '평신도 성경 읽기'의 해방 운동을 일으켰을 뿐 아니라 평신도도 성경을 자유스럽게 해석할 수 있게 하였다. 뿐만 아니라, 성직자들은 결혼할 수 없는 포로상태에서 성직자들도 결혼할 수 있도록 해방시켜 수도사와 수녀들을 결혼하도록 소개하였다. 이러한 자유와 해방 운동은 철저히 십자가의 은총을 믿음으로 의롭다 함을 얻는다는 신앙의인화(justification by faith)에 기초하여 미신과 타부와 맹종과 형식과 율법과 고행과 금욕에서 중세인을 해방시킨 것이다.

---

[42] 마르틴 루터 지음, 지원용 옮김, 『교회의 바빌론 포로』, (서울: 컨콜디아사, 1985), 25-29.

2. 자유의 근원으로서의 말씀

영혼의 자유는 하나님의 말씀으로만 이루어진다고 주장한다. 하나님의 말씀 없이는 어떤 자유도 없다.(요 11:25, 요 8:36, 마 4:4) 말씀이 생명·진리·능력·은혜·영광과 모든 측량할 수 없는 축복의 말씀이 되기 때문이다. 그러므로 하나님의 말씀을 듣지 못하는 기근보다 더 심한 기근은 없다(암 8:11). 말씀을 듣는 축복보다 더 큰 축복은 없다(시 107:20). 그리스도는 말씀목회 이외의 것을 하지 않았으며[43] 모든 사도, 감독, 사제의 목회도 모두 말씀목회였음을 루터는 강조한다.

교황 레오 10세(Leo X)
루터에게 파문장을 보낸 레오 10세는 역사상 가장 시련을 많이 당한 교황으로 알려짐.

3. 자유와 사랑의 변증법적 관계

루터는 그 유명한 "크리스천의 자유"에서 고전 9:19 "내가 모든 사람에게서 자유하였으나 스스로 모든 사람의 종이 된 것은 많은 사람을 얻고자 함이라"를 중요시한다. 크리스천이 누리는 자유는 모든 것의 주인이 되는 자유다. 믿음에 의해 부여된 자유이기에 어느 누구, 어떤 것에도 복종할 필

---

43) Luther, "The Freedom of a Christian", *LBW*, 597-98.

요가 없다. 루터는 신앙이란 옛사람이 불 속에 잠겨 장사지낸 바 되는 것, 그리고 새사람이 물 속에서 나오는 것을 의미한다고 해석하였다. 신앙의 힘은 첫째 해방, 둘째 신뢰심과 의로움, 셋째 내적 신비적 결혼에 있다.

　복음을 신앙함으로 얻은 자유는 방종과 향락의 기회로 사용되어서는 안 되고 성령의 노예가 되어 이웃을 사랑으로 섬기는 종노릇을 하는 데 사용되어야 한다. 루터는 변증법적 성격으로 크리스천의 본성을 설명한다.[44] 이 자유와 사랑의 변증법적 역학관계는 예수그리스도에 의해 해석된다. 왜냐하면, 그리스도는 모든 것의 주인이시지만, 여인으로부터 태어났고 율법 아래 있는 자들을 구원하시기 위해 종이 되셨기 때문이다(갈 4:4). 한때 그는 하나님과 동등한 위치에 계셨으나 종의 모습으로 자신을 낮추셨다(빌 2:6,7). 크리스천의 삶은 그리스도의 삶의 모습을 본받는 것이다. 그것이 중세 신비주의자들이 가장 즐겨 부르짖었던 아이디어였다. 그리스도와 성도의 관계는 영적 부부관계였다. 인간은 믿음으로 자유하게 되었다. 믿음으로 의롭다 하심을 얻게 되었다. 그러나 그 믿음은 사랑으로 사랑 속에서 나타난다. 그리고 모든 선행 속에서 나타난다. 그러나 선행을 하기 전에 먼저 인간은 선해야 한다. 선행을 하기 전에 먼저 인간은 선한 인격으로 거듭나서 선한 인격으로부터 선행이 나와야 한다. 곧 좋은 나무에서 좋은 열매가 맺히듯이 믿음으로 의롭다 함을 얻은 성도 속에서 선행은 저절로 맺히는 열매와 같다고 해석한다(마 7:18). 나무가 열매를 맺는다. 나무에서 열매는 자란다. 좋은 건축가는 좋은 집을, 나쁜 건축가는 나쁜 집을 짓게 된다. 신앙이 인간을 신자로 만드는 것처럼, 신앙이 신자의 행위를 선하게 만든다. 그러나 선행은 믿는 신자를 만들지도 못하고 의로운 인간도 만들지 못한

---

44) Martin Luther, *Von der Freiheit eines Christenmenschen*, (Stuttgart: Philipp Reclam Jun, 1984), 125.

다. 우리는 선행을 거절해서는 안 된다. 아니 우리는 그것들을 명령하고 선행들을 높은 수준에서 가르쳐야 한다고 루터는 강조한다.

4. 의인화와 성화

"크리스천의 자유"에서도 루터는 성화의 개념을 말하고 있다. 곧 스스로 죽어짐으로써 그리스도 안에서 살고 이웃 안에서 산다. 신앙으로 그리스도 안에서 죽어지고 그리스도 안에서 살며, 사랑으로 이웃 안에서 죽어지고 이웃 안에서 산다. 자신이 죽어지는 신앙에 의해 하나님께로 올라 가게 되고, 자신이 죽어지는 사랑에 의해 스스로 그의 이웃에게로 내려가게 된다. 이러한 표현은 너무나 아름다운 신학적 서술이다. 우리는 날마다 신앙으로 하나님께로 올라가야 하고, 날마다 사랑으로 이웃에게로 내려가야 한다. 여기서 루터의 자유는 율법폐기론(antinomianism)이 아님을 알 수 있다. 그는 그의 제자 아그리콜라(Agricola)가 주장한 율법폐기론을 비판하였다. 그럼에도 불구하고 루터는 칼빈처럼 율법의 제3의 용법(tertius usus legis)을 강조하지는 않는다. 다시 말해서 성화(sanctification)의 채찍으로써 율법의 역할을 말하지 않고, 단순히 율법의 제1용법으로서의 회개케 하는 율법만을 강조한다. 따라서 루터는 소극적인 선행론과 성화론을 말한다. 그리하여 신앙 의인화를 말하는 로마서는 평가절상하였지만, 선행을 말하는 야고보서는 낮게 평가한 것이다. 이렇게 의인화와 성화가 깊게 연결되어 있지만, 의인화는 성령으로 선사되는 믿음으로, 성화는 성령으로 선사되는 사랑으로 이루어진다. 거기에는 인간의 노력과 참여가 배제되고, 자유의지의 책임성이 필요 없고, 우리의 본성이 하나님의 본성에 참여하거나, 그렇게 변화되는 신성화가 약화되어 있다.

5. 기독론

"크리스천의 자유"에는 기독론이 잘 나타나 있다. 예수그리스도는 만왕의 왕, 만주의 주이시다. 어느 누구에게도 예속되지 않고 참 자유를 누리시는 분이요, 모든 사람이 그분 안에서 자유를 얻기를 원하시는 자유의 왕이시다. 또한 그리스도는 기도와 말씀을 가르치시는 제사장으로 묘사되어 있다. 우리에게 어떻게 기도할 것인지를 가르치시고 우리를 위해 기도하시는 분이시다. 우리의 죄와 허물을 위하여 친히 하나님께 간구하시는 대제사장이시다. 또한 말씀을 가르치심으로써 말씀 안에서 자유와 속죄와 구원을 얻게 하시는 제사장이시다.

그리고 그리스도는 십자가의 은총으로 믿음으로 의롭다 함을 얻게 하시는 속죄주이시다. 루터는 중세 교회가 그리스도를 본받는 삶을 강조함으로 잃어버린 속죄주 하나님으로서의 그리스도를 가장 잘 묘사하고 있다. 루터는 성 버나드, 타울러, 스타우피츠 등에게서 영적 신랑으로서의 그리스도를 배웠다. 그래서 "크리스천의 자유"에도 그러한 신비주의적 기독론이 살아있다. 십자가 상에서 고난 당하신 그리스도의 고난에 동참함으로써 그리스도와 하나가 되는 십자가 신학적 신비주의가 나타난다.

또한 자기비하의 그리스도, 섬기는 종의 모습으로서의 그리스도를 묘사한다. 뿐만 아니라 모든 성도들이 그 섬기심의 모습을 본받아야 하는 성도의 모범이신 그리스도를 강조한다. 희생과 섬김의 삶을 본받아 크리스천도 이웃을 위해 자신을 주어야 함을 루터는 주장한다.

5절_『독일 크리스천 귀족에게 고함』에 나타난 만인사제론

루터는 이 책 이전에나 이후에는 이 책처럼 구체적인 개혁을 제안하지 않았다. 루터는 일차적으로 교회생활의 개혁에 관심을 표명하였고, 이차적으로는 사회적 개혁에도 관심을 나타냈다. 사회생활의 개혁, 정치생활의 개혁, 대학의 개혁까지 언급하고 있다. 이 책에서 루터는 교회개혁과 사회개혁의 신학적 근거를 제시한다. 세속정부가 교회개혁과 사회개혁의 주도권을 가져야 한다는 것이다. 왜냐하면 루터는 영적인 영역이 세속적 영역 위에 군림해야 한다는 중세적 주장을 더 이상 받아들일 수가 없었기 때문이다. 교회의 영적 영역이 세속적 영역 위에 군림해야 한다는 중세의 주장 대신에 세례받은 모든 신자는 제사장이라고 주장하였다(preisthood of all believers). 모든 크리스천은 라틴어로 "sacerdotes(제사장)"이라고 표현하였다. 그러나 "ministri(목사, 목회자: minister)"라고는 표현하지 않았다. 루터는 세례 성례전은 모든 크리스천(성직자와 평신도)이 하나님의 사제로 성별되는 순간이라고 하므로 평신도와 성직자를 구분하는 담, 즉 평신도와 성직자의 등급과 지위의 차이가 무너져버리게 되었다고 강조한다. 중세에는 성직자만이 라틴어로 성경을 읽었지만, 이제는 평신도도 성경을 읽고 성경을 해석하는 자유를 누릴 수 있다고 주장한다. 중세에는 교황만이 성경을 해석할 권리가 있었다. 루터는 이 장벽을 허물어버렸다. 평신도가 성직자에게 고해성사하던 장벽을 허물고 성직자에게 직접 하나님께 죄를 고백할 수 있는 자유를 주장하였다. 다만 성직자와 평신도의 차이는 기능에 있다고 해석한다. 성직자에게는 설교와 성만찬을 집례하는 목회의 기능(function of ministry)이 있고, 평신도에게는 세속직업 속에서 하나님의 영광을 돌리는 기능이 있다고 보았다.

루터는 이러한 만인사제직에 근거하여 이 책에서 세 가지 장벽을 언급한다.

첫째 교회의 영적 권위가 세속권위 위에 군림해야 한다는 장벽을 허물어뜨렸다. 평신도도 정치지도자도 하나님의 제사장으로 하나님의 일을 수행한다는 것이다.

둘째 교황만이 최종적으로 성서를 해석할 수 있다는 장벽을 허물어뜨렸다.

셋째 교회의 권위가 교회 회의보다 우위에 있다는 장벽을 허물어뜨렸다. 성서의 권위나 교회 회의의 권위가 교황의 권위보다 우위에 있음을 강조하였다.

루터는 『독일 크리스천 귀족에게 고함 *preisthood of all believers*』을 통해 이 세 가지 장벽을 깨뜨리면서 세속권위가 그들 고유의 책임을 찾게 하고 교권에서 독립하게 하는 데 크게 기여하게 되었다. 뿐만 아니라 독일경제가 황폐해진 것은 교황청의 경제적 수탈로 인함인 것을 지적하면서 독일 민족주의에 불지름으로써 독일민족주의가 그의 종교개혁을 지지하게 만드는 결과를 가져왔다.

독일 크리스천 귀족에게 고함
("An den christlichen Adel deutscher Nation von des christlichen Standes Besserung", 1520)

로마 교도들의 세 가지 담

첫째, 로마 교도들은 속권(俗權)에 의하여 억압을 당하면 법령들을 만들어 속권은 그들에 대하여 아무 지배권도 없으며 오히려 영적인 권능이 속권 위에 있다고 말해왔다. 둘째, 로마 교도들을 성서에 의하여 책방하려고 하면 그들은 교황 외에는 아무도 성서를 해석할 수 없다고 하여 이론을 제기한다. 셋째, 로마 교도들이 공의회에 의하여 위협을 받으면 교황 외에는 아무도 공의회를 소집할 수 없다는 거짓말로 답변을 한다. 이리하여 그들은 벌을 면하려고 우리에게서 세 가지 회초리[45]를 교활하게 훔쳐갔다. 그리고 우리가 지금 알고 있는 모든 비행과 악한 일을 행하기 위하여 이 세 가지 담의 요새 속에서 안전하게 자리 잡고 있다.

첫째 담 : 세속적 계급 위에 있는 영적 계급 먼저 첫째 담에 대하여 비판을 가하자 교황·주교·사제 및 수사들을 "영적 계급"이라고 부르고 군주·영주·직공 및 농부들을 "세속적 계급"이라고 부르는 것은 완전히 조작적인 것이다. 실로 이것은 순전한 거짓과 위선이다. 아무도 여기에 놀라서는 안 된다. 이것은 말하자면 모든 크리스천은 참으로 "영적 계급"에 속하며 그들 가운데는 직무상의 차별 이외에는 아무것도 없다. 이것은 바울이 고린도전서 12장에서 "우리는 다 한 몸이나 모든 지체가 다른 지체를 섬기기 위하여 각기 자기대로의 임무를 가진다"(12:12 이하)고 말하는 것과 같다. 그것은 우리가 다 한 세례와 한 복음과 한 신앙을 가지고 있고 또 다 같은 크리스천들이기 때문이다. 그리고 세례와 복음과 신앙만이 우리를 "영적으로" 되게 하고 같은 크리스천이 되게 하기 때문이다.

---

45) 악한 교황을 징벌하는 세 가지 채찍.

신자들의 사제직

교황이나 주교가 기름을 붓고 체발(剃髮)하고 서품(敍品)을 하고 봉헌례를 하거나 또는 평신도의 옷과 다른 것을 입는 일은 오히려 위선자와 조상(彫像)[46]들을 만들 것이다. 이런 것은 결코 크리스천이나 "영적인" 인간을 만들지 못한다. 우리는 다 세례를 통하여 사제로서 성별을 받는다. 이것은 사도 베드로가 베드로전서 2장에서 "너희는 왕 같은 제사장이며 제사장 같은 나라이다"라고 말하고, 또 계시록에 "당신은 당신의 피로써 저희를 제사장과 왕들이 되게 하셨나이다"(5:10)라고 기록되어 있는 바와 같다. 왜냐하면 만일 교황이나 주교가 주는 것보다 더 높은 성별이 우리에게 주어지지 않는다면, 교황이나 주교가 주는 성별은 결코 사제가 되게 하지 못할 것이며 또한 아무도 미사를 드리거나 설교를 하거나 사죄선언을 하지 못할 것이기 때문이다.

둘째 담[47] : 성서 해석자인 교황과 교황 무오설

둘째 담은 한층 더 보잘 것 없고 무가치하다. 비록 그들은 그들의 모든 생에 있어서 성서로부터 아무것도 배우지는 않으나 성서의 유일한 교사[48]는 되려고 한다. 그들은 스스로 유일한 권위자라고 생각하며, 교황은 악인이거나 선인이거나 간에 신앙문제에 있어서 오류를 범할 수 없다[49]고 되지 못한 거짓말로 우리를 납득시키려고 한다. 그러면서도 그들은 거기에 대하여 한 마디도 증거하지 못한다. 그리

---

46) Oelgotze, 성결하게 만들기 위하여 성유로 칠한 성상. 현대어 독일어로는 "돌대가리"라는 말이다.

47) 루터는 세 가지 담을 헐어야 한다고 한다.

48) 석사학위 소지자는 그 학위에 기재된 주제에 대하여 해석할 권위를 가진다.

49) 교황 무오설은 중세기에는 정식으로 인정되지 않았다. 그러나 교황권 추종자들은 부단히 되풀이하여 이 무오설을 주장해왔다. 예를 들면 Augustinus Triumphus(d.1328)는 그의 "교황의 권능에 관한 대전(Summa de potestate Papae)"에서 교황 무오설을 주장하였다.

하여 그렇게도 많은 이단적이고 비그리스도교적이며 실로 부자연스럽기까지 한 규정들이 교회법 가운데 들어오게 된다.

셋째 담 : 교황과 공의회

셋째 담은 처음 두 담이 무너질 때 제풀에 넘어간다. 왜냐하면 교황이 성서에 배치되는 행위를 할 때에, 마태복음 18장에 나오는 그리스도의 말씀대로 성서 편에 서서 그를 책망하고 억제하는 것이 우리의 의무이기 때문이다. 그리스도께서는 이렇게 말씀하셨다. "만일 네 형제가 너에게 죄를 범하면 가서 너와 그만 있는 곳에서 그에게 말해라. 만일 네 말을 듣지 않으면 한두 사람 더 데리고 가라. 만일 그가 그들의 말을 듣지 않으면 이 일을 교회에 이야기하라. 만일 그가 교회의 말도 듣지 않으면 그를 이방인으로 여기라" (마 18:15-17). 여기에서 모든 지체는 다른 지체를 위하여 염려하라고 명령되어 있다. 그렇다면 악을 해하는 지체가 지도급에 있는 지체이고 또 그의 악한 행위가 다른 지체에게 많은 손상과 거리낌을 주는 원인이 될 때 더욱 더 이와 같이 해야 하지 않겠는가! 그러나 만일 내가 교회 앞에서 그를 송사하려고 한다면 교회를 한데 모으지 않으면 안 된다. 공의회를 소집하거나 결의를 확인하는 것이 홀로 교회에게만 속한다는 그들의 주장에 대해서 성서에 아무 근거도 없다.[50] 왜냐하면 이것은 다만 그들 자신의 법령에만 근거를 두고 있기 때문이다. 이러한 법령은 그리스도교계에 해를 끼치지 않거나 혹은 하나님의 율법에 배치되지 않는 한에만 유효한 것이다. 교회가 징벌을 받아 마땅할 때에는 이러한 법령들이 무효로 돌아간다. 그것은 공의회에 의하여 교황을 벌하지 않는 것이 그리스도교계에 해를 끼치게 되기 때문이다.

『루터 선집』, 제9권

---

[50] Prierias의 다른 주장. WA, 6:335.

6절_성례전이해:
『교회의 바빌론 포로』에 나타난 성례전 이해

『독일 크리스천 귀족에게 고함 *preisthood of all believers*』은 외적 개혁에 초점을 두고 있으나, 이 책에서는 내적 신학적 개혁에 초점을 두고 있다. 루터는 장벽(wall)대신에 포로(captivity)란 용어를 쓰면서, 교회는 세 가지 포로상태에 놓여 있다고 비판한다.

첫째, 가톨릭의 화체설(transubstantiation)의 포로상태를 비판한다. 이것은 그리스도의 현존에 대한 인간적·조작적 해석이라고 비판하였다. 중세 가톨릭은 아리스토텔레스의 철학적 구조인 substance와 accident로 성만찬을 설명한다. accident, 곧 빵과 포도주의 맛·색깔·냄새·모양은 변하지 않지만 substance, 곧 빵과 포도주의 본질은 그리스도의 본질로 변하는데 사제의 성별의 기도시에 변한다고 이해한다. 루터는 이 화체설의 미신적 요소를 비판한다. 그럼에도 불구하고 루터의 공체설(consubstantiation)은 중세 가톨릭처럼 그리스도의 부활의 몸이 신체적으로 임재한다는 신체적 임재설을 주장한다. 사제의 성별의 기도와 말씀 선포로 본질이 그리스도의 몸으로 화하는 것은 아니지만, 그리스도의 몸이 출석한다는 것이다.

둘째, 평신도들에게 포도주를 주지 않는 포로상태를 비판한다. 평신도도 성만찬의 두 요소들(two elements: 떡과 포도주)을 모두 받을 수 있어야 함을 주장한다. 이것은 로마 가톨릭 교회의 폭력의 결과라고 하였다. 중세에는 사제들만 떡과 포도주를 모두 받았고 평신도들은 떡만 받았다. 왜냐하면 실수해서 포도주를 흘릴 수도 있기 때문이다. 그러나 루터는 그리스도께서 평신도들의 죄도 사하시기 위해서 고귀한 피를 흘리셨으며, 예수 자신이 두 종류를 모두 나누어주셨기 때문에 평신도도 떡뿐 아니라 포도주도 마셔야 한다는 것이다.

셋째, 인간적 선행과 희생의 미사(mass of sacrifice and good work)라는 포로에 갇혀 있음을 비판한다. 루터는 이 세 번째 포로가 가장 사악한 것이라고 지적하며, 마술적 경건이라고 해석한다. 중세 가톨릭은 그리스도께서 매 미사 때마다 희생의 제사를 드리는 것으로, 또한 우리의 죄 사함의 보속을 위해서 인간도 희생의 제물로 바쳐지는 노력과 공로가 있어야 함을 강조하였다. 그러나 루터는 그리스도께서 십자가 위에서 단 한번(once for all) 영원한 희생의 제사를 드렸는데, 또다시 매 미사 때마다 희생되실 필요가 없다는 것이다. 또한 인간의 희생의 공로로 죄 사함을 받는 것이 아니라 그리스도의 희생의 공로로 죄 사함 받기에, 인간들이 계속 희생의 노력을 할 필요는 없다는 것이다.

넷째, 두 가지 성례전만을 강조한다. 중세의 다섯 가지 다른 성례전들은 비성서적이고 두 가지(세례와 성만찬)만 성서적이라고 해석한다. 또한 다른 성례전들은 그리스도께서 행하시지 않고 이 두 가지만 그리스도께서 친히 행하셨다고 해석한다.

교회의 바빌론 포로
(De Captivitate Babylonica Ecclesiae, 1520)

먼저 나는 일곱 성례가 있다는 것을 부인하지 않으면 안 된다. 그리고 현재로서는[51] 세 가지, 곧 세례와 참회와 떡[52]만이 있음을 주장하지 않으면 안 된다. 이 세 가지는 다 로마 교황청에 의하여 비참하게 유수되어 왔으며, 또한 교회는 모든 자유를 박탈당해왔다. 그러나 만일 성서의 관례에 따라서 말한다면 나는 단 한 가지 성례,[53] 그러나 세 가지 성례적인 표지가 있는 성례만을 가져야 한다고 생각한다.

더 나아가서, 만일 교회가 평신도들에게서 한 가지 요소인 포도주를 빼앗을 수 있다면, 역시 다른 한 가지 요소인 떡도 빼앗을 수 있다는 결과가 된다. 그러므로 교회는 평신도들에게서 저 제단의 성례를 빼앗고 또 그들에 관한 한 그리스도의 제도를 완전히 무효화할 수 있을 것이다. 무슨 권위로 그렇게 할 수 있는지 묻고 싶다. 만일 교회가 떡이나 두 요소를 빼앗을 수 없다면, 포도주도 빼앗을 수 없을 것이다. 이것은 부인할 수 없는 것이다. 왜냐하면 교회의 능력은 두 요소에 대해서와 마찬가지로 어느 한 요소에 대해서도 동의해야 하고, 또한 만일 두 요소에 대하여 아무 능력도 없다면 어느 한 요소에 대해서도 아무 능력이 없기 때문이다. 나는 로마의 아첨자들이 여기에 대하여 무어라고 말하는지 듣고 싶다.

그러나 나에게 가장 중요하고 또 가장 결정적인 것은 그리스도께서 다음과 같이 말씀하시는 것이다. 곧 "이것은 너희와 많은 사람들의 죄 사함을 위하여 흘린 내 피이다"[54]라는 말씀이다. 여기서 당신은 피가 모든 사람들의 죄를 위하여 흘려지는 것을 매우 명료하게 본다. 그러나 피가 평신도들을 위하여 흘려지지 않았다고

---

51) "참회"에 관한 한 "현재" 상태가 오랫동안 계속되지 않았음.
52) 그 당시 보통 부르던 대로 한다면, "떡"이란 주님의 성만찬을 뜻하는 표현임.
53) sacramentum. 딤전 3:16 참고.
54) 참고. 마 26:28, 눅 22:20, 막 14:22-24, 고전 11:23-25 비교.

누가 감히 말할 수 있겠는가? 그리고 당신은 그리스도께서 잔을 주실 때에 누구에게 말씀하시는지 알지 못하는가? 그리스도께서는 모든 사람들에게 잔을 주시지 않으시는가? 모든 사람들을 위하여 흘리셨다고 말씀하시지 않으시는가? "너희를 위하여"(눅 22:20)라고 그는 말씀하신다.

그러므로 이 성례의 첫째 감금은 그 실체나 완전성에 관한 것이다. 로마의 횡포는 우리에게서 이것을 강탈해갔다. 다만 한 가지 요소만을 사용하는 사람들이 그리스도에 대하여 죄를 짓는다는 것이 아니다. 왜냐하면 그리스도께서는 "너희가 이것을 행할 때마다 나를 기념하여 행하라"(고전 11:25)고 말씀하실 때 어느 한 요소의 사용을 명령하신 것이 아니고, 오히려 이것을 개개인의 선택에 맡기셨기 때문이다. 오히려 죄인들은 이 선택권을 행사하려고 하는 사람들에게 두 가지 요소를 주지 않는 사람들이다. 잘못은 평신도들에게 있는 것이 아니고 사제들에게 있다. 성례는 사제들에게 속한 것이 아니고 모든 사람들에게 속한 것이다. 사제들은 지배자들이 아니라, 원하는 대로 원하는 사람들에게 두 가지 요소를 베풀 의무가 있는 종들이다. 만일 사제들이 평신도들에게서 이 권리를 빼앗고, 강제로 그들에게 거부한다면 그들은 폭군들이다. 그러나 평신도들은 한 가지 요소를 받지 않거나 두 가지 요소를 받지 않거나 잘못이 없다. 한편 평신도들은 자신들의 신앙과 또 완전한 성례를 바라는 자신들의 욕망에 의하여 보존을 받지 않으면 안 된다.

이 성례의 둘째 감금은 양심에 관한 한 덜 괴로운 것이다. 그러나 이 유수를 정죄하는 일은 말할 것도 없고 이것을 공격하려는 사람에게는 가장 큰 위험이 따른다. 여기서 나는 한 위클리파[55]라고 불릴 것이며, 600가지 이름으로 이단자라고 불릴 것이다. 그러나 그것이 어쨌단 말인가? 로마 주교는 하나의 주교가 아니고 하나의 폭군이 되었기 때문에 나는 그의 법령을 하나도 두려워하지 않는다. 왜냐하면 어떤 새로운 신앙 개조를 만드는 일은 그의 권한 가운데 있지 않으며, 또한 어떤 일

---

55) John Wycliffe(1324년경—84): 영국의 종교 개혁자로서 사망 후 콘스탄스 공의회에 의하여 이단으로 심판받음(1415년 5월 4일).

반 공의회의 권한 가운데도 있지 않음을 나는 알기 때문이다.

이 성례의 셋째 감금은 모든 것 중에서 가장 사악한 오용이다. 이 결과로 오늘날 교회에는 미사가 선행이고 희생 제사라는 것보다 더 일반적으로 보유되거나 또는 더 확고하게 믿어지는 의견이 없게 되었다. 그리고 이 오용은 다른 무수한 오용을 가져오므로, 이 성례의 신앙이 완전히 소멸되었으며, 거룩한 성례가 순전한 상품과 시장과 이득 사업으로 화하고 말았다. 그리하여 참여,[56] 형제단,[57] 대도(代禱), 공적, 기념제,[58] 추도일[59] 등 상품들이 교회에서 매매되고 거래되고 교환되었다. 사제들과 승려들은 여기에 그들의 모든 생계를 의탁하고 있는 것이다.

우리는 눈과 마음을 전혀 이 그리스도의 제정에만 돌려야 하며, 바로 성례를 제정하시고 완전하게 하시고 우리에게 위탁하신 그리스도의 말씀 외에는 우리 앞에 아무 것도 두어서는 안 된다. 왜냐하면 그 말씀, 홀로 그 말씀 안에만 미사의 능력과 본질과 실체가 있기 때문이다. 그 외의 모든 것은 그리스도의 말씀에 첨부된 인간의 행위이며, 미사는 그것들 없이도 꼭 같이 미사로 유지되며 존속할 수 있다.

『루터 선집』, 제7권, WA, 6:497-573, LW, 36:11-126

---

56) 실제로 임재해 있지는 않으나 미사에 있어서 영적인 참여를 가능케 한다는 뜻.

57) 이같은 형제단 활동은 공적을 쌓기 위한 예배 활동을 통하여 실천할 수 있음.

58) 사망한 사람의 영혼을 위하여 일년 동안 매일 행하거나 혹은 그의 사망일에 매년 일차씩 미사를 특별히 드리는 일이 있었음.

59) 기념일마다 죽은 자들을 위한 미사를 드리는 일.

로마 가톨릭이 루터를 일곱 머리를 가진 악마로 풍자한 만화. 왼쪽부터 마술사, 불성실한 수도사 복장의 수도사, 두건을 쓴 이교도, 그릇된 생각을 가진 신학자, 머리에 벌이 왕왕거리며 날아드는 광신자, 방문 온 서커스 광대, 현대의 바라바(예수 대신 십자가 처형을 면한 살인강도) 등으로 묘사되었다.

7절_루터의 성화론

루터의 성화론은 위에서 언급한 대로 상당히 약하지만, 그럼에도 불구하고 그의 전 생애에 걸쳐서 나타나고 있다. 다시 말해서 그의 의인화 사상은 의인화(義認化: imputation) 곧 법적으로 전가되고(forensic), 객관적으로 옷 입혀지며(objective), 우리 밖에서 다가오며(extra nos: out of us), 낯선 손님같이 주어진 의(aliena iustitia Dei)에로 집중되어져서, '의로워진 죄인(simul justus et peccator)'으로 표현된다. 그러나 실제적·본성적·내면적(in nobis: in us) 의인화(義人化: impartation)도 결코 배제하지 않고 있다. 물론 린드버그(Cater Lindberg) 같은 학자는 그의 저서 『제3의 종교개혁 The Third Reformation』에서 루터의 객관적, 수동적 의인화(義認化)만을 강조하며 루터는 결코 본성적·실제적 의인화(義人化)를 강조하지 않았다고 주장한다.

그러나 홀(Karl Hall)이나 알트하우스(Paul Althaus) 등은 루터가 의인화(義人化)도 결코 배제하지 않았다고 강조한다. 그래서 알트하우스는 『루터의 윤리 The Ethics of Martin Luther』를 저술하기도 하였다. 실제로 루터 자신의 저술 속에서 이러한 실제적 의와 선행을 포함한 성화 사상이 계속 나타난다. "갈라디아서 강해"(1517년), 『독일 신학』(1518, 루터 편집), 『하이델베르크 논제』(1518), "두 종류의 의"(1519년 설교), 『히브리서 강해』(1519), "크리스천의 자유"(1520), "선행론"(1520), "마리아 찬양"(1521), 『십계명 강해』(1528), 『신비적 예언자들에 대항하여』, 그리고 후기 설교들 속에 나타나고 있다. 심지어 초기 복음주의적 신앙의인화를 강조하는 『로마서 강해』(1515년)에서도 독일 신학에서 나타난 신비주의적 성화론이 나타난다. 어거스틴의 선한 사마리아인 비유해석의 발상에서, 강도를 만난 환자와 같은 성도들은 주막이라는 교회를 통하여 계속 치료받아야 한다고 루터는 강조한다. 따라서 어거스틴과 더불어 루터에게서도 교회는 영적 환자들인 성도들이 계속해서 치유를 받아야 하는 병원이라고 해석되어진다. 그러므로 성도는 이웃과 세상을 향하여 사랑을 실천함으로써 계속적인 성화의 전진을 이루어야 한다고 루터는 이해한다.[60]

루터의 성화론은 크게 세 가지로 분석된다. 첫째 세상을 미워하고 악과 투쟁하는 것(the enmity of the world), 둘째 자아죽음(mortification), 셋째 그리스도의 고난에 동참하는 값비싼 은혜(costly grace) 등이다.

첫째, 세상을 미워하고 세상으로부터 성별된 성도라야 거룩한 하나님의 백성이 된다. "그리스도와 함께 십자가에 못 박히는 것은 이 세상과 원수가 되는 것이다. 세상을 미워하는 것은 제자된 유일의 표식이다. 복음 자체는 세상에 대한 공격이다."[61] 이것은 다시 말해서 크리스천은 하나님과 악마와의 싸움에 참여한다는 것을 뜻한다.

둘째, 외적으로 세상을 미워하지만 내적으로는 자아의 죽음이 곧 성화이다. "자아의 죽음은 신앙과 은총을 얻기 위한 전제조건이 아니라 오히려 신앙과 죽음을 전제조건으로 일어나는 행위다"[62] 따라서, 그의 자아죽음의 개념은 중세신비주의와 다르다. 루터는 그의 논문 "천상적 예언자들에 대항하며 II(Against the Heavenly Prophets Part II)"에서 칼스타트(Andreas Bodenstein of Karlstadt)와 논쟁한다(LW 40:144-223). 그는 "칼스타트는 육체의

---

60) Luther, *Lectures on Romans*, tr. & ed. by Wilhelm Pauck, The Library of Christian Classics, Vol. 15, (London: SCM Press, 1961), 213.
61) *LW*, 40:149.
62) Walther von Loewenich, *Luther's Theology of the Cross*, (Minneapolis: Augusburg Publishing House, 1966), 120.

죽음을 신앙에 두고 또한 말씀 앞에 둔다"[63] 라고 비판한다.

셋째, 값비싼 은혜이다. 루터는 롬 8:17 "그와 함께 영광을 받기 위하여 고난도 함께 받아야 할 것이니라"를 강조하였다. 그는 그리스도와 함께 고난의 짐을 지는 예수의 제자가 될 것을 주장한다. 참 신학자는 책을 읽고 명상하고 사변하는 데서 만들어지지 않고 삶과 죽음, 비난당함과 고난 당함 속에서 만들어진다고 강조한다.[64] 루터는 라이프치히 논쟁(1519) 이후 죽음이 엄습하는 것을 느끼고 오직 십자가만을 붙들고 십자가 위에서만 그의 신학을 수립하였다.[65] 본회퍼(Dietrich Bonhöffer)는 루터의 이 십자가 신학을 값비싼 은혜(costly grace)라고 풀이한다. 루터가 수도원에서 안일하게 기도하고 명상하는 수도사적 경건(cheap grace)에 머무르지 않고 수도원 문을 박차고 나와서 세속 속에서, 역사 속에서 종교개혁 운동의 십자가를 지기로 결단한 것은 값비싼 은혜의 결단이라고 이해한다.[66] 루터는 고난을 통해 우리가 하나님을 만날 수 있으며, 고난을 통해 우리가 하나님의 자녀임을 증명할 수 있다고 생각한다. 여기에서 그는 "고난은 인간을 겸손하게 만드는 제단이 된다"고 말한다.[67] 고난의 목적은 은혜요 정결함이다. 그리스도와 함께 십자가에 못 박히는 것은 성화의 교리와 연결된다. 그리스도

---

63) *LW*, 40:149.

64) 'vivendo immo moriendo et damnando fit theologus, legendo aut speculando(삶, 혹은 오히려 죽음과 정죄받는 것이 신학자를 만든다. 이해하는 것, 읽는 것, 혹은 사변하는 것이 신학자를 만드는 것이 아니다).' *WA*, 5, 163, 28-29.

65) McGrath, *Luther's Theology of the Cross*, 169.

66) Dietrich Bonhoeffer, *The Cost of Discipleship*, (New York: The MacMillan Company, 1959), 39.

67) *LW*, 42: 44.

의 형상을 본받는 것을 의미한다. 우리가 그리스도를 닮는 길은 우리의 일상생활 속에서 우리의 십자가를 지는 것이다. 이 단계에서 그의 십자가 신학은 성화의 차원으로 발전하고 있다. 십자가를 지는 것이 그에게는 성화이다(sanctification).

악마가 루터를 지휘하고 있음을 보여주고 있는 16세기 가톨릭의 풍자만화

두 종류의 의
(Sermo de duplici justitia, 1519)

인간의 죄에 두 종류가 있듯이 그리스도인의 의에도 두 종류가 있습니다. 첫째 것은 외래적인 의입니다. 즉 밖에서부터 스며들어온 다른 분의 의입니다. 이것은 그리스도의 의이며 고전 1:30에 "하나님은 그를 우리의 지혜와 의로움과 거룩함과 구속함이 되게 하셨다"고 기록한 것처럼 그리스도께서는 이 의에 의해 신앙을 통해 의롭다 하십니다. 요 11: 25-26에서 그리스도께서 친히 "나는 부활이요, 생명이니 나를 믿는 자는…결코 죽지 아니하리니" 하고 말씀하십니다. 후에 그는 요 14: 6에서 "내가 길이요, 진리요, 생명이니" 하고 덧붙입니다. 그런데 이 의는 사람들이 세례를 받을 때와 참으로 회개할 때마다 주어지는 것입니다. 그러므로 한 인간은 그리스도 안에서 확신을 가지고 이렇게 자랑삼아 말할 수 있습니다. "그리스도의 삶과 행위와 말씀, 그의 고난과 죽음은 나의 것이다. 마치 내가 그리스도처럼 살고 행하고 말하고 고난받고 죽은 양 나의 것이다." 신랑이 신부의 모든 것을 소유하고 신부가 신랑의 모든 것을 소유하듯이 – 둘이 한 몸이기 때문에 모든 것을 공동으로 소유하는 것입니다(창 2:24) – 그리스도와 교회는 한 영입니다(엡 5:29-32). 그래서 베드로는 복되신 자비의 하나님 아버지께서 그리스도 안에서 매우 크고 귀중한 선물들을 우리에게 허락하셨다고 합니다(벧후 1:4).

두 번째 종류의 의는 우리 자신의 의입니다. 그러나 우리 자신의 의라고 하는 것은 우리가 혼자서 그것을 행하기 때문이 아니라 외래적인 첫 번째 의와 더불어 우리가 그것을 행하기 때문입니다. 이것은 선한 행실을 하면서 유익하게 보내는 삶의 방식인데, 첫째 자기에 대해서는 육을 죽이고 욕망을 십자가에 못 박는 것입니다. 이에 대해 갈 5:24에 "그리스도 예수의 사람들은 육체와 함께 그 정과 욕심을 십자가에 못박았느니라" 하고 기록되어 있습니다. 둘째 이 의는 이웃을 사랑하는 데 있으며, 셋째 하나님에 대해 온순하고 두려워하는 데 있습니다. 사도는 성서의 다른 모든 부분에서처럼 이것에 대해 많이 언급하고 있습니다. 하지만 그는 딛 2:12에서 모든 것을 이렇게 간단히 요약하고 있습니다. "(자기 자신의 육을 십자가에 못

박는 것에 대해) 근신함과 (자기 이웃에 대해) 의로움과 (하나님에 대해) 경건함으로 이 세상에 살고" 이 의는 첫째 유형의 의의 산물입니다. 사실상 그 열매요, 결과입니다. 갈 5:22에 "영 '즉, 그의 실존 자체가 그리스도에 대한 신앙에 의존해 있는 영적인 사람'의 열매는 사랑과 희락과 화평과 오래 참음과 자비와 양선과 충성과 온유와 절제니"라고 기록되어 있기 때문입니다. 여기에 언급된 행위들은 인간의 행위들이기 때문에 이 구절에서는 영적인 인간을 "영"이라 부르는 것이 분명합니다. 요 3:6에는 "육으로 난 것은 육이요 성령으로 난 것은 영이니"라고 기록되어 있습니다. 이 의는 언제나 옛 아담을 제거하고 죄의 몸을 멸하려고 노력하기 때문에 첫째 의를 완성해가는 것입니다. 그러므로 그것은 자신을 미워하고 이웃을 사랑하며 자신의 유익을 구하지 않고 다른 사람의 유익을 구합니다. 그리고 여기에 그것의 전 생활방식이 있는 것입니다. 그것은 자신을 미워하고 자신의 것을 구하지 않기 때문에 육을 십자가에 못 박습니다. 그것은 다른 사람의 유익을 구하기 때문에 사랑을 실천합니다. 그래서 그것은 모든 영역에서 하나님의 뜻을 행하여 자기에 대해서는 근신하면서 살며, 이웃에 대해서는 의롭게 살며 하나님에 대해서는 경건하게 삽니다. 이 의는 이 점에서 그리스도의 본을 따르는 것이며(벧전 2:21), 그리스도의 형상으로 변형되는 것입니다(고후 3:18). 그리스도께서 요구하는 것이 바로 이것입니다. 그리스도 자신이 우리를 위해서 모든 것을 행하여 자기의 유익을 구하지 않고 우리들의 유익만을 구했듯이 — 그리고 이렇게 함으로써 하나님 아버지께 참으로 복종하셨습니다 — 우리도 우리 이웃을 위해 그 같은 본을 보이기를 바라십니다. 우리는 롬 6:19에서 이 의가 우리 자신의 실제적 죄와 상반되는 것임을 깨닫게 됩니다. "전에 너희가 너희 지체를 부정과 불법에 드려 불법에 이른 것같이 이제는 너희 지체를 의에게 드려 거룩함에 이르라." 그러므로 첫째 의를 통해 영혼에게 "나는 너의 것이다"라고 말하는 신랑의 음성이 나오는 반면 둘째 의를 통해 "나는 당신의 것입니다"라고 대답하는 신부의 음성이 나옵니다. 그때에 그 결혼이 완성되며, 아 2:16 "나의 사랑하는 자는 나의 것이고 나는 그의 것이구나"라는 말씀에 따라 그 결혼이 굳고 완전하게 됩니다.

『루터 선집』, 제5권, p.263-274. WA, 2: 145-152. LW, 31: 297-306

8절_루터의 성서관과 성령론

1. 성서관

　루터에게 성서는 그리스도를 증언하는 책이다. 성서의 핵심은 그리스도의 성육신과 십자가와 부활이다. 그리스도의 십자가를 통하여 우리 속에 회개와 신앙을 불러일으키기 때문이다. 루터는 '그리스도를 빼놓고는 성서에 남을 것이 무엇인가'라고 질문한다. 그러므로 그의 '오직 은총으로만', '오직 신앙으로만', '오직 성서로만'은 '오직 그리스도만'으로 이어진다. 루터에게서 사람은 아무것도 아니고 그리스도만이 모든 것이다. 성서로부터 그리스도를 취하라, 그밖에 그 속에서 네가 무엇을 발견할 것인가(Tolle Christum a scriptus, Guid amplius in illis invenies)?, 전 성서는 어디에서나 오직 그리스도에 관한 것이다(Universa scriptura de solo christo est ubique). 기독자의 구원의 핵심인 회개와 신앙은 의롭다 하심과 깊이 관계되어 있다. 그리고 의롭다 하심은 그리스도의 십자가를 통하여 이루어지는 은총의 사건이다. 루터는 구원의 복음을 증거하는 신약의 사도들과 그리스도가 결국 구약의 권위적 해석자라는 복음적 해석(evangelica interpretation)을 루터는 중요하게 생각한다. 결국 신약이 구약의 해석의 근거가 된다. 구약은 구약으로 해석하는 것이 루터에게는 불가능하다.

　루터는 이러한 기독론과 의인화론에 근거하여 성서를 비평학적으로 이해한다. 개신교의 최초의 성서비평학자는 루터다. 그는 이 의인화론이 강조되지 않는 야고보서와 요한계시록을 평가절하하였다. 성서의 문자적 영감을 믿는 정통주의적 해석을 받아들이지 않았다. 문자 하나하나가 성령으로 감동된 것이 아니라고 본다. 정통주의처럼 성서가 모든 문제에 해답을 주는 책이라고 보지도 않는다. 말구유가 강보에 싸인 아기 예수를 품고 있듯이, 성경은 그리스도를 싸고 품고 있다는 것이다. 아기 예수가 성서 속에 싸여 있고, 성서 속에 기독교 신앙이 싸여 있다.[68]

성서는 창조주와 동일시되어서는 안 되고 창조주의 피조물이다. 루터는 성서와 창조주와의 관계를 세 가지로 구분짓고 있다. 첫째 성서는 하나님의 말씀과 동일시된다. 둘째 그러나 성서의 핵심으로서의 하나님의 말씀은 성서의 외적 형태와 동일시되어서는 안 된다. 셋째 성서와 하나님의 말씀의 관계는 피조물과 창조주와의 관계와 같다.[69] 성서의 의미는 성서 안에(in the Word), 성서와 함께(with the Word), 성서를 통하여(through the Word) 나타난다. 성서는 그 자체가 확실히 분명하게 해석하고 시험하고 심판하며 그 밖의 모든 것을 조명한다.

2. 율법과 복음

루터가 이해하는 율법과 복음의 관계는 그의 『로마서 강해』에서는 강조되지 않았으나, 그의 "갈라디아서 강해"에서 나타난다. 루터의 "갈라디아서 강해"는 1516년 11월 27일 시작하여 1517년 봄에 끝냈으나, 이 강해 자료들은 분실되었고, 1519년에 다시 강해한 것이 오늘날 소개되는 『갈라디아 주석』이다. 그런데 율법과 복음의 관계성에 대해서 취급하는 것은 1531년에 세 번째 강해한 "갈라디아서 강해"에서 보다 상세하게 나타난다.

---

[68] Lohse, 156.

[69] Lohse, 156.

그러나 "갈라디아서 강해" 외에도 여러 곳에서 율법과 복음의 관계를 취급하였음을 알 수 있다. 『하이델베르크 논제』와 "크리스천의 자유"에서도 나타남을 볼 수 있다. 『하이델베르크 논제』 제1조에서 율법과 문자는 의에 이르게 못하고 성도를 괴롭게만 하고 있음을 강조한다. 율법 없이, 율법의 도움 없이 하나님의 의가 나타남을 루터는 주장한다. 율법은 오히려 죄악을 더하게만 만든다는 것이다. 모든 율법, 가장 거룩한 율법도 인간을 죽인다고 말함으로써 율법과 복음의 불연속성을 루터는 강조한다. 루터는 이러한 주장을 어거스틴의 해석을 통하여, 어거스틴의 "영과 문자"에서 깨달았음을 강하게 말한다.[70] 루터는 제2조에서 선을 행하도록 계몽시키고, 움직이는 하나님의 도움 없이는 인간은 아무런 선행도 할 수 없음을 말한다.[71] 6조에서 오직 하나님이 우리를 통해 일하실 때 선행이 가능함을 말한다. 인간의 선행이 매력적이고 선해보여도, 은총의 도움이 없이는 순수한 마음을 갖는 것이 불가능함을 주장한다. 인간의 행위는 율법의 행위요, 율법의 행위는 저주 아래 있음을 3조에서 강조한다. 율법은 인간을 겸손하게 만들고, 은혜는 인간을 높여준다. 율법은 두려움과 진노를 일으키고, 은혜는 희망과 자비를 일으킨다.[72] 율법은 우리를 지옥으로 인도하고, 가난한 사람으로 만든다. 이렇게 하나님답지 않은 행위(strange work)를 통하여 심판과 정죄에 이르게 하고, 하나님다운 행위(proper work)를 통하여 우리를 의롭다 하심에 이르게 한다고 루터는 해석한다. 18조에서 지옥을 통과하지 않고서는 천국에 이를 수 없다고 루터는 주장한다. 그러나 또한 17조에서 우리가 죄인이라고 선포되어질 때 율법은 절망이 아니라 희망으로 우리에

---

70) *LW*, 31, 42.
71) *LW*, 31, 43.
72) *LW*, 31, 51.

게 다가온다고 말한다.

특히 이러한 인간적 선행은 의지와 관계 있음을 루터는 10조에서 간파한다. 인간의 의지가 악하기 때문에, 악한 의지가 죽은 행위를 미워할 수 없고, 의지는 죽은 행위를 사랑하고 죽은 어떤 것을 사랑한다고 주장한다. 11조에서 피조물에 대한 절망 없이, 하나님 없이 아무 유익이 없다는 것을 알지 못하면 인간은 하나님을 신뢰할 수 없다고 말한다. 타락한 후에 인간의 자유의지는 이름뿐이라고 루터는 강조한다. 죄를 범하는 것밖에 없음을 13조에서 주장한다. 역시 이러한 인간의지의 노예신세를 루터는 어거스틴의 "영과 문자"에서 발견하였음을 강조한다. "은혜 없는 자유의지는 죄 이외에는 아무 것도 행할 능력이 없다."[73] 선을 행함에 있어서 인간의 의지는 수동적 능력 밖에는 없고, 악을 행함에 있어서만 능동적 능력을 소유함을 말함으로써 자유의지는 죽은 의지(dead will)임을 14조에서 말한다.

"크리스천의 자유"에서 루터는 말씀의 핵심이 율법이 아니고 복음임을 강조한다. 말씀의 핵심은 그리스도에 관한 복음이라는 것이다. 그리스도의 성육신과 고난과 부활과 영화이다. 그리스도의 복음을 믿을 때 의롭다 함을 얻고, 자유함을 얻고 구원을 받는데, 성경에는 이 복음만 있는 것이 아니라는 것이다. 하나님의 말씀은 크게 두 가지, 계명(commandment)과 약속(covenant)으로 이루어져 있다. 그런데 계명은 율법으로서 우리에게 행하지 말아야 할 것과 행할 것을 명령하는데, 우리는 연약한 고로 계명과 율법을 지키지 못하므로 절망과 좌절만 하게 된다. 그것은 구약의 말씀이라고 한다. 그리고 약속의 말씀은 하나님의 영광을 선포하는데, 그리스도를 믿는 자에게는 구원과 은혜와 의로움과 평화와 자유와 모든 것이 약속되어 있다

---

73) *LW*, 31, 49.

고 강조한다. 이 약속의 말씀이 곧 신약이라는 것이다.[74]

칼빈처럼 강하지는 않지만 루터에게도 성화를 추구하는 율법의 실천이 나타나고 있음을 알 수 있다. 그리스도와 성령이 의롭다 하심을 얻고 거듭나는 순간에 우리 안에 내주하셔서서 우리로 하여금 율법의 정죄와 심판에서 자유케 할 뿐 아니라, 율법의 요구인 하나님의 사랑을 실현하는 능력을 부여한다는 것이다. 우리 인간의 힘으로는 불가능하지만, 그리스도께서 십자가를 통해 사랑을 이루심으로써 율법의 마침이 되셨기에 그 그리스도가 우리 안에 내주하심으로써 우리로 하여금 율법의 요구인 사랑을 실천하게 하신다는 것이다. 그리고 우리 안에 내주하시는 성령이 우리를 이끄셔서 우리가 하나님 사랑과 이웃 사랑을 온전히 실천하도록 만드시며, 그리스도의 복음 안에서 얻는 해방과 자유가 그리스도의 능력으로 사랑의 종이 되도록 만드신다는 것이다.[75]

루터는 "갈라디아서 강해"에서 율법의 두 가지 용법, 정치적 용법(usus legis politicus)과 신학적 용법(usus legis theologicus)을 강조한다. 거기에 비해 칼빈은 율법의 제3의 용법(tertius usus legis) 등 율법의 적극적 긍정적 요소, 즉 성화의 채찍질로서의 율법의 용법을 발견함으로써 율법과 복음의 연속성을 말한다. "갈라디아서 강해"에서 정치적 용법이란 교육을 통해서 시민적 덕을 성숙시키고, 공공질서와 평화를 유지하며, 범죄와 무질서를 방지하는 율법의 정치적 사용이라고 해석한다. 이것은 칼빈이 말하는 율법의 제2의 용법에 해당된다. 율법의 신학적 용법이란 율법의 고발적 요소로서 자연인들은 인식하지 못하는 기능인데, 율법을 통하여 죄와 허물을 깨닫고

---

74) Luther, "The Freedom of a Christian", *LBW*, 599-601.

75) Paul Althaus, *The Theology of Martin Luther*, (Philadelphia: Fortress Press, 1966), 267.

크리스천의 자유
(The Freedom of a Christian, 1520)

1. 크리스천의 본질 – 자유인과 봉사자

배우지 못한 사람들에게 더 쉽게 하기 위하여—사실 나는 그들에게만 도움이 된다—정신의 자유와 속박에 대한 다음의 두 명제를 들려고 한다. 크리스천은 더할 수 없이 자유로운 만물의 주(主)이며 아무에게도 예속되지 않는다. 크리스천은 더할 수 없이 충성스러운 만물의 종이며 모든 사람에게 예속된다. 이 두 명제는 서로 모순되는 것같이 보인다. 그러나 만일 이것이 서로 잘 조화되기만 한다면 우리의 목적에 훌륭한 도움이 될 것이다. 둘 다 사도 바울 자신의 진술이다. 그는 고전 9:19에서 "내가 모든 사람에게 자유하였으나 스스로 모든 사람에게 종이 된 것은 더 많은 사람을 얻고자 함이라"고 말하며, 또한 롬 13:8에서 "피차 사랑의 빚 외에는 누구에게든지 아무 빚도 지지 말라"고 말한다. 사랑은 그 본질상 언제든지 섬기도록 되어 있으며 또한 사랑을 받는 사람에게 속하는 것이다.
……

7. 자유 달성(自由達成)의 요소 – 신앙

그러므로 이 신앙은 롬 10:10 가운데 "사람이 마음으로 믿어 의에 이른다"고 하는 것처럼 오직 내적인 사람 안에서만 지배할 수 있다. 동시에 신앙만이 의롭게 하는 것이므로 내적인 사람은 전혀 어떤 외적인 공적이나 행위로 의롭게 되거나 자유롭게 되거나 혹은 구원받을 수 없다는 것이며, 또한 그 성격은 어떻든지 그러한 선행은 이 내적인 사람과는 아무 관계가 없다는 것이 분명하다. 반면에 외적인 행동이 아니라 오직 마음의 불경건과 불신만이 그를 죄되게 하고 죄의 저주받을 종이 되게 한다. 그러므로 선행에 대한 모든 신뢰를 버리고 더욱 더 믿음만을 강화하며 또한 신앙을 통하여 선행에 대한 지식이 아니라 그리스도 예수에 대한 지식 가운데서 자라는 것이 모든 크리스천의 첫째 관심사가 되어야 한다. 그리스도 예수는 베드로가 그의 첫째 서신 마지막 장에서 가르치는 바와 같이(벧전 5:10) 크리스천을 위하여 고난을 받으시고 부활하신 것이다. 그리하여 요 6:28에 기록되어 있는 것처럼 유대인들이 그리스도에게 하나님의 일을 하기 위하여 무엇을 해야 하느냐고 물었을 때 예수님은 그들이 매우 잘 한 것으로 생각한 많은 일들을 일소해 버리고 다음과 같이 말씀하시면서 한 가지 일을 암시하셨다. "하나님의 보내신 자를 믿는 것이 하나님의 일이니라"(요 6:29), "인자는 아버지 하나님의 인치신 자니라"(요 6:27)고 말씀하셨다. 그러므로 그리스도에 대한 참된 신앙은 이와 함께 완전한 구원을 가져오며 인간을 모든 악에서 구원하는 비할 바 없는 보물인 것이다. 이것은 그리스도께서 마가복음 마지막 장(16:16)에서 "믿고 세례를 받는 사람은 구원을 얻을 것이요 믿지 않는 자는 정죄를 받으리라"고 말씀하시는 것과 같다.
……

23. 선인(善人)이 선행(善行)에 앞서야 함
그러므로 다음의 진술이 참되다고 할 수 있다. "선행이 선한 사람을 만들지는 못하나, 선한 사람은 선한 일을 행한다. 그리고 악한 행위가 악한 사람을 만들지는 못하나, 악한 사람은 악한 일을 행한다." 따라서 언제나 필연적으로 어떤 선행이 있기 전에 먼저 본질 혹은 사람 자체가 선해야 하며, 또한 선행이 선한 사람을 따르고 그에게서 나와야 한다. 이것은 그리스도께서 역시 "좋은 나무가 나쁜 열매를 맺을 수 없고 못된 나무가 아름다운 열매를 맺을 수 없느니라"(마 7:18)고 말씀하시는 것과 같다. 열매가 나무를 맺지 못하며, 나무가 열매에서 자라지 못한다. 그와 반대로 나무가 열매를 맺으며, 열매가 나무에서 자란다는 것은 모두 명백한 일이다. 그러므로 필연적으로 나무가 그의 열매보다 먼저 있고, 열매가 나무를 좋거나 나쁘게 만들지 못하며, 오히려 나무가 좋고 나쁨에 따라 그것들이 맺는 열매도 좋고 나쁘게 되는 것과 같이, 사람도 선하거나 악한 행위를 하기 전에 먼저 선하거나 악해야 하며, 또한 그의 행위가 그를 선하거나 악하게 만들지 못하고 그 자신이 그의 행위를 선하거나 악하게 만드는 것이다.
……

26. 이웃을 위한 사랑과 봉사로서의 선행
이러한 생애의 귀감으로 바울은 그리스도를 인용하여 다음과 같이 말한다. "너희 안에 이 마음을 품으라. 곧 그리스도 예수의 마음이니 그는 근본 하나님의 본체시나 하나님과 동등됨을 취할 것으로 여기지 아니하시고 오히려 자기를 비워 종의 형체를 가져 사람들과 같이 되었고 사람의 모양으로 나타나셨으매 자기를 낮추시고 죽기까지 복종하셨으니 곧 십자가에 죽으심이라"(빌 2:5-8). 사도의 이와 같이 유익한 표현은 "하나님의 모양", "종의 모양", "인간의 모양" 및 "사람들의 모습"이란 말들을 전혀 이해하지 못하고 이것을 하나님의 본성과 인간의 본성에 적용시킨 사람들에 의하여 우리에게 불명확하게 되었다. 바울은 이런 것을 의미한다. 곧 그리스도가 비록 하나님의 모양으로 충만하시고 모든 선한 일로 부유하게 되사 그를 의롭게 하시고 구원하시기 위하여 아무 일과 고난도 필요로 하지 않으셨으나(그리스도가 이 모든 것을 영원히 가지고 계셨기 때문이다), 이런 것들로 교만하게 되지 않으셨고, 그 자신을 우리보다 더 높이지 않으셨으며, 우리를 지배하려고 하지 않으셨다. 비록 그가 정당하게 그렇게 하실 수 있었음에도 불구하고 그와 반대로 마치 그가 이 모든 것을 필요로 하시고 하나님의 모양을 전혀 가지지 않으신 것처럼 사시고, 노동하시고, 일하시고, 고통을 받으시며, 또한 죽으심으로써 다른 사람들과 같이 되셨고, 모양과 행동에 있어서 전혀 하나의 인간에 지나지 않으셨다. 그러나 그가 이 모든 것을 우리를 위하여 행하신 것은 우리를 섬기시기 위한 것이었으며 또한 이러한 종의 모양을 입으시고 이루신 모든 공적이 우리의 것이 되게 하시기 위한 것이었다.
……

27. 귀감(龜鑑)으로서의 그리스도
이러므로 크리스천도 그의 머리되신 그리스도와 같이 신앙으로 충만하게 되고 부유하게 되며, 또한 믿음으로 얻은 이러한 하나님의 모양으로 만족해야 한다. 내가 이미 말한 바와 같이 크리스천은 다만 이 신앙이 완성될 때까지 이것을 증진시켜야 한다. 이 신앙은 크리스천의 생명과 의(義)와 구원이기 때문이다. 곧 이것은 크리스천을 구원하고 그를 가납(嘉納)할 수 있게 하며 또한 그리스도에게 속한 모든 것을 그에게 수여한다. 이것은 위에서 말했고 또 사도 바울이 갈 2:20에서 "이제 내가 육체 가운데 사는 것은 나를 사랑하사 나를 위하여 자기 몸을 버리신 하나님의 아들을 믿는 믿음 안에서 사는 것이라"고 말하며 확언한 바와 같다. 비록 크리스천이 이와 같이 모든 행위에서 해방되기는 하나 이 자유 가운데서 그 자신을 비워야 하고 그 자신이 종의 모양을 가져야 하며, 사람과 같이 되어야 하고 인간의 모양으로 나타나야 하며 섬기고 도우며, 그리고 모든 방법으로 그의 이웃을 대해야 한다. 마치 하나님께서 그리스도를 통하여 자기를 대하셨고 지금도 대하시는 것을 그가 보는 바와 같다. 그러므로 만일 우리가 우리에게 주어진 크고 귀중한 것들을 인식한다면 바울이 말하는 것과 같이(롬 5:5) 위의 마음은 성령에 의하여 우리를 자유롭고 기쁘고 전능한 일꾼과 모든 고난의 정복자와 이웃의 종과 그러면서도 모든 사람의 주로 만드는 사랑으로 충만하게 될 것이다. 그러나 그리스도를 통하여 그들에게 주어진 은사들을 인식하지 못하는 사람들에 대해서는 그리스도가 헛되이 나신 것이 된다. 그들은 자의적인 행동으로 행하며, 결코 이러한 것들을 체험하거나 느끼지 못할 것이다. 마치 우리의 이웃이 궁핍한 가운데서 우리가 풍부히 가진 것을 필요로 하는 것과 같이 우리는 하나님 앞에서 궁핍하여 그의 자비를 필요로 한다. 여기에서 우리의 하늘 아버지가 그리스도 안에서 값 없이 우리를 도와주신 것과 같이 우리도 역시 값 없이 우리의 몸과 행동을 통하여 이웃을 도와야 하며, 우리가 서로서로에 대해서 그리스도가 되며, 그리스도께서 모든 사람 가운데서 동일한 그리스도가 되게 하고, 우리가 진실한 크리스천들이 되기 위하여 개개인은 다른 사람에 대해서 마치 하나의 그리스도(참된 크리스천)인 것처럼 되어야 한다.
……

30. 마감말
그러므로 크리스천은 그 자신 안에서가 아니라 그리스도와 그의 이웃 안에서 산다고 우리는 결론을 내린다. 그렇지 않을 경우 그는 크리스천이 아닌 것이다. 그는 신앙으로 그리스도 안에서 살며, 사랑으로 그의 이웃 안에서 산다. 신앙에 의하여 그는 그 자신 이상으로 하나님에게 올려지며, 사랑에 의하여 그는 그 자신 이하로 이웃에게 내려간다. 그러나 그는 항상 하나님과 그의 사랑 가운데 머문다. 이것은 그리스도가 요 1:51에서 "진실로 진실로 내가 너희에게 이르노니 하늘이 열리고 하나님의 사자들이 인자 위에 오르락 내리락 하는 것을 보리라"고 말씀하시는 것과 같다.

『루터 선집』, 제5권.

죄인임을 고백하면서, 하나님의 자비와 긍휼을 구하게 만드는 것이다. 다시 말해서 율법의 신학적 용법을 통하여 인간은 죄와 죽음, 저주와 심판의 대상임을 발견하게 된다.

그러나 복음은 그리스도의 이름을 통하여 죄 사함의 은총을 발견하고 체험하는 것이다. 복음의 중심은 예수 그리스도의 전 인격과 구속사업이다. 그리스도는 우리가 따라야 할 본보기라고 보기보다는 구원의 능력이며, 그 능력은 우리를 위하여 십자가에 못 박혀 죽으시고 다시 부활하심을 통하여 이루신 구속사업이다. 이 복음을 통하여 성령역사로 주어지는 신앙으로 말미암아 의롭다 하심을 얻는다.

결국 루터는 "갈라디아서 강해"에서 율법은 빚을 갚으라고 행하여야 할 것과 행하지 말아야 할 것을 설교하지만, 복음은 우리가 용서함을 받았다고 설교한다고 강조하며, 율법은 죄를 인식하고 깨닫게 만들며 복음은 그리스도의 십자가의 은총을 통하여 죄 사함을 얻게 하고 율법을 성취시킨다고 강조한다.[76] 그리고 율법은 죽음과 진노와 심판의 계명을 말하지만, 복음의 신앙은 죄와 진노와 죽음을 제거하고 의롭다 하심을 얻게 하며 평화와 의와 생명을 준다고 해석한다.[77]

루터는 율법과 복음을 구분한다. 율법은 심판이다. 계명을 통해 인간을 심판한다. 복음은 은총이다. 은총을 통해 구원을 약속한다. 하나님이 심판하시고 자비를 베푸신다. 설교뿐만 아니라 성서해석에서도 루터는 하나님 말씀의 이중적 차원을 강조한다. 구약은 율법과 동일시될 수 없고, 신약은 복음과 동일시될 수 없다. 그러나 구약에는 복음보다도 율법이 더 많이 있

---

76) *WA*, 57, 59.
77) *WA*, 57, 80, 21.

고, 신약에는 율법보다도 복음이 더 많이 있다.

구약에는 숨어 있는 방법으로 복음이 포함되어 있고, 신약에는 숨어 있는 방법으로 율법이 포함되어 있다. 복음이 숨어있는 방법은 창 1:1이요, 제1계명이다. 한편으로 제1계명은 십계명과 자연법의 요약이요, 하나님이 인간에게 요구하시는 심판의 말씀이다. 또 한편으로 제1계명은 하나님의 약속이다. 하나님이 우리 하나님이 되시기를 원하시는 약속이다. 그들 자신의 행위에 대한 절망과 하나님의 자비에 대한 신뢰이다. 그리스도께서 제1계명의 숨겨진 성격을 밝은 대낮 빛으로 밝게 해주셨다. 하나님은 죽은 자의 하나님이 아니고 산 자의 하나님이라는 메시지를 통하여 그리스도께서 제1계명의 참 의미를 분명하게 보여주셨다.

신약에서도 산상수훈은 율법이라는 것이다. 구약율법의 실천적이고 보다 철저한 의가 벗겨진 것이라고 해석한다. 그의 백성을 향한 하나님의 뜻이 나타났고, 그리스도의 십자가조차 신적 사랑의 상징이 아니고 인간 죄에 대한 하나님의 날카로운 심판이라고 해석하였다. 여기에서 루터는 죄를 깨닫게 하는 제1용법으로서의 산상수훈만을 강조하였지 칼빈이나 웨슬리처럼 성화의 채찍질로서의 율법의 제3의 용법으로는 해석하지 않고 있다.

3. 문자적 해석과 영적 해석

루터에게 있어서 문자적 해석을 무시한 영적 해석은 — 엠저 · 츠빙글리 · 뮌처 · 칼스타트에게서 나타난 — 위험한 것이다. 츠빙글리와의 논쟁에서 츠빙글리의 "signifies"에 대항하여 "is"를 강조한다. 그는 알렉산드리아 학파적 알레고리칼한 영적 해석보다도 안디옥 학파적 문자적 해석에 치중한다. 영적 의미보다 말씀 속에 있는 문자적 의미를 더욱 강조한다. 말씀을 떠난 과격파 종교개혁이나 츠비카우 예언자들의 성령체험을 비판한다. 그래서 비텐베르크의 신학적 소동 이후 다시 돌아온 루터는 여덟 번의 말씀 신학 중심의 설교를 통하여 비텐베르크를 자신의 신학으로 돌이켰다.

엠저·츠빙글리·뮌처·칼스타트는 문자보다 영을 더욱 강조하는 이원론적 성격이 강하지만, 루터에게는 문자와 영의 변증법적 상호관련을 중요하게 생각하는 일원론적 성격이 강하다. 성서의 문자적 외적 해석과 영적·내면적 해석의 조화를 중요하게 생각한다. 외적 해석으로만 끝나는 문자와 율법은 사람을 죽이지만, 내면적 영적 해석을 가능케 하는 성령의 역사는 영원한 생명을 부여한다. 왜냐하면 성서의 유일한 저자는 성령이요, 유일한 주석가도 성령이시기 때문이다. 성령의 해석이 생명력 있는 것은 문자에 새기는 것이 아니라 마음에 새기기 때문이다. 외적 문자적 말씀이 내적 영적 말씀이 되는 것은 성령의 역사로 일어나기 때문이다. 따라서 언제 성령이 말씀을 통하여, 말씀과 더불어 역사하실지 모르기에 우리는 말씀을 열심히 들어야 한다.

말씀의 자기증거와 성령의 자기증거로 우리 속에 믿음이 일어난다. 따라서 말씀과 성령의 관계는 빛과 열의 관계, 목소리와 호흡의 관계와 같다. 말씀과 성령은 뗄래야 뗄 수 없는 필연적 상관관계 속에 있다. 이것은 다미선교회 사건이 일어나는 오늘의 한국 교회에 절실히 요청되는 신앙자세이다. 성령을 체험하거나, 성령으로 거듭나거나, 성령으로 충만해지는 유일한 준비는 말씀을 듣고 말씀을 읽고 말씀을 탐구하는 것이다.

4. 성령론

　루터의 신학은 기독론 중심의 신학(Christocentric Theology)이다. 그래서 성령도 서방교회 전통에 따라 그리스도의 영으로 해석한다. 그리스도를 드러내고 그리스도에게로 인도하고 그리스도에게까지 자라가게 하고 마침내 그리스도를 증거하는 영이다. 그리스도와의 상호관련성을 제거하고는 성령을 생각할 수 없다. 그리스도는 성령을 통하여 인간에게 진리를 증거하시고, 성령을 통하여 성경을 증거하신다. 그리고 성령을 통하여 증거하시는 하나님의 말씀 이외에 어디에서도 그리스도를 발견할 수 없다. 또한 하나님이 자신을 만나는 독특한 장소를 정하셨는데 그것이 성령을 통하여 체험하는 그리스도이다. 그리스도는 말씀과 성령을 통하여 우리에게 오신다. 하나님은 말씀과 성령을 통해 역사하시는 그리스도 안에서 오신다.

　특히 성령은 말씀의 영으로 강조된다. 말씀의 창시자요, 말씀의 가장 좋은 주석가이다. 성령은 말씀 이외의 신비주의적 체험의 방법으로 역사하시지 않는다. 오직 말씀을 통하여 말씀 안에서 말씀과 더불어 신앙을 일으키고 거듭나게 하신다. 그러나 아무리 말씀을 들어도 성령이 역사하시지 않으면 신앙이 일어나지 않음을 루터는 강조한다. 믿음은 반드시 성령의 역사로만 일어난다. 성령은 믿음의 창조자이다. 그런데 성령은 말씀을 통하여 우리 속에 믿음을 일으키신다.

9절_루터의 예배 이해

루터의 예배 이해는 그의 중심 신학 사상인 신앙의인화에서부터 비롯된다. 오직 믿음으로만 의롭다 하심을 얻고 구원에 이른다고 강조하는데 그 믿음은 말씀을 들음으로부터 나온다는 것이다(fides ex auditu). 따라서 예배에서의 중심은 말씀을 들음으로써 믿음이 일어나게 해야 한다는 것이다. 그리하여 설교를 예배의 중심으로 두게 되었다. 다시 말해서 루터는 중세 가톨릭의 미사를 보는 시각적 예배에서 미사를 드리는 청각적 예배로의 전환을 시도하였다. 그럼에도 불구하고 루터는 예배의 예전적(liturgical) 성격을 배제하지 않았다. 1부는 말씀을 듣는 설교 중심의 예배이지만, 2부는 성만찬을 받는 예배였다. 그래서 루터는 라틴어로 된 라틴 성가를 독일어로 된 독일식 멜로디의 성가로 바꾸어 그가 친히 작곡하여 복음서와 시편을 성가로 교독하게 하였고 성가로 이루어진 성만찬 예문에 의해 성만찬 예식을 거행하였다. 이렇게 1부 말씀 예배와 2부 성만찬 예배를 드리는 것은 초대 교회 전통을 다시 회복하는 것이다.

10절_루터의 두 왕국설(Two Kingdom Theory)

루터의 두 왕국적 정치윤리는 "갈라디아서 강해", "세속 권력에 대한 복종의 한계"(1523), "평화를 위한 제언"(1525), "농민 폭도들의 만행에 반대함"(1525), "농민을 가혹하게 적대한 논문에 관한 공개 서한"(1525) 등의 논문에서 잘 나타나 있다.

이 논문들 속에서 루터는 정치와 종교의 분리를 강하게 강조하고 있다. 그래서 신성로마제국의 황제 찰스 5세처럼 국가의 권력이 종교적인 일에 간섭하는 것도 철저히 거부하고, 또한 로마 가톨릭 교회의 교황 레오 10세가 세속 권력 위에 군림하려는 것도 철저히 반대하였다. 그리하여 루터의 정교분리의 두 왕국설은 교황이 세속 권력으로부터 손을 떼게 하는 것에 크게 기여하게 되었다.

루터는 성경말씀에 근거하여 두 왕국설을 주장한다. 하나님의 왼손 왕국은(left hand kingdom) 국가요, 하나님의 오른손 왕국은(right hand kingdom) 교회다. 루터는 마 22:21에 근거하여 가이사의 것은 가이사에게 하나님의 것은 하나님에게로 철저히 구분지었다. 루터는 또한 롬 13:1과 벧전 2:13에 근거하여 모든 권세는 하나님에게서 나와서 하나님이 왼손 왕국의 통치자로 세우셨기에 복종하여야 한다고 했다. 세속 왕국도 사탄의 도성이 아니고 하나님의 정의로운 뜻을 실현하는 도구다(롬 13:1-7). 그러므로 비록 세속 왕국이 세속 세계 일에 관여할지라도 하나님의 일을 하기에 우리는 세속 권력(그것이 독재든 폭력이든) 앞에 복종해야 한다고 루터는 주장한다. 바로 이러한 시각에서 독일 루터 교회가 히틀러의 파쇼정권 앞에서도 복종할 수밖에 없는 죄악을 범하고 말았다. 왼손 왕국의 주인은 세속 통치자이고,

그리스도는 다만 오른손 왕국의 주인이다. 따라서 영적인 일에 있어서는 그리스도의 뜻과 하나님의 말씀에 복종해야 할 책임이 있음을 그는 주장한다(행 5:30). 그는 정치와 종교뿐만 아니라 이 세상과 저 세상을, 세속적인 일(영토와 백성과 재산과 육체에 관한 일)과 영적인 일을 구분지었다.

교회는 사랑과 용서로, 세속 국가는 칼과 정의로 다스려져야 함을 그는 강조하며 율법과 복음, 정의와 사랑을 구분지었다. 교회는 영적 통치의 왕국으로(geistliches Regiment) 복음과 사랑으로 다스려져야 하고, 세속 국가는 세속적 통치의 왕국으로(weltliches Regiment) 율법과 정의로 다스려져야 한다는 것이다. 전자는 신앙과 사랑이 지배하는 영역으로 의롭다 함을 얻은 기독교인은 저 세상을 향하여 사랑의 삶을 살 수 있고, 후자는 율법의 정치적 사용에 해당되는 곳으로 강제력까지 동원해서 죄를 통제하고 질서와 평화를 유지해야 하는 영역이라고 "갈라디아서 강해"에서 강조한다. 그는 딤전 1:9에 근거하여 불의를 행하는 자들을 위하여서는 율법의 정의가 필요하고, 마 7:18에 근거하여 좋은 나무는 저절로 사랑의 열매를 맺는다는 이중 구조의 윤리를 강조한다. 그러므로 크리스천은 "의인이면서도 동시에 죄인(simul justus et peccator)"이기에 두 왕국에 모두 속한다. 크리스천은 세속 권세에도 복종해야 하고, 그리스도의 권세에도 복종해야 한다. 그러므로 그리스도 왕국의 시민으로써 산상수훈대로 살아야 하고, 세상 왕국의 시민으로서 세속 법 질서를 따라야 한다. 따라서 사랑과 용서의 복음을 말하는 산상수훈은 크리스천의 삶에 적용하는 것이요, 불의와 악을 행하는 세속인들을 통치하는 일에 적용해서는 무질서해지므로 세속인들의 무질서와 방종에 대해서는 율법의 칼과 정의로 다스려야 한다는 것이다. 바로 이러한 두 왕국설의 시각에서 루터는 무정부 상태를 만드는 농민들을 비판하기에 이르렀다.

한국 교회는 선교사들에 의해 루터의 두 왕국설에 뿌리를 두고 있는 경건주의의 영향을 강하게 받았기에 박정희 유신정권에도 어용화되었고, 전두환과 노태우 장군에 의한 12.12사태와 5.18광주민중항쟁 때도 아무 말 못하고 침묵하는 교회가 되었다.

11절 루터의 노예의지론

루터의 신앙의인화론이 그의 모든 저술들에 거의 골고루 나타나 있듯이 그의 노예의지론도 그의 모든 저술들 속에 편만하게 나타나고 있음을 볼 수 있다. 그럼에도 불구하고 그의 노예의지론은 1524년의 에라스무스의 『자유의지론 De Libero Arbitrio』에 대한 답변으로 1525년 저술한 『노예의지론 De Servo Arbitrio』에 집중적으로 나타나 있다.

이 논쟁으로 말미암아 인문주의적 영향으로 종교개혁이 시작되었다가 인문주의와 완전히 결별되는 사건이 발생되었다. 이 의지논쟁은 종교개혁의 내부적 위기를 가져오게 하였다. 두 사람은 로마의 독일 착취에 대한 공동투쟁의 협력자요 동역자였으나 이제는 더 이상 그런 관계를 유지할 수 없게 되었다. 에라스무스는 헨리 8세와 삭소니의 공작 게오르크(George)의 후원을 받아서 자유의지를 쓰기로 결심하게 되었다.

1523년에 에라스무스는 여러 사람들로부터 루터의 신학적 입장에 대하여 공식적인 반대입장을 밝힐 것을 권고받았다. 특히 교황 하드리아누스 4세와 영국 왕 헨리 8세 같은 지도자들이 에라스무스에게 강력하게 권하였다. 1523년 루터는 오이코람파디우스에게 보내는 편지에서 에라스무스는 훌륭한 학자이지만 신학자는 될 수 없다고 강조하였고, 1524년에는 에라스무스에게 직접 편지를 보내어 성서연구의 길잡이 역할을 한 그의 공헌을 칭찬하면서도 종교개혁자가 될 수 있는 자질과 용기를 갖추지 못하였음을 지적하며 당신의 할 일이나 하라고 권고하였다.[78] 1524년 9월 초 바젤의 프로벤(Johannes Froben)이 『자유의지론』을 썼는데 그것이 에라스무스에게 더욱 용기를 주었다. 그래서 에라스무스는 루터의 편지를 받고 프로벤의 『자유의지론』에 자극을 받아 1524년 9월 1일 그 유명한 『자유의지론 De Libero Arbitrio』를 라틴어로 저술하기에 이르렀다.

1. 에라스무스의 자유의지론

에라스무스는 루터에 대해 인간의 도덕적 성향과 완전성을 의심케 하는 자라고 이해하였다. 에라스무스는 루터를 무감각한 코끼리에, 자기 자신은 파리에 비유하였다. 에라스무스는 구원의 과정에서 인간의 자유의지가 전혀 무능하지 않고 구원을 수용하거나 혹은 배격하는 선택적 결단의 자유가 있음을 주장하였다. 그는 중세 스콜라주의가 강조한 반펠라기우스적 입장에서 인간이 전적으로 타락하지 않았으므로 인간의 자유의지가 초자연적 은총으로 남아 있기에 인간의 양심과 자유의지의 노력이 매개되는 은총(gratia infusa)과 협력적인 관계를 가져서 계속 선행을 이루어나가야 구원을 이룰 수 있다고 강조하였다. 다시 말해서 은총의 시작인 선재적 은총(prevenient grace)과 은총의 과정인 성화의 은총(sanctifying grace)을 말할 때에도 그 시초부터 끝까지 인간의 자유의지의 수고가 구원에 적극적으로 능동적으로 참여할 수 있다는 신인협조설(synergism)을 주장하였다. 그리고 자유

---

78) 이형기, 233.

의지는 성서적이며, 자유의지를 거부하고 노예의지를 강조하면 동방교부들이나 서방교부들의 사상에 위배되고 마니교적 이단의 결정론자(a determinist)라고 비판하였다. 멜랑히톤도 바로 이러한 인간의 책임성의 문제에 있어서 에라스무스를 좋아하였다. 그러나 멜랑히톤은 선재적 은총이 먼저 앞서 역사할 때 인간이 응답할 수 있다는 복음적 신인협조설(evangelical synergism)을 강조하였다. 이러한 인간의 책임성은 츠빙글리에게서도 나타나는데, 츠빙글리가 1520년 인간의 자유의지에 의한 선행이 은총의 주입을 가능하게 한다는 신인협조설적 입장을 가졌으나, 1520년 이후에는 은총이 먼저 다가올 때 인간이 응답한다는 복음적 신인협조설적 입장을 갖게 되었다.

에라스무스의 자유의지론은 인간의 예술적 성취와 지성적 성취와 윤리적 성취와 자력구원을 강조한다. 구원의 과정에 있어서의 인간의 자유와 책임을 강조한 것이다. 에라스무스는 은총에 응답하는 자유의지뿐 아니라 은총의 주입을 가능케 하는 인간의지의 선행추구의 노력도 필요하다는 것인데, 왜냐하면 타락으로 자유의지가 소멸된 것이 아니라 약해졌다고 보기 때문이다.

그는 세 가지로 루터를 공격한다. 첫째 성서적으로 인간의지가 무능한 것을 말하지 않는다고 주장한다. 둘째 노예의지를 말하면 더욱 윤리적으로 약해진다는 것이다. 셋째 '오직 은총으로만'을 교리화해서도 안 되고 자유의지론을 교리화해서도 안 된다는 것이다.

에라스무스의 자유의지론은 문화적 엘리트들에게 호소력을 지닌 사상이 되었다. 그의 자유의지론이 당시로는 과거지향적이요 보수적이었지만, 그의 소망을 먼 미래에 두었다는 점에서 근대적이었다. 엘리트를 재교육시키기 위해서 점진적으로 윤리적 변화를 만들어내는 데에는 그의 자유의지론이 설득력이 있었다.

2. 루터의 노예의지론

루터는 당대 최고의 학자인 에라스무스에게 학문적으로 진지하게 답변하기 위해서 역시 학문적인 언어인 라틴어로 정성스럽게 답변하는 책을 저술하게 되었다. 물론 루터도 학문적 활동과 시민적 활동에 있어서 인간의 지의 역할은 강조하였으나 구원의 과정에서는 하나님의 주권과 인간의 노예의지 신세를 말하게 된 것이다.

오버만(Oberman)은 노예의지론보다는 "하나님의 주권과 위엄"이라는 제목이 더 낫다고 생각한다. 루터는 인간을 하나님과 악마 사이의 전쟁터로 두 기사 중 하나님이냐 악마냐의 실존적 조건 앞에 있는 노새 혹은 말 혹은 짐승 같은 존재로 말한다. 노새로서의 인간관은 오직 신앙으로(sola fide), 오직 은총으로만(sola gratia), 오직 성서로만(sola scriptura)과 통한다.

첫째, 창조된 인간의 의지도 자유의지가 아니라 성령의 노예신세이다. 둘째, 타락한 이후에는 악령의 노예가 된 인간의지이다. 타락한 자연인 속의 자유의지는 사탄의 영역이다. 자연인의 선행은 불신앙이요, 자연인의 생각과 행동은 하나님의 필연에 의해서 움직인다. 셋째, 구원의 은혜를 받은 후에도 역시 성령의 노예신세가 된다. 그리고 은총이 없이는 의지의 능력이 노예상태라는 점에서는 웨슬리도 같다. 그러나 은총이 임해도 성령의 지배를 받는 노예라는 사실을 더욱 강조한다.

계시하시는 하나님(Deus Revelatus)과 숨어계시는 하나님(Deus Absconditus)의 양면성으로 노예의지를 설명한다. '하나님'의 역사의 최고 통치자라면 잔인하고 무자비한 역사의 진행을 어떻게 간섭하시지 않는가?'라고 질문하면서 그것은 숨어계신 하나님의 마스크(mask of God)라고 풀이한다. 하나님은 가까이 계시하시기도 하지만, 너무 멀리 숨어계시기도 한다는 것이다. 그러므로 우리는 그의 계시와 진리의 극히 일부분 밖에는 파악할 수 없

(왼쪽) 교황이 무릎꿇은 독일황제의 경례를 받아들이는 교만한 자세를 풍자하고 있고, (오른쪽) 대조적인 예수님의 발 씻기는 겸손을 보여주고 있다. (아래) 예수 그리스도의 속죄 능력이 교황의 면죄부의 속죄 가능성보다 훨씬 무게 있음을 보이고 있다.

다는 것이다. 그리고 절대은총과 절대주권의 계시하시는 하나님을 말하다 보면, 인간 구원예정의 숨어계시는 하나님을 말하지 않을 수 없다는 것이다. 숨어계신 하나님의 예정은 자비와 용서의 하나님의 뒷모습이다.

그러므로 우리는 그의 계시하시는 자비와 사랑의 구원만을 알기로 힘쓰면 된다. '선악과를 왜 만드셨는가'라는 숨어계신 섭리에 대해서는 물을 필요가 없다. 그리스도를 통하여 하나님과 그의 계획은 접근 가능한 것이 되었다. 이 그리스도의 계시는 성령의 역사를 통하여 나타난다. 성령은 어중간한 상태에서 우리를 인도하는 회의론자가 아니다.

그러므로 양심과 자유의지는 구원의 과정에서 수동적이다. 인간의 최선의 자유의지적 성취는 불신앙의 성취이고, 자연인의 선행은 불신앙을 전제로 하는 선행이라고 보았다. 루터는 자연인의 생각과 행동은 하나님의 필연에 의해 움직인다고 이해하였다. 성령이 말씀으로 인간의 양심과 자유의지에 작용하여 강제적·필연적으로 변화시켜 선행을 실천하게 한다는 것이다. 그러므로 인간은 두 마부, 곧 성령과 악령 사이에 존재하는 말과 같다. 하나님의 절대적 은총과 절대적 주권 앞에서 인간은 수동적이라고 말할 수밖에 없으며, 절대은총과 절대주권의 계시적 하나님을 말하다보면 숨어계신 하나님의 속성을 말하지 않을 수 없다는 것이다.

3. 웨슬리의 자유의지론과 루터의 노예의지론 비교연구

웨슬리는 그의 설교 "우리 자신의 구원을 이룸에 관하여"에서 루터적 노예신세와도 에라스무스의 자유의지론과도 다른 시각에서 인간의 자유의지를 말한다. 루터는 예정과 인간의지를 연결시키는 것에 반대하여, 예정된 자는 그의 의지와 상관없이 하나님의 절대주권과 절대은혜에 의해서 구원받는다고 주장한다. 그러나 웨슬리는 예정이 아니라 선재적 은총에 의해 회복된 자유의지로 구원에 응답할 수 있음을 강조한다. 불가항력적 은총(irresistable grace)이 아니라 항력적 은총(resistable grace)을 강조한다. 마음의 문을 열 수도 있고 안 열 수도 있다.

웨슬리는 '아버지께서 일하시니 나도 일한다'는 요 5:17에 근거하여 하나님이 일하시니 나도 일할 수 있다. 하나님이 일하시니 나도 일하지 않으면 안 된다고 주장한다. 에라스무스는 인간 50%, 하나님 50%, 루터는 하나님 100%, 인간 0%를 주장하는 것에 비해, 웨슬리는 하나님 100%, 인간 100%의 복음적 신인협조설을 강조한다.

루터는 구원에 있어서 이성과 자유의지가 아무런 역할을 할 수 없음을 주장한 반면에, 웨슬리는 이성과 자유의지가 구원하시는 하나님의 은총에 협력할 수 있음을 강조한다. 타락한 상태에서도 루터는 인간의지가 전적으로 부패함을 말하지만, 웨슬리는 부분적으로 타락함을 말한다. 그러나 구원에 있어서 주도권(이니시어티브)을 취할 수 없도록 무능하다. 하나님이 주도권을 취하면 협력할 수 있다(Divine-human cooperation). 그러나 에라스무스와 달리 웨슬리는 구원에 있어서 인간의지가 주도권을 취하지는 않는다고 강조한다(human-Divine cooperation).

또한 하나님의 은혜가 임하여 구원받은 이후에도 두렵고 떨림으로 구원을 이루는 열심을 강조한다. 선한 싸움을 싸우지 않으면, 십자가를 지고 주님의 뒤를 따르지 않으면, 뒤의 것은 잊어버리고 달려갈 길을 달려가지 않으면, 하나님도 우리를 구원하지 않으실 것이라고 말한다. 하나님의 은혜가 임하였음에 감사하면서 그 은혜를 지속하기 위하여 계속 달려가야 한다는 것이다. 다시 말해서 인간의 책임을 강조한다. 매독스(Maddox)가 그의 저서 『책임적인 은총 *Responsible Grace*』에서 주장하는 대로 책임적 은총이다. 거기에 비하여 루터는 인간의 의지가 전혀 무력함을 책임적으로 응답하지 않아도 하나님이 은혜를 베푸시고 구원을 이루어가신다는 것이다.

6장
독일 종교개혁의 동역자 멜랑히톤의 신학 사상

1절_ 멜랑히톤의 학문적 훈련

    루터가 95개조의 항의문을 발표한 10개월 후에 멜랑히톤의 도움을 받게 된다. 그는 1518년 8월 철학과 희랍문학 교수로 비텐베르크에 도착한 후 루터교 종교개혁의 제2인자가 된다. 루터를 '독일의 개혁가'라고 별명 붙인다면 멜랑히톤을 '독일의 선생'이라고 할 수 있다. 1522-27년 사이에 감소된 대학 신입생을 생각하면서 그는 대학교육의 구조적 개혁, 새헌장과 교육과목 편성 등 독일의 대학체제 개혁에 큰 공헌을 한 선생이다.

    필립 멜랑히톤의 본명은 슈바르체르드(schwarz+erd) 곧 검은 흙이라는 뜻이다. 그 시대의 인문주의적 형식에 따라 그의 오촌 할아버지 로쉴린(Reuchlin)이 희랍어 이름으로 바꾸어주어서 멜랑히톤(Melanchthon: $\mu\varepsilon\lambda\alpha\nu + x\theta\omega\nu$)이 되었다. 1497년 2월 16일 그는 브레텐(Bretten)에서 정직하고 경건한 부모 사이에서 태어났다. 그의 부친 게오르그 슈바르체르드는 제후의 병기를 만드는 가내수공업자였다. 멜랑히톤은 루터보다 14세 아래였고 칼빈보

필립 멜랑히톤
(Philip Melanchthon: 1497-1560)
그는 루터의 라이프치히 논쟁 때부터 루터를 도왔다. 눈물을 흘리면서 루터의 주장이 옳다고 공공연히 주장하기 시작하였다.

다 12세 위였다. 그는 신학적으로 칼빈과 루터의 중재자였다고 할 수 있다.

1509년 하이델베르크 대학교에 입학하여 14세에 문학사를 받았고, 16세에 문학석사(M.A.)학위를 받았으며, 희랍어와 라틴어를 독일어보다 더 잘하고 더 잘 썼다. 희랍어와 라틴어로 시를 쓰기도 하였다. 튀빙겐 대학에서 고대문학을 강의하는 강사가 되었다. 아리스토텔레스의 저술들을 편집하였고 1516년 라틴어 문법책을 쓰고 1518년 희랍어 문법책을 썼는데 희랍어문법책은 18판이나 출판하였다.

에라스무스가 1515년 그의 저서『신약성서주해』에서 필립 멜랑히톤을 극찬하였다. 그의 조부 로실린도 당대에 에라스무스 이외에는 멜랑히톤 만한 지성인이 없다고 과찬하였다. 어떤 면에서는 멜랑히톤이 에라스무스보다 더욱 뛰어났다. 그의 소문은 삽시간에 퍼져나갔다. 인골스타트(Ingolstadt), 라이프치히(Leipzig), 비텐베르크(Wittenberg) 등에서 교수로 초청하였는데 결국 비텐베르크의 희랍어 교수로 가기로 결단하였다. 그는 백과사전적으로 다방면의 학문에 심취하다가 서서히 신학에 매력을 느끼게 되었다. 그는 바울적이기보다 요한적 경험을 하였고, 경건훈련과 예배출석과 주의 깊은 성서연구에 몰두하였다.

2절_멜랑히톤의 초기신학공헌

1518년 비텐베르크에 갈 때 그의 나이 21세밖에 안 되었으나 동료들과 학생들로부터 존경과 칭찬을 받았다. 그는 키가 작고 미남은 아니었으나 잘 튀어나온 이마와 푸른 눈을 통해 지성적 분위기를 풍겨주었다. 그리고 겸손하고 예절바른 행동이 그의 내면의 아름다움과 강함을 보여주었다.

그는 1519년 22세에 신학사 학위를 받았으나 신학박사 학위는 겸손히 거절하였다. 이 해 루터의 갈라디아서 주석 편집작업에 공헌했을 때부터 인문주의자에서 신학자가 되었음을 확실히 보여주었다. 그는 뛰어난 희랍어 실력을 기초로 성서주석학을 강의하기 시작하였다. 1518년 디도서, 1519년 시편과 로마서와 마태복음, 1520년 로마서와 마태복음, 1521년 로마서와 고린도전후서와 골로새서, 1522년 요한복음과 창세기, 1523년 요한복음 등을 강의하였으며 로마서는 무려 일곱 차례 강의하였다. 그 외에 그의 전공을 살려서 윤리, 논리, 희랍어및 히브리어 문법, 플라톤, 플루타르크, 호머, 플리니우스, 루시안(Lucian), 아라투스(Aratus), 헤시오드(Hesiod), 변증법과 수사학 등을 강의하였다. 그러나 전공보다 신학강의가 더 많았고 전공철학 강의는 보통수준의 학생들이 수강하였으나, 신학강의에는 우수한 학생들이 몰려들었다. 독일뿐 아니라 유럽 전역에서 몰려 왔는데 왕자들, 공작들, 귀족계급들까지 찾아왔으며, 1520년 말 루터강의에는 겨우 400명이 출석하였으나 멜랑히톤의 강의에는 600여 명이 몰려왔다. 이미 1518년 12월에 400명이 그의 강의를 듣기도 하였다. 튀빙겐, 뉘렌베르크, 하이델베르크, 덴마크, 프랑스, 영국 등에서 교수로 초빙하였으나 그는 죽을 때까지 비텐베르크에서 머물렀다.

3절_멜랑히톤과 루터

멜랑히톤은 항상 아들의 심정으로 루터를 존경하였다. 멜랑히톤은 1518년 9월 취임연설에서 루터를 "이스라엘의 기름부은 자", "불멸의 진리를 위해 선택된 종", "하나님의 말씀과 생명을 부어주는 성령을 선포하는 축복받은 전도인", "경건한 영혼들의 순수한 지도자" 등으로 묘사했다. 그리고 1520년 4월에는 "루터와 헤어지기보다는 차라리 죽는 게 낫다"고 말하였다. 또한 루터도 멜랑히톤의 학문을 존중하고 종교개혁 동역자로 존경하였다. 그래서 말하기를 "나의 가장 소중한 필립"이라고 하였다. 1518년 11월 22일 편지에서는 멜랑히톤을 '해방자(ελευθεριυσ)'라고 희랍어로 표현하였다.

1529년 멜랑히톤의 골로새서 주석 서문에서 루터는 "나는 거칠고 전투적이다. 나는 사탄과 악마들과 싸우기 위해 태어났다. 나는 돌과 가시와 거친 숲을 치워야 한다. 그러나 필립 선생은 부드럽고 조용하게 씨뿌리고 기쁨으로 물을 주는 은사를 하나님께로부터 받았다"고 칭찬하였다. 루터가 전쟁의 사람이라면 멜랑히톤은 평화의 사람이다. 루터의 책은 화약냄새가 나고 용어들이 전투적이고 그의 적들에게 포효하는 것으로 압도하지만, 멜랑히톤은 친절하고 부드럽고 절제를 잘하였다. 루터는 번개와 천둥처럼 분노를 터뜨렸으나, 멜랑히톤은 루터를 조용하게 만들었다. 루터는 창조적 천재로서 새 길을 열었지만, 멜랑히톤은 근면하고 심오한 학자였다.

그는 성직자로 안수 받지 않았고 평생 설교강단에 올라간 적도 없었다. 독일어를 모르는 외국학생들에게 강의실에서 라틴어로 설교를 하였다. 그는 1520년 카타리나(Catherina Krapp)와 결혼하였는데 항상 자신보다 부인을

멜랑히톤은 빈혈이 있었고, 매사에 소심하였으며, 말을 더듬거렸다. 그래서 루터가 사도 바울이 어떻게 생겼는지 상상해보라는 질문을 받았을 때, "사도 바울이 멜랑히톤처럼 바짝 마른 새우였을 것으로 생각한다"고 답변하였다. 그러나 멜랑히톤은 남달리 이마가 튀어나오고 머리가 비상한 학자였으며, 그의 강의는 루터보다도 인기좋은 명강의였다. 여기에는 보기 드물게 웃는 초상화가 그려졌다.

더욱 높여 주었다. 그녀는 항상 성실하게 가정생활의 시련과 기쁨을 남편과 나누었다. 그들은 네 자녀를 낳았는데 멜랑히톤은 한 손으로는 요람을 흔들고 한 손으로는 책을 들고 있었다. 그의 가족들은 하루에 세 번씩 사도신경을 외웠다. 그는 그의 영적 덕을 쌓고 영적 경건을 증진시키기 위해서 신학을 연구하고 가르쳤다.

그러나 멜랑히톤은 결정적 신학 논쟁시간에 실패함으로써 루터교 내에서 지도자적 지위를 상실하게 되었다. 그는 인간적으로 나약하였고 자기주장적 성격이 결여되어 있었다. 그는 1521년부터 1522년 비텐베르크를 소란스럽게 만든 츠비카우 예언자들(Zwikaw Prophets)들의 신비주의적 성령운동에 동조하였다. 1530년 아우구스부르크 신앙고백 협상에서 루터교의 주장을 강하게 고수하지 못하고 타협하였고, 슈말칼드(Schmalcald) 전쟁 후에 있었던 종교적 회담에서도 우유부단한 행동을 보였다.

4절_『신학총론 Loci Communes』에 나타난 신학

멜랑히톤의『신학총론 Loci Communes』(1521)은 개신교의 첫 조직 신학 작품이다. 루터교의 초대걸작이며 칼빈의『기독교강요 Institutio Religionionis Christianae(Institute of the Christian Religion)』와 대등하다. 둘 다 그들 평생에 계속 개정해나갔으며, 개신교의 첫 조직 신학 작품들이요, 둘 다 평신도들에 의해 쓰여졌다는 점에서 공통적이다.『신학총론』은 비텐베르크 대학교에서 피터 롬바르드(Peter Lombard) 대신 루터 신학교의 교과서로 가르쳐지게 되었다. 루터는 자신이 번역한 독일어 성서번역과 멜랑히톤의『신학총론』이 초대의 신학적 걸작품이라고 평가하기도 하였다. 루터의 저술들은 백성들에게 종교개혁을 소개하기 위하여 독일어로 쓰여졌지만 멜랑히톤의『신학총론』은 학자들을 위해 라틴어로 쓰여졌다. 멜랑히톤은 루터보다 더욱 논리적이며 더욱 합리적으로 썼다. 1521년 4월에 Loci Communes(Theological Common-Places)를 마쳤다. 12월에『신학총론 Loci Communes Rerum Theologicarum Seu Hypotyposes Theologicae』이란 이름으로 출판하게 된다. 그러나 계속 수정하고 또 수정해서 1559년에 마지막판을 출판하였다. 그의 나이 24세에 출판하였기에 신선한 충격을 주었다. 논쟁의 중심에서 서서히 자라난 사상이었기에 아우구스부르크 고백(1530)의 길을 열어 주었다. 전도서 24장으로 하나님과 창조에서부터 몸의 부활까지 그리고 "크리스천의 자유"로 결론을 내렸다.

1. 그리스도 안에 있는 은총

『신학총론』은 그의 『로마서 강해』를 발전시킨 것이기에, 핵심 사상은 선행이 아닌 그리스도 안에 있는 하나님의 은총에 있었다. 은총에 의한 용서와 구원의 교리를 강조하였고 인간론을 강조하였기에 복음주의의 '대헌장(Magna Charta)'이라고 볼 수 있다.

2. 예정과 자유의지

멜랑히톤은 신인협조설을 예정결정론보다 더욱 강조하는 신학적 변화를 일으켰다. 그는 성서와 초대 교부들을 계속 공부하면서 이렇게 바뀌게 되었다. 처음에는 루터처럼 인간의지의 노예신세를 인정하였으나, 에라스무스의 영향으로 스토아적·마니교적 운명론과 결정론의 위험을 발견하게 되었다. 모든 행동의 결정적 예정, 곧 다윗의 간음, 유다의 배신, 바울의 회심 등을 루터처럼 해석하였으나 점차 바뀌게 되었다. 회심에 있어서 하나님과 인간의 협동을(synergism) 말한다. 알미니우스주의의 길을 열어 준 셈이다. 멜랑톤은 펠라기우스처럼 인간이 구원의 이니시어티브(initiative)를 취하고 하나님의 은총이 응답한다고 보지 않고, 알미니우스처럼 하나님의 은총이 먼저 이니시어티브를 취할 때 인간이 응답한다고 이해한다. 1535년에 그는 하나님은 죄의 원인도 아니며 죄짓게도 안 하신다고 강조하고 악마의 의지와 인간의 의지가 죄의 원인이라고 강조하였다.

또한 인간 본성은 부패하였으나 전적으로 희망 없이 부패하지 않았다고 이해한다. 그러나 성령의 도움이 없이는 영적 감정 — 하나님을 두려워하거나 사랑하는 — 이 안 일어난다. 하나님이 앞장서 부르시고 움직이시며 도우시면, 우리는 따라가야 하고 거절할 수 없다. 인간 본성이 하나님의 은총을 받아들일 수도 거부할 수도 있는데, 받아들이는 자유의지의 결단이 회심을 일으킨다. 그래서 '성령 + 하나님의 말씀 + 인간의지 = 회심'이라는 공식이 성립된다. 멜랑히톤은 인간의 자유의지를 크게 강조하는 동방의 희랍 교부 크리소스톰(Chrysostom)을 받아들이는데, 크리소스톰에 의하면 하나님은 의지를 움직이고 이끄신다. 존 웨슬리도 알미니우스적 신인협조설을 받아들일 뿐 아니라 동방교부 니사의 그레고리(Gregory of Nyssa), 이집트 수사 마카리우스(Macarius the Egyptian) 및 크리소스톰적 신인협조설을 받아들인다. 이런 점에서 개신교 내의 자유의지론은 멜랑히톤을 위시하여 츠빙글리, 과격파 종교개혁가들, 알미니우스 그리고 웨슬리에 이르기까지 발전하는데 그 뿌리는 동방교회 전통에 있다.

그래서 개정된 아우구스부르크 신앙고백 18조에서 신인협조설을 언급한다. 그러나 선행적 공로 사상은 비판한다. 곧 선행적 공로에 의한 구원을 비판한다. 『신학총론』의 불어번역의 서두에서 칼빈은 멜랑히톤이 영원한 예정을 믿지 않은 것에 놀랐다는 표현을 하였다. 그러나 두 사람의 우정은 방해받지 않았다.

> ## 자유의지
>
> 그리고 자유의지(arbitrium)가 바로 첫 번째 토픽으로 논의되어야만 했던 이래로 그것이 예정설의 필요에 의해 우리의 자유에 관한 자발적 의지(voluntas)를 빼앗을 때 어떻게 내가 성서의 견해를 숨길 수 있겠는가? 내가 생각하기에 젊은 사고들(young minds)은 모든 것들이 인간의 계획과 노력에 의해서가 아니라 하나님의 의지에 의해 일어난다는 이러한 관념에 즉시 물들어

진다는 면과는 상당한 차이를 낳는다. 솔로몬도 바로 그 시작부터 젊은이를 위해 이런 경고를 썼던 금언에서 그러지 않았는가? 우리는 보통 예정에 대한 관념이 거슬려 보인다는 사실을 소피스트들의 무신론적 신학의 탓으로 돌리는데 그것은 우리들에게 사물의 우연과 우리 의지의 자유를 너무나 깊이 새겨놓아서 우리의 연약한 작은 귀들이 성서의 진리에 대해 반감을 일으키게 했다. 따라서 우리가 예정에 대해서 말했던 것들이 다소 거슬려 보이는 사람들에게 조언하기 위해서, 우리는 학생들이 소피스트들이 신학에서 뿐만 아니라 그들의 인간 본성에 대한 판단에서도 틀렸다는 것을 이해하도록 인간 의지의 참된 본성을 더 자세히 고려해야 할 것이다. 그리고 이것은 어리석은 스콜라 철학자들이 우리를 위해 상상해냈던 의지, 즉 어떤 감정이 우리를 채운다 할지라도 이 감정을 검사하고 지배할 수 있는 힘이다. 그들의 속죄에 대한 잘못된 가르침은 이런 견해에 의존한다. 당신이 아무리 제멋대로 하여도 그들은 당신의 의지가 선행을 자아낼 수 있는 힘을 가질 것이라고 생각한다. 당신이 어떤 사람을 미워하면 그들은 당신의 의지는 그것이 이 사람을 더 이상 미워하기를 바라지 않는다고 결정할 것이라고 생각한다. 그래서 비록 우리가 본성에서 사악하고 하나님의 철저한 멸시자라고 해도(나는 단지 하나님의 사랑이 없다는 것을 말하는 것이 아니다), 본성적으로 사악한 사람들이라 할지라도 그 의지가 본성으로 하여금 하나님을 사랑하도록 자극할 수 있다. 독자 제위에게 질문하는데 우리를 위해 그런 의지를 상상해낸 그들이 미쳤다고 생각하지 않는가? 이러한 문제들을 왜곡한 소피스트들이 나를 만난다면 나는 떳떳하게 증명할 수 있는 책과 완전한 논쟁으로 무신론적이고 어리석고 소위 철학적인 그 의지에 대한 견해를 비난할 것이다! 왜냐하면 증오하는 사람이 그의 증오를 내버려두기로 결심할 때 더 열정적인 애정으로 극복하지 않으면 그것은 분명히 위선적인 이성인의 생각이고 의지의 역사는 아니다. 만약 당신이 인간 의지를 예정설과 연관시킨다면 외부 혹은 내부 어느 쪽에서도 행동의 자유는

> 없고 모든 것은 신적인 결정에 의해서 발생한다. 만약 당신이 의지를 외적인 행동과 연관시킨다면 본성적인 판단에 의해 어떤 자유가 있는 것으로 보일 것이다. 만약 당신이 의지를 감정과 연관시킨다면 분명히 자유는 없다. 본성적인 판단에 의해서조차도 그러하다. 감정이 격하고 끓어오르기 시작할 때 그것이 폭발하지 않게 막을 수는 없다. 독자 여러분은 안다. 우리가 버나드나 다른 스콜라 철학자들보다 얼마나 더 확실함을 가지고 자유의지에 대해 썼는지.
>
> Philip Melanchthon, Melanchthon and Bucer(Library of Christian Classics), 25-26, 28, 30

3. 신앙의인화와 선행

멜랑히톤은 신앙의인화를 결코 포기하지 않았으나, 신앙적 선행의 필요성을 강조하며 율법폐기론을 반대한다. 율법이 선행적 실천을 위한 채찍으로 필요함을 강조한다. 곧 구원의 조건으로서의 선행적 공로가 아니라, 하나님의 뜻에 대한 복종의 의미에서 선행의 필요성을 강조한 것이다. 여기에서 선행을 위해 신인협조설적 인간의지의 참여가 있어야 한다.

의롭다 하심과 신앙

그러나 예수 그리스도 안의 하나님의 자비와 은혜 안에서 믿음만이 우리의 의다. 이것이 선지자가 말하고 바울이 그렇게 자주 논의했던 것이다. "의인은 믿음으로 말미암아 살리라"(롬 1:17). 롬 3:22은 "예수 그리스도를 믿음을 통한 하나님의 의"에 관해 말한다. 지금 분명한 것은 의란 사람들이 의라고 여기는 위선적인 일들이 아니라 하나님이 인정할 그런 종류의 의로 드러난다는 것이다. "… 신뢰하는 사람에게 … 그의 믿음을 의로 여기신다"(롬 4:54). "그리고 아브라함은 주를 믿고, 그리고 그는 그것을 그에게 의로 여기셨다"(창 15:6). 나는 믿음이 적절히 의라고 불리는 것을 이해하기 위해 이 두 구절을 당신에게 매우 높이 명령한다. 왜냐하면 소피스트들은 우리가 믿음이 의라고 말할 때 이런 종류의 말로 거스른다. 하지만 믿음의 본성과 권능을 시험하기 위해 우리는 훨씬 더 깊이 그것의 기초를 살펴야만 할 것이다.

Philip Melanchthon, Melanchthon and Bucer, 89.

믿음의 효력

이제 우리는 성령의 열매들로써 일들이 그 현존의 기호이고 증거이며 표시라는 것을 또한 고려해야만 한다. 그리스도께서 마 7:16에서 "너희는 그들을 그들의 열매로 알지니"라고 말씀하셨기 때문이다. 왜냐하면 위선자가 영원히 속이는 것은 불가능하고 믿음은 의무를 지닌 아들이 신적인 아버지를 섬기듯 하나님을 진심으로 섬기는 모든 생명체로부터 나오지 않을 수 없다. 왜냐하면 믿음을 통해 우리가 하나님의 자비를 맛보고 죄를 용서하고 죄에 대한 은혜를 약속한 복음의 말씀을 통해 신성한 선을 알게 되었을 때 마음은 보답으로 하나님을 사랑하지 않을 수 없다. 그것은 어떤 보답의 섬김의 형태로 그런 커다란 자비에 대한 감사를 고양하고 증거한다. 바울은 롬 8:15에서 이것을 상당히 중요하게 표현했는데 거기서 그는 믿음으로 부르짖는다. "아바, 아버지." 이제 그런 마음이 하나님께 속했기 때문에 야망, 경쟁, 중상, 시기, 혐오, 성적 쾌락 그리고 이 모든 것의 열매가 조절된다. 그것은 비하와 증오를 알고 그 자신의 바램을 반대한다. 바울이 롬 6:21에서 경향적으로 말하는 것은 진실로 발견된다. "지금 우리가 즐겼던 것들을 부끄러워한다. 그러므로 믿음은 각각의 이웃에게 퍼져서 그를 섬기고 그것이 사용되도록 제공한다. 그리고 믿음은 그의 필요 자체를 고려한다. 믿음은 진실하고 성실하게 스스로 구하거나 악덕이 없이 모든 사람에게 임할 수 있다. 믿음의 효능은 그래서 그 열매로부터 마음 속에 진정으로 있는지 증거가 된다. 그런 믿음에 관해 바울은 갈 5:6에서 쓰기를 "그리스도 예수 안에서는 할례와 무할례가 소용이 없고 사랑에서 나오는 믿음만이 …"라고 한다. 그는 말하기를 믿음은 그리스도 안에서 유용하고 그것은 이웃의 필요를 위해 사랑으로 믿음을 드러내는 것이 믿음의 본성이라고 한다. 요한은 요한1서 4:7에서 이것을 주목할 만하게 표현했는데 "사랑하는 자는 하나님에게서 났고 하나님을 알고 사랑하지 않는 자는 하나님을 알지 못한다. 왜냐하면 하나님은 사랑이시기 때문이다." (벧후 1:5-8), "너희 믿음에 덕을, 덕에 지식을, 그리고 지식에 자기 절제를, 자기 절제에 견고함을, 신성함과 형제 우애 그리고 형제 사랑을 더하라, 왜냐하면 이것이 너희에게 있어 풍성하면 예수 그리스도를 아는 지식에 유용하고 열매가 있게 함이라." 이런 전개에 의해 베드로는 뿌리로서의 믿음에 다른 미덕의 좋은 가지들을 접붙인다. 육을 변형시킬 열정과 격려로 구성된 우수함은 믿음을 수반한다.

Philip Melanchthon, Melanchthon and Bucer, 109-10.

4. 영적 임재설

멜랑히톤은 루터의 육체적 임재설과 츠빙글리의 상징설의 중간에서 칼빈적 영적 임재설을 주장하고 그리스도와의 영적 교제를 강조한다. 1540년 아우구스부르크 신앙고백 제10조를 바꾸었다. 상징설 및 기념설을 주장하는 츠빙글리에 대한 반대의 구절, 곧 루터가 주장한 육체적 임재설을 삭제하고 칼빈적 고백 — 영적 임재설 — 을 받아들였다. 그리고 희생의 미사를 비판한다. 우리가 그리스도를 미사 때마다 매번 희생의 제물로 바칠 수 없다는 것이다. 그리스도는 십자가에서 단 한 번 영원한 희생의 제사를 드린 것으로 더 이상의 희생의 제사가 필요 없다는 것이다.

주님의 상찬 성에 참여하는 것

주님의 상에 참여함, 즉 그리스도의 몸을 먹고 피를 마시는 것은 확실한 은혜의 표시이다. 눅 22:20에 "이 잔은 나의 피로 맺는 새로운 언약 …"이라고 했고 고전 11:25에는 "나를 기념하여 너희가 마실 때마다 이것을 할지니 …" 이것이 의미하는 바는 여러분이 모임을 축하할 때 복음, 죄의 속죄를 기억해야 한다는 것이다. 그러므로 그것이 복에 의해 복음의 약속을 확실히 연상시키는 것으로서만 주어진다면 그것은 희생이 아니다. 만찬에의 참여는 죄를 파괴하지도 않고 믿음이 그것을 멸하지도 않고, 믿음이 이 표에 의해 강해진다. 스데반이 죽음에 부딪혔을 때 그리스도를 바라본 것이 그를 의롭게 한 것이 아니고 그의 믿음이 의로 여겨졌고 그의 순교가 그가 살았을 때의 믿음을 더욱 강하게 한 것이다. 이와 비슷하게 만찬에의 참여가 의롭게 하는 것이 아니고 내

> 가 위에서 언급했듯이 성찬이 믿음을 강하게 하는 것이다. 그러므로 믿음이 커지도록 양심이 고무받는 사람들의 경우를 제외하고는 모든 미사들은 무신론적이다. 희생은 우리가 하나님께 드리는 것이지만 우리는 그리스도를 하나님께 드리지 않는다. 하지만 그는 단번에 자신을 드렸다. 그러므로 어떤 좋은 일을 하기 위해 혹은 더 자주 드리면 드릴수록 그들이 더 좋아진다는 생각을 가지고 산 자와 죽은 자를 위해 하나님께 그리스도를 드리는 희생의 미사를 수행하는 사람들은 무신론적인 과오에 사로잡혀 있다. 나는 이러한 잘못의 대부분의 책임이 미사는 함께한 사람 이외에 다른 사람들에게 이익을 준다고 생각했던 토마스(아퀴나스)에게 책임이 있다고 생각한다.
>
> Philip Melanchthon, *Melanchthon and Bucer*, 145.

5절_아우구스부르크 신앙고백과 멜랑히톤

1530년, 13년간의 종교개혁의 신앙고백이 담긴 아우구스부르크 신앙고백이 만들어지게 되었다. 다시 개정된 1540년판 아우구스부르크 신앙고백은 16세기 종교개혁에 있어서 결정적 의미를 지닌다. 이것은 루터교의 중요한 교리적 표준이 되었으며, 영국 성공회의 39개조(Thirty-nine Article)에 영향을 주었다. 이 고백을 통해 로마 가톨릭과의 화해는 이루지 못했으나, 루터교도들 속에 가장 강한 연합의 결속이 이루어졌다.

4월에 코부르그(Coburg)에서 멜랑히톤은 루터와 더불어 신앙고백을 준비하였다. 루터는 이때 찰스 5세에 의해 코부르그에 갇혀 있었다. 루터는 멜랑히톤에게 파문의 위협에서 자신의 가련한 일신을 구하기 위해 하나님께 복종하는 일을 포기하지 말라고 명령하였다. 루터가 제1차적 저자요 멜랑히톤은 제2차적 저자였으나 형식, 방법, 문체, 성격이 모두 멜랑히톤의 것이었다.

총 28개조 중에 첫부분 21개조는 긍정적·변증적 교리였다. 신론과 기독론에서 하나님의 일체성과 삼위성을 고백하고 그리스도의 '신인인격(Divine human personality)'을 고백하며, 유니테리안주의와 아리안주의를 정죄하였다. 인간론에서 인간의 타락과 원죄, 본성적 의지의 노예신세, 신적 은총의 필요성, 죄의 원인과 성격 등을 고백하고 어거스틴적 입장에서 펠라기우스주의와 반펠라기우스주의를 비판한다. 성만찬과 교회론의 객관적 사건을 부인하는 도나티스트들도 정죄한다. 신앙의인화, 복음의 선포, 새 복종, 교회, 회개, 안수, 교회의식, 시민정부, 선행, 성자에 대한 예배, 그리스도의 중보자직 등을 고백한다. 루터교의 성만찬 해석의 특별한 입장을 9조, 10조, 13조에서 밝힌다. 그리스도의 신체적 몸의 현존과 분배를 주장하면서 츠빙글리주의자들과 재침례파들의 주장을 부정적으로 비판한다. 1540년 멜랑히톤이 개정할 때 10조(신체적 임재설)를 영적 임재설로 바꾼다. 또한 18조를 신인협조설로 바꾼다. 둘째 부분의 나머지 7개조는 로마 가톨릭은 부정적으로 비판하는 것들이다. 성직자의 동정, 희생의 미사, 의무적 고해성사, 대축제일과 금식, 수도원 서약, 교회의 순수성과 영성을 더럽히는 감독들의 세속 권력, 평신도에게 포도주 잔을 분급하지 않는 것 등을 부정적으로 비판했다.

존 칼빈(John Calvin: 1509-64)

7장 스위스의 종교개혁

1절_칼빈의 생애와 제네바 종교개혁

　　1387년 도시헌장이 선포되었다. 도시의 군주 혹은 제후로서의 주교, 성의 소유자로서의 백작, 그리고 자유시민의 세 권위를 인정하였다. 사보이 가문(Savoy)은 백작직을 세습으로 소유하였다. 백작 혹은 비돔네(Vidomne)라고도 불리우는 총독이 도시를 대표하였다. 총독은 가장 높은 사법관자였다. 시민들은 1년에 1회씩 시민총회를 개최해서 자신들의 통치자와 대표자가 될 만한 네 사람의 특별평의원(Syndics)를 선출하였다. 이들은 도시의 권익과 권리를 옹호하겠다는 서약을 직권상 받았다. 이들은 해뜰 때부터 해질 때까지 성벽 안의 질서를 유지시키는 책임을 맡았다. 그런데 대체로 주교들은 백성의 소리를 듣고 백성의 이익을 대변하여 사보이 가문과 총독에게 항의하였다. 사보이의 백작 아마데우스 8세는 교황좌에 올랐으나 교황직을 버리고 대신 제네바의 주교자리를 차지함으로써 제네바 주교는 계속 사보이 가문의 것이 되었다.[1]

존 칼빈은 1509년 7월 10일 프랑스 피카르디(Picardy) 주의 노용(Noyon) 읍에서 변호사요 노용 대성당 참사회의 중요한 위치인 법률자문관이였던 아버지 제라드 코뱅(Gerard Cauvin)과 지방 귀족의 딸이었던 어머니 잔느 라 프랑스(Jeanne La France) 사이에서 태어났다. 아버지 코뱅은 충성스러운 가톨릭 신자였고 노용에서 중상위권으로서 사회적 지위가 높은 분이었고 어머니는 매우 아름답고 경건하고 특별한 모성애를 지닌 분이었다.[2]

칼빈은 14세에서 19세까지(1523-28) 파리의 대학들(de la Marche, de Montaigu)에서 인문학과 신학을 공부하였고, 에라스무스 등의 인문주의에 매력을 느꼈다(1527-34). 칼빈이 떠나던 1527년에 가톨릭의 종교개혁가 이냐시오가 드 몽테큐 대학에 들어갔다.

1526년 사보이 가문의 횡포를 물리치기 위해서 제네바와 프라이부르크와 베른을 중심으로 스위스 도시연맹(Swiss Confederation)이 조직되었다. 1528-33년 칼빈은 성직소명에 회의를 느끼고 아버지의 권고로 오를레앙과 부르주에서 법학을 공부하면서 종교개혁신앙을 접하게 되고 법률사무소를 개업할 자격을 취득하였다.

1530년 10월 19일 주교가 제네바의 군주직을 계속하게 하되, 비돔네 총독의 권한은 크게 축소시키고, 도시민의 특권을 존중하는 200명의 시민총회가 중요한 결정을 하는 기구가 되었다. 1532년 3월 제네바의 대표들은 루터주의로 기울어졌다. 그해 가을에 파렐이 제네바의 종교개혁을 위해 도착하였다.[3]

---

1) 토마스 M. 린제이 저, 이형기 역, 『종교개혁사』, II, (서울: 대한예수교장로회총회출판국, 1991), 81.
2) Georgia Harkness, *John Calvin*, (Nashville: Abingdon Press, 1978), 3.
3) 린제이, 85.

1532년 4월 칼빈이 23세에 세네카의 저서 『관용에 관하여 De Clementia』를 주석하였다. 그는 어거스틴, 락탄티우스(Lactantius), 제롬, 키프리안 등 교부 신학을 상당히 친숙하게 연구하였다. 1533년 칼빈은 종교개혁신앙을 발견하고 가톨릭을 떠났다. 그는 『시편연구』에서 그의 회심을 말하나 분명한 사건을 말하지는 않는다. 바울, 어거스틴, 루터, 웨슬리와 달리 특별한 회심사건을 분명하게 말하지 않는다. 1533년 2월 22일 파렐, 비레, 그리고 프로망은 삼사백 명의 사람들에게 복음주의 설교를 하였으며, 종교개혁 의식에 따른 최초의 세례를 집례하였다.

존 칼빈

1534년 칼빈은 성직소명특혜를 포기하고 이듬해에는 가톨릭에서 프로테스탄트로 돌아섬으로써 가톨릭의 박해를 받게 되어 이를 피해 파리에서 바젤로 피신하여 연구생활에 몰두하였다. 1535년 5월 30 - 6월 24일까지 다섯 개의 『복음주의 논제』에 대한 공개 토론회가 있었는데, 이는 제네바 시민들이 종교개혁신앙을 더욱 지지하는 계기가 되었다. 시민들의 강한 요구에 의해 결국 8월 8일 성 베드로 성당에서 파렐(Guillaume Farel)이 최초로 설교하기에 이르렀으며,[4] 11월 29일 수도사들과 세속성직자들에게 시의회가 질문하였으나 신통한 답변을 들을 수 없게 되어, 제네바에서 종교개

---
4) 린제이, 103.

혁은 적법하고 굳건한 자리를 확보하게 되었다.

1536년 3월, 칼빈은 27세의 젊은 나이에 프로테스탄트를 대표하는 조직 신학 저술인 『기독교강요 Institutio Religionionis Christianae』의 초판을 프랑스의 왕 프란시스 I세에게 헌정하는 형식으로 썼다. 모두 4장으로 사도신경 주석의 형태로 성부, 성자, 성령, 교회의 순서로 저술하였다. 이때는 예정론이 제1권 신론 부분에 나왔지만 마지막 개정판에서는 제3권 성령론 부분에서 취급되었다.

1536년 7월, 칼빈은 파렐의 간절한 요청으로 제네바종교개혁 운동에 동참하게 되었다. 파렐이 하나님의 이 중요한 부르심에 참여하지 않으면 하나님께서 심판하실 것이라고 강조하자 칼빈은 종교개혁 운동에 참여할 결심을 하게 되었다. 1537년 제네바 청년들이 지켜야 할 기독교윤리적 가르침인 "신앙지침(Instruction in the Faith)"을 만들어서 십계명과 산상수훈의 영적 의미를 현실생활에 적용하도록 하였다.

1538년 2월 3일 칼빈과 파렐의 강력한 반대파 네 사람이 특별평의원으로(syndics) 선출되면서 칼빈과 파렐의 요청대로 성만찬을 매주 행하는 것과 출교를 시키는 것이 무리라고 주장하여, 4월24일 총회에서 칼빈과 파렐은 추방명령을 받게 되었다.[5] 칼빈은 1538년에서 1540년까지 3년 동안 제네바시민들의 반대로 제네바를 떠나 스트라스부르크로 가서 망명생활을 하면서 불어 회중을 목회하고 신학강의를 하였다. 거기서 마틴 부처(Martin Bucer)와 필립 멜랑히톤 등과 깊은 친교를 나누기도 하였다.

1539년 『기독교강요』 개정판에 "크리스쳔의 삶(The Life of Christian Man)"이란 부분을 추가하였다. 결국 이 크리스쳔의 삶이란 성화를 의미한다. 영어로 "크리스쳔 생활의 황금서(The Golden Book of Christian Life)"로 번역되기

---

5) 린제이, 443.

칼빈이 제네바의 칼빈 오디토리움(The Calvin Auditorium)에서 가르치고 있는 모습

도 하였다. 자기부인(self-denial), 십자가 지기(Bearing the Cross), 천국생활에 대한 명상(Meditation on the Heavenly Life), 현재생활의 사용과 즐거움(The Use and Enjoyment of this Present Life) 등을 강조하였다.

1539년 『로마서 주석』을 출판하였다. 1540년 8월 두 자녀의 어머니였던 과부 뷔르(Idelette de Bure)와 결혼하였다. 뷔르는 스트라스부르크의 칼빈 목회의 교인이었고, 칼빈의 병을 잘 간호해주던 간호사였으며, 둘 사이에 낳은 세 자녀들은 모두 유아기에 사망하였고 뷔르도 1549년에 사망했다.

칼빈이 본래 가톨릭 회당이었던 건물을 접수하여 제단을 전부 뜯어 고치고 설교석을 높이 만들었다.

1541년 9월 2일 칼빈은 다시 제네바 특별평의회의 초대를 받아서 종교개혁을 이끌어 가게 되었다. 네 명의 특별평의회원들이 칼빈 지지파들로 바뀌어서 칼빈을 제네바로 초대하였던 것이다. 이때도 망설이던 칼빈에게 파렐이 이 귀한 소명을 거부하면 하나님의 심판이 있을 것이라고 하자 칼빈이 다시 응하게 되었다.

1542년 14년간의 구약적 신정정치 실현 운동의 모체가 되는 교회회의(consistory)를 조직하였다(12명의 평신도 장로와 9명의 목사로 구성하였고, 1564년에는 목사가 19명이 되었다). 1550년 칼빈이 행한 종교적 파문에 대한 강한 반발이 칼빈의 반대자들에 의해서 증가하였다. 그루에트(Jacques Gruet: ?-1547), 모네(Paul Monenet: 1549) 등에 이어 1553년 세르베투스(Michael Servetus)를 삼위일체 부인의 죄목으로 처형하였다. 결국 칼빈에 의해서 종교재판을 받아 제네바로부터 추방당한 사람들이 76명, 처형당한 사람들이 58명(간음, 이단, 신성모독 등)이나 되었다.[6]

---

6) Harold J. Grimm, *The Reformation Era 1500-1650*, (New York: Macmilan Publishing Co., Inc., 1973), 281.

스위스 제네바 시 깃발이다. 칼빈의 정치윤리가 잘 나타나 있다. 교회와 국가의 분리를 상징하고 있으며, 그러나 교회가 국가 속에 그리스도의 통치가 실현되는 신정정치를 칼빈이 강조하고 있는 바, 위쪽에 그리스도의 통치를 상징하는 IHS가 그려져 있다. IHS는 예수의 희랍어 첫 세 글자를 말하는 것이다.

세르베투스의 처형 이후에 칼빈에 대한 저항이 사라지고 결국 1555년 칼빈이 제네바 시민권을 얻게 되었다. 칼빈은 1559년 제네바 아카데미 (Academy of Geneva)를 설립하여 신학을 가르쳤고, 『기독교강요』 완성판을 출판하였다.

1564년 5월 27일 칼빈은 55세를 일기로 교회정치가, 종교논쟁가, 교육가, 저술가, 신학자, 종교개혁가로서의 일생을 마쳤다. 제네바에서 4,000번 이상을 설교하였고(매년 170회 이상 설교함), 270회의 결혼을 주례하였고, 50회의 세례를 거행하였다. 그 자신의 진술에 의하면 그의 질병으로 관절염, 신장결석, 병명이 불확실한 내장이상, 치질, 위출혈, 고열, 근육경련, 신장염, 그리고 사지에 염증을 일으키는 통풍 등이 있었다.

칼빈이 제네바 종교개혁에서 남긴 중요한 업적 세 가지는 잘 교육받고 훈련받은 목회자를 공급한 것, 프로테스탄트들로 하여금 자신들의 신앙에 대한 타당성을 제시할 수 있는 신학적 터전을 마련해준 것, 제네바가 유럽의 박해받는 프로테스탄트들의 보루요 피난처가 되며 사회적 성화의 모델이 된 것 등이라고 할 수 있다.

칼빈이 목회하였던 스위스 제네바에 지금 세계교회협의회(W.C.C.) 본부가 있다. 위는 W.C.C. 회의장소이고 아래는 W.C.C. 예배당이다. 아프리카와 남아메리카에서 온 여러 악기들이 예배에 사용되고 있다. 오른쪽은 W.C.C. 예배당 안에 있는 설교단. 남아메리카의 생활과 풍습이 그려져 있는 십자가가 독특하다.

2절_루터와 칼빈 신학의 비교연구

A. 공통점

1) 신앙의인화(信仰義認化: justifcation by faith)

(1) 오직 은총으로만(sola gratia): 루터는 롬 1:17의 전반부에 나타난 하나님의 義(iustitia Dei)는 능동적인 의(active righteousness), 곧 심판하시고 정죄하시고 저주하시는 의로만 생각하였으나, 그 말씀을 묵상하고 또 묵상하는 가운데 능동적인 의가 아니라 수동적인 의(passive righteousness), 곧 무조건 용서하시고, 받아주시고, 사랑하시는 하나님의 의임을 깨닫게 되었다. 곧 십자가 사건을 통하여 우리에게 베푸시는 엄청난 용서의 은총을 믿기만 하면, 오직 믿음으로만 의롭다 하심을, 수동적으로 낯선 손님 같은 의(aliena iustitia)를 옷 입게 된다는 사실을 롬 1:17과 함께 어거스틴의 "영과 문자(De Spiritu et Littera, The Spirit and the Letter)"에서도 발견하게 되었다고 그의 라틴어 저술 편집 서문에서 고백하였다. 칼빈도 전가되고 수동적으로 옷 입혀지는 의를 강조한 점에서 공통적이다.

(2) 오직 믿음로만(sola fide): 루터는 인간의 능동적인 선행과 노력이 아무런 효과가 없고, 인간의 이성으로 자연 속에 나타난 하나님의 능력을 이해하는 중세 스콜라주의적인 사변도 하나님의 의와 사랑을 온전히 발견할 수 없으며, 오직 십자가의 은총을 믿을 때에만 구원이 가능함을 강조하였다. 그리고 전에는 그 믿음을 지적으로 인정하는 믿음(assent: assentia)으로 생각하였는데, 이제는 전존재를 걸고 내맡기는 신뢰(trust: fiducia)라고 생각

하게 되었고, 이 신뢰는 인간적인 것이 아니라 하나님의 선물로 주어짐을 발견하게 되었다(엡 2:8). 다시 말해서 성령이 믿음을 우리 속에서 창조하실 때 믿음이 일어남을 주장한 것이다. 바로 이점에서는 루터의 해석을 칼빈도 일치하게 받아들였다.

(3) 오직 말씀으로만(sola scriptura): 루터는 또한 믿음은 오직 말씀을 들을 때 일어난다. 중세 스콜라주의의 선행과 중세 신비주의의 체험을 비판하였고, 주관적 내면적 체험이 아니라(in nobis), 우리 밖에서 객관적으로 우리에게 다가오는(extra nos) 말씀으로 믿음이 일어남을 강조하였다. 은총은 ─ 성령의 역사는 ─ 말씀 안에서(in the Word), 말씀을 통하여(through the Word), 말씀과 함께(with the Word) 우리에게 다가온다는 것이다.

칼빈도 말씀과 성령의 변증법적 조화를 중요하게 생각하고, 알렉산드리아 학파의 영적 해석보다는 안디옥 학파의 문자적 해석에 가까왔다. 믿음은 모두 하나님의 말씀에 의해 일어나는 것인데, 성경의 모든 말씀이 신앙을 일으키는 것은 아니기에 우리의 신앙과 관련있는 것이 무엇인지를 성령이 깨닫게 해주시는 성령의 역사가 있어야 한다. 말씀 속에서 신앙이 발견해야 할 것이 무엇인지를 가르쳐주는 것이 성령의 역사다.[7] 지혜의 영으로 지혜와 말의 재능을 주시고(고전 12:10), 성령은 하나님의 깊은 것이라도 통달하시는 지혜와 진리의 영이시다(고전 2:10). 성령은 내면적 교사로서 우리의 마음을 비추시며, 하나님의 말씀이 들어올 길을 마련하신다.[8] 성령은

---

7) John Calvin, *Institutes of the Christian Religion*, tr. Henry Beveridge, (Grand Rapids, MI: WM. B. Eerdmens Publishing Company, 1983), III, ii, 7. 이하 *Institutes*로 표기함. 존 칼빈 지음, 이종성 외 공역, 『기독교강요』, 중권(제III권), (서울: 생명의 말씀사, 1991), III권. ii장. 7절. 이하『강요』로 표기함.
8) *Institutes*, III. ii. 34.『강요』, III. ii. 34.

특히 십자가의 은총을 우리에게 깨우치게 하심으로써 믿음의 사건을 창조하는 것이다. 하나님의 영이 우리를 이끌어주시지 않으면 우리는 그리스도께로 갈 수 없고, 일단 그리스도께 끌려가면 우리의 지성과 마음이 우리의 이해력을 초월한다. 이때 우리의 영혼은 성령의 조명을 받아 찬란한 하늘의 비밀을 보게 된다.[9]

(4) 전가되는 의로움(imutation: forensic passive righteousness)과 본성적 의로움(impartation: real active righteousness): 루터는 인간의 죄에 내면적·본성적 죄가 있고 외향적·행위적 죄가 있듯이, 그리스도인의 의에도 두 가지가 있음을 강조하였다. 첫째는 외래적인 것으로 밖에서부터 들어오는 그리스도의 의, 하나님의 의, 곧 낯선 손님 같은 의(aliena iustitia Dei)이고, 둘째로 고전 1:30에 "하나님은 그를 우리의 지혜와 의로움과 거룩함과 구속함이 되게 하셨다"고 기록한 것처럼 이 그리스도의 의에 의하여 신앙을 통하여 의롭다 함을 얻게 하시므로, 세례와 참 회개를 통하여 그리스도의 의가 우리의 의가 된다는 것이다. 이 의가 우리 자신의 모든 행위적 의의 근원이 된다.

이 두 번째 것은 우리 자신의 의이다. 외래적 의가 우리로 하여금 이 행동적 의를 가능케 하는 것이다. 다시 말해서 이 의는 정과 욕심을 날마다 십자가에 못박는 선행 속에서 나타난다. 또한 더욱 적극적으로는 이 의는 이웃사랑으로 나타나며 더 나아가서는 하나님을 향한 두려움과 온유함으로 나타난다. 이 의는 열매를 맺는 것으로 나타나는데, 그리스도를 믿는 신앙을 가진 자 속에서 사랑, 기쁨, 평화, 인내, 친절, 선함, 성실함, 온유함, 절제 등의 열매로 나타난다는 것이다. 이것은 옛 아담은 죽고 죄의 몸이 멸하는 것을 의미한다. 그리고 그리스도의 모범을 따르는 의로움이다. 이것

---

[9] *Institutes*, II. ii. 34. 『강요』, III. ii. 34.

은 성화를 위한 의로움이요, 신랑 예수는 "나는 너의 것이다"라고 말하고 신부 성도도 "나는 당신의 것입니다"라고 말하는 관계를 형성하는 것이다. 칼빈도 전가되는 의로움과 본성적 의로움을 함께 강조하였으므로 루터나 칼빈 모두에게서 성화론이 나타난다.

(6) 죄 사함(forgiveness): 이 의인화는 평생에 지은 모든 죄들을 다 사함을 받는 것을 의미한다. 우리의 모든 불의와 악을 의로 여겨주시는 죄의 사함을 받는 사건이다. 그리스도의 십자가의 은총으로 말미암아 과거에 지었거나 아직 육체에 남아 있는 어떤 죄라도 우리에게 돌리지 아니하시고 마치 죄가 없는 것처럼 죄를 사해주셔서 우리의 죄가 제거되는 것이다. 새로운 피조물의 출발은 이 믿음과 또한 육의 죄와의 싸움을 동반한다. 그리스도에 대한 믿음이 이런 죄를 용서받게 하고 죄를 정복하게 한다.

그리고 죄는 위궤양이나 절름거리는 것 등과 같은 불치의 병을 몸 속에 그대로 놓아두는 것과 같아서 그리스도의 십자가의 의로 모두 죄의 사함을 받고 치유되는 것이라고 루터는 해석한다. 율법의 의로는 이러한 영적 질병을 치유할 수 없고 병을 더욱 악화시킬 뿐이다. 칼빈에게서도 칭의는 죄의 사함을 받는 것이다. 그러나 루터는 회개하고 믿어야 함을 강조하지만, 칼빈은 믿음을 회개보다 먼저 강조한다.

(7) 화해(reconciliation)와 회복(restoration): 루터는 사람이 하나님의 형상대로 지음을 받았으나 아담의 타락 이후에 그것을 상실하였다고 주장한다. 의와 거룩함과 진리의 형상으로 지음을 받았으나 그것을 잃어버렸기에 낙원을 잃어버렸다. 그런데 이것이 그리스도 안에서 회복되었다. 그리스도를 통하여 하나님과 원수된 것을 화해하고 잃어버린 하나님의 형상을 다시 회복하게 된 것이다. 역시 칼빈에게 있어서도 화해론은 강조되었다.

(8) 용서받은 죄인(simul justus et peccator): 인간은 죽는 날까지 죄인으로 남아있다. 용서받은 죄인이다. 세례가 원죄를 제거하지 못한다. 원죄는 그

본질에 관한 한 죽을 때까지 남아 있다. 우리는 매일매일 그것을 씻어버려야 하며, 날마다 선한 일을 행함으로 자라야 하고, 마음의 평화를 얻고 살아야 한다. 무덤에 들어갈 때 비로소 완전히 제거된다. 이 점에 있어서도 칼빈은 루터처럼 죽을 때까지 인간은 용서받은 죄인이므로 완전해질 수 없다고 생각한다. 칼빈에게 있어서 우리 속에 믿음을 창조하는 것은 성령의 역사이다. 그리스도 안에서 약속된 은혜의 진리를 깨닫게 하고 믿게 함으로써 하나님의 자녀로 인치시는 것은 성령의 역사이다.[10] 사도 바울의 고후 4:13을 언급하면서, 성령이 우리에게 주시는 믿음은 우리에게는 원래 없는 믿음 그 자체를 바울은 믿음의 마음이라고 불렀다는 것이다.[11] 어거스틴도 요 6: 44, 65를 해석하면서 하나님 아버지께서 먼저 이끄셔야 믿음이 일어난다고 해석했음을 칼빈은 강조한다. 성령은 믿음의 근원이며 원인이다.[12] 성령은 스콜라적인 인정(accentia)에서 신뢰(fiducia)의 확신과 확실성으로 이끄신다. 또한 성령은 우리 속에 믿음을 불러일으킬 뿐 아니라[13] 믿음의 점진적 성장도 이룩하신다.[14]

믿음으로 의롭다 하시는 칭의도 성령의 사역이다.[15] 왜냐하면 칭의는 행위에 대한 보수가 아니고 거저 주시는 선물이기 때문이다.[16] 현재의 생명보다 더 우수하고 탁월한 썩지 않는 중생의 생명을 성도에게 부여하는 영원한 생명의 수여자(eternal life-giver)요 영원한 생명의 창조자이심을 칼빈

---

10) 『강요』, III. ii. 7.
11) 『강요』, III. ii. 35.
12) 『강요』, III. i. 4; III. ii. 33.
13) 『강요』, III. i. 4.
14) 『강요』, III. ii. 33.
15) 『강요』, I. xiii. 14.
16) 『강요』, III. xi. 18.

은 강조한다.17) 칼빈은 회개케 하시고 거듭나게 하시는 성령의 역사를 'quickening' 혹은 'vivication'이라고 표현한다.18) 칼빈은 회개를 두 가지, 곧 '죽임(mortifcation)'과 '살림(quickening, vivication)'이라고 해석한다.19) 그리고 '살림'이 성령에 의한 거듭남으로 이어짐을 칼빈은 강조한다.20)

2) 만인사제론

앞서 살펴본 대로 루터는 『독일 크리스천 귀족에게 고함 preisthood of all believers』에서 모든 세례를 받은 신자는 제사장이라고 주장하였다. 라틴어로 모든 크리스천은 "sacerdotes(제사장)"이라고 표현하였다. 그러나 "ministri(목사, 목회자: minister)"라고는 표현하지 않았다. 세례 성례전은 모든 크리스천(성직자와 평신도)이 하나님의 사제로 성별되는 순간이라고 루터는 해석한다. 그래서 세례로 모든 신자들이 하나님의 제사장(all Christians' Priesthood)으로 성별이 되었기에 평신도와 성직자를 구분하는 담들이 무너지게 되었다고 해석한다. 평신도와 성직자의 등급(state)과 지위(degree)의 차이가 무너져버리게 되었다고 강조하고, 다만 성직자와 평신도의 차이는 기능(function)에 있다고 해석한다. 성직자는 설교와 성만찬을 집례하는 목회의 기능(function of ministry), 평신도는 세속 직업 속에서 하나님께 영광을 돌리는 기능이 있다.

칼빈도 만인사제론을 강조하였다. 특히 칼빈도 직업의 소명의식을 루

---

17) 『강요』, I. xiii. 14.
18) 『강요』, III. iii. 8.
19) 『강요』, III. iii. 3; III. iii. 5; III. iii. 8.
20) 『강요』, III. i. 2.

터처럼 강조하였다. 그러나 칼빈은 루터보다 한 걸음 더 나아가 직장을 천국으로 만들어 가는 소명이 있음을 주장하였다. 그러니까 루터는 성실한 직업인으로서 사는 것만 강조하였지만, 칼빈은 더욱 적극적인 직업인으로서 하나님의 영광을 돌려야 할 것을 주장하였다.

B. 차이점

1) 성화론

루터의 성화론은 위에서 언급한 대로 상당히 약하지만, 그럼에도 불구하고 그의 전 생애에 걸쳐서 나타나고 있다. 특히 『대교리문답 *Large Catechism*』 사도신경 해설에서 성화라는 제목을 붙였다. 루터의 성화는 다음과 같이 종합할 수 있다.

(1) 실제적 본성적 의(real imparted righteousness)
(2) 세상을 미워하는 것(the enmity of the world)
(3) 자아죽음(mortification)
(4) 값비싼 은혜(costly grace)
(5) 그리스도와의 연합(unio mystica in Christo)
(6) 점진적 신앙의 훈련

칼빈은 루터보다 성화론과 선행론을 더욱 강조한다. 하나님의 절대적 주권과 통치를 말하면서도 행동주의적 성화신앙을 강조한다. 누가 구원을 받았는지, 누가 하나님의 예정에 들었는지 알 수 없기 때문에 구원의 확신을 얻기 위해 선행을 실천해야 한다는 행동주의 신앙이 나오게 된다. 따라서, 칼빈의『기독교강요』전체를 읽어보면 예정론보다 성화론이 더욱 강조된다. 역사신학자 제베르크(Reinhold Seeberg)나 워커(Williston Walker)도 그렇게 강조한다. 칼빈은 우리의 성화의 채찍질로서의 율법의 적극적 역할 곧, 제3의 용법(tertius usus legis)을 강조한다. 이에 비해 루터는 율법이 죄를 깨닫게 하는 역할(제1의 용법)만을 한다고 주장한다.

칼빈에 의하면 성화는 하나님께서 그리스도를 통하여 성령으로 부어주시는 은총이며[21] 성령은 그리스도에 의한 성화를 우리 마음에 부어주신다. 벧전 1: 2에서 베드로는 성령의 거룩하게 하심으로 순종함과 예수 그리스도의 피 뿌림을 얻기 위하여 택하심을 입은 자라고 하였다. 칼빈의 해석에 의하면 이것은 그리스도께서 거룩한 피를 흘리신 것이 허사로 돌아가지 않도록 하기 위해서, 성령께서 비밀리에 물을 뿌려 우리의 영혼을 깨끗이 씻으시며,[22] 그리스도의 이름과 성령 안에서 의인화와 성화가 주어지며(고전 6:11), 성령은 우리를 그리스도께로 연결시켜 성화케 하는 띠이다.[23]

칼빈은 III권 1장 2절에서 성령을 호칭하기를 '성화의 영(the Spirit of sanctification)'이라고 하였다. 그 성화의 모습은 우리를 세상으로부터 분리시키고, 우리를 영원한 상속의 소망으로 연합케 하는 것이다. 그리고 성령은 우리를 소생케 하시고 우리 안에 하늘 생명의 씨앗과 뿌리가 되신다.[24] 성령은 하나님의 영, 그리스도의 영이시기에 성령과의 사귐이 없으면, 성부의 사랑과 성자의 은혜를 맛볼 수 없다고 강조한다.[25] 또한 III권 1장 3

---

21) 『강요』, III. xi. 12.
22) 『강요』, III. i. 1.
23) 『강요』, III. i. 1.
24) 『강요』, III. i. 2.
25) 『강요』, III. i. 2.

절에서는 '양자의 영(the Spirit of adoption)'으로 표현하였다. 우리 안에서 우리가 하나님의 자녀가 되었음을 인쳐주시는 영적 확증의 영이시다. 그리스도의 영이 없으면 그리스도의 사람이 될 수 없다(롬 8:9, 11). 그리스도를 살리신 이의 영이 우리 안에 계시면, 우리의 죽을 몸도 살리신다는 말씀(롬 8:11)을 강조하면서 동물의 몸과 다르게 영화(glorification)의 몸으로까지 부활시킬 것임을 주장하고 있다. 그리고 모든 은사의 근원은 오직 한 분 성령이시기에 일체의 선이 다 이 성령으로부터 오는 것이다.[26] 모든 선한 행위는 사람 자신의 것이 아니고 그리스도의 선물이며, 중생하게 하시는 성령의 결실이다.[27] 다시 말해서 하나님이 홀로 일하시는 모너지즘(monergism)적인 선행론을 강조한다.

2) 율법과 복음

루터는 율법과 복음을 구분한다. 율법은 심판이다. 계명을 통해 인간을 심판한다. 복음은 은총이다. 은총을 통해 구원을 약속한다. 하나님이 심판하시고 자비를 베푸신다. 루터는 설교뿐만 아니라 성서해석에서도 하나님의 말씀의 이중적 차원을 강조한다. 구약은 율법과 동일시될 수 없고, 신약은 복음과 동일시될 수 없다. 그러나 구약에는 복음보다도 율법이 더 많이 있고, 신약에는 율법보다도 복음이 더 많이 있다. 구약에는 복음이 숨어 있는 방법으로 포함되어 있고, 신약에는 율법이 숨어 있는 방법으로 포함되어 있다. 율법과 복음의 이러한 구분은 성서 이해뿐 아니라, 기독론과 의인화론과 성례전론과 계명 이해와 윤리관에서도 나타난다. 루터는 율법과 복

---

26) 『강요』, I. xiii. 14.
27) 『강요』, III. xi. 14.

음의 날카로운 구분은 심판하시고 자비를 베푸시는 하나님과 인간의 이중적 관계를 의미하며, 뿐만 아니라 심판하시고 자비를 베푸시는 하나님 자신의 행동의 이중적 성격을 말해주는 것으로 해석하기도 한다.

그러나 칼빈은 율법과 복음의 연속성, 구약과 신약의 연속성을 강조한다. 루터와 달리 칼빈은 구약에는 율법이 더 들어 있고, 신약에는 복음이 더 들어 있다고 생각하지 않는다. 구약에도 율법과 함께 복음이 들어 있고, 신약에도 복음과 함께 율법이 들어 있다고 생각한다. 율법은 복음의 상반 개념이 아니라, 복음의 확신을 더욱 자라게 하고 성숙시켜주는 것이라고 이해한다. 그리고 신약만 아니라 구약에도 교회가 있다고 생각한다. 신약의 교회는 오신 예수를 믿는 약속 성취의 교회지만, 구약의 교회는 오실 예수를 믿는 약속 희망의 공동체라는 것이다. 특히 율법의 제3의 용법에 의한 성화를 중요하게 생각한다.

3) 두 왕국설(Two Kingdom Theory)과 신정정치론

(1) 루터의 두 왕국론: 루터는 성경말씀에 근거하여 두 왕국설을 주장한다. 하나님의 왼손 왕국은(left hand kingdom) 국가요, 하나님의 오른 손 왕국은(right hand kingdom) 교회다. 루터는 마 22:21에 근거하여 가이사의 것은 가이사에게 하나님의 것은 하나님에게로 철저히 구분지었다. 이것은 교회의 세력이 세속 권력으로부터 떠나게 만드는 중요한 역사적 전환점을 만들었다. 루터는 또한 롬 13:1과 벧전 2:13에 근거하여, 모든 권세는 하나님에게서 나와서 하나님이 왼손 왕국의 통치자로 세우셨기에 복종하여야 한다는 것이다. 세속 왕국도 사탄의 도성이 아니고 하나님의 정의로운 뜻을 실현하는 도구이다(롬 13:1-7). 그러므로 비록 세속 왕국이 세속 세계 일에 관여할지라도 하나님의 일을 하기에 우리는 세속 권력 앞에 복종해야 한다

고 루터는 주장한다. 그것이 독재든 폭력이든 복종해야 한다는 것이다. 바로 이러한 시각에서 독일 루터 교회가 히틀러의 파쇼정권 앞에서도 복종할 수밖에 없는 죄악을 범하고 말았다.

(2) 칼빈의 신정정치(Theocracy)론: 칼빈의 성화(sanctification)는 사회적 성화 운동으로까지 발전한다. 곧 제네바 시를 하나님의 뜻이 실현된 신정정치의 사회로 만들고자 한 것이다. 루터와 달리 칼빈은 교회의 주인도 그리스도요 국가의 주인도 그리스도라고 생각하였다. 곧 세속국가도 그리스도의 뜻을 거스려서는 안 된다며 하나님의 통치가 교회와 국가 속에서 모두 실현되는 역사의 목표를 희망하였다.

정치적 왕국이 단순히 의식주에 관계된 현실생활에만 관심 갖는 것이 아니라, 시민들이 거룩하게 경건하게 존경스럽게 살도록 관심을 가져야 하고, 하나님에 의해 국가가 세워졌기에 국가는 하나님의 정의를 위해 봉사하여야 한다. 그러므로 똑같은 하나님의 권위와 통치가 시민법의 근거가 되어야 한다. 따라서 칼빈의 구원론과 정치윤리에서 하나님의 통치와 주권이 아주 중요하다. 국가의 권위에 대한 복종의 문제에서 칼빈은 두 가지의 예외를 주장한다. 첫째로 최고 통치자(왕) 밑에 있는 관리들은 백성의 이익을 위해 변호하고 백성들을 대변해야 한다. 둘째로 그리스도의 뜻과 법에 어긋난 모든 것은 복종해서는 안 된다. 칼빈은 신앙의 문제뿐 아니라 정치의 문제에 있어서도 통치자가 그리스도의 뜻을 거스를 때 복종해서는 안 된다는 것이다. 그 예로서 예레미야, 다니엘, 나단, 사무엘, 호세아 등 선지자들을 언급한다. 교회는 예언자적 사명감으로 불의한 권세에 굴복하지 않고 국가가 하나님의 말씀대로 발전하도록 가르쳐야 한다는 것이다. 이러한 칼빈의 사회적 성화신앙과 저항정신은 메리 여왕에게 항거했던 존 녹스(John Knox) 히틀러 정권에 항거했던 디트리히 본회퍼 등에게로 이어졌다.

스위스 취리히 시에 세워진 츠빙글리 기념동상. 한 손에는 성경을 들고, 한 손에는 칼을 들고 있어 그의 행동하는 신앙을 잘 보여주는 동상이다. 츠빙글리는 다섯 삼림지역의 가톨릭군과 전투하다가 사망하였다.

8장
개혁 교회의 선구자 츠빙글리의 종교개혁 신학 사상

1절_츠빙글리의 취리히 종교개혁 운동

칼빈과 츠빙글리는 스위스 종교개혁 운동을 중심으로 형성된 개혁 교회 전통(The Reformed Church Tradition)을 만들었으나 신학적 공통점과 차이점이 다음과 같이 드러난다. 오늘날 칼빈만 개혁 교회의 사상가로 알려졌으나 실상 츠빙글리가 칼빈보다 먼저 스위스 종교개혁을 주도하였고, 개혁 교회 신학의 선구자적 역할을 하였던 것이다. 칼빈의 종교개혁의 센터는 스위스 제네바라면, 츠빙글리의 종교개혁의 센터는 스위스 취리히이다.

츠빙글리는 1484년에 태어났고, 바젤에서 학교교육을 처음 받았다. 그곳에서 라틴어와 변증법 및 음악을 배웠는데, 특히 음악에 재능을 보였다고 한다. 그 후로도 츠빙글리는 음악을 매우 좋아했으나 예배음악이 말씀을 듣는 일에 방해가 된다고 해서 도끼로 그가 사랑하던 피아노를 부수어 버리기도 하였다. 그리고 베른에 가서 인문주의적 사상과 방법의 교사 하인리히 보플린(Heinrich Woflin)으로부터 많은 영향을 받았고, 베른에서 도미니크 수도회의 수사가 되기도 하였다. 비엔나 대학으로 가서 인문주의자들로부터 본격적으로 고전을 배우게 되었는데, 이곳에서도 음악공부를 계속하여 류트(lute)와 하프, 바이올린, 플룻, 덜써머(dulcimer), 수렵용 나팔을 잘 연주하였다고 한다. 그리고 다시 바젤로 옮겨 문학석사 학위를 받고 토마스 위텐바흐(Thomas Wyttenbach) 선생의 영향으로 성경의 권위와 신앙에 의한 칭의 교리를 배웠으나 루터와는 달리 박사 학위를 받지는 않았다.

1520년 역병(plague)의 위기에서 건짐을 받고서 그의 신앙과 사상이 전적으로 하나님의 섭리와 은총을 의지하는 쪽으로 발전하게 되었는데, 그 때의 감격을 아름다운 시로 남겼다.

츠빙글리(Huldrych Zwingli: 1484-1531)
츠빙글리는 스위스 종교개혁에 반대하는 세력들과의 전쟁에 가담했다가 전사한 행동파였다.

　　질병의 한 복판에서

　　내 고통은 증대되고
　　위안은 사라지도다.
　　공포와 전율이
　　몸과 영을 사로잡는다.
　　사망이 가깝고,
　　의식은 몽롱하며

내 혀도 어눌하되,
이제 그리스도는 승리자
오! 사탄의 저항이여,
그의 먹이를 덮치도다
나 당신의 손길 느끼나니,
나는 근심해야만 하는가?
그는 나를 해치 않고,
나 실패의 공포 없으니,
나 여기 누웠도다.
당신의 십자가 밑에[1]

2절_츠빙글리와 칼빈의 신학 사상의 공통점과 차이점

1. 인문주의적 요소

(1) 교부들에 대한 그들의 태도: 인문주의자 에라스무스의 영향을 받은 츠빙글리는 교부들 중 오리겐과 제롬을 좋아했는데(그들 작품들의 고전성, 설득력, 우아함 때문에), 칼빈은 분명한 신학적 구원론적 기준을 갖고 어거스틴을 교부들 중에서 가장 탁월한 교부로 간주하였다. 츠빙글리도 1520년 역병의 위기에서 살아난 후에는 점차로 어거스틴을 좋아하게 되었다.

---

1) 김해연, 『기독교종교개혁사』, (서울: 도서 출판 은성, 1994), 253-58.

스위스 취리히 시 츠빙글리가 설교했던 예배당. 말씀중심의 예배를 강조하기 위해서 설교단을 높이 만들었다. 위에서 청중을 내려다보면 청중이 아주 작게 보인다. (아래) 필자가 츠빙글리 예배당 높은 설교단에 올라가서 설교단에 서 보았다.

(2) 교육에 대한 그들의 태도: 인문주의자의 영향을 받은 츠빙글리는 교육의 기술에 대해 관심가졌지만, 칼빈은 종교적 사상을 가르치는 것에 관심가졌다. 1520년 후에는 츠빙글리도 은총이 없는 교육은 인간을 변화시킬 수 없음을 깨닫게 되었다.

(3) 수사학(Rhetorics)에 대한 그들의 태도: 인문주의의 영향을 받은 츠빙글리는 수사학적 저술이나 연설의 설득력(eloquence)에 관심을 가졌으나, 칼빈은 종교개혁 사상을 촉진시키기 위하여 수사학에 관심을 가졌다.

(4) 인간의 의지에 대한 그들의 견해: 츠빙글리는 섭리를 말하면서도 인간구원의 과정에서 인간의지의 책임성을 동시에 강조하지만, 칼빈은 인간의지의 노예신세를 은혜 이전이나 은혜 이후에도 강조하였다.

(5) 그리스도론: 에라스무스의 영향을 받은 츠빙글리는 그리스도를 우리의 도덕적 모범으로 이해하였으나, 칼빈은 그리스도를 우리의 속죄주로 이해하였다.

2. 섭리와 예정

츠빙글리는 1520년 역병 전염으로 두 명 중 한 명이 혹은 네 명 중 한 명이 죽는 위기상황에서 인간의 운명은 하나님의 손에 달려 있음을 절감하면서 섭리론을 주장하였다. 역병에 관한 시도 쓰고 섭리에 관한 설교문도 쓰기에 이르렀다. 세네카의 운명론에 영향을 받았으나 바울의 섭리신앙에서 더욱 강한 영향을 받게 되었다. 그러나 칼빈과는 달리 예정론을 강하게 주장하지는 않았다. 칼빈은 섭리를 넘어서 이중예정론을 전개하였다.

3. 귀족정치와 신정정치

츠빙글리나 칼빈에게서 공통적인 신정정치적 요소, 곧 하나님의 통치가 실현되는 국가를 만들려는 의지는 공통적이고, 그 하나님의 통치를 거스르는 불의한 정치에 항거해야 함을 주장한 것도 공통적이다. 그러나 츠빙글리는 몇몇 귀족들이 공동으로 통치하는 귀족정치체제를 더욱 강조하였고 칼빈은 보다 다수의 시민들이 참여하는 신정정치를 주장하였다.

4. 신앙과 선행의 관계

칼빈도 신앙 이후의 선행은 성화를 위해 중요한 것으로 강조하나 그 선행은 전적으로 성령의 역사요 인간의 의지는 노예신세임을 말하나, 츠빙글리는 선행의 실천은 성령의 역사일 뿐 아니라 인간의 의지적 참여로 이루어진다는 복음적 신인협조설(evangelical synergism)을 강조함으로써 알미니우스주의적 길을 열어놓은 셈이다.

5. 율법과 복음의 관계

율법과 복음의 연속성, 구약과 신약의 연속성을 강조한 것은 공통적이며 개혁 교회의 중요한 전통으로 이어져오고 있다. 츠빙글리는 칼빈처럼 율법의 제3용법이란 용어를 쓰지는 않았으나, 율법은 우리의 성화를 위한 선행을 가능케 하는 것으로 이해하였다.

6. 상징설과 영적 임재설

츠빙글리는 그의 군대 목회경험을 살려서 신부가 멀리 떠난 신랑의 사랑을 그가 준 반지를 통하여 알 수 있듯이, 해마다 4월 첫 목요일 오스트리아와의 전쟁에서 승리한 것을 기념하기 위해서 흰 십자가를 달고 승리를 기념하듯이, 그리스도의 사랑과 승리를 단순히 기억하고 기념한다는 상징설로 성찬을 주장한다. 그러나 칼빈은 성령으로 임재하는 영적 임재설(spiritual presence)을 강조하였다. 그러나 성찬 상에 부활하신 그리스도의 몸이 신체적으로 임재할 수 없다는 안디옥 교부의 기독론을 주장함에는 공통적이다.

> 그리하여 그리스도로 말미암아 율법이 제거되었다고 믿는 자들에게는 하나님의 영이 있는 곳에는 어디든지 자유함이 있다. "그리고 진정한 믿음이 있는 곳에는 하나님의 영 또한 있다 (고후 3:17)." 그리하여 그것은 믿음이 있는 곳에 자유함이 있다는 것을 지지한다. 롬 8:1-11의 바울의 말에서 분명해지는데 "그러므로 이제 그리스도 예수 안에 있는 자에게는 결코 정죄함이 없나니 이는 그리스도 예수 안에 있는 생명의 성령의 법이 죄와 사망의 법에서 너를 해방하였음이라. 율법이 육신으로 말미암아 연약하여 할 수 없는 그것을 하나님은 하시나니 곧 죄를 인하여 자기 아들을 죄 있는 육신의 모양으로 보내어 육신에 죄를 정하사 육신을 좇지 않고 그 영을 좇아 행하는 우리에게 율법의 요구를 이루어지게 하려 하심이니라. 육신을 좇는 자는 육신의 일을 영을 좇는 자는 영의 일을 생각하나니 육신의 생각은 사망이요 영의 생각은 생명과 평안이니라." 이 말씀에서 만약 영을 좇고 육을 따라 좇지 않으면 무엇보다도 먼저 당신은 어느 것도 그리스도 예수 안에 있는 사람들을 저주하거나 죽일 수 없

다는 것을 발견한다. 하지만 육을 좇아 걷는다는 것이 사람이 마치 육이 요구하는 것의 어떤 것도 하지 않을 수 있는 것처럼 이해해서는 안 된다. 왜냐하면 그렇게 되면 사람이 육체적인 필요를 무시해야 하기 때문에 아무도 영에 의해 살 수 없다. 육에 의해 사는 것은 인간 이성과 힘에 의해 사는 것으로 이해될 수 있다. 영에 의해 사는 것은 이성과 육의 힘, 예를 들면 인간 본성으로부터 해방되어서 하나님의 영만을 신뢰하는 것을 의미한다. 모든 확신을 가지고 주 예수 그리스도를 믿는 사람들은 더 이상 어떤 법에 의해서도 손해를 입지 않는다. 증거가 즉시 뒤따른다. 왜냐하면 생명을 주는 영의 법은, 본래 모든 생명 있는 것들에 생명을 불어넣는 신성한 영의 가르침과 지시인데 그리스도 예수 안에서 나를 자유롭게 한다. 이것이 의미하는 것은 내가 모든 확신으로 예수 그리스도를 믿고 그를 나의 구세주 아버지 보호자로 그를 통해 자유하고 하나님의 자녀가 된다는 것을 아는 순간부터 율법과 죽음의 모든 두려움은 사라진다. 율법에 관해 그것으로 나를 더 이상 정죄할 수 없다. 왜냐하면 나는 더 이상 율법의 권능과 보호 하에 살지 않기 때문이다. 이에 관해 다음과 같이 나를 가르친다. "하나님의 영이 있는 곳에 자유함이 있다"(고후 3:17). 왜냐하면 영이 율법 위에 있고 그가 있는 곳에 더 이상 율법이 필요치 않기 때문이다. 이제 믿음이 있는 곳에 하나님의 영 또한 있다.

Huldrych Zwingli, "The defense of The Reformed Faith," 65

3절_인문주의

　종교개혁가들 중에 에라스무스의 영향을 가장 많이 받은 신학자가 츠빙글리이다. 츠빙글리는 종교를 내적·영적인 것으로 생각하고 외향적인 요소들(예배순서, 성상, 음악 등)을 중요하게 생각하지 않았다. 개인과 사회의 도덕적 갱신과 개혁의 중요성을 강조하였고, 그리스도도 도덕적 모범으로 생각하였다. 초대 교부들 중에도 제롬이나 오리겐을 어거스틴보다 중요한 신학자들로 생각하였다(1520년 이후에는 생각이 바뀜). 종교개혁을 교육적 과정, 즉 초대 교부들의 통찰력에 기초한 인간교육의 과정으로 생각하였다(1520년 이후에는 은총을 강조하기 시작함).

4절_하나님의 "섭리에 관하여"

　1519년 8월에서 1520년 2월 사이에 발생한 역병으로 죽음의 문턱에 서게 되자, 인간은 하나님의 손 안에 있는 도구, 하나님의 목적에 전적으로 자신을 포기해야 하는 도구로 생각하게 되었다. "섭리에 관하여(De Providentia)"란 설교에서 바울 사상으로부터 영향을 받아 그리고 세네카의 운명론에도 영향을 받아 하나님의 전능과 인간의 무능력을 강조하였다.

5절_율법과 복음의 관계

　루터는 믿음으로 의롭게 하시는 하나님의 은혜로운 약속에 근본적으로 관심가졌으나, 츠빙글리는 그의 백성에 대한 절대적인 하나님의 주권에 의해 명령되어지는 하나님의 율법에 관심가졌다. 그래서 율법과 복음을 근본적으로 같은 것으로 간주하였다. 그리고 율법은 성도들의 성화생활을 위해 필연적인 것임을 강조하였다.

6절_구원론(Soteriology)

1. 하나님에 의한 구원

　츠빙글리의 저서 『67개조 *Sixty-Seven Articles*』 중에서 제16조에서 구원은 인간의 노력이 아니라 하나님의 은총으로 시작됨을 강조하고 하나님의 선택하시는 은총 안에서 구원이 이루어짐을 주장하였다.

2. 구원의 원인과 주체이신 그리스도

　제3조에서 우리의 구원은 그리스도의 성육신, 죽음, 부활과 깊이 관계

스위스 취리히 시를 원형으로 순회하는 전동차. 아름다운 그림이 전동차에 새겨져 예술적이고 낭만적인 분위기를 만들어주고 있다.

되어 있으며, 제7조에서는 그리스도는 우리 구원의 유일한 원인과 주체이심을 강조하였다. 구원의 총체는 그를 믿는 것이고, 우리가 하나님께 이르는 유일한 길은 그리스도이심을 주장하였다.

3. 성령의 역사에 의한 구원

그리스도를 통해 완성된 구원은 성령에 의해 우리를 영혼의 집으로 인도하심을 강조한다. 따라서 구원은 성부, 성자, 성령 삼위일체 하나님의 역사이시다. 그리고 구원은 성령으로부터 오는 것이지 성례전으로부터 오는 것이 아니라고 해석하므로 성례전이 은총의 수단(means of grace)임을 부인한다. 그러므로 성령의 역사가 있기 위해서 기도해야 한다. 성령 없이 우리는 아무 것도 할 수 없음을 강조한다.

4. 말씀신앙

구원은 성령의 역사와 함께 하나님의 말씀으로부터 나온다고 이해하였다.

7절_교회와 국가

츠빙글리도 정교분리를 주장한다. 마 18:1-3에 근거하여 영적 권위는 세속적 권위를 버리는 것이라고 강조한다(제34조). "가이사의 것은 가이사에게 하나님의 것은 하나님께"(마 22:21)라는 말씀에 근거하여 영적 권위와 세속적 권위의 분리를 강조하였다. 하나님의 말씀은 세속권위를 강화시켜 주고 우리에게 복종을 요구하였다(제35조)는 것이다. 하나님의 법에 따라 억눌린 자를 보호하고 세속권세는 사람보다 하나님께 더욱 복종해야 한다고 주장하였다(제39조). 먼저 백성을 섬기고 대접하는 정치가 되어야 하고, 군주독재보다 민주화된 다수의 귀족들에 의한 귀족정치를 원하였다.

8절_ 성만찬론

1. 영적 식사(spiritual eating)

츠빙글리는 예수가 약속한 영혼의 식사, 그리스도의 몸은 마음의 음식이며 그리스도의 몸을 신체적으로 먹는 것은 불가능하다(Letter to Matthew Alber, p.132). 요 6:63에 근거하여, 살리는 것은 영이요 육은 무익함을 강조하였고, 영생하도록 있는 양식을 중요하게 생각하였다(요 6:27). 성만찬은 세상에 생명을 부여하는 양식임을 주장하였다.

2. 화체설비판

육체가 신체적으로 먹히는(physical eating) 것을 부인하였다(Letter to Matthew. Alber).

3. 믿음의 식사

성만찬은 은총의 수단(means of grace)이나 신앙을 주는 것이 아니라, 그리스도의 십자가를 믿는 사람들이 먹는 신앙의 식사임을 츠빙글리는 강조하였다.

취리히의 Orell Fussil Verlag 예배당 동쪽 벽면의 샤갈이 제작한 스테인드글라스

4. 상징적 해석(symbolism)

떡은 'artos'로 남성인데, 몸은 'swma'로 중성임을 지적하면서, 그러므로 떡은 그리스도의 몸이 아니고 다만 그리스도의 몸을 상징한다(hoc significat corpus meum)고 해석하였다. 이러한 해석은 오리겐(signify), 터툴리안(represent), 어거스틴(figure) 등에 의해서 해석되어온 알렉산드리아적 요소이다.

5. 기념설(remembrance, commemoration)

우리를 위해 고난당하신 그리스도의 죽음을 기념하는 것. 오스트리아와의 Naehenfall 전투에서 승리한 것을 기념하기 위해 매해 4월 첫 목요일에 기념예배를 드리는 것에서 힌트를 얻어 멀리 떠난 신랑 예수를 기억하고 사모하는 신부 성도의 기념행위라고 생각하였다.

6. 그리스도의 몸에 동참함

부활하신 그리스도의 몸에 참여함으로써 그리스도와 하나됨을 중요하게 생각하고 신비적인 몸인 교회공동체와 하나됨을 강조하였다.

7. 그리스도의 몸의 결석

안디옥 기독론에 근거하여, 부활하신 그리스도의 몸은 성만찬 상에 출석할 수 없음을 강조하였다. 이것이 루터의 신체적 임재설과 강하게 부딪혀서 마르부르르크 논쟁을 하게 되었다.

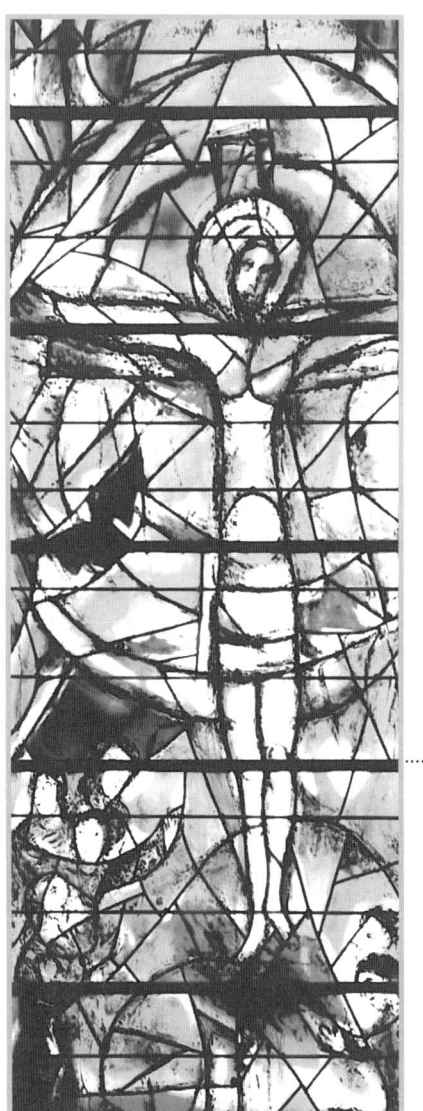

샤갈의 스테인드글라스
1. 영화롭게 부활하신 그리스도
2. 야곱이 벧엘에서 꿈꾸는 모습
3. 수금으로 시편을 찬양하는 다윗왕
4. 오실 메시아의 평화의 왕국

2

3

4

9장
종교개혁 신학의 조직 신학자 칼빈의 신학 사상

들어가는 글

어거스틴이 종교개혁 신학의 선구자이고 루터는 종교개혁 신학의 개척자라면, 칼빈은 종교개혁 신학의 조직 신학라고 할 수 있다. 변호사였던 칼빈은 성서 신학자 루터보다 더욱 체계적이고 조직적으로 그의 사상을 전개해갔다. 칼빈의 조직적인 종교개혁 사상을 그의 『기독교강요』를 중심으로 비교적 자세하게 소개하고자 한다.

존 칼빈(John calvin: 1509-64)
그의 얼굴이 침울해 보이지만, 그는 항상 기뻐했고, 제네바 시민들이 너무 극찬할 때는 항상 부끄러워하였으며, 제네바를 거닐다가 개가 그의 아카데믹 가운의 깃을 물어뜯을 때나 동네 개 이름들을 칼빈이라고 부르면서 모욕할 때에도 항상 인내하였다.

1절_하나님론

1. 어떻게 인간이 하나님을 알 수 있나?
(하나님인식과 인간인식의 변증법적 관계)

(1) 하나님인식과 인간인식은 서로 깊이 연관되어 있음: 하나님인식은 인간 본성에 대한 인식과 떨어질 수 없으며, 또한 인간인식은 하나님인식과 깊은 상관관계에 있다. 인간이 나 자신을 바로 이해하려면, 먼저 하나님인식이 선행되어야 하고, 하나님 앞에서는 인간인식이 자신을 바로 성찰할 수 있다는 것이다.[1]

(2) 하나님인식은 인간인식에서 이해됨: 하나님에 관한 지식은 인간 본성과 세계에 관한 지식과 떨어질 수 없으며, 하나님과 세계와의 조화로운 상호작용, 창조주와 그의 세계와의 조화로운 상호작용에 의존하여 이러한 변증법은 구성되어 있다. 인간성과 자연질서와 역사적 과정 속에서 일반적인 하나님인식은 식별된다.

(3) 주관적 인식의 근거: 주관적 근거는 신성의 감각(sensus divinitatis)이요 혹은 하나님에 의해서 모든 인간 존재 안에 심겨진 종교의 씨앗(semen religionis)이다.[2] 하나님에 관한 어떤 것이 모든 인간존재의 마음 속에 새겨져 있고,[3] 종교의 보편성이 존재하는 것이며, 일반 계시적 종교성 혹은 종

---

1) 『강요』, I. i. 1.
2) 『강요』, I. iii. 1; I. v. 1.
3) 『강요』, I. x. 3.

교심은 모든 종교 속에 공통적으로 나타난다. 교회에 속한 자나 교회 밖에 있는 자나 하나님을 찾는 방법은 공통적이라고 칼빈은 생각한다.[4] 여기서 일반적 은총(general grace, common grace)을 강조한다. 인간은 이성과 자유의지를 통해 과학과 예술과 문화를 발전시키는 은총을 받았다. 그러나 이 일반적 은총은 구원과 관계 있는 선재적 은총과 다르다. 이 일반적 은총은 구원에 아무런 영향을 미칠 수가 없다.

(4) 객관적 인식의 근거: 세계의 질서 위에서 경험되는 것과 반성되어지는 것에 놓여져 있다. 하나님은 하늘과 땅의 아름답고 우아한 구성 속에서 자신을 계시한다. 매일 그 자신을 보여주시고 드러내신다. 피조된 질서 중에서 가장 클라이막스를 이루는 것은 인간으로, 인간성 속에서 자신의 모습을 가장 잘 보여주셨다.[5] 피조된 질서로부터의 신 인식은 마치 하나님의 현존과 속성과 본성을 보여주는 극장과 같고,[6] 거울과 같다.[7] 보이지 않는 하나님이 창조의 옷을 걸침으로써 그 자신을 보이신다.[8] 보이지 않고 이해할 수 없는 하나님일지라도 피조된, 보이는 형태로 보이신다. 그러나 이런 자연을 통한 하나님인식은 불완전하고 혼동되어 있다는 것을 칼빈은 지적한다. 그래서 성경을 통한 하나님인식으로 발전해가야 함을 강조한다.

(5) 성경을 통한 하나님인식: 성경은 자연을 통한 하나님 인식을 다시 되풀이해준다. 동시에 일반적 계시를 더욱 명백하게 해주고 그것을 더욱 발전시키는 것이다.[9] 세계질서와 피조물 속에 분명히 보여진 하나님인식

---

4) 『강요』, I. v. 6.
5) 『강요』, I. v. 1-15.
6) 『강요』, I. v. 5.
7) 『강요』, I. v. 11.
8) 『강요』, I. v. 1.
9) 『강요』, I. x. 1.

은 말씀 속에서 더욱 분명히 친절하게 설명되고 있다. 더욱 나아가 성서는 역사 속에서의 하나님의 구속행위를 보이신다. 자연계시를 넘어서 특수계시를 보이신다는 것이다. 그것은 예수 그리스도의 생애와 죽음과 부활을 통해 완성하신 하나님의 구속행위이시다(I. vi. 1-4). 우리의 하나님인식은 그리스도를 통해 증보된다.[10] 하나님은 성경을 통해 그리스도 안에서 충분히 알려진다.

성경은 성령의 영감으로 기록된 말씀이다.[11] 따라서 성경이 하나님으로부터, 성령으로부터 유래하였기에 교회의 승인이나 판단보다 더욱 권위 있는 것이다. 교황의 교권보다 성경이 더욱 권위를 지닌다는 것은 종교개혁자들의 공통된 견해이다. 성령의 증거는 다른 모든 증거 ― 인간의 이성 ― 보다 강하다.[12] 그러나 칼빈은 기계적으로 영감되었다고 강조하지는 않는다. 성경은 참으로 신적인 말씀이지만 인간에 의해 기록된 말씀이다. 성경은 말씀의 기록이지 말씀 자체는 아니다. 성경은 인간의 언어형태로 중재된 하나님 말씀이다.

(6) 삼위일체와 그리스도를 통한 하나님인식과 인간인식: 칼빈의 삼위일체 이해는 전통적이다. 인격(person)과 본성(substance)으로 표현한다. 하나의 본성을 선포하는 한편, 세 인격으로 나뉘어짐(division)이 아닌 구별됨(distinction)을 강조한다.[13] 그리스도의 신성이 삼위일체 교리의 기본적 전제임을 말한다.[14] 그리스도는 구속적 중재자이다. 그의 구속적 중재기능이

---

10) 『강요』, I. vi. 1.
11) 『강요』, I. vii. 1.
12) 『강요』, I. vii. 4.
13) 『강요』, I. xiii. 2: I. xiii. 17.
14) 『강요』, I. xiii. 22-8.

그의 신성을 증거한다. 이것은 아타나시우스의 기독론과 삼위일체론의 중심을 이루는 주장이기도 하다. 신인식과 인간인식과 구원은 중보자 그리스도를 통해 이루어진다. 따라서 그의 성령 이해는 동방교회적이지 않고, 서방교회적(filioque)이다. 인간의 본성은 하나님의 의와 지혜와 선의 가장 고상하고 가장 훌륭한 표본이다.[15] 인간은 하나님의 형상과 유사성에 의해 피조되었다. 하나님의 형상과 유사성에 의해 피조되었기에 인간은 신적 영광의 거울이다.[16] 인간은 동물과 구별되는 어떤 신성으로 옷 입혀진다. 그러나 인간 본성은 불완전하다. 참 인간의 본성은 그리스도의 인격 안에서 계시되어 있다. 우리의 인간 본성과 그리스도의 본성의 연속성과 불연속성이 동시에 있다고 본다.

2절_ 하나님의 창조론

(1) 하나님 형상대로의 창조: 하나님은 인간을 하나님의 형상대로 창조하셨다고 칼빈은 강조한다. 순결하게 창조하시었으나, 타락한 인간은 전적으로 부패하게 되었다. 또한 칼빈은 전적으로 부패하였음에도 불구하고 여전히 하나님의 형상을 지니고 있음을 말한다. 그것은 인간이 영적인 존재라는 것과 이성적인 동물로서 다른 피조물보다 뛰어나다는 것, 그리고 자유의지를 지닌 존재로 나타난다.[17] 칼빈은 특히 어거스틴이 인간을 삼위

---

[15] 『강요』, I. xv. 1.
[16] 『강요』, I. xv. 4.

일체와 연결시켜 오성과 의지와 기억으로 하나님의 형상이라고 해석한 것을 비판하면서 영혼의 내적 선에서 하나님의 형상을 찾아야 한다고 한다. 그것은 곧 의로움과 거룩함의 본성임을 바울의 엡 4:24의 표현에서 해석한다.[18] 이 본문을 갖고 웨슬리도 인간을 하나님의 형상, 특히 도덕적 형상이라고 해석한다. 거듭남의 은총을 통해 이 잃어버렸던 도덕적 하나님의 형상을 회복한다고 강조한다.

(2) 창조된 영혼: 칼빈은 영혼이 하나님의 본성에서 유출되었다는 마니교도나 세르베투스의 주장을 비판하면서, 만일 인간 영혼이 하나님의 본성으로부터 유출되었다면, 영혼의 무지와 욕망과 허약과 악도 하나님의 본성이라고 해석해야 한다고 비판한다. 영혼은 유출이 아니라 창조되었다고 해석한다. 천사와 마찬가지로 인간영혼도 창조되었고, 육체를 떠날 때 영혼도 하나님께로 돌아간다고 해석한다.[19] 이것은 어거스틴도 강조하였던 사상이다. 영혼의 유출이 아닌 영혼의 창조는 어거스틴에서부터 칼빈에게로 이어지고 있다.

(3) 영혼의 기능: 영혼의 기능은 오성, 이성, 공상력이라고 생각하며, 영혼의 세 가지 욕구기능은 의지, 분노, 욕망이라고 해석한다.[20] 인간의지에 선택이 추가되어, 욕구를 조정하고, 의지로 하여금 이성의 지도에 전적으로 따르게 하였다. 인간은 자기가 원하기만 하였더라면 자유의지로 영생에 도달할 수 있는 능력을 갖고 있었다고 해석한다. 그러나 항구적인 인내성을 받지 못한 까닭으로 아주 쉽게 타락하였다는 것이다.[21]

---

17) 『강요』, I. xv. 3.
18) 『강요』, I. xv. 4.
19) 『강요』, I. xv. 5.
20) 『강요』, I. xv. 6.
21) 『강요』, I. xv. 8.

(4) 타락은 숨어계신 하나님의 계획: 그런데 칼빈은 '인간을 범죄할 수 없거나 범죄를 원하지 않도록 만들었어야 하지 않는가'라고 하나님께 강요하는 것은 잘못이고, 하나님께 불평하는 것은 매우 악한 행위라고 지적한다. 왜 아담에게 인내의 힘을 주셔서 그를 붙들지 않으셨는가 하는 이유는 숨어계신 하나님의 계획 속에 감추어져 있다고 칼빈은 해석한다.[22]

(5) 제2 아담 그리스도 안에서의 회복: 그러나 인간에게서 하나님의 형상이 전적으로 소멸되거나 파괴되지 않았다 하더라도 아주 부패하게 되었기 때문에 남은 것은 무섭도록 추한 것뿐임을 칼빈은 강조한다. 따라서 그 부패한 인간이 그리스도로 말미암아 하나님의 형상을 회복하고 새롭게 되는 것이 구원의 시초라고 주장한다.[23] 그는 제2아담으로서 중생케 하시는데 중생의 핵심은 잃어버린 하나님의 형상을 회복하는 새창조 혹은 재창조이다.[24]

3절_하나님의 섭리론

(1) 섭리와 예정의 분리: 칼빈의 『기독교강요』 1536년 판에서는 섭리와 예정을 신론과 같은 장에서 함께 취급하였으나, 1559년 판에서는 둘을 분리시켜 섭리는 창조주 하나님에 관한 지식과 관련하여 취급하고, 예정은

---

22) 『강요』, I. xv. 8.
23) 『강요』, I. xv. 4.
24) 『강요』, I. xv. 4.

성령의 구속사업(III. xxi-xxiv)을 다룰 때 논하고 있다.

(2) 영속적이고 지속적인 창조로서의 섭리: 하나님의 섭리는 하나님의 창조의 확장과 연장이다. 창조와 섭리는 분리될 수 없다. 창조하실 뿐 아니라 계속 돌보고 이끌고 유지하신다.[25] 창조는 단숨에 일시적으로 나타난 것이 아니라, 섭리 속에서 영속적인 상태로 창조의 권능이 계속되고 있음을 칼빈은 강조하였다.[26] 그러므로 칼빈에게 있어서 섭리는 계속적인 새창조요 재창조이다.

(3) 통치와 보존으로서의 섭리: 하나님은 그가 만드신 만물을 참새 하나라도 유지하시고, 양육하시며, 보호하시고, 통치하시며, 보존하시는 통치자요 보존자이시다.[27]

(4) 만사는 운명이나 우연이 아닌 하나님의 은밀한 계획: 도둑맞는 것, 대양에서 강풍을 맞는 것, 광야에서 구원받는 것 등은 우연이나 운명이 아니고 하나님의 은밀한 계획에서 나온 것이며, 만사는 하나님의 섭리적 계획에 의해 지배당한다고 칼빈은 해석한다. 여기서 칼빈은 하나님의 전능을 강조하고[28] 스토아 학파의 숙명론을 어거스틴적 입장에서 비판한다. 스토아 학파는 자연 속에 포함되어 있는 인과의 영속적인 관계로 풀이하려한다고 논박하며, 바실과 어거스틴의 말을 인용하면서 우연이 아닌 하나님의 섭리라고 해석한다.[29] 감추어진 하나님의 섭리에 대해서도 겸손하게 받아들여야 한다.[30] 또한 섭리는 우리의 책임을 약화시키지 않는다고 한다. 죄

---

25) 『강요』, I. xvii. 1.
26) 『강요』, I. xvi. 1.
27) 『강요』, I. xvi. 1.
28) 『강요』, I. xvi. 3.
29) 『강요』, I. xvi. 8.
30) 『강요』, I. xvii. 1.

를 인간이 하나님의 탓으로 돌릴 수 없다는 것이다. 살인, 간음, 불효 등을 하나님의 뜻과 섭리로 돌릴 수 없다는 것이다.[31]

(5) 인간의 생각으로는 파악되지 않는 하나님의 목적: 하나님의 섭리는 너무 높아서 인간의 아둔한 마음으로는 파악이 안 된다. 하나님께서 선견하지 않는 어떤 일도 발생하지 않는다고 칼빈은 해석한다. 심지어 어떤 상인이 삼림 속에서 살해된 것까지도 하나님이 섭리하신다고 강조한다.[32]

(6) 일반섭리와 특별섭리의 하나님: 하나님은 일반적으로 우주를 통치하시는 일반섭리의 하나님일 뿐 아니라, 그가 만드신 피조물 하나 하나를 특별히 돌보시는 특별 섭리의 하나님임을 강조하고 피조물 중에서도 인간을 특별 섭리함을 주장함. "내 아버지께서 이제까지 일하시니 나도 일한다"(요 5:17), "사람의 걸음은 여호와 하나님께로서 말미암나니 사람이 어찌 자기의 길을 알 수 있으랴"(잠 20: 24), "마음의 경영은 사람에게 있어도 말의 응답은 여호와께로서 나느니라"(잠 16:1, 9), 그리고 참새보다 더욱 인간을 귀하게 여기시고(마 10:31), 머리털 하나도 다 세신다(마 10:30)고 말씀하신 것을 통하여 인간을 특별히 사랑하시고 섭리하심을 말한다. 그리고 인간 중에도 신자들을 섭리하시고 지켜 보호하시며, 특별 섭리가 신자의 안전을 돌보신다는 것이 큰 위안이 되고 힘이 된다는 것이다. "네 짐을 여호와께 맡겨 버리라 너를 붙드시고 의인의 요동함을 영영히 허락치 아니하시리로다"(시 55:22).[33] 요셉이 자기를 팔아넘긴 것에 대하여 형들을 미워하기보다 그것이 하나님의 섭리에서 나온 것임을 믿을 때 용서가 가능하였고 그 가족들을 모두 구원한 예를 들면서, 칼빈은 특별 섭리에 대한 확신은 모

---

31) 『강요』, I. xii. 3, 330.
32) 『강요』, I. xvi. 9.
33) 『강요』, I. xvi. 6.

든 역경에서 우리를 돕는 힘이 된다고 해석한다.[34] 그러므로 하나님의 섭리를 명상하게 되면 분노와 성급함을 치료할 수 있다고까지 해석한다. 특히 교회를 특수 섭리하신다고 강조한다. 하나님께서는 교회를 자신의 거할 곳으로 택하시고 특수하게 그의 사랑을 표현하신다고 해석한다.[35]

(7) 악인에 대한 섭리: 선인이나 신자만 아니라 악인도 그 계획, 의지, 노력, 능력이 모두 하나님의 지배 하에 있고, 원수들이 어떤 악을 행하든지 모두 하나님이 허용하신 섭리에서 비롯된 것임을 믿어야 한다고 칼빈은 해석한다.[36] 심지어 모든 번영은 하나님께로부터 나오고 모든 재난은 하나님의 저주라는 신명기 학파의 해석을 칼빈은 그대로 받아들임으로써 샤머니즘적·바리새적 고난해석을 수용하는 듯하다. 다시 말해서 소경 거지 바디매오가 병든 것은 그 자신이나 그 부모의 죄가 아님을 해석한 예수님의 고난해석이나 욥의 고난해석, 바울의 가시에 대한 고난해석의 루터적 십자가 신학적 요소를 찾아볼 수 없는 아쉬움이 있다. 더욱이 『기독교강요』 I권 xviii장에서는 사탄과 모든 행악자들도 하나님의 섭리 하에서 저들이 악을 행한다는 것이다. 단순히 사탄이나 악행자들이 하나님의 허용에 의하여 악을 행하는 것이 아니라 하나님의 의지로 직접 하나님이 일하시는 것으로 해석함으로써 신정론의 문제를 심각하게 야기시키고 있다. "그런 일은 오직 하나님의 허용에 의해 되어지는 것이지 하나님의 의지에 의해 이루어지는 것이 아니다"는 속임수로 그 난점을 피하고 있다.[37] "하나님의 섭리의

---

34) 『강요』, I. xvi. 8.
35) 『강요』, I. xvi. 6.
35) 『강요』, I. xvi. 6.
36) 『강요』, I. xvi. 8.
37) 『강요』, I. xviii. 1.

자리에 단순한 허용이라는 것을 대치시키는 자들이 얼마나 불합리하게 지껄이고 있는가를 매우 명백하게 보여줄 수 있을 것이다. 이는 마치, 하나님은 망대에 앉아서 우발적인 사건들을 기다리고 있는 분이시며 그렇기 때문에 그의 결정은 인간의지에 좌우된다고 하는 것과 같은 말이다."[38]

4절_기독론(구속주 하나님)

1. 제2 아담으로서의 그리스도

제2아담인 그리스도는 제1아담이 잃어버린 것을 회복시켰으며, 한 사람의 순종으로 많은 사람이 의롭다 하심을 얻었다(롬 5:19)는 바울의 로마서적 주장을 칼빈은 반복하고 있다. 아담의 멸망은 우리 인류의 멸망이 되었고, 그리스도의 은총은 우리 모두의 구원이 되심을 강조한다. 고전 15:22의 말씀처럼 아담 안에서 잃어버린 생명이 그리스도 안에서 회복되었음을 칼빈은 주장한다.[39]

---

38) 『강요』, I. xviii. 1.
39) 『강요』, II. i. 6.

2. 그리스도의 구속사역

중보자 그리스도만이 타락한 인간을 도우시며 인간을 구속할 수 있음을 칼빈은 주장한다.[40] 구약에도 하나님의 구속의 약속이 있고[41] 구약의 율법의 목적도 그리스도 안에서의 구원의 희망을 배양하시려는 것이지 백성을 억압하고 억제시키려는 것이 아님을 주장하며,[42] 율법은 구속의 약속을 포함하고 있고 은총을 구하게 만든다고 칼빈은 해석한다.[43]

3. 그리스도의 구속과 율법의 세 용법

(1) 제1용법: 하나님의 공정하신 심판에 의해 죄를 깨닫게 함으로써 그리스도에게 나아가게 하는 몽학선생 같은 용법이다.[44] 이는 로마서와 갈라디아서에서 바울이 강조한 것으로 회개를 불러일으키는 중요한 역할을 한다.

(2) 제2용법: 사회질서를 유지시키며, 악인을 억제시키고, 욕망을 억제시키는 굴레와 같은 용법, 곧 공공질서를 유지하는 공민법이다.[45] 오늘날 한국교인들이 고속도로 제한속도를 안 지킨다든가, 세금을 정확히 납부하지 않는다든가 기독교인 정치가가 비자금에 연루된다든가 하는 문제는 바

---

40) 『강요』, III. vi. 1.
41) 『강요』, II. vi. 3.
42) 『강요』, II. vii. 2.
43) 『강요』, II. vii. 9.
44) 『강요』, II. vii. 9.
45) 『강요』, II. vii. 10; II. vii. 11.

로 이 제2용법을 제대로 지키지 않기 때문이다. 이런 점에서 칼빈의 발견은 탁월하다.

(3) 제3 용법: 성화의 채찍질로서의 율법으로, 주인 그리스도의 마음에 들도록 성의 있는 하인이 되려는 성도의 자세를 갖게 하고, 그리스도를 본받도록 성숙하게 하는 율법의 용법을 의미한다.[46] 이 칼빈의 제3 용법 해석도 한국교인들이 열심히 귀 기울여 들어야 할 율법의 중요한 역할이다. 거듭나기 전에는 죄를 깨닫게 하는 율법이 필요하지만, 거듭난 성도들은 더 이상 죄를 깨닫게 하는 율법이 필요 없다고 생각하는 한국교인들이 많다. 그러나 칼빈이 지적한 성화의 채찍질 같은 산상수훈 등의 제3 용법은 한국교인들의 성화수련을 위해 너무나 절실히 요청되는 교훈이다.

4. 참 하나님과 참 사람

칼빈은 동일본질, 본성의 이중성과 인격의 이중성을 통하여 중보자 개념을 설명한다. 중보의 직책을 위해 사람이 되시고, 우리 대신 복종하시며, 구속의 유일한 목적을 위해 그리스도께서 성육신하셨다고 강조한다.

5. 그리스도의 삼직무설

(1) 예언자적 직책: 사 61:1-2, 눅 4:18처럼 그리스도는 거룩한 기름부음을 받은 예언자로서, 성령의 기름부음으로 권능 있는 가르치심을 하신

---

[46] 『강요』, II. vii. 12.

예언의 완성자이다.[47]

(2) 왕적 직책: 그리스도의 주권의 영원성을 의미한다. 교회전체에 대한 왕권과 각 교회에 대한 왕권을 가지신다. 보좌 우편에 앉으셔서 최후통치와 심판을 이루신다.[48]

(3) 대제사장적 직책: 그리스도는 대제사장으로서 하나님과 인간의 화목을 이루시는 화해자와 중보자라는 뜻이다. 영원한 속죄제물을 가지신 제사장으로서(히 9:7), 영원한 속죄는 그리스도의 권한임을 칼빈은 주장한다. 특히 그리스도의 십자가의 죽음은 대제사장직의 혜택과 효험을 갖게 되었다고 해석한다.[49]

6. 그리스도와의 영적 교제

그리스도의 인간 구속 사업은 우리 밖에서는 무용하며,[50] 인간이 그 은혜에 참여하여야 하며 그리스도께서 우리 안에 임재하셔야 한다는 것이다. 그러나 이 은총은 인간이 취득하는 것이 아니다. 하나님이 대가없이 베푸시는 은혜를 논하려면 그리스도에게서 시작하여야 한다는 것이다. 그리스도께서 먼저 우리를 자신의 것으로 만들지 않으신다면 저 은사가 우리에게 이르지 않기 때문이다.[51] 은총은 그리스도를 우리의 소유로 주신 것이고,

---

47) 『강요』, II. xv. 2.
48) 『강요』, II. xv. 5.
49) 『강요』, II. xv. 6.
50) 『강요』, III. I. 1.
51) 『강요』, III. ii. 24.

그를 소유할 때 만물을 소유하게 되며, 그의 자녀가 되고 우리 생의 전환이 일어나고 그 안에서 완전한 구원이 발견된다고 해석한다.[52] 그리스도를 소유하는 것은 신앙과 성령의 역사로 이루어짐을 칼빈은 또한 강조한다. 우리 밖에 계신 그리스도가 우리의 소유가 되는 것은 신앙을 통해서 일어나지만(그것으로만 설명될 수 없고), 우리의 신앙이 하늘까지 상승하는 것처럼 이해되어서는 안 되고 성령의 비밀적인 역사에 의해서 우리가 그리스도와 그의 모든 은총을 향유하게 되는 것이다.[53] 성령은 우리를 그리스도께서 자신과 연결시키는 줄이며(III. i. 1), 그리스도께서 손을 펴사 우리를 잡으시고 성령으로 우리를 세례주실 때에 우리는 그에게 참여하게 된다. 그러므로 이것은 전적으로 신적 기적이라고 칼빈은 해석한다.[54] 말씀을 통한 성령의 역사이다. 설교의 말씀을 통하여 믿음이 일어나게 하시는 것이 성령의 역사이다. 성령은 항상 말씀을 통하여 우리 속에 신앙을 일으키시기에 신앙은 성령의 선물이다.[55] 이렇게 믿음이 성령의 역사로 주어지는 하나님의 선물이라는 것이 바울 이후(엡 2:8) 어거스틴, 루터, 칼빈, 그리고 웨슬리에게까지 이르는 공통된 주장이다.

---

52) 『강요』, III. I. 4.
53) 『강요』, III. I. 1.
54) 『강요』, III. I. 4.
55) 『강요』, III. ii. 6.

5절_성령론

1. 삼위일체와 성령

(1) 성령의 신성: 성령의 신성은 그의 사역에서 입증된다고 칼빈은 강조한다.

첫째, 그의 내주하시는 사역에서 그가 하나님과 같은 신성임을 입증한다는 것이다. 성경은 그의 내주하심에서 '하나님'이라 지칭하기를 회피하지 않는다는 것이다. 그래서 성도는 성령이 거주하시는 성령의 전임을 고전 3:16-17, 6:19, 고후 6:16 등을 통하여 증거하고 있음을 강조한다.

둘째, 성령의 정의로운 예언적 기능을 통하여 그가 하나님임을 증거한다는 것이다. 행 5:4에서 아나니아와 삽비라 부부가 땅값을 속인 것은 성령 하나님을 속인 것이라고 카파도키아 학파처럼 강조한다. 이사야는 선지자를 성령으로 충만하여 보내심을 주장한다.(사 48:16) 또한 이사야는 정의로운 인격을 지니신 성령을 근심시킨 것을 지적한다는 것이다. "주의 성신을 근심케 하였으므로"(사 63: 10). 성령의 신적 위엄을 공적으로 선언한 것으로는 성령을 훼방하는 죄를 지적하는 막 12:32, 막 3:29, 눅 12:10에서 표현하고 있음을 칼빈은 지적한다.[56]

셋째, 우주의 창조가 성부와 성자의 사역인 동시에 성령의 사역이기도 함을 주장한다.[57] 칼빈은 "여호와의 말씀으로 하늘이 지음이 되었으며, 그

---

56) 『강요』, I. xiii. 15.

57) 『강요』, I. xiii. 15.

만상이 그 입기운으로 이루었도다"(시 33:6)를 인용한다. 또한 칼빈은 "하나님의 신은 수면에 운행하시느니라"(창 1:2)라는 창조기사에서 성령은 창조사역에 동참하셨고, 이 세계의 아름다움이 성령의 능력에 의하여 보존되며, 이 세계가 아름답게 장식되기 전에도 벌써 성령께서 혼돈된 덩어리를 돌보셨다는 것이다. 그리고 성령은 만물에게 생기를 불어넣어 본질과 생명과 운동을 가능케 하는 하나님이시고, 우주에 편재하시어 하늘과 땅위에 있는 만물을 유지하신다.[58]

(2) 성부와 성자와의 관계: 칼빈은 성령의 이중유출설(filoque)을 강조하는 서방교회전통을 받아들인다. 성자는 성부로부터만 발생되며, 동시에 성령은 성부와 성자에게서 발생된다. 특히 성경이 성령을 하나님의 영일 뿐 아니라 그리스도의 영이라고 표현하는 롬 8:9, 11, 벧후 1:21, 벧전 1:11 등을 소개한다. 따라서 성령은 성부와 성자의 영이기에, 성령은 성부와 성자와 다른 존재가 아니라는 것을 증명해 준다는 것이다. 칼빈은 I권 xiii장 19절에서 어거스틴의 표현을 통해서 삼위의 관계를 설명한다. "그리스도는 자신에 대하여는 하나님이라고 불리며, 성부와의 관계에서 생각될 때는 성자라고 불린다. 그리고 성부가 자신에 대하여는 하나님이라고 불리고 성자와의 관계에서 생각될 때는 성부라고 불린다. 성자에 대하여 성부라고 불리는 한 그는 성자가 아니며, 성부에 대하여 성자라고 불리는 한 또한 그는 성부가 아니다. 그리고 자신에 대하여 아버지라고 불린 분과 자신에 대하여 아들이라고 불린 분은 동일하신 하나님이시다." 이러한 어거스틴의 해석을 받아들인 칼빈의 성령 이해도 역시 마찬가지다. 성령도 자신에 대하여는 하나님이라고 불리며, 성부와의 관계에서 그리고 성자와의 관계에서 생각될 때는 성령이다. 하나님의 전 본질은 영적이시며, 이 영적인 사실

---

[58] 『강요』, I. xiii. 14.

에서 성부와 성자와 성령이 하나로 이해되어야 한다.[59]

2. 말씀과 진리의 영

믿음은 모두 하나님의 말씀에 의해 일어나는 것인데, 성경의 모든 말씀이 신앙을 일으키는 것은 아니기에 우리의 신앙과 관련 있는 것이 무엇인지를 성령이 깨닫게 해주시는 성령의 역사가 있어야 한다. 말씀 속에서 신앙이 발견해야 할 것이 무엇인지를 가르쳐주는 것이 성령의 역사. 지혜의 영으로 지혜와 말의 재능을 주시고(고전 12:10), 성령은 하나님의 깊은 것이라도 통달하시는 지혜와 진리의 영이시다(고전 2:10). 성령은 내면적 교사로서 우리의 마음을 비추시며, 하나님의 말씀이 들어올 길을 마련하신다. 성령은 특히 십자가의 은총을 우리에게 깨우치게 하심으로 믿음의 사건을 창조하는 것이다. 하나님의 영이 우리를 이끌어주시지 않으면 우리는 그리스도께 갈 수 없고, 일단 그리스도께 끌려가면 우리의 지성과 마음이 우리의 이해력을 초월한다. 이때 우리의 영혼은 성령의 조명을 받아 찬란한 하늘의 비밀을 보게 된다.[60]

3. 믿음의 영

칼빈에게 있어서 우리 속에 믿음을 창조하는 것은 성령의 역사이다. 그

---

59) 『강요』, I. xiii. 18-20.
60) 『강요』, III. ii. 7- 34.

리스도 안에서 약속된 은혜의 진리를 깨닫게 하고 믿게 함으로써 하나님의 자녀로 인치시는 것은 성령의 역사이다. 사도 바울의 고후 4:13을 언급하면서, 성령이 우리에게 주시는 믿음은 우리에게는 원래 없는 믿음을 주시는 것으로서, 그 자체를 바울은 믿음의 마음이라고 불렀다고 칼빈은 해석한다.[61] 어거스틴도 요 6:44, 65을 해석하면서 하나님 아버지께서 먼저 이끄셔야 믿음이 일어난다고 해석하였음을 칼빈은 강조한다. 성령은 믿음의 근원이며 원인이다. 성령은 스콜라적인 인정(accentia)에서 신뢰(fiducia)의 확신과 확실성으로 이끄신다. 또한 성령은 우리 속에 믿음을 불러일으킬 뿐 아니라, 믿음의 점진적 성장도 이룩하신다.[62] 믿음으로 의롭다 하시는 칭의도 성령의 사역이다.[63] 왜냐하면 칭의는 행위에 대한 보수가 아니고 거저 주시는 선물이기 때문이다.[64]

4. 중생과 성화의 영

칼빈은 회개를 두 가지 곧, '죽임(mortification)'과 '살림(quickening, vivification)'이라고 해석한다.[65] 그리고 '살림'은 성령에 의한 거듭남으로 이어짐을 칼빈은 강조한다.[66]

칼빈은 성화는 하나님께서 그리스도를 통하여 성령으로 부어 주시는

---

61) 『강요』, III. ii. 35.
62) 『강요』, III. ii. 33.
63) 『강요』, I. xiii. 14.
64) 『강요』, III. xi. 18.
65) 『강요』, III. iii. 3; III. iii. 5; III. iii. 8.
66) 『강요』, III. I. 2.

은총이라고 했다.[67] 성령은 그리스도에 의한 성화를 우리 마음에 인친다. 벧전 1:2에서 베드로는 성령의 거룩하게 하심으로 순종함과 예수그리스도의 피 뿌림을 얻기 위하여 택하심을 입은 자라고 하였다고 칼빈은 해석한다. 이것은 그리스도께서 거룩한 피를 흘리신 것이 허사로 돌아가지 않도록 하기 위해서, 성령께서 비밀리에 물을 뿌려 우리의 영혼을 깨끗이 씻으신다고 칼빈은 해석한다. 그리스도의 이름과 성령 안에서 의인화와 성화가 주어진다(고전 6:11)고 해석하며, 성령은 우리를 그리스도께로 연결시켜 성화케 하는 띠라고 칼빈은 해석한다.[68]

칼빈은 III권 i장 2절에서 성령을 호칭하기를 '성화의 영(the Spirit of sanctification)'이라고 하였다. 그 성화의 모습은 우리를 세상으로부터 분리시키고, 우리를 영원한 상속의 소망으로 연합케 하는 것이다. 그리고 성령은 우리를 소생케 하시고 우리 안에 하늘 생명의 씨앗과 뿌리가 되신다. 성령은 하나님의 영, 그리스도의 영이시기에 성령과의 사귐이 없으면, 성부의 사랑과 성자의 은혜를 맛볼 수 없다고 강조한다.[69] 또한 III권 1장 3절에서는 '양자의 영(the Spirit of adoption)'으로 표현되었다. 우리 안에서 우리가 하나님의 자녀가 되었음을 인쳐주시는 영적 확증의 영이시다. 그리스도의 영이 없으면 그리스도의 사람이 될 수 없다(롬 8:9, 11). 그리스도를 살리신 이의 영이 우리 안에 계시면, 우리의 죽을 몸도 살리신다는 말씀(롬 8:11)을 강조하면서 동물의 몸과 다르게 영화(glorification)의 몸으로까지 부활시킬 것을 주장하고 있다. 그리고 모든 은사의 근원은 오직 한 분 성령이시기에 일체의 선이 다 이 성령으로부터 오는 것이다. 모든 선한 행위는 사람

---

67) 『강요』, III. xi. 12.
68) 『강요』, III. i. 1.
69) 『강요』, III. i. 2.

자신의 것이 아니고 그리스도의 선물이며, 중생케하시는 성령의 결실이다.[70] 다시 말해서 'monergism'적인 선행론을 강조한다.

> ### 제3장 믿음에 의한 우리의 중생 : 회개
> (회개는 믿음의 결과이다. 이 점에 관한 몇 가지 오류를 고찰함, 1-4)
>
> 회개와 죄의 용서가 복음의 전체라고 하는 데는(눅 24:47, 행 5:3) 충분한 이유가 있다. 그러므로 믿음에 대한 논의가 이 두 가지 논제를 빠뜨린다면, 아무런 효과가 없고 불완전하며 거의 무용한 것이 될 것이다. 그런데 회개와 죄의 용서 — 곧 새로운 생활과 거저 얻는 화해 — 는 그리스도께서 우리에게 주시는 것이며, 우리는 믿음을 통해서 그것을 얻는다. 그런데 회개가 항상 믿음을 따를 뿐 아니라 또한 믿음에서 생긴다는 것은 부정할 수 없는 사실이다. 복음을 전하여 죄가 용서됨을 알리는 목적은 죄인들이 사탄의 압박과 죄의 멍에와 타락한 생활의 질고에서 풀려 하나님 나라로 옮겨가게 하려는 것이므로 이 복음의 은혜를 받아들인 사람은 반드시 과거 생활의 과오를 버리고 바른 길로 돌아서며 회개를 실천하는 데 전력을 다하게 된다. 그러나 어떤 사람들은 믿음보다 회개가 선행한다고 하며, 회개가 믿음을 따르거나, 나무의 열매같이 믿음에서 생긴다는 것을 부정한다. 이런 사람들은 회개의 힘을 깨달은 일이 없고 사소한 이유로 이런 생각을 한다. 그들은 회개는 죽임(mortification)과 살림(vivification)의 두 부분으로 성립된다고 하였다. "죽임"에 대해서 그들은 죄를 인식하며 하나님의 심판을 알게 된 영혼이 슬퍼하며 무서워하는 것이라

---

70) 『강요』, III. xi. 14.

고 설명한다. 누구든지 죄를 진정으로 알게 된 때에는 죄를 미워하기 시작하며, 다음에 진정으로 자신을 싫어하며, 자신이 가련한 자, 멸망할 자인 것을 인정하며 딴 사람이 되기를 원한다. 그뿐 아니라 사람이 하나님의 심판을 조금이라도 느끼게 되면 (여기서는 직접적인 인과관계가 있으므로), 그는 심리적 충격과 타격을 받게 된다. 교만이 꺾이며 낙담하여 떨며 용기를 잃고 절망 상태에 빠진다. 이것이 회개의 시초요 보통 이것을 "통회(contrition)"라고 부른다. "살림"은 믿음에서 생기는 위안이라고 해석된다. 바꿔 말하자면 죄의식으로 좌절에 빠지게 되고 하나님께 대한 공포에 싸였던 사람이 후에 하나님의 선하심을 바라보고 ─ 즉 그리스도를 통한 그의 자비와 은혜와 구원을 깨닫고 ─ 일어나며 정신을 차리며 용기를 회복하고 말하자면 죽었다가 다시 살아나는 것이다. 그런데 "죽임"과 "살림"이라는 말을 바르게 해석한다면 회개의 힘을 충분히 설명할 수 있다. 그러나 "살림"을 기쁨(laetitia) ─ 혼란과 공포에 빠졌던 마음이 진정된 후에 받는 행복감 ─ 이라고 해석한다면, 나는 찬성하지 않는다. "살림"이라고 한 부분은 거룩하고 헌신적으로 살겠다는 소원 ─ 재생에서 생기는 소원 ─ 을 의미한다. 마치 사람이 하나님을 향해서 살기 시작하고 자기에 대해서는 죽는다고 하는 것과 같다.

제6장 그리스도인의 생활

첫째로 성경은 어떤 논거로 우리에게 이 생활을 역설하는가? 성경에 하나님께서 거룩하시므로 우리는 거룩해야 한다는 경고의 말씀이 있다(레 19:2, 벧전 1:15-16). 의의 기초로서 이보다 더 훌륭한 것이 있는가? 참으로 우리는 길을 잃은 양들같이 흩어져서 이 세상의 미로를 헤매고 다녔지만 하나님께서 우리를 다시 모으셔서 자신과 만나게 하셨다. 우리와 하나님과의 연합이라는 말을 들을 때에, 우리는 거룩함이 그 줄이 되어야 한다는 것을 기억해야 한다. 우리가 거룩하기 때문에 하나님과의 친교에 들어간다는 뜻이 아니다. 그렇지 않고 우선 우리는 하나님에게 굳게 결합되어야 하며, 그 결과로 그의 거룩하심이 우리에게 주입되어 그가 부르시는 곳으로 우리가 따라갈 수 있도록 해야 한다. 하나님께서는 사악이나 불결과는 아무 접촉도 하지 않으신다는 것이 그의 영광의 가장 특이한 점이다. 그러므로 성경은 우리가 부르심을 받은 목표는 이것이라고 가르치며, 하나님의 부르심에 응하고자 하면 우리는 항상 이 목표를 주시해야 한다고 한다.

그러나 지상(地上) 감옥인 육체를 쓰고 있는 동안은 아무도 그것을 밀고 나갈 충분한 힘이나 충분한 영력이 없다. 신자의 대부분은 심히 약하다. 그들은 비틀거리며 절름거리며 심지어 기어갈 뿐, 그 움직이는 속도가 아주 느리다. 그러므로 우리는 각각 자기의 미미한 능력의 한도에 따라서 전진할 생각으로 우리가 시작한 여행을 떠나도록 하자. 비록 짧은 거리일지라도 매일 앞으로 나가지 않는다면 그런 출발은 상서롭지 못할 것이다. 그러므로 우리는 주의 길에서 다소라도 부단히 전진하도록 우리의 노력을 중단치 말아야 한다. 우리의 성공이 사소한 때에도 낙심하지 말라. 원하는 데까지 미치지 못하더라도 어제보다 오늘이 나으면 무익한 노력이 아니다. 우리는 다만 진실하고 단순한 마음으로 우리의 목표를 바라보면서 앞으로 나아갈 뿐이다. 자기 만족에 빠지거나 자신의 악행을 변명하지 말고 종점을 향해서 계속 분투 노력하라. 우리의 목적은 선한 일에서 평소보다 조금씩 나아져 드디어 선 자체에 도달하는 것이다. 우리의 전 생애를 통해서 추구하고 따라가는 것은 바로 이것이다. 그러나 육체의 연약을 벗어버리고 그 분과의 완전한 친교에 들어가게 될 때에만 우리는 거기 도달할 것이다.

제7장 그리스도인의 생활의 핵심: 자기 부정

우리와 이웃과의 관계에서의 자기 부정의 원칙, 4-7

4. 자기 부정은 이웃에 대한 우리의 태도를 바르게 한다. 그런데 이런 말을 들을 때에 우리는 자기 부정이 일부는 사람과 관계되고 다른 부분 즉 그 중요 부분은 하나님과 관계된다는 것을 깨닫게 된다. 대인 관계의 행동에서 성경은 우리에게 남을 자기보다 낫게 여기며(빌 2:3), 전심으로 다른 사람에게 선을 행하라고(롬 12:10 참조) 요구한다. 그러나 우리의 마음에서 본성의 감정을 우선 일소하지 않으면, 우리는 이런 명령을 이해할 수 없다. 우리 인간은 모두 자기를 맹목적으로 사랑한다. 그래서 자기를 사랑하며 자기와 비교해서 남은 모두 멸시하는 것을 당연하다고 생각한다.

우리와 하나님과의 관계에서의 자기 부정의 원칙, 8-9

8. 하나님께 대한 자기 부정은 그의 뜻에 대한 헌신이다. 자기 부정의 가장 중요한 부분, 곧 이미 말한 바와 같이, 하나님을 향한 부분을 더 자세히 반복하겠다. 사실 이에 대해서는 이미 말한 것이 많으므로 그것을 반복할 필요는 없다. 다만 이 부분이 우리의 마음을 공정하고 관대하게 만드는 경로를 알리는 것으로 충분할 것이다. 우선 우리가 현세 생활에서 평안과 평온을 얻으려면, 우리 자신과 우리의 모든 소유를 주의 뜻에 맡기며, 우리 마음의 소원을 그에게 일임해서 길들이며 복종시키도록 하라고 성경은 권고한다. 재산과 명예를 탐하며, 권력을 추구하며, 재물을 쌓으며, 호화롭고 사치한 생활에 도움이 되는 듯한 일에 광적인 태도를 보이면서 우리의 욕망은 날뛰며 중단될 줄 모른다.

『기독교강요』, 제III권 : 성령론, p.78-228

6절_예정론

1. 이중예정(double predestination)

앞서 살펴본 대로 어거스틴은 구원받을 자의 예정, 곧 단일예정(single predestination)을 주장하였으나, 칼빈은 어거스틴의 예정론을 더욱 발전시켜 멸망할 자와 구원받을 자의 이중예정으로 발전시켰다. 『기독교강요』에서 칼빈은 이렇게 표현하고 있다. "어떤 자는 영생에 어떤 자는 영원한 저주에 예정되므로, 이 중의 어느 한쪽에 이르도록 창조되므로, 우리는 그를 생명 또는 사망에 예정되었다고 한다."[71]

2. 일반적 예정(general predestination)

칼빈은 하나님이 실제로 개개인의 구원을 예정하신다고 해석한다.[72] 웨슬리는 이러한 일반적 예정 대신 특수예정(special predestination)을 강조한다. 특수예정이란 구원과 상관없이 특수한 선교적 사명을 위해 예정하는 것을 의미한다. 예를 들면 바울의 예정이나 야곱의 예정 같은 것이다. 사도 바울은 어머니 뱃속에서부터 이방인의 사도로 예정된 특수예정을 받았던 것이지 구원의 예정을 받은 것이 아니라는 것이다. 그리고 야곱도 구원의

---

71) 『강요』, III. 21. 5.
72) 『강요』, III. 21. 7.

예정을 받은 것이 아니라 선민 이스라엘을 위한 선교적 특수예정에 든 것이라고 해석한다. 따라서 특수예정에 들지 않았던 에서(Esau)는 구원을 못 받고 버림을 받은 사람이 아니라는 것이다. 오히려 동생을 죽이려고 사백여 명을 거느리고 왔다가 화해하고 포옹한 에서는 구원을 받을 수 있었다고 웨슬리는 해석한다. 가롯 유다는 사도로서의 선교적 예정에 들지 못한 사람이기에 예수님을 배반했다는 것이다. 그러나 가롯 유다도 회개하고 돌이키면 구원을 받을 수도 있었는데, 회개하지 않음으로 구원을 받을 수 없었다는 것이다. 그러나 칼빈은 사명적 특수예정을 거부한다. 웨슬리처럼 유다는 사도로서의 사명적 특수예정에 들지 않은 것이라 보지 않고, 구원의 예정에 들지 않았기 때문에 예수님을 배반하고 자살하여 타락했다고 언급한다.[73]

3. 하나님의 주권

칼빈의 예정 이해는 하나님의 주권을 강조하는 것이다. 하나님이 야곱을 선택하신 것처럼, 토기장이처럼 그의 주권에 의해 인간 구원이 이루어진다.[74] 웨슬리도 구원은 하나님의 주권에 의해서라고 일치하게 주장하나, '하나님이 먼저 찾아오시는 선재적 은총(prevenient grace)은 인간의 자유의지를 회복시켜서 하나님이 일하시니 우리도 일한다'(요 5: 17)는 복음적 신인협조설(evangelical synergism: 하나님 100%, 인간 100%)로 응답하는 은총(responsible grace)이지, 칼빈처럼 하나님 홀로(하나님 100% 인간 0%) 일하는 것(monergism)이 아니다.

---

73) 『강요』, III. xxiv. 9.
74) 『강요』, III. 22. 1-6; III. 22. 5-6.

4. 무조건적 선택(unconditional election)

하나님은 믿음과 상관 없이, 윤리적 상태와 상관 없이, 거룩하기 때문에 선택함이 아니라 거룩하게 만들기 위해 선택하신다.[75] 칼빈은 하나님이 예정된 자에게 믿음을 주신다고 한다. 그러나 웨슬리는 믿는 자를 그리스도 안에서 예정한다고 한다. 그래서 이것을 조건적 일반예정(conditional general predestination)이라고 한다. 웨슬리는 앞서 말한 대로 구원과 관계되는 일반예정을 비판하고 특수한 선교적 사명자들을 예정한다고 주장하지만, 그리스도를 믿는 자는 그리스도 안에서 예정되는 구원의 예정을 인정한다. 이것을 다른 말로 예지 예정설이라고 한다. 한 사람 한 사람의 구원과 멸망을 나기 전부터 정해놓은 것이 아니라, 그리스도를 믿는 자들은 그리스도 안에서 미리 예지 예정된다는 것이다. 그러나 칼빈은 예지가 아닌 예정을 강조한다.[76] 이것은 칼 바르트(Karl Barth)가 말하는 교회 안에서의 예정과 상당히 흡사하다. 그래서 바르트식의 교회 안에서의 예정을 말하는 칼비니스트들과 그리스도 안에서의 예정을 말하는 웨슬리안들은 대화의 문을 열 가능성이 크다.[77] 그리고 칼빈도 우리는 그리스도 안에서만 선택된다고 말한다. 그리스도는 우리의 선택의 거울이시고, 그리스도에 대한 신앙은 '하나님의 자녀로 인정하신다는 것을 우리에게 증거하시는 분이 그리스도'라고 주장한다.[78] 이 점은 웨슬리와 상당히 근접함을 알 수 있다.

---

75) 『강요』, III. 22. 3.

76) 『강요』, III. xxii. 8.

77) 장로회 신학대학교 이형기 박사(발제)와 노영상 박사(논찬)가 감신대에 와서 심포지움을 가질 때 이러한 입장을 개진함으로써 웨슬리안들인 필자와 임승안 박사(나사렛 대학교)가 상당히 진지한 공감대를 이루는 대화를 나눌 수 있었다.

5. 예정의 필요성과 숨어계신 하나님의 뜻

하나님의 은혜와 인간의 겸손을 위해 예정이 필요하다고 칼빈은 주장한다. 예정이 없다면 하나님의 은혜를 명백하게 드러낼 수 없으며, 우리를 겸손하게 가르칠 수도 없다는 것이다. 그리고 예정은 숨어계신 하나님의 뜻, 헤아릴 수 없는 신의 뜻이라고 강조한다.[79] 예정은 우리가 하나님께 힐문할 수 없는 숨은 뜻이요, 우리의 이성이 물을 수 없는 뜻이라고 칼빈은 주장한다.[80]

6. 제한적 속죄론(limited atonement)

그리스도의 속죄는 제한된, 예정된 사람들에게만 필요한 은총이라고 칼빈은 해석한다.[81] 만인의 구속을 원하지 않고, 회개의 문을 만인에게 열어주시지 않는다고 강조한다.[82] 결국 그리스도는 구원의 예정에 든 자만을 위해 죽으신 것이 되었다. 이에 대하여 웨슬리는 "값 없이 주시는 은총(Free Grace)"이란 설교에서 그리스도는 만인을 위해서(for all), 만인 안에서(in all) 죽으신 것이라고 강조한다. 이를 가르켜 만인 속죄론(universal atonement)라고 말한다. 그러나 웨슬리의 만인 속죄론은 오리겐의 만인 구원론과 다르

---

78) 『강요』, III. xxiv. 5.
79) 『강요』, III. 21. 1.
80) 『강요』, III. xxiii. 4-5.
81) 『강요』, III. xxiv. 15, III. xxii. 10.
82) 『강요』, III. xxiv. 15.

다. 오리겐의 만인 구원론은 사탄도 구원받는다고 하지만 웨슬리는 사탄은 구원을 받을 수 없다고 한다. 예수는 만인의 속죄를 위해 죽으셨으나 안 믿으면 구원의 속죄가 효력을 발휘하지 못한다는 웨슬리의 견해이다. 칼빈 역시 제한된 속죄론을 말하면서도, 누가 예정의 수효에 들고 누가 예정의 수효에 들지 않았는지를 모르므로 우리는 모든 사람들의 구원을 원해야 한다는 것이다.[83]

7. 하나님의 뜻에 의한 유기

칼빈은 하나님의 주권에 의한 멸망, 유기에 대한 두려움을 강조한다.[84] 유기를 통한 선택, 버림과 대조되어야 선택이 성립된다는 것이다.[85]

8. 죄의 원인

칼빈은 하나님의 뜻과 인간의 허물이 죄의 원인임을 지적하고 하나님은 죄의 타락을 예정하시나, 멸망의 원인과 기회는 인간에게 달려 있음을 주장한다. 하나님의 섭리와 인간의 허물이 죄의 원인이다. 결국 죄의 근인(近因)은 인간이고 원인(遠因)은 하나님이라고 강조한다.[86]

---

83) 『강요』, III. xxiii. 14.
84) 『강요』, III. xxiii. 7.
85) 『강요』, III. xxiii. 1.
86) 『강요』, III. xxiii. 9.

9. 예정의 목적으로서의 성화

칼빈은 예정을 확증하기 위한 성화적 삶, 선택의 목적은 거룩하고 흠 없는 삶을 살도록 하는 것, 선을 추구하게 하는 것임을 주장한다.[87] 거룩하기 때문에 예정하신 것이 아니라 거룩하게 하기 위하여 예정하셨으며(III. xxii. 3) 예정의 선택은 선행의 결과로 된 것이 아님을 야곱의 경우로 증명된다고 칼빈은 말한다.(III. xxii. 5)

10. 견인의 은총(perseverance)

예정된 성도들은 타락하지 않도록 하나님이 끝까지 지키신다고 칼빈은 주장한다. 그리스도께서 견인을 보장하심을 말한다(요 6:37, 요 6:39).[88] 그러나 웨슬리는 성도들이 항상 타락할 수 있다고 보는데 그 이유는 자유의지 때문이다. 성령의 내적 확증(inner assuarance)을 강조하면서도, 항상 두렵고 떨림으로 구원을 이루어야 함을 주장한다. 특히, "하나님께로부터 태어난 자들의 특권(The Great Privilege of Those Who Are Born of God)"이란 설교에서 다윗이나 베드로처럼 항상 타락할 수 있음을 경고하고 성령의 권면, 경고, 근심, 탄식, 꾸짖음을 외면하면 타락할 수 있다고 주장한다. 스스로 섰다고 하는 자는 넘어질까 조심해야 하고, 천국은 침노하는 자가 빼앗는다고 주장한다. 그러므로 뒤의 것은 잊어버리고 항상 앞을 향하여 달려가야 한다.

---

87) 『강요』, III. xxiii. 12.
88) 『강요』, III. xxiv. 6-7.

11. 창세전의 예정(supralapsalismus)

공로의 예지와 관계없이 하나님은 창세전에 예정하신다는 것이다.[89] 어거스틴 타락 후 예정(infralapsalismus)을 말한다. 그러므로, 칼빈은 더욱 철저한 예정을 말한다.

---

89) 『강요』, III. xxii. 2.

제21장 영원한 선택 : 하나님께서는 이 선택에 의해 어떤 사람은 구원에, 또 어떤 사람은 멸망에 처하도록 예정하셨다. (이스라엘 백성과 각 개인에 관련해서 예정을 정의하며 설명함, 5-7)

5. 하나님의 예정과 예지 : 이스라엘의 선택

경건한 사람으로 인정을 받고자 하는 자는 아무도 예정, 즉 하나님께서 어떤 사람은 생명의 소망을 가질 수 있도록 선택하시고, 어떤 사람에게는 영원한 사망을 선고하시는 그 예정을 감히 부정하지 못한다. 그러나 우리의 반대자들, 특히 예지를 예정의 원인이라고 하는 사람들은 여러 가지 잡다한 반대 의견으로 예정설을 덮어 버린다. 물론 우리는 예정과 예지를 다 하나님 안에 두지만, 예정을 예지에 종속시키는 것은 어리석은 짓이라고 주장한다. 하나님께 예지가 있다고 우리가 말하는 것은, 모든 일은 하나님의 눈 앞에 항상 있었고 또 영원히 있을 것이며, 따라서 하나님께서는 어떤 것도 미래나 과거가 아니라 모든 것이 현재로 나타난다는 뜻이다. 그리고 모든 것이 현재라고 하는 것은 우리의 마음이 기억하고 있는 것이 현재 우리 앞에 있는 것과 같이, 하나님께서는 모든 것을 개념을 통해서 생각하고 계실 뿐 아니라, 참으로 그 모든 것이 그의 앞에 놓여 있는 것같이 보시며 식별하신다는 뜻이다. 그리고 이 예지는 우주 전체를 통해서 모든 피조물에 미친다. 우리는 예정을 하나님의 영원한 작정이라고 부르며, 이 작정에 의해서 하나님께서는 각 사람이 어떻게 되기를 원하신다는 것을 스스로 예정하셨다. 이는 모든 사람이 같은 상태로 창조되는 것이 아니라, 도리어 어떤 사람을 위해서는 영생이 예정되며 어떤 사람을 위해서는 영원한 저주가 예정되기 때문이다. 각 사람은 이 중의 어느 한 쪽 결말에 이르도록 창조되므로, 우리는 그를 생명 또는 사망에 예정되었다고 한다.

◎ 선택 교리의 요약

그러므로 우리는 성경이 분명히 보여주는 바와 같이, 하나님께서는 그의 영원하고도 변할 수 없는 계획에 따라 구원으로 받아들이실 사람들과 멸망에 내어 주실 사람들을 오래 전에 확정하셨다고 말한다. 선택된 사람들에 관해서 이 계획은 그들의 인간적 가치와는 관계없이 하나님의 값 없이 베푸시는 자비를 근거로 한 것이다. 그러나 하나님께서는 공정 무흠하면서도 불가해한 판단으로, 저주에 넘겨주신 사람들에게는 생명의 문을 닫으셨다. 그런데 선택받은 사람들 사이에서는 우리는 하나님의 부르심을 선택의 증거라고 인정한다. 그리고 선택받은 자들이 선택의 완성인 영광으로 들어갈 때까지, 칭의도 선택을 나타내는 한 표징이라고 생각한다. 그러나 주께서 소명과 칭의에 의해서 선택된 자들을 인치시는 것과 같이, 버리신 자들에 대해서는 그의 이름에 대한 지식이나 성령에 의한 성결의 길을 끊으심으로써, 이를테면 이런 표로써 어떤 심판이 그들을 기다리고 있는가를 계시하신다.

제 22장 성경의 증거에 의한 이 교리의 확인

11. 제외되는 것도 행위 때문이 아니고 오직 하나님의 뜻에 따라서 생기는 일이다. 이제 버림을 받는 자들에 대해서 간단히 말하려 한다. 이 사람들에 대해서도 사도는 동시에 관심을 보인다. 야곱이 아무 선행의 공로가 없이 은혜를 받게 된 것과 같이, 에서는 아직 범죄로 더럽혀진 일이 없으면서 미움을 받았다(롬 9:13). 우리가 행위에 눈을 돌린다면, 우리에게도 분명한 일을 사도가 보지 못했다는 것같이 되어, 그를 모욕하는 것이 된다. 그런데 사도가 행위를 보지 않았음이 증명된다. 왜냐하면, 그들이 아직 선악간에 아무것도 하지 않았을 때에 하나는 선택되고 하나는 버림을 받았다고 역설하기 때문이다. 이것은 하나님의 예정이 행위를 근거로 삼은 것이 아님을 증명하기 위해서이다. 다음에 그는 하나님이 불의하시냐는 문제를 언급하였을 때에도, 하나님의 의를 가장 확실하고 분명하게 옹호할 수 있을 듯한 방법을 쓰지 않는다. 즉 에서에게는 그의 사악함에 따른 보상을 주신 것이라고 하지 않는다. 오히려 그는 버림받은 자들도 그들을 통해서 하나님의 영광을 드러내기

위해서 세움을 받는다고 하는 다른 해결 방법으로 만족한다. 그리고 끝으로 "하나님께서 하고자 하시는 자를 긍휼히 여기시고 하고자 하시는 자를 강퍅케 하시느니라"(롬 9:18)는 결론을 첨가한다.

제 23장 이 교리를 겨냥한 거짓되고 부당한 비난들에 대한 반박(유기는 선택에 동반되며, 하나님의 뜻으로 하시는 일이다. 1-3)이다.

1. 선택은 있어도 유기는 없는가?
인간의 오성(悟性)은 이런 말들을 들을 때, 그 교만을 억제할 수 없어, 전투 나팔이나 들은 듯이 함부로 날뛰며 소동을 일으킨다. 참으로 많은 사람들은 하나님으로부터 책망을 받지 않으려는 듯이 선택을 용인하면서도 누군가 정죄를 받는 자가 있다는 것을 부정한다. 그러나 이것은 대단히 무지하고 유치한 짓이다. 버림과 대조되지 않으면 선택은 성립될 수 없다. 하나님께서는 구원하시기로 정하신 사람들을 따로 구별하신다고 말하면서, 선택만이 소수에게 주는 것을 다른 사람들은 우연히 또는 자기의 노력으로 얻는다고 말하는 것은 심히 어리석은 짓일 것이다.[90]

7. 하나님께서는 죄로 타락하는 것도 예정하셨다
그들은 하나님께서 아담이 반역으로 멸망하도록 결정하셨다는 말씀은 없다고 말한다. 이것은 성경이 "원하시는 모든 것을 행하신다"고(시 115:3) 선포하는 그 하나님께서 그의 피조물 중의 가장 고귀한 존재를 목적이 불확실하게 창조하셨다고 하는 것과 같은 말이다. 그들은, 사람에게는 자기의 운명을 선택할 자유가 있었으며, 하나님께서는 사람을 그 공과(功過)에 따라서 처리하시겠다는 것 외에는 아무

---

90) 루터파의 견해를 염두에 두고 하는 말이다. 후에 Formula of Concord의 (예정과 선택에 관한) Epitome XI의 3, 4에서는, 예지는 모든 사람에게 미치고 선택은 경건한 사람들에게만 미친다고 한다(Concordia Triglotta, pp. 832f.). cf. Melanchthon, Loci theologici(1543) (Melanchthon XXI, 915f.).

것도 정하신 것이 없었다고 한다. 만일 이런 무익한 조작이 용인된다면, 아무것도 의지하시지 않고 자신의 비밀한 계획에 따라 만사를 주관하시는 하나님의 전능은 어디 있을 것인가? 그들이 싫든 좋든간에 예정은 아담의 후손들에게 나타난다. 한 조상의 죄 때문에 모든 후손이 구원을 받지 못하게 되는 것은 저절로 생긴 일이 아니었다. 그들이 인류 전체에 관해서 마지못해 인정하는 것을 왜 한 사람에 대해서는 인정하지 못하는가? 왜 그들은 이런 핑계로 그들의 노력을 낭비하는가? 성경은 모든 사람이 한 사람으로 인해서 영원한 사망에 예속되었다고 선언한다(롬 5:12 이하 참조). 이 일은 자연에 돌릴 수 없으므로, 하나님의 놀라운 계획에서 온 것이 분명하다.

9. 둘째 반대론에 대한 반박을 요약함

자기들은 필연적으로 죄를 짓지 않을 수 없으며, 특히 이 필연성은 하나님의 결정으로 자기들에게 부과된 것이기 때문이라고 주장한다. 그러나 나는 그들이 당연히 용서를 받아야 한다는 것을 부정한다. 왜냐하면, 그들을 멸망하도록 예정했다고 그들 자신이 불평하는 그 하나님의 결정에는 우리는 알 수 없으나 그 자체의 공정성이 있어서 아주 확실하기 때문이다. 그러므로 우리는 그들이 받는 모든 재난은 하나님의 지극히 공정한 심판이 내리는 벌이라고 결론을 내린다. 따라서 그들은 자기들이 정죄를 받은 원인을 찾기 위해서 감추어진 성역(聖域)인 하나님의 계획으로 시선을 돌리고, 정죄의 진정한 원천인 자기들의 부패한 본성은 못 본 체하는 것은 패악한 행동이라고 우리는 주장한다. 하나님께서는 자신에 대한 비난을 막으시기 위해서 자신의 피조물에 대하여 증거하신다. 사람은 현재 당하고 있는 재난을 당하도록 하나님의 영원한 섭리에 의해 창조되었지만, 재난이 생기는 근인(根因)은 하나님께 있는 것이 아니라 사람에게 있다. 왜냐하면 사람이 하나님께서 순결하게 창조하신 상태에서 부패하고 불순하고 패악한 상태로 타락했다는 것이 그가 멸망하는 유일한 이유이기 때문이다.

제24장 선택은 하나님의 소명으로 확인되나 악인은 예정된 공정한 멸망을 자초한다

3. 믿음은 선택의 결과이며, 선택은 믿음에 의존하지 않는다
여기서 우리는 두 가지 오류에 주의해야 한다. 어떤 사람들은, 사람은 선택에 동의함으로써 하나님의 협력자가 된다고 생각한다. 그들의 입장에서는, 사람의 의지가 하나님의 계획보다 우위를 점한다. 이는 우리가 받는 것은 믿는 능력뿐이고, 믿음 자체는 아니라고 성경에서 가르치는 바와 같은 생각이다. 또 어떤 사람들은 처음에 말한 "어떤 사람들"은 로마 가톨릭 학자들이고, "또 어떤 사람들"은91) 성령의 은혜를 그렇게까지 악화시키지 않으면서도, 어떤 이유로 선택을 믿음에 의존시킨다. 마치 믿음에 의해서 확인되지 않으면 선택은 의심스럽고 효력이 없게 된다는 것과 같은 생각이다.

7. 참으로 믿는 사람은 탈락하지 않는다.
그러나 그리스도의 백성같이 보이는 사람들이 그에게서 다시 떨어져 멸망으로 급행하는 것은 매일 있는 일이다. 참으로, 그리스도께서는 아버지께서 자기에게 주신 사람들은 하나도 멸망시키지 않았다고 하신 말씀에서도 "멸망의 자식"만은 제외하셨다(요 17:12). 물론 그렇다. 그러나 이런 사람들이 진심으로 그리스도를 신뢰하고 그에게 매달린 일이 없는 것도 사실이다. 우리는 진심으로 신뢰해야만 선택을 굳게 확신할 수 있다.

『기독교강요』 III. 중권, p.500-573

---

91) 루터파, 특히 멜랑히톤이다. Loci Theologici(CR Melanchthon XXI, 451, 914)를 보라. 여기서 쓰는 논법은 본장 2절의 논법과 연결된다.

7절_의인화론

　의인화론(義認化論)은 루터와 칼빈을 비롯한 종교개혁가들에게서 공통적으로 나타나는 것으로서 이것이 종교개혁의 처음이요 나중이며, 출발점이요 동시에 핵심이 된다. 루터와 칼빈은 로마 가톨릭 교회가 주장하는 인간의 공로와 선행이 구원의 조건, 의인화의 조건이라는 선행 의인화(justification by good works)에 대하여 강력하게 투쟁하면서, 신앙 의인화(justification by faith)를 강하게 주장하였다. 그리고 성서학자인 루터가 로마서 주석을 통하여 칭의 개념을 발견함으로써 종교개혁을 일으켰다면, 조직신학자인 칼빈은 이것을 보다 체계적으로 조직화하였다고 해석할 수 있다. 또한 루터의 의인화론이 그리스도의 사건을 중요하게 강조하는 기독론 중심의 의인화론이라면, 칼빈의 의인화론은 그리스도의 십자가 사건을 언급하면서도 하나님의 절대적 주권에 의한 예정이 전제된 의인화론이라는 점에서 신론중심의 의인화론이라고 할 수 있다. 따라서 루터 신학을 기독론 중심의(Christocentric) 신학이라고 일반화할 수 있다면, 칼빈 신학은 신론중심의(Theocentric) 신학이라고 일반화할 수 있다.

1. 하나님의 절대적 주권성에 의한 의인화

　칼빈에게 있어서 구원의 핵심사건인 의인화는 하나님의 절대적 주권성과 절대적 자유에서 나온다. 다시 말해서 하나님의 주권에 의하여 구원받을 자가 예정되는데, 그 예정된 자들에게 의인화의 은총이 나타난다. 예정이 인간에게서 나온 것이 아니고 하나님에게서 나온 것처럼, 의인화도 인간에게서 나온 것이 아니고 하나님에게서 나온 것이기에 그리스도의 의가 먼저 다가오면 인간에게 믿음이 일어난다고 이해한다. 그리고 그 믿음조차도 하나님의 은혜요 선물이다.

2. 값 없이 베푸시는 은총

의롭다 하심은 먼저 하나님께서 값 없이 베푸심으로 시작된다(III. 11. 16). 거저 주시는 선물이요 은혜요 은사라는 뜻이다(III. 11. 18). 이 값 없이 베푸시는 의롭다 하심의 개념은 칼빈이 바울에게서 배우는 신학적 개념으로서, 어거스틴, 루터, 멜랑히톤, 츠빙글리, 웨슬리 등에게도 이어지고 있다. 하나님은 이 값 없이 베푸시는 은혜로 죄인을 포용하시고, 용납하시고, 받아주신다. 그 다음으로는 사람으로 하여금 믿음을 체험하게 하신다. 이는 믿음으로 말미암아 구원을 소유하게 하며, 그리하여 그리스도의 중재와 죄의 용서를 받아 의롭다 하심을 체험하게 한다(III. 11. 16). 여기에서 칼빈은 신앙적 의와 율법적 의에 대하여 바울의 견해를 따르고 있는데, 즉 율법은 선행을 통한 의를 강조하지만 복음은 조건 없이 하나님이 거저 주시는 자비를 믿음으로 말미암아 얻는 의를 강조한다고 해석한다(III. 11. 17-18).

3. 전가하시는 그리스도의 의(imputed righteousness)

인간이 능동적으로 쟁취하는 능동적인 그리스도의 의가 우리에게 다가오는 것이 아니라, 칼빈도 루터처럼 그리스도의 의가 수동적으로 성도들에게 옷 입혀지는 객관적 은총(objective grace)이라고 이해한다(III. 11. 2). 칼빈은 계속해서 누가복음, 로마서, 갈라디아서 등을 인용하면서 그리스도에 의하여 의가 전가되는 것은 법정적인 의(forensic righteousness)라고 해석한다. 그래서 오시안더(Osiander)가 주장하는 실제적 의(real righteousness)를 강력하게 비판한다. 오시안더의 의인화는 중보자 그리스도의 은혜만으로, 그리스도 안에서(in Christ) 의롭다 하심을 얻는 것이 아니라, 하나님이 우리와 본질적으로 결합될 때 우리는 하나님의 의에 참여하게 된다는 것이다(III. 11. 5). 웨슬리는 바로 이 점에서 칼빈과 다르다. 의인화의 사건에서는 웨슬리도 칼빈처럼 법정적 의를 강조함으로써 오시안더 같은 실제적 의를 반박한다. 그러나 성화의 과정에서는 성도들도 법정적 의에만 머무르지 않고, 실제적 의로 변화하여 하나님의 성품과 그리스도의 형상에 참여하게 됨을 강조한다. 그러나 칼빈은 이렇게 성도 안에서도 실제적인 의가 이루어져야 함을 강조하지 않는다. 칼빈에게 있어서 의는 인간에게 있지 않고 인간 안에 본성적으로 의로움이 일어남이 강조되지 않으며 오직 그리스도 안에 있고, 인간이 의를 소유하는 것은 다만 그리스도의 의에 참여하기 때문이다(III. 11. 23). 그러므로 프로테스탄트 종교개혁 신학의 약점은 루터나 칼빈이 어느 정도는 실제적 의를 강조하였지만, 하나님의 성품에 참여하는(벧후 1:4) 적극적인 본성적 의(impartation)에 대하여는 강조하지 않았기에 성화론이 약하다는 것이다. 예수를 믿는 것은 잘하나 예수를 본받는 것은 부족하다는 것이다. 그래서 웨슬리가 이러한 본성적 의로움으로서의 성화 사상을 발전시킨 것이다.

3. 믿음에 의한 의인화

의인화는 선행으로가 아니라 전적으로 믿음으로만 일어난다. 믿음은 선행을 필요로 하지 않으며, 다만 믿음을 통하여 하나님의 자비로 값 없이 의롭다 함을 얻는 것이다. 칼빈은 행위로서 의롭다 하심을 얻는 것과 믿음으로 의롭다 하심을 얻는 것의 차이를 비교하면서, 행위로는 의롭다 하심을 얻을 수 없으며, 오히려 하나님께서 우리를 의인으로 받아주시는 은총을 통해서(through grace) 믿음으로만(by faith) 의롭다 하심을 얻을 수 있음을 강조한다. 칼빈은 중세 스콜라주의자들과 펠라기우스주의자들이 강조하는 것처럼 믿음과 선행의 두 근원에서 나오는 의롭다 하심은 몽상에 지나지 않음을 강조한다(III. 11. 13). 즉 율법은 행위에 의를 돌림으로써 행위를 조건으로 하는 반면, 복음은 행위의 도움을 받지 않고 거저 의를 준다는 것으로 조건 없이 하나님의 자비에만 의존하면 된다고 칼빈은 해석한다(III. 11. 17-18). 그러므로 칼빈은 허무한 가짜 의, 자신의 선행을 자랑하는 의를 비우는 자기부정과 자기비움을 통해서 그리스도에게 나아가고 하나님의 자비를 받을 수 있다고 말한다(III. 12. 8). 그리고 중세 스콜라주의가 강조하는 율법적 선행과 의가 인간발생적인 것을 자랑한다면, 칼빈과 루터가 강조하는 신앙은 그리스도로부터 성령의 역사로 수동적으로 받는 선물이다. 엡 2:8 말씀처럼 믿음으로 우리가 구원을 얻는데 그 믿음은 하나님이 주시는 선물이다.

4. 화해와 양자의 은총

칼빈은 믿음의 의는 하나님과 화해를 이루며, 화해는 모든 허물과 죄들을 용서받는 죄 사함을 이룬다. 그리고 더욱 나아가 하나님의 원수에서 이제는 하나님의 자녀로 양자된다. 그래서 칼빈은 바울의 화해의 말씀을 인용한다.

> 하나님께서 그리스도 안에 계시사 세상을 자기와 화목하게 하시며 저희의 죄를 저희에게 돌리지 아니하시고 화목하게 하는 말씀을 우리에게 부탁하셨느니라(고후 5:19).
> 하나님이 죄를 알지도 못하신 자로 우리를 대신하여 죄를 삼으신 것은 우리로 하여금 저의 안에서 하나님의 의가 되게 하려 하심이니라(고후 5:21).

5. 의인화의 두 가지 목적

의인화에는 두 가지 목적이 있다. 첫째 목적은 하나님께 영광을 돌리는 것이다. 인간이 자신의 선행과 자신의 의를 자랑하면 그만큼 하나님의 영광을 줄이는 결과를 가져온다. 그러나 인간이 그리스도의 의를 자랑하고 그리스도의 의로 의롭다 하심을 얻게 되면 오직 하나님께 영광을 돌리게 된다. 자신의 의로운 행위와 능력은 전적으로 하나님께 있다고 고백함으로써 의에 대한 찬양은 전적으로 주님의 소유물이 되어야 함을 칼빈은 강조한다(III. 13. 1-2).

의인화의 두 번째 목적은 안식과 평안을 얻는 것이다(III. 13. 3, III. 13. 5).

의롭다 하심을 얻을 때, 인간의 영혼은 하나님과 화해하게 됨으로써 말할 수 없는 기쁨과 평화가 물밀 듯 찾아온다. 그리고 인간의 양심이 하나님 앞에서 평안하기 위해서는 이러한 의가 하나님의 선물임을 깨달아야 한다. 값 없이 거저 주시는 말할 수 없는 선물이기에 더욱 감사하고 더욱 기쁘고 더욱 평안하고 더욱 안식을 누리게 되는 것이다.

6. 그리스도를 통한 이중적 은혜

칼빈에게 있어서 거듭남과 의인화는 모두 그리스도를 통하여 이중적으로 임하는 은총이라고 보았다(III. 11. 1). 웨슬리의 경우, 의인화와 거듭남이 모두 그리스도의 십자가 사건을 믿음으로 일어나는 은혜라는 점에서는 공통적이라고 보면서도, 의인화는 그리스도께서 우리를 위하여(for us) 우리 밖에서(out of us) 다가오는 객관적 은총(objective grace)이며, 거듭남은 성령이 우리 안에서(in us) 내주하심으로써 임하는 주관적 은총이라고 구분 짓는다. 그러나 칼빈은 의인화는 앞서고 거듭남은 의인화의 결과로 따라오는 필연적인 결과라고 해석하지만, 웨슬리는 의인화와 거듭남은 시간적으로 동시적이요 다만 논리적으로만 의인화(하나님과의 관계회복)가 앞서고 거듭남이 따라올 뿐이라고 말한다.

그리고 웨슬리는 회개는 믿음보다 앞서는 선재적 은총이며 회개 이후에 믿음이 다가온다고 보았으나, 칼빈은 회개는 믿음 이후에 다가오는 은총으로 보았다. 믿는 자들에게 회개가 임한다는 것이다. 이것은 예정된 자에게 믿음이 주어지고 회개가 주어지며 예정을 구원의 출발로 보는 칼빈의 시각과, 예정의 은총이 아닌 선재적 은총으로 회개가 일어나고 믿음이 주어진다는 웨슬리의 시각의 차이라고 할 수 있다.

8절_성화론

칼빈은 성화의 출발로서의 거듭남을 말한다. 칼빈은 하나님의 영으로 중생하여 진정한 성화에 관심을 가지는 자를 참 크리스천으로 생각하였고 (Ⅲ. xiv. 1) 웨슬리처럼 성령에 의한 성화를 말한다. 의인화는 그리스도를 통하여 주시는 화해의 은총이고, 성화는 그리스도의 영에 의하여 흠 없고 순결한 생활로 변화되는 것을 의미한다(Ⅲ. xi. 1). 그러나 오시안더(Osiander)를 논박하면서, 그리스도의 의가 성도들의 의가 되는 본질적인 의(real righteousness)로 변화되는 성화를 인정하지 않는다(Ⅲ. xi. 5-12). 이 점은 웨슬리가 강조한 부분이다. 성화는 점진적 성화(slow process: gradual sanctification)이다. 의인화는 순간에, 성화는 점진적인 진보로 나타난다고 보았다(Ⅲ. iii. 3). 마치 겨자씨가 자라나듯이 점진적으로 성장하고 성숙해감을 주장한다. 이 점에서는 웨슬리도 마찬가지로 점진적인 성숙을 주장한다.

칼빈이 성령의 역사를 통한 죽임과 살림의 과정을 해석하는 것이 괄목할 만하다. 성령을 통하여 나의 정과 욕심을 십자가에 못박는 죽임(mortification)과 그리스도가 내 안에서 사는 살림(vivication)의 과정을 통하여 성화시키는 성령의 역사를 quickenning으로 묘사한다(Ⅲ. iii. 6). 자아부정(self-denial)을 통해서 소극적으로는 세속적 욕망과 불경건을 죽이게 하며, 적극적으로는 의롭고 거룩한 생활을 가능케 하며 하나님 사랑과 인간 사랑이 가능하게 한다(롬 12:1, 디 2:11-14)(Ⅲ. vii. 3).

칼빈은 성결(holiness)로서의 성화를 주장한다. 거룩한 생활을 열망하면서 게으름과 나태함에 빠지지 말아야 하며(Ⅲ. xxiii. 12) 성결을 위한 매일의 투쟁을 강조한다(Ⅲ. vi. 5). 또한 칼빈은 생활의 성결은 하나님의 영광을 위한 것이어야 하며(soli gloria Deo) 성결과 자아죽음을 훈련을 위해 성화의 채찍질과 자극과 선생으로서의 율법의 제3용법이 필요함을 주장한다(II. vii. 12). 사랑을 위한 채찍질, 십자가를 지도록 하는 채찍질, 영원한 미래의 삶을 명상하도록 하는 채찍질, 이 세상에서 은사를 절제 있게 사용하도록 하는 채찍질이 되고, 우리 삶의 모범이 되시는 그리스도를 닮아가게 한다는 것이다.

칼빈은 성화를 구원의 확증과 소명으로 해석한다. 성령은 우리의 구원이 신실하신 하나님의 돌보심 아래 안전하게 보장되어 있으며 우리가 하나님의 자녀임을 확증시키기 위해 우리를 일깨우시는 성화의 은혜를 베푸심에 있음을 칼빈은 주장한다(III. I. 3). 칼빈은 구원확증의 두 가지 방법을 강조한다. 첫째는 성령이 말씀의 설교를 통하여 확증되고 우리가 뜨거운 마음으로 복음의 설교에 응답함으로써 선택받았음을 확증한다. 둘째로는 이 구원의 확증을 위해 삶의 행동과 직업의 소명의식으로 노력함으로써 얻을 수 있다(III. x. 6). 칼빈은 게으름을 가장 위험한 악으로 책망한다. 게으른 자는 사회적 기생충이라고 비판하며, 부지런히 노동하고 거룩하게 사는 금욕적 생활을 강조한다. 이 거룩한 금욕주의적 직업의식과 노동의식이 청교도적 행동주의와 자본주의를 발전시켰다. 그리고 가난한 소자들에게 나누어 주는 것이 하늘나라의 저축이라고 주장한다(III. xiii. 6). 헌금만 하늘나라의 저축이 아니라 가난한 사람들에게 나누어주는 것도 하늘나라의 저축이라고 본 것은 웨슬리와 같다. 칼빈과 웨슬리의 이러한 하늘나라 저축 정신을 한국교회가 많이 배워야 한다.

칼빈은 제네바 시에서 이러한 성화가 사회적 성화로 이어지도록 운동을 전개하였다. 하나님의 신정정치가 실현되는 제네바 성시 운동을 전개한 것이다. 이 성시 운동을 통하여 많은 사람이 처형되기도 하고, 유배되기도 하였다. 거기에 대하여 칼빈은 자신은 성경선생으로서 성화를 가르쳤을 뿐 폭군이 아님을 변명하고 우리는 한 형제와 가족으로서 참 스승 예수 그리스도의 가르침을 따라서 복종해야 함을 주장하였다. 곧 참 스승 그리스도의 뜻과 사랑이 실현되도록 심부름꾼으로서 과격한 사회적 성화 운동을 전개하기도 하였음을 주장하였다.[92]

그러나 이 세상에서는 완전성화가 불가능함을 칼빈은 주장한다. 육의 몸을 벗을 때까지 성적 욕망(concupiscentia) 때문에 완전성화가 불가능하다고 칼빈은 생각하였다(III. xvii. 15). 이것은 어거스틴에게서 배운 사상이다. 웨슬리는 동방교회로부터 완전성화의 가능성을 받아들였기 때문에 죽기 전에 완전을 체험할 수 있다고 보았다. 닛사의 그레고리나 마카리우스를 비롯한 동방교회 전통은 어거스틴을 비롯한 서방교회 전통보다 은총의 낙관주의(optimism of grace)를 더욱 강조한다.

---

[92] Ronald S. Wallace, Calvin: *Geneva and Reformation*, (Grand Rapids: Baker Book House, 1990), 127.

9절_교회론

칼빈은 보이는 교회와 보이지 않는 교회로 나누어 설명한다. 이것은 어거스틴적 해석의 영향을 받은 것이다.

(1) 보이지 않는 영적 교회(invisible spiritual church): 양자되며 성령의 성화에 의해 그리스도의 진정한 지체가 된 사람들, 지상뿐 아니라 천상의 성도를 모두 포함하는 교회를 의미한다.

(2) 보이는 교회: 하나님과 그리스도를 경배한다고 고백하는 세계 각처의 모든 사람들, 이 교회에는 이름과 외형만 있고 그리스도는 없는 위선자도 많다. 알곡과 쭉정이 비유로 이 두 교회를 설명한다. 재세례파가 자신들만이 알곡이라고 주장하고 남을 쭉정이로 정죄하는 것을 비판한다.

그리고 칼빈은 교회의 표지로서 말씀선포와 성례집행을 언급한다. 하나님의 말씀을 순수하게 전파하며 또 듣고 그리스도께서 제정하신 성례를 지킬 때 그곳에 교회가 있다. 참 교회의 기초는 하나님의 말씀과 그리스도의 말씀이다(IV. ii. 4). 머리이신 그리스도, 광선의 근원은 하나의 빛, 시내물의 근원도 하나, 줄기의 근원도 하나의 뿌리이듯 그리스도가 교회연합의 기초라고 칼빈은 해석한다(IV. ii. 6).

또한 칼빈은 회중주의(congregationalism)를 주장한다. 감독의 투표권이 회중에게 주어지는 것이 초대 교회의 모습이며, 감독뿐 아니라 모든 사역자 선출의 권한은 평신도에게 있다. 칼빈은 회중주의에 근거하여 가르치는 목사와 교사, 도덕적 견책과 치리를 맡는 장로, 빈민을 구제하는 집사 등 세 가지 직제를 강조하였다.

『기독교강요』하권 (제IV권: 교회론)

제1장 모든 경건한 자의 어머니인 진정한 교회(보이는 교회 : 그 회원과 표지, 7-9)

7. 보이지 않는 교회와 보이는 교회

우리가 알 수 있는, 보이는 교회를 어떻게 판단할 것이냐 하는 것은 앞에서 논한 것으로 이미 명백하다고 믿는다. 우리는 성경에는 두 가지 교회가 있다고 말했다. 성경에서 "교회"라고 하는 말은 어떤 때에든 하나님 앞에 있는 모든 사람을 의미한다. 이 교회에는 양자로 삼으시는 은혜에 의해서 하나님의 자녀가 된 사람들과 성령의 성화에 의해서 그리스도의 진정한 지체가 된 사람들만이 들어갈 수 있다. 이런 의미의 교회는 현재 지상에 살아 있는 성도들뿐만 아니라 천지창조 이후 지금까지 선택받은 모든 사람을 포함한다. 그러나 "교회"라는 이름은 한 하나님과 그리스도를 경배한다고 고백하는 세계 각지에 산재한 모든 사람을 가리키는 때가 많다. 우리는 세례에 의해서 그리스도에 대한 믿음을 얻게 되며, 성만찬에 참가함으로써 진정한 교리와 사랑에 의한 우리의 연합을 증거하고, 주의 말씀 안에서 일치하며, 말씀을 전파하기 위해서 그리스도께서 제정하신 성직을 보존한다. 이런 교회 안에는 이름과 외형만 있고 그리스도는 전혀 없는 위선자들이 많이 섞여 있다. 야심과 탐욕과 시기가 가득한 사람들, 또 중상하는 사람들이 심히 많고 아주 불결한 생활을 하는 사람들도 얼마간 있다. 이런 사람들이 일시 허용되는 것은 자격이 있는 재판기관에 의해 유죄판결을 받기 불가능하거나 강력한 규율이 항상 제대로 확립되어 있지 않기 때문이다. 그러므로, 앞서 말한 교회는 우리의 눈에는 보이지 않고 하나님의 눈에만 보인다고 믿어야 한다. 그와 같이 우리는 나중 말한 것, 즉 사람들과 관련한 "교회"라고 하는 것을 중히 여기며 그 교회와의 교통을 계속해야 한다.

『기독교강요』, IV(하권), p.20-22

제3장 교회의 교사들과 목회자 : 그 선정과 직분

내가 증거를 위조한다는 인상을 주지 않기 위해서 나는 비슷한 예를 들어 나의 주장을 밝히겠다. 누가는 바울과 바나바가 각 교회에 장로를 임명했다고 한다. 그러나 동시에 그 방법에 대해 투표를 했다고, 즉 "각 교회에서 장로들을 택하여"라고 기록했다(행 14:23). 그러므로 이 두 사도는 장로들을 "택했다"고 하지만 당시의 헬라 사람들의 선거 풍속에 따라 교회 전체가 거수로 그 소원을 표명한 것이다. 로마의 역사가들도 어떤 집정관이 민회(民會)를 열고 새로 치안관들을 "택했다"고 기록한 것이 많은데, 이것은 투표를 받으며 선거를 주관했다는 것을 의미할 뿐이다. 확실히 바울은 자기의 권리라고 주장한 것보다 더 큰 권리를 디모데와 디도에게 허락했을 리가 없다. 바울은 항상 신자들의 투표에 의해서 감독들을 "택했다"는 것을 우리는 안다. 그러므로 위에서 인용한 구절들은 교회 전체의 권리와 자유를 조금도 손상시키지 않았다는 뜻으로 해석해야 한다. 그래서 모든 신도들이 보는 앞에서 감독을 선정하며 공중의 결정과 증언에 의해서 감독이 적임자임을 증명하는 것은 하나님의 권위에서 유래한 일이라고 한 키프리아누스의 주장은 옳은 말이다. 사실 레위 족의 제사장들에 대해서도, 그들을 성별하기 전에 온 백성 앞에 내세운 것은 하나님의 명령이 있었기 때문이었다(레 8:4-6, 민 20:26-27). 맛디아를 사도로 보선한 것도 같은 방법이었고(행 1:15 이하) 일곱 집사도 신자들이 보고 찬성하는 가운데서 임명했다(행 6:2-7). 키프리아누스는 말한다. "이런 예들을 보더라도 성직자를 임명할 때에는 반드시 일반 신도들이 보고 알아야 한다는 것을 알 수 있다. 그래야만 그 임명이 모든 사람의 증거로 검토되며 공정하고 합법적인 것이 될 수 있다." 그러므로 우리는 이러한 사역자의 소명은 하나님의 말씀에 따른 합법적인 것이라고 생각한다. 즉 적당한 듯한 사람들을 일반 신도의 합의와 승인을 얻어서 임명해야 한다. 그뿐 아니라, 선거는 다른 목사들이 주관해야 된다고 우리는 생각한다. 그렇게 해야만 회중이 경박함과 악한 의도나 무질서 때문에 탈선하는 것을 막을 수 있다.

『기독교강요』, 하권, IV: 교회론, p.59-77

그리고 칼빈은 교황청제도의 부패를 날카롭게 지적한다. 평신도의 권리찬탈, 성직매매, 교회의 세속화를 비판했다. 빈민구제보다 화려한 의복과 외관치장, 성직자들의 나약과 무절제와 주색에 빠짐을 비판한다. 교회의 기초는 베드로가 아니라 오직 그리스도이며 사도의 특별한 권한이 베드로에게 주어진 것이 아님을 주장한다..

제4장 고대의 교회 상태, 교황 제도 이전의 교회 정치(사역자의 선택 및 임명의 변천사 : 집권자들과 성직자들과 신자들의 찬성으로 감독을 선택한다. 10-15)

10. 주로 바울의 지시대로 : 평신도들의 찬성, 그 후 감독직을 제외한 다른 교직에 관해서도 일반 신자는 적격자를 선택하고 임명하는 일을 감독과 장로들에게 일임하는 것이 보통이었다. 단, 한 교구에 새로 장로가 임명될 때는 아마 예외였을 것인데, 그런 경우에는 그곳 주민들이 분명히 찬성해야 했기 때문이다. 신자들이 이 문제에 대한 자기들의 권리를 보유하려고 하지 않은 것은 별로 이상할 것이 없다. 부집사제가 되는 데에도 반드시 당시의 엄격한 규율 하에서 장기간의 성직자 경험이 있어야 했다. 이 계급에서 시험에 통과되면 집사가 되었고 집사로서 충실하게 행동하면 장로로 승진되었다. 그래서 신자들이 보는 데서 다년간 시험을 받지 않고서는 아무도 승진되지 못했다. 그리고 그들의 결점을 처벌하는 교회법이 많았으므로 이 대책을 등한시하지만 않으면 나쁜 장로나 집사의 출현으로 고통을 당할 필요가 없었다. 그러나 장로 임명에도 반드시 시민들의 찬성이 필요했다. 이 점은 아나클레투스가 제정했다는 교회법 제1편 제67부가 증명한다. 끝으로, 임명식은 매년 일정한 날에 있었다. 이것은 신자들의 찬성 없이 몰래 승진하는 사람이나 증인 없이 너무 쉽게 승진하는 사람이 없도록 하려는 것이었다.

『기독교강요』, 하권, IV: 교회론, p.78-93

무엇보다도 칼빈은 하나님은 교회, 교회는 어머니라고 해석한다. 율법시대, 곧 구약 교회는 유아기적 교회이고 교회시대, 곧 신약 교회는 성숙기라고 생각한다. 아브라함과 이삭과 야곱의 교회는 구원을 희망하는 교회, 그리스도의 오심을 대망하는 교회라면, 신약의 교회는 약속이 실현된 교회, 그리스도가 이미 오신 교회의 모습으로 칼빈은 해석한다. 그러므로 신약 교회도 구약 교회도 그리스도 안에서 약속된 영생을 소망하며, 영원한 구원에 이르는 동일한 축복을 소망한다. 아브라함과 이삭과 야곱에게도 궁극적 상급은 그리스도께만 있고, 지상의 기업을 넘어서는 영원한 하늘나라의 기업을 희망한다고 칼빈은 해석한다.[93]

10절_성만찬론

(1) 두 성례전의 신학적 이유: 칼빈은 로마 가톨릭 교회의 일곱 가지 성례전을 거부하고, 세례와 성만찬만 성례전으로 주장한다. 이것은 루터도 동일하다. 그 이유는 첫째, 성서적이기 때문이다. 성서에는 세례와 성만찬만 성례전으로 언급되어 있다는 것이다. 둘째, 구원에 관계되는 성례이기 때문이다. 우리의 구원을 위해서는 세례와 성만찬만이 필요하고, 그 이외에 고해성사, 견진성사, 결혼성사, 사제안수성사, 종부성사 등은 우리의 구원을 위해 필요한 것이 아니라는 것이다(IV. xvii. 47, IV. xvii. 49).

(2) 안디옥 기독론에 근거한 성찬론: 칼빈은 안디옥 기독론에 근거하

---

93) 『강요』, II. xi. 2.

여 하늘보좌 우편에 계신 그리스도의 몸은 성만찬 상에 오실 수 없다고 주장한다. 첫째, 장소적 제한을 받는 몸이라는 것이다(IV. xvii. 19, IV. xvii. 26). 둘째, 안디옥 기독론에 따라 그리스도의 몸은 어디에나 계실 수 있다는 알렉산드리아 학파의 편재성(ubiquity)을 부인한다.(IV. xvii. 29) 셋째, 알렉산드리아 학파처럼 그리스도의 속성의 교류, 곧 신성과 인성이 예수의 한 인격 속에서 교류함을 부인한다(IV. xvii. 30). 따라서, 루터가 강조하는 신체적 임재설을 거부한다(IV. xvii. 14). 물론 로마 가톨릭교회의 화체설도 거부한다.

(3) 상징적 해석과 영적 임재설(spiritual presence): IV. xvii. 10, IV. xvii. 20, IV. xvii. 22, IV. xvii. 23. 어거스틴적 해석은 성찬해석이 상징설이기 때문에 따른다는 것이다(IV. xvii. 26). 그리고 어거스틴적 해석은 단순히 츠빙글리처럼 상징으로만 끝나지 않고 영적 임재설을 주장한다. 성령의 임재로 그리스도와 성도가 결합될 수 있다는 것이다. IV. xvii. 3, IV. xvii. 10, IV. xvii. 12

(4) 말씀과 믿음을 통한 성찬 참여: 칼빈은 말씀에 의한 성별을 주장한다(IV. xvii. 39, IV. xvii. 43). 말씀의 제정이 없으면 성찬으로 성별될 수 없으며 믿음으로 먹어야 한다는 것이다. 믿음으로 참여하는 성만찬은 곧 십자가의 신앙으로 참여하는 것이다(IV. xvii. 4). 회개와 믿음으로 먹는 식사가 되어야 한다(IV. xvii. 5).

(5) 효험주의(virtualism): 첫째, 성령의 신비적 능력을 체험할 수 있다고 칼빈은 강조한다. 그것은 덕스러운 삶으로 나타난다(IV. xvii. 10). 둘째로, 그리스도와의 신비적 결합과 그리스도 안에서 하나됨의 효험이 나타난다는 것이다(IV. xvii. 2). 셋째, 사랑의 나눔을 준다. 곧 순결, 사랑, 화해의 열매를 맺게 한다(IV. xvii. 38). 넷째, 영적 생명의 양식과 생명의 약이 된다(IV. xvii. 1, IV. xvii. 2, IV. xvii. 8, IV. xvii. 9.).

제17장 그리스도의 성만찬 : 그것이 우리에게 주는 유익

4. 성만찬이 주는 약속의 의미
그러므로 이 성례에서는 더 이상의 생각이 없이 단순히 그리스도의 몸을 우리에게 주는 것이 그 가장 중요한 기능은 아니다. 오히려 그의 살은 참된 양식이요 그의 피는 참된 음료며(요 6:55), 그것을 먹는 우리는 영생을 얻을 것이라고(요 6:54) 선언하신 그 약속을 확인하는 것이 성찬의 가장 중요한 기능이다. 그리스도께서는 자기를 생명의 떡이라고 선언하시면서 그 떡을 먹는 자는 영원히 살리라고 하신다(요 6:48, 50). 그 약속을 확인하기 위해서 성찬은 우리를 그리스도의 십자가로 보낸다. 십자가에서 그 약속이 실천되며 모든 점에서 성취되었다. 그리스도께서 십자가에 못박히시지 않는다면, 즉 우리가 그의 죽으심의 효력을 산 체험으로 이해하지 않는다면 우리는 그리스도를 올바르게 또 구원에 이르도록 먹는 것이 아니다.

10. 성찬에는 그리스도의 몸이 임재한다.
요약하면, 떡과 포도주가 신체의 생명을 유지하는 것과 같이 우리의 영혼은 그리스도의 살과 피를 양식으로 삼는다. 영혼이 그리스도에게서 참으로 영양을 얻어야만 그 표징의 유추가 적용된다. 또 이 일이 있으려면, 그리스도께서 참으로 우리와 하나가 되어 우리가 그의 살을 먹으며 그의 피를 마심으로써 기운을 얻어야 한다. 우리와 멀리 떨어져 있는 그리스도의 살이 우리 속에 들어와서 우리의 양식이 된다는 것은 믿을 수 없는 일같이 생각되지만, 우리는 성령의 은밀한 능력이 우리의 지각을 멀리 초월한다는 것과 성령의 광대하심을 우리의 척도로 재는 것이 얼마나 미련한 짓인가를 기억해야 한다. 그러므로 우리의 지성이 이해하지 못하는 것, 즉 공간적으로 서로 떨어져 있는 것을 성령께서 참으로 결합하신다는 것을 우리의 믿음이 생각하도록 해야 한다.[94]

그래서 사도는 "우리가 축복하는 바 축복의 잔은 그리스도의 피에 참예함이 아니며 우리가 떼는 떡은 그리스도의 몸에 참예함이 아니냐"라고 말한다(고전 10:16). 이것은 비유적 표현이며, 의미하는 실체의 이름을 표징에 준 것이라고 항의하는 것은 타당성이 없다. 나는 물론 떡을 떼는 것이 상징이라는 것을 인정한다. 그것은 본체 그 자체가 아니다. 그러나 이것을 인정한 다음에도 우리는 상징을 보여줌으로써 본체도 보인다고 바른 추론을 한다. 하나님께서 거짓말을 하신다고 말하려는 사람이 아니라면, 하나님께서 허망한 표징을 제시하신다고는 감히 주장하지 않을 것이다. 그러므로 주께서 떡을 떼는 것으로 그의 몸에 참여하는 것을 참으로 표현하신다면, 그가 참으로 그의 몸을 제시하며 보이신다는 것을 조금도 의심할 수 없다. 경건한 사람들이 반드시 지켜야 할 원칙은, 주께서 정하신 상징을 볼 때마다 참으로 거기에 상징된 본체가 있다고 생각하며 확신해야 한다는 것이다. 주께서 우리 손에 그의 몸의 상징을 쥐어주시는 것은 우리가 참으로 그 몸에 참여한다는 것을 확신케 하는 것이 아니고 무엇이겠는가? 보이는 표징은 보이지 않는 것을 주신다는 확인이라는 것이 사실이라면, 우리는 몸의 상징을 받았을 때 그 몸 자체도 받았다는 것을 똑같이 확신해야 한다.

---

94) 이 구절의 문장들은 성찬에서 거리(locorum distantia)와 분리(locis disiuncta)가 있음에도 불구하고 성령의 활동에 의해서 우리가 그리스도의 몸에 참여하는 신비에 대한 칼빈의 감격을 표현한다. 이것은 우리가 성령의 초월적인 숨은 능력(arcana virtus)을 이해하기까지는 믿을 수 없는 일이다(cf. sec. 7. note 23, above; IV xvii. II). 칼빈이 항상 성찬에서 작용하는 신비적인 능력(virtus)을 주장하기 때문에, 그의 성찬론을 "virtualism"이라고 부른 사람이 있다.

12. 그리스도의 몸은 공간적으로 임재하는가?

그리스도의 몸은 모든 인간의 몸에 공통된 일반적인 특색들에 의해서 제한을 받으며, (이미 하늘에 받아들인바 되어) 그리스도께서 심판자로서 돌아오실 때까지(행 3:21) 하늘에 머물러 있다는 것을 우리는 의심하지 않는다. 그러므로 그 그리스도의 몸을 다시 끌어다가 썩을 요소들 밑에 둔다거나 그 몸이 어디든지 있다고 생각하는 것은 전연 합당치 못한 행위라고 우리는 생각한다. 또 우리가 그리스도의 몸에 참여하기 위해서는 이렇게 할 필요가 없다. 주께서는 그의 영으로 우리에게 이 은혜를 주셔서 우리의 몸과 영과 영혼이 그와 하나가 되게 하시기 때문이다. 그러므로 이러한 연결의 줄은 그리스도의 영이시며, 이 줄로 우리는 그리스도와 연합되어 그와 하나가 된다. 그리스도의 영은 수로와 같아서 그리스도 자신의 모든 성질과 소유는 그 수로를 통해서 우리에게 전달된다. 우리는 태양이 지구 위에 그 광선을 부음으로써 그 본질의 일부를 지상에 던져 지구의 소산물이 나게 하고 기르며 자라게 하는 것을 본다. 그렇다면 어째서 태양에 비교했을 때 그리스도의 영은 그의 살과 피를 우리에게 전달하는 빛이 적을 것인가? 그러므로 성경은 우리가 그리스도에 참여하는 일을 말할 때 그 힘을 전적으로 성령에 관련시킨다. 한 구절이 여러 구절을 넉넉히 대표할 것이다. 롬 8장에서 바울은, 그리스도께서는 오직 그의 영을 통해서만 우리 안에 거하신다고 말한다(롬 8:9).

19. 성찬에서의 그리스도의 임재를 어떻게 생각할 것인가?

(1) 그리스도의 하늘 영광을 감해서는 안 된다 — 그리스도를 끌어내려 이 세상의 썩을 요소들 밑에 두거나 지상의 피조물에 고착시킨다면 그리스도의 하늘 영광을 감하게 된다. (2) 인성에 합당하지 않은 것을 그리스도의 몸에 돌려서는 안 된다. 그리스도의 몸은 무한하다고 하든지 동시에 여러 곳에 계시다고 한다면 이 둘째 제한을 어기게 된다.

『기독교강요』, 하권, IV: 교회론, p.438-523

11절_정치윤리

칼빈은 교회와 국가의 분리를 주장하는 점에서는 루터와 같다. 그리고 교회와 국가가 서로 협동관계를 가져야 함을 강조하는 점에서도 같다. 국가정부체제를 인정하고 협력하는 종교개혁가들이라는 점에서 루터와 칼빈을 정부를 인정하는 종교개혁가(magistral reformer)라고 부른다. 그래서 정부체제를 인정하지 않고 무정부주의를 주장하는 과격파 종교개혁가들은 성도들이 직접 통치하기를 원하며, 루터와 칼빈을 관제 종교개혁가라고 평가 절하한다.

그리고 국가권위에 대한 복종관계를 가져야 함을 강조한다(IV. xx. 23, 24, 25, 26). 그러나 복종의 한계를 신정정치적 시각에서 주장한다. 칼빈의 신정정치(Theocracy)는 루터의 두 왕국설의 약점을 보완하고 있다. 루터는 하나님의 왼손 왕국 국가와 오른손 왕국 교회를 구분한다. 왼손 왕국의 주인은 세속 왕이고, 오른손 왕국의 주인은 그리스도이다. 그러나 칼빈은 교회의 주인도 그리스도이고, 국가의 주인도 그리스도임을 강조한다. 국가도 그리스도의 뜻을 실현하는 그리스도의 통치(regnum Christi)의 장이 되어야 함을 주장한다. 그래서 칼빈은 국가도 하나님에 의해 세워지고, 하나님의 정의에 봉사해야 하며, 하나님의 권위가 시민법의 근거가 되어야 함을 언급한다. 독재군주정치, 귀족정치, 민주정치도 부패할 수 있으므로 신정정치가 가장 이상적이라고 칼빈은 주장한다(IV. xx. 1-21).

또한 국가의 권위에 복종할 수 없는 두 가지 예외를 말한다. 첫 번째 예외는 왕(higher magistrate)이 불의를 행할 때, 고급 관리들은(lower magistrates: 장관과 차관 등) 백성의 이익을 보호하고 변호하기 위해 폭군의 말에 복종해서는 안 된다고 칼빈은 주장한다(IV. XX. 31). 복종할 수 없는 두 번째 예외는 그리스도의 뜻과 법에 어긋날 때이다. 그리스도는 왕권을 지니고 있어야 한다. 신앙문제뿐만 아니라 정치적 문제도 포함하여 항거할 수 있어야 한다고 칼빈은 생각한다. 루터는 순교자들처럼 신앙의 문제에 대해서만 항거할 수 있다고 생각한다. 그러는 의미에서 칼빈은 더욱 적극적인 저항을 주장하는 것이다. 칼빈은 사람의 말보다 그리스도에게 더욱 복종해야 함을 강조하므로(행 5:29, 고전 7:25) 다니엘, 예레미야, 호세아처럼 예언자적 신앙으로 불의한 왕에게 항거할 수 있어야 함을 주장한다(단 6:22, 애 27장: IV. XX. 27, 호 5:13: IV. XX. 32). 바로 이러한 칼빈의 신정정치적 해석은 존 녹스(John Knox)에게 영향을 미쳐 스코트랜드의 메리 여왕에게 녹스가 항거하였던 것이다. 그리고 본 회퍼가 히틀러의 정권에 항거할 수 있었던 것도 칼빈적인 신정정치가 미친 영향이다. 한국 교회는 예언자적 신앙으로 박정희, 전두환, 노태우 군부정권에 항거하지 못했던 과거를 회개하고 새롭게 거듭나야 한다. 그러한 한국 교회의 갱신에 칼빈의 신정정치 개념이 크게 기여할 수 있다.

제 20장 국가 통치

31. 국민의 자유를 보호할 헌법상의 의무가 있는 사람들, 나는 지금까지 항상 사사로운 개인들에 대해서 말했다. 그러나 만일 지금 임금들의 전횡을 억제할 목적으로 임명된 국민의 관리들이 있다면[예컨대 고대 스파르타의 왕들에 대립한 감독관(ephor), 로마 집정관들에 대립한 호민관(tribune), 아테네의 원로원에 대립한 지방 장관(demarch) 그리고 현재 각국 국회가 중요 회의를 열 때 행사하는 권한 같은 것] 나는 그들이 왕들의 횡포한 방종에 대하여 그 직책대로 항거하는 것을 금하지 않고 오히려 미천한 일반 대중에 대한 군주들의 폭정을 못 본체 한다면, 나는 그들의 이 위선을 극악한 배신행위라고 선언할 것이다. 그들은 하나님의 명령에 의해서 국민의 자유를 보호하는 자로 임명된 줄을 알면서도 그 자유를 배반하는 부정직한 자가 되었기 때문이다.[95]

32. 인간에 대한 복종이 하나님께 대한 불복종이 되어서는 안 된다
우리는 집권자들의 권위에 마땅히 복종해야 된다고 했지만, 그 복종에는 항상 한 가지 예외가 있어야 한다. 아니 예외라기보다 이것은 가장 중요한 일이다. 즉 우리는 이런 복종으로 인하여, 모든 왕들의 욕망도 마땅히 복종해야 할 분에게 불순종해서는 안 된다는 것이다. 왕들의 모든 명령도 그분의 명령에 양

---

95) 그 영향력을 강력하게 입증하기 위한 이 치밀한 문장은 세심한 주의를 기울일 만한 가치가 있다. 칼빈은 "사사로운 개인들이" 폭군에 항거하는 것에 대해서 반대 경고를 반복해왔는데, 여기서 갑자기 태도를 바꾸어 합법적인 관원들이 백성의 자유를 보호하기 위해서 취하는 행동을 시인하며 엄숙하게 강조한다. 이런 "백성의 법관"의 역사적 실례로서 스파르타의 감독관과 로마의 호민관과 아테네의 지방장관들을 들고 그 정당성을 부언한다. 이 사람들은 모두 매년 대중 투표에 의해서 공직에 선출되었다.

보해야 하며 왕들의 권력은 그분의 위엄 앞에 굴복해야 한다. 그분을 위해서 우리는 사람들에게 복종하는 것인데 사람들의 비위를 맞추기 위해서 그분을 불쾌하게 한다면 그것은 얼마나 미련한 짓이겠는가? 그러므로 주께서는 왕들의 왕이시며, 주께서 입을 여실 때에는 누구보다도 먼저, 또 누구보다도 더 중요시해서 그분의 말씀을 들어야 한다. 그 다음에 우리들 위에 권위를 가진 사람들에게 순종해야 한다. 그러나 주 안에서만 그들에게 순종해야 한다. 만일 그들의 명령이 하나님께 반대되는 것이라면 그 명령을 존경하지 말라. 이런 경우에는 집권자들이 가진 위엄을 조금도 염려할 필요가 없다. 그들이 하나님의 진정한 최고의 권력 앞에 굴복한다고 해도 그들의 위엄은 조금도 상하지 않는다. 이런 생각으로 다니엘은 왕의 불경건한 칙령에 복종하지 않은 자기가 왕에게 어떤 죄를 지은 것은 아니라고 했다(단 6:22-23).[96]

이는 왕이야말로 자신의 한계를 넘어 사람들을 해했을 뿐만 아니라 하나님 앞에서 교만하게 행하여 자신의 권한을 스스로 포기했기 때문이었다. 이것과는 반대로 이스라엘 사람들은 왕의 악한 포고에 순종했기 때문에 책망을 받았다(호 5:13). 여로보암이 금송아지를 만들었을 때 그들은 왕을 기쁘게 하기 위해서 하나님의 성전을 버리고 새로운 우상을 따르게 되었다(왕상 12:30). 그들의 자손도 같은 식으로 왕들의 명령에 곧 복종했다. 예언자는 그들이 왕의 칙령을 받아들였다고 해서 그들을 엄하게 책망했다(호 5:11). 거짓된 겸손은 결코

---

96) 이 문장은 1559년도 판에 첨가되었는데 "축소된다는 듯이 생각한다"는 말로 끝을 맺는다. 여기서 칼빈은 다니엘 6:22에 대해 언급하지만 주해에 있는 강력한 말을 고려하지는 않는다. 그러나 불경건한 통치자들의 "불경건한 칙령"에 대해서는 용감하게 복종을 거부하라고 요구한다. 그가 마지막으로 역설하는 충고 즉 그가 반복해서 명령하는 정치적 권력에 대한 복종은 그리스도인을 "경건에서 벗어나게 하거나 만왕의 왕에 대한 복종을 손상시켜서는 안 된다"는 것이다.

칭찬할 수 없다. 조정에 있는 간신들은 겸손을 가장하고 단순한 백성을 속이면서, 자기들이 왕명을 조금이라도 어기는 것은 불가한 일이라고 한다. 마치 하나님께서 죽을 인간들에게 자신의 권리를 양도하셔서 그들로 인류를 지배하게 하셨다는 듯, 또는 지상의 권력을 주신 분 앞에서는 하늘의 권력들도 떨고 굴복하는데도 그분에게 복종한다면 지상의 권력이 축소된다는 듯이 생각한다. 나는 절개를 지키는 데는 어떤 큰 위험이 따른다는 것을 안다. 왕은 항거하는 사람을 가장 싫어하며, 솔로몬은 "왕의 진노는 살육의 사자와 같다"고 했다(잠 16:14). 그러나 하늘의 사자인 베드로는 "사람보다 하나님을 순종하는 것이 마땅하니라"(행 5:29)는 칙령을 선포했으므로, 우리는 경건을 버리기보다는 차라리 고통을 받는 편이 주께서 요구하시는 순종을 실천하는 것이라는 생각으로 위로를 얻도록 하자. 또 우리의 용기가 꺾이지 않도록 바울은 또 다른 자극을 주어 우리를 격려한다. 이는 곧 우리는 그리스도에 의해서 구원을 받았고 그리스도께서는 우리의 구원을 위해서 자신을 희생하셨으므로, 우리는 사람들의 악한 욕망의 종이 되어서는 안 되며 더욱이 그들이 불경건한 명령에 복종해서는 안 된다고 하는 것이다(고전 7:23).

『기독교강요』, 하권, IV: 교회론, p. 592-634

10장
과격파 종교개혁 운동

과격파 종교개혁(Radical Reformation)은 재침례파(Anabaptists) 운동이라고도 한다. 희랍어의 ana(다시)+$βαπτιζω$(세례)가 결합된 것이다. 그들은 그들의 자녀들이 받은 유아세례를 부인하고 신앙을 가진 성인으로서 다시 세례를 받아야 함을 강조하였기에 재침례파라고 하며 영성주의자(spiritualists) 운동이라고도 한다. 왜냐하면 말씀을 통한 객관적 은총의 체험보다도 영적 성령체험을 더욱 중요하게 생각하는 신비주의자들이기 때문이다. 이러한 과격파 종교개혁 운동은 6단계로 나누어서 설명할 수 있다.

제 1단계는 토마스 뮌처(Thomas Müntzer: 1488-1525)와 츠비카우 예언자들이다. 이 츠비카우 예언자들(the Zwikaw Prophets)은 루터가 바르트부르크 성에 갇혀있는 동안 비텐베르크에 와서 영적 운동을 일으킨 자들로서, 말씀보다 영적 체험(꿈, 환상, 예언)을 더욱 강조하였다. 토마스 뮌처 역시 영성 운동을 더욱 강조한 사람으로서, 그는 타울러(Tauler)의 용어를 사용하여 영적 체험의 단계를 설명한다. 먼저 젤레그룬트(Seelegrund), 곧 영혼의 심연이다. 이 영혼의 깊은 곳에서 인간은 하나님께 대한 두려움과 공포를 느낀다. 뮌처는 이 두려워하는 자리가 곧 하나님을 경험하는 곳이라고 이해한다. 곧 세상적 욕망을 버림으로써 영혼의 깊은 곳이 텅 비게(empty) 된다. 하나님을 두려워하게 하는 영은 인간의 자아 죽음을 요구하게 된다. 철저히 죽어지고 비워질 때, 그리스도가 영혼의 심연 속에 임재한다. 성령으로 충만케 되어지고, 신자의 마음 속에 하나님의 나라가 임한다. 이것은 중세의 신비적 합일(Unio Mystica)과 통한다. 신적 합일 이후 영적 유혹을 받게 된다. 삶의 의욕조차 상실할 정도로 유혹의 폭풍우가 몰아친다. 유혹의 폭풍우가 지난 다음, 영혼은 드디어 인내와 기다림의 랑바일(Langweil)에 이르게 된다. 간절하고 부지런한 기다림 속에서 성령의 은사를 받는다. 성령이 거하시는 거룩한 성전이 된다. 이러한 영적 힘은 역사의 해방 운동, 곧 기드온의 칼을 들고 다니엘이 예언한 제5의 왕국을 건설해야 함을 역설한다. 뮌처의 내적 빛(inner light), 곧 영적 심연의 체험과 사회참여 행동의 영성은 후에 퀘이커(Quakers) 운동으로 이어졌다. 또한 고든 랍(Gordon Rupp)은 뮌처를 최초의 감리교도라고 말하기도 하였다. 왜냐하면 그는 웨슬리적 체험 신앙을 강조하였기 때문이다. 그러나 웨슬리는 성경을 체험보다 더욱 중요시한 반면에, 뮌처는 체험 ― 환성, 꿈 예언이나 계시 ― 등을 성경말씀보다 더 강조한다.

　　뮌처는 본래 루터의 동역자였다. 뮌처는 1488년 12월 20일 혹은 21일에 작센 지방 스톨베르크(Stolberg)에서 태어나 그곳에서 엄격한 라틴어 문법과 음악연습과 악기연주법을 배웠다. 그리고 후에 모라비안 운동의 센터가 되었던 큰 도시 할레(Halle) 근방 쿠웨드링부르크(Quedlingburg)에서 중등학교 과정을 공부하였으며, 1506년부터 1507년까지 라이프치히 대학교에 들어가 인문주의적 철학의 영향을 많이 받았다. 1512년부터는 프랑크푸르트 대학교에서 고전 히브리어와 헬라어를 배웠고 어머니의 경건과 기도의 결과로 사제가 되었다. 1517년 10월 31일 루터가 95개조의 항의문을 발표하자, 뮌처는 루터를 만나기 위하여 떠났다.[1]

뮌처는 루터의 추천으로 1519년 5월에 츠비카우의 성 마리아 교회의 임시 설교자가 되었다. 츠비카우에는 로마 가톨릭 교회와 루터 교회 이외에 개신교의 영향을 받은 니콜라우스 스토르흐(Nikolaus Storch)가 인도하는 과격파가 있었다. 스토르흐는 부자들에 대한 증오와 현존 사회에 대한 강한 불만을 갖게 되었고, 하나님은 오늘날도 여전히 그의 신자들에게 꿈과 환상 등을 통해 직접적으로 교통하신다고 생각하였다. 그리고 그는 유아세례를 반대하고 성인세례를 주장하였다. 츠비카우에서 뮌처는 스토르흐와 함께 빈민계층들, 곧 광부들과 직물노동자들과 민중들을 중심으로 종교개혁 운동을 전개하였다. 1520년 성탄절부터 1521년 부활절 사이에 시정부에 대한 피지배 민중들의 공개적인 반항 운동이 일어나게 됨으로써 뮌처는 주동자로 지목을 받게 되었고, 1521년 4월 16일 시의회와 행정관 앞에 소환되어서 체포 전에 츠비카우를 떠나게 되었다.

그래서 얀 후스의 종교개혁 센터의 중심이었던 프리하로 옮겼는데 시민들은 뮌처를 루터주의자로 알고 환영하였다. 루터가 1517년 10월 31일 95개조 항의문을 발표한 것처럼, 1521년 11월 1일 모든 성자들을 축하하는 날(All Saints' Day), 뮌처도 프라하의 여러 교회들에 프라하 선언을 붙였다. 이 프라하 선언은 루터보다 더 강력한 종교개혁의 지도자가 되기를 바란 뮌처의 혁명적 종교개혁 사상을 신학적으로 표현한 것이다. 그는 문자신앙을 비판하고 성령신앙을 주장하였고, 종말론적 역사관을 강조하였으며, 가난하고 억눌린 자들을 억압하는 교회 당국과 세속 당국에 반기를 들고 새로운 교회를 건설할 것을 부르짖었다. 뮌처는 다시 체포가 두려워 1521년 12월 프리하를 떠나서 방황하던 끝에 1523년 3월에 알스테트

---

1) Eric W. Gritsch, *The Life and Thought of Thomas Muentzer: Reformer without a Church*, (Philadelphia: Fortress Press, 1998), 7.

토마스 뮌처(Thomas Müntzer: 1488-1525) 뮌처는 말씀보다 성령체험을 더욱 강조하였기에, 루터파들이 지나치게 말씀 중심, 성서 중심인 것을 비난하였다. "성경, 바벨, 물거품." 또한, 루터가 그의 1525년 농민전쟁 가담에 반대하였기에 루터를 무사안일주의 박사, 기회주의 박사, 달콤한 그리스도 설교가 등으로 비난하였다.

(Allstedt)에 도착하였다. 알스테트에서 신비적 예배를 강조하였고, 모국어로 사용하는 예배를 도입하였으며, 모든 신도들의 공동참여 예배를 주장하였다. 뮌처는 "알스테트의 독일 교회의 예배의식"을 공포하기도 하였고, 그의 혁명적 예배의식의 개혁과 열광적인 설교가 널리 입소문을 퍼뜨려 이천 명이나 되는 추종자들이 그의 설교를 들으려고 알스테트로 몰려들었다.[2]

---

2) Eric W. Gritsch, 75-76.

알스테트가 다시 혁명적인 분위기로 고조되자 시의회의 탄압을 받게 되어서, 결국 1524년 8월 7일 밤중에 다시 알스테트를 떠나게 되었다.

뮌처는 농민전쟁을 통해 신정정치라는 자신의 이상을 실현하는 것으로 발전시키게 되었다. 뮌처는 농민전쟁에 깊은 동정을 느끼고 농민과 함께 혁명의 칼을 들고 앞장섰다(1525). 그는 농민들의 12개조를 적극적으로 지지하였다. 농민들은 지나친 세금 부과를 문제삼았고, 귀족들만의 사냥지역을 지정하여 농민들이 자유롭게 사냥하거나 고기잡이를 할 수 없도록 규정한 것을 비판하였으며, 교회 회중의 자유로운 의사에 따라 성직자들을 선택할 수 있어야 함을 주장하면서 이러한 주장들이 비성서적이라고 한다면 그들의 요구를 취소하게 하겠다고 주장하였다. 농민들의 초기 지도자는 루터였고 루터의 "크리스천의 자유"는 농민 운동의 교과서였다. 그러나 루터가 귀족과 제후 편에 서서 무질서한 농민들의 전쟁을 비판하자, 농민들은 뮌처를 그들의 지도자로 모셨다.

농민전쟁은 1524년 여름 북 다뉴브 상류에 있는 슈바벤(Schwaben)에서 터져나갔고, 스위스 접경을 따라 라인강 상류로 향하였다. 1525년 농민전쟁은 점차 남서 독일과 중부 독일로 확산되어갔다. 뮌처는 세속 통치자들과 종교지도자들에 대항하는 소책자들을 만들어 자신을 "망치와 같은 뮌처", "기드온의 칼을 든 뮌처" 등으로 표현하였다. 뮌처는 그리스도는 세상에 검을 주려고 온 것이지, 평화를 주려고 온 것이 아니라고 하였다. 개신교 중산층이 농민들을 지지하였더라면 제후와 귀족들은 멸망하였을 것이지만, 개신교 중산층은 혁명에 가담하기를 원하지 않았다. 5월 25일 프랑켄하우젠 전투에서 농민들이 5천 명이 죽었고, 3백 명은 체포당하여 법정에서 참수형을 당했으며, 나머지는 도주하였다. 뮌처는 도망쳐 농가에 변장하고 숨었으나 붙잡혀 투옥되고 처형당하게 되었다. 그의 부인도 임신한 채 아이와 함께 처형당했다. 결국 농민전쟁의 희생자는 10만이 넘었다.

제2단계는 스위스 형제들(Swiss Brethren)이다. 그들은 1525년 취리히에서 신자들의 세례를 강조하고 또한 세속 권력집단(Magistracy)과의 단절을 강조하였다. 이것은 삽시간에 스위스 골짜기와 라인강과 남서 독일로 퍼져 들어갔다. 후프마이어(Balthasar Hubmaier: 1485-1528)와 한스 뎅크(Hans Denck)가 지도자들이었다.

제3단계는 야곱 후터(Jacob Hutter: ?-1536)가 모라비아(Moravia)에서 공동 소유 공동체를 형성하였는데, 많은 고난과 방황 끝에 미국에서 휴터파(Hutterities)로 발전하게 되었다.

제4단계는 멜콰이어파(Melchiorites), 혹은 호프만파(Hoffmanites)로 불리는 그룹이다. 호프만(Melchior Hoffmann: 1498-1543)이 이끈 이 그룹은 북서독일 지역에서 발생했다. 호프만은 가현설적 기독론과 천년왕국적 기대를 강조하였다.

제5단계는 1533-35년 사이에 뮌스터 시에 망명처를 만들고 그곳에 성도들의 천국, 제2예루살렘을 세우려 하였다. 처음에 요한 마티스(John Mattys: d.1534)가 시작하였고, 나중에 레이든의 존(John of Leyden: 1510-36)에 의해 이끌어졌다. 오랜 투쟁에서 남자들을 많이 잃게 되자 구약적 일부다처제를 만들게 되었고, 거친 좌익 운동으로 발전하게 되었다.

제6단계는 메노나이트파(Mennonites)로서 메노 시몬스(Menno Simons)에 의해 홀랜드(Holland)와 프리스랜드(Friesland)에 다시 조직된 공동체인데, 그들은 제2단계의 스위스 형제들과 입장이 비슷하였다. 그들은 평화주의자였고, 비폭력주의자였다. 굉장히 영향력 있는 공동체로서 다른 대륙과 미국에 확산되어갔다.

칼빈에 의해 삼위일체 부정 이단자로 화형당한 세르베투스(Michael Servetus)도 재침례파에 속하였고, 단일신론으로 이단시된 화우스투스 소시

재세례파 교도(Anabapist: 과격파 종교개혁 신봉자)들의 수난
1. 이태리에서 재세례파 교도들이 건초 더미 꼭대기에서 못이 거꾸로 박힌 널판 위로 떨어져 죽임을 당하였다.
2. 프랑스와 보헤미아에서 재세례파 교도들은 정부에 항거하는 과격한 설교 때문에 물에 던져져 익사당하였다.
3. 암스테르담에서 과격파 종교개혁 신봉자들(재세례파교도)은 두 갈래진 기둥 위에 목을 걸고 죽임을 당하거나, 발목이 거꾸로 매달려 죽임을 당한 후에 바다로 던져졌다.

너스(Faustus Socinus) 역시 유아세례를 거절하였고, 후기 메노나이트파에 속하였다. 재침례파는 로마 가톨릭뿐 아니라 개신교에 의해서도 심하게 박해를 받았는데, 루터, 칼빈, 츠빙글리 등이 모두 맹렬히 비판하였다. 그들의 박해로 수만 명이 죽어갔으며 현대까지 심한 비판을 받아왔으나 재침례파의 찬송학과 순교론이 동정적 차원에서 학문적으로 연구되고 있다. 최초의 영국 청교도 운동가 존 스미스(John Smith) 등이 메노나이트였다.

17세기와 18세기에 침례교가 재침례파로 오해되기도 하였다. 그러나 후기의 침례교도는 결코 재침례교도와 동일시될 수 없다. 영국의 청교도 운동의 한 분파인 침례교가 미국에 건너와 세계최대 개신교파인 남침례교회를 만들기도 하였다. 까닭에 재침례파(Anabaptist)와 침례교(Baptist)를 혼동해서는 안 된다. 그러나 메노나이트파의 존 스미스가 영국에 가서 청교도 중 침례교회파를 시작하였기 때문에 학자에 따라서는 침례교회의 뿌리를 재침례파로 보기도 한다. 그러나 신학적으로는 재침례파가 극단의 진보주의 내지 사회주의라면, 오늘날의 침례교회는 근본주의 혹은 신복음주의적 보수주의를 표방하고 있어 대조를 이룬다.

농민전쟁에 관한 두 가지 다른 해석들

가난한 독일 농민들은 복음의 이름으로 귀족들에게 대항하여 봉기했다. 루터는 사회적인 면에서 다소 보수적이었으며, 성경을 그런 농민들의 농민해방의 의식으로 해석하는 것에 두려움을 느꼈다. 루터는 사건들이 진정되기를 바랐으나 그렇지 못하자, 그의 가르침들이 왜곡될까 두려워하여 루터는 귀족들에게 농민들을 무자비하게 다스리라고 요구하였다. 그들의 우두머리에는 루터의 개혁에 대하여 열광적이었던 사제 토마스 뮌처가 있었다. 뮌처는 복음을 가난한 자들을 위해 전해진 가르침으로 이해하였다. 또한 학자들이 루터처럼 복음을 독점해왔으며 지배계급이 그 의미를 왜곡했다고 보았다. 뮌처는 붙잡혔고 고문당했으며 1525년에 참수를 당했다. 루터가 교회를 개혁하는 종교개혁가였다면 뮌처는 사회를 개혁하는 종교개혁가였다. 진정한 신앙과 영성은 교회개혁과 사회개혁의 양면이 함께 조화를 이루어야 한다는 면에서 두 신학자들의 상반된 입장을 총체적으로 이해하려는 시각이 필요함을 아래의 두 대립된 논문들 속에서 찾아볼 수 있다.

토마스 뮌처

곤궁에 처한 가난한 자들은 말로 다할 수 없이 기만당한다. 가난한 자들이 식량에 대한 걱정에 사로잡혀, 읽기를 배울 수 없고, 학자들은 그들이 자신들이 폭군들에게 수탈을 당하도록 용인해야 했다고 건방지게 설교한다고 본다. 그러므로 가난한 자가 언제 읽기를 배울 수 있을 것인가? 학자들은 성경을 온 세상을 비추는 기독교 신앙의 참 본질을 방해하는 껍데기로 바꾸어 버린다. 그럼에도 불구하고 성경을 한번도 보거나 듣지 못한 사람조차 성령의 참된 가르침 덕분에 정통 신앙 못지 않은 태도를 가질 수 있다. 어떠한 책의 도움 없이 성경을 기록한 저자들과 같은 맥락에서 말이다. 그러한 점이 강하고 교만하며 경건치 않은 자들이 높은 자리에 앉아 참되고 거룩한 기독교 신앙에 대항하여 스스로 온 세상에 방해거리가 되는 것을 억제시키는 데 필요한 이유가 된다. 기독교 신앙은 온 세상에 전파되어 모든 근원적이고 정통적인 본질을 추구하는 신앙이다. 만약 가난만이 농민들에게 참 신앙을 알도록 견책했다면 얼마나 그들에게 유익이 되는지! 하나님께서는 헤롯이나 가야바, 안나스와 같은 대단한 지배자들은 꾸짖으시고 마리아, 스가랴, 엘리자벳과 같은 겸손한 자들을 그의 사역에로 환영하셨다. 그들은 오늘날 불경건한 자들의 교회가 갖춘 화려한 간판을 가진 높은 사람들이 아니었다. 폭리의 부도덕한 근원은 도둑질과 강탈인데, 이는 우리의 왕자들과 군주들이 모든 창조물로부터 착복하는 것들이다. 물 속의 고기, 공중의 새, 땅의 식물 — 모두 그들에게 속해 있다(이사야 5: 8). 가난한 자들 가운데서 하나님의 계명을 선언한 후, 그들은 말한다. '하나님이 정하셨다. 너는 도둑질하지 말라… 지극히 작은 범죄라도 저지른 자를(가난한 자) 목매달아야 한다.' 거짓말 박사(루터)는 '아멘' 이라고 화답한다. 조용히 잠자라. 나의 귀여운 살코기(루터)야! 악마가 너를 먹어야 한다면(겔 24:3-13), 신의 분노로 인하여 너의 교만 가운데(애 1:13) 나는 너의 육수로 너를 스튜요리를 하기보다는 냄비와 오븐 안에 넣는 것이 좋겠다(향긋한 냄새!). 그러나 너의 고기는 엉덩이 살아있어서 요리하기에 오래 걸리겠지만, 그 요리는 네 친구들의 흰 이빨에는 가죽처럼 질길 것이다.

마르틴 루터

제후들이여, 혈기를 낮추시고 폭정을 누그러뜨리십시오. 그리하여 백성들이 살 수 있는 여지와 틈이 있게 해 주십시오. 농민들이여, 스스로를 생각하고 권면을 받으며, 너희의 몇몇 지나친 요구조항들을 포기하라. 인권과 정의에 따라서 이 문제를 해결하라. 그렇지 않으면 기독교인의 방식으로 하라. 〈평화로의 권고(1525)〉

공격할 수 있는 자로 공격하게 하라. 너희는 미친 개에게 돌진하여, 그를 죽여라. 그렇지 않으면 그가 너를 죽이고, 너와 더불어 온 나라를 죽이게 된다. 그것은 끔찍한 일이다. 그들은 복음의 껍데기 아래에서 자기 범죄를 숨긴다. 권위로 하여금 그 직무를 하게 하라. 농민들이 이성적으로 행동하지 않으면 당국으로 하여금 칼을 잡고 치게 하라. 여기 모든 제후들은 하나님의 종이다. 은총의 시간은 지났다. 이제는 칼과 분노의 때이다. 다른 이는 기도로 천국을 얻는데 제후가 피를 흘림으로써 천국을 얻을 수 있는 때는 얼마나 이상한 때인가! 이 농민들 가운데 잘못 인도되는 영혼들이 많다는 것을 잊지 말라. 이 영혼들은 폭력에 이끌린다. 어떠한 값을 치루더라도 그들은 구원받아야 한다. 그것이 네가 공격하고 죽여야 하는 이유이다. 네가 네 목숨을 잃는다 하더라도 너는 행복할 것이니, 이보다 더 좋은 죽음을 소망할 수 없을 것이다. 〈살인하고 약탈하는 농부들에게 반대하여(1525)〉

Jean Comby with Diarmaid MacCulloch, *How to Read Church History*, Vol. 2, 12

11장
종교개혁적 사회혁명가 토마스 뮌처의 신학 사상

1절_성화중심의 구원론

　롤란드 베인튼(Roland Bainton)과 칼 홀(Karl Hall)은 뮌처를 감정 혹은 경험의 수단으로 구원받은 자의 정체를 확신시킨 개척 종교개혁가라고 해석했다. 고든 랍(Gordon Rupp)은 뮌처를 그의 성화 사상 때문에 최초의 감리교도라고 부르고 있다. 웨슬리가 로마서 8장을 중심으로 성령의 내적 확증을 주장하였듯이, 뮌처도 성령의 내적 확증의 교리를 강조하는데 그는 프라하 선언에서 로마서 8장을 신자들의 확증을 위한 중요 구절로 사용했다. "선택된 자는 성령의 내적 확신을 가진다. 왜냐하면 성령은 우리가 하나님의 자녀임을 우리 영에게 확증시켜주기 때문이다." 바로 이 점에서 뮌처와 웨슬리는 유사한 성화의 교리를 갖고 있다고 말할 수 있다. 뮌처에게 있어서 성화의 시작은 하나님께 대한 두려움에 있다. 이 두려움은 영혼의 심연(Seele Grund) 속에서 일어난다. 인간 영혼의 심연은 하나님께 대한 영적인 두려움을 갖게 되는 자리이다. 그 영혼의 심연 속에 영적 유혹(Anfechtung)이 다가온다. 성령은 영혼의 내적인 유혹과 고통 속에서 인간의 영혼을 깨끗하게 함으로써 성화가 이루어지는 것이다. 이 영적 유혹은 구원의 확신이 임하기 전에 찾아오며 참신앙과 거짓신앙을 구별짓게 한다. 거짓신앙에는 영적 유혹이 다가오지 않는다. 이런 유혹과 시련의 폭풍우가 지난 후에 그 최후의 탈출을 시도하게 된다. 그것이 인내와 기대 속에 기다리는 것(Langweil)이다. 이것은 세속적인 탐욕을 멀리하는 기다림이다. 이 기다림은 오직 절제와 양보 속에서 하나님께 대한 신뢰와 헌신으로 완성될 수 있다. 이 기다림의 과정 속에 자기포기와 죽음(Gelassenheit)이 요청된다. 철저한 자아죽음 속에서 기다릴 때 하나님의 내주(內住, Wohnung Gottes)가 임한다. 여기에서 인간이 확신해야 하는 것은 그 자신이 하나님이 거하시고 성령이 거하시는 거룩한 성전이라는 것이다. 그러기에 인간의 영혼은 하나님과 교제하기 위하여 변혁되어야 하고 정화되어야 하는 것이다. 이 하나님의 내주가 성화의 본질이 되며 신비적 합일(unio mystica)이라는 그리스도를 본받는 진정한 구원의 상태에 도달할 수 있게 하는 것이다. 이러한 시점에서 인간은 신의 성품을 닮아가고(become Gods) 영화(Glorification)되는 것이다. 그의 구원론에 있어서 성령의 사역을 기다리는 자리인 영혼의 심연, 영적 충만의 과정 중에서 다가오는 영적유혹, 영혼이 성령의 은사를 체험하도록 인내하며 기다리는것, 빈 마음으로 성령이 역사하도록 자신을 내맡기고 양보하는 영적 죽음, 인간의 영혼이 그 소유자이신 하나님에게 강하게 붙들려 있는 하나님의 내주, 그리고 진정한 구원의 완성에 도달하는 신비적 합일은 신비주의자 타울러의 성화론에 그 역사적 배경을 갖고 있다. 고든랍은 뮌처의 이러한 구원에 대한 이해가 고전적인 신비적 구분방법 ― 정화, 조명, 합일 ― 의 반향이라고 보았다.

한국 교회에는 이러한 심오한 성화의 과정을 말하는 뮌처의 영성 신학이 소개되기보다는 오히려 그의 혁명적 행동주의 신학만 소개되었다. 오히려 뮌처 속에서 내적인 신비주의와 외적인 행동주의가 아주 조화있는 구조로 짜여 있는 것이며 단순한 종합이라기보다는 양자의 특성을 변증법적으로 종합시킨 것이라고 할 수 있다. 뮌처에 의하면 성서에만 의존하는 루터의 문자적 종교는 하나님의 은총의 주입을 수동적으로 받게만 만든다는 것이다(imputation: extra nos). 그리하여 뮌처의 민중은 역사의 대상이 되는 것이 아니라, 역사의 주체가 되는 것이다. 왜냐하면 하나님의 은총이 우리 속에 들어와 우리가 하나님의 속성에 참여하고, 능동적으로 구원 완성에 참여하고 행동하는 주체가 되기 때문이다(impartation: in nos).[1]

타울러(Tauler)의 설교들은 뮌처에게 성화의 유형을 제시해주었다. 뮌처의 경우, 그리스도에 대한 신뢰에서 자라나는 영혼은 지고의 혁명적 고난을 당하는 자가 되어야 한다. 그는 그리스도와 함께 죽고 사는 것에 대한 바울적 가르침을 사랑했다. 그리스도의 남은 고난을 자신의 육체에 채우는 것이다. 그의 기본적 관심은 하나님의 율법을 준수하는 것이다. 뮌처는 하나님의 율법에 의한 심판을 받아들이지 않으면 안 된다고 강조했다. 그리스도는 형벌을 받음으로써 율법의 요구를 이루신 분들 중 최초의 수난자라고 간주된다. 그리하여 죄인의 의인화는 신앙에 의해서만 성취되는 것이 아니라 오히려 율법의 형벌을 받아들임으로써(sola lege) 성취된다.[2] 그 자신이 율법에 의해 야기되는 고난을 통한 변혁을 느꼈기 때문에 전 세계도 연약한 피조성으로부터 강한 왕국으로 변혁되어야 한다고 강조한다.

뮌처의 고난 신학은 종교적 경험의 권위로 집중된다. 루터적 개신교에

---

1) Nam-dong Suh, "Historical References for a Theology of Minjung," *Minjung Theology*, (The Commission on Theological Concerns of the Christian Conference of Asia, 1981), p.166
2) E.R.Gritsh, "Thomas Muntzer and the Origins of Protestant Spiritualism," *Mennonite Quarterly Review*, 37, July(1963), p.180.

서 잊혀진 종교 경험의 역동성과 신자들의 개인생활의 변혁에 관심을 기울인다. 그리하여 뮌처는 루터를 달콤한 그리스도를 외치는 설교가로 비판하고 자신은 고통당하는 그리스도를 전하는 자로 생각했다. 고난을 통하여 구원의 과정은 계속된다. 성령의 역사를 통하여 외적 고난과 내적 고난이 극복될 수 있다. 그래서 뮌처의 구원 이해는 웨슬리와 루터가 강조한 복음에 뿌리를 내리지 않고 있다. 곧 계명을 실천하는 행동으로, 그것은 신비주의적 경험에서 표출되는 행동이다. 하나님을 경험할 수 있는 유일한 자리는 성서도, 성례전도 어떤 객관적 중개물도 아니고, 오직 마음(heart)이다. 뮌처는 이렇게 고백한다.

> 모든 창조물 속에 세워 두신 진실한 하나님의 질서는 학자들로부터 배울 수 있는 것이 아니고, 더욱이 문자로 된 말씀으로 알 수 있는 것도 아닙니다. 그리고 선행도 일부분을 이해하는 방법일 뿐입니다.[3]

뮌처는 타울러의 성화론적 영성 이해의 용어를 사용했다. 그의 영성 이해의 단계는 첫째, 하나님께 대한 두려움(Betrachtung)이다. 사람들은 하나님의 창조 사역을 생각하면서 성령을 통하여 두려움을 나타낸다.[4] 이렇게 영혼 속에서 성령을 통하여 나타난 두려움은 놀라움과 경외와 복종을 초래시킨다. 하나님의 말씀이 놀라움으로 우리 곁에 오시는 것이다.

---

3) Thomas Muntzer, "The Prague Manifesto," ed. Lowell Zuck, *Christianity and Revolution*, (Philadelphia: Temple University Press, 1975), p.32. 이하 The Prague Manifesto로 표기함.
4) Gordon Rupp, *Patterns of Reformation*, (Philadelphia: The Westminster Press, 1969), p.278.

둘째, 영혼의 심연이다. 영혼의 심연은 하나님께 대한 영적 두려움을 가지는 하나님 경험의 자리(organ)이다. 영혼의 심연은 구원의 활동을 시작하는 성령의 사역(使役)을 기다린다.[5]

셋째, 영적 죽음이다. 세속적 욕망으로부터의 분리를 통하여 그의 영혼은 비게 된다. 또한 빈 마음으로 성령이 역사하도록 내맡기고 양보한다. 하나님을 두려워하게 하는 성령은 인간의 자아 죽음을 요구한다. 성령은 철저하게 그의 일을 성취하신다. 그런 다음 그리스도가 영혼의 심연 속에 내려오신다. 그래서 그리스도의 임재와 성령 충만으로 신적 탄생(거듭남)이 일어난다. 하나님의 나라는 중세적 신비적 합일을 통하여 신자들의 마음 속에서 시작한다.

넷째, 영적 유혹이 다가온다. 뮌처는 "구원의 확신에 이르기 전에 삶의 의욕조차 거의 상실하는 유혹의 폭풍우와 홍수가 밀려온다"고 주장한다.[6] 이런 유혹을 통하여 참신앙과 거짓신앙의 완전한 차이가 만들어진다. 이런 유혹과 시련의 폭풍우가 지난 후에 그 최후의 탈출을 시도하게 된다.

다섯째, 그것이 인내와 기대 속에 기다리는 것이다. 고든랍은 해석한다. "희망을 넘어선 것을 앙망하게 되고 오랜 기다림으로 기다리면서 하나님의 의지를 추구하게 됩니다. 이때 그는 반석에 기초해 있으며 하나님은 멀리서 기적적으로 나타납니다."[7] 이 기다림으로 영혼은 성령의 은사들을 체험한다. 성도는 성실하게 주님의 말씀에 영적으로 귀를 기울여야 한다.[8]

---

5) Hans-Juergen Goertz, "The Mystic with the Hammer: Thomas Muentzer's Theological Basis for Revolution," *The Anabaptists and Thomas Muentzer*, (ed. by J. Stayer & W. Packull, 1988), p.121.
6) Lowdll H. Zuck, "Spiritual Renewal in the Radical Reformation Tradition," *Brethren Life and Thought*, 26, Winter(1981), p.24.

이것은 세속적인 탐욕을 멀리하는 기다림이다.[9] 이 기다림은 오직 절제와 양보 속에서 하나님에 대한 신뢰와 헌신으로 완성될 수 있다.

여섯째, 하나님의 내주 하심이다. 여기에서 기다림은 인간 영혼 속에 하나님이 ― 하나님의 집 혹은 성전으로 ― 내주하심으로써 완성되는 것이다. 그런데 인간의 마음은 인간 영혼의 소유주이신 그리스도의 영에 아주 강하게 붙들려 있다. 그 자신이 하나님이 거하시고 성령이 거하시는 거룩한 성전이다. 인간 영혼은 하나님과 교제하기 위해 성령에 의해 변혁되지 않으면 안 되고 정화되지 않으면 안 된다. 그리하여 성도들은 신앙의 달성을 경험하게 되고, 신의 성품에 참여하게 되고, 하나님을 닮게 된다. 뮌처는 그 하나님의 내주 하심을 자유라고 해석한다.[10]

일곱째, 그리스도와의 연합이다. 뮌처는 구원을 이기적 생활에서부터 그리스도와의 연합으로 나아가는 순례라고 보았다. 그리하여 루터는 뮌처의 사상을 로마 가톨릭의 성화 사상, 곧 인간의 노력에 의해 구원을 추구하는 것으로 비판한다. 뮌처는 루터의 신앙과 후기 중세 신비주의를 복합시켰다. 오늘날 영성 신학에 많은 관심을 보이고 있는 현대교회적 상황에서 뮌처의 영성은 재발견되어야 할 요소가 많다.

---

7) Gordon Rupp, p.283.

8) Gritsh, p.179.

9) Gordon Rupp, p.283.

10) Rupp, p.284.

2절_정치적 신비주의와 사회구원

뮌처의 신비주의는 정치적 신비주의(political mysticism)로 해석될 수 있다. 루터는 신비주의를 가볍게 여긴다. 신비주의에 대한 비판적 입장은 그의 낯선 의(aliena iustitia)의 개념 때문이다. 곧, 인간의 노력과는 전혀 상관없이 하나님의 은총과 선물로 의롭다 함을 얻게 되는 것이다. 인간의 본성이 의롭게 되는 것이 아니고 하나님의 의가 손님처럼 낯설게 부어지는 것이다. 뮌처는 초기에 루터에게 영향을 받아 하나님의 말씀의 신학을 설교했으나 점차 신비주의적·묵시문학적 저술에 더욱 관심을 기울이기 시작했다. 사도행전과 묵시문학에 넘치게 나타나는 환상과 꿈들을 뮌처를 황홀경으로 몰아갔다. 비록 객관적·성서적 근거를 제시했을지라도, 그는 영적 경험으로부터 나오는 주관적·내적 말씀과 주관적 경험을 강조했다. 그는 문자보다 영을 더욱 중요하게 여긴다. 말씀보다 성령의 사역을 더욱 중요시 여긴다. 루터는 말씀 안에(in the Word), 말씀을 통하여(through the Word), 말씀과 더불어(with the Word) 성령을 체험해야 한다고 강조하였으나, 뮌처는 말씀은 성령의 역사로 해석되지 않으면 죽은 것이요, 성령은 성서의 문자를 해석할 뿐아니라 직접 성도들에게 환상과 꿈과 계시로도 말씀하신다고 생각한다. 뮌처는 이렇게 표현한다.

> 성령을 받은 자만이 성서를 해석한다. 성서를 바르게 해석하는 다윗의 열쇠를 받았기 때문이다. 성령을 받지 않은 자는 비록 성서를 백 권이나 삼켰을지라도 하나님에 대하여 깊이 있게 말할 줄을 모른다.[11]

그것은 성령을 통한 신앙의 실존적 경험이다. 그는 점차 신앙의 객관성을 배제하고 거부하기 시작했다. 뮌처에게 주관적·내적 경험으로부터 감각할 수 있고 느낄 수 있는 신앙이 나오게 된다.

뮌처는 독일 신비주의의 두 가지 전형적 표현들, 곧 타울러의 설교와 『독일 신학 *Theologia Germanica*』에 영향을 받았다. 타울러의 기본적 관심은 하나님과 인간, 창조주와 그의 피조물의 연합과 하나됨에 있다. 타울러는 죄와 악의 근원에 대하여 별로 관심이 없었다. 다만 인간 존재는 하나님의 말씀을 듣지 않는다고만 강조했다. 말씀을 듣기 위하여 인간은 기다리지 않으면 안 된다. 이때 성령은 가르치기 위하여 강림하신다. 그리하여 타울러의 설교는 인간 존재와 하나님의 구원하시는 뜻 사이의 협동에 의해서 구성되는 신인협조설적 경향이 있다. 웨슬리가 성화에서 하나님의 은총을 강조했다 할지라도, 하나님의 은총을 받아들이는 자유의지의 역할을 강조한 점에서 뮌처와 웨슬리에게는 모두 신인협조설적 요소가 있다. 뮌처는 웨슬리처럼 인간의 책임성을 강조한다.

> 당신이 죄인이라는 사실을 하나님의 책임으로 돌려놓는다면, 이것은 어거스틴으로부터 얻은 것을 추론한 결과일 뿐입니다. 이것은 진정으로 자유의지를 가진 인간을 경솔하게 경멸하는 불경건한 것입니다.

뮌처는 말씀/신앙의 신학적 패러다임을 성령/변혁의 패러다임으로 바꾸었다. 개인적 구원으로서의 계시 대신에, 계시는 사회적 변혁으로 이해된다. 교회에 대한 하나님의 활동의 초자연적 제한 대신, 성령/변혁의 패

---

11) Thomas Muntzer, "Sermon before the Princes" ed. G. Williams, Spiritual and Anabaptist Writers, (Philadelphia: The Westminster Press, 1957), p.58.

러다임을 또한 세계와 사회를 구원 사건의 영역으로 보고 있다.[12] 홍치모 교수도 뮌처의 과격한 방법은 '혁명의 신학'이 신학이 시도하고 있는 행동의 원형이 될지도 모른다고 해석하였다.[13]

뮌처는 특별히 성령의 제3시대가 폭력적 혁명의 힘으로 성취된다고 선포했다. 그는 어거스틴으로부터 루터에 이르는 시민복종의 정통 교리를 신뢰하지 않았다. 기드온으로부터 엘리야까지 불의한 무신론에 대항한 거룩한 투사들의 예들을 뮌처는 발견했다. 뮌처는 자신을 다니엘과 동일시할 뿐 아니라, 예레미야와도 동일시했다. 그의 성화 신학은 하나님의 종말론적 개입의 생생한 기대와 연결된 정치적·사회적 변혁을 일으켰다. 뮌처는 루터에 반대하여 불의한 제후세력에 대한 폭력적 항거의 정당성을 표현하고 있다.

> 고리대금, 도둑질, 그리고 강도질의 근본 이유는 모든 피조물을 자기 것으로 여기는 제후와 영주들 때문입니다 … 만일 착취당하는 사람이 작은 물건이라도 훔치면 그는 교수대에 매달리게 되고… 제후들은 폭동의 원인을 제거하려고 하지 않기 때문에 가난한 자들이 그들의 적이 되는 것은 영주들이 평범한 사람들을 그렇게 만들었기 때문이다.[14]

뮌처로부터 하나의 능력 있는 사회적 신비주의가 태어났다.[15]

---

12) Zuck, p.19.
13) 홍치모 외 공저, 『급진종교개혁사론』, (서울: 느티나무, 1993), 89.
14) Thomas Muntzer, "A Provoked Defense Against Luther," ed. Lowel Zuck, *Christianity and Revolution*, p.40.
15) Zuck, p.22.

그는 두 가지 중요한 주제 — 인간의 성화와 역사의 종말 — 를 선포했다. 뮌처는 기독교 신앙을 성령의 직접적인 계시로 해석했고, 그 당시의 열광적인 선지자가 되었다. 이러한 견해로부터 그는 신정정치(theocracy)에 관심을 가졌다. 그래서 뮌처는 어떤 종류의 세속적 정부도 거부한다. 그는 무정부주의자요 과격한 혁명가였으며 성령의 능력을 통하여 완전한 혁명과 역사적 변혁을 이룩하기를 원했다. 그는 내적 개혁과 사회적 개혁을 위해 마 13:24-30을 사용했다. 가라지는 우리의 마음의 내면적 밭에서부터 뿌리뽑히지 않으면 안 되며 추수 때에 사회적·정치적 포도원에서부터 뿌리뽑히지 않으면 안 된다고 보았다.[16] 그러한 사회정의 운동은 하나님의 역사심판에의 참여라고 생각한 그는 프라하 선언에서 이것을 강조한다.

> 하나님이 우리의 어리석은 신앙으로 인해 우리를 철저하게 심판하신다는 것은 놀랄 일이 아니다. 모든 종족의 인간들이 우리를 비난할 수밖에 없다는 것은 놀라운 일이 아니다 …"[17]

> 하나님의 측량할 수 없는 의지를 통하여 인간의 행위가 드러날 수 있는 것입니다. 하나님은 그의 선민들과 함께 특별히 이 땅에서 놀라운 일을 행하실 것입니다.[18]

뮌처는 성화를 매일의 개인적 생활에서의 자아죽음을 의미하는 것으로

---

16) Hans Jurgen Geortz, "Mystic with the Hammer: Thomas Muntzer's Theological Basis for Revolution," Mennonite Quarterly Review 50, April(1976), p.93.
17) "The Prague Manifesto" p.33.
18) "The Prague Manifesto" p.34.

해석한다. 옛 아담은 매일 십자가에 못박혀 영적으로 죽어야 하고 그리스도에 대한 확신으로 성장해야 한다. 뮌처에게 의인화는 구원의 외재적 상태, 곧 믿음에 의한 의인화가 아니라, 성령을 통한 현재적 내적 과정이다. 의인화는 성령의 점진적 역사, 곧 신자 안에 거하시는 그리스도의 내주에서 시작한다. 뮌처의 신학은 성령충만으로 채워지는 인간의 영적·진보적 하나님 경험으로 집중된다.[19]

뮌처의 민중은 역사의 대상이 되는 것이 아니라, 역사의 주체가 되는 것이다. 왜냐하면 하나님의 은총이 우리 속에 들어와 우리가 하나님의 속성에 참여하고, 능동적으로 구원완성에 참여하고 행동하는 주체가 되기 때문이다. 그리스도에 대한 신뢰에서 자라나는 영혼은 지고의 혁명적 고난을 당하는 자가 되어야 한다. 뮌처의 고난 신학은 종교적 경험의 권위로 집중되며, 루터적 개신교에서 잊혀진 종교경험의 역동성과 신자들의 개인생활의 변혁에 관심을 기울인다. 그리하여 뮌처는 루터를 '달콤한 그리스도를 외치는 설교가'로 비판하고, 자신은 고통을 당하는 그리스도를 전하는 자로 생각했다. 고난을 통하여 구원의 과정은 계속된다. 성령의 역사를 통하여 외적 고난과 내적 고난이 극복될 수 있다. 그 고난 속에서 민중의 고통을 함께 나누고 민중의 해방을 위해 실천하는 역사변혁의 행동을 강조한다.

뮌처는 지상의 하나님 나라의 실현을 위하여 폭력(정의로운 칼의 사용)을 선택하였다. 뮌처는 비록 농민전쟁의 상황이 폭력을 수반할 수밖에 없었다고 하더라도 폭력을 전제로 하는 혁명적인 길을 선택하였던 것이다. 맑시스트들은 농민전쟁과 뮌처를 역사의 장으로 이끌어내는 데 결정적인 역할을 했던 사람들이었다. 이러한 연구는 엥겔스의 "독일 농민전쟁사"라는 작

---

19) Zuck, op. cit., p.22.

품 속에서 그 형체를 드러내기 시작하였고 1917년 10월 사회주의 혁명에 대한 사고와 연구의 발전을 배경으로 본격화하였다. 뮌처와 농민전쟁은 혁명적 노동자들의 운동과 과학적 세계관에 의해 형성된 이데올로기적 싸움의 중심으로 옮겨졌다.

그러나 뮌처 신학의 본질은 혁명적 이데올로기보다는 내면적 영적 성화 사상의 외연화, 사회화, 정치화이다. 그리고 그의 폭력 이해는 맑스주의자들과 다르게 반동폭력적(counter-violence) 요소가 많다. 뮌처의 폭력에 대한 이해는 그의 신앙적인 열정과 상황 이해에서 유래된 반동폭력의 요소가 많이 담겨 있다고 볼 수 있는데, 이는 제후와 귀족계급의 후원을 받은 신성로마제국의 가톨릭 군대의 폭력성에 저항하는 반동폭력의 요소이다. 오늘날 동학혁명이나 광주 민주항쟁을 반동폭력의 운동으로 재조명하듯이 뮌처의 운동을 반동폭력적 요소로 재해석하는 연구가 일어나고 있다. "검은 하나님께서 맡기신 일을 성취하라는 조건으로 준 것이다. 만일 그렇게 하지 않으면 검을 빼앗아 백성에게 줄 것이다"라고 한 이 글에서 뮌처 자신을 능동적인 폭력의 선동자로 보기보다는 정부나 왕들이 하나님의 뜻을 실현하기 위한 도구인데 이 일을 행하지 않으면 저항할 수 있다는 저항권의 제창자라고 볼 수 있는 것이다.

그리고 뮌처는 하나님의 선교(mssio Dei)를 미리 해석한 신학자로 평가되기도 한다. 하나님은 교회 속에서 일하시는 것이 아니라 역사 속에서 일하시며 하나님은 그 역사 속으로 우리를 부르신다는 것이다. 그런 의미에서 뮌처는 교회사와 세속사를 하나로 본 것이다.

3절_성서 이해

뮌처는 성서 자체는 증거를 주는 것이지 신앙을 주는 것은 아니라고 해석하고 성서에 대한 권위가 아무 의심 없이 모두에게 적용되어야 한다고 생각하지 않았다. 그러나 뮌처가 성서를 무시했기보다는 — 성서 자체는 그 자체를 능가하는 것을 가르친다 — 성서가 성령의 도움 없이는 외적인 증거일 뿐 신자 안에서 근본적인 변화를 일으킬 수 없다는 것이다. 문자적인 하나님의 말씀을 성서에 한정하지 않으며 성령을 통하여 자신을 인간의 마음 속에 드러낼 수 있다고 믿은 뮌처는 자연 신학적인 입장에 가깝다고 볼 수 있다. 성령은 문자 이외에 우리의 이성을 통하여 다양하게 말씀할 수 있으며, 또한 성령은 문자 이외의 꿈과 환상 같은 신비적 방법으로도 말씀하신다고 이해한다. 루터나 칼빈은 성경말씀의 객관성을 중요시하나 뮌처는 주관성을 중요하게 생각한다. 곧 루터나 칼빈은 우리 밖에서(extra nos) 우리에게 다가오는 말씀을 강조하는 반면, 뮌처는 우리 안에서(in nobis) 성령으로 계시하는 말씀을 강조한다. 다시 말해서 뮌처는 문자와 영의 관계에서 영을 더욱 중요시하지만 루터는 성령체험도 말씀 안에서(in the Word), 말씀과 더불어(through the Word), 말씀과 함께(with the Word) 경험되어야 함을 강조한다. 그러나 뮌처도 성경말씀을 교회의 최고의 권위로 인정하는 것은 부정하지 않았다.

그러므로 우리 주 그리스도는 우리에게 거짓 선지자를 주의하라고 경고하신 다(마 7:15). 이제 하나님이 슬픔 속에 말씀하시기 전에는 어떤 것도 그리스도 의 영만큼 좋지 않고 중요하지 않게 평가되는 것도 없다. 그리고 롬 8:9, 막 12:8, 요 6:63, 17:2에 쓰여 있듯이 동일한 성령이 구원 중 하나를 전에 확증하 지 않았다면 아무도 구원받을 수 없다. 그러나 그리스도, 하나님의 자비하신 아들이 불행하게도 새를 놀라게 하는 허수아비나 사람과 같은 색의 인형과 같 이 이 세상 지위와 명예와는 반대로 나타났다는 견지에서 신성이 없음의 특권 을 주장하는 한 어떻게 비천한 작은 벌레 같은 우리가 여기로 오기를 기대하 겠는가? 그리고 그 분은 바로 돌[20]이다. 그 돌은 이 세상의 사치와 향락으로부 터 떨어진 산으로부터 바다로 던져질(시 46:2) 돌이다. 그 분은 인간의 손에 의 해 만들어진 것이 아닌 거대한 산에서 잘린 바위이다. 그 분의 이름은 예수 그 리스도(고전 10:4). 그 분은 정확하게 커다란 속박이 팽배했던(막 1:52, 2:1-3), 전 세계가 소요에 있고 세금이 부과되던 옥타비안 시대에 태어났다. 영적으로 약하고 비참한 똥자루[21]가 화려함과 거만함 이외에는 그에게 아무 소용없는 전 세계를 가지기를 원했던 것이 그때이다. 정말로 그는 자신만이 위대하다고 상상한다. 오! 당시 사람들에게는 모퉁이 돌이신 예수님께서 얼마나 작아 보 였겠는가! 부랑자같이 축사를 배정 받았다(시 22:6). 따라서 오늘날 그들이 여 전히 그렇게 하는 데 익숙하듯이 종족들이 그를 거절했다(시 118:22, 마 21:44-46, 막 12:10-12, 막 20:17-19). 실제로 사도들의 제자들이 죽은 이후에 도 수난을 법률로 제정했다. 그들은 시:69에 있듯이 웃음거리로 그리스도의 성령을 취했다. 그들은 공공연히 강도와 살인자들 같이 그를 약탈했다(요

---

20) 다니엘 2:45
21) 옥타비안

10:1). 그들은 그리스도의 양에게서 진짜 목소리를 훔쳐서 진짜 십자가의 그리스도를 완전한 환상 속의 우상으로 만들었다. 이것이 어떻게 일어났나? 대답은 그들이 순수한 하나님의 수공품을 거절했고, 그 대신에 작고 예쁜 신의 금상을 세우고 그 앞에서 호세아가 분명히 말했고 예레미야가 애가에서 다시 말했듯이 가난한 농부들이 군침을 흘리고 있다. 좋은 향료의 음식을 맛본 사람들이 그 자리에서 지금 더럽고 지저분한 것을 받았다. 오 그리스도가 악마적 미사와 미신적 설교, 의식, 그리고 삶의 방식으로 혹독히 조롱당할 것이라고 말했던 멸망의 가증한 것에 저주가 있을진저. 그리고 거기에는 언제나 신성의 단순한 나무 조각상 외에는 아무것도 없었다. 그렇다. 조금도 하나님을 품을 수 없는 미신적 나무, 목자, 조잡하고 거친 사람들. 그것은 커다란 유감, 죄, 그리고 사건이 아닌가? 맞다. 나는 주장한다. 배만 위하는 짐승(빌 3:19)과 돼지(마 7:6과 벧후 2:22에 나옴)가 완전히 귀중한 돌인 예수 그리스도를 그들의 발로 가능한 한 완전히 짓밟았다. 왜냐하면 그는 온 인류를 위해 신발을 닦는 걸레와 같이 되었다. 이런 이유로 언급된 그들의 믿음의 (진정한) 영을 듣기를 원하지 않는 무감각한 사람들을 얘기했듯이 모든 믿지 않는 터키인과 이방인들 그리고 유대인들이 우리를 조롱했고 바보로 여겼다. 이런 이유로 그리스도의 수난은 어떤 용병도 겪지 않았던, 그리고 시 69:2에 있는 구제할 수 없는 불량배 손의 사냥감에 지나지 않았다. 그러므로 사랑하는 형제여 이런 부정에서 일어나 하나님의 하나님에 관해 교훈을 받은(요 6장, 마 23장) 진정한 제자가 되어야 한다. 그리하여 우리에게 필요한 것은 위로부터 우리에게 주실 위대한 권능이 그렇듯이 형언할 수 없는 사악하고 무의미한 것을 벌하고 제하는 것이 필요할 것이다. 이것이 하나님에 관한 가장 분명한 지식인데(잠 9:10), 그것은 하나님을 순수하게 경외함으로부터 나오는 것이다. 그 동일한 것이 잠 5: 12, 요 2: 17, 시 69: 9에 있듯이 하나님을 위한 최고의 열정으로 하나님의 원수를 보복하기 위해 권능의 손으로 우리를 무장시켜야만 한다. 신성

이 없는 인성의 외부로부터의 현시가 무엇보다도 밀의 황금 이삭 사이의 예쁜 양귀비와 같이(잠 8:10) 그럴듯하고 속이는 방법이기 때문에 인간, 즉 이성적 수단들에 의한(하나님의 원수들) 구실이 절대적으로 존재하지 않기 때문이다. 첫 번째 왕국은 황금 장식에 의해 세워진다. 그것은 바빌론 왕국이다. 두 번째는 은의 가슴과 팔로 대표된다. 그것은 메데파스와 페르시아의 세계이다. 세 번째는 과학으로 널리 알려진 그리스로, 동으로 상징된다. 네 번째는 검과 강요로 얻은 로마제국이다. 그러나 철과 진흙의 발로 상징되는 다섯 번째는 우리 눈 앞에 가진 것으로 철을 또한 지녔고 구속하고 싶어한다. 하지만 그것은 진흙으로 엮여 있는데 우리가 우리의 분별의 눈으로 헛되고 온 땅을 꿈틀거리며 다니는 겉치레 뿐인 위선의 모략을 보는 듯하다. 왜냐하면 규례를 알아챌 수 없다면 바보임에 틀림없기 때문이다. 지금 어떻게 뱀장어들과 살모사들의 무리가 음란함에 빠져 있는지 본다. 그리스도의 세례자 요한이 불렀듯이 (마 3:7) 사제들과 모든 사악한 성직자들은 살모사들이고 물고기 등으로 레위기(11:10-12)에 비유적으로 상징된 것처럼 일시적인 주인과 군주들은 뱀장어들이다. 왜냐하면 마귀의 왕국들은 진흙으로 더럽혀져 있다. 오 사랑하는 주여! 얼마나 훌륭하게 주님이 철장으로 오랜 그릇을 깨뜨리며 다니는지(시 2:9). 그러므로 사랑과 존경받는 군주들이여, 하나님의 입으로부터 직접 너희 판단을 배우고 위선적인 성직자에게 잘못 이끌리거나 거짓의 신중함과 열심에 의해 억누르지 못하게 하라. 손으로 만들지 않고(단 2:34, 다섯 번째 왕국을 부술) 산으로부터 잘린 그 돌이 위대해졌기 때문이다. 가난한 신도와 농부들이 너희보다 그것을 더 분명히 안다. 그렇다. 찬양 받으소서 하나님, 이미 위대하시기에 다른 주나 이웃들이 복음을 위해 당신을 박해한다면 그들은 그들 자신의 사람들에 의해 물리쳐질 것이다! 내가 확실히 안다. 맞다. 그 돌은 위대하다. 그것은 전에 어렴풋이 아는 세계는 오랫동안 두려워했다. 그것이 여전히 작을 때 그것에 떨어졌다. 그것이 매우 커지고 힘이 강해진 지금 매우 강력하게 즉시로 커다란 조각상을 쳐서 낡은 단지로 산산히 부숴 버린 지금 우리는 무엇을 해야 하는가? 그러므로 너희 삭소니의 존경받는 군주들이여 베드로가 했듯이(마 16:18) 모퉁이 돌로 과감하게 나아가 신성의 의지에 의해 (알려진) 인내를 구하라. 그는 분명히 그 반석(시 40:2) 위에 당신을 세울 것이다. 당신의 길은 바를 것이다. 하나님의 의를 곧바로 구하고 용감하게 복음의 동기를 취해라! 믿지 못하는 당신에게 하나님은 매우 가까이 있기 때문이다. 유령 같은 사람 앞에서 왜 떨기를 원하는가?(시 118:6) 우리의 본문을 잘 봐라(시 40:2). 느부갓네살 왕은 그의 꿈을 해석하지 못해서 선지자들을 죽이기를 원했다. 그것은 당연한 보응이었다. 왜냐하면 그들은 그들의 명석함으로 그의 왕국을 통치하기를 바랐지만 임명된 직위조차 할 수 없었다. 우리의 성직자들도 지금 그런 경우이고 이것을 나는 진리를 위해 말한다. 기독교도에게 일어난 해를 분명히 깨닫고 올바르게 그것을 고려한다면 예후 왕(대하 9장, 10장)과 같은 열정을 얻을 것이다. 그리고 요한 계시록 전체가 나타내는 것과 같은 것을 얻을 것이다. 그리고 내가 확실히 아는 것은 엄청난 노력으로만이 검이 그 힘을 발휘하게 하는 것으로부터 물러서게 되리라는 것이다. 왜냐하면 신성한 기독교계의 한심스런 부패가 매우 커져서 어떤 말로도 할 수 없기 때문이다. 그러므로 새로운 다니엘이 일어나서 당신을 위해 당신의 비전과 이런 예언을 해석해야만 한다. 그리고 모세가 신명기 20:2에서 가르쳤듯이 이런 예언자들이 군대보다 앞서가야만 한다.

Thomas Münzer, "Sermon before the princes," Spiritual and Anabaptist Writers, Library of Christian Classics, 51-53, 63.

12장 영국의 종교개혁

1절_ 영국의 종교개혁 운동

1. 영국 종교개혁의 동기(헨리 8세의 이혼사건)

헨리 8세는 캐더린(Catherine of Aragon)과 결혼하여 여섯 아이들을 낳았으나 모두 죽고 유일한 생존자가 메리(Mary) 공주뿐이었다. 공주는 바람직한 후사가 아니었기 때문에 국가를 안정시켜서 국민의 지지를 받았던 튜터 왕조로서는 왕비가 후사를 낳지 못할 경우 왕조의 안위가 위험스럽다고 생각하였다. 그래서 결국 아들을 낳을 욕심으로 헨리 8세는 이혼하고, 사랑을 하던 궁녀 앤 볼린(Ann Boleyn)과 결혼하였다. 헨리 8세는 교황청에 보내는 돈을 금지시키고 모든 주교임명을 왕이 직접 관계하고 1534년 11월에 영국국교의 독립을 선언하는 수장령(Supreme Act)을 발표하였다. "국왕 폐하는 마땅히 앵글리칸 교회라 불리는 잉글랜드 국교회의 가장 높으시고 유일한 수장이시다"라고 선언하였는데 이는 영국국교의 영토 안에서는 유일

영국 종교개혁의 지도자 토마스 크랜머(Thomas Cranmer: 1489-1556)
영국왕 헨리 8세에 의해 캔터베리 대주교로 임명되었다.

한 최고의 머리가 헨리 8세임을 선언하는 것이었다. 그리고 교황의 세력을 약화시키기 위하여 교황에게 지급하는 성직의 첫 수입세를 자신의 재량으로 끊어버리도록 하였다. 또한 영국 내에서 자신의 수장령을 실현하기 위해서 토마스 크랜머(Thomas Cranmer)를 켄터베리 대주교로 임명하였다. 크랜머 대주교는 헨리 8세와 캐더린의 이혼과 앤과의 결혼의 적법

헨리 8세에 의해 켄터베리 대주교가 되어 영국 종교개혁의 지도자 역할을 한 토마스 크랜머가 메리 여왕에 의해 처형당한 곳.

함을 공포하였다. 헨리 8세는 또한 성직자들이 로마에 항소할 권한을 금지시키는 권한(항소제한법)을 의회에서 통과시켰다. 로마측의 저주나 금령, 그리고 파문에도 불구하고 계속 성례를 집행하겠다는 약속을 성직자들에게서 받아낸 것이다. 그러나 교황 클레멘트 7세(Clement VII)는 그를 인정해주지 않고 파문하는 절차를 밟기에 이르렀다. 로마에 도전하는 이상의 법들은 곧 교황의 분노를 일으켰다. 교황은 헨리 8세와 캐더린의 결혼이 적법이며 앤과의 결혼은 불법이라고 선언하면서, 헨리에게 캐더린을 복위시키고 앤을 폐위시키도록 종용하면서 앞으로 10일 이내에 이상의 요구조건을 실시하지 않을 경우에 출교시키겠노라고 협박하였다. 캐더린은 신성로마제국의 황제였던 찰스 5세(Charles V)의 숙모였기 때문에, 신학적 교리적 이유뿐만 아니라 교황이 함부로 캐더린의 이혼을 인정할 수 없는 정치적 이유도 있었다. 영국은 국회로 하여금 강력한 법률을 통과시킴으로써 로마의 행동에 대해서 모두 다 맞받아쳤다. 1534년 9월에 엘리자벳 공주가 태어나자 의회는 곧 왕위계승법(the Act of Succession)을 통과시켜 헨리와 앤 사이에 태어난 아이들을 적법한 왕위계승자들로 규정하였고 모든 국민들은 이 법

헨리 8세와 그의 여섯 부인들

안을 추종할 것을 선서해야 함을 의무화시켰다. 또한 다시 왕과 그의 가족들을 반대세력으로부터 보호하기 위한 반역법(the Treasons Act)을 통과시킴으로써 튜터 왕조 하에 국교 성립을 체계화시키는 작업이 일단락되었다. 이제 잉글랜드는 독자적인 수장을 지닌 국교를 성립시켰던 것이다.

헨리 8세의 재위 기간 중 교회생활에는 두 가지 변화가 있었다. 첫째, 수도원의 폐쇄였다. 헨리 8세는 과거의 수도원을 하나도 남기지 않고 모두 압류하였다. 수도원 폐쇄의 외형적인 이유는 수도원의 타락이지만, 내적인 이유는 재정적 문제 때문이었다. 왕실은 수도원을 압류하여 상당한 재산을 취득하였고, 대부분 돈을 받고 개인들에게 판매하였다. 둘째, 교회에 일상생활의 통용어로 된 성경을 비치하는 문제였다. 로마 교황청은 그 내용이 정통이며 교회의 승인을 거치기만 한다면 일상어 성경의 비치 자체를 반대하지는 않았다. 그런데 문제는 히브리어와 희랍어로부터 학구적으로 번역하는 것은 교황청의 비위에 거슬릴 수밖에 없었다. 왜냐하면 가톨릭 교회의 중요한 교리를 지지해주는 라틴어 불가타판의 표현들이 삭제되는 결과를 가져오기 때문이다. 영국에서는 식자층에 의해 번역의 열기가 불타오르고 있었는데 윌리엄 틴데일(William Tyndale)이 대표적인 인물이었다. 그의 번역본이 헨리 8세가 소집한 회의에

영국성공회 기도서를 들고 있는 토마스 크랜머

서 정죄를 받아서 성 바울의 성당에서 소각된 바 있다. 그러나 헨리 8세가 프로테스탄트로 돌아선 후 1537년 각 교회에 성경을 비치토록 하는 결정을 내렸을 때 그 번역의 책임을 맡은 카버데일이 틴데일의 번역판을 참고하였으나 틴데일의 번역판에 비해 훨씬 뒤 떨어졌다. 그런데 이 카버데일과 틴데일의 번역판이 후에 흠정역(King James Version)의 기초가 되었다.

피셔 추기경이나 수상직을 지냈던 토마스 모어(Thomas More) 등은 헨리 8세가 영국 교회의 수장임을 거부하고 서약을 하지 않고 자결의 길을 택하였다. 헨리 8세는 6개 신조법(Six Articles)을 반포하고, 가톨릭 교리를 주장하여 화체설을 부인하는 자는 사형으로 다스렸고, 성찬의 이종 배수를 금지시켰다. 곧 포도주는 분급하지 않고 빵만 분급하였다. 그리고 성직자들의 혼인을 금지하였다. 또한 중도성을 과시하기 위해서 루터란 셋을 화형에 처하고, 로마 가톨릭 셋을 참수형에 처하기도 하였다.

2. 헨리 8세의 아들 에드워드 6세에 의한 종교개혁

앤과의 사이에 아들이 없고 딸 엘리자벳(Elizabeth)을 낳게되자 헨리는 1000일 동안의 결혼생활을 청산하고 제인 세이머(Jane Seymeour)와 결혼하여 드디어 아들 에드워드(Edward)를 낳았다. 1547년 헨리 8세가 죽은 후 아들 에드워드 6세(Edward VI)가[1] 왕위에 오르면서 크랜머는 켄터버리 대주교가 된, 『기도서 Books of Common Prayer』를 1549년, 1552년에 각각 출판하고, 42개조(Fourty-Two Articles)의 신학을 선언하였다. 본격적인 영국 성공회

---

[1] 헨리 8세의 아내는 모두 여섯 명이었으나 유일한 아들은 제인 세이머가 낳은 에드워드 뿐이었다.

의 교리와 신학을 형성하기 시작한 것이다. 이 42개조의 신학적 내용은 루터적이었다. 영국 성공회는 신학적으로는 루터의 신앙의인화를 받아들였으나 성직자의 결혼 및 성례전 등 의식에 있어서는 죽은 자를 위한 미사 등 가톨릭 의식을 받아들였다. 그러나 점차 칼빈 신학의 영향을 받게 되어 엘리자벳 시대에 와서 39개조(Thirty-Nine Article)로 만들어졌는데 이것은 칼빈 신학적으로 만들어진 것이다. 1561년 『기독교강요』가 번역되어 출판되었다. 에드워드 재위기간 중 실권을 장악했던 두 사람의 호민관 서머셋 경과 노스움버랜드 경의 집권기간에 따라 신학적 경향이 달라졌다. 서머셋 경의 집권기간 중에는 루터 신학적 경향이 지배적이었으나, 노스움버랜드 경의 집권기간 중에는 칼빈 신학적 경향이 지배적이었다.

에드워드의 즉위 첫해 7월 국회에서는 주교들에게 모든 성상을 파괴시킬 것을 지시하였고, 예배시에 복음서와 사도서신을 영어로 낭독할 것을 지시하였다. 그리고 주교회의를 열어 이종성찬을 새로운 성찬예식으로 받아들였고, 성직자가 결혼할 수 있는 자유를 부여하였다. 그러나 이같은 프로테스탄트 신학으로의 방향전환에도 불구하고 영국의 종교개혁 속에는 인문주의의 경향이 더욱 심하게 스며들게 되었다. 에라스무스의 작품들이 영어로 번역되었고, 그리고 1547년 왕실의 칙령에 의하여 모든 교회당마다 에라스무스의 『복음서 해석』을 비치하도록 하였다. 이 책은 포괄주의적인 정신을 대변해주는데, 단순하고 경건한 신앙생활을 강조하고 있다.

3. 헨리 8세의 첫딸 메리 여왕에 의한 가톨릭에로의 전환

에드워드가 자식이 없이 죽자 1553년 메리가 여왕으로 등극하면서 가톨릭으로 돌아가게 되었다. 메리는 캐더린의 딸로서 자연히 어머니의 한을 풀기 위해 가톨릭 신앙으로 돌아서게 되었던 것이다. 메리는 부친 헨리 8세가 시작하였고, 동생 에드워드 6세가 발전시킨 종교개혁을 무효화시키고자 노력하였다. 그녀는 박탈당한 교회의 재산을 환원시키고 수도원들을 복귀시키고자 노력하였지만 쉬운 일이 아니었다. 그리고 그녀가 취할 수 있는 한 가지 고처는 과거의 정권 아래 투옥당하였거나 망명했던 가톨릭 신자들을 다시 고위직으로 복귀시키는 것이었다. 반면에 종교개혁을 지지하였던 지도자들은 처형되거나 투옥되거나 다시 망명의 길을 떠나야 했으며 에드워드 치하의 주교들이 사형장으로 보내졌다. 메리의 재위기간 중 288명이 화형에 처해졌다.

22명의 영국 개신교도들이 메리 여왕에 의하여 체포되어 화형장으로 끌려 가는 장면

메리는 프로테스탄트의 가장 중요한 지도자 켄터베리의 대주교 크랜머를 1556년 옥스포드에서 처형하였다. 크랜머는 묵묵히 메리의 명령에 복종하는 태도를 보이다가 급기야는 이전의 자기 주장을 완전히 철회하는 성명서에까지 서명하였다. 그러나 그는 처형당하기 직전에 자신의 진정한 입장을 말할 기회를 얻게 되었을 때 이렇게 진술하였다.

이제 나는 참으로 내 양심에 큰 가책이 되는 문제를 언급하려 합니다. 그동안 죽음이 두려워서 진리에 어긋나는 주장들을 마치 내가 믿는 것인 양 발표한 일들이 많이 있었습니다. 이것들은 모두 내 내심의 신념과는 어긋나는 것들이니, 나의 손으로 쓰여지기는 하였으나 나의 본심은 아니었음을 밝힙니다. 나의 양심과 진리에 어긋나는 내용을 너무나 많이 기록했던 나의 손을 먼저 불태우겠습니다.

이 마지막 고백은 많은 사람들을 놀라게 하였다. 그러면서 그는 먼저 손을 불 속에 집어넣었다. 결국 크랜머의 순교는 영국을 다시 프로테스탄트 국가로 만드는 계기가 되었다.

4. 헨리 8세의 둘째 딸 엘리자벳 여왕에 의한 종교개혁

메리가 죽고 앤의 딸 엘리자벳이 1558년 왕위에 오르면서 다시 개신교 신앙으로 돌아가게 되었다. 이 역시 어머니 앤의 한을 풀기 위함이었다. 메튜 파커(Matthew Parker)를 켄터버리 대주교로 임명하고 로마와 제네바의 중간 입장을 취하는 '중도적 방법(Via Media)'으로 영국국교를 안정시키는 엘리자벳의 정착(Elizabethan Settlement)을 이룩하였다. "최고의 머리(Supreme

Head)" 대신에 "최고의 통치자(Supreme Governor)"로 명칭을 바꾸었다. 신학은 칼빈주의를 받아들여 39개조(Thirty-nine Articles)를 만들었고, 이 39개조는 영국 성공회의 교리적 표준으로 인정되었다(1517년). 그래서 『기도서』도 수정되었다. 전에는 성찬시에 무릎을 꿇고 성찬을 받았으나, 이제는 서서 성찬을 받게 되었는데 이유는 루터적 신체적 임재설을 믿지 않고 칼빈적 영적 임재설을 믿었기 때문이다. 1549년 『기도서』 서문에서 발췌하여, 1662년의 판을 포함하는 모든 속판이 재공급되었다. 여기서 영토의 새로운 일치를 강조하는 것에 주목할 필요가 있다. 그리고 라틴어는 출석한 사람들이 이해할 수 있다면 사용할 수 있었다. 그러면서도 대중을 위해서 쉬운 영어를 사용하게 하였다. 루터 이후로 확산되어간 그 지역의 모국어로 예배드리는 새로운 운동이 일어난 것이다.

> 아무리 사람의 지혜로 잘 고안하고 확실히 정립했다 하더라도 (시간의 흐름에 따라) 더럽혀지지 않은 것이 없었다. 이와 마찬가지로(다른 것들 중에) 교회의 공적 예배에 쓰여지는 공동기도문들도 명백히 그러하다. 최초의 근원적인 기도문들을 교부들에게서 사람이 찾을 수 있다고 하더라도 그 규정된 것과 동일하지는 않을 것이다. 오히려 좋은 의도에서 또한 신심의 증진에서 찾아야 할 것이다. 여기에 기도를 위한 양식이 있다. 좀더 편리하고, 또한 단순하며, 순서가 명백한 규칙은 적고 보다 쉬운 기도양식이다. 게다가 이 양식에 의하면 보좌신부들은 공중예배에 이 책과 성경 외에 또 다른 책을 필요로 하지 않을 것이다. 이러한 도구들은 사람들에게 있어서 과거와 같이 책에 대한 큰 부담이 되지 않을 것이다. 또한 이제부터 이 왕국 내에서 교회 안에서의 말과 노래에 큰 변화가 있어왔다. 어떤 자들은 샐리즈베리(Salisbury) 식으로, 어떤 자들은 히레포드(Hereford) 식으로, 어떤 자들은 방고르(Bangor) 식으로, 어떤 자들은 요크(York) 식으로, 어떤 자들은 링컨(Lincoln) 식으로 해왔다. 이제부터는

> 모든 전 왕국은 한 가지를 사용하여야 할 것이다. 비록 앞에 적힌 서문에서 정해졌다 하더라도 끝까지 회중들이 교화될 수 있게끔 모든 것들이 영어로 교회 내에서 읽혀지고 찬미되어야 한다. 그러나 의도한 바는 아니나, 아침기도와 저녁기도를 개인적으로 할 때, 그들이 똑같이 이해하는 어떠한 언어로 말해도 된다. 새로운 기도서에 대한 반응은 달랐다. 서쪽 제국은 대부분 즉시 반발했다. 반발자들은 요구사항들을 발표하였는데, 거기에는 새 기도서에 대한 혐오가 분명히 드러나 있었다. 우리는 전과 같이 라틴어로 미사를 드릴 것이다. 그리고 어느 남자나 여자와 교류하지 않는 사제에 의해 거행할 것이다. 우리는 새 예배를 받아들이지 않을 것인데, 이는 예배가 크리스마스 오락 같은 것이 아니기 때문이다. 우리는 전과 같이 아침기도와 미사, 저녁기도와 행렬찬미가의 옛 예배를 받들 것이다. 우리 콘월(Conwall) 지방 사람들은 영어를 이해하지 못하며, 전적으로 이 새로운 영어를 거부한다.
>
> F. Rose-Troup, *The Western Rebellion of 1549*, London, 1913, 220-21. Jean Comby and Diarmaid MacCulloch, *How to Read Church History*, Vol. 2, P.49에서 재인용

그러나 의식과 제도는 여전히 로마 가톨릭적인 것을 받아들였다. 로마 가톨릭 교회의 화체설은 강하게 비판하면서도 미사의 중요성을 강조하고 성직자의 하이라키칼한 제도나 예복을 강조하였다. 엘리자벳은 종교와 신앙보다는 국가의 평화와 질서를 유지하는 데 관심이 있는 인물이었다. 국민들은 수많은 프로테스탄트 지도자들이 메리에 의해서 스미스필드에서 처형당하는 모습을 혐오하였고 메리 여왕이 스페인의 필립 2세와 결혼한 것도 혐오하였다. 엘리자벳은 포괄주의 정책을 가미한 프로테스탄트 노선을 택하였다. 종교적이기보다 정치적인 조치는 청교도들의 강한 도전을 받게 되었고 로마 가톨릭 교회로부터도 도전을 받게 되었다. 엘리자벳 시대

는 종교적 각성이나 열심도 일어나지 않았고 다만 정치적 · 사회적 종교개혁을 강요하였다고 볼 수 있다. 여기에 1559년의 통일령을 소개하고자 한다. 이것은 1552년의 에드워드 6세의 두 번째 영어 『기도서』판을 복원한 것이다. 이것은 후에 문제를 일으켰다. 이 통일령 때문에 많은 청교도 평신도 설교가들이 투옥당하였다. 감리교회의 창시자 존 웨슬리의 할아버지 존 웨슬리도 여러 번 투옥당함으로써 결국 죽음을 맞이하게 되었다.

> 우리의 고(故) 군주 에드워드 6세의 죽음에서 공중 예배와 공중 기도와 성례전 집전과 영국 교회의 의식의 단일 규약이 남아 있었다. 그것은 고(故) 군주 메리 여왕의 재위 첫해에 의회의 법령에 의하여 철폐되었다. 그것이 하나님의 합당한 명예에 중대한 누를 끼쳤으며, 기독교의 참된 신앙고백자들을 불편하게 했다. 그리하여 현 의회의 권위로써 철폐법령을 제정하는 바이다. 다가오는(8월29일) 세례자 성 요한의 탄생일부터 그것은 무효이다… 어떠한 형식이든 간에 결정된 책을 손상하거나 더럽혀서 혹은 다른 것들을 포함한다면, 다른 의식을 거행하거나 설교하거나 공표하거나 말한다면 첫 위반시에 그 사람은 1년치 수입을 몰수당할 것이며 6개월간 감옥에 갇히게 될 것이다. 두 번째 위반시에는 1년간 감옥에 가두고 직분을 박탈한다. 세 번째 위반시에는 직분을 박탈하고 종신토록 감옥에 가둔다. 규정된 대로 교회와 성직자들의 명예는 보류한다. 에드워드 6세의 통치 2년부터 여왕 전하 통치에 다른 규율이 있기까지 의회의 권한에 의하여 영국 교회는 유효하다.
>
> Elton, The Tudor Constitution, 401-3. Jean Comby with Diarmaid MacCulloch, How to Read Church History, Vol. 2, 50.

엘리자베스의 개신교 성직자들 중 몇몇은 그 경고 때문에 비참해지기도 하였다. 여왕의 새 정부는 개신교 개혁에 의견을 제출하였다. 심지어 누군가는 여왕으로부터 주교직을 수락하기도 했고, 새로운 제도를 수호하기도 해야 했다. 여기 미래의 샐리즈배리 주교인 존 주얼(John Jewel)이 스위스에 있는 친구 이탈리아인 신학자 피터 마터(Peter Martyr)에게 1559년에 쓴 글이 있다. 그는 피의 여왕 메리의 박해를 피해 취리히에 갔다가 엘리자벳의 즉위 후에 영국으로 돌아온 사람이다.

> 결국 내가 너에게 무엇을 쓰겠는가? 우리 모두는 지금까지 고향에서 이방인이다. 돌아온 다음, 너는 취리히에게 말할 것이다. 내가 가장 원하는 것은 나의 아버지께서, 가능할지도 모르겠다만… 오 취리히! 취리히! 내가 취리히에 있을 때 영국을 자주 생각했던 것보다 지금 얼마나 자주 너를 생각하는가! 종교로 말하자면, 영향을 받았다. 나는 풍성한 후원을 소망한다. 에드워드 통치 아래에서 너의 최근 거주기간 동안처럼 동일하게 복구될 것이다. 그러나 현재 내가 파악하기로는 요즈음 가톨릭 교도들처럼 우리 동료들 중에 민첩한 자가 없다. 신성한 예배의 미학적 장치는 현재 동요하고 있다. 너와 내가 자주 비웃었던 그것이 심각하고 장엄하게 특정 사람들에 의하여 받아들여지고 있다(우리가 의논하지 않은). 마치 기독교가 겉만 반지르하지 않고는 존재할 수 없는 듯이 말이다. 다른 이들은 절호의 기회를 찾고 있다. 차라리 내게는 무기력하고 평범한 것이 나은 듯하다. 소리쳐 보건대, 전체보다 절반이 낫다.
>
> Zurich Letters Vol. 1, (Parker Society, 1842) Jean Comby with Diarmaid MacCulloch, How to Read Church History, Vol. 2, p.50에서 재인용.

2절_청교도주의 운동

1. 청교도 운동의 동기

청교도 운동(Puritanism)은 엘리자벳 여왕 시대에 발생한 것으로 영국 국교 안에 있는 모든 비성서적 신앙과 생활을 정화하려는 동기에서부터 시작되었다. 청교도들에게 있어서 유일한 교회생활의 기준은 하나님의 말씀에 대한 복종이다. 어떠한 타협도 불가능하다. 그들은 영국 국교에서부터 분리하려는 동기가 없었고, 국가가 교회의 일치를 폐기시킬 아무 의도도 없었다.

다만, 영국국교와 영국국교 신학 내의 과격한 변화와 정화 운동을 전개하도록 모색한 것이다. 그러나 점차 영국국교 안에서가 아니라 밖에서 정화 운동을 전개하는 것으로 발전하게 되었다. 엘리자베스 여왕의 중도적 교리형성이 비성서적임을 지적하였다.

첫째, 공동기도서를 저항하고 거부하는 운동이었다. 공동기도서에는 성만찬 상에 무릎을 꿇게 되어 있었다. 그러나 청교도들은 루터적 그리스도의 몸의 신체적 출석을 믿지 않고, 칼빈적인 영적 임재설을 믿기 때문에 무릎을 꿇고 받는 것을 거부하고, 서서 받는 것을 주장한다.

둘째, 교회운영에 관계된 문제를 제기하였다. 그리스도는 정부에 대항하는가? 아니다. 그리스도는 정부 위에 군림하는가? 아니다. 정부는 교회 위에 군림하는가? 아니다. 세속정부와 교회의 분리를 주장한다. 그리고 세속정부의 최고지도자인 왕이 교회의 최고지도자임을 거부하는 것이다. 그리고 왕뿐 아니라 영국 성공회 감독도 교회 회중을 지배할 수 없다는 민주적인 회중주의를 칼빈 신학에 근거하여 주장한다. 회중 이상의 어떤 영적 권위 — 세속 왕이나 감독 — 가 있을 수 없다. 교회의 올바른 치리는 장로 중심이 되어야 하고, 감독제는 폐지되어야 한다고 주장한다. 장로 중심과 회중 중심의 교회통치는 성서적 기독교의 모습임을 확신하기에 이르렀다.

셋째, 1630년 자유와 예정의 논쟁에서 영국국교는 알미니우스주의에 흥미를 갖게 됨으로써 예정보다는 자유의지를 더욱 강조하는 신학적 입장을 취하게 되었다. 청교도들은 알미니우스적 경향에 의심을 품게 되었다. 그들은 영국국교를 정화하기 위하여 영국국교의 교리적 입장에 항거하기 시작하였다. 그들은 칼빈적 예정신앙자들이었다. 다시 말해서 이 모든 것들을 종합해 보면 결국 칼빈주의의 부활이 곧 청교도주의였다. 그러나 하나님 본성, 곧 주권으로부터 예정을 이해한 게 아니라, 은총을 체험한 경험의 표현으로서 예정신앙을 말하였다. 이 예정신앙은 또한 행동주의 신앙으로 이어졌다. 예정에 든 사람, 곧 구원받은 사람임을 확신하기 위해 열심히 일하는 행동주의를 강조함으로써 자본주의를 발전시키는 데 이 청교도주의가 많은 공헌을 하였다. 특히 오늘날의 미국 자본주의는 1620년에 미국에 도착한 회중교회 청교도들에 의해서 발전하였던 것이다.

2. 청교도 운동의 발전과정

1) 온건파 청교도 운동

청교도 운동을 크게 두 부류로 나누는데, 영국국교 안에 기술적으로 남아 있으면서 영국국교를 개혁하고 정화화려는 온건파와 영국국교는 너무 부패하여 정화하거나 개혁할 수 없으므로 영국국교에서 떠나야 한다는 분리주의파로 구분된다. 온건파 안에도 다시 장로교파와 독립파가 있으며, 과격한 분리주의파는 회중교회파와 침례교파로 구분된다. 그 중 온건파 청교도 운동부터 생각해보기로 한다.

최초의 장로교 제도를 주장한 사람이 토마스 카트라이트(Thomas Cartwrght: 1535-1603)이다. 칼빈이 말한 것처럼, 감독, 장로, 목사는 신약 성서에 동의어로 처리되어 있기에 토마스는 각 교회 신앙훈련과 교회 치리를 위해 평신도 장로를 임명하여야 한다고 주장하였고, 목사의 선택은 회중들에 의해 이루어져야지, 영국국교 감독이 임명해서는 안 된다고 주장하였다. 그래서 이것을 실제적 장로교주의라고 부르기도 한다.

존 위트기프트(John Whitgift: 1530-1604)는 1570년경에 계속 장로교주의를 발전시킨 사람인데, 그는 목사와 평신도가 함께 모여 설교와 토론을 위해 대화를 나누는 이른 바 "예언하기(prophesying)" 모임을 제안했다.

제임스 1세가 영국 왕이 되면서(1603-25) 청교도들이 많은 시련을 겪게 되었다. 1603년 4월 청교도들이 청원서를 제출하여 1604년 1월 햄톤 코트(Hampton Court)에 국왕 입회 하에 감독들과 청교도들이 모였지만 아무런 교회 정치적 중요 결단을 내리지 못하고 말았다. 왕은 "감독이 없으면 국왕도 없다"고 선언하였다. 다만 성경을 영어로 번역하기를 결정하였는데, 그것이 그 유명한 "King James Version" 혹은 "Authorized Version"으로 세상에 나온 것이다(1611).

1581년 앤드류 멜빌(Andrew Melville)의 인도 하에 청교도의 총회가 장로들을 교회의 지도자로 그 권위를 인정하였고, 장로교 교리장정을 만들었으며, 1592년에는 스코틀랜드 국회가 장로교 체계를 법으로 정착시킬 것을 결의하였다. 영국 왕 제임스는 자치통치의 장로교제도에 반대하여 국왕이 지배하는 감독제에 복종할 것을 결정하고, 멜빌을 비롯한 지도자들을 귀향 보내기에 이르렀다.

제임스가 죽고 찰스 1세(Charles Ⅰ)가 왕위에 오르자 윌리엄 로드(William Laud: 1573-1645)를 켄터베리 대주교로 임명하게 되었다. 로드는 앵글로 가톨릭 전통(가톨릭과 영국 성공회를 혼합한 전통)을 다시 살리고 의식과 예복과 예배를 통일시키기를 시도하였고 찰스의 정치적 문제에 대한 중요 상담자 역할을 하게 되었다. 제임스왕 때 나왔던 "Book of Sports"가 찰스 왕 때 다시 나오게 되었다(1620). 이는 주일에 스포츠, 게임, 춤 등을 허용하는 것이다.

이러한 정치적·종교적 부패 현상을 보고 청교도들은 절망하기 시작했고 미국으로 이주해 가는 것을 계획하기에 이르렀다. 결국, 1620년부터 1640년 사이에 무려 2만여 명이 종교적 해방을 위해 대서양을 건너 미국으로 이주해갔을 뿐 아니라, 칼빈 신학에 입각하여 신정정치의 이상을 정치적으로 이룩하는 제2 이스라엘, 제2 가나안의 꿈을 갖는 정치적 해방을 위해 대서양을 건너가게 되었다.

2) 분리주의파 청교도 운동

(1) 회중교회 분리주의자(Congregational Separatists): 회중교회 운동(Congregationalism)은 각개 교회의 독립과 자율성에 근거한 교회 치리 형태로, 교회 운영의 민주주의를 부르짖고 있다. 오직 그리스도만이 교회의 유일한 머리요, 모든 회중은 하나님께로 부르심을 받은 사제들이라는 신앙에 기초하고 있다.

로버트 브라운(Robert Browne: 1550-1633)은 케임브리지 대학교 학생이었는데 1572년 졸업 후에 분리주의 원리를 채택하였다. 브라운은 노르위치(Norwich)에 독립회중을 모아들였던 로버트 해리슨(Robert Harrison)의 영향을 받은 것이다. 브라운은 그의 설교 때문에 감옥에 여러 번 들락거렸고, 또한 유배당하기도 하면서 폭풍우 같은 시련과 역경의 인생을 살았다. 브라운의 회중과 그는 네덜란드 미델버그(Middelburgh)에서 안정을 추구하였다. 그는 참 교회는 오직 그리스도를 믿는 체험적 신도들의 개체교회 공동체뿐이라고 생각하였다. 그는 자발적인 계약에 의해서 그리스도에게 연합하고, 회중 서로가 연합하는 회중공동체를 강조하였다. 각 개체교회는 자치통치로 이루어지고, 회중 스스로가 신약에 언급된 목사, 교사, 장로, 집사를 선택하며, 또한 각 교인은 회중 전체의 이익을 위해 책임감을 가져야 한다고 하였다. 즉, 각 개체교회의 완전한 자율성을 강조한 것이다. 브라운은 영국으로 다시 돌아와 영국에 회중교회를 설립하고 목회하기에 이르렀다(1585-1633).

브라운의 회중교회 운동은 평신도 헨리 바로우(Henny Barrow: 1550-93)와 교역자 존 그린우드(John Greenwood: ?-1593)에 의해 계승 발전되어갔다. 그들은 런던에 회중교회를 설립했다는 이유로 체포당했는데, 그들은 감옥에서 브라운보다 더 과격하게 분리주의 원리를 옹호하고 변호하였다. 결국, 1593년 4월 6일 바로우와 그린우드는 교회론의 문제로 왕의 권위를 부인했다는 이유로 교수형을 당하게 되었다.

사실 1592년 런던에 프랜시스 존슨(Francis Johnson: 1562-1618)을 담임 목사로, 그린우드를 교사로 임명한 영국

(위) 청교도들이 1638년에 세운 하버드 대학교 존 하버드 목사 동상. 그의 책과 돈을 기증함으로써 원래 케임브리지 대학교였는데 하버드 대학교로 이름이 바뀌게 됨. (아래) 하버드 법대

회중교회가 설립되었는데, 바로우와 그린우드가 처형당하는 아픔을 겪자 네덜란드 암스테르담으로 망명하지 않을 수 없게 되었다. 존슨은 돈 많은 런던 과부와 결혼한 후 계속 암스테르담의 회중교회 목사로 시무하였으며, 헨리 아인스워스(Hinny Ainsworth: 1517-1623)가 그들의 교사가 되기도 하였다.

영국 게인스보로에서 모였던 회중교회도 네덜란드로 망명하게 되자, 영국 스그루비에서 평신도 장로 윌리엄 브루스터(William Brewster)를 중심으로 모였던 회중교회도 네덜란드로 망명하기에 이르렀다.

게인스보로 회중교회는 네덜란드 암스테르담에 정착하였고, 스그루비 회중교회는 1609년 네덜란드 레이든에 정착하게 되었다. 이 레이든 회중교회의 담임목사는 영국국교 목사였다가 청교도가 된 존 로빈슨(John Robinson)이었고 장로는 윌리엄 브루스터였다. 결국, 이 레이든 회중교회 교인들이 주축이 되어 102명이 신앙의 자유와 정치적 자유를 위해 메이플라워호를 타고 66일 동안 항해하여 1620년 12월 추운 겨울에 미국 플리머스에 도착하게 되었다.

담임목사 로빈슨은 다수의 교인들 때문에 결국 레이든에 머무를 수밖에 없었고 장로 브루스터가 미국 개척 청교도의 영적 지도자로 메이플라워호에 승선하게 된 것이다.

이것은 결국, 목사가 아닌 평신도 중심의 미국 개척 청교도 운동이 되었다. 66일간의 항해 도중 한 명이 사망하였으나 배에서 한 아기가 출생함으로써 출발할 때와 똑같이 102명이 도착한 그들은 흩어지기 전에 바위["플리머스 바위(Plymoth Rock)"로 지금도 매사추세츠주 플리머스 해변가에 보존되어 있음]를 붙들고 눈물과 감격으로 하나님께 감사기도를 드렸다.

그들은 1년 안에 풍토병, 아메리칸 인디언의 습격 등으로 반이 죽게 되었지만 매사추오이 추장의 호의로 결국 인디언들과 화해하여 11월 넷째 목

청교도들이 66일 동안 타고 온 메이플라워호, 102명의 미국 선조들을 기념하는 기념탑, 청교도들이 처음 정착한 플리머스 민속촌, 청교도들과 화해함으로 첫 추수감사절 예배를 드린 아메리칸 인디언 추장 메사추소이의 동상(이 이름을 따서 미국 최초의 주 메사추세츠 이름이 나오게 됨)

요일에 랍스터(큰 바다새우)와 칠면조를 굽고 첫 추수한 곡식으로 제단을 만들고 감격의 첫 번 추수감사절(Thanks-Giving Day)을 지켰다. 이 매사추오이 추장의 호의를 기념하기 위하여 주(state) 이름을 매사추세츠(Massachussetts) 주라고 붙이게 되었다.

그들은 먼저 예배당과 학교를 짓고 그 다음에 그들이 살 집을 지었다. 그래서, 지금도 플리머스에 세워진 여신상(Forefathers' Mounment: 8년간 만들어진 미국 건국정신이 들어있는 탑)에 보면 가장 큰 중간 기둥에 신앙(faith)이 새겨져 있고, 그 다음에 작은 보조기둥 넷이 있는데 첫 보조기둥이 교육, 자유, 도덕, 그리고 법이다.

그리고 교육은 지혜와 젊음을 준다는 상징적 글이 새겨져 있고, 자유는 폭력(Tyranny: 영국 왕과 영국국교의 폭력을 상징함)으로부터 해방되어 평화를 누리게 됨을 해설해주고 있으며, 법은 그 법을 지키는 자에게는 자비를 베풀고 그 법을 어기는 자에게는 정의로 다스린다는 글이 새겨져 있고, 도덕은 복음전파자와 예언자가 세워준다는 상징적인 표현이 조각되어 있다.

그러나 이렇게 신앙으로 세워진 미국, 드높은 도덕정신과 교육정신으로 세워진 미국이 오늘날에는 청교도 정신을 잃어버리고 소비문화와 향락문화에 빠져 있고 교회는 점점 힘을 잃어버리고 있다.

한편, 네덜란드 레이든의 회중교회에서 목사 존슨 로빈슨의 지도를 받고 있던 헨리 제이콥(Henry Jacob)은 영국국교로부터 분리되는 법을 원치 않고 새로운 온건파(Non conformist) 청교도 운동을 전개하기에 이르렀는데, 이것을 가리켜 독립교회파(Independent-Separatist Congregational)라고 부르기도 한다. 이러한 온건파는 장로교파(Presbyterian)와도 또 다른 입장의 청교도 운동이다.

(2)침례교회 분리주의자(Baptist Separatists): 청교도 운동의 한 분파인 침례교회 운동은 존 스미스(John Smith: ?-1612)에 의해 시작되었다. 스미스는

영국국교의 목사였으며, 재침례파(Anabaptist: 과격파 종교개혁) 중의 온건파였던 메노나이트(Menno Simon이 이끈 비폭력 평화주의 재침례파)의 영향도 많이 받은 인물이다. 스미스는 게인스보로 회중교회의 목사로서 암스테르담 망명을 함께 갔다. 그런데, 암스테르담에서 — 런던에서 회중교회 목사를 하다가 암스테르담 망명 회중교회에서 만나게 된 회중교회의 또 다른 목사 — 프랜시스 존슨(Francis Johnson)과 논쟁을 하게 되었다. 스미스와 존슨의 논쟁 이슈는 침례였다. 새 교인들을 교회에 받아들일 때 하나님께 대한 회개와 그리스도에 대한 신앙고백을 침례를 받음으로써 표시해야 한다는 것이다.

그래서 1608년 스미스 자신이 침례를 받고 다른 사람들에게도 침례를 베풂으로써 네덜란드 땅에 '제일 영국 침례교회(The Frist English Baptist Church)'를 세웠다. 스미스는 칼빈주의의 예정론을 비판하고 알미니우스주의 자유의지론을 받아들였다. 그리스도는 선택된 자들을 위해 죽으셨을 뿐 아니라 모든 인류를 위해 죽으셨다는 만인속죄론을 주장한 그는 재침례파의 입장을 어느 정도 받아들였다.

토마스 헬리스(Thomas Helwys)와 존 멀톤(John Murton)이 스미스의 뒤를 이어 영국으로 돌아와서 영국 땅에 영구적인 영국 침례교회(English Baptists)를 세우게 되었다. 또한, 헨리 제이콥의 독립교회 회중 중의 소그룹이 신자의 세례 — 유아세례 반대 — 를 주장하면서 제이콥의 독립교회 회중에서 나와서 따로 제 2의 침례교파를 만들게 되었다. 그런데, 이들은 알미니우스주의를 반대하고 칼빈주의의 예정론과 제한된 속죄론 — 구원받도록 예정되고 선택된 자들만을 위해 그리스도의 속죄가 필요하다는 — 을 믿었으므로 이들을 칼빈주의적 침례교회(Calvinistic Baptists)라고 부른다.

3. 청교도 운동의 긍정적인 요소와 부정적인 요소

1) 긍정적인 요소

(1) 불의와 타협하지 않는 신앙고백적 신앙: 교회의 신앙 문제뿐 아니라 국가의 정치문제에 있어서도 하나님의 정의에 거슬릴 때는 결코 타협하지 않는 순교자적 신앙을 고수한다. 일제치하, 공산치하, 독재치하에서도 굴하지 않고 정의를 외치는 한국 교회의 신앙은 바로 청교도주의적 신앙의 요소라고 말할 수 있다. 고려신학교의 학생이었던 문부식, 김현장이 광주항쟁을 군인들이 진압하도록 미국이 뒤에서 협조한 것에 항거하여 미문화원 방화사건을 일으킨 것도 청교도주의적 발상이라고 할 수 있다.

(2) 신정정치를 실현하는 예언자적 신앙: 저 세상적 신앙보다 역사 속에서 하나님의 신정정치를 실현하기 위해 예언자적으로 활동하며 시온주의적 천년왕국을 건설하려는 신앙 운동이다. 죽어서 가는 영원한 미래의 천국을 믿으면서도 청교도들은 칼빈의 제네바시의 사회적 성화 운동과 신정정치의 이상을 본받아 미국을 제2의 이스라엘로 생각하여 시온사회를 건설하겠다는 시온주의적 천년왕국 운동이었다.

(3) 자본주의를 발전시킨 신앙: 칼빈의 율법 제3의 용법을 중요하게 생각하여 구원의 확신을 얻기 위한 성화생활을 위해 엄격한 금욕적 윤리생활과 부지런한 청지기생활을 통해 적극적인 직업활동을 함으로써, 시간은 돈이라는 자본주의적 정신과 일치하여 자본주의를 발전시켰다. 막스 베버가 『개신교 윤리와 자본주의 정신』에서 증명하였듯이 철저한 칼빈적인 성화 윤리가 성실과 부지런함으로 일하는 자본주의 정신과 연결되어 미국이나 서구 자본주의를 발전시키는 계기를 마련하였다. 물론 이것이 빈익빈, 부익부의 양극화 현상을 만들어 제1세계와 제3세계의 대립을 가져온 것도 사

실이다. 그래서 이것을 극복하기 위해서 웨슬리는 사유재산을 인정하는 경제적 자유와 그 부를 축적하지 않고 나눔을 통해 성화를 이루는 평등을 동시에 강조하였다. 그래서 그가 "돈의 사용(Use of Money)"라는 설교에서 세 가지 원리(gain all you can!, save all you can!, give all you can!)를 소개하면서 제일 강조하는 것이 분배와 나눔(give all you can!)이었다.

(4) 신앙과 선행을 이원화시키지 않은 운동: 신앙지상주의(solafideism)를 넘어서서 사랑으로 역사하고 행함으로써 살아 있는 믿음과 성숙해지는 믿음이 되는 것을 강조한다. 경건한 삶의 수련을 통해서 성화를 이루기 위해서는 선행이 강조되는 것이다. 청교도들은 하루에 얼마나 많은 선행을 행하였는지를 점검하는 일기를 쓰기도 하였다. 오늘날 한국 개신교회들이 이러한 청교도적 선행을 너무 무시하고 신앙 제일주의를 강조하는 것이 큰 문제다. 건전한 기독교적 문화, 건전한 기독교적 경제, 건전한 기독교적 정치를 한국사회 속에 만들지 못하는 큰 약점을 한국 교회가 갖고 있다.

2) 부정적인 요소

(1) 운명주의적 신앙: 칼빈적 예정론을 지나치게 강조함으로써 운명적인 역사관과 인생관을 갖게 한다. 한국 교회가 안고 있는 숙명적 요소는 바로 이러한 칼빈적 청교도적 신앙 때문이다. (무교적) 팔자타령을 하는 한국인의 심성이 칼빈적·청교도적 예정신앙을 잘 받아들이는 요소가 되었다. 한국교인들은 내일의 진취적인 꿈을 갖는 역사성보다는 "주님의 뜻대로 살지요"라는 비관적 운명성을 갖는 경우가 더욱 많다. 나를 향하신 주님의 뜻과 경륜을 발견하였으면 그것을 이루기 위하여 열심히 자유의지를 갖고 노력하는 역사적인 신앙인이 되어야 할 텐데 그렇지 못하다. 내세만 바라고 비관적으로 소극적으로 운명적으로 사는 한국 개신교인들이 너무 많다.

리처드 박스터(Richard Baxter: 1615-91). 유명한 설교가이며, 영성수련의 저술가("The Saints' Everlasting Rest")이고, 『목사론 On the Priesthood』으로 유명하다. (오른쪽) 청교도 교회종은 북치는 것이었다. 예배당 자리는 사회적 계층별로 앉았다.

(2) 율법주의적 경향: 율법을 강조하는 것은 좋으나 지나쳐서 엄격한 율법주의적(legalistic) 신앙을 만든다. 율법이 성화를 이루는 채찍질이 되기보다는 남을 정죄하는 자기 의만을 드러내는 바리새적 잣대가 되고 있다. 한국 교회의 주초문제에 있어서 절제 운동은 좋으나, 자기 의를 드러내고 남을 정죄하는 율법주의적 신앙을 형성하기도 하였다.

(3) 배타주의적 경향: 엄격한 신앙고백으로 타협하지 않는 것이 지나쳐 남과 화해하지 않고 자신의 신앙 스타일과 조금만 달라도 이단시하거나 사이비로 정죄함으로써 교회분열을 조장한다. 고신측 장로교의 도나티스트적 요소가 바로 한국 장로교회의 분열을 가져온 것이다.

(4) 지성적 요소는 강조하지만 감성적 요소는 배제하는 신앙: 지성적

신앙고백을 강조함으로써 민중들 속에 신앙부흥을 일으키는 감성적 요소가 없다. 따라서 18세기 영국에서는 청교도주의가 영향력을 나타내지 못하는 광부와 농부와 노동자들 같은 민중 속에서 감리교의 경건주의적 감성적 신앙 운동이 큰 영향력을 행사하게 되었다. 수공업에서 기계공업으로 발전하는 산업혁명 과정에서 많은 노동자들이 심리적 불안정이 심각하였다. 웨슬리의 열정적인 설교와 감리교인들의 뜨거운 찬양과 기도는 그들을 심리적으로 영적으로 치유하는 복음이 되었다. 그래서 한국 교회의 지성적인 청교도적 장로교회들도 감성적이고 열정적인 신앙유형을 많이 받아들이게 되었다.

13장

가톨릭 종교개혁

1절_가톨릭 종교개혁[1]의 전개과정

1. 교황들의 개혁 운동

레오 10세(Leo X)의 조카 클레멘트 7세는 프로테스탄트에 저항하기 위한 종교회의를 소집하려고 했으나 소집령을 내리지 못하고 사망하였고, 바오로 3세(Paul III)가 교회개혁과 종교회의에 대한 확고한 주관을 가지고 콘

---

[1] 반동종교개혁(counter reformation)이라고 이름을 붙였으나, 최근에는 가톨릭 종교 개혁이라는 말을 더 많이 사용한다. 가톨릭의 정화와 개혁을 시도한 운동이라는 점에서 보다 긍정적인 역사평가를 내려야 한다는 필자의 역사시각에서 이렇게 가 톨릭 종교개혁이라고 이름을 붙였다. 그리고 최근에 한국 가톨릭 교회는 '캐톨릭 (Catholic)'이란 영어발음보다는 보다 한국인들에게 친숙하도록 토착화시키기 위해서 '가톨릭'이라고 부르기 시작하였다.

타리니(Gasparo Contarini)를 비롯한 에라스무스주의자들을 추기경으로 세웠다. 추기경 콘타리니가 "교회개혁에 관한 자문서"를 작성하였는데, 족벌주의, 성직매매와 세속 및 일반성직자의 비도덕적 생활, 뇌물수수 등을 열거하면서 가톨릭의 부패상을 인정하게 만들었다. 콘타리니는 멜랑히톤과 이신칭의에 합의하였으나 화체설과 교황의 권위에 대해서는 의견이 달라 합의점을 도출해내지 못하였다. 멜랑히톤은 루터에게 비판을 받았고, 콘타리니는 가톨릭으로부터 야단을 맞았다. 추기경 카라파(Caraffa)가 바오로 4세(Paul IV)의 이름으로 교황에 취임하면서, 온건 에라스무스주의자들을 탄압하고 강압적으로 가톨릭 종교개혁을 추진하는 인물로 등장함으로써 프로테스탄트들에 항거하는 가톨릭 교회의 새로운 방향을 모색한 대표자로 부상하게 되었다.

2. 예수회(Society of Jesus)의 개혁 운동

이냐시오(Ignatius of Loyola: ?-1556)는 바스크족 귀족으로 태어나서 나제라(Najera) 공작군대에 소속하여 전투를 하다가 왼쪽다리를 다쳐 평생 절름발이가 되었다. 요양 중에 루돌프(Ludolph)의 『그리스도의 생애』를 읽고 기사도적 이상에서 종교적 이상으로 전향한 그는 바르셀로나(Barcelona) 근처 만레사(Manresa)에서 1년간 명상생활을 하면서, 자유의지의 죽임과 영적 씨름을 통하여 성화를 수련하는 『영성수련 The Spiritual Exercise』(1541)이란 책을 저술하였다. 알카라이(Alcalae) 대학, 파리 몽테뉴 대학, 상 바르브 대학을 졸업하였고, 1534년 신학사와 1535년 신학석사 학위를 받았다. 1534년 여섯 명의 회원을 모아 예수회를 시작하여 13년간의 과정을 거쳐 예수회 정회원으로 가입하게 되었다. 2년 동안의 견습, 1년 동안의 교양학문 공부,

3년 동안의 철학 공부, 4년 동안의 신학 공부를 통하여 사제서품을 받고, 그 후에 다시 1년 동안의 실천 신학, 설교학, 영성수련을 공부하고, 2년 동안의 시험기간을 거쳐서 종신서약을 하게 하였다. 오랜기간 동안의 훈련을 거쳐서 성직자가 된다든가, 성직가로 하나님이 나를 부르셨는지를 점검하는 영성수련을 30일간 갖는다든가, 종신서약 전에 다시 30일간의 영성수련을 통해서 소명을 재확인하고 성화를 수련한다든가 하는 과정이 오늘날 프로테스탄트 성화수련과 성직자 훈련에 많은 충격과 도전을 주고 있다.

이 예수회 운동은 가톨릭 개혁에 큰 영향을 미쳤을 뿐 아니라, 일본 선교사 프란시스 자비에르(Francis Xavier), 중국 선교사 마테오 리치(Mateo Rici), 인도 선교사 로버트 노빌리(Robert Nobili) 등을 통해 전 세계적으로 많은 선교활동을 전개하게 되었다. 특히 이 예수회 선교사들은 그 선교지역의 문화를 성실히 연구하고 그 지역 문화 속에 토착화함으로써 성공적인 선교를 하게 되었다. 물론 지나친 문화적 동화 때문에 교황청으로부터 정죄를 받기도 하였는데, 예를 들면 인도 선교사 노빌리는 브라만의 하나님을 기독교의 하나님과 일치시키고 브라만의 옷을 입고 선교함으로써 다른 카스트의 낮은 계층(수트라 등)들로부터 혐오의 대상이 되었기에 정죄받은 일이 있다.

예수회의 기본 규율

우리 수도회에 들어오기를 원하는 자들은 우리 모임이 예수회라 불리길 원하기에 하나님의 군사로 견뎌야 하고, 오직 우리 주 예수 그리스도만 섬겨야 한다. 또한 그리스도의 지상 대리자이신 로마 교황께 엄숙한 종신서약을 하며, 자신을 영혼의 증진을 위하여 조직된 예수회의 일원으로 평생토록 헌신하는 일에 매진해야 한다. 기독교 교리와 신앙의 전파를 위하여 하나님의 말씀을 공적으로 전하고 섬기며, 영성수련으로써 자선을 베풀고, 특히 어린아이들에게 교리문답을 가르치며, 아직 기독교에 입교하지 않은 자들에게 교리문답을 가르쳐야 한다. 또한 신자들의 영적 위로를 위하여 고해성사를 들어야 한다. 명령의 권한은 온전히 총회에 있다. 복음과 정통신앙으로부터 배우고 우리가 확고히 믿는 것을 신앙고백했음에도 불구하고, 모든 신자들은 그리스도의 대리자이시며, 인도자이신 로마 교황에게 복종해야 한다. 그러한 복종은 우리 수도회의 겸손이 증진되게 할 것이기에 그것이 매우 유익하다고 믿는다. 덧붙여 이러한 속박은 모든 신자들에게 해당되는 것이지만 우리는 좀더 특별한 맹세로써 헌신한다. 현 로마 교황이나 그분의 계승자들이 어떠한 명령을 하시든지 영혼의 유익에 관하여, 신앙의 전파를 위하여, 지체 없이, 변명 없이, 우리는 그 명령을 수행하기로 헌신한다. 그분이 우리를 어떠한 나라로 보내시든지, 투르크족 가운데나, 혹 다른 이방인들 가운데나 심지어 인도나 이단자들에게나 분열주의자들에게나 혹은 신실한 자들에게나 다른 어떠한 종류의 곳에 보낼지라도 우리는 자신을 헌신한다.

Jean Comby with Diarmaid MacCulloch, *How to Read Church History*, Vol. 2, 25

2절_트렌트회의(The Council of Trent)

찰스 5세의 제안으로 교황파들은 교리의 개혁을, 황제파들은 교회의 개혁을 더욱 열망하였다. 1. 구성원은 이태리인 12명, 스페인 5명, 프랑스인 2명, 신성로마제국의 주교 1명으로 이루어졌다. 2. 동기는 (1) 이단경계, (2) 교회의 부패상 개혁, (3) 교리문제의 불확실성, (4) 영적 이상의 상실, (5) 성직자들의 각성 등이었다. 3. 성례전은 전통적인 7성례전을 모두 고수하였다. 4. 의인화론의 토론에서 콘타리니(Contarini)는 의인화의 양면성 곧 객관적이고 주관적인 요소(inherent & imputed justification)를 종합하려고 하였다. 행위를 믿음 아래 부속시키고자 하였다. 살메론(Laniez Salmeron)은 의인화를 위한 선행의 절대조건을 주장하였다. 결국 선행의인화(justification by good works)가 고수되었다. 5. 금서목록에 보카치오의 『데카메론』과 루터와 칼빈의 모든 저서들을 포함시켰다.

트렌트 공의회의 정의와 결정

대체적으로, 공의회는 자주 언급되는 각 분야에 대하여 설명을 하고 있다. 교리의 정의에 있어서는 반대의견을(프로테스탄트) 비난하였다. 대부분의 경우, 프로테스탄트의 주장은 비난받았다.

성경과 전통에 관하여.

거룩한 공의회는, 정통교부들의 모범과 모든 신구약 성경을 동일하게 존중하며 경건한 마음으로 받든다. 한 분이신 하나님께서는 신구약 성경의 저자이시며 전통으로 더불어 말씀하셨던 것, 그리고 그리스도의 입술에서 나온 교훈이나 성령의 강권하심으로 인한 받아쓰기나(축자영감) 깨지지 않은 하나의 가톨릭 교회에서 전해지고 보존된 것들을 존중하며 경건한 마음으로 받든다. (네 번째 회기, 1546년 4월 8일, 61표)

칭의에 관하여.
만일 사람이 하나님 앞에서 예수 그리스도의 신적 은총을 떠나 그의 인간 본성의 노력으로 이룬 공적이나 율법의 가르침을 통하여 의롭다 함을 받는다고 말하는 자가 있으면 그는 저주받을지어다. 만일 인간의 자유의지가 하나님에 의해 감동을 받고 자극을 받아, 하나님의 깨우시는 부르심에 응답하는 공동협력이 없다고 말하는 자가 있으면 저주받을지어다. 인간이 스스로 준비하여 칭의의 은혜를 얻는 것에 공동협력함이 없거나, 은혜를 거부할 수 없다고 하거나, 마치 무생물처럼 자유의지가 아무 것도 아니라고 하거나 완전히 수동적이라고 하는 자가 있다면 저주받을지어다. (여섯 번째 회기, 1547년 1월 17일, 70표)

성례전에 관하여.
만일 새 법의 성례전이 예수 그리스도에 의해 제정된 것이 아니라고 하거나 일곱 성사에 더하거나 빼거나 하는 자가 있다면, 그리고 일곱 성사가 참되고 완전한 것이 아니라고 말하는 자가 있으면 저주받을지어다. (일곱 번째 회기, 1547년 3월 3일, 73표)

성찬식에 관하여.

만일 거룩한 성찬성사에 온전하신 그리스도께서 각 분병(혹은 빵과 포도주)에 계시고 각 분병의 나누어진 부분에 계심을 부인하는 자가 있으면, 각 분병의 분리된 각 부분에 계심을 부인하는 자가 있으면 저주받을지어다. (열세 번째 회기, 1551년 10월 11일, 54쪽)

미사에 관하여.
만일 로마 교회의 예식에서 봉헌의 미사전문이 낮은 목소리로 낭독된다고 말하는 자가 있으면 비난받아야 한다. 미사는 오직 그 지역 언어로 거행되어야 한다고 말하는 자가 있으면 저주받을지어다. (22 번째 회기, 1562년 9월 17일, 183쪽)

성직에 관하여.
만일 신약성경에 가시적이고 외적인 사제직이 없다고 말하는 자가 있거나, 사제가 주님의 참된 살과 피를 바치거나, 죄를 용서하거나, 죄를 보류하기 위한 권한이 없다고 말하는 자가 있으면 저주받을지어다. 단지 기능과 복음설교의 단순한 사역을 위한 권한만이 있다고 말하는 자나, 설교하지 않는 사제는 더 이상 사제가 아니라고 하는 자가 있으면 저주받을지어다. (23 번째 회기, 1563년 7월 15일, 237쪽)

신학교의 근원에 관하여.
젊은이가 제대로 교육을 받지 않으면, 그들은 쉽게 세상쾌락을 향한 타락으로 이끌릴 수 있다. 또한 젊은이가 유약한 시기에 경건과 신앙 가운데 훈련받지 않으면, 더러운 습관이 아직 온전히 그를 사로잡지 않았을 때, 전능하시고 위대하신 하나님의 특별하신 보호가 아니면 교회의 훈련의 완전한 방식을 보존하는 것이 불가능하다. 거룩한 공의회는 모든 대성당과 도시교회와 그 상위교

> 회가 각기 그 교구의 수단과 크기에 따라 도시의(교구의) 특정수의 아이들을 경건하게, 교회훈련식으로 양육해야 한다고 규정한다. 주교가 선택하는 대학에서 이러한 목적으로 교회 인근의 장소에서 혹은 적당한 장소에서 훈련하고 양육해야 한다. (23 번째 회기, 1563년 7월 15일, 237표)
>
> 결혼에 대하여.
> 만일 교구사제나 교구사제가 인준한 다른 사제나 관할판사 아닌 자가 결혼식을 집전한다면, 두세 사람의 증인들 앞에서 거룩한 공의회는 이러한 류의 결혼이 완전히 무효임을 공표한다. 그리고 그 계약은 무효이며, 무능하다.(24 번째 회기, 1563년 11월 11일, 231표)
>
> Jean Comby with Diamaid MacCulloch, *How to Read Church History*, Vol. 2, 27.

3절_가톨릭 종교개혁의 영성 운동

로욜라의 이냐시오(St. Ignasius of Loyola)의 영성수련은 이냐시오의 인격에 힘입은 바 컸다. 그는 추종자들에게 두 가지 '수단'을 남겨주었는데, 그것은 엄청난 효과가 있었다. 그것은 영성수련(spiritual exercise)과 수도회 규칙이었다. 영성수련은 예수회 회원들만 훈련시키는 데 유익이 있을 뿐 아니라, 많은 타 크리스천들을 훈련시키는 데 공헌하였다. 규칙들은 주교협의회와 교황의 중앙집권적이고 통제적인 수도회 구조를 조직하게 했다. 예수회 회원들은 탁월한 교회의 종들이 되고자 힘썼다.

이나시오의 저서 『영성수련 The Spiritual Exercises』은 남성 수도사중심의 영성훈련이요 16세기의 영성훈련이기에 오늘날의 여성해방의 시대나 21세기에는 안 맞는 영성훈련의 방법이라는 비판도 있고 또한 개신교에서는 선행의인화(善行義認化) 중심의 영성훈련이라는 비판도 하지만, 오늘날 가톨릭이나 개신교 모두가 그의 영성훈련을 관심 갖고 그 훈련방법을 배우고 재발견하여 새롭게 오늘의 성도들의 영성훈련을 위해 응용해야 한다는 목소리들이 높다. 오늘날 개신교의 영성수련에도 많은 영향을 미치고 있다. 최근에 개신교 학자들 중에도 이나시오의 영성훈련으로 박사학위를 받은 사람들이 생겨나고 있다.[2]

이나시오의 영성수련은 거듭남과 의롭다 하심의 체험을 위해서는 도움이 되지 않고 이미 믿음으로 의롭다 하심과 거듭남을 체험한 성도들의 성화수련을 위해서 많은 도움을 준다. 오늘날 한국을 비롯하여 세계의 크리스천들이 성화의 영성수련이 부족한 것을 절실히 인식하고 그러한 성화의 영성수련을 사모하고 있는 시대적 요청에 따라 이나시오의 영성수련이 각광을 받을 수 있다고 본다.

---

[2] 장로회 신학대학교 유해룡 교수는 이나시오로 박사학위 논문을 썼고 장신대에서 영성수련을 강의하고 있으며, 영성수련이 장신대의 필수과정으로 되어 있다. 감리교 신학대학교에서도 이나시오의 영성수련을 비롯하여 웨슬리와 동방교회의 예수기도 등 여러 영성수련 방법을 종합하여 10명의 교수들이 공동으로 영성수련 교재를 만들어 2004년 봄학기부터 대학원 선택과목으로 강의하려고 계획하고 있고, 이것이 성공적으로 되면 대학원 필수과목(신학 석사나 목회학 석사과정 모두)으로 만들려고 준비 중이다. 특히 필자는 이나시오의 영성훈련으로 Ph.D.학위를 받고 현재 미국 캘리포니아주 Palo Alto 시에 있는 Institute of Transpersonal Psychology의 학장으로 재직중인 Robert Schmitts 교수로부터 한달 동안 영성훈련을 직접 지도 받고 많은 감동을 받았기에 이를 상세히 소개하고자 한다.

이냐시오의 영성수련 중 양심을 점검하는 다섯 가지 방법이 있다. 첫째로 나의 생애를 통해서 하나님이 나에게 베푸신 은혜를 발견하고 감사하는 일이다. 감사는 자신을 비우게 하고, 악으로부터 자유하게 하며, 치유에로 부르심을 받게 한다. 그러므로 감사는 삶의 기초가 된다. 둘째로 나의 생애를 돌아보며 실수한 것과 숙명적으로 죄지은 것을 발견하는 일이다. '과거의 슬픔을 관찰함으로써 치유받게 되는 것이다.' 셋째로 잠에서 일어나서부터 지금 명상시간까지 혹은 일정시간에서 일정시간까지의 생각과 말과 행동을 돌이켜 반성하는 것이다. 넷째로 내가 깨달은 나의 실수와 죄악들을 용서해달라고 통회하는 고백을 하는 것이다. 죄에 대해 고백하고 회개하는 것이 제일 어렵다. 다섯째로 하나님의 은혜의 도움으로 미래를 새롭게 바꾸고 고치는 것이다.[3)]

또한 차를 마시는 것처럼 명상하기를 권한다. 첫째 찻잔을 비우는 것처럼 우리의 마음을 비우면서 회개하여야 한다. 둘째 빈 잔에 차를 채우듯이 그리스도의 가르침으로 우리의 마음을 채우는 것이다. 셋째 차를 즐기면서 마시듯이 그리스도와의 사귐을 갖고 그리스도를 즐기는 것이다. 넷째 차를 마신 후 차와 내가 하나가 되듯이 신적 생명에로 참여하는 하나됨을 체험하는 것이다.

이러한 영적 합일의 목적은 그리스도를 본받는 인격적 영적 성숙을 이룩하는 것이다. 그리스도를 본받고 그리스도에게까지 자라가기 위하여 그리스도의 생애의 과정과 함께 순례의 길을 걷는 명상의 시간을 갖는 것이다. 그리스도의 탄생, 성장, 세례, 시험받으심, 소명, 공생애, 제자들의 발을 씻으심, 고난을 당하심, 십자가를 지심, 죽임을 당하심, 부활하심 등의

---

3) St. Ignatius, *The Spiritual Exercises*, (St. Loius: The Institute of Jesuit Sources, 1978), 26-30.

모든 과정을 함께 체험해 보는 명상(meditation)을 매일 수련하기를 30일 동안 계속하는 것이다. 그래서 그리스도가 나를 인도하고 나는 그리스도를 따르며, 그리스도의 겸손을 본받고 그리스도의 관을 함께 나눔으로써 그리스도를 닮고 본받는 것이다. 예수 그리스도의 생애와 관련된 말씀을 읽고 상상력을 발휘하여 그리스도의 생의 체험의 현장을 나도 동참하면서 명상기도를 하는 것이다. 말씀을 읽는 것은 기도의 중요한 방법이라고 이냐시오는 생각한다. 이러한 명상기도법을 "하나님나라 명상(Kingdom Meditation)"이라고 부른다. 그 날의 본문말씀을 읽고 상상력을 발휘하는데, 예를 들면 베드로가 갈릴리 호수에서 물에 빠져들어가는 것을 명상할 때, 자신도 마치 관 속으로 들어가는 상상을 하면서 명상할 때 주님이 그 관속에서 해방시켜 주신다는 것이다. 물 위로 걸으신 예수님을 명상할 때, 나도 물 위로 걷는 것처럼 명상해보라는 것이다. 이냐시오는 상상할 때(imaging) 자신을 콘트롤하지 말고 누룩과 겨자씨가 자라듯이 자연적으로 상상의 발전이 이루어져가게 하라고 한다. 나의 영적 감각이 느끼는 것에 주의하라고 한다.

제1주는 주로 회개에 집중하고 한 주가 지난 다음에는 성만찬과 함께 영성을 훈련한다. 성만찬에 임하는 자세는 세 가지다. 첫째 전 생애동안 저지른 죄와 악에 대하여 통회자복을 한다. 둘째 내적이고 영적인 것에 더욱 헌신하지 못한 것을 회개한다. 셋째 더 좋은 고백과 더 좋은 인격을 위해 성찬을 열망한다.[4]

제1의 감사기도 후에 제2의 회개기도 단계에 들어가면 자신을 회개하고 돌아보기 위해서 자신을 낮추는 다섯 가지 자기비하의 방법을 이냐시오는 언급한다. 첫째로 다른 사람과 비교하여 자기를 비운다. 둘째로 천사와 비교하여 자신을 낮춘다. 셋째로 하나님과 비교하여 자신을 낮춘다. 넷째

---

[4] St. Ignatius, 30.

로 육체적 부패와 실수를 생각하면서 자신을 비운다. 다섯째로 많은 죄와 악으로 물든 자신을 돌아보면서 자기를 낮춘다.[5]

범죄한 자신을 하나님께 내어놓는 것을 주장한다. 첫째로 생명의 근원이신 하나님 앞에 사망의 원인인 나 자신을 내어놓는다. 사랑의 근원이신 하나님께 미움과 질투의 나 자신을 내어놓는다. 셋째로 모든 좋은 선물을 주시는 하나님께 나의 악함을 내어놓는다. 또한 전능하신 하나님께 나의 무능을 내어놓고, 전지하신 하나님께 나의 무지를 내어놓고, 정의로우신 하나님께 나의 불의를 내어놓고, 지고(至高)의 선(善)이신 하나님께 나의 악을 내어놓는다. 그리고 나서 깊은 감사와 감탄을 드린다. 나에게 생명과 능력을 주시는 모든 세계에게 감사를 표한다. 나를 위해 기도하고 나의 구원을 위해 나를 돕는 모든 성도들과 천사와 하늘과 태양과 달과 별과 과일과 새와 동물과 물고기와 땅에게도 감사와 감탄을 연발하지 않을 수 없다. 결론적으로 나를 지키시고 항상 선한 것만 행하시고 모든 창조의 은혜를 베푸시는 하나님께 감사한다.[6] 이냐시오는 중세 가톨릭의 마리아론에 근거하여 하나님께 자신을 내어놓을 때 여성 중보자(Mediatrix) 마리아와 남성 중보자(Mediator) 그리스도가 우리를 하나님께로 인도한다고 말한다.[7]

이냐시오는 기도에는 점진적인 성장의 단계가 있다고 생각한다. 명상이 깊어지면 관상(contemplation)의 세계로 들어간다. 관상의 세계는 아무런 상상도 하지 않고 그리스도와의 영적 친교와 대화를 통하여 영혼이 안식과 즐거움과 평화를 경험하는 것이다. 명상이 많이 생각하고 많이 반성하고 많이 회개하는 것이라면, 관상은 침묵 속에서 그리스도의 임재를 느끼고

---

5) St. Ignatius, 38-40.

6) St. Ignatius, 38-42.

7) St. Igntius, 43.

생생하고 생동감 있는 영적 체험을 경험하는 것이다.

이냐시오는 명상에서 관상으로 나아가는 단계를 3단계로 말하고 있다. 첫째 단계는 많이 생각하고(thinking) 상상하는 명상의 단계이고 아이디어와 함께 행동하는 기도를 드리는 단계이다. 기도가 점점 덜 활동적이 될수록 하나님의 은혜에 의해 더욱 성장해간다.[8] 둘째 단계는 오각 즉 보는 것(seeing), 듣는 것(hearing), 맛보는 것(tasting), 냄새맡는 것(smelling), 접촉하는 것(touching)을 통하여 많은 것을 느끼는(feeling) 단계이다. 이 오각을 통해 그리스도의 생애의 특별한 신비의 환경을 느끼는 것이다. 그럴 때 생생하게 나의 것이 된다. 그래서 더욱 깊이 그리스도의 삶의 신비에로 빠져 들어간다.[9] 셋째 단계는 조용한 침묵 속에서 하나님의 현존(silent presence)을 체험하는 관상의 단계이다. 신성(Divinity)의 신비를 맛보는 것(savoring), 깊고 깊게 신적 본성에 참여하는 맛봄(savoring)을 아주 중요하게 강조한다.

이냐시오는 또한 하나님의 초대(invitation)를 명상을 통하여 분별하고 느끼는 것을 중요하게 생각한다. 첫째 거룩하게 성별된 곳에서보다 일상생활에서 하나님의 현존을 점검해보는 것이다. 둘째 오늘의 나의 모습을 보는 것이다. 셋째 오늘을 사는 것이다. 넷째 하루가 너무 바빠 하나님의 음성을 듣지 못하고 산 것을 반성한다. 다섯째 하나님의 현존에 대하여 감사하고 하나님을 사랑하고 또 다른 내일을 선사받았음을 긍정적으로 감사한다.

이냐시오는 명상에 있어서 사랑을 중요하게 생각한다. 사랑은 두려움의 적으로써 두려움을 몰아내며, 사랑은 빛을 가져오고, 빛은 어두움(darkness)을 열어주고 어두움을 제거해준다. 어두움 혹은 어두운 밤(dark night)은 동방정교회 신비가들을 비롯하여 기독교 신비주의에서 중요한 요

---

[8] St. Ignatius, 45.

[9] St. Ignatius, 79.

소로 해석되어왔다. 이냐시오는 어둠 속에서 흔들리지 않고 어둠 속에서 사랑을 잃지 않으면, 어두움은 생명의 자궁(womb of life)이 되고, 혼돈의 비참한 경험은 영적 성장의 기회가 된다고 해석한다. 그리고 사랑은 영적 생활의 기본적 요소로서 자연을 사랑하게 하고, 우리에게 사랑을 베푸시고 우리를 치유하신 그리스도에게 나 자신을 헌신하고 드림으로써 사랑을 돌려드리게 한다.

이 어두움은 특히 지옥에 대한 명상으로 나타난다. 정죄의 두려움과 타락의 죄로 떨어짐에 대한 두려움을 경험하는 것이다. 그리고 그리스도의 사랑의 넓이와 깊이와 높이와 크기를 생각하면서 지옥의 넓이와 깊이와 높이와 크기를 경험함으로써, 하나님 없는 세계에 대한 절망과 삶의 전적 허무를 체험한다. 미움으로 가득 찬 환경과 죽어버린 삶을 명상한다. 이러한 지옥의 경험이 우리를 천국으로 승화시킨다는 것이다.[10]

그리고 이냐시오는 명상에 있어서 자유를 강조한다. 명상을 통하여 그리스도의 현존을 느끼게 하고, 그리스도의 현존경험을 통하여 자유를 느끼게 한다. 영적 소경에서 눈을 뜨게 하고, 영적 귀머거리에서 귀가 열리게 하며, 영적 무감각의 상태에서 새로운 감각을 느끼는 자유를 얻게 한다. 이냐시오는 두 종류의 명상을 소개한다. 자유의 명상과 부자유의 명상이다. 사탄은 우리를 부자유한 명상으로 이끌고 예수는 우리를 자유케 하는 명상으로 인도한다. 사탄은 우리를 물질적 성공의 사슬에 매이게 하고, 인간적 본성의 요구에 따라 살게 한다. 예수는 우리의 물질적 성공의 욕심을 비우게 하고 높은 자리에 앉지 않고 낮은 자리에 서게 한다. 낮고 단순한 길이 예수가 이끄는 자유의 길이다. 영적 재산은 단순성과 자유임을 이냐시오는 강조한다. 참 영적 자유를 얻기 위해서는 점진적인 훈련이 필요함을 이냐

---

10) St. Ignatius, 45.

시오는 역설한다. 점진적인 훈련이 필요한 이유는 무질서한 집착 혹은 무질서한 사랑에 영향을 받았기 때문에 많은 시간을 두고 참 자유를 누리는 훈련을 해야 하는 것이라고 강조한다.[11]

이냐시오는 처음 훈련하는 수도자에게는 하루 세 번 명상기도하기를 권한다. 첫째 아침에 일어나자마자 죄에 대항하여 자신을 지키기 위해 기도해야 한다. 둘째 점심식사 후에 얼마나 많이 특별한 죄에 떨어졌는지를 기억나게 하는 은혜를 간구한다. 셋째 저녁식사 후에 아침부터 지금까지 어떤 특별한 죄에 떨어지지 않았나 가슴에 손을 대고 죄에 떨어진 것을 슬퍼한다.[12]

훈련된 수도자에게는 하루에 다섯 번 명상하는 것을 권한다. 특히 밤 12시 자정에 명상하는 것을 귀중하게 생각한다. 자정은 우리의 영혼과 육체가 모두 안식을 얻는 시간이며 모든 잡념을 없애주고 가장 단순하고 순수한 마음(simplifying)으로 명상할 수 있기 때문이다. 하루가 끝날 때 다음 하루도 기도가 중심이 되도록 잠자기 전에 기도한다. 자정을 또한 예수의 탄생의 시간이기도 하다. 그래서 자정이 하루의 첫 기도요, 그 다음 두 번째가 이른 새벽이고, 세 번째가 아침이며, 네 번째가 오후이고, 다섯 번째가 저녁이다.[13]

그리고 기도의 네 가지 요소를 중요하게 생각한다. 그것을 4P라고도 한다. 1. pastine(간절히 사모하는 열심을 갖는 것), 2. place(좋은 장소를 선택하는 것), 3. petition(간절히 호소하고 청원하는 것), 4. presence(하나님의 임재를 경험하는 것) 등 네 가지가 갖추어져야 좋은 명상기도에 임할 수 있다는 것이다. 그리고

---

11) St. Ignatius of Loyola, 21.
12) St. Ignatius, 24.
13) St. Ignatius, 81.

이냐시오는 내적 · 외적 명상(inner and outer meditation)을 강조한다. 내적 신적 세계로 몰입하는 명상과 함께 매일의 일상 생활 속에서 그리스도처럼 살고 행동하는 명상을 중요하게 강조한다.

이냐시오의 기도법은 그리스 동방정교회(Greek Orthodox Church)의 "예수기도(Jesus prayer)" 기도법과 공통적이면서도 다르다. 신성에 참여하는 성화추구의 기도라는 것과 어두움을 통해 성화의 체험을 맛본다는 것과 하나님의 뜻을 분별하는 것(discernment)에서 공통적이다. 그리스도를 본받고 그리스도의 신성에 동참하는 성화추구에서도 공통적이고, 기도의 목적은 하나님의 뜻을 분별하는 것에 있음이 또한 공통적이다.[14]

이냐시오의 『영성수련』의 궁극 목적은 예수회 수도사들로 하여금 자신이 하나님의 소명(calling)을 받은 사람인가 아닌가를, 참 하나님의 부르심인가 나의 착각으로 잘못 결단한 거짓된 부르심인가를 분별하게 하는 것에 있다. 이냐시오는 이것이 하나님의 뜻인지 저것이 하나님의 뜻인지를 알 수 없을 때, 하나의 길을 놓고 3일 간 열심히 기도하고 그 후에 나의 몸과 영혼 속에 어떤 결과가 일어나는지를 조사하고, 반대되는 또 하나의 길을 놓고 3일간 열심히 기도하고 나의 몸과 영혼 속에 어떤 결과가 일어나는지를 점검해서 나의 몸과 나의 영혼이 기뻐하는 길을 택하라는 것이다.

그리고 동방정교회의 "예수기도"도 "예수"를 반복하면서 결국은 예수 그리스도의 뜻이 무엇인지를 분별하는 것에 그 기도의 목적이 있다는 점에서 공통적이다. 그러면서도 차이점이 있는 것은 이냐시오의 기도가 매일 예수의 생애와 연결된 다른 성경구절들을 갖고 명상하는 것이라면, 동방정교회의 기도는 매일 똑같이 "예수"만을 반복해서 혹은 "예수여 자비를 베푸소서"를 반복해서 기도한다는 점이다.

---

14) St. Ignatius, 109-11.

이냐시오의 『영성수련』에 나타난 영성훈련의 실제적인 예들을 몇 가지 들어보고자 한다. 막 1:26-38, 46-55절 본문을 중심으로 마리아의 수태고지와 마리아의 찬양을 명상하게 한다. 이 본문을 통하여 우리는 여러 가지 영성훈련의 명상기도를 할 수 있을 것이다. 가령 마리아의 고난을 생각하면서 우리의 고난과 연결시켜 생각할 수 있을 것이다. 마리아의 갑작스러운 임신, 베들레헴으로의 여행, 은신처를 찾는 투쟁, 마굿간에 유숙, 가난, 굶주림, 목마름, 뜨거움과 추위, 하나님과 인간이 만나는 고통 등 예수 탄생의 고난에 동참한 마리아의 고난에 우리도 참여한다. 말보다는 경험이 중요하다. 그러나 감당할 수 없는 고난을 통하여 그녀는 새로운 창조를 이룰 수 있었다. 마리아의 아픔을 나의 아픔으로 받아들일 때, 우리의 삶의 어두움을 통하여 우리도 더욱 값진 창조와 영적 성숙을 만들어갈 수 있음을 명상을 통해 체험할 수 있다.

그리고 마리아는 그의 찬양을 통하여 하나님의 혁명(God's revolution)을 노래한다. 역사의 객체였던 마리아와 같이 소외되고 가난한고 비천한 자를 들어서 역사의 주체로 높이시고, 교만하고 부유하고 권세 있는 자를 심판해서 흩으시는 하나님의 역사적 혁명을 말한다. 이 본문의 명상을 통하여 지금도 하나님은 변두리 인간(marginal people)을 사용해서 역사의 중심으로 끌어들이신다는 신앙을 가질 수 있다.

이냐시오는 마 4:1-11에 나타난 예수의 시험을 중심으로 명상하기를 제안한다. 첫째로 돌로 떡이 되게 하라는 말씀을 통하여 예수만 아니라 지금 우리도 물질적 욕망, 짧은 시간 안의 성공 등의 유혹을 받는다. 이러한 물질주의와 욕망주의와 성공주의에서 성별되고(separation), 끊임없이 떠나는(detachment) 수련 없이는 성화될 수 없고 예수의 제자가 될 수 없다.

둘째로 성전에서 뛰어내리라는 유혹은 예수만 아니라 오늘의 성도들과 성직자들에게도 매순간 다가오는 것으로서 사람들로부터 인기를 얻고 칭찬받으려 하고 인정받으려 하는 유혹을 받는다. 사람들은 예수처럼 핍박받고 멸시당하고 고난을 지려고 하지 않는다. 그러나 넓은 길을 버리고 좁은 길을 가신 예수의 뒤를 따라가야 할 것이다. 자기를 부인하고 자기 십자가를 지고 예수의 제자가 되는 길을 가야 할 것이다. 넓은 길과 평탄한 길을 좋아하는 것에서부터 성별되고, 떨쳐버리는 훈련이 없이는 성화를 이룰 수 없다.

셋째로 내게 절하면 천하 만국을 네게 주겠다는 유혹은 예수뿐만 아니라 오늘의 성도들과 성직자들도 유혹받는 명예심과 권세욕과 교만을 뜻한다. 매일매일의 생활 속에서 명예와 권세와 교만과 투쟁하여 그것을 떨쳐버리고, 성별되지 않으면 참 성화에 이를 수 없다. 잃어버린 그리스도의 형상과 하나님의 형상을 다시 찾고 회복하려면 이런 유혹을 냉정하게 물리치고 자신을 비우지 않으면 안 된다.

오늘의 한국 교회의 위기는 바로 예수의 세 가지 시험을 바르게 인식하고 그러한 시험을 이기는 영성훈련에 힘쓰지 않기 때문이다. 이런 의미에서 이냐시오 영성훈련이 오늘의 성도들에게 주는 메시지가 아주 의미심장하다고 하겠다. 그런 의미에서 이냐시오는 "그리스도의 영혼"이라는 기도에서 이렇게 간절히 기도하고 있다.

> 예수여, 당신의 모든 것이 나에게 흘러들어오게 하옵소서
> 당신의 몸과 피가 나의 음식과 음료가 되게 하옵소서
> 당신의 고난과 죽음이 나의 능력과 생명이 되게 하옵소서
> 예수여, 당신은 내 곁에 충분히 많은 것을 주셨습니다.
> 내가 찾는 안식처가 당신의 십자가의 그늘이 되기를 열망하옵니다.
> 내가 당신이 공급하시는 사랑으로부터 떠나지 않게 하옵소서
> 그러나 악한 권세로부터 나를 안전하게 붙들어 주옵소서

나의 모든 자아의 죽음 위에 당신의 빛과 사랑이 비추이게 하옵소서
그 날이 오기까지 나를 계속 부르시옵소서
당신의 성도들과 함께 내가 당신을 영원히 찬양하게 하옵소서
아멘[15]

> ## 영성수련
>
> 1. '영성수련'의 명칭은 양심과 묵상과 명상과 기도(음성기도나 마음기도)와 나중에 언급될 영혼활동 시험의 모든 형태의 수단들을 가리킨다. 긴 도보와 짧은 산책과 달리기는 육체의 연습이다. 마찬가지로 영성수련의 과정을 통하여 영혼이 자신을 부인하고 모든 불규칙적인 애착을 벗어버리도록 수련하는 것을 목적으로 삼는다. 그러한 것들을 벗어버리게 되면, 하나님의 뜻을 찾는 법과 발견하는 법이 가능하며, 삶을 절제하며 구원을 보존할 수 있다.
>
> 365. 완전한 확신에 도달하기 위해서 우리가 간직해야 할 마음의 자세가 이것이다. 내가 보기에 흰 물체라도 그것을 검다고 하이라키칼한 교회가 결정한다면 나는 믿을 것이다. 왜냐면 우리 신랑되신 주 그리스도와 그의 신부되는 교회는 하나의 동일한 성령으로 묶여 있어서 우리 영혼의 유익을 위하여 우리를 다스리고 인도한다는 사실을 믿기 때문이다.
>
> 성 로욜라의 『이냐시오의 영성수련 The Spiriual Exercises』, 토마스 고비쉴리 SJ, 안토니 클라크 번역, 1963. p.12, p.122. Jean Comby with Diamaid MacCulloch, *How to Read Church History*, Vol. 2, 25에서 재인용

---

15) ST. Ignatius of Loyola, 3.

16세기 가톨릭 종교개혁 운동은 다양한 영성가들의 등장으로 영성수련의 꽃을 피우게 되었다. 아빌라의 테레사나 십자가의 성 요한은 로욜라의 이냐시오와 다른 영성수련을 추구하였다. 이냐시오는 말씀을 통한 예수의 생애를 상상하는 명상기도법(meditation: meditatio)을 강조하였다면, 테레사나 성 요한은 침묵을 통한 관상(contemplation: contemplatio)의 기도법을 주장하였다. 이러한 명상과 관상은 오늘날 개신교 영성에서 성화추구를 위해서 많이 배워야 할 요소라고 생각된다. 아빌라의 성 테레사(St. Teresa of Avila, 1515-82)는 그리스도에 대한 사랑을 다음과 같이 에로틱하게 묘사하고 있다. 영성의 극치는 그리스도와의 신비적 합일의 경지임을 강조하는데, 아가서처럼 그것을 연인끼리의 사랑의 경지와 같이 묘사하고 있다.

> ### 그리스도의 아름다움
>
> 그리스도의 환상을 본 후에 나에게 그의 탁월하시고 지극하신 아름다움의 감명이 남아 있었다. 그 아름다움을 바로 오늘날까지 간직하고 있다. 만약 한 가지 환상으로도 이렇게 감명을 받기에 충분할진대, 주님께서 나를 영접하실 은혜의 모든 것들은 얼마나 지극할 것인가! 내가 받은 큰 유익은 이것이다. 나에게는 나를 고민에 빠뜨리는 중대한 약점이 있었다. 그것은 한 사람이 나를 좋아한다는 것을 알게 되면, 나는 그를 너무 좋아하게 되어 내 머릿속은 그 사람으로 가득 차게 된다는 것이었다. 그것이 하나님을 마음 상하게 한다는 생각을 하지 못한 채 말이다. 나는 그 사람을 보는 것으로 즐거워하고 그 사람을 생각하는 것, 그의 좋은 성품을 생각하는 것을 기쁨으로 삼았다. 이것은 내 영혼을 파괴시키는 치명적인 약점이었다. 그러나 내가 주님의 위대하신 아름다움을 보았을 때, 나는 내가 마음에 둔 그 누구와도 비교할 수 없는 아름다움을 보

> 았다. 내가 내 영혼의 마음의 눈을 그분으로부터 떼어 다른 모든 것들을 본다면 내가 보았던 주님의 탁월하심과 영광과 비교되어 구역질하게 됨을 알았다. 그분의 신성한 입술에서 나온 한 말씀을 들은 것에 비하면 그 어떠한 지식이나 위로도 나의 한 조각 감정을 끌지 못한다. 더 놀라운 것은 여전히 나는 그분에게서 많이 듣는다. 주님께서 내 죄를 사라지게 허락하시지 않는다면, 아무것도 깊이 이해할 수 없다고 생각한다. 단 한 순간조차도 다시금 주님께로 더욱 달려갈 때 나의 자유를 회복할 수 있다고 생각한다.
>
> St. Teresa of Avila, "Life," Chapter 37, Complete Works of St. Teresa of Jesus, ed. Allison Peers, (Sheed and Ward, 1946). Jean Comby with Diarmaid MacCulloch, How to Read Church History, Vol. 2, p.31에서 재인용.

십자가의 성 요한(St. John of the Cross: 1542-91)은 아빌라의 테레사의 제자로 비슷한 영성을 추구한 신비가이다. 십자가의 성 요한은 톨레도에 있는 지하감옥의 어둠 속에서 이 시를 지었다. 가르멜의 개혁에 반대하는 자들은 요한을 감옥에 넣었다. 요한에게서 밤의 주제는 자주 나타난다. 그것은 믿음을 상징하며, 하나님과 만나는 길을 의미한다. 영혼의 어두운 밤(dark night of soul)은 하나님과 합일을 이루는 감격의 자리가 되는 것이다. 성화와 완전성화의 길은 바로 영혼의 어두운 밤에 있다.

> 밤이라도 자유로이 흐르는 샘을 나는 얼마나 잘 알고 있지 않는가. 영원한 샘의 근원은 절대로 보이지 않네. 그러나 밤이라도 그 흐르는 것을 나는 잘 알고 있다네. 내가 그 근원을 모른다 하더라도 그것은 아무것도 아니라네, 모든 다른 근원들이 여기서 시작되었네, 비록 밤이라도. 나는 무(無)가 공평하다고 아

네, 하늘과 땅이 그곳에서 깊은 음료를 마시네, 비록 밤이라도. 나는 아네, 그 깊이는 그 누구도 측량할 수 없음을, 또한 건널 수 없음을. 건너편에 희망이 오네, 밤이라도. 그 샘은 그처럼 청량할 수 없네, 희끄무레하지 않고 밝게 빛나네. 홀로 모든 빛을 통과하네, 밤이라도. 나는 아네, 그 물줄기는 풍성하고 충만함을. 나라를 적시고, 하늘과 지옥의 깊은 곳까지 적심을, 밤이라도. 그래, 나는 아네, 물줄기는 여기에서 나간다는 것을. 전능자께서 모든 필요를 채워주시네, 밤이라도. 샘과 물줄기에서 다른 물줄기가 흘러나간다네. 이것을 아네, 아무것도 이것들을 이길 수 없음을, 밤이라도. 영원한 샘이 생명의 떡에 숨겨져 있어 우리와 함께 영원한 생명을 공급하리라, 비록 밤이라도. 이 살아 있는 샘으로 부르네, 우리 피조물들을 여전히. 어둠이 여기서 우리를 먹이고 우리를 풍성히 채워주네, 밤이라도. 이 살아 있는 샘이 내게는 너무나 사랑스럽네, 밤이라도. 내가 지금 보는 것은 생명의 양식이라네.

---

ed. E. Allison Peers, *Complete Works of Saint John of the Cross*, Vol. II, (Burns and Oates, 1935), p.431f. Jean Comby with Diarmaid MacCulloch, *How to Read Church History*, Vol. 2, p.32에서 재인용

14장

유럽 기타지역의 종교개혁 운동

1절_프랑스의 종교개혁 운동

프랑스의 종교개혁 운동은 초기에는 루터의 영향이 있었으나, 점차 칼빈의 영향에 의해 발전되어졌다. 프랑스 종교개혁은 믿을 수 없는 폭력으로 인해 망쳐졌고, 수천의 순교자들의 피로 얼룩졌다. 프랑스 개혁교회(the Reformed Church in France)는 하나님의 위로와 용기의 십자가 아래서, 그 은혜의 날개 그늘 안에서 안식을 얻는 교회였다.[1] 프랑스의 프로테스탄트들을 위그노(Hugunots)라고 하는데, 그 위그노들은 하나님이 그의 선택된 백성들을 혼내실 뿐 아니라 보호하시는 선택의 확신 안에서 안식을 얻었다.

프랑스의 종교개혁은 인문주의자들에 의해 발전되었다. 프랑스 왕 프란시스 1세(Francis I)는 르네상스의 영향을 받은 인물로 고전연구를 격려하

---

1) Barbara Diefendorf, *Beneath the Cross: Catholics and Huguenots in Sixteenth-Century Paris*, (New York: Oxford University Press, 1991), 138.

였다. 성서와 고전을 인쇄한 에스티엔(Estienne)을 왕궁인쇄가로 인정하고 파리의 왕궁교수직을 부여하기도 하였다.[2] 이러한 고전연구의 분위기가 종교개혁을 일으키는 풍족한 배경을 형성해주었다.

　1516년 왕과 교황 사이의 볼로냐협약(the concordat of Bologna)에 의해 갈리칸주의(Gallicanism)가 형성되었다. 갈리칸주의란 교황청 체제를 흔드는 운동에 반기를 들고 교황을 최고의 지도자로 인정하고 그를 존경하는 사상이다. 이러한 교황 추종 사상으로 인하여 프랑스 신학자들과 프랑스 교회 회의주의자들(conciliaists)은 프랑스 교회가 교황 레오 10세와의 관계에서 특권적 위치를 가진 것으로 생각하였다. 그래서 프랑스 왕이 주교를 비롯한 성직자들을 임명하는 권한을 갖게 되어 10명의 대주교와 82명의 주교 500여명의 성직자들을 왕이 임명하였다. 이로 인하여 고위성직자들이 왕에 대한 충성을 바치는 충성서약까지 하였다.

　그리고 왕이 성직자에게 십일조를 부과하는 권리를 갖게 되었고 프로테스탄트 종교개혁을 반대하는 경제적 이유를 갖고 있었다. 1516년까지 영국 왕 헨리 8세나 독일 제후들은 교회로부터 경제적 재산을 소유하는 것을 모두 끊어버린 반면에, 프란시스 1세는 교회부터 경제적인 모든 것을 소유하게 하였다. 또한 독일 통치자들이 교황청의 경제적 강제징수에 대해 강한 반발을 일으킨 것처럼 행동할 필요가 없었다. 또한 귀족들이 자기권력 강화의 과정에서 독일과 프랑스의 경우에 서로 차이가 있었다. 독일 귀족들은 그들의 통일을 위해 독립을 강하게 요구하였고, 프랑스 귀족들은 왕국의 정책에서 자기들이 취할 최선의 이익에 관심가졌기에 왕을 지지하였다. 독일에서는 안에서 밖으로 솟아나오는 원심적인 힘이 종교개혁을 도

---

[2] Carter Lindberg, *The European Reformations*, (Oxford: Blackwell Publishers, 1997), 275.

성 바르톨로메오의 날의 대 참사

왔으나, 프랑스에서는 밖에서 안으로 들어오는 구심적인 힘이 종교개혁을 괴롭게 되었다.[3] 1519년까지 루터의 라틴어 저술들이 바젤의 요한 프로벤(John Froben) 인쇄소에서 출판되었고 루터의 논문들, 찬송들, 기도들이 프랑스어로 번역 출판되었다. 소르본 대학교 학자들이 루터의 글들을 연구하였으나 1521년 4월 루터를 교회의 적으로 정죄하였다.

결국 프랑스 위그노는 1572년 8월 24일 성 바르톨로메오의 날(St. Batholomew's Day)에 가톨릭 군대에 항거하다가 1만 여명이 참사하는 대 비극으로 종말을 고하게 되었다.

---

3) Carter Lindberg, 276.

2절_스코틀랜드의 종교개혁

1. 스코틀랜드 종교개혁의 발전과정

영국에서처럼 스코틀랜드에서도 루터에게서 새로운 복음적 깨달음을 영향받았다. 독일에서 훈련받은 루터 신학자 하밀톤(Patrick Hamilton)이 1528년 이단으로 정죄를 받아 화형 당하였다. 그러나 영국에서처럼 스코틀랜드에서도 상인들이 루터의 책과 논문들을 몰려 들여왔다. 1540년 중반 이후에는 역시 영국에서처럼 스코틀랜드에서도 스위스 종교개혁자들의 저서 특히 칼빈의 저서들이 제네바에서부터 스코틀랜드로 들어오게 되었다. 그래서 영국이 나중에는 루터 신학보다는 칼빈 신학의 영향이 더욱 커져서 청교도 운동이 활발하게 일어나게 된 것처럼, 스코틀랜드에서도 칼빈주의 신학이 더욱 종교개혁 신학의 중심을 이루게 되었다. 그 핵심적인 지도자가 바로 제네바와 프랑스에서 칼빈주의 신학 훈련을 받은 존 녹스(John Knox)였다. 녹스는 불어에 능통하였고, 프랑스 개혁교회에서 설교를 하게 되었으며, 프랑스 위그노가 스코틀랜드 신앙고백과 교리형성에 큰 영향을 미치게 하였다.

13세기부터 프랑스와 스코틀랜드는 정치적 접촉이 있었다. 스코틀랜드 왕 제임스 5세는 프랑스 보수적인 가문 출신의 여인 귀스의 메리(Mary of Guise)와 결혼하였다. 그래서 프랑스 수도회의 지부가 스코틀랜드에 세워지게 되었고, 스코틀랜드 학자들이 프랑스 대학에 가서 가르치기도 하였다. 영국에 프로테스탄트 신앙을 끌어들인 영국왕 헨리 8세의 여동생이 스코틀랜드 왕 제임스 5세의 어머니 마가렛(Magaret Tudor)이었고, 제임스 5세와 귀스의 메리 사이에 태어난 딸이 바로 스코틀랜드 종교개혁을 가장 반대한 메리 여왕(Mary Stuart)이었다.

이러한 복잡한 왕족 관계가 영국 여왕 엘리자벳이 스코틀랜드의 메리의 통치에 위협을 느끼는 요소가 되었다. 첫째 이유는 영국 왕족과 연관이 있다는 것이고, 둘째 이유는 전통적으로 영국의 원수인 프랑스와 정치적 인연이 있다는 것이다. 헨리 8세가 자신의 아들 에드워드와 메리(Mary Stuart)를 결혼시키려하자, 그 의도를 거절하기 위하여 메리는 1548년 의 원수인 프랑스로 메리는 보내졌고, 거기서 결혼한 프랑스 황태자는 프란시스 1세(Francis I)란 이름으로 프랑스 왕에 즉위하였다. 그러나 1548년에 프란시스 1세가 사망하게 되자 스코틀랜드로 가서 여왕의 자리에 오르게 되었고, 그녀의 가문에서는 영국 여왕의 자리까지 요구하려 하였고 영국에서 가톨릭 신앙을 회복시키려 하였다.

메리가 미사와 함께 가톨릭 신앙을 스코틀랜드에 가져오는 것을 가장 반대한 사람은 스코틀랜드의 종교개혁가 존 녹스(John Knox)였다. 녹스는 메리가 우상적 미사를 가져왔다고 비방하고, 만 명의 무장한 원수보다 더욱 두려운 것이 하나의 미사라고 하였다. 녹스는 1558년에 메리 여왕에게 항거하는 『악령적 여성통치에 항거하는 첫 트럼펫 공격 First Blast Against the Monstrous Regiment of Women』을 썼다. 그녀의 가톨릭 신앙뿐만 아니라 여성 지도력에 대항하는 글을 썼다. 녹스는 "거룩하지 못한 세 메리 삼위일체(the unholy trinity of Marys)"를 공격하였다. 그 세 메리는 헨리 8세의 첫째 딸로서, 이복동생 에드워드 왕이 자식이 없이 죽자 영국의 여왕이 된 메리 투더(Mary Tudor), 스코틀랜드의 왕 제임스 5세의 왕후가 되었고 남편이 죽자 어린 메리 스투어트(Mary Stuart)의 어머니로서 섭정을 하게 된 프랑스 출신의 여인 귀스의 메리(Mary of Guise), 그리고 스코틀랜드의 여왕이 된 메리 스튜어트(Mary Stuart)였다. 세 메리들은 거짓 교회인 가톨릭 교회를 대표한다고 생각하였다.

다른 개혁교회 신학자들처럼 녹스는 신구약성서가 신정정치적 새 이스라엘로서 교회와 국가의 환상을 창조해준다고 해석하였다. 여자를 싫어하는 사상뿐아니라 세 메리들을 가톨릭 폭군 혹은 우상숭배적인 통치자로 비판하였다. 불행히도 메리에 대한 녹스의 도전은 가톨릭 여왕 메리의 통치가 끝나고 엘리자벳 여왕의 통치가 막 시작하는 시기에 있었기에 영국에서 그는 환영받지 못하는 인물로 평가되고 말았다.[4]

귀스의 메리는 스코틀랜드의 왕이었던 남편 제임스 5세가 죽은 후에 다안리(Darnley) 백작 헨리 스튜어트(Henry Stuart)와 다시 결혼하였다. 헨리는 그녀의 이태리인 남자 비서 데이빗 리치오(David Rccio)를 질투한 나머지 그를 살해하였고, 메리는 남편의 살해행위를 보복하는 마음으로 데이빗 리치오와의 밀애에서 가진 아이 제임스(James)를 낳고 말았다. 이 비서와의 불륜의 관계에서 낳은 아들 제임스가 후에 스코틀랜드뿐 아니라 영국을 다스리는 영국 왕이 된다. 메리는 결국 병든 남편 헨리를 에딘버러 가까이 키르크 오 필드(Kirk o' Field)의 집에서 데려가서 그 집을 폭파시켰으나 살아남자 다시 암살시켰다. 그 암살을 음모한 개신교도 제임스 보스웰(James Bothwell)과 1567년 5월에 개신교 예식으로 또다시 결혼하였다. 가톨릭 진영의 유럽세계가 분노하였고, 스코틀랜드 사람들은 가톨릭주의로 더럽혀진 음란하고 살인적인 여왕에 넌더리가 났다.

결국 여왕은 6월에 프로테스탄트 귀족들에 의해 로치 레벤(Loch Leven)에 투옥당하였으나, 보스웰은 덴마크로 도망가고 여왕은 영국으로 도망가서 엘리자벳의 도움을 요청하였다. 그러나 엘리자벳은 메리가 엘리자벳 여왕을 음모하였다는 이유로 1587년 2월 1일 참수형에 처하였다. 메리는 순

---

4) Cater Lindberg, 333.

교자의 빨간 복장을 하고 원수를 위해 기도하고, 엘리자벳을 위해 자비를 베풀어 달라고 기도하고, 영국을 위해 은혜를 베풀어 달라고 간구하였다. 그녀의 왕국적 야망은 아들 제임스에 의해 실현되었는데, 그가 스코틀랜드 왕 제임스 6세(James VI)가 되었고, 엘리자벳이 죽은 후에 영국왕 제임스 1세(James I)가 되었다.[5] 그가 바로 킹제임스 번역 혹은 흠정역(King James Version)이라 불리는 영어성서 번역을 만들었다.

2. 존 녹스의 신학 사상

녹스는 사상가라기보다는 행동가였고, 신학자나 정치이론가나 저술가나 교회조직가도 아니고 복음설교가였으며 그의 사명은 "나의 주인의 트럼펫을 부는 것"이라고 생각하였다.[6] 그러나 그의 신학 사상의 바로미터인 설교들은 남아있지 않다. 그는 칼빈처럼 그의 사상을 조직화하지도 않았다. 그럼에도 불구하고 그의 논문, 팜플렛, 편지, 책들은 구체적인 신학 문제들에 대하여 응답하였다. 그는 청중들에게 설교할 수 없을 때 수없이 저술작업을 하였다. 『스코틀랜드 종교개혁사 *A History of the Reformation in Scotland*』를 비롯하여 여섯 권에 달하는 방대한 양의 저술들을 남겼다.[7]

녹스는 칼빈주의의 중심인물로서 제네바에서 칼빈과 직접 만나서 그의

---

5) Cater Lindberg, 334.

6) Richard G. Kyle, "John Knox: The Main Themes of His Thought," *The Princeton Seminary Bulletin*, 1983, Vol. IV, no.2, 101.

7) John Knox, *The Works of John Knox*, 6Vols., edited by David Laing, (Edinburgh: Printed for the Bannatyne Club, 1846-64). 이하 *The Works*로 표기함.

신학 사상을 배웠고 칼빈의 사망 이후 베자와 함께 칼빈주의를 이끌어 간 지도자였다. 녹스를 비롯한 많은 프로테스탄트 망명객들이 제네바를 프로테스탄트의 새 예루살렘이라고 생각하였고, 제네바에서 배운 아이디어를 가지고 자기 고향에 돌아가서 종교개혁 운동을 전개하였다. 특히 칼빈의 저서들 중에서 『기독교강요 Institute of the Christian Religion』가 가장 큰 영향을 미쳤다. 이 『기독교강요』는 1536년에 7장으로 된 작은 책으로 쓰여진 것을 계속적으로 개정하여 1559년에 방대한 작품으로 완성하였다. 라틴어로 쓴 것을 불어로 그리고 각 나라 언어로 번역하였다. 바로 녹스도 제네바에서 칼빈을 만나서 3년 이상을 함께 지내면서 스승과 제자의 관계뿐 아니라 좋은 친구의 관계를 유지하면서 『기독교강요』를 통하여 많은 신학적 영향을 받고 스코틀랜드에 돌아가 그러한 칼빈적 개혁교회 신학(Calvinistic Reformed Church Theology)을 발전시켰던 것이다. 발전시키되 여러 면에서 칼빈보다 더 과격하게 종교개혁 운동을 전개하였다.[8]

녹스가 칼빈의 저술을 언제 만나고 언제부터 칼빈의 영향을 받기 시작하였는지는 그 시기를 정확하게 말할 수는 없다. 영국의 경우처럼 스코틀랜드도 처음에는 루터의 영향을 받았다. 1548년 성 안드레 성곽(St. Andre Castle)에서 설교할 때만 해도 녹스는 루터적이었다. 프랑스의 힘에 의해 강제로 성 안드레 성곽으로 끌려가서 프랑스에서 처형되기 전에 프랑스의 노트르담 갤리선 노젓기를 강요당하면서, 프랑스의 프로테스탄트들을 만나면서 칼빈의 저서들을 접할 수 있게 되었다. 1549년 영국의 개입으로 해방되면서 스코틀랜드로 돌아온 녹스는 1549년 칼빈의 예레미야 주석을 그의

---

[8] W. Stanford Reid, "John Calvin, John Knox, and the Scottish Reformation," *Church, Word and Spirit*, (Grand Rapids, Michigan: W.B.Eerdmans Publishing Company, 1987), 141.

글에 인용하였다. 메리 여왕(Mary Tudor)이 영국의 여왕이 되어 가톨릭 신앙으로 돌아가면서 녹스는 다시 디에페(Dieppe)로 떠나게 되었고, 디에페에서 다시 제네바로 가게 되었다. 제네바에서 칼빈과 교회와 국가문제에 관하여 신학상담을 하고, 로잔(Lausanne)에서 비레(Viret)와 상담하고, 취리히에서 불링거(Bullinger)와 상담하였으나 칼빈과 불링거와 비레는 각 나라의 법에 따라 헌법을 준수해야 함을 강조하는 충고를 함으로써 과격한 녹스를 실망시켰다. 800명의 영국 개신교도 망명자들이 프랑크푸르트에 모여 영국감독으로부터 자유하는 신앙을 갖기를 원하였다.

칼빈이 영국 회중들을 위해 녹스를 설교자로 추천하였다. 녹스는 잠깐 동안 설교자로 봉사하다가 리처드 콕스(Richard Cox)에게 그 자리를 인계하고 제네바로 돌아왔다. 1555년 제네바에서 영어 회중의 목사로 일하기 시작하면서, 1558년 엘리자벳이 즉위함으로써 다시 스코틀랜드로 돌아가기까지 3년 동안 칼빈과 깊은 친분관계를 가졌다. 이 제네바에 머무는 동안 스코틀랜드여왕 메리(Mary of Guise)에게 항거하는 그 유명한 글 『악령적 여성통치에 항거하는 첫 트럼펫 공격』(1558)을 저술하였고 칼빈의 기도론과 성만찬론의 영향을 받아 『기도의 형식과 성만찬목회 The Form of Prayer and Ministration of the Sacrament』를 출판하기도 하였다. 1558년 제네바의 영어 회중을 떠난 후에 다시 제네바로 돌아오지 않았으나 칼빈과는 끊임없이 편지를 교환하였다. 1558년부터 1559년 5월까지 녹스는 다시 스코틀랜드의 종교개혁을 위하여 일하게 되었다. 1564년 칼빈의 사망 이후에 녹스는 베자와 더불어 제네바 개혁교회의 신학자로서 추앙받았고, 1572년 그는 사망할 때까지 제네바와 계속적으로 개인적인 접촉을 가졌다.[9]

칼빈과 녹스의 신학적인 공통점과 차이점은 다음과 같다. 성서는 기독

---

9) Reid, 12-13.

교 신앙의 기초요 하나님의 성령의 감동으로 쓰여진 영감된 말씀이라고 생각하는 점에 있어서는 칼빈에게 있어서나 녹스에게 있어서나 공통적이다. 구약에서는 하나님이 이스라엘 백성들에게 자신을 계시하셨고, 신구약 모두를 통해서는 하나님이 지금도 말씀하고 계신다고 생각하는 면에서도 공통적이다. 그러나 칼빈은 하나님의 말씀이 고정적으로 정착된 말씀이 아니라 역사 안에서 구속적 목적을 위하여 열려 있다고 생각하였다. 다시 말해서 구약의 경제체제나 정치체제가 궁극적으로 교회의 지침이지만, 성령의 계몽을 통하여 역사 속에서 계속적으로 성취되어질 수 있다는 것이다.[10] 그러나 녹스에게 있어서는 성서가 보다 정체적인 것으로 이해되고 있다. 크리스천이 좋아해야 하는 정치적 행동이나 구조가 구약 속에서 발견되어지고, 구약의 가르침으로 돌아갈 때보다 건전한 정치가 될 수 있다고 본다.[11] 여기에서 역사적 동시성을 강조하는 녹스의 입장을 볼 수 있다.[12] 녹스는 루터와 칼빈과 츠빙글리처럼 성서의 문자적 해석을 강조하면서도 루터나 칼빈보다는 츠빙글리적 입장에서 문자적 해석을 주장하고 있다. 루터는 문자적 해석을 기본적으로 중요하게 생각하여 문자와 영의 관계를 중요시하였으나 문자적 형식보다는 성서의 영적 핵심본질을 강조하는 경향이 나타난다. 그것이 복음적 해석이요, 그리스도 중심적 해석이며, 그리스도의 복음을 드러내는 성서의 핵심 메시지라고 본다. 그런가하면 칼빈도 성서의 문자적 해석을 기본적으로 강조하면서도 성령의 내적 증거를 주장한다. 그러나 녹스에게서는 루터적 그리스도 중심주의도, 칼빈처럼 성령의 내적 증거도 안 나타난다. 오히려 츠빙글리처럼 문자적 형식을 영적 본질

---

10) Reid, 146.
11) Reid, 146.
12) Kyle, 104.

보다 더 강조하는 경향이 있다. 이러한 성서의 문자적 해석이 우상적 통치자에 대한 강한 항거정신으로 나타난다. 그래서 녹스는 신구약 특히 구약의 사건을 당시의 역사적 현실 속으로 문자적으로 끌어들인다. 그는 역사적 반복을 지나치게 믿었다. 이스라엘과 스코틀랜드의 평행선적 해석, 이스라엘과 영국의 평행선적 해석을 시도하였다.[13]

다시 말해서 칼빈은 신정정치(theocracy)를 말하되 구약적인 신정정치를 그대로 16세기 제네바의 상황에서 실현시키려는 것이 아니라 그 시대의 역사적 상황에 맞게 실현시키려고 한 것에 비하여, 녹스는 구약적인 신정정치를 16세기 스코틀랜드의 상황에 그대로 적용시키려고 하였다. 즉 그것은 여성통치자는 인정될 수 없다는 구약적 정치이념을 녹스가 고집하는 것이다. 거기에 비하여 칼빈은 구약적인 가르침을 그대로 적용하여 여성통치의 부당성을 말할 수는 없다고 해석한다.[14]

그러나 두 신학자의 공통된 견해는 하나님의 뜻이 교회 속에서만 실현되는 것이 아니라 세속통치 속에서도 실현되어야 한다는 신정정치 사상에 있다. 특히 녹스는 스코틀랜드는 옛 이스라엘의 거울이라고 생각하였고 구약 속에서 나타난 하나님의 불변성과 주권을 강조하였고, 녹스 자신이 히브리 예언자의 모델이라고 생각하였다. 그러한 구약적 이스라엘적 신정정치 사회의 회복을 꿈꾸는 것은 "크리스천 복지사회(Christian Commonwealth)"를 이룩하려는 것이다. 그러한 그의 복지사회 건설의 꿈이 메리 여왕과 갈등을 일으키게 하였다. 이 새 이스라엘의 크리스천 복지사회를 건설하려는 꿈이 바로 1620년 미국으로 건너간 청교도들의 중심 사상과 신앙이였다. 그런 의미에서 녹스는 최초의 청교도(Puritan)라고 볼 수

---

13) Kyle, 104.
14) Reid, 147.

있다. 결국 성서의 권위에 대한 녹스의 견해는 칼빈과 일치하지만 칼빈보다 구약을 지나치게 강조한 셈이다. 물론 칼빈도 구약의 의미를 루터보다는 강조하였는데, 루터가 구약과 신약의 불연속성을 주장하였으나, 칼빈은 구약과 신약의 연속성을 더욱 강조하였다.[15] 칼빈이 신구약의 본질적 통일성을 이해한 것처럼 녹스도 본질의 통일성을 강조하면서도 칼빈보다 지나치게 본질의 통일성을 강조한 셈이다.[16] 녹스가 신구약의 차이를 보지 못한 실수는 신구약의 지나친 동일성으로 인도하게 되었다. 녹스는 구약이 신약에서 계시된 것을 미리 보여주었다고 믿을지라도, 신약이 구약보다 우월하다고 보지는 않는다. 녹스는 구약과 신약의 차이도 물론 예수 그리스도를 통해서 말한다. 예수 그리스도는 율법을 성취하시는 분이라는 것에서 연속성을 찾는다. 그러나 예수 그리스도는 하나님의 도덕적 율법의 의미를 더욱더 깊이 추구하였다는 의미에서만 불연속성을 찾는다.[17] 그리고 새 계약이나 속죄론에 관계된 것은 신약이 우월하다고는 이해한다.[18] 녹스의 성서해석이나 신학 사상의 상표(trademark)는 신 12: 32이였다. "다만 주 너의 하나님이 너에게 행하라고 명령한 모든 것을 행하라! 그 외에 아무 것도 거기에 첨가하지 말라. 그것에서 아무 것도 감하지도 말라." 이 말씀은 그의 성 안드레 성곽 예배당 목회의 중심이 되기도 하였다. 이 말씀은 그가 종교를 정화시키는 운동에 앞장서게 하였고, 우상적인 정치지도자들에게 저항하는 사상의 동기를 부여하기도 하였다.[19]

---

15) Kyle, 103.
16) Kyle, 103.
17) Kyle, 103.
18) Kyle, 103.
19) Kyle, 104.

신론에 있어서 칼빈과 녹스는 공통적이면서도 서로 다르다. 공통점이라면 신론이 그들 신학의 중심에 있고, 하나님의 예정에 의하여 인간 구원이 이루어진다는 점이다. 그러나 칼빈은 신론 중에서도 하나님의 주권(sovereignty)을 강조하지만, 녹스는 하나님의 불변성(immutability)을 강조한다. 물론 하나님의 불변성이 그의 주권과 관계되어 있지만, 그러한 신의 속성을 강조함으로써 칼빈주의의 새로운 변화를 시도한 공헌을 녹스에게서 찾아볼 수 있다. 그 불변하시는 하나님이 그의 전 저술 속에 가장 강하게 나타난다. 이 하나님의 불변성은 그의 정치 사상의 핵심을 이룬다. 하나님은 역사 저편의 하늘에서 조용히 침묵하고 계시는 분이 아니라, 역사와 인간의 모든 문제에 개입하시고 섭리하신다는 것이다. 그의 신론은 역사 이해로 이어진다. 인간역사 속에서 일어난 모든 일이 하나님의 개입이 없이 된 것이 아무 것도 없다고 주장한다.[20] 가장 큰 일에서부터 가장 작은 일에 이르기까지 역사 속에서 일어나는 모든 사건들은 하나님의 주권과 섭리 속에서 발생한다. 따라서 성서의 모든 사건을 스코틀랜드의 모든 사건으로 연결시킨다. 따라서 녹스는 자신을 모세, 여호수아, 이사야, 예레미야, 다니엘 등과 일치시킨다. 그리하여 녹스는 그의 저서『스코틀랜드 종교개혁사』에서 프로테스탄트와 가톨릭의 싸움, 교회와 국가의 싸움, 독재정권과 백성의 싸움을 정치적 시각에서 해석하지 않고, 오히려 종교적 시각에서 해석하여 하나님의 성도와 스스로 성직자라는 탈을 쓴 피 흘리는 이리와의 무서운 갈등의 시기로 묘사하고,[21] 거룩한 전쟁(holy war), 거룩한 영역과 거룩한 국가의 전쟁. 하나님이 이 거룩한 전쟁의 모든 사건에 개입하신다

---

20) Kyle, 105.

21) John Knox, *History of the Reformation in Scotland*, Vol. 1, (New York: Philosophical Library, 1950), 6.

고 서사시적으로 풀이한다.[22] 역사 이해와 정치 사상뿐 아니라 구원과 예정과 섭리와 우상과 죄의 심판 등 그의 모든 사상의 중심이 여기에서 출발한다. 녹스에게 있어서 하나님의 법은 결코 변할 수 없다. 소돔과 고모라에서처럼 하나님은 스코틀랜드에서도 똑같은 방법으로 죄에 응답하지 않으시면 안 된다. 하나님의 정의는 무한하고 불변한다. 그가 한 곳에서 정죄한 것은 다른 곳에서도 제외될 수 없다. 스코틀랜드의 종교개혁가 녹스는 하나님이 그 자신의 본성에 따라 모든 시대에 똑같은 상황에서 똑같은 방법으로 응답하시는 것을 보았다. 그리하여 하나님의 불변성에 대한 녹스의 강조는 하나님의 법이 구약의 이스라엘에서처럼 스코틀랜드의 사회복지에서도 유지되어야 한다는 주장으로 나타나게 되었다. 그래서 이러한 해석은 녹스로 하여금 신구약의 사건과 백성을 그의 시대의 사건과 백성들에게 유사하게 대응시키는 것으로 기울어지게 만들었다.[23] 마침내 이 하나님의 불변성은 구원 계획의 핵심 사상으로도 자리잡히게 되었다. 영원한 예정에 들어 있는 그의 선민들에 대한 하나님의 사랑은 불변하다. 그래서 결과적으로 그의 선민들은 하나님의 불변하시는 사랑에서 떨어질 수 없고 결코 타락할 수 없다는 것이다. 예정의 선택은 하나님의 영원하시고 불변하시는 회의에서 일어난 것이기에 변할 수 없다는 것이다.[24] 그래서 불변하시는 하나님의 구원사역을 이룩하시고 완성하시기 위해서 하나님은 사탄과의 전쟁에서 그의 전능성을(omnipotence) 발휘하신다. 그의 불변하시고 영원하심과 의지와 목적은 사탄을 끊임없이 지치게 만들고 어떠한 피조물도, 인간도, 천사도, 그의 불변하시는 전능성을 지치게 만들 수 없다. 그리고 구

---

22) John Knox, *The Works*, I. 270-72.
23) Kyle, 105.
24) John Knox, *The Works*, V. 44-51.

원을 위해 하나님의 주권(sovereignty)은 역사 속에서, 강하게 스코틀랜드 속에서 나타난다.

죄론에 있어서도 칼빈과 녹스의 이해는 일치하는 면과 다른 면이 동시에 있다. 원죄로 인하여 인간이 전적으로 타락하였다는 것(total depravity)과 하나님의 형상을 잃어버린 인간이 되었다는 것에는 두 사람의 해석이 일치한다. 그러나 칼빈에게 있어서 특수 계시적 구원론적 차원에서는 인간이 전적으로 타락하여 하나님의 형상을 잃어버렸지만, 일반 계시 혹은 자연 계시적 차원에서는 인간이 하나님의 형상을 부분적으로나마 유지하고 있어서 국가와 민족을 설립한다든가 과학과 예술과 문화를 발전시키는 것은 인정한다. 하지만 녹스는 인간은 시민적 정의를 실현시킬 능력 마저도 상실하였음을 강조한다.[25] 그런 점에서 칼빈보다 인간을 더욱 비관론적으로 이해한다. 결국 인간운명의 궁극적 주권은 하나님의 의도와 의지에 있음을 강조한다.

그리고 불의한 정부에 대한 그의 저항정신도 죄론에서부터 나온다. 녹스는 세속 정부에 대한 저항은 죄가 아니라는 신앙을 가졌고, 국가가 악과 묵인하여 죄를 공동으로 범함으로써 하나님의 뜻을 거스리는, 이러한 죄악의 정부에 항거해야 한다는 것이다. 그는 죄를 묵인하는 것조차 죄라고 생각한다. 우상숭배, 신성모독, 간음, 마술 등을 단순히 삼가는 것만으로는 충분치 않다. 인간은 마땅히 이러한 죄악들과 능동적으로 힘있게 싸워야 한다. 녹스는 16세기 종교지도자들은 하나님께 복종하기보다 죄악을 저지르는 세속정부에 복종하였다고 지적하고 세속 정부의 악한 명령에 수동적으로 순종하였다고 비판하며 세속 통치자에게 복종하는 것이 죄라고까지 주장한다. 녹스는 이러한 세속 정부의 악에 능동적으로 저항해야 하고 이

---

[25] Reid, 147.

런 악에 대해 저항하는 것이 죄가 아니라고 강조한다.[26] 녹스는 악에 대해 능동적으로 반대하는 원리를 처음부터 갖지는 않았으나 점차 그의 정치적 사상으로 더욱 과격하게 혁명적으로 강화하였다. 그에게 있어서 악에 대한 적극적 저항의 원리와 세속 권세에 대한 혁명의 이론이 동의어가 되었다. 녹스는 죄악에 대항하여 경고하는 의무와 비정치적인 상황에서 긍정적인 대안을 추구하는 의무를 믿었다. 죄에 대한 기본적인 태도는 그의 생애를 통하여 바뀌지 않았다. 그는 끊임없이 어떤 악을 묵인하는 것이 죄라고 주장하였고, 세속 권세의 죄악된 명령에 불복종하지 않으면 안 된다고 주장하였다. 다만 바뀐 것은 이것을 세속 정부에 대한 혁명으로까지 확장시켜 간 것이다.[27]

녹스의 소명의식의 이해는 죄에 대한 능동적인 저항의 개념과 가까이 연결되어 있다. 그는 에스겔서에서 하나님의 심판이 다가오는데도 그것을 백성들에게 알려서 회개시키지 않은 파숫꾼에게 경고한 이야기를 상기시키면서, 자신이 이러한 파숫꾼이라는 소명의식을 느끼고 있다. 그의 소명은 기본적으로 각 개인의 내면적인 죄들을 기억나게 하는 것이 아니라 도리어 다가오는 하나님의 심판과 죄를 묵인하는 교회와 국가에 대하여 경고하는 파숫꾼이 되는 것이라고 생각하였다.[28] 스코틀랜드와 영국을 경고하지 않는 것은 자신 위에 하나님의 심판을 불러일으키는 것이라고 확신하였다. 악에 대한 녹스의 적극적인 반대의 원리는 묵인하는 죄와 책임성과 가깝게 관계되어 있다. 한 개인이 악에 대하여 투쟁할 뿐 아니라 국가와 백성도 악에 대하여 투쟁하여야 한다고 녹스는 주장한다. 만일 그들이 이것을

---

26) John Knox, *The Works*, IV. 496.
27) Kyle, 108.
28) Kyle, 108.

하지 않는다면, 그들은 공동적으로 벌을 받게 될 것이다. 백성들이 거부하지 않음으로써 로마 가톨릭 교회가 영국에 남아있게 되면 하나님이 국가를 형벌하실 것이라고 예언하였다. 마치 히브리인들이 우상숭배 통치자들로 인하여 형벌을 받았듯이 영국인들이 우상숭배자 로마 가톨릭 교회에 영국을 양보한다면 그들도 형벌 받을 수밖에 없을 것이라고 경고하였다. 베냐민 지파 전체가 간음을 한 것은 아니지만 그들이 간음죄를 묵인하였으므로 하나님이 베냐민 지파를 형벌하신 예를 들어서, 죄에 대한 책임의식을 함께 가지면 공동으로 죄 사함을 받는다고 강조하고, 도시와 국가가 회개하면 죄에서 돌이킨 개인에게 자비를 베푸시는 것과 똑같은 자비를 도시와 국가에게도 베푸심을 주장한다.[29]

구원론에 있어서 두 사람은, 오직 인간은 그리스도의 구속의 은총을 믿음으로 의롭다 하심을 얻는 것을 강조하는 면에서는 공통적이다. 그러나 칼빈은 그리스도의 십자가 구속의 은총을 더욱 강조하는 경향이 있지만, 녹스는 신앙을 더욱 강조하는 경향이 있다. 칼빈은 그리스도의 속죄사건이 인간의 죄의 형벌을 속죄하여주기 때문에 오직 십자가를 증거하는 성령의 역사를 통하여 구원받을 수 있음을 강조하는 반면에, 녹스는 아무리 그리스도의 십자가의 은총이 위대하다 할지라도 인간이 믿어야 구원에 이르기에 인간의 책임적 응답으로서의 믿음을 더욱 강조한다.[30] 칼빈은 신학자요 녹스는 설교가임이 여기에서 드러난다. 구원론의 신학적 해석과 목회적·설교적 해석의 차이라고 할 수 있다.

교회론에 있어서도 차이가 있다. 칼빈은 교회를 구성하는 두 가지 요소가 말씀의 성실한 선포와 성례전의 합당한 실행이라고 보았으나 녹스는 여

---

29) Kyle, 108.
30) Reid, 147.

기에 한가지를 더 추가한다. 그것은 교회적 훈련(ecclesiastical discipline)이다. 그래서 스코틀랜드 신앙고백을 주도한 녹스는 교회적 영성훈련을 위하여 선행이 필요함을 강조하였다. 구약의 율법을 지키는 선행도 성도의 영성훈련을 위하여 필요함을 주장한다. 물론 칼빈도 성화론에서 선행의 필요성을 주장하고 율법의 제3의 용법은 성화의 채찍질이기에 성도의 경건과 성화훈련에 필요함을 강조하였지만, 녹스는 칼빈보다 더 선행과 율법을 강조한 것이다.[31]

교회와 국가의 역할과 관계에 대한 해석에서도 공통점과 차이점이 있다. 칼빈에게 있어서 교회는 복음을 선포하고 성도를 양육시키는 역할을 하는 것이고, 국가는 교회를 경제적으로 후원하며 신앙고백을 고수하도록 함으로써 복음이 성실히 선포되는 것을 돕는 한편 공공생활에서 정의와 평등을 유지시키는 역할을 하는 것이다. 그러나 칼빈은 통치자와 백성이 함께 궁극적으로 하나님께 충성하게 하는 통치자와 백성사이의 계약관계를 강조하지 않았다. 그러나 녹스는 계약관계를 강조하였는데 먼저는 통치자와 백성 사이의 계약, 그리고는 하나님과 백성사이의 계약을 이중적으로 맺어야 함을 강조하였다. 개혁교회에 의해 세워진 참 종교에 모든 백성이 헌신하게 하는 엄숙한 책임이 있음을 녹스는 주장한다.[32] 결국 녹스는 칼빈이 피하려고 노력한 논리적인 결론을 주장한 것이다. 그래서 녹스는 교회와 국가의 관계 모델을 구약에서 찾으려고 하였고, 구약의 계약민족의 모습을 스코틀랜드에서도 실현하려고 하였다.

저항에 대한 사상에도 차이가 있다. 칼빈은 『기독교강요』 마지막 문단에서 정치적 저항의 가능성을 두 가지로 말하고 있다. 하나는 관리(lower

---

31) Reid, 148.
32) Reid, 148-49.

magistrate)들이 백성의 이익을 위해서 최고통치자가 불의를 행할 때 저항할 수 있음을 주장한다. 또 하나는 최고통치자가 그리스도의 뜻을 거스를 때 저항할 수 있다고 주장하는데, 그리스도는 교회의 주인도 되지만 국가의 주인도 되기 때문이다. 루터의 두 왕국론에서는 하나님의 오른손 왕국인 교회의 주인은 그리스도이지만, 왼손 왕국인 국가의 주인은 그리스도가 아니라 최고통치자 곧 왕이라고 생각하였다. 그러나 칼빈은 그리스도는 교회와 국가의 주인이 되는 그리스도의 통치(regnum Christi), 곧 그리스도가 다스리는 신정정치(theocracy)를 강조한다. 그리스도는 궁극적으로 국가의 머리요, 통치자는 그리스도에게 복종할 책임이 있다고 해석한다. 그리스도에 의해 왕도 심판받아야 한다는 것이다. 그리스도의 왕적 권리는 모든 생활 속에 응용된다. 하나님의 영광을 위해 정치적 · 경제적 · 사회적 의무를 부지런히 수행해야 하고, 동시에 안식과 여가 등도 오직 하나님의 영광을 돌리는 것에 초점지어지므로 그리스도의 왕적 통치가 개인적으로나 사회적으로 실현되어야 하는 소명의식(vocation)을 가지는 성도가 되어야 함을 강조한다.[33] 이 점에서 녹스도 칼빈과 일치한다.

그러면서도 녹스는 한걸음 더 나아가 그것을 메리에게 적용시켜 무력적 항거 마저도 정당화시켰다. 그러나 칼빈은 이렇게 신정정치와 그리스도의 통치를 말했더라도 『기독교강요』의 마지막 문단을 제외하고는 최고통치자에 대한 무력적 저항을 변호하려고 하지 않았다.[34] 칼빈은 최고통치자(magiatrate) 왕에게 종속된 관리가 박해하는 왕의 사악함을 저항하도록 백성을 부를 권리가 있음을 강조하는 차원에서의 저항을 말했으나, 녹스는 이보다 더 과격하게 정치적 저항의 논리를 발전시킨다. 물론 녹스의 정치

---

[33] Reid, 150.
[34] Reid, 149.

적 저항의 윤리는 칼빈의 신정정치와 저항의 윤리에서 나오는 것은 사실이지만 더욱 철저하다. 녹스도 처음에는 칼빈적 차원에만 머무르는 것 같았다. 그러나 메리 여왕(Mary Tudor)이 1554년 영국의 왕위에 오르면서 프로테스탄트를 박해하기 시작하자 녹스의 생각이 갑자기 바뀌기 시작한다. 그가 디에페에서 이 소식을 듣자 계약백성인 영국 국민들은 참 종교를 박해하고 민족적 독립을 위험하게 하는 왕을 쫓아내야 한다고 영국 국민을 충동질하는 "성실한 충고(A Faithful Admonition)"를 썼다.[35] 1558년 녹스는 스코틀랜드 귀족들을 불러 모아 프로테스탄트를 박해하는 스코틀랜드의 여왕 메리(Mary of Guise)를 쫓아내야 한다고 주장했다. 1554년부터 과격한 정치적 입장이 서서히 형성되기 시작하면서 이때에 이르러 완전히 무력적 저항을 주장하는 사도로 혁명적인 정치윤리를 보이게 되었다고 번즈(J.H. Burns)는 해석한다.[36] 녹스는 팜플렛 "민중(Commonality)"을 썼는데, 거기서 만일 귀족들이 행동을 취하지 않으면 프로테스탄트 민중들이 그 저항의 행동을 취할 수 있는 권력과 의무를 가진다고 주장하였다.[37] 이것이 메리 여왕에게 항거하는 녹스의 정치적 논문 "제1공격(The First Blast)"과 "제2공격(The Second Blast)"에 강하게 표현되었다. 9년 후에 메리 여왕(Mary of Guise)이 프로테스탄트 귀족들에게 체포되었을 때 녹스는 남편 헨리 다안리(Henry Darnly)를 살해한 공범자 메리 여왕을 처형시켜야 한다고 주장하였다.[38] 그러나 칼빈은 결코 이러한 극단적 행동을 취하지 않았다. 결국 녹스

---

35) Reid, 149.

36) J.H.Burns, "Political Ideas of the Scottish Reformation," *Aberdeen University Review*, XXXIV(1955-56), 251-69. Kyle, 110에서 재인용.

37) Reid, 149.

38) Reid, 149.

는 칼빈주의 사상을 갖되 그것을 스코틀랜드의 지성적·심리적·사회적 상황에 맞게 응용하였고, 프랑스의 경우를 제네바의 칼빈주의를 실현한 모델로 생각하여 프랑스적 종교개혁을 그의 인격과 경험에 비추어 재현시킨 더욱 과격한 "스코틀랜드 계약 칼빈주의(Scotland Covenant Calvinism)"의 지도자였다.[39]

정치적 이론가가 아니라 스코틀랜드에서 종교개혁을 일으키는 것이 하나님의 일이라고 생각한 녹스는 종교의 개혁을 시도하는 것이 그의 생애의 목적이었다. 그러나 그가 시도한 종교적 개혁과 발전은 그 시대의 세속적 현실과 분리될 수 없었고, 결과적으로 유럽과 스코틀랜드의 정치적 환경과 분리될 수 없었다. 녹스의 꿈은 영적 이스라엘의 개념을 스코틀랜드에서 실현시키는 것인데, 이것에 대한 가장 큰 방해물은 로마 가톨릭 교회였다. 루터의 독일이나 칼빈의 제네바나 영국의 경우에는 정치 지도자들이 그러한 종교개혁을 가능케 하도록 정치적으로 도왔으나, 스코틀랜드에서는 권력을 잡은 지도층이 로마 가톨릭주의자들이었다. 그래서 녹스는 세속 권력에 대하여 저항하는 쪽으로 갈 수밖에 없었다. 녹스는 군주왕국이 종교를 개혁할 수 없음을 발견하게 되자 귀족에게로 돌아갔다. 그리고 통치자와 귀족이 종교를 정화할 수 없음을 다시 발견하게 되자 정치구조 밖, 곧 민중에게로 갈 수밖에 없었고, 정치체제 자체를 거부할 수밖에 없었다. 그래서 녹스의 사상이 종교적으로 중심을 이루고 있지만 종교와 정치적 동기가 함께 혼합되었고 그 둘은 녹스에게서 완전히 분리될 수 없었다. 위에서 살펴본 대로 1558년이 녹스의 사상적 전환점이 되는 해인데, 이 해 초에 그는 네 개의 혁명적 팜플렛을 썼다. "제1공격(The First Blast)"에서 그는 이 논문 본론의 제목을 '타락한 여성들을 깨우는 제1공격(The First Blast To Awake

---

[39] Reid, 150-51.

Women Degenerate)'이라고 했는데, 그 여성들이란 타락한 여성 삼위일체 곧 Mary Tudor, Mary of Guise, Mary Stuarts를 지칭한다.[40] 여성이 왕국을 다스리는 것은 하나님의 율법과 자연법에 어긋난다고 하였다. 그리고 여성이 통치하고 남성 위에 왕국을 소유하는 것은 본질적으로 악령 이상이라고 해석하였다.[41] 그리고 여성통치 반대이론에 바울의 해석을 끌어들인다. "남자가 여자에게 속하여 있지 않고, 오히려 여자가 남자에게 속하여 있다. 그리고 남자가 여자를 위하여 창조되어지지 않았고, 여자가 남자를 위하여 창조되었다. 그러므로 여자는 그녀의 머리 위에 남자의 힘이 있음을 알아야 한다"(고전 11: 8-10). 그래서 성서의 가르침대로 여자는 남자를 다스릴 수 없고 명령할 수 없다. 다만 여자는 남자를 섬겨야 하고 남자에게 복종하여야 한다는 것이다.[42] 또한 녹스는 바울의 또 다른 말씀, 여자는 교회에서 잠잠하여야 한다는 가르침을 갖고 여성통치를 반대한다.[43] 당시의 영국사회는 여성이 더 열등하며 남성에게 복종해야 한다는 것이 이론과 실제로 받아들여지던 사회였다. 여왕을 제외하고 여성은 어떤 공직도 가질 수 없었다. 여기서 우리는 녹스의 정치적 저항정신은 귀하게 여길 필요가 있으나 여성을 성차별하였다는 것은 도저히 용납할 수 없는 해석이라고 해야 할 것이다. 하나님의 정의롭고 거룩한 뜻에 거역하는 불의하고 악한 통치자를 용납할 수 없는 것은 납득이 가지만, 여성이기 때문에 통치를 할 수 없다는 것은 반문화적이고 반사회적이고 비인도적인 해석이라고 비판할

---

40) John Knox, "The First Blast of the Trumpet against the Monstrous Regiment of Women," *The Political Writings of John Knox*, ed. Martin A. Breslow, (Washington: Folgers Books, 1985), 42. 이하 "The First Blast..."로 표기함.
41) John Knox, "The First Blast...," 38.
42) John Knox, "The First Blast...," 45.
43) Knox, "The First Blast...," 47.

수밖에 없다. 특히 유럽인들을 놀라게 한 것은 마지막 결론이다. "만일 성도가 여성의 통치에 의해 악하게 된다면 그 악령을(that monster) 권위와 명예의 자리로부터 쫓아내야 한다. 만일 어떤 사람들이 그녀를 돕는다면 그들을 사형에 처해야 한다."[44]

그리고 처음 서론부분에서는 세속정부도 하나님의 소유요 하나님의 주권 하에 있으며, 따라서 하나님의 뜻을 거스를 때는 예언자적 항거를 해야 함을 강력하게 피력하였다. 서론의 처음 문구가 아주 흥미롭다. "왕국은 우리의 하나님께 속하여 있다."[45] "반역자요 사생아이며 사악한 여인"인 메리 여왕이 스코틀랜드 왕국을 통치하는 것은 하나님 앞에 부끄러운 일이라고 개탄한다.[46] 하나님의 비밀협의에서 제거된 잔인한 여인이 악령적 왕국을 다스리는 것은 마치 여로보암이 우상숭배로 이스라엘을 다스린 것과 같다고 지적한다. 불의하고 우상숭배를 하고 하나님을 거역한 유다가 바빌론으로 포로로 잡혀가리라고 예언하였던 예레미야처럼, 갈대아에 갇혀 있던 형제들에게 새 예루살렘성전의 환상을 보여준 에스겔처럼, 그리고 다니엘과 다른 예언자들처럼, 예언자적 역할을 해야 함을 주장한다.[47] 그 해 1558년 여름에 그의 혁명이론을 말해주는 세 개의 논문들을 또한 발표하였다. 하나는 메리(Mary of Guise)에게 썼고, 또하나는 귀족에게 썼으며, 세 번째는 스코틀랜드의 평민들에게 썼다. 대부분의 16세기 종교개혁 신학자들은 백성들이 왕에게 복종하지 않으면 세상의 심판이 아니라 하나님의 심판이 임한다고 주장하였다. 녹스는 백성들이 악한 통치자들의 불의한 명령

---

44) John Knox, *The Works*, IV. 415, 416.
45) John Knox, "The First Blast...," 37.
46) John Knox, "The First Blast...," 37.
47) John Knox, "The First Blast...," 38.

에 복종한다면 그들은 지상의 통치자들이 내리는 형벌보다 더욱 무서운 하나님의 심판을 두려워해야 한다고 강조했다.[48] 이러한 부패한 권력에 항거하고 하나님의 말씀으로 책망하고 꾸짖는 예언자적 정신은 한국 교회가 배워야 할 점이다. 유신정권과 5.18과 12.12사태에도 아무 말 못하고 침묵한 한국 교회는 마땅히 회개하고 녹스와 같은 예언자 정신을 회복하여야 할 것이다. 교회만이 아니라 세속 정부 속에도 하나님의 정의와 평화의 뜻이 실현되는 신정정치에 입각하여 예언자적 발언을 하는 한국 교회가 되어야 할 것이다. 그렇다고 녹스처럼 세속 정치제도를 무시하고 하나님이 직접 통치하는 구약적 신정정치를 한국 속에 실현하려고 해서는 안 될 것이다. 왜냐하면 정교분리의 원칙에 입각하여 정치의 영역과 영적인 교회의 영역은 엄연히 구분되어져야 할 것이다. 그러면서도 상호협력관계를 가져야 한다. 그러나 하나님의 뜻을 거슬리는 독재나 인권탄압이나 폭력통치를 자행할 때는 마땅히 항거하여야 한다.

녹스는 또한 종교적 정화(purification of religion), 특히 예배의 정화를 강조하였다. 녹스는 로마 가톨릭주의를 우상숭배와 동일시하고, 가톨릭이 되는 것을 우상숭배자가 되는 것이라고 생각하였다. 녹스의 우상타파주의 사상은 그의 구약해석, 정치 사상, 구원론, 성찬론, 교회론, 교회훈련의 견해, 대제사장으로서의 그리스도의 직무의 개념 등에서 나왔다.[49] 우상적 미사에 대한 투쟁은 참 예배를 만드는 것과 깊이 관계되어 있다. 예배에 관한 그의 구약적 문자적 해석도 역시 신 12:32에서 나온다. 녹스의 공생애의 시작부터 1572년 죽음까지 우상적 미사에 대한 투쟁은 계속되었다. 그의 우상적 예배에 대한 투쟁은 1547년 첫 설교에서 시작하여 1549년 프랑스

---

48) Kyle, 111.

49) John Knox, *The Works*, IV. 373-420. V. 503-22.

에서 돌아온 후에도 있었고 1550년에는 "미사가 우상이라는 주장(A Vindication that the Mass is Idolatry)"이라는 논문에서 가장 강하게 직접적으로 미사를 우상숭배로 공격하였다. 미사가 우상이라는 공격의 핵심은 참 하나님이 아닌 거짓 하나님을 예배한다는 것에 있지 않고, 오히려 하나님이 아닌 것을 예배할 뿐 아니라 하나님 이외의 것들을 예배한다고 공격한 것이다. 종교에 있어서 하나님의 말씀에 거스르는 어떤 것을 존경하고 예배하는 것은 하나님 이상의 어떤 것에 기울어지는 것으로 그것이 우상숭배가 된다는 것이다. 또한 그는 계약을 깨뜨리는 국가를 비난하고, 우상숭배를 돕는 국가를 비난하였다. 우상적 예배에 대한 반대는 그의 정치적 저항의 발판이 되었고, 정치적 상황에서 그의 주장을 계속 전개시켰다.[50]

신앙과 선행의 관계에 대한 해석도 칼빈과 녹스가 공통적이면서도 서로 다르다. 두 신학자는 모두 신앙은 우리를 의롭다 하게 하시는 필수적인 요소라고 고백한다. 그리고 선행은 우리 구원의 확신, 성화와 경건을 위하여 필요함을 강조한다. 그러나 칼빈은 야고보서가 말하는 선행은 우리의 구원과는 상관이 없고 상급과 관계됨을 말한다. 그러나 녹스는 칼빈보다 더 적극적으로 선행을 해석한다. 녹스의 지도 하에 만들어진 『스코틀랜드 신앙고백』에서 야고보서가 말하는 선행은 바울이 로마서에서 말하는 믿음 이후에 일어나는 것이라고 해석한다. 그래서 로마서에서 아브라함이 믿음으로 의롭다 하심을 얻는 사건은 창세기 15장 갈대아 우르를 떠날 때의 일이고, 아브라함이 행함으로 의롭다함을 얻은 사건은 창세기 22장에 나오는 그보다 30년 후에 모리아 산에서 이삭을 제물로 바칠 때의 사건임을 강조한다.[51] 바로 이 점에서는 녹스도 존 웨슬리와 똑같이 해석한다. 웨슬리도

---

50) Kyle, 107.

51) *The Confession of Faith*(Scotland, 1548), (Edinburgh: Thomas Vautrollier, 1584), Chapter xx. 71.

로마서의 아브라함 사건은 갈대아 우르를 떠날 때의 일이고, 야고보서의 아브라함 사건은 모리아 산에서 제물로 바칠 때의 사건이라고 해석한다. 그리고 흥미있는 해석은 로마서의 의롭다 하심은 하나님 앞에서의 의롭다 하심이요, 야고보서의 의롭다 하심은 사람 앞에서의 의롭다 하심이라는 것이다. 사도행전 10장에 나오는 고넬료의 사건도 웨슬리처럼 선재적 은총으로 해석한다. 녹스는 하나님이 고넬료에게 사랑과 선하심으로 먼저 찾아오심 — "God first preveened us with love and all goodness" — 에 대한 응답으로서 고넬료가 기도하고 선행을 실천한 것으로 해석한다.[52] 그리고 갈 5장에 나오는 "사랑으로 역사하는 믿음(faith which works by love)"을 해석함에도 신앙은 내적으로 하나님 앞에서 의로워지는 믿음이요, 사랑은 사람 앞에서 외적으로 의로움을 보이는 행위라고 녹스는 해석한다.[53] 고린도전서 3장을 해석하는 것 역시 상당히 웨슬리적이다. 즉 하늘나라에서는 믿음도 소망도 필요 없고 사랑만 있다고 강조하고 그 사랑은 완전한 자에게 임하는 덕목이라고 해석한다. 완전한 크리스천의 전 생활은 사랑으로 나타난다고 주장한다. 그러나 녹스는 웨슬리와 달리 이 세상 사는 동안 완전의 실현이 가능함을 강조하지는 않으며, 현재는 불가능하고 천국에서 완전해진다고 해석한다.[54] 또한 웨슬리가 이해하는 선행과 사랑에 의해 이루어지는 성화와 완전은 외적으로 이웃과 사회 속에 성화를 이루는 사회적 성화를 의미하면서도 인간 내면의 인격적 본성적 변화(impartation)의 의인화(義人化)를 의미하는 데 반하여, 녹스에게 있어서 선행과 사랑에 의한 의인화(義人化)의 개념은 없고 의인화(義認化: imputation)만을 강조한다. 그리고 외적으

---

[52] *The Confession of Faith*, 71.
[53] *The Confession of Faith*, 74.
[54] *The Confession of Faith*, 74-75.

로 인간과 사회 속에 행동화하는 것만을 강조한다. 또한 웨슬리에게 있어서 믿음은 구원의 출발(initial salvation) 곧 의롭다 하심의 필수조건이지만 선행은 구원의 완성(final salvation) 곧 성화와 완전의 충분조건이 되는 반면에, 녹스는 믿음만이 구원의 조건이요, 선행은 이웃을 섬기고 사회를 정화케 하는 요소라고 이해한다. 어쨌든 칼빈보다 녹스가 선행과 사랑을 더욱 강조하는 이유는 구원과는 상관없더라도 불의한 세속정부를 비판하는 사회적 정의를 실현하는 것에는 중요하기 때문이다. 여기 존 녹스가 1559년 대륙추방으로 스코틀랜드로 돌아온 후에, 그리고 곧 여왕 레전트(Regent), 가이스의 메리(Mary of Guise)가 이끄는 가톨릭 군대와의 내전에 뛰어들면서 기술한 글이 있다. 이 글은 1559년 6월에 제네바의 친구에게 기쁨에 차서 보낸 편지이며 동 스코틀랜드의 혼란이 점증하는 가운데 쓰여진 편지이다.

> 여왕과 의회는 성 존스톤(Johnston) 안에는 아무도 없다고 약속했고 그들을 도운 자들도 없다고 했다. 또한 종교적으로 곤란에 처한 그 어떤 것도 아직 판단된 바가 없다고 말했다(교회와 수도원을 파괴하는). 재산의 판결이 있기까지 의회에서 논쟁을 결론지었다. 프랑스군의 무리들은 마을에서 여왕과 의회 뒤에 남아 있어서는 안 된다고 의회에서 결정하였다. 우상이 세워져서는 안 되고, 마을 안에 변화가 있어서도 안 된다. 그러나 여왕은 자기의 목적을 달성하자, 모든 신성한 약속들을 잊었다. 그녀의 등장 후 다음 주일에 미사는 죽어가는 상에서 집행되었다(너는 모든 제단이 더럽혀졌다는 것을 알 것이다). 불쌍한 신앙고백자들(개신교도들)은 진압되었다. 아이들은 살해되었으나 여왕은 공교로운 운명이라고 변명하며 오히려 웃었다. 이러한 잔인함과 기만이 전에 여왕과 의회를 돕던 많은 다른 이들을 실망시켰다. 다른 이들 중에, 아질(Argyll) 백작과 성 앤드류(St. Andrews) 수도원장이 여왕을 떠났으며, 공개적

으로 회중에 합류하였다 … 그들의 명령으로 나는 성 앤드류 수도원에 있는 그들에게 갔다. 그 동안에 성 앤드류의 주교가 군대를 대동하고 마을에 왔다. 그리고 내가 설교를 해서는 안 된다고 직접적인 명령을 했다. 제후들은 내가 설교하도록 허락한다면 열두 개의 총이 내 코 앞에서 불을 뿜게 될 것이라고 확실히 말하였다. 오, 피에 젖은 주교의 불타는 자비여! 그러나 그러한 허풍이 내게는 영향을 미치지 못했다. 오히려 더욱 신앙에 용기를 갖도록 고취시킬 따름이었다. 한 목소리가 외치기를 그리스도 예수는 사탄이 있음에도 불구하고 설교하셨음이 틀림없다. 그런 동안, 우리는 검은 수사들의 린도즈(Lindores) 수도원(베네딕트)을 개혁하였다. 제단을 뒤엎고, 우상을 던지고, 우상의 제의를 던지고, 미사 책을 치워버리고, 그들이 보는 앞에서 불태워버렸다. 또한 그들에게 수도원적인 습관을 벗어버리라고 명령했다. 성 앤드류의 학자는 주목할 만한 고백을 했는데, 그들 스스로 교황을 대적하는 적이라고 공표하며, 미사와 모든 미신도 거부하는 적이라고 말했다. 그리하여 하나님께서는 그의 사랑하는 아들이 우리 가운데에 있어 영광을 고양시키셨다. 지금 40일간 하나님께서 내 입술을 사용하셔서, 내 조국에서 그의 영광을 공고히 나타내셨다. 내 몸뚱이에 어떠한 것이 따라온다 하더라도, 그분의 거룩하신 이름이 찬미를 받을 것이다.

T. McCrie, *Life of John Knox*, Edinburgh, 1839, 172, 486-87.

3절_스칸디나비아 반도의 종교개혁

1523년 구스타브 바사(Gustav Vasa)가 스웨덴의 왕위에 올랐다. 핀란드(Finland)와 고틀랜드 섬(the island of Gotland)은 덴마크 왕의 지배를 받고 있었다. 웁살라(Uppsala)의 대주교 자리를 비롯하여 대부분의 주교 자리가 비어 있었다. 바사 왕은 새 주교들을 임명하는 과정에서 로마 가톨릭을 약화시켰고 대주교 요하네스 마그누스(Johnnes Magnus)를 귀향 보냈다. 백성들의 대부분이 좋아하는 새로운 복음적 진리에 지지를 보내기 시작하였다. 스웨덴 내의 가톨릭적 영향뿐 아니라 가톨릭의 부를 공격하기 시작하였다. 오라우스 페트리(Olaus Petri)를 스톡홀름의 목사로 임명하였다. 종교개혁적 설교를 하기 시작하였다. 라멘티우스 안드레아스(Lamentius Andreas)를 스트랭나스(Straengnas)의 대성당 참사회(chapter)의 대집사(archdeacon)와 왕의 대법관(chancellor)으로 임명하였는데, 이 두 사람이 스웨덴 종교개혁을 일으키는 지도자가 되었다. 그들은 모두 독일에서 교육을 받았다. 안드레아스는 독일의 보수적인 보스톡 대학교(University of Bostock)에서 공부하였고, 페트리는 라이프치히 대학교와 비텐베르크 대학교에서 공부하였다. 안드레아스는 정치적이고 행정적인 영역에서 종교개혁을 이끌어갔고, 페트리는 설교와 출판을 통하여 복음적 종교개혁 운동을 주도하였다.[55]

그리고 1524년 스웨덴 의 첫 개신교 목사로 니콜라스 스토르흐(Nicholaus Storch)를 아이스레벤(Eisleben)으로부터 모셔오게 되었다. 프로테

---

55) Ole Peter Grell, "Scandinavia," *The Early Reformation in Europe*, ed. Andrew Pettegree, (Cambridge: Cambridge University Press, 1992), 112-13.

유럽전역에 확산되어 간 종교개혁 운동을 보여 주는 지도

스탄트를 스웨덴 국가 교회로 만들기 위한 합리적인 신학적 근거를 만들기 시작하였다. 바사 왕은 교회의 모든 재산은 국가의 소유가 되어야 함을 주장하면서 교회의 모든 재산을 세속화하였고, 가톨릭 주교 한스 브라스크(Hans Brask)가 린쾌핑(Linkoeping)에 만든 출판사를 문닫도록 1526년 11월에 강요하였다. 이 출판사를 스톡홀름에 옮기게 함으로써 왕이 이 출판사를 복음적으로 조정하게 되었다. 바사 왕은 1526년에 스웨덴 종교개혁의 속도를 가속화시켰다.

1526년 여름에 과격파 종교개혁자 호프만(Melchior Hoffmann)이 스웨덴에 와서 과격한 종말론적 설교를 외쳤다. 그는 스웨덴에 사는 독일인들 사이에서 과격한 종교개혁의 이상을 실현할 수 있음을 발견하였다. 그의 종말론적 설교들은 주도권을 가진 상인들과 덴마크 왕 크리스첸 2세(Christian II)의 지지자들에 의하여 좋은 호응을 얻었다. 예를 들면 1529년과 1534년 농민전쟁에서 적극적인 활동을 벌였던 전 시장 홀스테(Gorius Holste), 드루베나젤(Kurt Druvenagel), 뵈크만(Hans Boekman), 소테른(Joeran von Sottern) 등이었다. 그러나 결국 호프만은 1527년 1월 스웨덴으로부터 추방당하였다.

1527년에 농민반란이 일어났다. 바사 왕은 교회 위에 세속정부의 권한을 계속 유지하기 위해서 국회를 소집하였다. 왕은 가톨릭 평신도들로부터 모든 교회와 수도원 재산들을 빼앗아 정부의 재산으로 만들었다. 그래서 스웨덴의 '가톨릭은 정치적으로나 행정적으로나 경제적으로 힘을 잃어버리게 되었다. 그리고 바사 왕은 덴마크 왕 크리스첸 2세에게 스웨덴이 빚진 것을 모두 갚음으로써 독립을 쟁취하였다. 1528년 가톨릭 주교 브라스크를 추방하였다. 1529년 안드레아스를 의장으로 하는 국가 노회를 구성하였고 가톨릭의 몇 성일들을 폐지하였으며, 라틴어 미사를 그 지방언어 미사로 바꾸고 설교도 그 지방언어로 하게 하였다. 1529년 농민반란이 다시 일어남으로써 과격한 종교개혁 운동이 바사 왕을 불안하게 만들었으나, 덴마크의 종교개혁의 성공사례가 스웨덴의 종교개혁을 더욱 가속화시켰다. 1539년 12월 8일 바사 왕이 외레브로(Oerebro)에 국회를 소집하면서 새 교회통치를 위한 왕권을 더욱 확립하였다. 루터와 멜랑히톤의 지지를 받는 게오르크 노어만(Georg Norman)과 마이클 아그리콜라(Michael Agricola)가 스웨덴에 옴으로써 더욱 종교개혁 분위기를 만들었고 오라우스 페트리(Olaus Petri)대신 동생 라우렌티우스 페트리(Laurentius Petri)를 대주교에 임명함으로써, 오라우스 페트리와 라멘티우스 안드레아스의 종교적·정치적 힘이 약화되어 국회에서 사형까지 결정하였으나, 바사 왕이 용서해줌으로써 사형은 모면하였다. 그러므로 스웨덴의 종교개혁은 정치와 종교가 분리되지 않은 국가 교회의 형태로 전개됨으로써 바람직한 종교개혁 운동으로 발전하지 못하였다.

15장

종교개혁 신학의 완성자 존 웨슬리

1절_존 웨슬리의 생애와 감리교회의 종교개혁 운동

영국의 종교개혁 운동은 16세기 헨리 8세의 이혼으로 영국 성공회를 만들었던 사건에서부터 시작하여 17세기 청교도 운동으로 이어졌고, 18세기에 이르러 드디어 경건주의적 감리교 운동으로 발전하기에 이르렀다. 국가정치에 어용화되었던 국가교회 형태의 영국 성공회에서 국가정치에서 자유하고 반항한 청교도 운동을 거쳐서 국가정치와 사회전반의 성화와 변혁을 시도하는 감리교 운동으로 발전하였다.

존과 찰스 웨슬리는 다행스럽게도 지극히 종교적인 집안에서 태어났다. 이것은 당연히 이후 그들의 성장에 아주 중요한 영향을 미쳤다. 웨슬리가의 본래 가족명은 웨슬리(Wesley)가 아니라 웰슬리(Wellesley)였다.[1] 그의

---

1) 이 웰슬리는 보스톤 근교 작은 도시 이름이고, 그 도시에 위치한 명문사립여자대학 웰슬리대학(Wellesley College)은 힐러리 클린턴 여사(Mrs. Hilary Clinton)가 졸업한 미국 최고의 여자대학으로 알려져 있다.

조상들의 이름이 니콜라스 웰슬리(Nicholas Wellesley), 존 웰슬리 경(Sir John de Wellesley), 왈론드 웰슬리(Walrond de Wellesley), 제랄드 웰슬리(Gerald de Wellesley)였다가 아더 웨스틀리(Arthur Westley)라는 이름으로 바뀌었고, 다시 휴 웰슬리 경(Sir Hugh de Wellesley), 윌리엄 웰슬리(William de Welleseley)로 바뀌었다가 감리교 창시자 존 웨슬리의 증조부 바돌로메오 웨슬리의 조부 때 와서는 웨슬리(Wesley)와 웨스틀리(Westley)를 혼용해서 사용하다가 바돌로메오 웨슬리의 아버지 때에 와서 완전히 허버트 웨슬리 경(Sir Herbert Wesley)이 되었다. 그 이후로는 계속 웨슬리로 사용하여왔다.

　웨슬리 형제의 증조부 바돌로매오 웨슬리(Bartholomew Wesley)와 외할아버지 사무엘 아네슬리(Samuel Annesley)는 두 분이 다 청교도 목사였고 존의 조부 존 웨슬리(John Wesley)도 청교도 목사였다. 존과 찰스의 아버지 사무엘 웨슬리(Samuel Wesley), 조부(John Wesley), 증조부(Bartholomew Wesley)가 모두 성직자였으니까 존과 찰스는 4대째 성직자가 된 셈이다. 아버지 사무엘은 1683년 옥스퍼드 대학교 엑스터 컬리지(Oxford University Exester College)에 들어가서 1688년에 학사학위와 준회원 사제 안수를 받았고 1689년 런던의 감독 콤톤(Dr. Compton)에 의해 정회원 사제 안수를 받았다. 사무엘은 1689년 홀브른 성 안드레스(St. Andrew's, Holborn)에서 성공회 신부 안수를 받았고 같은 해에 청교도 목사 사무엘 아네슬리 박사의 25번째 막내 자녀인 수잔나 아네슬리(Susanna Annesley)와 결혼하였다.[2] 수잔나는 청교도 목사인

---

2) 수잔나의 어머니가 자녀를 24명이나 낳았다. 아버지 사무엘 아네슬리는 첫 부인이 아이 하나를 낳고 사망함으로 다시 두 번 째 결혼을 하였는데 그 부인이 수잔나의 어머니인데 자녀를 24명을 낳았는데 막내가 수잔나였다. 결국 사무엘 아네슬리의 자녀는 합쳐서 25명이었는데, 그 중에 제일 막내가 수잔나였다. 어머니의 다산의 능력을 받아 수잔나도 19명의 자녀를 낳았다.

아버지의 강한 영향으로 청교도적인 기질이 강했다. 그녀는 또한 어머니로부터 뛰어난 인내심과 부지런함과 탁월한 경건성을 배웠다.[3] 그리고 수잔나는 아버지로부터 지성적 능력과 두드러진 성격과 적극적이고 공격적인 성품과 사랑이 풍부한 자비심 — 고아와 과부와 병자와 가난한 사람과 고통당하는 사람을 열심히 돌보는 — 과 고상하고 멋진 인품과 품위 있는 태도와 아주 매력을 주는 표정과 자제하고 복종하는 삶을 배웠다.[4] 사무엘 아네슬리도 '통일령'을 거부하는 2천 명에 가입함으로써 많은 박해를 받았다. 그는 투옥당하지는 않았지만, 계속해서 설교를 금지당하고 그의 행동이 감시당하였다. 사무엘 아네슬리는 다섯 살 때부터 성경을 하루 20장씩 읽기 시작하였는데 평생 죽을 때까지 계속하였다. 그는 옥스퍼드 1644년에 대학교를 졸업하였고, 문학석사(M.A.)와 법학박사(LL.D.)학위를 받았다. 1682년 사무엘 웨슬리는 수잔나 아네슬리를 처음 만났고 아네슬리 목사관 신학토론 모임에서 함께 공부하는 가운데 수잔나의 잘못된 삼위일체 이해를 수정하게 되면서 사랑에 빠졌다. 1688년 사무엘 웨슬리와 수잔나가 결혼하였다. 두 사람 다 지극히 흥미 있는 인물들이다. 그래서 신학적으로 그들의 주장에는 공통적이면서도 다른 점이 있었고, 정치적으로는 더욱 차이가 있었다. 사무엘의 정치적 입장은 왕당파 토리당(tory)이었고, 수잔나의 정치적 입장은 야당 자코뱅당(Jacobite)이었기 때문이다. 그래서 사무엘과 수잔나는 정치적으로 불일치하는 경우가 종종 있었다. 사무엘은 왕 윌리엄 3세(William III)에게 충성을 바치고 기도한 반면 그의 아내는 추방된 제임스 왕에게 계속 충성을 나타내었다. 심지어 그녀는 윌리엄 3세를 위한

---

3) Arnold A. Dallimore, *Susanna Wesley*, (Grand Rapids, Michigan: Baker Book House, 1996), 13.
4) Arnold A. Dallimore, 13-14.

저녁 기도문 말미에 아멘이라고 말하는 것조차 거부하기도 하였다. 1701년에는 어느날 저녁식사 후 한 차례 말다툼을 하고 난 후, 사무엘이 화가 나서 '당신과 나는 서로 떨어져야 해. 우리에게 왕이 둘이라면 침대도 둘이어야 하니까' 라고 선언한 일도 있었다. 그래서 결국 수잔나는 엡워스에서, 사무엘은 런던으로 가서 서로 떨어져 살았다. 1702년 3월에 윌리엄 3세가 죽고 앤 여왕(Queen Anne)이 즉위하자 둘 사이의 정치적 언쟁도 끝이 났다. 수잔나의 친구의 권유로 수잔나는 다시 사무엘과 결합할 수 있었고 그 화해의 결과로 존이 태어나게 된 것이다. 하마터면 역사적 인물 존은 세상에 태어나지 못할 수도 있었다.[5] 여러 차례 서로 소원한 시기가 있기는 하였지만, 그들은 열아홉 명의 자녀를[6] 가졌고, 그 중 아홉 명은 일찍 사망하고 열 명이 살아남았다. 존 웨슬리는 1703년 6월 17일 19명의 자녀 중에 15번 째 자녀로 태어났다.(1751년 영국 국회에서 새로운 달력을 쓰기로 결의하여, 1752년부터는 새로운 달력에 의해 생일을 6월 28일로 계산하여 어떤 책에는 6월 17일로 되어 있고 어떤 책에는 6월 28일로 되어 있음).

　1709년에는 엡워스 교구 사제관이 화재로 인해 완전히 파괴되었다. 1702년에 한 차례 부분적으로 불타는 일이 있었는데, 수잔나는 이것을 사

---

5) V.H.H. Green, *John Wesley*, (Lanham, MD: University Press of America, 1987), 10.
6) 매년 한 아이씩 혹은 2년에 한 아이씩 낳기도 하고 쌍둥이를 낳기도 하였다. 살아남은 세 아들은 사무엘(Samuel), 존(John), 찰스(Charles)이다. 일곱 딸은 에밀리아(Emilia, '에밀리', Emily), 수산나(Susanna, '수키', Sukey), 마리아(Maria, '몰리', Molly), 므헤타벨(Mehetabel, '헤티', Hetty), 앤(Anne, '낸시', Nancy), 마르타(Martha, '패티', Patty), 케쟈(Kezziah, '케지', Kezzy)이다. 에드워즈(Dr Malwyn Edwards)는 웨슬리家(the Wesley Family)에 대해 매혹적인 통찰력을 가지고 썼는데, 특히 그는 웨슬리가의 딸들에 대한 정보를 제공해준다.

무엘의 정치적 견해에 대한 천벌이라고 생각했다. 두 번째 화재의 정확한 원인이 무엇이었는가에 대해서 상당한 추측들이 난무하였는데, 불만을 품은 교구민들의 짓 일거라는 역사가들의 추측이 있었다. 사무엘의 엡워스 목회에는 어려움이 많이 있었는데 헨리 랙(Henry Rack)은 그것이 종교적·정치적 입장 때문이라고 해석한다.[7] 할아버지나 아버지와는 달리 사무엘은 청교도(Dissenter)에서 성공회로 가서 청교도 지역인 엡워스 사람들이 박해했기 때문에 화재가 발생하였다고 해석한다. 당시 여섯 살이었던 존은 2층 창문으로 구조되었고, 이 일로 인해 이 아이가 무슨 특별한 목적을 위해서 보호를 받게 된 것이라는 확신이 수잔나의 마음 속에 자라나게 되었다. 어머니 수잔나가 존이 "불에서 꺼낸 타다 남은 나무토막(a brand plucked from the burning)"[8]이라는 별명을 붙여주었다. 수잔나는 1709년의 화재가 어린 존에 관해 하나님이 주신 섭리와 경륜의 표적이라고 생각하였고, 그의 영혼에 대해 더욱 특별하게 주의를 기울이게 되었다. 마침내 수잔나는 어린 존에게서 장래 그가 위대하게 될 자질들을 찾아내게 되었다. 그 예언대로 존 웨슬리는 영국의 영혼들에게 개인적 성화의 불을 지르고, 영국사회에 사회적 성화의 불을 지르는 불꼬챙이가 되었다.

웨슬리의 어머니 수잔나(Susanna) 25남매 중 25번째 막내로 태어나 19자녀를 낳아서, 청교도적으로 철저하게 교육시킨 훌륭한 여성지도자였다. 웨슬리는 어머니같은 여성(미인이며, 인격적이고 신앙이 돈독한)과 결혼하지 못할까봐 두렵다고 7살때부터 말함.

---

7) Rack, 46.
8) 스가랴 3장 2절 참조.

(위) 존 웨슬리가 입었던 옷과 존 웨슬리 초상화
(아래) 존 웨슬리의 아버지 사무엘 웨슬리의 엡워스 목사관 부엌. 사무엘이 감옥에 가 있을 때 여기서 수잔나가 설교하였는데, 2백 명 이상이 몰려왔었고 많은 새신자들이 결심하였다.

사무엘 웨슬리가 엡워스에서 목회한 영국 성공회 예배당. 필자가 들고 있는 은잔은 사무엘이 직접 집례하던 성만찬 은잔임.

    1714년 1월 28일, 존이 10세 6개월이 되었을 때 명문 차터하우스(Charterhouse)에서 중고등학교 과정을 공부하기 시작하였다. 런던에 위치한 기숙사가 있는 학교였다. 가난하였기 때문에 그의 기숙사생활은 상당히 어려웠다. 존은 라틴시와 문학공부를 즐겼다. 거기서 벌써 그의 종교적 심성이나 지적 능력이 두드러지게 나타났다. 그 곳에서의 경험에 대해서는 아주 조금밖에 알려진 것이 없다. 규율은 엄격하였으나 차터하우스는 그의 의지를 강인하게 만들어주었다.

    1720년에는 연간 40파운드의 장학금을 얻어 옥스포드 대학교 크라이스트 처치(Christ Church of Oxford University)에 들어갔다. 크라이스트 처치는 교회이름이 아니고 단과대학(college)의 이름인데, 지금도 옥스퍼드 대학교 내의 가장 큰 단과대학으로 주로 가장 오래된 학문인 의학과 법학과 신학을 공부하는 대학이다. 그 당시에 옥스퍼드 대학교에 들어가려면 중산층 이상이어야 하고 반드시 영국 성공회 교인이어야만 했다. 존은 중산층은 아니었지만 그의 부친 사무엘이 영국 성공회 사제였기 때문에 입학이 가능했다. 고전문학, 라틴시, 희랍어 신약성서, 히브리어 구약성서, 신학서적을 탐구하였다. 당시에는 신학교가 따로 없었다. 1724년에 4년간의 대학생활을 무사히 마치고 인문학 학사(Bachelor of Arts)를 받았다.

옥스포드에서의 영적 생활은 아직 하나의 습관이었다. 그곳에서의 영적 생활의 질이 만족스럽지 못했던 것 같다. 그럼에도 불구하고 구원과 진리를 추구하는 그의 영적 생활이 시작되었다. 특히 자신의 영혼이 영원한 형벌에서 용서받을 것이라는 확신의 추구가 이미 시작되었다. 1725년은 두 가지 이유에서 존의 영적 성장에 매우 중요한 의의를 지닌 해였다. 존은 1725년 4월부터 매일 영적 상태를 점검하는 일기를 쓰기 시작하였다. 옥스퍼드 대학교는 매 시간 종을 치는데, 존은 종을 칠 때마다 시편을 찬양하고 명상기도를 하였다. 하루에 몇 번을 잊어버리고 몇 번을 기억하고 기도하였는지를 점검하였다. 매일매일의 삶이 영적으로 몇 점 짜리의 삶인지를 반성한 것이다.

존 웨슬리가 동생 찰스 웨슬리를 기념하기 위해 엡워스에 세운 교회

1725년에 있었던 두 번째 중요한 사건은 존 웨슬리가 9월 19일에 포터(Poter) 감독으로부터 준회원(deacon)으로 사제 안수를 받은 것이었다. 당시 영국 성공회는 두 단계 사제 안수식(deacon과 elder)을 가졌다. 한국식으로 말하면 '준회원'과 '정회원'이다. 미국 감리교회도 이것을 받아들여 목사 안수식을 두 번 거행하다가 최근에 정회원목사 안수식만 받는 것으로 바꾸었다. 아버지는 사제 안수를 좀 더 기다리라고 충고하였으나, 수잔나는 안수를 받는 것이 존의 영적 성장을 가속화시켜 줄 것이라 생각하고 찬성하였다. 그리고 제레미 테일러(Jeremy Tailor)나 윌리엄 로우(William Law), 토마스 아 켐피스(Thomas a Campis)와 같은 신비주의자들에 대한 독서를 통해서 영적 실재가 개인적 체험 속에서 발견될 수 있고, 하나님의 생명이 신자의 삶에서 표현될 수 있다는 가르침을 받게 되었다. 토마스 아 켐피스의 『그리스도를 본받아』를 읽기 시작하면서 영적 자아의 죽음, 하나님과의 신비적 연합, 완전을 향한 순례 등 신비주의적 영성에 심취하였다. 그는 비생산적 영적 활동에 시간을 낭비하는 것, 게으르고 잠을 많이 자는 것, 사랑에 빠지는 것, 거짓말, 분쟁, 분노 등을 없애기 위하여 영적으로 고투하였다.[9] 또한 1725년 6월부터 제레미 테일러의 『거룩한 삶』을 읽기 시작하면서, 크리스천 삶의 완전을 이루기 위하여 거룩한 삶의 규칙을 정하게 되었다. 참되고, 살아 있고, 의로운 믿음이 되려면 거룩한 삶을 살아야 한다고 생각하여, 매일 5시에 기상하고, 여섯 시간 일하고, 내적 성결을 위해 기도하고, 1-2시간 종교적 명상을 갖고, 매주 수요일 금식하고, 대화를 개혁하고, 독서에 심취하는 규칙적인 생활을 훈련하였다.[10] 또한 1728년경 말 윌리엄 로우의 『크리스천의 완전』과 『엄숙한 부르심』을 만나면서 경건하고 신비

---

9) Green, 20-21.
10) Green, 22-23.

적인 생활에 힘쓰게 되었다.[11] 그는 1731년 5월 주일에 카드놀이를 했다고 고백하고, 1733년 7월에는 어떤 여자친구랑 춤추었다고 고백한다. 그러면서도 점차 경건생활에 몰두했다.[12] 1725년부터 2년 동안 정회원 안수를 받기 위해서 아버지가 목회하던 엡워스에서 가까운 루트(Root)에서 목회했다.

    1781년 웨슬리는 감리교 탄생 역사를 회상하는 "감리교도라고 불리는 사람들의 약사(A Short History of the People Called Methodists)"에서 3단계 탄생을 말한다. 그래서 교회사가 데이비스(Rupert Davies)는 존 웨슬리 자신의 글과 함께 감리교회의 3단계 탄생을 해석한다.[13] 1725년 9월 19일 집사(준회원)

---

11) Rack, 73. 그런데 시기에 관하여 웨슬리 자신의 표현에는 일관성이 없다. 그의 회심일(1738년 5월 24일) 일기에는 토마스 아 켐피스의 글을 1725년(22세)에 읽고 감화를 받았다고 기록하고, 그의 나중 작품인 "감리교도의 원리(The principle of Methodist)"나 『크리스천의 완전 A Plain Account of Christian Perfection』에서는 1726년에 읽었다고 서술한다. 그린(V.H.H. Green)도 1726년으로 기록한다. 그러나 필자는 랙(Henry D. Rack)의 견해처럼 1725년으로 보고 싶다. 또한 회심일의 일기에는 제레미 테일러에 관한 언급은 없으나, "감리교도의 원리"나 『크리스천 완전』에서는 테일러의 글을 토마스 아 켐피스의 글(1726년)보다 1년 먼저 읽은 것으로 회상하나, 필자는 랙의 견해처럼 켐피스는 1725년 5월, 테일러는 1726년 6월로 생각한다. 그리고 "감리교도의 원리"에서는 윌리엄 로우의 글을 읽은 것을 1727년이나 1728년으로 기록하고, 『크리스천의 완전』에서는 로우의 글을 1728년이나 1729년으로 회상하는데, 그의 회심일 일기에서는 시기에 관하여는 언급이 없으나 편집자 커녹(Nehemiah Curnock)이 주를 달기를 1726년에 로우의 『크리스천의 완전』이 출판되었고 그해 1726년 12월부터 부지런히 읽기 시작하였다고 말하고 있다. 랙은 1730년 말로 생각하지만 필자의 견해는 1730년 말은 너무 늦은 것 같고 1726년 12월에 읽기 시작하여 1728년에 다 읽은 것이 아닌가 추측하여본다. 그래서 필자는 윌리엄 로우의 글에 영향받은 시기는 1728년으로 생각한다.

12) Green, *The Young Mr. Wesley*, (Arnold, 1961), 135. 137.

13) Wesley, Vol. 9, 367-72, 425-503.

받을 때가 제1단계라고 해석한다. 1726년 존이 3월 17일 옥스퍼드 대학교 링컨 컬리지(Lincoln College)의 교수로(Fellow) 선발되었다.[14]

주일은 신학공부, 월요일과 화요일은 고전공부, 수요일은 논리학 공부, 목요일은 어학공부, 금요일은 형이상학과 물리학공부, 토요일은 수사학과 시문학 설교와 편지쓰기로 정하였다. 존은 1726년 9월 24일부터 문학석사(MA)과정을 시작하였다. 1727년 찰스 웨슬리가 동생 크라이스트 처치 학생으로 선발되었다.

1729년 11월부터 존과 찰스 형제와 함께 모르간(Mr. William Morgan)과 커크햄(Mr. Kirkham) 등 네 명이 옥스퍼드 캠퍼스 안에서 경건한 생활을 힘쓰는 모임을 시작했다. 그 신성 클럽에서 존이 자연스레 지도자가 되었고, 찰스는 기꺼이 형에게 자리를 내주었다. 이 영성 운동 클럽의 활동은 예배를 위한 정기적 모임과 기도, 희랍어 원어로 성경 읽기, 라틴어 고전 읽기, 신학적 토론, 매 주일 애찬(communion) 나누기, 마을이나 감옥에 대한 다양한 순회 및 자선활동 등으로 이루어져 있었다. 다른 학생들이 그들에게 붙여주었던 별명들 — '규칙쟁이들(Methodists)', '성경벌레들(Bible Moths)', '열광주의자들(Enthusiasts)', '의무 이상으로 일하는 이들(Supereroganists)' — 은 모두 그들을 비웃는 것이었다. 그 중에서 '규칙쟁이'가 가장 오래까지 남아 있었던 별명이다.

옥스퍼드 대학교 크라이스트 처치에서 웨슬리의 학생이었던 존 갬볼드(John Gambold)의 증언에 의하면 감옥에 가서 수요일과 금요일에는 기도하

---

[14] 흔히들 fellow를 연구원이라고 번역하지만 이것은 교수의 명칭이다. 지금도 옥스퍼드 대학교의 교수들의 대부분이 fellow들이고 fellow로 은퇴한다. professor는 지극히 제한된 숫자이다.

웨슬리가 공부하였던 옥스퍼드 대학교 크라이스트 처치(Christ Church). 지금도 옥스퍼드 대학교 중 가장 큰 단과대학으로 주로 가장 오래된 학문인 신학, 법학, 의학을 공부하는 대학. 해리포터(Hary Potter) 영화촬영지로 운동장과 교수식당이 영화에 등장한다.

존 웨슬리가 준회원 사제 안수를 받은 후, 정회원 사제 안수를 받기 위해 아버지의 엡워스 목회지 교외에 있는 시골에서 목회하던 예배당이 교회 앞에 놓여 있는 비석이 존 웨슬리의 목회지였음을 설명하고 있다.

였고, 주일에는 설교하였고, 한 달의 한 번씩은 성만찬을 베풀었던 것을 알수 있다.[15] 그 이외에 1732년 4월 클레이톤(Mr. Clayton)이 가입하면서, 클레이톤의 제안으로 초대 교회처럼 일 주일에 두 번, 매주 수요일과 금요일이면 금식기도를 하게 되었고 나중에는 금요일만 금식하였다. 오직 성경을 열심히 읽는 성경벌레들이었다. 존은 '오직 한 책의 사람(vir uni libri)'이 되기를 열망하였다. 그리고 영적 성찰을 위하여 끊임없이 일기를 쓰게 하였고, 하루에도 몇 번씩 자신을 돌아보는 화살기도(Ejaculatory Prayers)를 강조

---

15) John Gambold, "The Oxford Methodists," *A History of Methodist Church in the Great Britain*, Vol. 4, 9. 이것은 존 갬볼드가 웨슬리가 미국선교를 하는 기간에 친구에게 보낸 편지였다.

하였으며,[16] 그리고 명상기도를 권면했다.[17] 존은 명상기도가 신적 경건의 유지를 위해 필요하며, 하나님과 가까이 친교하기 위해 필수적임을 가르쳤으며, 이는 인간이 이성적으로 생각하고 행동하는 것보다도 중요한 것임을 주장하였고, 아무런 도움도 없이 벌거벗은 마음을 담대하게 영원한 진리를 받아들이게 들어올리는 영적 힘이 있음을 주장했다.[18] 흥미롭게도 웨슬리 형제는 바로 여기서 조지 휘트필드(George Whitefield)를 만났다. 잉햄(Mr. Ingham)의 주선으로 2-3명이 함께 가입할 때 휘트필드도 가입했다.

1735년에 존은 제임스 오글도르프(James Oglethorpe) 장군과 접촉하게 되었다. 이 사람은 군(軍)과 자선사업계 양쪽에서 흔치 않은 방식으로 성공적 경력을 쌓아온 놀라운 인물이었다. 그가 가진 위대한 계획은 범죄자들, 특히 채무자들의 사회 복귀였고, 1732년 미국에 조지아(Georgia) 식민지를 창설하였다. 아버지 사무엘은 이미 오글도르프와 서신을 통해서 접촉하고 있었다. 그 장군은 식민지에 목사가 필요하다는 결정을 내리고서 두 형제에게 접근하였다. 그들은 그를 따라가기로 동의하였는데, 존은 식민지 이주민들의 목사로, 찰스는 그의 개인비서 자격으로 미국으로 가게 되었다. 존 웨슬리 자신의 표현을 보면 그가 영국을 떠난 이유는 무엇보다 자신의 영적 성장과 성숙에 초점이 맞추어 있었다. 조지아에 가서 그곳 사람들을 위해 무엇을 할 수 있을까는 이차적 관심이었다.

---

16) 화살기도란 순간순간 화살을 쏘듯이 악을 물리치는 기도를 말한다. 눈을 뜨고서 길을 걷다가도, 누구랑 대화하다가도, 남을 미워하고 악한 마음이 생길 때마다 기도하는 것을 말한다. 매 시간 옥스퍼드 대학교의 종이 울릴 때마다 존 웨슬리는 시편과 찬양으로 화살기도를 드렸다.
17) John Gambold, 10.
18) John Gambold, 10-11.

존은 미국 조지아 선교를 감리교회 탄생의 제2기라고 웨슬리는 회상하였다. 조지아 선교는 존 자신의 일기뿐만 아니라 그와 관련된 두 형제의 저작물이 다수 전해지기 때문에 감리교 역사에서 기록으로 가장 잘 남겨진 기간이다. 그는 미국으로 항해하여 가던 중에도, 미국에서 영국으로 돌아오던 중에도 두 번씩이나 풍랑을 만나 항해를 하면서 파란만장한 사건을 경험하게 되었다. 영국으로 돌아오는 항해에서는 모라비안 교도들은 없었으나 구원의 확신이 없었던 고로 죽음에 대한 공포와 불안이 여전하였다. 아메리칸 인디안들을 구원시키러 미국을 갔지만 자신마저 구원하지 못하였다고 탄식할 수밖에 없었다. 특히 미국으로 가던 중에 만났던 풍랑과 모라비안들의 태도는 그의 영적 진보와 성장에 큰 자극을 준 사건이었다. 존은 시몬스호(the Simmonds) 안에서 일상적인 예배를 인도했을 뿐 아니라 '작은 경건회'라고 부를 수 있는 헌신적인 모임을 제안하여 모라비안 교도들과 함께 영성수련에 힘썼다. 선상에서 26명의 모라비안 교도들을 만나게 된 것은 존에게 가장 커다란 사건이었다. 시몬스 호는 갑자기 대서양 한 가운데서 침몰될 정도의 큰 폭풍을 만나게 되었다. 이러한 위기 속에서 모라비안 교도들이 평안하고 확신에 찬 모습으로 조용히 찬송을 부르는 침착한 행동은 목숨을 잃어버릴 두려움으로 불안에 떨던 존 웨슬리에게 큰 감동을 주었다.

> 우리는 기도 후에 오글도르프와 2-3시간을 함께 보냈다. 우리는 지혜로우시고, 거룩하시고, 은혜스러운 하나님의 뜻에 조용히 복종할 것을 서로 확신하면서 이 긴급한 사건에 대해서 대화를 나누었다. 홀로 기적을 행하시고, 그의 백성을 능력있게 구원하실 수 있는 모든 위로의 하나님은 복되시다. 7시에 나는 독일인들(모라비안)에게로 갔다. 얼마 안 있어서 나는 그들의 행동이 매우 진지함을 발견하였다. 그들은 영국인들 중 어느 누구도 떠

옥스퍼드 대학교 중앙도서관

(위) 옥스퍼드 대학교안에 있는 St.Mary's Chapel. 이 예배당에서 존 웨슬리는 자주 설교했는데 그의 처음 설교는 "마음의 할례"였고, 그의 마지막 설교는 "옥스포드의 위선자"였다.
(아래) 옥스퍼드 대학교 예배당

(위) 존 웨슬리가 교수로 재직했던 옥스퍼드 대학교 링컨 대학(Lincon Collage) 전경. 여기서 만 25년 3개월 동안 학생들을 가르쳤다.
(왼쪽) 링컨 대학은 존 웨슬리의 흉상을 벽에 만들어 영국을 구원한 위대한 인물이었음을 기념하게 됨.
(아래) 로지 휘트필드가 회심한 옥스퍼드 대학교 뒷뜰

맡기 싫어하는 다른 여행객들을 섬기는 일들을 기꺼이 실천하는 겸손함을 보여주었다. 그들은 '그것이 자신들의 마음이 자신감을 갖는 데 좋다'고 믿고 있었고, '사랑의 주님께서는 자신들을 위해서 더 많은 일을 해주셨다'고 고백하면서 아무런 대가도 없이 봉사하였다. 누군가로부터 공격을 받는 것은, 곧 그들의 온유함을 보여줄 기회가 되었다. 떠밀리거나, 매를 맞거나, 내팽개쳐져도 그들은 아무 일 없었다는 듯이 슬며시 일어나서 자리를 떴다. 한 마디 불평도 없었다. 그들이 자만이나 노여움이나 복수심을 모두 극복하였던 것처럼, 공포심으로부터도 해방될 수 있는지 시험할 기회가 왔다. 그들이 예배를 시작해서 시편을 낭독할 때, 바닷물이 뒤덮이고, 큰 돛이 조각조각 찢어졌고, 큰 바닷물이 우리를 이미 삼켜버릴 듯이 갑판 위로 쏟아졌다. 영국인들 사이에서는 비명소리가 터져 나왔다. 그러나 독일인들은 조용히 찬송을 불렀다. 나는 그 일이 있은 후에 그들 중 한 사람에게 물었다. '당신은 두렵지 않았습니까?' 그는 '아니요, 나는 하나님께 감사드렸습니다'라고 대답했다. 다시 한번 '하지만, 당신들의 부인들과 아이들도 두려워하지 않았나요?'라고 물었다. 그는 부드럽게 '아니요, 우리의 아내들과 아이들도 죽는 것을 두려워 하지 않습니다'라고 대답했다. 그들을 떠나서 울부짖고 전율하는 사람들에게로 갔다. 나는 담대하게 그들과 하나님을 두려워하는 사람과 하나님을 두려워하지 않은 사람 사이의 차이를 말할 수 있음을 발견하였다. 12시에 바람이 그쳤다. 이날은 내가 본 가장 영광스러운 날이었다.[19]

이것이 모라비안의 경건에 대한 존의 첫 번째 경험이었고, 훗날 '확신(assurance)'에 대한 교리를 강조하는 계기가 되었다.

조지아 선교는 그의 신앙의 불완전에 대해 많은 것을 가르쳐주었다. 그

---

19) John Wesley, Journal, 142-43. (1736년 1월 25일).

럼에도 불구하고 모라비안들에게서 직접 목격한 구원의 확신을 그와 그의 동생이 모두 간절히 흠모하였지만 그런 확신을 얻지 못하였다. 그가 당시에 얼마나 영적인 확신이 없었는지 1736년 초 모라비안 지도자인 아우구스트 스팡겐베르크(August Spangenberg)와의 대화 속에서 발견할 수 있다.

존은 스팡겐베르크가 사용한 성령의 내적 증거라는 말로부터 아버지의 유언을 생각했음에 틀림없다. 그 이후로 그의 영적 생활이 상당히 어려웠고 거듭남과 구원의 확신을 얻기 위해서는 선행의인화(justification by good works)가 아니라 신앙의인화(justification by faith)를 열망해야 함을 점차 깨닫게 되었다. 그러므로 이 당시의 신학적 특징은 영국 성공회에 기초한 옥스퍼드 감리교회 경건주의를 견지하면서도 — 의인화와 성화를 위한 선행과 공로 — 모라비안으로부터 신앙의인화의 경건주의적 영성에 도전 받기도 하던 시기였다.

존의 나이(33세)보다 16살이나 어린 17살의 소피 홉키(Sophy Hopkey)[20]와의 관계 역시 호킨스 부인의 경우와 달랐지만 하여튼 골치거리였다. 매력 있고 신앙심도 좋아 보이는 그녀와 사랑에 빠졌지만, 그가 책임의식을 느끼면서 오랫동안 꾸물거리고 있자 그녀는 더 이상 기다려 주지 않았다. 존은 막대기를 세워놓고 하나님의 뜻이면 자기 앞으로 떨어지게 하시고 하나님의 뜻이 아니면 바깥 쪽으로 떨어지게 해 달라고 기도하였는데 그 막대기가 바깥 쪽으로 떨어지자 하나님의 뜻이 아님을 알았다. 존은 모라비안으로부터 이런 식으로 분별하는 것을 배웠다. 그녀는 다른 남자 윌리엄 윌리엄슨(Mr. William Williamson)과 결혼하였다. 결혼 후에 소피와 윌리엄이 성찬식에 참여하려고 왔으나 존은 그녀에게 성찬을 베풀지 않는 과오를 범하게 되었다. 존은 신앙이 없는 남편과 결혼한 소피아는 신앙이 나태해졌

---

20) Sophia Hopkey라고도 불리움.

기에 성찬을 받을 수 없다고 생각하였고, 결혼하기 전에 사바나의 담당사제인 자신에게 사전통보를 하지 않았다는 두 가지 이유를 들어 성찬을 베풀지 않았다. 슬픈 일화이지만 이것은 쓰라린 논쟁으로 이어지게 되었다. 그리고 결혼한 후에 소피를 자주 만나서 신앙상담을 하게 되었는데, 그 이유는 결혼 후에 그녀의 신앙이 나태해졌기에 그녀의 신앙을 더욱 강화시키기 위한 목적에서였다. 사바나에서 소피를 돌보는 삼촌 토마스 코스톤(Thomas Causton)이 사바나의 최고의 행정관(Chief Magistrate)이었기에 존은 대배심(grand jury)에까지 고소당하였다. 웨슬리는 코스톤이 다음과 같은 나쁜 루머까지 만들었다고 고백하였다. "간사한 위선자, 난봉꾼, 나의 신뢰를 배신한 배신자, 지독한 거짓말쟁이, 시침떼기, 결혼한 여자들로하여금 남편들의 애정을 외면하게 만들려고 애쓰는 사람, 술주정뱅이, 매춘굴을 지키는 자, 매춘부와 매춘을 주선하는 뚜쟁이와 성찬상의 살인자들과 피 흘리는자들을 받아주는 자 …"21) 이런 지독한 모욕을 당하면서도 존은 참고 인내한 성자였다. 존은 미세스 윌리엄슨과 자주 만나고 편지를 쓴 것과 성만찬을 주지않은 것 등 10가지 죄목으로 고소당하였다. 그는 개인감정이 아니라 신앙적인 문제라고 주장하였으며 배심원들도 그의 입장을 변호하였으나, 상황은 악화되어 재판이 완결되기까지 출국정지까지 당하였다. 결국 그는 너무 힘들어서 사바나를 떠나기로 결심하고, 1737년 12월 22일 재판이 모두 끝나기도 전에 사바나를 떠났다.22) 24일 찰스타운(Charlestown)항을 떠나 육지가 완전히 보이지 않게 되었다고 그의 일기에서 기록하였다. 결국 이런 아픈 과정을 통하여 영국으로 돌아갈 수밖에 없었다.23)

---

21) *The Works*, Vol. 18(Journal and Diaries), 540-41.(1737년 8월 10일).
22) Richard P. Heitzenrater, *Wesley and the People Called Methodists*, (Nashville : Abingdon Press, 1955), 70-71.

영국에 돌아온 존은 옥스퍼드에 돌아갈 생각을 했지만 그 대신 헤른후트에 있는 모라비안들의 거처를 방문하기로 결정하였다. 1738년 2월 존은 찰스와 함께 피터 뵐러(Peter Bohler)라는 모라비안을 만나게 되었는데 그가 웨슬리 두 형제에게 큰 영향을 주었다. 모라비안 피터 뵐러는 찰스와 존의 회심에 결정적인 역할을 한 신앙상담자였다. 뵐러에게 존은 자신은 믿음이 없는데 어떻게 설교할 수 있겠느냐고 묻자, 뵐러 목사는 믿음이 생길 때까지 설교하라고 권유하였다.

존의 올더스게이트 체험은 1738년 5월 24일(Aldersgate Street)에 일어났다. 존은 피터 뵐러와 대화하면서 확신을 추구하게 되었다. 어떻게 그가 마음의 확신을 갖게 되었을까? 행위가 아니라 믿음이 선결조건임을 이미 알고 있었지만 그것이 부족했기에 고민을 하고 있었다. 앞에서 살펴보았듯이 뵐러는 그에게 설교하기를 포기하지 말라고 권고하였지만 존의 반응은 시큰둥했었다. 3월에서 4월에 걸쳐서 두 달 동안 그는 이 문제를 놓고 씨름했다. 믿음이 값 없이 부여되는 선물인가? 그렇다면 때가 차면 특정한 순간에 받게 되지 않겠는가?

존은 런던의 올더스게이트 거리(Aldersgate street)에서 열리는 모라비안의 작은 집회에 참석하였다. 웨슬리 형제가 공히 바울서신에 나타난 구원에 대한 루터의 주석을 보고 그들의 문제를 해결하였다는 사실은 단지 우연이라고 보기 어렵다. 웨슬리의 증언은 이제 전세계의 감리교인들에게 알려졌다.

---

23) Journal, Vol. I. 413. (1737년 12월 22일, 24일).

마음에 내키지 않았지만 저녁에는 올더스게이트 거리에서 열리는 집회에 갔다. 그 곳에서 한 사람[24]이 루터의 로마서 서문을 낭독하고 있었다. 9시 15분 전 쯤, 그리스도에 대한 믿음으로 말미암아 하나님께서 마음의 변화를 일으키신다는 설명을 하고 있을 때, 나는 이상하게도 내 마음이 뜨거워지는 것을 느꼈다. 구원을 위해서 그리스도를, 오직 그리스도만을 신뢰하였다고 느꼈다. 그리고 그가 내 죄들을, 심지어 나 자신까지 모두 거두어 가셨고 죄와 사망의 법에서 나를 구원하셨다는 확신이 생겼다. 나를 악의 목적으로 이용했거나 핍박했던 사람들을 위해 힘을 다하여 기도하기 시작했다. 그리고 생전 처음으로 내가 방금 처음으로 느꼈던 것을 그곳에 있는 사람들에게 공개적으로 간증했다. 오래지 않아서 원수(사탄)가 이렇게 속삭였다. "이것은 믿음이 아니다. 그렇다면 기쁨은 어디 있느냐?" 그때 나는 죄로부터 평화와 승리를 얻기 위해서 구원의 대장되시는 분을 믿는 믿음이 필수적이라는 사실을 배웠다. 또한 대부분 처음에 느끼는 놀라운 기쁨, 특히 깊이 애통하는 사람들에게 임하는 기쁨은 하나님의 뜻에 따라 주시기도 하고 주지 않을 수도 있다는 것을 배웠다. 집에 돌아왔을 때 많은 시험으로 몹시 괴로웠다. 그러나 소리를 쳤더니 모두 사라졌다. 그러나 자꾸만 내게 다가 왔다. 그때마다 눈을 들어 주님을 바라보았더니, 주께서 그의 거룩한 곳에서 나를 도와 주셨다. 여기서 현재와 과거의 상태 사이에 주된 차이가 있음을 발견하게 되었다. 은혜 가운데뿐만 아니라 율법 아래에서 나는 힘을 다해서 투쟁했었다. 그러나 매 번이 아니라 이따금씩 그것을 정복할 수 있었다. 그러나 지금은 늘 승리하는 사람이 되었다.[25]

---

24) 역사가들은 이 청년을 모라비안 교도 윌리엄 홀랜드(William Holland)로 추측한다.

25) Journal, Vol. I. 475-77. (1738년 5월 24일).

올더스게이트 체험 이후, 웨슬리는 6월 18일 옥스퍼드의 성 메어리 성당에서 '너희가 그 은혜를 인하여 믿음으로 말미암아 구원을 얻었나니'(엡 2:8)라는 본문으로 설교하였다. 이 설교가 나중에 출판된 그의 설교집 가운데 "믿음으로 말미암은 구원(The Salvation of Faith)"이라는 제목으로 첫 장에 편집되었는데, 매우 적절한 편집이라고 생각된다. 하여튼 1738년 5월 24일의 사건은 1725년과 그 이전까지 거슬러 올라가는 일련의 과정의 절정에 해당한다. 올더스게이트의 집회에서, 그가 하나님의 자녀이며 그분의 사랑과 그의 받아주심을 경험하였고, 그 속에서 용서와 평화와 확신을 발견하게 되었다. 특별히 이후로 웨슬리는 구원의 확증(assuarnce)을 강조하게 되었다. 결국, 올더스게이트의 경험은 웨슬리의 생애에서 심리학적으로뿐 아니라, 중요한 신학적인 전환점을 마련한 사건이었다. 선행의인화(justification by good works)에서 신앙의인화(justification by faith through grace)로 신학의 전환을 가져오게 되었다.

웨슬리가 이끄는 감리교도들은 그 모임을 신도회(society)라고 불렀다. 신도회란 오늘의 한국 교회로 말하자면 개체교회(local church)와 같은 것으로 각 지역마다 지역 단위 모임으로 조직되어갔다. 그 당시에 웨슬리는 영국 성공회에서 분리되지 않으려고 감리교회(Methodist Church)란 말을 사용하지 않았고, 감리교 신도회(Methodist Society)라고 불렀다. 이것은 마치 반동 종교개혁의 기치를 들고 일어났던 로마 가톨릭 회의 예수회를 The Society of Jesus라고 부른 것이라든가 퀘이커 모임을 The Society of Friend라고 부른 것과 같다. 그래서 데이비스(Rupert E. Davies)는 트뢸취(Ernst Tröltsch)가 감리교를 종파(sect)로 분류한 것을 비판하면서 감리교는 종파(sect)도 교회(church)도 아닌 하나의 신앙 운동, 곧 신도회 모임(society)이었다고 해석한다.[26] 마치 모라비안 모임(the Moravian Society 혹은 the Unitas Fratrum)이 루터교(the Lutheran Church) 내의 신앙 운동 모임이었듯이, 감리교 신도회도 영국

웨슬리가 거듭남을 체험하였던 올더스게이트 거리

성공회 내의 신앙 운동 모임이었다.27) 그래서 처음 감리교도들은 오전에는 영국 성공회 예배에 참석하고, 오후에는 감리교 모임장소를 따로 갖고 거기서 예배를 드리면서 영국 성공회에서 분리되지 않으려고 노력했다.

올더스게이트 거리의 체험이 있은 지 얼마 후, 웨슬리는 독일의 마린보른(Marienborn)과 헤른후트(Hermhut)에 있는 모라비안 공동체(Moravian communities)를 방문했다.

웨슬리가 저술한 『신약성서 주해 Explanatory Notes upon The New Testament』. 특히 야고보 2장 주석이 흥미롭다. 야고보가 말하는 선행은 바울이 비판한 믿음 이전의 선행이 아니라 믿음 이후의 선행이요, 야고보가 말하는 의롭다 하심은 바울의 義認化(의롭다 함의 객관적 전가)가 아니라 義人化(의로운 사람으로의 주관적 본성적 변화)를 뜻함을 강조한다.

그는 이 방문을 오랫동안 고대해왔으며, 몇 가지 점에서는 교리적으로 찬성할 수 없는 점들도 있었지만 그들로부터 깊은 감명을 받았다. 그는 9월 12일 일기에 "나는 나의 남은 여생을 기꺼이 이곳에서 보내고 싶다"고 적고 있다. 웨슬리는 그들로부터 많은 것을 배웠으며 후에는 모라비안 교도들의 조직유형 중 영성훈련과 찬양을 중심으로 모인 조직인 11개의 합창단(Chior)에서 밴드(band) 등을 감리교 조직에 활용하기도 했다. 그는 1738년 9월 17일 새로운 확신을 얻고 영국으로 되돌아왔다. 그러나 웨슬리는 모라비안 센터인 독일 헤른후트(Hermhut)를 방문한 후에 모라비안들의 정숙주의(quietism)와 신앙제일주의를(solafideism) 비판하게 되었다. 곧 신앙의인화

---

26) Rupert E. Davies, "Introduction," (II. The Origins of the Early Methodist Societies), *The Works*, Vol. 9, 2-3.

27) Davies, 3.

만을 강조한 나머지 행동을 전혀 배제하는 정숙주의적 경건에 문제를 제기하게 된 것이다. 결국 이러한 논쟁들로 말미암아 모라비안과 감리교도가 분리하게 되었다. 1740년 7월 18일 웨슬리는 그의 지지자 75명과 함께 페터레인 신도회를 떠나게 되었다.[28] 이미 런던에서 1739년 12월에 감리교 신도회가 구성되었는데, 이것을 '런던 파운더리 신도회(London Foundery Society)'라고 부른다. 이 신도회는 런던 최초의 감리교회 본부를 지었다.

미국에서 설교하다가 돌아온 휘트필드가 런던 설교단으로부터 제약을 받게 되자 브리스톨로 오게 되었다. 1739년 2월 17일 킹스우드에서 200명 가량의 석탄광부들을 모아 놓고 처음으로 옥외 설교를 했다. 킹스우드 광부들에게 휘트필드의 옥외 설교는 큰 호응을 일으켰다. 1738년 이전에 웨일즈의 선교사 해리스(Harris)와 존스(Griffith Jones)가 이미 옥외 설교를 했는데, 휘트필드가 그들을 만나서 영향을 받게 된 것이다. 존은 영국 성공회가 옥외 설교를 금지하고 항상 정규예배에서만 설교하도록 했기에 상당히 망설였는데 특히 동생 찰스의 반대도 있었다. 1739년 3월 31일 존의 일기는 다음과 같은 망설임을 보여준다.

> 저녁에 브리스톨로 가서 휘트필드를 만났다. 옥외에서 설교하는 이상한 방법에 동의하기가 두려웠다. 그는 나에게 주일날 한 예를 보여 주었다. 나는 평생(거의 최근까지도) 예절과 질서를 고집해왔기에 영혼 구원이 교회 안에서 행해지지 않으면 거의 죄악이라고 생각하지 않을 수 없었다.[29]

---

28) *The Works*, Vol. 9, 10. 그리고 Allan Coppedge, John Wesley in Theological Debate, (Wilmord, Kentucky: Wesley Heritage Press, 1987), 61를 참조하라.
29) *The Works*, Vol. 19, 46.(1739년 3월 31일)

그러나 예수님도 산상에서 설교하신 것을 깨닫게 되면서 설득당했다. 또한 페터레인 신도회에서 제비를 뽑아 존 웨슬리가 가야 한다고 한 결정에 따르기로 했다. 그래서 웨슬리는 브리스톨에서 산상수훈부터 설교하였다. 기록된 그의 설교 152편 중에서 산상수훈에 관한 설교가 13편을 차지한다. 루터의 종교개혁 교과서가 로마서라면, 웨슬리의 종교개혁 교과서는 산상수훈이라고 할 수 있다. 수천·수만의 광부, 노동자, 그리고 농부들이 그의 설교를 통해 변화를 받게 되었다. 그래서 감리교회 모임은 이런 민중들로 가득 차는 민중의 교회가 되었다. 런던보다(1739년 12월) 브리스톨에서 먼저(1739년 7월 11일) 감리교회 신도회(Menthodist Society)가 시작되었다. 그 발전과정을 살펴보면 먼저 밴드모임에서 시작된다. 1738년 12월에 "밴드모임의 규칙(Rules of the Band Societies)"을 만들었고 브리스톨에 감리교 신도회가 형성되기 전인 1738년 말과 1739년 초에 이미 두 개의 밴드가 브리스톨의 볼드윈 가(Baldwin Street)와 니콜라스 가(Nicholas Street)에 조직되었다.

    1739년 5월 9일에 웨슬리가 브리스톨의 호스패어(Horsefair)에 있는 땅을 사서 "새 회당(New Room)"이라는 이름으로 첫 감리교회 예배당을 지었다.[30] 땅을 사고 건물을 지은 것은 모두 빚이었다. 런던보다 앞서 브리스톨에서 1739년 7월 11일에 웨슬리와 휘트필드에 의해 시작된 브리스톨 신도회와 런던 신도회는 런던과 브리스톨 지역에 수십 개의 신도회를 조직해나갔다. 1743년에 이미 500명의 회원들이 각 지역 신도회에서 활동하고 있었는데 모든 신도회는 연합신도회(the United Society)의 구성원이 된 1743년 『지역, 연합신도회의 성격, 계획, 일반규례 등을 표현하는 연합신도회의 규칙 The Nature, Design, and General Rules of the United Societies in London, Bristol, Kingswood, and Newcastle upon Tyne』을 만들어 출판하였다.[31] 이 빚을 갚기 위

---

[30] Davies, 10. Snyder, 33.

(위) 웨슬리가 옥외 설교를 했던 장소. 바닥에 "세계는 나의 교구다(All the world is my parish!)"라고 새겨져 있다.

(아래) 웨슬리가 옥외 설교를 하던 곳에 킹스우드 학교(Kingswood School)를 설립하여 등록금과 기숙사비를 무료로 광부들의 자녀들을 교육시킴. 그러나 지금은 킹스우드 학교가 다른 곳으로 이사가서 이렇게 빈 터만 남아 있음.

(오른쪽) 존 웨슬리와 조지 휘트필드가 옥외 설교 하였던 곳에 (놀라운 성령의 역사를 기록한) 그들의 일기를 조각으로 만들어 새김.

웨슬리가 자주 설교하였던 브리스톨 예배당

해 논의하던 중 캐프틴 포이(Captain Foy)가 속회를 조직하여 모든 감리교 회속도들이 일주일에 1페니씩 내어 빚을 갚자는 제안을 하였던 것이다.

1739년 4월 1일 3천명의 무리들이 웨슬리를 성 필립 플레인(St. Philip Plain)의 진흙언덕에 기다리고 있었다. 그는 눅 4:16-19말씀을 읽고 주의 영이 내게 임하시니 가난한 자들에게 복음을 전하고, 포로된 자들을 자유케하며, 주의 은혜의 해를 선포함을 설교하였다. 웨슬리는 이 은혜의 해를 그의 『신약성서 주해 Explanatory Notes upon The New Testament』에서 희년이라고 풀이하였다. 노동자, 농부, 광부들에게 복음 안에서 자유와 해방을 누리는 은혜의 해를 선포한 것이다. 1739년 4월 2일은 "불붙는 가슴의 기사 (Knight of Burning Heart)"의 이야기 중 가장 중요한 날이었다고 레스리 처치 (Leslie Church)는 해석한다.[32] 그 날이 바로 '전 세계가 나의 교구가 되리라 (All the world is my parish!)'고 생각했던 날이기 때문이다. 그의 설교강단은 시장, 배의 갑판, 거름더미 혹은 바다해변 같은 곳이었다. 그의 설교 강단

---

31) Davies, 11.
32) Church, 110.

의 지붕은 푸른 하늘이었고 하나님에 의해서 만들어졌다. 그가 옥외 설교에서 사용한 성경은 작고 찢어진 포켓용 성경이었다.[33] 1739년 6월 웨슬리는 휘트필드와 함께 브리스톨 외곽지대인 킹스우드에 학교를 설립하게 되었다. 그 당시 킹스우드 광부들의 자녀들은 고등학교 이상의 교육을 받을 수 없었다. 이러한 가난한 자녀들에게 교육의 기회를 부여하는 것은 혁명적인 일이었다. 1749년에는 이 학교 이외에 네 개의 학교가 킹스우드에 있었다. 소년들이 기숙할 수 있는 "새 학교(New House)", 소녀들이 기숙할 수 있는 "옛 학교(Old House)", 제임스 하딩(James Harding)이 가르친 "소년학교(day school)", 사라 티목(Sarah Timmock)이 가르친 "소녀학교" 등을 웨슬리는 그의 일기에서 언급하였다.[34] 나중에는 물론 순회 설교가들을 훈련시키는 학교가 되었지만, 이 당시는 모든 가난한 일반 크리스천들에게 공개된 학교였다. 등록금과 기숙사비의 부담이 없이 전부 무료로 교육시켰다.

1739년 6월 17일(일) 오전 6시 45분, 노동 갱 속의 한 사람이 런던 거리에 있었다. 그는 무어필즈에서 웨슬리 설교를 듣기 위해서 서 있는 7천 명의 무리 중 한 사람으로 고독한 영혼이었다. 그런데 갑자기 웨슬리가 그 남자의 머리를 뒤로 때리고 그의 얼굴을 그 사람이 서있는 곳을 향하여 돌렸다. 그 남자는 웨슬리의 눈이 자신에게 고정된 것을 느꼈다. 순간 웨슬리의 설교를 듣기도 전에 그 남자의 마음은 마치 시계추가 뛰듯이 고동치기 시작하였다. 그러면서 그는 생각하기를 웨슬리에게 자신의 마음의 비밀을 말할 수 있다고 생각하였다. 웨슬리는 거기에 그를 내버려두지 않고 예수의 피로 치유할 것이라고 믿었다.[35] 그의 거부감은 사라져버렸고, 예수님을 환영하였다. 얼굴과 얼굴로 예수님을 볼 수 있었다. 웨슬리는 이렇게 옥외

---

33) Church, 110-11.

34) Journal, Vol. III, 392.

설교를 위해 처음으로 브리스톨을 방문한 후에 런던으로 돌아갔다. 런던에서 약 1만 3천에서 1만 4천의 무리들이 웨슬리의 설교를 듣기 위해서 모여들었다. 웨슬리는 예수 그리스도는 하나님으로부터 우리에게 지혜와 의롭다 하심과 성화와 구속을 주신 분임을 설교하였다. 주일에 웨슬리는 어퍼 무어필즈

웨슬리의 가장 작은 영성수련 그룹인 밴드가 시작되었던 니콜라이 거리

(Upper Moorfields)로 설교하러 갔다. 런던사람들이 최고의 옷을 입고 행복한 무드를 만드는 곳이었다. 그곳에 이른 아침 오전 7:00에 그의 설교를 듣기 위해서 7천명이 모여들었다. 그리고 오후 다섯 시에는 케닝톤 공원(Kennington)에 1만 5천 명이 모여서 설교를 들었다. 그곳은 무어필즈와는 대조적인 곳으로서 주중에 죄인들이 목매달려 처형당하는 곳이었다. 웨슬리는 종말론적인 설교를 하였다. "나를 보라. 이 생의 마지막날에 당신은 구원을 받을 것이다." 그는 정죄나 비판의 메시지를 전하지 않았다. 주의 깊은 말씀, 아주 긴박한 주님의 초청의 말씀을 선포하였다. 무리들은 그의 설교를 들을 때, 그를 바라볼 때 진지하고 성실한 모습을 발견할 수 있었다.[36] 웨슬리의 교구는 그러므로 온 세계다. 가장 고상한 곳도, 가장 추한 곳도, 돌계단도, 사형장도 모두 그의 설교장소가 되었다. 그는 그를 가장 필요로 하는 사람들에게 가장 먼저 갔다.[37]

---

35) Church, 158.
36) Church, 118.

(위) 브리스톨의 최초 감리교회 '새 회당(New Room)' 정면에 세워진 웨슬리의 기마동상
(오른쪽) 존 웨슬리가 최초로 세운 감리교회당 '새회당'. 설교석과 사회석이 이층으로 만들어짐.
(아래) 왼쪽 '새 회당' 내부에 존 웨슬리가 앉았던 의자. 1층에는 창문이 없다. 회개기도 소리가 너무 커서 주위 청년들이 돌을 던질까봐 창문을 만들지 않았다.
(아래 오른쪽) '새 회당'에 있는 존 웨슬리 침실

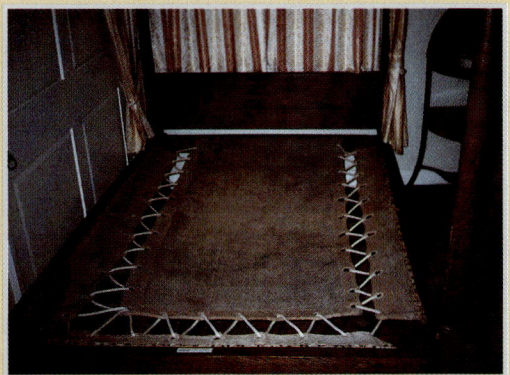

(위) '새 회당' 옆에 있는 존 웨슬리의 서재
(아래) 에즈베리의 서재

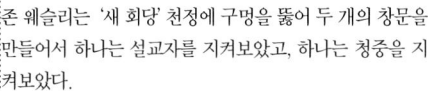
존 웨슬리는 '새 회당' 천정에 구멍을 뚫어 두 개의 창문을 만들어서 하나는 설교자를 지켜보았고, 하나는 청중을 지켜보았다.

    1741년 봄 웨슬리 형제는 모라비안과의 결별(1740)과 함께 칼빈주의자들과도 결별하는 아픔을 경험하였다. 1739년 "값 없이 주시는 은총(Free Grace)"이란 설교를 통해서 휘트필드의 예정론과 논쟁하기 시작한 이래로 도저히 신학적 합일을 이룰 수가 없어서 칼빈주의자들과도 나누어질 수밖에 없었다. 1741년 2월 회원권(tickets)을 나누어주기 시작하였다. 신도회 안에서 회개하고 규모 있게 경건한 신앙을 유지하는 회원들에게는 종이나 카드에 성경구절과 함께 손으로 이름을 써서 주었다. 후에는 인쇄하여 나누어 주었다. 회원권을 못 받았음에도 불구하고 신도회를 떠나지 않고 남아 있는 사람들은 근신기간을 갖게 하였다. 이것이 연합신도회 안에서의 영성훈련과 양육의 기본 수단이 되는 "참회 밴드(penitential bands)"가 되었다. 일

---

37) Church, 119.

년에 네 번 분기마다 시험을 해서 정식 회원권을 다시 부여하였는데, 그들은 먼저 회원권을 받은 사람들보다 더욱 열심 있는 감리교도들이 되었다. 그 중요한 근거는 그리스도에게로 돌아오며 그리스도 안에서 안식하고 그리스도 안에서 살려고 애쓰는 것으로 생각하였다.[38]

1741년 4월 9일부터는 매달 중순 경에 모이는 "철야기도회(watch night services)"를 시작하였다. 웨슬리가 한 시간 정도 설교를 하였는데 성령의 역사가 일어나 찬양하고 기도하고 간증하고 감사하는 일들이 일어났고 자정이 넘어서도 찬양하면서 집으로 돌아가는 영적 체험을 하는 것이 계기가 되었다. 1741년 5월 웨슬리 형제는 킹스우드 신도회에서 토요일 밤마다 "서로 돌보며 기도하라"는 사도의 가르침을 따라 기도와 찬양과 감사를 나누는 영적 책임성(accountability)을 훈련하는 모임을 시작하였다. 1741년 5월 12명의 회원들이 병자들을 방문하는 "병자를 위한 방문자들(visitors of the sick)"을 조직하였다.

1741년부터 과거 옥스퍼드 시절에 실천하던 교도소 방문선교를 다시 부활시켰는데, 런던의 뉴게이트(Newgate)와 마샬시(Marshalsea) 감옥과 옥스퍼드의 캐슬(Castle)과 브리스톨의 뉴게이트(Newgate)로 선교를 확장시켰다. 주로 사형수들에게 상담과 기도와 설교를 함으로써 영생을 확신시켜주었다. 1741년부터 가난한 사람들과 고아들과 과부들을 돕기 위한 모금 운동을 전개하는 "자선 설교(charity sermon)"를 시작하였다. 1744년에는 런던 신도회에서 196파운드를 모아 옷이 없는 360명의 가난한 사람들에게 나누어 주었다.[39]

---

38) Heitzenrater, 124.
39) Heitzenrater, 128.

존 웨슬리의 동생 찰스 웨슬리(Charles Wesley: 1707-88)의 동상. 브리스톨의 '새회당' 뒤뜰에 있음. 찰스는 찬송을 많이 작사하여 성화와 완전교리를 보급하였다. 감리교 설교가 1마일을 퍼졌다면, 감리교 찬송은 2마일을 퍼져갔다고 전해진다. 건강이 안좋아서 형보다 먼저 죽었으며, 모든 신학 사상에서는 형과 일치하였으나, '완전'이 죽기 전에 이루어질 수 있다는 형과 달리 죽음의 문턱에서나 이루어진다고 생각했다.

1742년 4월 브리스톨에서 선장 포이의 제안으로 첫 속회가 모였고 1746년, 모든 감리교회로 확산되었다. 1742년 5월 30일 웨일즈(Wales)를 넘어 요크셔를 방문하고 중북부로 확장해 가는 중 뉴캐슬(Newcastle)에 이르러 고아원을 건립하는 등 목회하기 시작했다. 1742년 감리교회를 변증하는『감리교도의 특징 The Character of a Methodist』을 저술했다. "참 기독교인(real Christians)"과 "순수한 기독교(genuine Christianity)"를 강조했는데, 그 핵심은 하나님 사랑과 이웃 사랑을 실천하는 "실천 신학(Principles of a Methodist)"이라는 논문을 통해 신앙의인화와 죄 없는 완전을 믿지 않는 것을 변증했음을 서술했다.

1743년에는 "합리적이며 종교적인 사람들에게 호소함(An Earnest Appeal to Men of Reason and Religion)"이란 논문을 통하여 역시 감리교회의 특징은 하나님 사랑과 인간 사랑임을 강조하였다. 1743년 2월 뉴캐슬로 올라가 복음으로 살지 않는 회원 64명을 뉴캐슬 신도회로부터 제명시켰는데 이들은 남을 저주하는 사람 2명, 안식일을 습관적으로 범하는 사람 2명, 술 취하는 사람 17명, 아내를 때리는 사람 1명, 습관적으로 거짓말하는 사람 3명, 악한 말을 하는 사람 4명, 게으른 사람 1명, 경박하고 주의성 없는 사람 등 29명이다.[40] 제명 이틀 후에 "연합신도회의 성격, 계획과 일반적 규칙(The Nature, Design, and General Rules of the United

---

40) Heitzenrater, 138.

Societies)"을 만들었는데 다가오는 진노를 피하기 원하는 사람, 구원받기를 열망하는 사람, 악을 행하지 않고 선을 행하며 모든 모임에 열심히 참석하는 사람이라고 해석하였다.

1743년 10월 존이 웬즈베리(Wednesbury)에서 100여 명 폭도들에게 각목으로 폭행을 당하는 위기를 경험하였고, 찰스는 찰스가 묵었던 집인 신도회 건물을 파괴당하는 어려움을 겪었다. 존은 런던에서 황소의 습격을 당하기도 하였다. 1744년 3월 존은 왕 조지 2세에게 감리교도들은 영국 성공회에 성실하고 왕에게 복종하는 무리들임을 호소하였고 그 해에 첫 연회(Annual Conference)가 시작되었다. 1748년 웨슬리는 '나는 나의 영혼이 육체에서 떠나지 않는 한 영국 국교회로부터 떠나지 않을 것을 믿는다.' 라고 말했다. 그후 3년 뒤에는 '감리교도 들이 국교회를 버리면 하나님께서도

사무엘 웨슬리가 엡워스에서 목회하던 영국 성공회 예배당
존 웨슬리는 1742년 6월 6일 이 예배당을 방문하여 설교하기를 원하였으나, 성공회로부터 설교를 거절당하자 아버지 돌무덤 위에 올라가서 설교함.

웨슬리가 15년 이상 거주했던 집

감리교를 버리실 것이다.'라고 재차 강조했다. 그의 인생 말년까지 웨슬리는 국교회에 대한 충성을 확언했다.

1745년 최초의 평신도 설교가 맥스필드(Thomas Maxfield)와 세닉(John Cennick)을 비롯하여 50명의 평신도 설교가(lay preacher)를 세웠다. 1749년 감리교인들이 읽어야 한 필독서『기독인의 도서 Christian Library』를 출간하였다. 1751년 2월 18일 존의 나이 당시 49세에(만 47세 8개월) 네 명의 자녀를 가진 과부 메어리 버자일(Mrs. Mary Vazeille)과 결혼하였다. 6월에 링컨 대학 교수직을 사임하였으니, 만 25년 3개월 간 교수직을 갖고 있었다. 1766년 미국에서의 최초 감리교 모임이 시작되었고, 1월 31일 웨슬리의 완전성화 사상을 집대성한『그리스도인의 완전에 관한 평이한 해설 A Plain Account of Christian Perfection』을 출판하였다.

1777년 런던 시티 로드(city road)에 '웨슬리 채플(Wesley's Chapel)'을 봉헌하였다. 이것이 브리스톨의 '새 회당(New Room)'에 이은 두 번째 감리교회당이었다. '새 회당'은 칼빈주의 감리교도(Calvinistic Methodist)들이 차지하였다가 최근에 감리교회가 돈을 주고 사서 지금은 역사적 건물로 보존만 하고 예배는 드리지 않게 되었으므로 사실상 '웨슬리 채플'이 세계 감리교회의 어머니 교회(Mother Church of World Methodists)가 되었다.

1784년에 있었던 중요한 사건은 그해 9월 1일과 2일에 있었던 미국 선교를 위한 성직임명식 때문이었다. 미국에 있는 대부분의 영국 성공회 목사들은 전쟁통에 소망 없는 타협을 했으며 많은 수의 사람들이 대책 없이 미국을 떠났다. 성례전을 집행할 자격을 갖춘 성직자들의 부족은 미리부터 인식되어 오던 일이었다. 웨슬리는 마음의 결정을 내렸다. 여러 해 전 로드 킹(Lord King)의 『초대 교회에 관하여』를 통해 웨슬리는 주교와 사제가 똑같은 지위이며 결과적으로 성례전에 대해서도 동등한 권리를 가지게 됨을 확

항상 성경책이 놓여 있어서 읽고 난 후 존 웨슬리가 명상기도를 하던 방. 평생 4시면 일어나 새벽기도하는 습관이 있었던 존 웨슬리가 기도하던 이 방은 '힘의 방(Power House)'이란 별명이 붙음. 오른쪽은 학생들과 필자가 함께 기도하는 장면

1970년 만 87세의 고령 존 웨슬리가 마지막으로 스코틀랜드를 방문하는 장면. 키작은 웨슬리가 양쪽의 부축을 받고 있다. 그는 설교하고 복음을 전파하기 위해 총 20만 마일을 여행하였다. 그는 도보로, 혹은 말을 타고, 혹은 마차를 타고 다니면서 하루에 평균 50마일을 전도여행하였고, 어떤 날은 90마일까지 여행하였으며, 4만여 회 설교하였다. 스스로도 놀랄 만한 기록을 세운 전도자였다.

신하게 되었다. 그래서 웨슬리는 영국 성공회 사제로 이미 안수 받은 토마스 콕(Dr Coke)에게 감리사(superintendent) 안수를 베풀었고, 콕은 크리스마스 연회에서 콕은 프랜시스 에즈버리(Mr Francis Asbury)에게 첫째 날 준회원(deacon) 안수를 베풀고, 둘째 날 정회원(elder) 안수를 베풀고, 셋째 날 감리사(superintendent) 안수를 베풀었다. 또한 웨슬리가 리처드 왓코트(Richard Whatcoat)와 토마스 베지(Thomas Vesey)를 장로로(elder) 안수를 베풀어서 콕과 함께 미국으로 보냈다. 그런데 이렇게 떠난 프란시스 에즈버리 자신이 스스로 감독(bishop)이라고 부르기 시작하였다. 그래서 미국 감리교회가 감독체제의 교회가 된 것이다.

1785년 8월 14일 웨슬리의 후계자로 지목되었던 존 플레처(John Fletcher)가 사망하자, 그의 부인 메리 플레처(Mary Fletcher)가 남편이 죽은 상황에서 설교하고 성경을 가르치는 목회를 시작하였다. 웨슬리는 이를 특수한 상황에서의 소명으로 인정하여 주었으며, 그동안 남자들만 평신도 설교가(lay preacher)로 임명하였던 전통을 깨고, 1787년 마침내 여성 설교가들이 공식적 인정을 받게 되었다. 감리교회 운동에 동참

런던 씨티 로드에 있던 '웨슬리 채플'. 브리스톨의 '새 회당' 이후 두 번째로 세워졌으나 사실상 세계감리교회 어머니 교회가 되었다.

한 영국 성공회 사제는 6명에 불과하였으므로 웨슬리는 평신도들을 훈련시켜서 설교가로 세운 것이다. 속장 새러 말렛(Sarah Mallet)의 경우로부터 여성 설교가 임명이 시작되었다. 새러는 그녀의 청각과 시각을 잃어버리고 말하는 능력만 갖고 있었다. 200여 명 이상의 무리들이 이 특유한 광경을 보기 위하여, 그녀의 속회에서의 설교들을 듣기 위하여 몰려들었다. 새러는 하나님이 그녀의 입을 여셨다고 말하여 모든 사람이 그녀의 능력 있고 영적인 설교에 감동을 받았다. 웨슬리는 1787년 맨체스터 연회에서 그녀를 전적으로 지지하고 인정하게 되었고 하나님과 그의 형제들 눈앞에서 위엄 있고 명예롭게 여성 평신도 설교가로 공식 임명하게 되었다. 웨슬리는 여성 지도력에 대하여 어떤 문제를 느끼고 의문이 있었으나, 결국 감리교 내에서의 여성 지도력을 허락하도록 결단하였다. 평범한 사람과 여성의 존엄성을 인정한 이러한 확신은 웨슬리의 가장 위대한 업적 중 하나이다.

존 웨슬리는 1791년 2월 1일 미국 감리교도들에게 최후의 편지를 보냈고, 2월 22일 최후의 설교와 편지를 썼으며, 2월 24일 윌버포스에게 노예해방을 위해 계속 정진할 것을 촉구하는 편지를 쓴 후, 3월 2일 존 하나님의 부르심을 받았다. 사람들이 전하는 말에 의하면 그는 '가장 좋은 것은 하나님이 우리와 함께 하심일세(the best of all is God is with us)'라고 두 번이나 확신 있게 말하면서 운명했다고 한다. 실제로 그가 죽기 전에 맨 마지막으로 남긴 말은 이삭 와트의 유명한 노래 중 하나의 가사 첫줄이었다. '나는 찬양하리 나의 창조자를 내가 숨쉬는 동안' 사실 웨슬리는 처음 두 단어만 겨우 읊었을 뿐이었다. 3월 9일 런던의 시티 로드의 웨슬리 채플 뒷뜰에 묻히게 되었다. 89세(만 87세 8개월)를 장수하였고, 키는 160cm, 몸무게

(왼쪽) 웨슬리의 무덤, 웨슬리 채플 뒤에 위치해 있음.
(오른쪽) 웨슬리 채플 건너편에 있는 무덤. 존 번연, 아이작 왓츠, 그리고 존 웨슬리의 어머니 수잔나 웨슬리가 묻혀 있다.

55kg였으며, 50년 이상 마상전도를 하였으며, 40만 킬로미터 이상을 전도하였고, 4만 2천여 회 설교를 하였고, 200권이 넘는 저술을 남겼다. 웨슬리의 장례식은 유언대로 간소하게 치러졌다. 그의 시신은 거친 수의에 쌓여 값싼 관 속에 놓여졌으며 가난한 사람들에 의해 운구되었다.

그리고 1741년에는 연합신도회(united society)가 900개나 있었고, 1743년에는 연합신도회가 2,200개나 있었다.[41] 특히 모든 영국이 순회교구(circuit)로 나뉘어지고, 평신도 설교가들이 순회하면서 설교하게 되었다.[42] 1746년 순회교구는 7개 도시에 다음과 같이 확산되었다. 1. 런던(Surrey, Kent, Essex, Brenford, Egham, Windsor, Wycombe). 2. 브리스톨(Somersetshire, Portland, Wiltshire, Oxfordshire, Gloucestershire). 3. 콘월(Cornwall). 4. 에버샴 (Eversham: Shrewsbury, Leominster, Hereford, Stroud, Wednesbury). 5. 요크셔 (Yorkshire: Cheshire, Lancashire, Derbyshire, Nottingham, Rulandshire, Lincolnshire). 6. 뉴캐슬(Newcastle). 7. 웨일즈(Wales).[43] 순회 평신도 설교가들, 파트 타임 설교가들, 하프 타임 설교가들, 전임설교가들(fulltime)이 있었다. 감리교회는 지구적 교회로 그 지평을 넓혀갔다.[44] 1767년에 2만 5천 명이 감리교로 등록하였고, 1790년 7만 1천명이 감리교도로 등록하였다.[45] 웨슬리는 82세에 자신의 부흥 운동을 다음과 같이 회상하였다.

---

41) Wood, 167.
42) Wood, 170.
43) Wood, 170.
44) Wood, 163.
45) Wood, 164.

52년 전에 겨자씨 한 알을 심은 것이 자라났다. 영국, 아일랜드, 위트의 아일(the Isle of Wight)과 맨의 아일(the Isle of Man), 그리고 신대륙 미국과 캐나다에까지. 많은 무리들이 죄를 철저히 고백하였다. 기쁨과 사랑으로 가득 찼다. 몸 안에 있었는지 몸 밖에 있었는지 그들은 말할 수 없었다.[46]

성결과 사랑의 모든 열매들이 맺혔다. 깊은 회개, 강한 믿음, 뜨거운 사랑, 흠 없는 성결, 짧은 시간 안에 많은 사람들 속에 이런 역사들이 나타났다. 성경 속에서 하나님은 무지한 자들을 깨우치시고, 악한 자들을 갱신시키며, 덕스러운 사람들에게 구원의 확신을 시켜주었다. 영적 부흥 운동이 웨슬리의 설교와 가르침 아래서 반 세기 동안에 확장된 것은 놀라운 일이었다. 몇몇 안수 받은 교역자들이 부흥 운동을 도왔고 이끌고 갔으나 그러나 대부분은 평신도들에 의해 발전한 운동이 감리교회 부흥 운동이었다.[47]

2절_웨슬리 신학의 발전과정

웨슬리 신학은 루터 신학에 근거한 모라비안 경주의자들과 휘트필드를 비롯한 칼빈주의자들과의 신학논쟁을 통하여 발전해갔음을 밝히고자 한다. 웨슬리 당시에 사랑과 선행의 실천을 무시하고 믿음만을 강조하는 루터적 모라비안들과 칼비니스트들의 신앙지상주의(solafideism), 정숙주의

---

46) Wood, 171.
47) Wood, 173.

(quietism), 율법폐기론(antinomianism)을 웨슬리가 심각하게 논박한 사건들을 역사적 배경으로 소개하면서 그 역사적 배경을 근거로 웨슬리의 구원론에 있어서 믿음과 사랑 혹은 선행의 관계를 살펴보고자 한다.

존 웨슬리는 1738년 올더스게이트 체험 후에 "믿음으로 말미암는 구원(Salvation by Faith)"이라는 유명한 설교를 세상에 내놓았다. "선행의인화(justification by good works)"의 신학에서 "신앙의인화(justification by faith)"의 신학으로 신학적 전환을 하기에 이른 것이다. 그러나 같은 해 독일 헤른후트의 모라비안 센터를 방문한 후에는 신앙의인화의 신학이 의롭다 하심과 거듭남을 얻은 이후에 사랑과 선행의 실천을 무시하는 신앙제일주의(solafideism), 정숙주의(stillness), 율법폐기론(antinomianism)에 빠진 것을 보고 모라비안과 신학논쟁을 하기 시작하였다. 그래서 1738년 10월 29일 야고보서를 재해석하면서 선행으로는 의롭다 하심과 거듭남을 체험하지 못하고 믿음으로만 의롭다 하심을 얻고 거듭나지만, 성화의 과정에서 선행으로 신앙이 온전하여진다는 새로운 해석을 시도하기 시작하였다. 1738년부터 1739년까지 영적 성장을 위한 자기점검(self-examination)을 만들어서 부지런히 자신의 영성수련과 선행실천을 힘씀으로써 성화에 이르기를 추구하기 시작하였다. 그리고 1739년 1월 "형식적 크리스천(Almost Christian)"이라는 설교를 쓰면서, 참 크리스천은 믿음으로 의롭다 하심만을 확신하지 않고 사랑과 선행의 실천으로 성화를 추구하는 양면이 있어야 함을 강조하기에 이른다.[48]

스테펜 군터(Stephen Gunter)는 은총의 수단으로서의 선행을 무시하는 루터적 모라비안들과의 율법폐기론적 논쟁을 중점적으로 취급하는 책 『하나

---

48) Richard P. Heizenrater, *Wesley and the People Called Methodists*, (Nashville: Abingdon Press, 1995), 89-91.

님 사랑의 제한 *The Limits of 'Love Divine'*』을 저술하였다. 이 책에서 군터는 웨슬리가 오직 믿음으로(sola fide)의 오직을 너무 강조하는 정숙주의나 신앙제일주의나 율법폐기론은 건강하지 못함을 지적하고, 오직(sola)이란 유일하게(soly)란 뜻이 아니고 제일차적으로(primarily)란 뜻으로 이해하였다고 해석한다. 그리고 군터는 아우틀러가 이러한 웨슬리의 이해를 흥미있게 분석하였다고 강조한다. "신앙은 크리스천 경험에 있어서 제1차적인 현실성이지 총체적인 현실성은 아니다(Faith is the primary reality in Christian experience but not its totality)."[49]

선행을 무시하는 모라비안 정숙주의와의 첫 논쟁은 미국 펜실베니아 선교사로 있다가 1738년 10월 18일에 런던으로 돌아온 몰더(Philp Molther)와의 논쟁이었다. 웨슬리가 10월 한달을 영국 서부와 웨일즈에서 전도활동을 하고 런던에 돌아와 보니, 몰더가 페터레인 신도회(Fetter Lane Society)를 혼돈에 빠트리고 있었다. 페터레인 신도회는 웨슬리가 미국에서 돌아온 후에 모라비안 지도자 피터 뵐러(Peter Boehler)와 함께 시작한 신도회였다. 몰더가 터너 부인(Mrs. Turner)에게 신앙을 성령의 선물로 체험할 때까지 아무런 외적 선행(outward works)도 하지 말고 조용히 기다려야 함(still)을 강조하였다는 것이다. 터너 부인은 웨슬리의 영적 지도로 신앙의 강한 확신과 함께 선행을 추구하던 여성이었다. 그래서 웨슬리는 성화의 추구를 위해서 핵심적으로 강조하였던 은총의 수단을 무시하는 몰더의 율법폐기론적 견해를 거절하였던 것이다. 1738년 11월 4일(일) 오전 아홉 시에 모인 페터레인 신도회에서 한 시간 가량의 침묵명상 후에 모라비안 스팡겐베르크(Spangenberg)가 예수님을 바라보면서 그의 손 안에서 조용히 기다릴 것을

---

[49] W. Stephen Gunter, *The Limits of 'Love Divine,'* (Nashville: Kingswood Books, 19), 69.

모두에게 말하였다. 참 신앙이 임할 때까지 모든 은총의 수단(means of grace)을 금하고 특히 성찬을 받지 말아야 함을 주장하였다. 그리스도 이외에는 어떠한 은총의 수단도 사용하지 말아야 함을 주장한 것이다.[50]

웨슬리는 신앙이 임할 때까지 기다려야 하며, 성만찬이나 모든 은총의 수단을 금해야 한다는 것을 거부할 수밖에 없었다. 웨슬리는 말하기를 "인간의 모든 참여를 배제하고 신앙만을 강조하며 특히 성만찬을 금지하는 것을 이해할 수 없다"고 하였다.[51] 웨슬리는 이러한 정숙주의는 곧 율법폐기론(antinomianism)에 이르게 됨을 지적하였다. 곧 의롭다 하심을 얻고 거듭난 성도들은 율법이 요구하는 선행을 실천할 필요가 없다는 것이다. 웨슬리는 하나님의 내적 은총(inner grace)이 임하고 믿음이 다가오기 위해서는 이런 외적 은총(outward means of grace)의 수단 특히 성찬을 부지런히 받아야 함을 강조하였다.[52] 물론 이런 은총수단의 선행이 구원을 받게 하는 것은 아니지만, 이런 은총의 수단이 믿음을 가져오는 도구가 된다는 것이다. 믿음으로 의롭다 하심을 얻기까지 회개하고 회개에 합당한 열매를 맺기 위해서 이런 은총의 수단을 사용해야 한다는 것이다.

1740년 7월 초에 갈등이 악화되어 제임스 후톤(James Hutton)은 웨슬리가 페터레인 신도회에서 설교하지 못하도록 금지하였다. 그래서 결국 웨슬리는 그를 따르는 무리들과 함께 페터레인 신도회를 떠날 수밖에 없었다. 이미 감리교회 신도회로 모였던 런던 파운더리 신도회(Foundery Society)와 함께 페터레인 신도회에서 나온 사람들이 합쳐서 연합신도회(the United Society)를 구성하게 되니 남자 25명, 여자 48명, 합계 73명의 신도회원이

---

50) Gunter, 85-86.
51) Gunter, 87.
52) Gunter, 88.

되어서, 모라비안들로만 남게 된 페터레인 신도회보다 더욱 큰 신도회가 되었다.[53]

1741년 9월 3일(목), 웨슬리가 모라비안 지도자 진젠도르프(Zinzendorf)와 그레이스 인(Gray's Inn)에서 라틴어로 논쟁할 때 이 문제가 더욱 분명하게 나타났다. 웨슬리는 영어를 잘하는데 독일어를 못하고, 진젠도르프는 독일어는 잘하는데 영어를 잘 못하므로 라틴어로 논쟁을 하게 된 것이다. 진젠도르프는 믿음으로만 성화가 이루어진다고 강조한 반면에, 웨슬리는 믿음만 아니라, 사랑과 선행으로 성화가 이루어짐을 강조하였다. 이 논쟁 이전에 1741년 6월 15일(월) 일기에서 웨슬리는 루터의 "갈라디아서 강해(Commentary on the Epistle to Galatians)"를 읽었을 때 이미 이러한 문제를 느꼈다. 그래서 웨슬리는 다음과 같이 언급하였다.

여기가 모라비안들의 커다란 오류가 일어나는 근원이라고 이해한다. 그들(모라비안들)은 더 좋을 때든지, 더 나쁠 때든지, 루터를 따른다. 여기서부터 그들은 "선행을, 율법을, 계명을 거부한다. 당신들이 율법을 악하게 말하는 자들이 아닌가? 율법을 판단하는 자들이 아닌가?"

Here (I apprehend) is the real spring of the grand error of the Moravians. They follow Luther, for better, for worse. Hence their "no works; no law no commandments." But who are thou that "speak evil of the law, and judge the law."[54]

---

53) Heizenrater, 112.
54) ed. Albert Outler, "The Rift with Moravians," John Wesley, (New York: Abingdon Press, 1964), 366.

진젠도르프는 오직 신앙만이 복음적인 성화라고 강조한다.(Sanctitas evangelica est fides). 그는 사랑을 더 많이 한다고 더 거룩해지는 것도 아니고, 덜 사랑한다고 덜 거룩해지는 것도 아니라고 주장한다(Non magis sanctitas est, si magis amat, neque minus sanctus, si minus amat).[55] 그러나 웨슬리는 사랑 안에서 성장하는 한편, 또한 거룩함 안에서 성장한다고 해석한다(dum crescit in amore, crescit pariter in sanctitas). '참 성도는 하나님 사랑 안에서 매일 자라야 한다, 그렇지 않은가?(Nonne vero credens crescit indies amore Dei)'고 강조한다.[56] 그러니까 웨슬리는 믿음과 함께 사랑도 성화를 이루는 중요한 원동력임을 강조한다. 웨슬리는 이 논쟁에서 종교개혁 전통인 신앙으로만을 강조하면서도, 그 신앙을 유지시켜주고 강화하고 성숙시켜주는 선행의 필요성도 강조하였던 것이다.

칼빈주의자 조지 휘트필드(George Whitefield)와의 예정론 논쟁은 1739년 8월 29일에 쓴 "값 없이 주시는 은총(Free Grace)"에서 출발하였다. 휘트필드와의 예정론 논쟁에서는 "만인 안에서 임하시는 은총(grace in the all)"으로 만인의 구원을 원하시고, "만인을 위해 임하시는 은총(grace for the all)"으로 만인의 속죄를 위해서 그리스도가 죽으셨다는 것을 주장하면서 인간의 자유의지적 책임성을 강조하였다. 이 자유의지적 책임성은 성화의 과정에서 역시 선행의 실천으로 나타나는 것이다. 본격적인 칼빈주의자들과의 논쟁의 핵심 이슈 역시 구원의 과정, 특히 성화의 과정에서의 선행의 역할에 관한 논쟁으로 이어졌다. 이 칼빈주의자들과의 논쟁을 중점적으로 다룬 책이 알랜 카페이지(Allan Coppedge)의 『신학적 논쟁에 있어서의 존 웨슬리 *John*

---

55) ed. Outler, "The Rift with Moravians," John Wesley, (Nashville: Abingdon, 1970), 370.
56) Outler, "The Trift with Moravians," 370.

Wesley in Theological Debate』이다. 웨슬리가 예정론을 거부하면서 구원의 은총에 응답하는 인간의 자유의지적 책임성을 강조할 뿐 아니라, 예정은 성화를 추구하는 선행의 실천을 무관심하게 하는 율법폐기론적 경향에 이르게 됨을 발견하였다고 카페지는 해석한다.[57] 여기서 주의해야 하는 것은 그리스도를 영접하는 자유의지적 책임성도, 그리스도를 본받아 성화를 이루어가는 선행실천의 책임성도 모두 하나님이 먼저 선재적으로 역사하시는 은총으로 시작됨을 웨슬리는 누누히 강조한다. 은총이 없이는 인간의 의지는 아무런 결단도 아무런 선행의 실천도 할 수 없다. 그러나 그 은총은 예정의 은총이 아니라 선재적 은총이다. 그래서 결국 휘트필드를 비롯한 칼빈주의자들과 웨슬리는 1741년 봄에 결별하게 되었다. 웨슬리의 충실한 평신도 설교가들 존 세닉(John Cennick)과 조셉 험프리즈(Joseph Humphreys)가 웨슬리를 공격하는 설교를 하면서 떠났다. 웨슬리는 율법폐기론과 신앙제일주의로 인한 선행의 무관심이 루터적 모라비안주의자들과 칼빈주의자들 사이에서 모두 나타나는 현상임을 절실히 체험하였다.[58]

1745년 초에 웨슬리는 진젠도르프와의 신학논쟁에 대하여 더욱 상세한 신학적 전개를 시도하는 논문 "율법폐기론자와 그의 친구와의 대화(A dialogue Between an Antinomian and His Friend)"를 썼다. 웨슬리는 진젠도르프가 말한 것에 대하여 신학논쟁 때보다 더 깊고 상세한 반론을 제기하였다. 그는 본성마저 실제로 변화하는 의로움(inherent and imparted righteousness)을 더욱 강조하였다. 성령으로 말미암아 그리스도는 의롭다고 인정받은 모든 성도(imputed righteousness) 속에서 본성마저 변화를 일으키신다고 해석하였다. 웨슬리는 그리스도가 우리 밖에서 외적으로 객관적으로 전가하시는 의로

---

57) Coppedge, 62.

58) Coppedge, 62.

움을 주의깊게 강조하면서, 성도들에게 내적인 마음과 생활의 성결을 일으키시는 변화 또한 강조하였다. 웨슬리는 또한 성도들이 거듭남으로써 나오는 선행들은 인간의 공로가 아님을 알고 있다. 그러한 공로는 어떤 죄도 속죄할 수 없다. 오직 그리스도의 공로만이 인간의 죄악을 속죄할 수 있다.[59]

1745년 8월, 웨슬리는 "율법폐기론자와 그의 친구와의 두 번째 대화(A Second dialogue between an Antinomian and His Friend)"에서 다시 한번 그의 본성적 의로움(inherent and imparted righteousness)을 강조하였다. 그리고 웨슬리는 영국 성공회의 신비가인 제레미 테일러(Jeremy Taylor), 윌리엄 칠링워스(William Chillingworth), 조지 불(George Bull) 등의 거룩한 삶의 전통을 강조하였다. 그리하여 그는 거룩한 인격과 거룩한 삶의 변화를 말하면서도 그의 영국 성공회 청중들에게 자신이 선행의인화(work righteousness)를 주장하지 않음을 잘 보이려고 애썼다.[60] 웨슬리는 영국 성공회 존 스미스(John Smith)의 편지에 응답하기 위해서 "간절한 호소(An Earnest Appeal)"와 "더욱 간절한 호소(An Farther Appeal)"를 썼다. 영국 성공회 교인들에게 응답하는 이 두 편의 호소 속에서 웨슬리는 신앙과 선행의 관계를 논리적으로 설명하였고, 선행은 참 신앙의 결과로서 체험되는 종교적 경험의 성격임을 논리적으로 잘 설명하였다.[61]

1746년 웨슬리는 모라비안들에게 대답하는 중요한 두 편의 설교들을 썼다.[62] 첫째는 "은총의 수단(Means of Grace)"으로서, 성찬이 은총의 수단임을 무시하는 모라비안들에게 성찬도 은총의 수단이라고 강조하고 다양한

---

59) Gunter, 105.
60) Gunter, 105-06.
61) Gunter, 106-07.
62) Coppedge, 60-61.

은총의 수단을 사용하는 선행의 실천이 있어야 성화를 이룰 수 있음을 강조하였다. 둘째는 "노예의 영과 양자의 영(The Spirit of Bondage and of Adoption)"이란 설교인데, 이 설교에서는 믿음으로 의롭다 하심을 얻는 복음적 인간(evangelical being)의 특권을 강조함으로써 그가 신앙의인화(justification by faith)와 구원의 확신에 서 있음을 잘 보여주고 있다. 다시 말해서 그는 한편으로는 선행의 실천을 통한 성화론이 약한 모라비안을 공격하면서, 또 한편으로는 루터적 모라비안적 신앙의인화가 강하게 살아 있음을 보여 주고 있다.[63]

그는 계속해서 1748년의 설교 "하나님께로부터 태어난 자들의 특권(The Great Privilege of Those Who Are Born of God)"에서 그리스도의 십자가의 은총만이 우리의 속죄와 의롭다 하심의 공로적 원인(meritorious cause)이 됨을 강조하였다. 웨슬리는 선재적 은총, 자유의지, 인간의 책임성으로서의 선행, 그리고 구원이 만인에게 제공된다는 주장을 하면서도, 이 공로적 원인을 강조함으로써 하나님의 주권에 의한 속죄와 구원을 말하려고 하였다. 그리고 이러한 공로적 원인이 1765년에 쓴 설교 "성서적 구원의 길(The Way of Scripture Salvation)", 1765년에 쓴 논문 "의롭다 하심에 관한 논문(Treatise on Justification)", 1765년에 쓴 설교 "주 우리의 의(The Lord Our Righteousness)"에서도 계속해서 강조되고 있다.

1755년부터 1766년 사이에 웨슬리의 옥스퍼드 대학교 제자였으나 칼빈주의자가 된 제임스 허비(James Hervey)와의 성화론 논쟁이 벌어졌다. 허비는 칼빈주의 신학에 근거하여 의롭다 하심이 객관적이고 수동적으로 전가되는 사상(imputed righteousness)임을 강조함으로써, 믿음과 함께 선행의

---

63) Wesley, John Wesley's Sermons: Anthology, ed. Albert Outler , (Nashville: Abingdon Press, 1991), 133. 이하 Anthology(ed. Outler)로 표기함.

실천을 통해 본성마저 변화하는 능동적이고 주관적이고 본성적인 의로움(imparted righteousness)도 강조하는 웨슬리와 논쟁을 하기에 이르렀다. 허비는 웨슬리에게 그의 본성적 의로움에 반대하는 11개의 편지들(Eleven Letters From Mr. Hervey, to the Rev. Mr. John Wesley; Containing An Answer to Gentleman's Remarks Upon Theron and Aspasio)을 보냈다. 1758년에 웨슬리는 이에 응답하는 편지(A Letter to a Gentleman at Bristol)를 보냈고, 이어서 1762년 4월에 "그리스도의 전가되는 의로움에 관한 논문(Thoughts Upon the Imputed Righteousness of Christ)"을 썼다. 그리고 1765년에 칼빈주의자들에게 성화론을 변증하는 그 유명한 설교 "주 우리의 의(The Lord our Righteousness)"를 썼다. 이 설교에서 웨슬리는 예수 그리스도의 신적 의로움(Divine righteousness)과 인간적 의로움(human righteousness), 내적 의로움과 외적 의로움(internal and external righteousness), 수동적인 의로움(passive and imputed righteousness)과 능동적인 의로움(active and imparted righteousness)을 말하면서, 우리 성도들도 본받아서 의롭다 하심을 수동적으로 전가 받음(passive and imputed righteousness)뿐 아니라 의로운 사람으로(active, real, inherent and imparted righteousness) 살아야 함을 강조하였다.[64] 그 본성적 실제적 의로움의 변화는 하나님과 화해하고, 하나님으로부터 용납받으며, 의롭다 함을 전가 받는 은총의 전제조건이 아니라 그 수동적·객관적 의로움의 열매와 결과로서 나타나는 것이다. 이것이 바로 웨슬리가 말하는 성화, 곧 성도의 본성과 인격 안의 실제적 변화(real change in believers)와 연결된다. 관계만 변하는 것이 아니라 실제로 하나님의 형상으로 그리스도의 성품으로 변화한다는 것이다.[65] 그리고 의로운 사람으로 살기 위해서는 사랑과 선행을 실천해야

---

64) Coppedge, 151-52.

65) Coppedge, 152.

함을 주장하였다.[66]

　1782년에 쓴 "타락한 인간을 향하신 하나님의 사랑(God's Love to Fallen Man)"이란 설교에서 웨슬리는 성도의 성결과 행복을 증가시켜주는 모든 수동적 은총의 수단을 수련해야 하며, 다양한 선행으로 성도들 자신을 수련해야 함을 강조한다.[67] 설교 중에 이런 기도문을 쓰고 있다.

　탄식하는 사람이 울부짖을 때, 과부와 고아가 고통당할 때, 나의 삶을 통해서 당신의 마음이 보여지기를 원합니다. 자비의 날개로 빠르게 날아가서 가난한 사람들과 도움을 필요로 하는 사람들을 해방시키게 하옵소서. 나 자신 모두를 그들을 위해 드리게 하옵소서. 친절을 베푸는 기쁨에 비하면 모든 세상적 즐거움은 아무것도 아닙니다.[68]

　웨슬리는 계속해서 다음과 같이 선행의 실천을 강조한다.

　우리가 시간이 있을 때마다 모든 사람에게 모든 종류의 선행을, 모든 차원의 선행을 베푸십시오. 더 많이 선을 행할 때 우리는 더욱 행복해질 것입니다. 가난한 사람에게 빵을 더욱 더 많이 나눠주고, 헐벗은 사람에게 옷을 더욱 더 나눠줄수록, 우리는 나그네를 더욱 더 많이 대접할 수 있으며, 갇힌 자와 병든 자를 더욱 더 방문할수록 우리는 악에서 고통 당하는 자들을 더욱 더 해방시킬 수 있으며, 현재 세상에서조차 우리는 더욱 더 위로받고 우리의 가슴 속에 더욱 큰사랑이 깃들게 됩니다. 우리가 더욱 더 거룩해질 때 우리는 더욱 더 행복해집니다. 성화와 행복(holiness and happiness)은 나

---

66) Gunter, 114-16.
67) Wesley, "God's Love to Fallen Man," Anthology(ed. Outler), 480.
68) Wesley, 481.

누어질 수 없습니다. 우리가 다른 사람들에게 더 많은 사랑을 베풀 때 우리 자신도 현재적 상급을 더 많이 누리게 됩니다. 하나님을 위해 당하는 고난조차도 말할 수 없는 기쁨을 우리에게 줍니다. 그러므로 아담의 타락은 첫째로, 더욱 거룩한 존재가 되는 기회를 우리에게 제공하였고, 둘째로, 말할 수 없는 많은 선행을 실천할 수 있는 기회를 우리에게 주었으며, 셋째로, 하나님을 위해 고난 당하는 힘을 우리에게 제공해 주었습니다.[69]

1769년부터 1775년까지 웨슬리는 토플라디(Augustus Montague Toplady)와 자유의지 논쟁을 벌였다. 토플라디는 영국 성공회 찬송작사자로 처음에는 알미니안이었다가 칼빈주의자로 돌아서면서 웨슬리를 공격하기 시작했다. 1769년 토플라디는 "알미니우스주의에 영향받은 영국 성공회(The Chuch of England Vindicated from the Charge of Arminianism)"를 쓰면서 영국 성공회의 교리는 칼빈주의적 예정론임을 주장하고 영국 성공회 속에 알미니우스적인 가르침이 어떻게 들어왔는가 논박하기 시작했다. 같은 해에 그는 "절대적 예정교리(The Doctrine of Absolute Predestination Stated and Asserted)"를 출판하였는데, 이것은 제롬 잔치우스(Jerome Zanchius)의 라틴어 논문을 영어로 번역한 것이었다.[70] 여기서 토플라디는 철저한 칼빈주의적(hyper-Calvinism) 입장을 고수하였다. 이 논쟁에서 웨슬리는 월터 셀론(Walter Sellon)의 도움을 받았다. 셀론은 헌팅돈 부인(Lady Huntingdon)의 아들에 의해서 요크셔의 레드스톤(Ledstone) 구역에서 안수받은 설교가였다. 셀론은 1769년 그의 논문 "보편적 구속의 교리에 반대하는 논증(Arguments against the Doctrine of General Redemption Considered)"을 썼는데, 이것은 존 굿윈(John Goodwin)의 알미니우

---

69) Wesley, 481
70) Coppedge, 177.

스주의 논문 "사함받는 구속(Redemption Redeemed)"을 발전시킨 것이었다.[71] 그리고 웨슬리의 후계자로 지목된 존 플레처도 논쟁에 참여하였다. 칼빈주의는 선택된 자의 예정된 구원의 필연적 수단으로 선택된 자의 성결을 보증하였다고 토플라디가 강조하였지만, 플레처는 이 입장은 멸망으로 예정된 자의 필연적 수단으로 유기된 자의 사악함도 보증하였다고 날카롭게 지적하였다.[72] 토플라디는 1778년 런던에서 38세의 젊은 나이로 죽어가게 되었을 때, 토플라디가 칼빈주의적 입장을 바꾸고 웨슬리에게 과격한 표현을 한 것을 사과하려고 한다는 소문이 돌았다. 그러자 토플라디는 의사의 만류에도 불구하고 죽어가는 몸을 이끌고 강단으로 가서 웨슬리와 알미니안 논쟁에 관계된 그의 모든 주장들, 죽어가는 침대에서 펜과 잉크로 쓴 모든 주장들에 대해 아주 확신하고 아주 만족해한다고 강조했다.[73] 웨슬리는 이 문제에 관한 논문 "신중하게 숙고한 예정 이해(Predestination Calmly Considered)"에서 영원한 선택, 유기, 제한된 속죄론, 불가항력적 은총, 그리고 마지막 견인의 은총에 대해 집중적으로 공격했다.[74]

하나님의 주권과 인간의 자유의지의 주제는 논쟁의 중심을 차지하였다. 이러한 이슈들이 부흥 운동의 두 신학적 캠프 사이에 영원한 긴장을 만들었다. 웨슬리는 인간의 자유는 도덕적 책임의식(moral accountability)을 유지하고 운명적 율법폐기론을 피하기 위해 필연적이라고 느꼈다.[75] 웨슬리는 1739년 휘트필드와 논쟁한 이래로 토플라디 논쟁에 이르기까지 계속해

---

71) Coppedge, 177.
72) Coppedge, 182.
73) Coppedge, 187.
74) Coppedge, 187.
75) Coppedge, 187.

서 무조건적 예정(unconditional election)과 최종적 견인(final perseverance)은 율법폐기론임을 강조하였다. 사랑의 율법이 요구하는 성화추구를 위한 선행을 무시하는 율법무용론임을 재차 강조하였다.[76] 성결을 위한 열심 있는 선행실천을 무의미하게 만든다는 것이다.

    1770년부터 1778년까지는 헌팅돈 공작부인(The Countess of Huntingdon)과의 감리교 연회록 논쟁(The Minute Controversy)을 벌였다. 1728년 6월 공작 헌팅돈의 공작 데오필루스(Theophilus, the ninth Earl of Huntingdon)와 결혼한 부인의 본명은 셀리나 셜리(Selina Shirley)였고, 1707에서 1792년까지 웨슬리처럼 거의 18세기 전체를 산 여인으로서 그녀의 반평생을 칼빈주의 감리교회(Calvinistic Methodists)의 지도자로 몸바쳤다. 그녀는 모라비안 논쟁으로 감리교도들이 페터레인 신도회를 떠날 때 웨슬리를 따라나왔다. 그리고 그녀는 완전성화까지 믿었다. 그녀는 아파트를 예배장소로 제공하고, 트레베카(Treveca in Talgarth, South Wales)에 감리교 설교가들을 훈련시키는 대학을 세웠고 그녀는 이 대학의 지도자로 존 플레처(John Fletcher)를 세우기도 하였다. 그녀는 계속해서 칼빈주의 신학에 근거하여 내심으로 웨슬리 신학에 불만이 있었으나 그것이 외적으로 표면화되기 시작한 것은 1770년 감리교회 연회록에 '선행에 의한 구원(salvation by good works)'이 언급된 것에서 비롯되었다. "이것은 선행으로 구원받는 것인가? 선행의 공로에 의해서가 아니라 조건으로서의 선행에 의해서(Is not this salvation by works? Not by the merit of works, but by works as a condition)." 선행에 의한 구원은 인간의 선행의 공로로 구원받는다는 말이 아니라, 구원은 어디까지나 그리스도의 십자가 공로로 시작되는데, 그 십자가의 공로로 의롭다 하심을 얻은 결과로서 선행과 사랑의 실천을 통해 구원의 완성 곧 성화를 이룰 수 있음을 강조한 것이다.

---

76) Coppedge, 188.

헌팅돈 부인은 웨슬리가 선행에 의한 구원을 교리로 강조했다고 생각했다.[77] 플레처가 웨슬리를 대변하여, 자기를 부인하며 십자가를 지고 은총의 수단을 활용하여 열심히 선행을 실천함으로써 더욱 풍성한 생명을 얻는 것(to receive more abundant life)을 열망하는 것이라고 주장하였다.[78] 웨슬리도 주의 깊게 생각한 후에 1771년 5월 27일에 다음과 같이 헌팅돈 부인에게 보냈다. "더욱 더 깊이 생각할수록 그 교리들을 더욱 더 좋아하고 더욱 더 충분히 확신하게 됩니다. 그 교리들이 성서에 일치하고 건전한 경험에 일치할 뿐 아니라 가장 깊은 중요한 진리들을 포함하고 있습니다."[79] 그리고 1771년 7월 19일 편지에서는 "휘트필드를 비롯하여 칼빈주의자들의 일반적인 주장은 '그(웨슬리)가 건전하지 못한 신앙을 갖고 있다, 그는 다른 복음을 설교한다'고 외칩니다. 그러나 그들이 설교하는 것과 내가 설교하는 것이 같은지 다른지 나는 모르지만 나는 30년 이상을 똑같은 진리를 설교하였습니다."[80] 헌팅돈 부인은 웨슬리는 프로테스탄트가 아니고 가톨릭적이라고 비난하였다.[81] 심지어 그녀는 감리교회 연회록은 "마스크를 벗은 가톨릭 신앙(Popery Unmasked)" 혹은 "무서운 이단(dreadful heresy)"이라고까지 말하였다.[82] 이렇게 웨슬리는 칼빈주의자들과도 성화의 과정에서 사랑과 선행의 실천의 중요성을 논쟁하였던 것이다. 웨슬리의 이러한 논쟁사를 무시하고 웨슬리는 단순히 신앙제일주의(solafideism) 신봉자라고 해석할 수는 없다. 카페지는 칼빈주의자들과의 논쟁사를 마무리하면서 웨슬리는

---

77) Coppedge, 203-04.
78) Coppedge, 207.
79) Coppedge, 209.
80) Coppedge, 209.
81) Coppedge, 210.
82) Coppedge, 210.

펠라기우스주의자도(Pelagian) 반펠라기우스주의자도(semi-Pelagian)도 아니고 하나님의 주권과 인간의 책임성을 종합적으로 이해하였고, 성결(holiness)혹은 성화는 주어지는 것이 아니고(not a given), 추구되어야 하는 것(something to be pursued)이며, 선행과 은총의 수단과 함께 긴밀히 연결되어 있음을 결론지었다고 해석하며, 히 12:14 대로 '성결함이 없이는 아무도 주를 보지 못하리라'는 말씀을 웨슬리는 충실히 따른 것이었다고 결론지었다. 카페지는 또한, 웨슬리는 도덕주의 신학(moralistic theology)도, 예정론(Predestination)도 모두 대항하여 싸우면서 인격적 영적 성숙(personal and spiritual growth)인 완전성화가 신앙의 목표였음을 보여주었다고 해석하였다.[83] 도덕 신학에 바리새주의에서 나타난 대로 율법주의(legalism)의 문제가 있다. 은총과 복음은 없고 율법주의적 선행만을 강요한다. 중세 가톨릭 교회의 도덕 신학의 문제는 자유의지의 타락을 인정하지 않고 인간의 선한 본성을 개발하는 선행을 주장한 것이다. 19세기 자유주의 신학의 도덕 신학도 인간 본성의 타락을 인정하지 않고 자유의지적 노력으로 도덕적 선행을 실천하려고 한다. 예수의 신성 곧 속죄주 되심을 인정하지 않고 예수의 삶의 모범을 실천하려고 하였다. 곧 인간 본성의 낙관주의였다. 그러나 웨슬리는 이러한 인간 본성의 낙관주의(optimism of human nature)를 모두 비판한다. 선재적 은총으로 다가오시는 성령의 역사를 통하여 자유의지의 책임성이 나타남을 강조하며, 믿음으로 의롭다 하심을 얻은 후에 성령의 역사에 동참하는 자유의지의 참여로 선행이 실천되는 성화를 말한다. 그러므로 웨슬리의 성화는 도덕과 다르며, 도덕을 능가하는 것이다. 다시 말해서 인간 본성의 낙관주의가 아니라 은총의 낙관주의(optimism of grace)를 의미한다. 그리고 예정론은 하나님의 주권만을 강조하기에 인간의지의 무력만을

---

83) Coppedge, 269-71.

강조하는 인간 본성의 비관주의(pessimism of human nature)로 일관한다. 그래서 선행의 실천의 불가능성만을 강조함으로써 성화를 추구하지 못하게 만든다고 웨슬리는 생각한 것이다. 웨슬리는 역시 인간 본성의 비관주의에 근거하여 인간의 죄악성으로는 선행의 실천이 불가능하지만, 은총의 낙관주의에 근거하여 성령이 우리 안에서 역사 하실 때 우리의 자유의지가 책임적으로 응답함으로써 선행을 통한 성화의 추구가 가능해진다고 주장한다. 그러므로 웨슬리에게 있어서 인간 본성의 비관주의와 은총의 낙관주의가 잘 조화를 이루고 있는 것이다. 그리고 1785년 웨슬리의 이러한 믿음과 선행의 관계, 수동적 의로움과 능동적 의로움의 관계가 가장 절묘하게 해석됨으로써 루터주의자들과 칼빈주의자들의 신앙제일주의를 가장 분명하게 공격한 설교가 "우리 자신의 구원을 이룸에 관하여(On Working Out Our Own Salvation)"였다. 웨슬리는 빌 2:12-13에 근거하여 하나님이 그리스도의 십자가를 통하여 우리를 구원하시는 공로적 원인과 속죄의 능력을 믿음으로 구원받음을 강하게 강조하면서도 능동적 의로움(active righteousness)은 우리 자신의 능동적 선행의 참여로 이루어짐을 주장하고 있다. 이 능동적·본성적 의로움의 변화(active, inherent and imparted righteousness)는 하나님으로부터 용납받고 화해하며 의롭다 하심을 얻는 원인적 근거가 아니라 수동적·관계적 의로움(passive and imputed righteousness)의 열매와 결과로서 따라옴을 강조한다. 모든 믿는 자들을 의롭다 하실 뿐 아니라 성화시킨다는 것이다. 그리스도의 의가 수동적으로 전가된 자들은 성령의 역사로 거룩하고 의로운 본성으로 변화되는 성화를 체험한다는 것이다.(엡 4:24) 그리고 이러한 성화의 체험은 먼저 선재적 은총으로 일하시는 하나님의 역사에 내가 동참함으로 이룰 수 있고, 이루지 않으면 안 된다는 것이다.[84]

---

84) Gunter, 116-17.

3절_종교개혁가들의 한계를 극복한 웨슬리의 구원론

1. 루터의 한계를 극복한 웨슬리

웨슬리는 올더스게이트 사건 이전까지는 선행으로 의롭다 하심을 얻는 것을 추구하였으나, 루터의 로마서 서문을 듣다가 뜨거움을 체험함으로써 신앙의인화의 종교개혁 신학을 발견하였다. 그래서 웨슬리는 의롭다 하심이나 거듭남의 체험은 오직 믿음으로만 되어짐을 강조하게 되었다. 이 점에서 웨슬리는 루터나 칼빈과 같은 종교개혁 전통에 서 있다. 거슬러 올라가서 어거스틴과 바울과도 같은 입장이다. 그래서 웨슬리는 "믿음으로 의롭다 하심(justification by faith)"이나 "믿음으로 말미암은 구원(salvation by faith)" 등의 설교를 강하게 외쳤고, "거듭남(New Birth)"이란 설교는 무려 60번이나 계속하였다.

그러나 웨슬리는 성화론으로 들어가면서 루터와 루터주의자 모라비안들을 강하게 비판하면서 그의 성화론을 전개한다. 물론 루터도 선행이나 성화를 그의 저서 "크리스천의 자유"에서 강조한다. 그러나 그 저서만 아니라 루터는 "두 종류의 의(Two Kinds of Righteousness)"라는 설교에서 우리의 죄를 용서하기 위해 전가되는 의(imputed righteousness)만 아니라, 우리의 본성도 변화하는 실제적(real righteousness)도 강조하고 있다. 또한 그의 "선행론", "십계명 해설", 『대교리문답』, 『소교리문답』 등에서 성화와 선행을 강조하고 있다. 그리고 그의 제자 아그리콜라(Agricola)가 의롭다 하심을 얻고 거듭나서 구원받은 성도에게는 율법이 필요없다고 주장한 율법폐기론을 강하게 비판하였는데 성화의 과정에서도 율법의 역할이 있다는 것이다.

그럼에도 불구하고 그의 성화론은 웨슬리만큼 강하지 않다. 웨슬리는 죽기 전에 완전성화가 가능하다고 믿었지만 루터는 완전성화가 인간의 욕망(concupiscentia) 때문에 불가능하다고 보았다. 또한 웨슬리는 선재적 은총으로 회복되는 자유의지를 말하지만 루터는 노예의지(servum arbitrium)를 말하기에 적극적인 인간의 참여가 성화의 과정에서 배제된다.(루터, 『노예의지론 De Servun Arbitrium』). 루터의 선행론은 성령의 노예가 된 선행이다. 웨슬리의 선행론은 요 5:17, "아버지께서 일하시니 나도 일한다"를 인용하면서 성령이 일하시기에(성령 100%: 삭케오를 만나려고 여리고 성에 찾아오셨던 예수님처럼), 나도 열심히 일할 수 있고 열심히 일해야 하는 선행(인간 100%: 뽕나무에 올가갔던 삭케오처럼)을 강조한다(Wesley, "우리 자신의 구원을 이룸에 관하여").

그리고 루터는 야고보서를 지푸라기 서신으로 평가절하였지만, 웨슬리는 로마서와 야고보서를 종합하였다. 야고보서가 말하는 선행은 루터가 비판한 믿음 이전의 선행이 아니라 믿음 이후의 선행이라고 해석하였다. 또한 웨슬리가 로마 가톨릭은 사랑과 선행에 의한 성화는 강조하였지만 신앙의인화에 무관심하였고, 루터는 신앙의인화를 강조한 나머지 사랑과 선행에 의한 성화에 무관심하였다고 비판하였다.[85] 루터는 죄를 깨닫게 하는 율법의 제1용법과 공공질서를 유지하는 율법의 제2용법만 말하지 성화의 채찍질로서의 율법의 제3용법을 강조하고 있지 않다. 웨슬리는 산상수훈을 율법의 제3용법 곧 사랑의 율법으로 해석한다. 산상수훈은 거듭나지 못한 초신자를 위한 것이 아니라, 이미 거듭난 신자들을 성화케 하기 위해서 필요한 말씀이라는 것이다. 그러니까 웨슬리는 루터 이후의 18세기 루터주

---

85) John Wesley, "On the God's Vineyard," *The Works of John Wesley*, Vol. VII, ed. Thomas Jackson, (Peabody: Hendrickson Publishers, 1986), p.204, 이하 *Works*로 표기함.

의자 모라비안만 비판한 것이 아니라, 16세기의 루터의 해석도 비판한 것이다.

웨슬리는 성화의 출발점에 대하여는 루터의 해석을 받아들인다. 루터는 신도가 의인화의 은총을 받는 것을, 의인이 된 것이 아니라 용서받은 죄인, 의롭다고 인정을 받았으나 아직도 죄 지을 가능성이 남아 있는 상태(simul justus et peccator)로 해석한다. 웨슬리 역시 거듭난 성도라도 죄지을 가능성이 계속 남아 있다고 생각한다. 그러나 웨슬리가 루터와 다른 점은 죽기 전에 완전한 의인화와 성화의 회복이 가능하다고 믿는 것이다. 하지만 루터는 죽는 날까지 완전해질 수 없다고 생각했다.

루터의 의인화 신학에 영향받은 모라비안 교도들은 순간적인 성화, 곧 거듭나는 순간에 순간적으로 성화가 주어짐(imputation)을 믿었으나, 웨슬리는 순간적으로 주어지는 성화가 성화의 출발점이지만, 그 후 점진적으로 성장하고 변화하는(impartation) 과정이 있어야 함을 강조한다. 모라비안 교도와의 분열이 생기게 된 결정적 논쟁에서 바로 이러한 순간적 성화가 의인화의 순간과 동시에 전가됨을 웨슬리는 비판하게 되었다. 또한 그는 모라비안의 조용함(stillness)을 비판한다. 모라비안들은 의인화의 은총을 얻기 위해서는 아무런 노력이나 행동도, 은총의 수단도 필요 없고 조용히 기다리기만 하면 된다고 생각했으나, 웨슬리는 의인화가 믿음으로만 얻어지는 은총이기는 해도 그 은총을 사모하는 마음으로 열심히 은총의 수단들 — 기도, 금식, 성경 읽기, 집회 출석, 성만찬 참여 등 — 을 활용하고 행동해야 한다고 생각했다.[86]

---

86) Outler, 353-76.

2. 칼빈의 한계를 극복한 웨슬리

칼빈의 의인화론과 웨슬리의 의인화론이 같은 것이 사실이다. 칼빈의 『기독교강요』에서 강조하는 의인화론은 웨슬리가 설교들 속에서 강조하는 의인화론과 지극히 일치한다. 그리고 칼빈은 자기부정을 통하여 성화를 이룸을 또한 강조하고 있다. 또한 칼빈은 성화의 채찍질을 강하게 강조한다. 게으른 사람을 칼빈을 가장 싫어한다. 예정된 자인지를 확신하기 위해서는 부지런히 경건생활에 힘써야 하고, 세속직업이 하나님께서 부여하신 소명이라고 생각하여 열심히 직장생활을 하여 돈을 벌어야 한다는 것이다. 그래서 막스 베버(Max Weber)는 자본주의가 발전한 나라들은 칼빈의 금욕주의적인 성화윤리가 강조되었기 때문이라고 해석하였다. 그러므로 칼빈 신학의 중심은 예정이 아니라 오히려 성화라고 제베르크(Reinhold Seeberg), 워커(Williston Walker), 맥그레스(Alister E. McGrath) 등이 해석한다. 『기독교강요』에서 칼빈은 루터보다 성화와 선행을 더 많이 강조하였다. 그럼에도 불구하고 칼빈도 루터처럼 인간의지의 노예신세를 강조하였기에 웨슬리같은 인간의 적극적인 책임성이나 열심 있는 응답으로서의 사랑과 선행을 말하지 않았다. 칼빈은 루터처럼 인간 본성의 욕망 때문에 죽기 전에는 완전성화가 불가능하다고 보았고, 『기독교강요』에서는 인간 본성이 변화하여 하나님의 성품에 참여하는 성화론(impartation)을 강조하는 오시안더(Osiander)를 강하게 비판하였다. 그러나 웨슬리는 동방교회 전통을 수용하면서 인간이 은총의 낙관주의에 근거하여 하나님의 형상을 회복하는 인격적 변혁의 성화와 완전성화가 가능함을 주장하였다. 더욱이 웨슬리 평생에 휘트필드를 비롯하여 칼빈주의자들과 이중예정에 맞서서 만인속죄론과 본성적 인격적 성화론을 말하기 위해서 앞에서 살펴본 대로 "값 없이 주시는 은총", "우리의 의 그리스도" 등의 설교를 썼다.[87]

웨슬리는 모든 사람들에게 심지어 타종교인이나 불신자들에게도 선재적 은총은 일반 계시적으로 임하지만, 그들이 다가오는 이 은혜를 잊어버리거나 무시하거나 억누르거나 부인하기 때문에 구원에 이르지 못한다고 한 것이다. 성도들은 이 선재적 은총의 역사에 자유의지적으로 마음의 문을 열고 응답함으로써 구원에 이르게 되며 이 선재적 은총을 활용함으로써 구원의 여명이 열리게 된다. 선재적 은총은 하나님을 기쁘시게 하려는 첫 소원(the first wish)을 포함하여, 그의 뜻을 깨달아 아는 영적 빛을 받는 첫 여명(the first dawn)이고, 구원과 생명에 이른 어떤 경향성(some tendency toward life, some degree from salvation)이다.[88] 따라서 먼저 성령의 은총의 주도권과 인간의 자유의지적 응답과 참여에 의해 구원이 완성된다. 이것의 순서가 바뀌면 안 된다고 웨슬리는 그의 설교 "우리 자신의 구원을 이룸에 관하여"에서 힘주어 강조한다. 그러므로 이것은 인신협조설(human-Divine cooperation)이 아니라 신인협조설(Divine-human cooperation)이다. 이를 가르켜 복음적 신인협조설(evangelical synergism)이라고도 한다. 펠라기우스주의나 반펠라기우스주의는 그냥 신인협조설(synergism)이라고도 한다.

루터는 성화의 은총을 말하기는 하였지만 의인화의 은총을 중심으로 강조하였고, 칼빈은 그리스도의 십자가 사건이 주는 의인화와 성화의 두 차원적 은총을 말하였다. 웨슬리는 칼빈이 이해한 성화의 교리를 더욱 발

---

87) 이에 관해서는 부록2: "칼비니스트와 웨슬리안의 예정 이해-웨슬리안의 입장에서의 논찬": 칼비니스트 이형기 박사(장로회 신학대학교 교수)와 웨슬리안 임승안 박사(나사렛 대학교 교수)의 발제에 대해 2002년 가을학기 감신대에서 있었던 필자의 논찬 참조.
88) 웨슬리 저, 김홍기 역, 『존 웨슬리의 설교』, (서울: 땅에 쓰신 글씨, 1991), 169-p.170, 이하『웨슬리의 설교』로 표기함.

전시킨다. 칼빈은 성화도 그리스도의 십자가가 주는 은혜라고 해석했지만, 웨슬리는 의인화는 그리스도의 은혜요, 성화는 성령의 은혜라고 해석하였다. 칼빈의 성화론은 성령의 역사로서의 선행, 곧 하나님 100%, 인간 0%를 강조함으로써 인간의지의 노예신세를 주장하나, 웨슬리의 성화론은 하나님 100%, 인간 100%의 복음적 신인협조설을 주장한다.

위에서 고찰한 것처럼 웨슬리는 루터주의자들과만 성화론 논쟁을 벌인 것이 아니라 칼빈주의자들과도 평생 논쟁했다. 칼빈은 성화의 채찍질로서의 율법의 제3의 용법을 강조했는데, 웨슬리와 함께 감리교 운동을 시작했으나 나중에 갈라서게 된 조지 휘트필드를 비롯한 칼빈주의자들은 행동을 배격하는 예정신앙을 성화신앙보다 더욱 강조하였다. 인간의 의지는 노예 상태이며 한순간에 예정된 자에게 부어지는 의인화와 성화를 믿었던 칼빈주의자들은, 자유의지의 참여에 의한 점진적인 성화의 과정과 점진적으로 그리스도의 의로움과 거룩함의 본성으로 변화한다는 웨슬리의 성화론을 비판했다. 결국 루터주의자들과 칼빈주의자들의 하나님의 즉흥적 행위로서의 성화 사상은 웨슬리의 점진적 신인 협조의 성화 사상과 논쟁할 수밖에 없었다. 루터와 칼빈은 죽기 전에는 온전한 성화가 불가능하다고 보지만 웨슬리는 가능하다고 해석한다.[89] 또한 루터나 칼빈은 하나님의 의로움과 거룩함의 본성으로 바꾸기가 불가능하다고 보지만, 웨슬리는 이러한 본성에 동참하는 동반자가 된다고 이해한다.

---

89) Wesley, "Christian Perfection"(1741), *Works*, VI. 1.

3. 뮌처의 한계를 극복한 웨슬리

뮌처도 웨슬리처럼 성령의 내적 확증의 교리를 강조했다. 뮌처도 웨슬리처럼 로마서 8장을 신자들의 확증을 위한 중요 구절로 사용했다. "선택된 자는 성령의 내적 확신을 가진다. 왜냐하면 성령은 우리가 하나님의 자녀임을 우리 영에게 확증시켜 주기 때문이다", "성령이 그의 복을 우리에게 확증시켜주지 않으면 아무도 복을 받을 수 없다" 바로 이 점에서 웨슬리와 뮌처는 유사한 성화교리를 갖고 있다. 고든 럽(Gordon Rupp)이 지적했듯이 — 뮌처는 최초의 감리교도 — 뮌처도 웨슬리와 유사한 성화적 영성운동을 강조했다.[90] 또한 웨슬리처럼 뮌처도 구원의 이중성을 강조한다. 내적 신비주의와 외적 행동주의가 두 사람 모두 비슷하다. 웨슬리처럼 구원에 대한 뮌처의 개념도 이중적이다. 내적 신비주의와 외향적 행동주의가 뮌처 속으로 아주 논리적으로 조화 있는 구조 속으로 짜여 있다. 뮌처에게 개인 구원의 내적 질서, 곧 중세적 영성에 기초한 성화는 중요한 혁명적 행동주의가 된다.

뮌처의 사상은 그리스도가 우리를 위해 행하신 의인화의 은총의 전가됨과 부어지심보다는 성령의 역사를 통한 행동주의와 본성적 변화개념이기 때문에, 뮌처의 신학체계는 성화의 본성적 변혁개념을 강조하는 웨슬리의 것과 아주 유사하다. 웨슬리가 루터적 모라비안주의를 비판했을 때, 그 비판은 루터적 신앙 제일주의와 정숙주의(quietism)와 전가 사상(imputation)으로 집중되었다. 그러나 웨슬리는 다른 한편으로 의인화의 전가되고 부어지는 은총을 무시하고 성화은총만을(impartation) 강조하는 가톨릭적 신비주

---

90) Lowell H. Zuck, "Spiritual Renewal in the Radical Reformation Tradition", Brethren Life and Thought, Vol. 26, Winter (1981), 23.

의와 선행 사상을 비판하였다. 웨슬리가 의인화보다 성화를 강조했을지라도, 그의 성화교리는 의인화 은총의 부어지심에 강하게 기초하고 있고 또한 연관되어 있다.

그러나 민처는 의인화에 대해 전혀 관심을 보이지 않는다. 민처의 신학이 은총의 내면화(impartation: in nos)에 집중되는 반면에, 웨슬리의 신학에는 내면적 은총과 동시에 외재적 은총(imputation: extra nos)의 양면성이 있다. 웨슬리에게 의인화는 전가되고 부어질 뿐 아니라 본성적으로도 의롭게 되는 은총이다. 또한 성결도 부어지고 전가될 뿐 아니라 본성적으로도 성결해지는 은총이다. 바로 이 점에서 웨슬리는 민처와 다르다. 웨슬리는 신비주의의 주관적 신앙의 위험성을 지적한다. 또한 성령의 해방을 민처는 'impartation' 곧 우리 안에서(in nos) 체험되어지며 우리의 본성이 신적 본성으로 성화해가는 차원에서 풀어가지만, 웨슬리는 imputation — 우리 밖에서(extra nos) 선물같이 부어지고 전가되는 성령의 사역 — 을 전제한 impartation을 강조한다. 따라서 민처는 말씀(객관적 은총의 요소: 들음으로써 주어지는 믿음)보다는 영적 신비적 체험(주관적 은총의 요소: 환상, 예언 등)을 더욱 강조한다. 그러나 웨슬리는 체험을 강조하는 신학 — 네 신학 기준은 성경, 전통, 이성과 체험 — 을 수립했지만 체험보다는 말씀을 더욱 강조했다. 말씀을 더욱 원초적인 신학자료와 기준으로 보았다.[91] 그리하여 민처는 객관적인 의인화(imputation)의 단계가 없는 주관적인 성령의 내적인 사역만(impartation)을 강조하였다는 비판을 받게 되었다. 이러한 성령의 내적인 확

---

[91] 필자의 박사 학위논문에서는 민처와 웨슬리를 보다 자세히 취급하였다. Hongki Kim, "Theology of Social Sanctification Examined in the Thought of John Wesley and in Minjung Theology: A Comparative Study", (Drew University, 1991), 138-148, 175-183.

증에 대한 출발은 기독교의 외적인 권위에 대한 도전의 형식으로 구체화되었다. 뮌처는 신비주의적 영성으로 성화를 말하면서도 신비주의나 경건주의의 범주를 벗어나서 교회와 사회의 구조개혁을 혁명적으로 시도하는 정치적 신비주의(political mysticism)를 강조한다.

그리고 웨슬리에게 있어서 사회구조적 혁명은 사랑으로 이루어진다는 사랑의 개념이, 뮌처에게 있어서는 사회구조적 혁명은 정의로운 폭력으로 이루어진다는 정의의 개념으로 이해된다. 뮌처가 보았던 완전한 하나님 나라의 실현방법은 정의로운 칼의 사용을 통해 구현된다. 이처럼 뮌처가 성화의 과정에 폭력사용을 요구하는 반면에, 웨슬리가 말하는 크리스천의 완전한 방법은 개인적으로든 사회적으로든 비폭력 사랑의 길이다.

또한 웨슬리가 거듭남과 성화는 성령의 역사로 가능하고 의인화는 그리스도의 역사라고 강조한다면, 뮌처의 경우에는 그리스도의 역할보다는 그리스도의 고난에 대한 성령의 내적인 확신을 가진 인간의 동참이 더욱 강조되므로 성령의 사역에 대한 강조는 그의 영성에 있어서 절대적이라고 말할 수 있다. 구원을 이룸에 있어서 뮌처는 믿음에 의한 칭의(Justification by Faith)를 반대하고, 율법에 의한 칭의(Justification by Law)와 그것을 통해 성령이 죄인을 회개시켜 하나님의 자발적인 도구가 되게 하는 구원의 완성에 있어서는 자유의지의 행함, 곧 인간의 사역을 중요시하고 있다. 루터의 슬로건 '오직 믿음으로만(sola fide)'이 뮌처에게 와서 '오직 율법으로만(sola lege)'으로 바뀌었다. 그는 그리스도와 함께 죽고 사는 것에 대한 바울적 가르침을 사랑했다. 그리스도의 남은 고난을 자신의 육체에 채우는 것이다. 그의 기본적 관심은 하나님의 율법을 준수하는 것이다. 뮌처는 하나님의 율법에 의한 심판을 받아들이지 않으면 안 된다고 강조했다. 그리스도는 형벌을 받음으로써 율법의 요구를 이루신 분들 중 최초의 수난자라고 간주된다. 그리하여 죄인의 의인화는 신앙에 의해서만 성취되는 것이 아니라 오히려 율법의 형벌을 받아들임으로써(sola lege) 성취된다. 그 자신이 율법에 의해 야기되는 고난을 통한 변혁을 느꼈기 때문에 전 세계도 연약한 피조성으로부터 강한 왕국으로 변혁되어야 한다고 강조한다.

바로 이점에서도 웨슬리는 그리스도의 십자가 은총을 오직 믿음으로 의롭다 하심이 전제된 율법의 요구를 이루어가는 성화를 전개해가는 반면에, 뮌처는 그리스도의 십자가 은총을 믿는 믿음에 의한 의롭다 하심이 전제되지 않은 성령에 의한 거듭남과 성화만을 강조하는 점에서 다르다. 다시 말해서 웨슬리는 믿음이 전제된 행함에 의한 성화를 말한다면, 뮌처는 믿음이 요구되지 않은 행함의 성화를 말한다. 웨슬리에게 있어서 그리스도를 믿는 것과 그리스도를 본받는 것의 양면성이 강조되었다면, 뮌처에게서는 그리스도를 믿는 것은 강조되지 않고 그리스도를 본받는 것만 강조된다고 해석할 수 있다. 그리고 뮌처처럼 웨슬리도 노예해방 운동이나 노동운동 등 다양한 사회구조의 개혁을 말하는 사회적 성화 운동을 전개한다.

또한 뮌처나 웨슬리에게 있어서 하나님 나라의 외적 실현이 지상에서 창조된다. 이러한 신학체계는 웨슬리와 뮌처 속에 모두 뿌리내리고 있다. 그러나 웨슬리는 뮌처와 달리 지상의 유토피아주의를 지향하지 않는다. 웨슬리의 완전성화가 사회적 희년사회를 실현하는 완전성화 운동으로 전개되는 것은 사실이지만 지상의 현재적 천국만을 믿는 것이 아니라 현재적이면서 내세적인 천국을 믿는다. 겨자씨 한알처럼 차안적이면서도 피안적이고, 현재적이면서도 미래적으로 자라가는 천국 운동을 전개한다. 뮌처의 실현된 종말론은 어거스틴, 루터, 칼빈에게서는 찾아볼 수 없는 해방 운동으로 이어진다. 사회적 해방 운동이 종말론과 연결된 것은 12세기의 요아킴(Joachim of Floris)과 16세기의 뮌처(Thomas Muntzer)에게서도 나타났으나 그들의 종말론은 무정부적(anarchistic) 폭력혁명에 의한 해방 운동으로 나타났다. 뮌처에게 있어서 완전한 하나님나라 실현의 바람직한 방법은 기드온의 의로운 칼을 휘두르는 것이다. 바로 이 점에서 하나님 나라의 지상 실현 운동으로서의 해방 운동을 두 신학자 모두 강조하지만, 웨슬리는 비폭력적 평화적 성령 해방 운동을 주장한다.

따라서 뮌처는 몬타너스 파처럼 체험을 중요시하는 종말론적 위험에 빠져 있다. 몬타너스 공동체는 철저히 기다리는 종말론이요, 뮌처는 해방과 혁명 운동을 통해 철저히 실현하는 종말론이지만, 영적 체험과 신비적 황홀경을 신학적·종말론적 기초로 두고 있다는 점에서는 공통적이다. 그러나 웨슬리는 무정부적인 역사 변혁을 거부한다. 정치적 신비주의를 통한 신국 실현도 거부한다. 웨슬리는 비폭력적인, 평화적인 신국 건설을 주장한다. 또한 그가 영국 사회에서 실현한 희년 운동은 유토피아적 천년왕국설을 넘어선다. 철저히 희년사회가 실현되는 천국 건설 운동을 전개하는 실현된 종말론을 주장하면서도 지상에서 이루는 희년 운동의 상대성을 인정하면서 그것이 미래적 초월적 하나님 나라로 영원히 이어져야 함을 강조한다.

4절_의인화(義認化)와 성화(聖化)의 총체적 조화를 이룬 웨슬리의 구원론

웨슬리는 구원의 출발(initial salvation)은 믿음으로 이루어지지만, 구원의 완성(final slavation)은 믿음과 사랑으로 이루어진다고 보았다. 웨슬리의 구원론의 완성은 성화와 완전 성화다. 회개는 종교의 현관(porch)이요, 믿음이 종교의 문(door)이라면 성결과 사랑으로 이루어지는 성화는 종교 자체

(religion itself)이다.[92] 오직 신앙의인화만을 강조하면 웨슬리 구원론의 절반만 얘기하는 결과를 초래하고, 구원 자체를 즐기기보다는 구원의 문에만 머무르는 미성숙한 성도의 상태에만 거하게 된다. 한국 교회에는 거듭났지만 영적인 앉은뱅이들과 영적 어린아이들이 얼마나 많은가?

웨슬리의 행동주의 신학은 루터의 신앙제일주의(solafideism)와 정숙주의(quietism, stillness)를 비판하면서 형성된다. 웨슬리의 올더스게이트 체험은 마르틴 루터와 강한 연속성을 지닌다. 왜냐하면, 웨슬리가 루터주의 경건 운동파인 모라비안 교도들의 올더스게이트 거리 집회에 갔다가 모라비안 청년이 읽는 마르틴 루터의 『로마서 서문』을 듣다가 마음이 이상하게 뜨거워(strangely warmed)졌기 때문이다. 그의 회심이 다양하게 해석되지만, 루터적 신앙의인화(justification by faith) 신학에 의해 일어났다고 보는 것이 가장 타당하다. 그의 동생 찰스 웨슬리도 모라비안 목사 피터 뵐러(Peter Böhler)에 의해 그보다 먼저 회심하였고 존 웨슬리도 뵐러와 가장 많은 신앙상담을 하고 있었다. 또한 회심하자마자 뵐러와 함께 페터레인 신도회(Fetter Lane Society)를 조직하기도 하였다.

그러나 웨슬리는 그의 설교 "하나님의 포도원에 관하여(On God's Vineyard)"에서 루터의 구원론을 비판한다. 루터가 갈라디아서 강해에서 성화에 무관심하였다고 비판한다. 웨슬리는 루터는 의인화만을 강조하다가 성화에 관심 없었으나, 로마 가톨릭은 성화를 강조하다가 의인화에 무관심하였다고 지적한다.[93] 특히 웨슬리는 루터주의 경건 운동파인 모라비안 교

---

92) *Works*, VIII, 472.

93) John Wesley, "On the God's Vineyard," John Wesley, The *Works of John Wesley*, Vol. VII, ed. Thomas Jackson, (Peabody: Hendrickson Publishers, 1986), 204. 이하 *Works*로 표기함.

도들의 센터 헤른후트를 방문한 후, 루터적 모라비안주의의 신앙지상주의(solafideism), 정숙주의(quietism), 법적 의인화(imputed justification), 율법폐기론적 경향(anti-nominianism)을 비판하기 시작하였다. 루터에게서 선행은 의로워진 크리스천의 자동적 결과이다. 좋은 나무에서 좋은 열매가 저절로 맺히듯이, 신앙으로 의롭다 함을 얻으면 선행의 열매는 저절로 맺힌다고 루터는 해석한다.[94] 그래서 루터는 로마서를 강조한 나머지 야고보서를 지푸라기 복음이라고 평가절하하였다.

그러나 웨슬리는 로마서의 신앙과 함께 야고보서의 선행을 동등하게 중요시한다. 웨슬리는 해석하기를, 로마서가 말하는 아브라함의 믿음은 75세 때 갈대아 우르를 떠날 때의 믿음이요, 야고보서가 말하는 아브라함의 행함은 그 25년 후에 낳은 아들 이삭을 제물로 바칠 때의 행함을 뜻한다고 설명한다.[95] 그리고 야고보서가 말하는 의인화는 로마서가 말하는 의인화와 다르다고 해석하는데, 웨슬리는 야고보서 2장 주석에서 로마서의 의인화는 의롭다고 인정함을 받는 것, 곧 객관적으로, 수동적으로, 법정적으로 전가되는 의인화를 말하고, 야고보서의 의인화는 실제로, 본성적으로, 주관적으로 의로운 사람으로 변화되는 의인화(義人化: impartation)를 말한다고 분명하게 강조한다.

> 그러므로 바울의 의미에서는 아브라함은 그의 선행에 앞서는 믿음으로 의롭다 함을 얻은 것이다(즉, 의롭다고 인정함을 받는: accounted righteousness). 야고보의 의미에서는 아브라함은 그의 믿음에 뒤따르는 선행에 의해서 의

---

94) Martin Luther, "The Freedom of a Christian," ed. J. M. Porter, (Philadelphia: Fortress Press, 1974), 34-5.
95) *Works*, VIII, 277.

롭다 함을 얻은 것이다(즉, 義人이 되는: made righteous).[96]

다시 말해서 웨슬리는 로마서의 믿음과 야고보서의 믿음이 똑같은 믿음이 아니라는 것이다. 바울이 말하는 믿음은 산 믿음을 말하고, 야고보가 비판하는 믿음은 죽은 믿음을 말하는 것이며, 로마서의 선행과 야고보서의 선행이 똑같은 선행이 아니라는 것이다. 바울이 비판한 선행은 믿음보다 앞서는 선행이고, 야고보가 강조하는 선행은 믿음에 뒤따라오는 선행을 말한다고 웨슬리는 해석하고, 선행은 믿음에 생명을 주지 못하나 믿음은 선행을 낳고 선행으로 완성된다고 강조한다.[97]

그러므로 구원의 출발인 의롭다 하심과 거듭남의 조건은 믿음만이지만, 구원의 완성인 성화와 완전성화의 조건에는 사랑과 선행이 필요하다. 웨슬리는 구원의 완성을 의롭다 하심의 완성(final justification)이라고도 표현하는데, 그 의롭다 하심의 완성에는 선행이 필요함을 1744년 "연회록(The Conference Minutes of 1744)"에서 강조한다. "기회 있는 대로 모든 선행을 행하지 않으면 누구도 마지막으로 구원받지 못할 것이다." 1745년에 쓴 "더욱 간절한 호소(An Farther Appeal)"에서 "내적 성결과 외적 성결은 믿음으로 의롭다 하심에 뒤따라오는 결과로서, 의롭다 하심의 완성(final justification)의 조건이다"라고 강조한다. 그러므로 웨슬리는 선행은 의롭다 하심의 출발을 일으키지 못함(initial justification)을 강조하는 한편, 다른 한편 의롭다 하심의 완성과 구원의 완성(final salvation)에서는 필요함을 역설한다. 사랑으로 역사하는 선행은 분명히 말과 기질과 생각의 전적인 변화, 그리스도를 본

---

96) John Wesley, "James Chapter 2," John Wesley's Commentary on the Bible, (Grand Rapids, Michigan: Zondervan Publishing House, 1990), 574.

97) Wesley's Commentary, 574.

받는 성화의 모습을 보여주기 위해서 필요하다는 것이다. 마태복음 25장에 나오는 양의 편에 든 무리들이 병들고, 굶주리고, 갇히고, 나그네 된 지극히 작은 소자를 돌보는 선행이 마지막 구원의 조건이 됨을 그의 『신약성서 주해 Explanatory Notes upon The New Testament』에서 강조한다. 내적 선행으로써 하나님사랑과 이웃사랑, 그리고 외적인 선행으로써 하나님의 계명을 준수하는 것이 구원의 완성의 조건임을 강조한다. 웨슬리는 미스터 힐스(Mr. Hill)와의 대화에서 "구원의 완성은 조건으로서의 선행에 의해 이루어진다(final salvation is by works as a condition)."고 강조하며 마태복음 25장을 읽을 때 그것이 사실임을 증명해 주고 있다고 한다.[98] 그리고 미스터 처치(Mr. Church)와의 대화에서 "선행은 의롭다 하심을 얻기 전에는 구원의 조건이 못된다. 그러나 구원의 완성의 조건(conditions of final salvation)은 된다. 우리가 마지막으로 구원받기 위해서 선행을 행하는 것이 불가능하다고 누가 감히 말할 것인가?"[99] 미스터 잉햄(Mr. Ingham)과의 대화에서 두 가지 합의를 하였음을 1741년 8월 1일 일기에 기록하였다.

> 우리 두 사람은 다음의 두 가지를 기나긴 대화를 통해 합의하였다. 첫째로, 기회가 있는 대로 모든 선행들을 행하지 않는 사람은 누구도 마지막으로 구원받지 못할 것이다. 둘째로, 의롭다 하심을 얻은 사람이 기회가 있는 대로 선을 행하지 않으면 그는 그가 받은 은혜를 잃어버릴 것이다. 만약 그가 회개하지 않고 선행을 하지 않으면 영원히 멸망할 것이다.[100]

---

98) Wesley, *Works*, Vol. X, 432.
99) *Works*, Vol. VIII, 388.
100) Wesley, The *Works* of John Wesley, Vol. 19, (Nashville: Abingdon Press, 1990), 208. 이하 *The Works*로 표기함.

그리고 히 12:14 "모든 사람으로 더불어 화평함과 거룩함을 이루라, 이것이(거룩함) 없이는 아무도 구원받지 못할 것이다"라는 말씀을 설교한 것이 문제가 되어 영국 성공회로부터 런던에서 설교를 금지 당하여 브리스톨에 가서 옥외 설교를 시작하게 되었다. 그러므로 웨슬리에게 있어서 그리스도를 믿는 것 뿐 아니라 그리스도를 본받는 것, 곧 모든 죄악성에서 성별되는 거룩함과 사랑의 온전한 실천이 절실히 요청되는 것이다.

웨슬리는 또한 "형식적 크리스천(Almost Christian)"이란 설교에서 "경건의 모양은 있으나 경건의 능력은 부인하는(딤후 3:5)" 사람들을 비판하면서, 참 크리스천이란 믿음을 통한 은총의 신학에 서서 구원의 확신을 가진 사람인 동시에 하나님사랑과 이웃사랑의 윤리에 서서 사는 "사랑으로 역사하는 믿음(faith working with love)"을 가진 사람이라고 말한다. 그러니까 단순히 구원받은 믿음만을 가진 사람이 아니라, 그 믿음을 갖고 사랑으로 행동하는 사람을 참 크리스천으로 본 것이다.[101] 웨슬리는 할 수 있는 대로 모든 사람에게 모든 곳에서 언제나 최선의 방법을 동원하여 최선을 다하여 선행을 실천할 것을 다음과 같이 강조한다.

크리스천 삶의 원칙(Rules for Christian Living)

네가 할 수 있는 모든 선을 행하라(Do all the good you can),
네가 할 수 있는 모든 수단을 동원하여(By all means you can),
네가 할 수 있는 모든 방법으로(In all the ways you can),
네가 할 수 있는 모든 곳에서(In all the places you can),
네가 할 수 있는 모든 시간에(At all the times you can),

---

101) 『웨슬리의 설교』, 27, 35.

네가 할 수 있는 모든 사람에게(To all the people you can),
네가 할 수 있는 한 오랫동안(As long as ever … you can!).

1. 영성수련을 통한 인격적·영적 성숙 (personal and spiritual growth)

오늘날 영성 신학이나 영성수련은 가톨릭적 발상이라고 규정짓는 학자들이 있다. 필자가 생각하기에 가톨릭 속에는 믿음으로 의롭다 하심과 거듭남을 체험하는 영적 각성 운동이 더욱 일어나야 한다. 왜냐하면 거듭나지도 않았는데 영적으로 성장할 수 없기 때문이다. 그러나 거듭난 개신교 성도들이 그리스도에게까지 자라나는 영적 성장과 성숙을 위해서는 영성수련이 절대적으로 필요하다고 생각한다. 그런 의미에서 웨슬리가 속회를 통한 영성수련을 그토록 강조한 것은 교회사적으로 큰 공헌이라고 볼 수 있다. 웨슬리는 종교개혁 전통이 상실한 중요한 영성수련을 잘 살림으로써 철저히 신앙의인화를 전제로 하는 종교개혁의 전통 위에 사랑과 선행의 실천을 통한 성화훈련을 강조함으로써 종교개혁 신학의 발전을 도모하였다.

웨슬리의 속회의 목적도 단지 행정적인 조직이나 교인수 만을 증가시키는 양적 성장(growth)을 위한 것이 아니라, 오히려 성화훈련이라는 질적 성숙(maturity)을 도모하는 목회적이고 신앙적인 동기에 있었다. 모든 속도들은 자신의 영적 상태를 간증형식으로 고백하고 나눔(sharing)으로써 서로 권면하고, 돌보며, 격려하고, 위로하는 영적 책임의식(accountability)을 가졌다. 이러한 성화의 책임의식과 연대의식인 "accountability"를 직고(直告)라고 번역한 것은 잘못이다. 속회를 통하여 소규모 단위의 성경공부, 기도회, 그리고 신앙적 담화를 위한 좋은 장이 마련되었다. 이 속회활동을 통하여 그들의 신앙이 파선되지 아니하고 하나님의 은혜가 그들의 삶을 통해 움직이도록 하는 것, 또한 은혜를 받은 것으로 끝나지 아니하고 생활에서 그리스도의 명령에 복종하는 사랑의 선행을 실천하는 그리스도의 제자가 되게 하는 것, 다시 말해서 속도들이 속회공동체를 통해 공동의 성화를 이루어 가는 것이다. 강제로 고백하는 것이 아니라 서로 협조하고, 서로 응답하며, 서로 격려하게 하는 것이다. 따라서 웨슬리는 속회를 통한 공동체적 성화 생활을 강조한 반면에, 개인적, 수도원적, 신비주의적, 은둔적 성화생활을 비판했다. 고독하고 은둔적인 종교를 만들려는 것은 기독교를 파괴하는 행위라고 웨슬리는 못박아 얘기한다.

성화훈련의 중요한 세 가지 요소는 첫째로, 내면적 개인적 경건에(personal piety) 힘쓰는 것이다. 이를 위해 기도와 금식과 성경 읽기와 일기 쓰기 등 경건의 선행(good works of piety)을 힘쓴다. 둘째로, 상호 협동적 영성훈련(mutual corporate discipline)에 힘쓴다. 이를 위해 서로가 권면하고 격려하고 충고하고 상담하는 크리스쳔 컨퍼런스(Christian conference)를 가진다. 셋째로, 악행을 금지하고 선행을 실천하는 자비의 선행(good works of mercy)을 힘쓴다. 가난한 자와 병든 자와 갇힌 자와 나그네와 신체장애자와 소외된 자를 돌보는 선행이 여기에 포함된다. 이것은 자연스럽게 사회 속에서 빛과 소금의 사명을 다하는 사회적 성화의 행동으로 이어진다. 속회의 영성수련에서도 이렇게 세속성에서부터 분리되는 경건의 선행과 함께 세상 속으로 성육신화해가는 자비의 선행을 동시에 강조하였다.

웨슬리는 오직 믿음만이 성화의 유일한 조건이라고 인용한 "성서적 구원의 길(The Way of Scripture Salvation)"이란 설교 후반부에서 "성화를 위해 선행이 필요한가(necessary to sanctification)?"라고 질문하면서 경건의 선행(good works of piety)과 자비의 선행(good works of mercy)이 성화의 수련을 위해 동시에 필요함을 강조한다. 믿음으로 성화가 시작되지만 믿음의 증가와 계속성을 위해서 선행의 열매가 계속 필요하다는 것이다.[102] 그래서 믿음만이 성화의 조건이 아니라 믿음과 선행(경건의 선행과 자비의 선행)이 함께 성화의 조건임을 강조한다. 한국 감리교회는 이러한 속회의 본래의 목적을 회복해야 한다. 성화훈련을 집중시킬 수 있는 지도자의 영성수련이 무엇보다도 시급하다. 지도자의 훈련이 이루어지지 않았을 때 영국과 미국 감리교회의 속회가 죽어가게 되었는데 한국 감리교회는 이러한 철저한 지도자 훈련에 의한 성화중심의 속회로 돌아가야 한다.

영성수련을 위해서 웨슬리는 매 연회 때마다 은총의 수단(means of grace)을 강조하였다. 다양한 은총의 수단을 활용하여야 인격적으로 영적으로 성숙하여 그리스도를 닮아갈 수 있다는 것이다. 그리고 믿음이 은혜의 선물로 다가오지만, 그 은혜가 임할 때까지 선재적 은총으로 일하는 자유의지를 통하여 은총의 수단, 곧 성경 읽기, 금식, 기도, 선행의 실천 등을 사용할 것을 웨슬리는 강조한다.

> 그리고 행동하기를 배우십시오. 선행을 사모하십시오. 자비의 선행뿐만 아니라 경건의 선행도 열심히 하십시오. 가족기도와 은밀히 하나님께 부르짖는 기도도 노력하십시오. 은밀히 금식하십시오 … 성경을 연구하십시오. 성경말씀을 우리들과 함께 들으며, 또 홀로 읽으며 그리고 그 읽은 말씀을 명상하십시오. 기회가 있을 때마다 성찬에 참석하십시오.[103]

이것을 오해한 모라비안 교도들은 1740년경 웨슬리와 논쟁을 벌이게

---

102) Wesley, "The Scripture Way of Salvation," *An Anthology: John Wesley's Sermons*, (Nashville: Abingdon, 1991), 378-79.
103) Wesley, "On Working Out Our Own Salvation," *The Works*, Vol. 3, 205.

되었다. 모라비안 지도자 몰더(Philip Molther)는 신앙이라는 선물이 다가오기까지 기다려야 하고 모든 외적 선행을 실천할 필요가 없다고 강조하였다. 웨슬리는 이러한 정숙주의(stillness)를 비판하면서 한 여인이 아직 의롭다 함을 얻기 전에 — 거듭나기 전에 — 성찬을 받다가 거듭남을 체험한 사실을 강조하면서, 선재적 은총으로 회복된 자유의지를 통하여 이러한 은총의 수단을 사용해야 함을 강조한다.[104] 웨슬리는 연회 때마다 은총의 수단을 사용할 것을 강력하게 권하고 있다. 한국 교회도 이 은총의 수단을 바로 활용하여 그리스도에게까지 자라가는 영적인 성숙을 이루어야 한다. 은총의 수단에는 일반적으로 성도가 준수해야 할 일반적 은총의 수단(general means of grace),[105] 성경과 교회사의 전통에서 변할 수 없는 제도적 은총의 수단(instituted means of grace),[106] 상황에 따라 변경시킬 수 있는 상황적 은총의 수단(prudential means of grace)[107] 등이 있다.

웨슬리의 구원론의 핵심은 성화다. 특히 웨슬리의 성화론은 믿음과 선행을 통하여 성화를 추구해가는 것이고, 그래서 하나님의 성품에 참여해 가는 것(벧후 1:4), 곧 인격의 변혁(impartation)을 의미한다. 의로움과 거룩함을 추구해야 한다는 것이다(엡 4:24). 웨슬리는 히 12:14을 근거로 거룩함이 없이는 구원의 완성을 이룰 수 없음을 강조한다. 루터 신학에 기초한 모라비안들의 독일 경건주의와 웨슬리 경건주의의 '수동적 영성(imputation)'

---

104) Henry Rack, Reasonable Enthusiast, (Philadelphia : Trinity Press International, 1989), 203-4.
105) 하나님의 현존을 경험하는 것, 계명을 준수하는 것, 십자가를 지는 것, 자기를 부인하는 것 등이다.
106) 기도, 성경읽기, 금식, 성찬, 크리스천 컨퍼런스(Christian conference) 등이다.
107) 찬양, 선행의 실천, 악행의 금지, 가난한 사람과 병자를 방문하는 것, 가난한 사람에게 돈을 나누어 주는 것, 영적 일기쓰기, 기독교 고전을 읽는 것 등이다.

과 '본성적 영성(impartation)'의 차이점을 정리하면 다음과 같다.

첫째, 웨슬리의 경건주의는 독일의 경건주의처럼 루터의 노예의지론에 기초한 수동적·법적 의로움(passive forensic righteousness)과 수동적으로 전가되고 옷 입혀지는 거룩함(imputed holiness)만을 말하지 않고, 동방교회 교부들(Gregory of Nyssa, John Chrysostom, Macarius the Egyptian)과 알미니우스(Jacob Arminius)의 영향으로 자유의지의 역할을 거룩하게 하시는 성령의 은혜의 역사에 대한 인간의 응답으로 강조하는 복음적 신인협조설(Evangelical Synergism)을 주장한다. 또한 능동적·본성적 의로움과 거룩함(active imparted righteousness and holiness)까지 주장한다.

둘째, 독일의 경건주의는 루터의 인간 본성의 비관주의(pessimism of nature)에 기초하여 죽기 전에 완전성화(entire sanctification)가 불가능하다고 보지만, 웨슬리의 경건주의는 당시의 영국 성공회와 로마 가톨릭 회의 신비가들(Jeremy Tayler, William Law, Thomas A Kempis)의 영향과 동방교부들의 영향으로 죽기 전에 완전성화가 가능하다는 은총의 낙관주의(optimism of grace)를 주장한다.

셋째, 독일의 경건주의는 루터의 신앙의인화(justification by faith) 사상에 기초하여 신앙제일주의(solafideism)나 정숙주의(quietism)적 경향을 보임으로써 소극적 선행을 주장하고 사회봉사(social service)의 차원에만 머물렀으나, 웨슬리의 경건주의는 적극적 선행을 주장하고 사회봉사 뿐 아니라 사회변혁(social transformation)의 차원에까지 이르는 사회적 성화(social sanctification)를 전개하였다.

거듭남의 순간에는 겸손하나 온전히 겸손하지 못하며, 성도의 겸손은 자만과 섞여 있다. 거듭난 성도는 온유하나 때때로 분노가 그의 온유를 부숴 버린다. 그의 의지는 하나님의 뜻에 전적으로 용해되지 못한 것이라고 해석한다. 거듭남이 순간적 탄생이라면, 성화는 태어난 아기가 계속 자라는 것과 같다.[108] 그리스도에게 이르기까지 계속 성장하고 성숙하지 아니하면 온전한 겸손, 온전한 온유, 온전한 순종은 불가능하다. 웨슬리는 거듭남과 성화의 관계를 설명한다.

> 감리교인들은 인간이 의로워지는 동시에 성화가 시작된다는 것을 참으로 알고 있었습니다. 왜냐하면 사람이 의롭다 인정받을 때, 그는 '거듭나고,'[109] '위로부터 태어나며,'[110] '성령으로 나는 것'[111]인데, (어떤 이들이 생각하듯) 성화의 전 과정이라고 할 수는 없지만, 그것이 성화의 입구임은 의심할 수 없기 때문입니다. 이와 마찬가지로 하나님께서는 그들에게 충분한 견해를 주셨습니다. 그들은 신생(new birth)이 영혼의 큰 변화를 의미한다는 것을 알고 있었는데, 그것은 사람이 여인에게서 태어날 때 몸을 입고 만들어지듯이, 성령으로 태어난 자 안에서 이루어지는 것으로, 단지 외적인 변화, 술 취함에서 깨어 있는 상태로, 강도 짓이나 절도로부터 정직함으로 바꾸는 것(이는 참된 종교를 알지 못하는 사람들의 불쌍하고도 메마르고 가련한 생각입니다)만이 아니고, 내적인 변화, 즉 모든 불경건함으로부터 모든 경건한 기질로, 교만함으로부터 겸손함으로, 급한 성미로부터 온유함으로, 투정과 불만으로부터 인내와 자기 포기로 바꾸는 것 ─ 한 마디로, 속세의 음란한 악마 같은[112] 마음으로부터 예수 그리스도의 마음으로 바꾸는 것[113]을 말합니다. 고인이 된 아주 유명한 작가가, 신생(新生, regeneration)에 관한 그의 비상한 논문에서, 신

---

108) Wesley, "New Birth," *Works*, V, 74-75.
109) 요 3:3, 7.
110) 요 3:3.
111) 요 3:6, 8.
112) 약 3:15.
113) 빌 2:5.

> 생이란 온전하고도 점진적인 성화의 과정이라고 가정한 것은 사실입니다. 하지만 그것은 단지 성화의 문턱에 불과합니다 – 즉 입구에 해당될 뿐입니다. 자연적인 출생에서 인간이 단번에 태어나서 점차 키가 자라고 힘이 세어지는 것과 마찬가지로, 영적인 출생에서도 인간은 단번에 태어나서, 그 후에 영적인 크기와 힘이 점차 증가하는 것입니다. 그러므로 신생이란 성화의 첫 지점이 되는 것이며, 완전한 날에 이르기까지 점점 더 증가하는 것입니다.
>
> "하나님의 포도원에 관하여(On God's Vineyard)" The Works, Vol. 3, 506-07.

여기서 웨슬리가 어떻게 의인화와 성화의 관계를 해석하는지 몇 가지로 분석 연구해볼 필요가 있다. 웨슬리는 감리교 역사와 교리를 요약적으로 설명하는 "하나님의 포도원에 관하여"에서 의인화와 성화를 비교한다.

> 그런데 이 사람들에게 주어진 큰 축복이란, 그들이 칭의에 대해서 그것이 성화를 대신하는 것으로 생각하거나 말하지 않는 것처럼, 성화에 대해서도 그것이 칭의를 대신하는 것으로 생각하거나 말하지 않은 점입니다. 감리교인들은 전자와 후자를 똑같이 강조하면서 각각에 그 위치를 유지시키는 데 유의합니다. 그들은 하나님께서 이 둘을 함께 맺어주셨지만, 인간이 그것들을 떼놓을 수가 없다는 사실을 알고 있습니다.[114] 그러므로 감리교인들은 동등한 열성과 부지런함을 품고, 한편에서는 자유롭고, 충분하며, 즉각적인 칭의의 교리를 옹호함과 아울러, 다른 한편에서는 마음과 삶에 있어서의 전적인 성화의 교리를 옹호하고 있습니다 – 신비주의자처럼 내적인 성결(inner holiness)을 고

---

114) 마 19:6.

> 집하면서도 바리새인처럼 외적인 성결(external holiness)도 중시하고 있는 것
> 입니다.
>
> "On God's Vineyard," The Works, Vol. 3, 507.

첫째, 의인화는 우리를 위해 객관적으로 그리스도의 십자가의 은총에 주어지는 은총이지만, 성화는 우리 안에서 주관적으로 갱신케 하고 성화케 하는 성령의 은총으로 우리의 본성이 변화받는 은총이다.[115] 다시 말해서 의인화란 십자가에 달리신 그리스도의 은혜로서, 제1 아담의 죄로 진노와 심판의 자녀가 된 모든 인간이 제2 아담 그리스도의 십자가의 희생으로 값없이 의롭다 함을 얻게 된 은총이라 한다면, 성화란 의인화와 동시에 일어나는 거듭남을 계기로 새롭게 태어난 영혼이 내주하시는 성령을 통하여 날마다 성장하고 성숙하여 성화하는 은총이라 하겠다. 곧 의인화는 상대적 변화요, 성화는 실제적 변화이다.[116] 의인화가 우리 밖에서(extra nos) 우리에게 주어지고 전가되는 은총(imputation)이라면, 성화는 우리 안에서(in nos) 우리의 본성이 변화하는 은총(impartation)이다. 의인화가 의롭다고 인정하는 법적 의인화라면, 성화는 의인이 되어가는 것이다. 바리새인처럼 내적 성결의 능력은 없으면서 외적 형식적 성결만 있어서도 안 되고, 신비주의자처럼 외적 성결의 행동은 없으면서도 내적 성결만을 주장해서도 안 된다는 것이다.

둘째, 의인화가 용서함 받는 것이라면, 성화는 사랑이 우리 마음에 성

---

115) Wesley, "Justification by Faith," Works, IV, 56.
116) Wesley, "The Scriptural Way of Salvation," Nature of Salvation, 26.

령으로 부어지는 것이다.[117] 의인화는 용서와 사죄의 다른 표현이다. 영적으로 병든 인간들이 치유 받고 용서함 받도록 영적 의사, 예수 그리스도의 십자가를 통하여 과거의 죄와 허물을 용서하시고, 하나님의 사랑과 의를 보여주시는 사건이 의인화이다. 반면에 성화는 의롭다 함을 얻는 순간부터 시작되는 것으로 성령을 통하여 하나님의 사랑이 부어져서 은혜에서 은혜로 날마다 성장하여 완전한 사랑에 이르기까지 자라는 것이다. 의인화의 은혜를 위해서는 사랑이 필요 없지만, 성화의 과정에서는 사랑이 필요하다. 성화의 단계에서는 사랑의 에너지로 채워지는 믿음, 사랑으로 역사 하는 믿음이(faith working by love) 필요하다.

셋째, 의인화가 하나님과의 관계를 회복하는 것이라면, 성화는 하나님의 형상을 회복하는 것이다. 의인화는 하나님과 원수된 관계에서 화해하여 하나님의 자녀로 용납되어 양자와 양녀가 되는 것이다. 성화는 거기에서 한 걸음 더 나아가 하나님의 성도, 곧 죄악된 본성이 변하여 하나님의 도덕적 형상을 회복하는 것이다.[118] 잃어버린 하나님의 도덕적 형상이란 의로움과 참 거룩함(righteousness and true holiness)이다. 성화케 하시는 성령의 역사로 이것이 가능하다. 앞에서도 언급한 것처럼, 의인화가 관계적·객관적 변화라면, 성화는 실제적·주관적·내면적 변화이다.

넷째, 의인화가 행위의 죄들을 사함 받는 것이라면, 성화는 내면적 죄를 사함 받는 것이다. 의인화의 순간, 과거에 지은 모든 행위의 죄들은 사함 받지만, 죄의 뿌리 혹은 원죄라고 일컬어지는 내면적 죄는 남아서 신자들을 괴롭힌다. 그런데 이 남아 있는 내적 죄악성을 날마다 십자가에 못박

---

117) Wesley, 26.
118) Wesley, "Minutes of Some Late Conversations between The Rev. Mr. Wesley and Others," *Works*, VIII, 278-79.

는 경건의 훈련이 없으면 다시 행위의 죄를 범할 수도 있다. 마치 베드로나 다윗이 실수한 것처럼, 타락할 수도 있기에 두려움과 떨림으로 구원을 이루어야 한다. 따라서 성화의 과정에서 모든 교만, 자기의지, 분노, 불신앙, 욕망 등의 내적 죄악성이 뿌리째 뽑혀야 한다. 웨슬리는 죽기 전에 모든 내적 죄악성이 뿌리뽑힐 수 있고, 제거될 수 있다고 믿는다.[119]

다섯째, 의인화는 오직 믿음으로만(sola fide) 가능하고, 성화는 믿음과 선행으로 가능하다. 믿음만이 의인화의 유일한 조건이다. 이 믿음은 인간적 노력에서 나온 것이 아니고 하나님이 주신 선물이다. 웨슬리는 올더스게이트 이전에는 영국 성공회의 교리대로 믿음과 선행에 의하여 구원 얻기 ― 의인화하고 거듭나기 ― 를 열망하였다. 그러나 신비주의적 노력과 공적으로는 불가능함을 발견하기에 이르렀다. 루터적 신앙의인화를 받아들임으로써 회심을 경험하게 되었다. 또한 율법을 지키는 행위를 통하여 의인화할 수 없음을 확신한다. 전적으로 그리스도의 십자가의 공로만을 믿음으로 의롭다 함을 얻는다. 그러나 신앙의인화를 얻기 위한 행위 ― 기도와 성경 읽기 등 ― 를 무시할 수 없음을 웨슬리는 또한 강조한다. 그러나 그러한 열망과 공로가 구원의 조건이 될 수 없음을 말한다.

성화는 믿음뿐 아니라 행위로 이루어진다. 성화는 믿음으로 시작한다. 그러나 성화의 완성에는 인간의 참여, 곧 선행이 있어야 한다. 따라서 성화의 완성인 마지막 구원은 믿음과 선행으로 성취된다. 그리하여 웨슬리는 의인화의 순간에 그리스도의 의(iustitia Christ)가 주어지고, 전가되는 은총이 다가오지만, 믿음과 선행에 의하여 그리스도의 의가 우리의 본성으로 화하는 은총(impartation), 곧 성화를 받는다고 한다. 이 의로움뿐 아니라 거룩함

---

119) Wesley, 279.

이 성화의 과정에서 전가되고 우리의 본성으로 화하는데 이는 믿음과 선행으로 된다. 바로 이곳에서 웨슬리의 성화개념과 모라비안의 성화개념이 나뉜다. 루터의 신앙제일주의에 기초한 모라비안주의는 의인화를 받는 순간, 성화도 함께 받는다고 주장한다. 그리고 칼빈 자신은 점진적 성화를 강조했지만, 웨슬리 당시의 칼빈주의자들은 즉흥적 성화의 개입으로 이해함으로써 웨슬리와 역시 나뉘게 되었다. 그러나 칼빈 자신에게도 성화가 서서히 점진적으로 이루어지지만 인간의 자유의지적 참여의 선행이 아닌 성령의 역사로서의 선행 — 인간은 노예의지 — 이기에 서서히 전가되는 성화이지 본성이 변하는 성화의 개념이 없다.

웨슬리에게 경건의 선행(works of piety)과 자비의 선행(works of mercy)은 믿음의 연속성과 믿음의 증가를 위해 필요한 것이다. 웨슬리는 루터주의자들 혹은 칼빈주의자들과 더욱 큰 믿음, 더욱 깊은 믿음에 대해서 항상 논쟁했다. 루터주의자들과 칼빈주의자들은 믿음이 의인화의 순간에 한 번 주어지기 때문에 그것이 자라거나 깊어진다는 것이 불가능하다고 보았으나, 웨슬리는 의인화 이후에도 선행에 의하여 계속 자라고 계속 깊어질 수 있다고 생각했다. 또한 구원의 확신을 위해 필요하다. 선행은 믿음의 증거이다. 웨슬리는 믿음의 본질은 내면적이지만, 믿음의 증거는 사회적이라고 이해한다.[120] 선행은 믿음의 증거일 뿐 아니라, 믿음의 열매이다. 참 믿음은 선한 생활로 나타나야 한다. 그러나 웨슬리는 믿음을 근거로 일어나지 아니하는 선행 — 인간 본성의 노력으로 행해지는 펠라기우스적 · 반펠라기우스적 선행 — 을 거부한다. 그러한 도덕적 선행은 구원에 아무런 영향을 미치지 못한다고 해석한다.

---

120) Albert Outler, *Evangelism in Wesleyan Spirit*, (Nashville: Tidings, 1968), 25.

그러나 웨슬리에게 있어서 선행과 사랑은 저절로 맺히는 열매가 아니라, 인간의 자유의지적 참여에 의해 신인협조적으로 이루어지는 행위다. 따라서 웨슬리는 도덕적 행동을 강조하는 산상수훈도 야고보서처럼 중요한 설교 본문으로 선택하였다. 산상수훈 설교는 그의 성화 신학을 잘 표현해 주고 있다. 기록된 그의 설교 152편 중 무려 13편이 산상수훈 해설 설교다. 1739년, 그가 브리스톨에서 제일 처음 옥외 설교를 할 때, 예수님도 예배당 밖 옥외 산상에서 설교하였듯이 자신도 옥외에서 설교한다는 것을 강조하기 위해 산상수훈을 본문으로 선택하여 설교하였다. 특히 그는 산상수훈 강해에서 사회적 성화개념과 지상의 하나님 나라 실현을 아주 강하게 주장하였다.

2. 자유의지와 성화의 관계: 복음적 신인협조설
(evangelical synergism: Divine-human cooperation)

웨슬리는 루터나 칼빈의 신앙의인화(justification by faith) 신학에 철저히 근거하면서도 성화 신학을 루터나 칼빈보다 더욱 발전시켰다. 그의 성화 신학이 루터나 칼빈의 성화 신학보다 행동주의를 더욱 강조하는 이유는 복음적 신인협조설(evangelical synergism)에서 나타난다. 루터나 칼빈에게 있어 성화는 하나님이 성령을 통해서 인간 속에 전권적으로 행하시는 일이기 때문에, 인간은 노예신세이다. 이에 반하여 웨슬리의 성화는 하나님의 성령이 먼저 역사(役事)하지만 거기에 인간이 자유의지로 응답함으로써, 곧 신인협조로 성화가 이루어진다. 신앙의인화는 그리스도의 십자가 은총으로만 이루어지고 그와 동시적으로 일어나는 거듭남도 성령의 내재의 은총으로 되지만, 성화는 믿음(하나님의 선물)과 사랑(인간의 선행적 참여)으로 이루어진다고 웨슬리는 생각한다.

그러나 이 인간의 선행을 가능케 하는 자유의지는 본성적으로 — 자연적으로 — 갖고 태어나는 것이 아니라 선재적(先在的) 은총(Prevenient grace)으로 주어지는 것이다. 그렇기에 펠라기우스나 중세 가톨릭의 반펠라기우스주의의 자유의지론[121] — 본성적으로 자유의지를 갖고 태어남 — 과 다르다. 웨슬리에게 있어서 인간은 모두 원죄를 갖고 태어났다. 그러므로 웨슬리는 펠라기우스주의나 반펠라기우스주의를 모두 비판하는데, 성령의 선재적 은총으로 믿는 성도나 안 믿는 자연인들 속에도 부분적인 자유의지의 회복이 이루어졌다고 해석한다. 이 선재적 은총은 자유의지뿐 아니라 양심과 이성으로도 나타난다.[122] 이 선재적 은총으로 구원받는 것은 아니

---

[121] 펠라기우스주의와 반펠라기우스주의의 차이는 다음과 같다. 펠라기우스주의는 인간의 타락과 원죄와 유아세례의 필요성을 전혀 인정하지 않는 성선설인 데 비하여, 중세 가톨릭을 가톨릭을 지배한 반펠라기우스주의는 인간의 타락과 원죄를 인정하고 유아세례의 필요성도 강조하는 점에서 다르다. 그러나 자유의지가 아담의 타락 이후에도 초자연적 은총으로 인간 본성 속에 남아 있다고 이해하는 점에서는 같다. 그래서 구원에 있어서 인간의 본성으로 갖고 있는 자유의지가 먼저 선행을 실천하고 일하면, 은총이 다가온다는 점에서 같다. 유명한 기독교회사 사전인 『옥스포드 교회사 사전 Oxford Dictionary of the Christian Church』(ed. F.L.Cross, London: Oxford University Press, 1974, 1258)에서 반펠라기우스주의자들을 다음과 같이 정의한다. "구원을 위한 은총의 필요성을 부인하지 않으면서 먼저 크리스천 삶을 향한 첫 단계가 인간의 자유의지에 의해서 이루어지고, 오직 그 후에만 은총이 개입된다는 신학자들의 그룹"(a group of theologians who, while not denying the necessity of grace for salvation, maintained that the first steps toward Christian life were ordinally taken by human will and that grace supervened only later). 그러므로 이것은 인신협조설(human-Divine cooperation)이다.

다. 선재적 은총은 구원의 여명으로서 구원을 향해 — 은총을 향해 — 마음의 문을 열 수 있는 것을 뜻한다.[123] 또한 구원의 은총을 열망하는 열심과 사모하는 마음도 의미한다.

웨슬리는 그의 설교 "성서적 구원의 길(The Way of Scripture Salvation)" 선재적 은총은 하나님이 인간을 사랑하시는 하나님의 열심 100%요, 인간이 하나님을 사모하는 인간의 열심 100%임을 강조한다.

---

[122] Wesley, "On Conscience," *The Works of John Wesley*, (Bicentennial edition), Ed. by Albert Outler, (Nashville: Abingdon Press, 1986), Vol. 3, 481-82. 이하 *The Works*로 표기함. 이러한 것들이 세상에 태어난 모든 사람에게서 발견된다는 사실을 부정할 수 있겠습니까? 지각이 깨어나면서 양심이 드러나지 않습니까? 이성이 깨어나기 시작하면서 양심이 드러나지 않습니까? 비록 선악에 대해 인식하게 하는 상황이 여러 가지로 불완전하기는 하겠지만, 선악에 대한 차이를 인식하게 되는 때는 이때쯤 되지 않겠습니까? 예를 들어 모든 사람이 잘못된 교육의 해악으로 문맹이 되지 않았다면, (희망봉의 주민들같이) 그들의 부모를 공경하는 것이 좋다는 것을 알지 못하겠는가? … '타고난 양심'이 맞는 말 같지만, 엄격하게 말하자면 이 말은 올바른 표현이 아닙니다. 양심은 모든 사람에게서 발견되어지기 때문에, 어떤 의미에서는 '타고난' 것이라고 말할 수도 있습니다. 그러나 '타고났다'고 말하기에는 적절하지가 않습니다. 오히려 그것은 사람의 모든 선천적 자질 우위에 있는 인간의 모든 선천적 자질들을 부여해주신 하나님의 초자연적인 은사입니다. 중요한 것은 타고난 본성이 아니라 하나님의 아들입니다. 그분은 세상에 오셔서 모든 사람을 밝혀주는 '참 빛' 이십니다. 그리고 그의 성령은 여러분이 그분이 주신 빛의 길에서 벗어나 걸어갈 때 거리낌을 느낄 수 있도록 마음 속을 점검하게 하십니다.

[123] 그래서 필자는 선행적 은총이란 용어보다 선재적 은총이란 용어를 더욱 선호한다. 선행(善行)과 혼동하기 쉬운 이유도 있다.

> 본성적 양심이라고 일컬어지는데 보다 적당하게는 선재적 은총입니다. 그것은 하나님께서 이끄시는 모든 이끄심이요, 하나님을 따르고자 하는 인간의 열망입니다. 곧 우리가 열망하면 할수록 그 열망은 더욱 증가하는 것입니다. 또한 선재적 은총이란 하나님의 아들이 세상에 오는 모든 사람을 계몽시키는 참빛을 말합니다. 곧 모든 사람들로 하여금 정의를 행하고, 자비를 사랑하고, 겸손히 하나님과 함께 걷도록 하시는 것입니다. (미 6:8). 이 선재적 은총은 또한 성령도 때때로 모든 사람 속에 역사하시어 깨닫게 하시는 모든 확신입니다. 비록 대부분의 사람들은 성령의 역사를 가능한 한 억누르거나, 후에 잊어버리거나, 부인하기까지 하지만, 선재적 은총은 언제나 모든 사람들에게 주어졌던 것입니다.
>
> "The Scripture Way of Salvation," The Works, Vol. 2, 156-57. 이하 The Works로 표기함.

그러므로 모든 사람들에게, 심지어 타종교인이나 불신자들에게도 선재적 은총은 일반계시적으로 임하지만, 그들이 다가오는 이 은혜를 잊어버리거나 무시하거나 억누르거나 부인하기 때문에 구원에 이르지 못한다는 것이다. 성도들은 이 선재적 은총에 자유의지적으로 마음의 문을 열고 응답함으로써 구원에 이르게 되는 것이다.

셀(Croft Cell)은 그의 저서 『존 웨슬리의 재발견 *Rediscovery of Wesley*』에서 웨슬리를 칼빈적 관점에서(하나님 100%, 인간 0%: monergism) 해석하였다. 인간의지의 노예신세(Servum Arbitrium)를 강조한다. 이러한 셀의 해석을 강하게 비판한 것이 알랜 카페지(Allan Coppedge)이다. 카페지는 캐논(Cannon)과 린드스트롬(Lindstrom)은 신인협조적으로(synergistic) 해석하지만, 셀과 어슨(Ireson)은 하나님만의 에너지(monergistic)로 해석한다고 지적하면서, 신론적으로 해석한다면 하나님만의 에너지로 해석할 수 있고 인간론적으로 해석한다면 신인협조적으로 해석할 수 있다고 설명한다. 그러면서 카페지는 셀이 하나님의 주권과 예정의 관점에서만 웨슬리의 선재적 은총과 완전론을 이해하려고 한 것은 잘못임을 지적하면서, 하나님이 이미 선택의 가능성으로 자유의지를 부여하는 은총을 역사하셨기 때문에 인간은 자유를 가지고 책임적으로 응답할 수 있다는 하나님의 주권과 인간의 자유 사이의 의미심장한 종합적 상관관계로 이해해야 함을 주장한다.[124]

랜디 매독스(Randy Maddox)도 그의 저서 『책임적인 은총 Responsible Grace』에서 셀이 웨슬리를 하나님만의 에너지에 의한 구원을 강조한 사람(monergist)으로 해석한 것을 소개하고, 캐논이 웨슬리를 신인협조설자(synergist)로 해석한 것도 소개하면서, 자신은 웨슬리를 응답하는 은총(Responsible Grace)을 강조한 사람으로 이해한다고 말한다. 하나님이 먼저 선재적 은총으로 다가오신 이유는 의지하고(to will), 행동하도록(to do) 하시며, 하나님이 일하시니 우리도 일하지 않으면 안 되며, 하나님이 일하시니 일할 수 있다고 해석한다. 결국 스타키(Strakey)의 복음적 신인협조설적(evangelical synergism)으로 해석한다.[125]

칼빈에게 있어 성화는 하나님이 성령을 통하여 인간 속에 전권적으로 행하시는 일이기 때문에, 인간은 노예신세이다. 그러나 웨슬리에 있어서는 성도들은 이 선재적 은총에 자유의지적으로 마음의 문을 열고 응답함으로써 구원에 이르게 되며, 이 선재적 은총을 활용함으로써 구원의 여명이 열리게 된다. 그리고 웨슬리는 선재적 은총이 모든 사람에게 임하는 일반계시적 성령의 역사이며 선행을 열망하는 양심적 열심임을 설명한다.

---

124) Allan Coppedge, *John Wesley in Theological Debate*, (Wilmore, Kentucky: Wesley Heritage Press, 1987), 266-69.
125) Randy Maddox, *Responsible Grace*, (Nashville: Abingdon Press, 1994), 91-92.

> 왜냐하면 단순히 자연상태에 머물러 있는 인간이란 하나도 없습니다. 인간이 하나님의 영을 꺼버리지 않는 한 하나님의 은총의 역사 밖에 홀로 있는 사람은 아무도 없기 때문입니다. 살고 있는 사람 치고 보통으로 말하는 자연적 양심을 안 가지고 있는 사람은 없습니다. 그러나 양심이란 것은 자연적인 것이 아닙니다. 이것을 좀 더 정확히 말하면 그것은 선재적 은총입니다. 모든 사람이 많건 적건 이 선재적 은총을 지니고 있습니다 … 인간의 차이는 있지만 인간은 누구나 선행의 열망을 가지고 있습니다. 그리고 좋은 열매를 맺기를 거부하는 사람이 많다고 하여도 이 선행의 열망이 모든 인간에게 있는 것은 움직일 수 없는 사실입니다 … 그러므로 사람이 은총이 없어서 범죄하는 것이 아니라 그가 가지고 있는 은총을 활용하지 않는 까닭에 범죄하는 것입니다.
>
> 존 웨슬리, 김홍기 옮김, "우리 자신의 구원을 이룸에 관하여," 『존 웨슬리의 설교』, (서울: 땅에 쓰신 글씨, 2001), 174.

그러므로 선재적 은총은 하나님을 기쁘시게 하려는 첫 소원을(the first wish)을 포함하여, 그의 뜻을 깨달아 아는 영적 빛이 비추는 첫 여명(the first dawn)이고, 구원과 생명에 이른 어떤 경향성(some tendency toward life, some degree from salvation)이다.[126] 따라서 먼저 성령의 은총의 주도권과 인간의 자유의지적 응답과 참여에 의해 구원이 완성된다. 웨슬리는 이것의 순서가 바뀌면 안 된다고 그의 설교 "우리 자신의 구원을 이룸에 관하여"에서 힘주어 강조한다.[127]

그러나 믿음이 은혜의 선물로 다가오지만, 그 은혜가 임할 때까지 선재

---

126) 『웨슬리의 설교』, 169-170.
127) John Wesley, "On Working Out Our Own Salvation," *The Works*, Vol. 3, 206.

적 은총으로 일하는 자유의지를 통하여 은총의 수단 곧 성경읽기, 금식, 기도, 선행의 실천 등을 사용할 것을 강조한다.[128] 이것을 오해한 모라비안 지도자 몰더는 1740년경 웨슬리와 논쟁을 벌이기도 하였다.[129]

웨슬리는 그의 설교 "우리 자신의 구원을 이룸에 관하여(On Working Out Our Own Salvation)"에서 이러한 인신협조설(인간 50% 하나님 50%)을 비판하면서, 어거스틴의 글을 인용하여 신인협조설(하나님 100% 인간 100%)을 말한다. "우리 없이 우리를 만드신 하나님은 우리 없이 우리를 구원하지 않으실 것이다(Qui fecit nos sine nobis, non salvabit nos sine nobis)"[130] 그러므로 웨슬리는 어거스틴주의자이다. 웨슬리는 어거스틴을 인용하면서 창조는 전적으로 하나님의 의지대로 이루셨지만, 구원은 하나님이 우선적으로 역사하지만 우리와 더불어 구원을 이루어가신다고 강조한다. 우리가 먼저 일하는 것이 아니라 하나님이 먼저 일하시면서, 우리와 더불어 우리의 구원을 이루어간다는 것을 전혀 배제해서는 안 된다. 똑같은 설교 "우리 자신의 구원을 이

---

128) "On Working Out Our Own Salvation," *The Works*, Vol. 3, 205. "그리고 행동하기를 배우십시오. 선행을 사모하십시오. 자비의 선행뿐만 아니라 경건의 선행도 열심히 하십시오. 가족기도와 은밀히 하나님께 부르짖는 기도로 노력하십시오. 은밀히 금식하십시오 … 성경을 연구하십시오. 성경말씀을 우리들과 함께 들으며, 또 홀로 읽으며 그리고 그 읽은 말씀을 명상하십시오. 기회가 있을 때마다 성찬에 참석하십시오.(And learn to do, be zealous of good works, of works of piety, as well as works of mercy. Use your prayer, and cry to God in secret. Fast in secret … Search the Scriptures, hear them in public, read them in private, and meditate therein, At every opportunity be a partaker of the Lord's supper)."
129) Henry Rack, *Reasonable Enthusiast*, (Philadelphia: Trinity Press International, 1989), 203-04.
130) 웨슬리, "우리 자신의 구원을 이룸에 관하여," 176.

룸에 관하여"에서 웨슬리가 아주 좋아하는 성경구절 요 5:17(아버지께서 일하시니 나도 일한다)를[131] 잘 기억해야 한다. 그리고 그 설교 마지막 부분에서 웨슬리는 "우리가 신앙의 선한 싸움을 싸우지 않으면, 날마다 자기를 부인하고 자기 십자가를 지지 않으면, 하나님도 우리를 구원하지 않으실 것이다"[132]를 힘주어 강조한다. 우리의 의지가 응답해야 함을 주장하는 것이다.

선재적 은총을 하나님의 열심으로만 이해해서는 안 된다. 하나님이 인간을 찾아오는 열심 100%뿐만 아니라, 인간이 하나님을 찾아가는 열심 100%도 선재적 은총은 포함하고 있다. 하나님이 먼저 일하시는 이유는 우리로 하여금 의지하도록(to will), 일하도록(to do) 먼저 일하신다고 웨슬리는 강조한다. 먼저 일하셔서 우리도 일할 수 있게 되고, 일하지 않으면 안 된다고 강조한다.[133] 헐만 훈트의 성화 〈문 두드리는 예수님〉에는 문을 여는 문고리가 없는데, 왜냐하면 주님이 열심히 문을 두드리지만 나의 자유의지가 안에서 마음의 문을 열어야 하기 때문이다. 이 성화는 웨슬리의 선재적 은총을 잘 말해주는 그림이다. 뿐만 아니라 모라비안 정숙주의(Quietism)나 신앙제일주의(solafideism)처럼 은총의 수단을 아무 것도 사용하지 말아야 한다는 결론이 나온다. 한국 교회가 부흥회에서 자유의지의 결단을 통하여 은혜를 갈망하는 열심을 강조하고, 다양한 은총의 수단을 사용하도록 주장하는 것은 루터나 칼빈보다 더 웨슬리적 영향을 강하게 받았기 때문이다.

---

131) 웨슬리 지음. 김홍기 옮김, "우리 자신의 구원을 이룸에 관하여," 『존 웨슬리의 설교』, 176.
132) 웨슬리 지음. 김홍기 옮김, "우리 자신의 구원을 이룸에 관하여," 『존 웨슬리의 설교』, 176.
133) 『웨슬리 설교』, 165, 173.

부흥 운동 역사에서 에드워즈(Jonathan Edwards), 피니(C. Finney) 등이 칼빈주의자들이면서도 모두 웨슬리적 결단을 촉구하는 부흥 운동을 강조하였다. 그래서 한국 교회의 부흥 운동도 웨슬리적 결단을 촉구하는 운동으로 발전하여 왔다.

어쨌든 웨슬리는 신자의 자유의지를 강조하면서 어거스틴이나 칼빈의 견인의 은총론을 부정한다. 아무리 의인화와 거듭남의 은총을 받은 성도라도 자유의지에 의하여 떨어질 수도 있다고 해석한다. 웨슬리는 그의 설교 "우리 자신의 구원을 이룸에 관하여"에서 두려움과 떨림으로 구원을 이루어야 함을 강조한다(빌 2:12-13).[134] 하나님이 먼저 일하시니 우리도 일할 수 있고, 하나님이 먼저 일하시니 우리도 일하지 아니하면 안된다.[135] 그 때문에 스스로 섰다고 하는 자는 넘어질까 조심해야 하고, 푯대를 향하여 뒤돌아보지 아니하고 계속 달려가야 한다.

또한 웨슬리는 그의 설교, "하나님으로부터 태어난 자들의 특권(The Great Privilege of Those Who Are Born of God)"에서 타락의 가능성을 더욱 강조하고 있다. 죽음과 지옥보다 우리를 넘어지게 하고 타락케 하는 죄를 더욱 무서워해야 한다는 것이다. 그는 권면 한다. "높은 데 마음을 두지 말고 두려워하라."[136] 우리 영혼이 하나님께 반응을 보이지 아니하면 하나님도 우리 영혼 속에서 계속 행동하지 않으신다(God does not continue to act upon the soul unless the soul reacts to God).[137] 또한 우리 영혼이 하나님을 향하여 호흡

---

134) Wesley, *Works*, VI. 508-510.
135) *Works*, VI. 508-10.
136) *Works*, VI. 513.
137) *Works*, V.(웨슬리 설교 19번), 233. 그리고 John Wesley, "The Great Privilege of Those Who Are Born of God," *The Nature of Salvation*, (Minneapolis: Bethany House Publishers, 1987), 84.

하지 아니하면, 그분께 우리의 사랑과 감사와 기도를 돌리지 아니하면, 하나님도 우리 영혼을 향하여 계속 호흡하지 아니하실 것이라고 경고한다.[138] 성령의 인도하심과 경고하심에 따라 끊임없이 기도하고, 찬양하고, 감사하고, 사랑하여야 한다. 예를 들면 베드로가 세 번이나 예수님을 모른다고 한 것, 바나바가 성령의 뜻을 거스르고 조카, 마가 요한을 데리고 가려 함으로써 바울과 나뉘어진 것처럼, 성도도 타락할 수 있다는 것이다.[139] 사랑으로 역사하는 믿음과 기도로 우리는 모든 외적 죄악과 내적 죄악을 배제할 수 있다. 그런데 성령의 경고와 탄식을 외면할 때 점점 내적 죄악에 빠져들고, 신앙도 사랑도 상실하게 되고, 급기야 외적 행위의 죄들까지도 범할 수 있다고 웨슬리는 경고한다. 그 예로 베드로가 이방인과 함께 식사하다가 바울을 비롯한 유대인들이 들어오니까 일어난 경우를 든다.[140] 가장 적절한 예로 다윗을 또한 언급한다. 다윗이 밧세바와 간음죄를 범한 것과 그녀의 남편을 살해한 죄를 범한 것을 지적한다.[141]

웨슬리는 은혜에서 행위의 죄로 떨어지고 타락하는 여덟 단계를 말한다. (1) 죄를 범하지 않는 은혜의 생활, (2) 유혹이 일어나기 시작하는 것, (3) 하나님의 성령이 죄가 가까이 있다고 경고함, (4) 유혹에 넘어가기 시작함, (5) 성령이 탄식하지만, 신앙이 약해지고 하나님께 대한 사랑이 어두워짐, (6) 성령이 "이것이 바른 길이다. 그 속에서 걸어라"고 날카롭게 질책함, (7) 성령을 통한 하나님의 성화 훈련의 음성을 듣지 아니하고 유혹자의 즐거운 음성에 귀를 기울임, (8) 신앙과 사랑이 완전히 떠날 때까

---

138) Wesley, *The Nature of Salvation*, 83.
139) Wesley, 84.
140) Wesley, 80.
141) Wesley, 79.

지 악한 욕망이 그의 영혼 속에 들어오고 퍼져서, 마침내 외적 행위의 죄들을 범하게 되고 주님의 능력이 완전히 그를 떠나게 된다.[142]

웨슬리는 우리의 품속에 누워 있는 들릴라에 대항하여, 악한 본성에 대항하여, 항상 깨어 있어야 한다고 했다. 하나님의 전신갑주를 입어야 한다.[143] 오직 그리스도의 십자가를 통해서만 우리 마음 속에 남아 있는 모든 죄악성으로부터, 우리의 말과 행동이 모든 불의에서 깨끗케 된다. 인간으로는 불가능하나 오직 그리스도 ― 참 인간이며 참 하나님이신 ― 만이 모든 것을 가능케 한다. 우리 영혼을 사랑하시는 위대한 의사 그리스도만이 우리를 깨끗케 하실 수 있다. 때문에 그리스도의 삶과 죽음과 부활을 믿는 우리의 믿음과 회개를 통해서만 성결을 받는다. 회개와 신앙이 우리의 구원의 출발일 뿐 아니라 구원의 계속적인 성장으로, 하나님 나라로 이르게 한다.[144] 그러므로 오직 그리스도 안에서 구원이 시작되고 계속 성장하고 완성된다. 이 때문에 죽기 전에 온전한 성화를 이루었다고 할지라도 계속 그리스도의 속죄의 보혈을 필요로 한다. 그리스도의 의로움과 거룩함의 형상을 이루기까지 계속 회개가 요청되는 것이다.[145]

웨슬리는 로마서 7장을 주석하면서, 사도 바울처럼 의롭다 함을 얻은 신자에게도 은총과 본성, 육체와 영, 성령의 소욕과 육체의 소욕 사이에 갈등이 있음을 지적한다. 속 사람은 원하지 않지만, 겉 사람이 악을 행하게 됨을 탄식한다고 보았다. 즉 의로워진 사람도 범죄 가능성(posse peccare)이 남아 있다고 해석하고 있다. 은혜 받기 전에 '갇혀 있던 자유의지(liberum

---

142) "The Great Privilege of those that are Born of God," *The Works*, Vol. 1, 440.
143) Wesley, *Works*, V. 156.
144) Wesley, 166-168.
145) Wesley, 168.

arbitrium captivatum)'가 해방되어 범죄 가능성과 죄짓지 않을 가능성(posse non peccare)을 동시에 갖게 된다고 어거스틴이 본 것처럼, 웨슬리도 자유의지의 회복을 해석한다. 그러나 루터와 칼빈은 은총 받기 전에는 악령의 노예이지요, 은총 받은 이후에는 성령의 노예이지라고 해석하기에 자유의지를 인정치 않는 점에서 마니교적, 혹은 스토아적 운명론의 경향을 띤다는 비판을 받기도 한다.

로마서 7장의 인간 실존의 갈등에 대한 웨슬리의 해석은 흥미롭다. 이 본문을 성령으로 거듭나기 전의 상태라고 해석하는가? 아니면 거듭난 이후의 상태라고 해석하는가? 그리스도의 십자가 사건으로 의롭다 하심의 은총을 받기 이전의 상태인가? 의롭다 하심을 받은 이후의 상태인가? 이 본문은 역사적으로 논쟁의 대상이 된 본문으로 바르트와 불트만의 논쟁 이슈가 되기도 했다. 웨슬리는 이 본문을 양면적으로 해석한다. 의롭다 하심을 얻고 거듭나기 전의 인간의 실존 상태를 묘사할 때는 '율법 아래 있는 인간(man under the law)'이라고 표현한다. 율법을 깨닫기 전에 '본성적 인간(natural man)'으로 살 때는 자신의 욕망을 따라 사는 인간이었다가 율법을 통해 자신의 죄를 깨달으면, 하나님이 두렵고 떨리는 심판주로 등장하기 시작하여 죄의식을 깊이 느끼며 탄식하게 된다. 그러나 죄에서 해방되지 못하고 죄의 노예가 되고 죄의 종이 될 뿐이다. 그래서 '오호라, 나는 곤고한 사람이로다'라고 괴로워하는 공포와 전율이 찾아온다.

그것은 키에르케고르의 '도덕적 실존'과도 유사한 해석이다. 키에르케고르 역시 '미적 실존' 속에서는 돈판처럼 욕망과 향락을 즐기다가 도덕적 실존이 되면서 도덕적·율법적 명령에 의해 자신의 추악함을 발견하면서 죽음에 이르는 병, 곧 절망에 빠지게 된다고 해석한다. 이 사망의 몸에서 구할 자가 아무도 없음을 발견하게 된다. 그래서 웨슬리와 키에르케고르는 '은혜 아래 있는 인간(man under the grace)'과 '종교적 실존' 속에서 해방을 선언한다. 오직 믿음의 도약으로만 죄와 사망의 법에서 해방되어 성령의 충만함을 받아 성령의 내적 확증을 통해 양자와 양녀되었음을 확신하게 되고 생명의 성령의 법의 요구를 따라 성화된 삶을 살게 된다. 그러나 십자가의 은총을 믿음으로 의롭다 함을 얻게 되었고 성령의 능력으로 거듭났다 할지라도, 오늘 본문과 같은 실존적 상황이 또다시 찾아올 수 있다는 것이다. 의롭다 함을 얻는 순간, 모든 말과 행위의 자범죄(actual sins)에서 해방되었고 죄의식(guilt)에서 자유함을 얻었다 할지라도, 거듭나는 순간 내적 죄악성(inner sin, roots of sin, original sin)이 파괴되기 시작하므로 이제는 더 이상 죄의 능력(power of sin)이 나를 지배하지도 않고 다스리지도 않고 컨트롤하지도 않을지라도, 죄악성(inner sin)이 계속 남아서(remain) 내 속에서 나를 괴롭힌다는 것이다.

두렵고 떨림으로 구원을 이루지 않으면, 스스로 섰다고 하는 자는 넘어질까 조심하지 않으면, 천국을 침노하지 않으면, 날마다 십자가를 지고 자기를 부인하지 않으면, 하나님의 손을 굳게 붙들지 아니하면, 항상 내적 죄악성이 다시 자범죄를 저지르도록 실수할 수 있고 심지어 다윗처럼, 가롯 유다처럼, 베드로처럼 타락할 수도 있다고 웨슬리는 경고한다. 까닭에 항상 날마다 자신의 욕심을 비우고, 자신의 교만을 비우고, 자신의 거짓을 비우고 예수님처럼 빈 마음(singleness and simpleness)을 만들지 않으면 우리의 영적 생활이 진보할 수 없고 성장할 수 없다는 것이다.

웨슬리는 분명히 칼빈의 한계를 넘어선다. 성화의 행동은 칼빈처럼 하나님 100%, 인간 0%로 되는 것이 아니라, 하나님 100%, 인간 100%로 됨을 강조한다. 요한복음 5장에 근거하여 하나님이 일하시니 나도 일한다. 성령이 100% 일하면 나도 100% 일할 수 있다. 성령이 100% 일하시니 나도 100% 일하지 않으면 안 된다. 그리고 행함은 우리의 상급을 위해서만 필요한 것이 아니라 우리의 구원을 위해서도 필요하다고 해석한다. 구원의 출발은 믿음으로 되지만, 구원의 완성은 믿음과 행함으로 된다고 강조한다. 다시 말해서 우리의 믿음이 성숙해지고 우리의 믿음이 완전해지기 위해서 행함이 필요하다는 것이다. 그러므로 보다 풍성한 영성, 보다 성숙한 영성, 보다 완성된 영성을 위해서는 행함 있는 믿음이 요청되는 것이다.

3. 성화의 사회적 요소: 사회적 성화 운동을 통한 민족개혁

웨슬리의 성화는 개인적일 뿐 아니라 사회적이다. 웨슬리는 '사회적 성화가 아닌 성화를 모른다고 하며 사회적 종교가 아닌 기독교를 모른다'고 말한다.[146] 웨슬리는 산상수훈의 빛과 소금 구절을 강해할 때, "기독교는 기본적으로 사회적 종교이다. 기독교를 고독한 종교로 바꾸는 것은 참으로 기독교를 파괴시키는 것"이라고 말했다.[147] 웨슬리는 내면적 경건과 사회적 개혁, 인격적 성결과 사회적 성결의 생동감 있는 조화를 그의 『찬송가 서문 Hymns and Sacred Poems』(1739년 출간)에서 밝히고 있다.

> 고독한 종교는 복음서에서 발견되지 않는다. 거룩한 고독은 '거룩한 간음행위' 이상이 아님을 복음은 강조한다. 그리스도의 복음은 사회적 종교(social religion)가 아닌 종교를 모른다. 사회적 성결(social holiness)이 아닌 성결을 모른다. 사랑으로 역사하는 믿음은 크리스천의 완전의 길이와 넓이와 깊이와 높이를 더하여준다. 참으로 그의 형제들을 말로만 아니라 그리스도께서 사랑하신 것처럼 사랑하는 자는 선행들을 열망하지 않을 수 없다. 그는 그의 영혼

---

146) *Works*, XIV. 321.
147) *Works*, V. 296.

> 속에서 선행들을 실천하기 위해 타오르는 끊임없는 갈망이 이글거리고 있음을 느낀다. 그의 주님처럼 매사에 선을 행하려고 노력한다.
>
> Rupert Davies & Gordon Rupp, "Preface of Hymn and Sacred Poems, 1739", *A History of the Methodist Church in the Great Britain*, Vol. 5, (London: Epworth Press, 1965), 33.

그러므로 감리교회는 어떤 새로운 종파를 만들기 위해서 하나님의 부르심을 받은 것이 아니라 '교회를 개혁하기 위해서(to reform the church)', '민족을 개혁하기 위해서(to reform the nation)'라고 웨슬리는 힘주어 강조한다.148) 교회개혁과 민족개혁이 감리교 정신이다. 기독교를 은둔자의 종교, 기도하고 명상하는 종교로만 만드는 것은 기독교를 파괴시키는 행위로 본다. 웨슬리는 사회적 성화 운동을 통하여 영국 민족을 개혁하는 것이 감리교회를 부르신 하나님의 목적임을 매 연회 때마다 강조하였다.

그래서 웨슬리 신학자 아우틀러(Albert Outler)는 수직적이고, 내면적인 구원만을 강조하고 개인적 성화만을 강조하는 것은 불건전한 복음주의(unhealthy evangelism)라고 해석하고, 개인적 성화와 사회적 수평적 외향적 성화를 모두 강조하는 것은 건전한 복음주의(healthy evangelism)라고 해석하면서 웨슬리의 사상은 바로 건전한 복음주의라고 풀이한다.149) 웨슬리에게 있어서 신앙의 본질은 내면적이지만, 신앙의 증거는 사회적이라고 아우틀러는 해석한다.150) 웨슬리는 '마음의 성결과 생활의 성결(holiness of heart and life)'을 강조하고, '내적 성결과 외적 성결(inner and outward holiness)'을

---

148) *Works*, VIII, 299.
149) Albert Outler, Evangelism in Wesleyan Spirit, (Nashville: Tidings, 1971), 25.
150) Outler, Evangelism in Wesleyan Spirit, 26.

강조한다. 마음의 성결과 내적 성결은 인격적 성결을 말하고, 생활의 성결과 외적 성결은 사회적 성결로 연결된다.

웨슬리의 개인적 성화는 성결적 요소로서 히브리어 카도쉬(kadosh)와 희랍어 하기오스(αγιοσ)로 표현된다. 곧 세속성과 죄악성으로부터의 분리와 성별을 뜻한다. 그것은 외적 행위죄들(actual sins)뿐 아니라 내적 죄(inner sin)까지도 사함 받는 죄 없음의 경지에 이르는 것이다. 둘째로 웨슬리의 사회적 성화는 성육신적 요소(incarnational factor)로서 세속성으로부터 분리된 성별의 힘을 갖고 세속을 찾아가는 성육신의 참여, 곧 사랑의 적극적 행위를 세상 속에서 실천하여 세상의 빛과 소금이 되는 것이다. 그러니까 성결은 소극적 성화의 방법이고 사랑은 적극적 성화의 방법이다. 행함이 없는 믿음은 죽은 것이요, 사랑의 에너지로 채워지는 믿음 ― 사랑으로 역사하는 믿음 ― 이 산 믿음이다.

뿐만 아니라 그 당시의 사회적 성화 운동이 어떻게 역사적으로 일어났는지를 살펴볼 때 더욱 분명하여진다. 1738년 올더스게이트 체험을 한 웨슬리는 1739년 브리스톨 탄광지역의 광부, 농부, 노동자들 곧 민중들을 찾아가 다양한 사회적 성화 운동을 전개하였다. 웨슬리의 사회적 성결과 사회적 성화정신은 이론으로만 끝난 것이 아니라 그 당시에 다양한 사회봉사(social service) 운동과 사회변혁(social transformation) 운동으로 나타났다. 먼저 사회봉사 운동부터 살펴볼 필요가 있다. 웨슬리는 1741년부터 병자 방문을 시작하였다. 4천명의 런던 감리교인들을 모아놓고 누가 병자를 방문하는 일에 기쁨으로 나설 것인가 물을 때, 그 다음 날 아침에 많은 사람들이 지원했으나 웨슬리는 46명만을 선출하여 런던 시를 23개 지역으로 나누어 일주일에 세 번씩 각 지역 병자들을 방문하도록 하였다.[151]

---

151) Oscar Sherwin, *Friend of People*, (New York: Twayne Publishers, 1961), 131.

웨슬리는 아마추어 의사노릇을 하였다. 1747년 『원시 의학 *Primitive Physic*』을 저술하였는데, 병, 증상, 상처를 289가지 표제들로 알파벳 순으로 정리하여 829문단들로 설명한 책자였다. 1828년까지 23판이나 출판되었으며, 미국에서도 1764년부터 1839년 사이 7판까지 인쇄되었다.[152] 웨슬리는 건강을 위해, 첫째 풍부하고 신선한 공기를 마시고, 둘째 소박한 음식을 먹고, 셋째 매일 운동에 힘쓰며, 넷째 정신적으로 기뻐하고 만족한 생활을 영위하기를 강조하였다. 1740년에서 1820년 사이에 런던의 5세 이하의 아이들 사망율이 74.5%에서 31.8%로 줄어드는 데는 웨슬리의 영향이 크게 작용하였다.[153] 웨슬리는 무료 진료소도 만들었다. 1746년 가난한 병자들을 돕기 위하여 영국에 무료 의료진료소를 열었는데 외과의사, 마취과의사가 도왔고 특별히 설교가이면서 의사인 화이트헤드(Dr. Whitehead)가 도와주었다. 1746년 12월 5일 처음 시작할 때 환자 30명이 왔는데 세 달도 못되어 5백 명으로 늘어났고 8년 동안 계속 환자수가 늘어났다. 결국 경제적으로 감당할 수 없게 되어 1754년에 문을 닫게 되었다.[154]

웨슬리가 시도한 또 다른 인도주의적 행동은 나그네 친구회(Strangers' Friendly Society)로 나타났다. 이 기구는 1785년 런던에서 감리교도에 의해 조직되었고 웨슬리의 협조를 얻었다. 초대 감리교회는 집 없는 나그네들을 위해 이 기구를 조직하였고 친구 없는 나그네, 병자, 가난한 사람을 위해 봉사했는데 영국 전역에 감리교 신도회가 설립되는 곳마다 이 봉사센터도 세워지게 되었다. 맨체스터만도 이 봉사센터를 통해 6,403파운드로 12년 내에 6만 명 이상을 도와주게 되었다.[155] 웨슬리는 1748년 킹스우드

---

152) Sherwin, 135.
153) Sherwin, 138-39.
154) Sherwin, 132.

(Kingswood)에 세운 학교는 가난한 집 자녀들을 위한 기숙사가 있는 학교로서 전혀 교육비를 부담하지 않게 하였다. 웨슬리는 그의 백성들을 괴롭히는 경제문제에 대한 더욱 장기적인 해결책을 모색하기 위해 신용조합을 설립하여 이자 없이 돈을 빌려주는 제도를 만들었다. 이 프로그램은 1747년에 시작하여 여러 해 동안 계속되었는데 이 신용조합을 이용하여 감리교도 중에 큰 책방을 만드는 데 성공한 경우도 있었다. 1746년 시작한 신용조합은 20페니 이상을 3개월 안에 무이자로 갚게 하였는데 1년 안에 250여 명이 도움을 받았다.[156]

웨슬리는 사회봉사뿐만 아니라 사회구조변혁을 일으켰는데, 아주 구체적인 조직적 운동으로 발전한 것은 노동조합 운동이라고 볼 수 있다. 영국에서 인류 최초의 산업혁명이 일어났고, 그로 인한 노동자들의 인권문제를 해결하기 위한 노동조합도 영국에서 최초로 탄생하였다. 인류 최초로 형성된 이 노동 운동이 감리교도들에 의해 시작된 것이었다. 1831년 산업노동자를 중심으로 한 '전국노동조합(National Union of Working Classes)'이 런던을 본부로 결성되어 처음에는 산업노조(trade union)로 시작하였으나, 나중에는 정치노조(political union)로 발전하였다. 1831년 "영국과 아일랜드의 대 연합 산업노동조합(The Grand Consolidated Trade Union of Great Britain & Ireland)"이 결성되었다. 런던의 광부 노동 운동 대표 12명 중 9명이 감리교 설교가들이었다.[157] 감리교도들은 감리교의 깃발을 포기함 없이 노동조합 운동의 깃발을 들었다.[158] 농부 노동조합도 감리교 설교가들과 지도자들인 제임스

---

155) Sherwin, 133.
156) Sherwin, 132-33.
157) Robert Wearmouth, *Methodism and the Working-class Movements of England 1800-1850*, (London: The Epworth Pess, 1947), 186-87.
158) Wearmouth, 204.

러브리스(James Loveless), 조지 러브리스(George Loveless), 조지 로메인(George Romaine) 등이 농부들을 의식화하고 조직화하였다. 농부노조도 역시 감리교처럼 가입비 1실링과 매주 회비 1페니씩 냈다.[159] 이런 격동과 전환의 시대에 감리교가 적극적으로 광부, 노동자, 농민의 사회 속에 참여함으로써 처음에는 박해를 받아 신도들이 줄어들기도 하였으나 1850년의 교인수는 1800년보다 여섯 배로 증가하였다. 감리교 예배당은 광부, 노동자, 농민들로 가득 차게 되었다. 그들은 조직화의 기술, 협동행동의 중요성, 친교의 기쁨 등을 배웠다.[160]

웨슬리는 여성해방 운동에도 앞장섰다. 크로스비(Sarah Crosby)는 웨슬리가 비공식적으로 — 연회 차원이 아닌 웨슬리의 개인적 차원에서 — 설교를 허용한 최초의 여성 평신도 설교가였다. 또한 보상켓(Mary Bosanquet)은 그녀의 남편이 죽은 후에 남편이 목회했던 매델리(Madely) 교구에서 설교하기 시작하였다. 웨슬리는 그녀의 소명을 하나의 '특수한 부르심(extraordinary call)'이라고 받아들였다.[161] 마침내 여성 설교가들의 공식적 인정은 말렛(Sarah Mallet)의 경우로부터 시작되었는데, 1787년, 맨체스터연회에서 그녀를 전적으로 지지하고 인정하게 되었다.

웨슬리는 1774년 "노예제도를 논박함(Thoughts Upon Slavery)"을 써서 본격적으로 노예제도를 공격하였다. 웨슬리는 이 논문에서 노예제도를 정당화하는 성서 인용을 의도적으로 거부한다. 미국의 남북전쟁 당시에 정치적·사회적으로 노예제도를 주장하는 사람들은 웨슬리의 이 논문을 지지

---

159) Wearmouth, 216-17.
160) Wearmouth, 220-21.
161) Wearmouth, 150.
162) Wearmouth, 46.

하지 않았다.[162] 이러한 노예제도의 개혁을 주장하는 웨슬리의 외침은 가히 혁명적이다. 셈멜(Bernard semmel)은 그것을 "감리교 혁명"이라고 부르며 그의 책이름도 『감리교 혁명 Methodist Revolution』이라고 하였다.[163]

웨슬리는 1739년 봄부터 런던과 브리스톨 감옥에서 복음 설교와 죄수 상담목회를 동시에 실천하였다. 그는 죄수들과 개인적인 대화를 수없이 많이 나누었다. 특별히 사형수들과 함께 기도하고 그들의 비참한 운명을 함께 아파할 뿐 아니라 그들을 회개시키고 영생으로 인도하였다. 다른 감리교도들은 웨슬리의 모범을 따랐고 1743년부터 죄수들을 방문하는 것을 감리교의 사회활동을 방향짓는 감리교 신도회의 원칙으로 삼았다.[164]

웨슬리의 사회적 성화를 미국적 상황에서 잘 발전시킨 학자들로 해리스 롤(Harris Franklin Rall: 1870-1964), 알버트 누드슨(Albert Knudson: 1897-1953), 에드가 브라이트만(Edgar S. Brightman: 1884-1953) 등이 있었고, 미국의 웨슬리 신학의 대가 알버트 아우틀러(Albert Outler)가 그의 저서 『웨슬리 정신의 복음주의 Evangelism in Wesleyan Spirit』(1971)에서 사회적 성화론을 잘 발전시켰으며, 러년(Theodore Runyon)은 이러한 웨슬리의 사회적 성화 사상을 현대의 해방 운동과 연결시켜서 1977년 영국 옥스퍼드 대학교 링컨 대학에서 있었던 제6차 감리교 신학연구에 관한 옥스퍼드 대회에서 발표된 논문들을 모아서 『성화와 해방 Sanctification and Liberation』이란 주제로 책을 편집하면서, 제임스 콘(James H. Cone)은 흑인 신학적 입장에서, 보니노(Jose Miques Bonino)는 남미해방 신학의 입장에서, 하데스티(Nancy A. Hardesty)는 여성 신학의 입장에서 웨슬리의 성화 이해와 하나님나라 이해는 자유와 해방을 누리는 것임을 강조하기에 이르렀다. 제닝스(Theodore Jennings)는 『가난한 자

---

163) Wearmouth, 47.
164) Wearmouth, 82.

를 위한 복음 *Good News to the Poor*』에서, 믹스(Douglas Meeks)는 『가난한 자의 몫』에서 복음적 경제윤리와 대안적 경제윤리가 자본주의의 모순을 넘어서려고 애쓰며, 사회주의의 약점을 극복하는 제3의 대안적 경제를 제시하고 있음을 강조하고 있다. 이러한 경제제도의 구조적 개혁을 강조한 웨슬리의 논문은 "식량의 현재적 궁핍에 관하여 논함(Thoughts on Present Scarcity of Provisions)" 논문이다.

웨슬리의 이러한 사회적 성화 운동은 지상의 천국 실현의 희년 운동으로 발전한다. 그의 천국 사상은 루터와 칼빈의 천국관을 수용하면서도 루터와 칼빈을 능가한다. 루터는 어거스틴적, 중세 가톨릭적 무천년설(amillenium)을 받아들였다. 역시 요한계시록 20장의 천년 왕국을 역사의 마지막에 도래하는 것이 아닌 오늘의 교회로 이해하였다. 그러면서도 중세 가톨릭과는 다르게 하나님나라의 도래를 기대하였다. 로마 가톨릭은 교회를 영광스럽게 찬양하고 세속 권력 위에 군림한 공동체로 이해하였으나, 루터는 하나님의 교회의 숨어계심과 섬기는 형태를 강조하였다.[165] 중세 교회는 그리스도와 더불어 세속을 통치하는 것을 강조하였으나, 루터는 그리스도처럼 세속 속에 성육신하는 것을 주장했다. 중세 교회는 하나님을 영광과 능력 중에 계시는 분으로 이해하였으나, 루터는 십자가의 고난 속에 계시는 분으로 이해하였다. 하나님을 올바로 이해하는 길은 창조세계에 나타난 하나님의 위엄과 영광이 아니라 십자가 위에서 피 흘리기까지 사랑하신 아픔과 수난 속에서만 가능하다고 보았다. 중세 교회는 그리스도를 세속 문화와 정치 위에 군림하는 분으로 이해하였으나, 루터는 그리스도를 가난한 자, 비천한 자, 겸손한 자, 소외된 자 속에서 아파하시고 그들을 높

---

165) Paul Althaus, *The Theology of Martin Luther*, tr. by Robert C. Schultz, (Philadelphia: Fortress Press, 1979), 419.

이시는 분으로 마리아 찬양 주석에서 해석하고 있다.[166]

    루터의 그리스도는 역사 변혁자(transformer), 교회 변혁자이시다. 루터는 교황청을 교회 안에 있는 적 그리스도요, 사탄이라고 보았다.[167] 그는 중세 기독교 사회를 위협하는 셀주크 터키족이나 마호멧을 적 그리스도로 보지 않고 교황청을 적 그리스도, 교회 안에 앉아 있는 아름답고 영광스러운 악마라고 지적하였다.[168] 종교개혁 시대의 크리스천들은 분명한 역사의식을 갖고 세계사의 한복판에 서 있는 그들의 위치를 바로 알았다. 그러한 역사의식 속에서 마지막 그리스도의 날을 기다렸다. 그 날은 사탄을 정복하는 기쁨의 날이었기에 가장 즐거운 마음으로 기다리는 초대 교회의 희망을 회복하였던 것이다. 중세 교회 교인들은 최후의 날을 분노와 심판의 날로 두려워하였다. 초대 성도들과 종교개혁 시대의 개신교 성도들은 가장 즐겁고 행복한 날로 기다렸다. 그러나 루터의 기다림은 역사의식을 상실한 묵시문학적 몬타니즘적 기다림이 아니었다. 루터는 종말론적 사건을 현재의 역사의 한복판에서 일어나는 사건으로 생각하였다. 그래서 내일 종말이 온다고 해도 한 그루의 나무를 심는 심정으로, 세속 직업 속에서 성실한 직업인이 되어야 함을 강조하였다. 어떠한 직장이나 사업이라도 그것이 하나님이 나에게 맡겨 주신 소명(vocation)이라고 생각하여 그 일터에서 하나님께 영광을 돌려야 한다고 역설한다. 따라서 루터는 야고보서와 함께 요한계시록을 평가절하하였다. 루터에게 있어서 교회가 하나님의 오른손 왕국이라면 국가는 하나님의 왼손 왕국이다. 국가를 악마적 세속 도시로 보지

---

166) Martin Luther, *Luther's Works*, Vol. 31, American Edition, (Philadelphia : Fortress Press, 1979), 419.

167) Martin Luther, *Luther's Works*, Vol. 21, 297-358.

168) *LW*, 37, 367.

않았다. 정의를 실현하기 위해 하나님이 왼손으로 쓰시는 왕국이다. 그런가 하면 교회는 사랑을 실현하기 위해 하나님이 오른손으로 쓰시는 왕국이다. 따라서 교황이 세속 왕국에서 손을 떼고 영적인 일 — 오른손 왕국의 일 — 에만 관여하도록 정치와 종교의 분리를 주장한 것은 잘한 일이다. 그러나 국가의 모든 권력은 하나님께로부터 나왔기에(롬 13장), 그것이 악하고 불의한 권세라 할지라도 무조건 복종해야 한다는 두 왕국설은 히틀러의 파시즘 통치 하에서도 독일 교회를 무기력하게 만들었다.

그러나 칼빈의 경우는 다르다. 칼빈도 정치와 종교의 영역이 구분되고 그러면서도 상호 협력 관계에 있음을 강조하고 세속 권력에 복종해야 함을 말했으나, 두 가지 예외가 있다. 최고 권력을 가진 왕이 불의를 행하였을 때 그 밑에 있는 관리들(lower magistrates)이 백성의 편에 서서 백성을 대변하여 그 불의와 악을 고발하고 정의를 외쳐야 함을 역설하였다.[169] 또한 두 번째 예외는 그리스도의 계속적인 왕권에 근거하고 있다. 그리스도가 역사의 주님이요, 왕이기에 그리스도의 법과 뜻에 거스르는 시민법을 요구하거나 강요할 때 복종을 거절하지 않으면 안 된다고 강조한다.[170] 때문에 칼빈은 루터보다 더욱 적극적으로 하나님의 뜻이 실현된 하나님 나라를 역사 속에 실현하는 행동주의를 강조했다. 그래서 제네바 시가 구약의 신정정치(theocracy)가 실현되도록 철저한 성화 생활의 규범(discipline)을 요구하고 가르쳤다. 루터에게는 율법이 죄를 깨닫게 하는 역할밖에 없었지만, 칼빈은 성화를 위해 성도를 채찍질하는 율법의 적극적 역할(positive function)[171]을 강조하는 율법의 제3의 용법을 주장하였다. 제1차 제네바 시 성화 운동은

---

169) John Calvin, Institutes, IV. xx, 32.

170) Institutes, IV. xx, 32.

171) Institutes, II. xx, 12.

실패했으나, 1541년부터 다시 시작한 제2차 성화 운동은 성공하였다. 제네바 시에 하나님의 통치가 이루어지는 신국 실현 운동에 승리한 셈이다. 또한 한 개인이 성화된 크리스천의 삶을 세속 직업 속에서 실현할 것을 강조하였다. 어떤 세속 직업이든지 그것이 하나님이 나에게 맡기신 소명이라고 확신하고 그 직업 속에서 하나님의 영광을 드러내며, 그 직장을 거룩하게 성화시켜 천국을 만드는 생활을 할 것을 강조하였다. 루터의 직업의식 — 소명의식 — 보다 더 철저하였다. 루터는 성실한 직업인이 될 것을 강조했으나, 칼빈은 그 직장을 성화하고 하나님나라로 만들 것을 주장한다. 이러한 소명의식은 근면, 검소, 절약의 생활을 이룩하며 마침내 칼빈의 엄격한 소명의식과 직업관이 자본주의를 발전시키는 정신적 기반이 되었음을 역사가 증명하고 있다. 특히 베버(Max Weber)가 그의 저서 『개신교 윤리와 자본주의 정신』에서 강조하였다. 그러므로 칼빈의 하나님 나라 이해는 초월적·내세적 차원이 있으면서도 역사적·현실적 차원이 더욱 강조됨을 볼 수 있다. 그래서 성경 66권을 모두 강해 한 칼빈도 요한계시록이 너무 신비하여 주석할 수 없다고 하면서 묵시문학적 종말론을 담고 있는 요한계시록 해석을 망설였다. 따라서 종교개혁 시대의 하나님 나라 이해는 내세적·초월적·묵시문학적이라기보다는 역사적·내재적이라고 볼 수 있다. 밀라노 칙령 이후 파루시아가 지연되면서 역사 속의 하나님 나라에 대한 관심이 어거스틴의 무천년설 이후 강하게 나타나기 시작하여 중세에는 세속 세계를 제패하고 군림하는 하나님 나라 이해로 바뀌었다가 종교개혁 시대에는 세속 역사를 섬기고 성육신화하여 나아가 세속 역사를 변혁시키는 하나님 나라 운동으로 발전하게 되었다.

　존 웨슬리는 루터나 칼빈의 종교개혁 이후 18세기 경건주의와 자유주의의 중간에 위치한 신학자다. 따라서 루터나 칼빈적인 종말론을 이어받으면서도, 경건주의의 저 세상적 종말론(the other worldly eschatology)과 자유주의의 현세적 종말론(the this worldly eschatology) 사이에 시대적으로나 신학적으로 중간 위치에 있었다. 독일의 프랑케(A. H. Francke)나 스페너(P. J. Spener)에 의해 시작된 경건주의(Pietismus)는 교회 안의 작은 교회 운동(ecclesiola in ecclesia)으로 기도와 성경공부 형태로 나타났는데, 할레(Halle) 대학교를 중심으로 전공과목보다는 성경공부에 몰두하고 세속 직업과 직장 생활을 무시하고 오직 영적 생활과 전도사업만을 중요시하는 영육 이원론적 구조를 가진 신학 운동이었고, 따라서 저 세상의 구원, 개인 영혼 구원을 강조하는 선교 운동이 일어나 할레 대학교는 2만여 명의 해외 선교사들을 배출하게 되었다. 따라서 경건주의는 종교개혁이 주장했던 전인구원론과 직업의식을 중심으로 하는 하나님 나라의 역사적 실현 운동보다는 내세 지향적 철저한 종말론을 강조하기에 이르렀다. 이러한 경건주의 신학을 가진 아펜젤러와 언더우드가 한국 교회 초대 선교사들로 왔기에 한국 교회는 100년 동안 비정치화, 비 문화화, 비 사회화하는 개인 영혼 구원 운동과 내세 지향적 천국 운동의 영향을 받아온 셈이다. 이 경건주의식 복음주의(Evangelicalism)는 20세기로 들어오면서 자유주의 신학에 크게 반발하고 나온 근본주의 신학 속에서 예수 재림을 지나치게 강조하는 묵시문학적 종말론으로 이어지기도 하였다. 미국에서 형성된 이 근본주의적 종말론은 현재 한국의 보수적 교회들과 오순절 계통의 교회들 속에 강하게 뿌리를 내리고 있다.

웨슬리의 부흥 운동은 이러한 18세기 경건주의 운동의 바람을 타고 일어난 한편, 19세기 자유주의 신학 이전에 일어난 운동이다. 웨슬리 이후에 나타난 자유주의 신학에서는 미래의 천국을 믿지 않는다. 칸트 철학에 영향받은 도덕 신학으로서 인간의 본성은 악하지 않고 선하며 선한 도덕성을 개발시킬 때 이 역사 속에 도덕 왕국, 선하고 낭만적인 유토피아를 이룰 수 있다고 보았다. 이러한 신학 운동이 극단에 이른 경우가 라우센부쉬(Walter

Rausenbush)의 사회복음 운동(social gospel movement)이다. 사회복음 운동은 인간의 타락과 죄인 본성을 인정치 않고 이 세상의 제도만을 개혁하면 천국이 실현된다고 보는 유토피아주의였다. 그러나 이러한 자유주의 천국관은 1, 2차 세계대전이 터지면서 퇴조할 수밖에 없었다. 인간이 선한 줄 알았는데, 무서운 전쟁을 일으키는 죄악된 인간이며 타락한 인간임을 발견하게 된 것이다. 이러한 역사의 위기를 지적하는 위기 신학 혹은 신정통주의 신학(Neo-orthodoxism)에 의하여 자유주의 신학이 도전 받기에 이르렀다.

경건주의와 자유주의의 중간기에 형성된 웨슬리 신학과 웨슬리 부흥 운동은 아주 흥미 있고 독특한 천국관을 표현해주고 있다. 웨슬리는 한편으로는 경건주의적 요소를 갖고 인간의 타락한 죄악성을 지적하고 개인 영혼의 내세 구원과 개인적 성화를 강조하는가 하면, 또 한편으로는 경건주의식 내세 지향적 천국관에만 머무르지 않고 후기 자유주의에서 나타난 현세적 천국을 실현하는 사회적 성화(social sanctification)를 주장한다. 웨슬리는 인간 본성의 타락과 원죄를 어거스틴이나 루터나 칼빈처럼 받아들인다. 그러나 죄악의 깊이보다 은총의 높이가 더욱 큰 은총의 낙관주의(optimism of grace)를 역설한다. 따라서 어거스틴이나 루터나 칼빈과는 달리(그들은 인간의 욕망 때문에 죽기 전에 완전하게 됨은 불가능하다고 본다) 크신 성화의 은총에 의하여 죽기 전에는 이 세상에서 완전한 성화(entire sanctification, perfection)가 가능하다고 웨슬리는 해석한다. 이러한 완전의 교리는 개인 영혼 구원의 완성에만 머무르지 않고 사회적 성화의 완성으로 이어진다.

웨슬리는 역사의 궁극적 목표를 영원한 하늘나라의 구원으로 정의하면서도, 그는 자주 '하늘 저쪽(heaven above)' 뿐 아니라 '하늘 이쪽(heaven below)' 도 언급한다. 하나님의 통치는 총체적 사회 프로그램 혹은 역사 속에서의 구원을 의미한다. 그의 세 가지 경제 원리, "돈을 잘 벌어라(gain all you can!)", "돈을 잘 저축하라(save all you can!)", "돈을 잘 사용하라(give all you can!)"에서 제일 중요한 것은 "돈을 잘 사용하라"이다. 돈을 열심히 벌고 열심히 저축하는 것은 오직 열심히 나누어주기 위해서이다. 이러한 경제분배에 강조점을 둔 것은 다가오는 하나님 나라에 대한 환상에 기초하고 있다. 웨슬리의 천국적 희망은 강하게 샬롬(shalom)과 희년(jubilee) 사상과 연결되어 있다. 웨슬리는 레위기 25장에 나타난 희년의 모습대로, 빚진 자를 탕감하고 포로 된 흑인 노예를 해방시켜 주고, 굶주린 민중들에게 먹을 것을 제대로 나누어주고, 부당하게 분배된 부를 공평하고 정의롭게 나누어주고, 상속할 재산은 사회에 환원하고, 가난한 민중에게 힘에 겨운 세금을 부과하지 말고, 부자들이 사치하고 음식을 낭비하지 말아야 하며, 일거리 없는 자들이 구체적으로 일거리를 찾을 수 있는 제도의 개혁을 주장했었다.[172] 또한 희년적 생활은 마 25:35-40의 소자 — 갇힌 자, 병든 자, 가난한 자, 헐벗은 자, 나그네 등 — 에 대한 사랑임을 역설한다. 또한 눈먼 자에게 눈이 되어주고, 과부에게 남편이 되어주며, 고아에게 아버지가 되어주는 것이라고 해석한다.[173] 희년의 성도가 되려면 돈을 사랑해서는 안 된다고 하면서 돈을 사랑함이 일만 악의 뿌리가 됨을 여러 설교에서 강조하였다.[174] 하나님께 꾸어주기를, 저축하기를 10분의 1도 10분의 3도 아닌 전부를 하라고 강조하는가 하면,[175] 참 크리스천은 자기 수입 중 필수품

---

172) John Wesley, "Thoughts on the Present Scarcity of Provisions," John Wesley's *Works*, "Thoughts on Slavery", John Wesley's *Works*, (Jackson Edition, Peabody, MA: Hendrickson Publisher, 1986).

173) Wesley, "The important Question," *Works*, VI. 500.

174) "Use of Money," "The Danger of Riches," "On the Danger of Increasing Rich," "On Riches," 그리고 "The Rich Man and Razarus."

175) Wesley, "The Use of Money," *Works*, VI. 133-35.

사용 이외에는 모두 나누어주는 것이요, 10분의 1만 주면 유대인밖에 안 되고 10분의 2만 주면 바리새인밖에 안 된다고 강조하였다.[176] 그리고 하늘에 보물을 저축하는 것은 헌금만 의미하지 않고 이웃에게 구제하고 나누어주는 것을 의미한다고 해석했다. 재산 상속은 사회적 죄악이라고 지적한다. 고용제도의 개혁과 세금제도의 개혁까지 주장하였다. 헌금 축적을 위해 이 구절을 즐겨 사용하는 현대 교회는 웨슬리의 해석을 통해 회개해야 한다.

초대 감리교도들은 현재의 역사 속에 실현된 종말론을 노래했다. 찬송가 가사의 내용이 "Enter into Thy promised rest, the Canaan of Thy perfect love," 혹은 "Bring Thy heavenly Kingdom in" 등 현재적 신국론이다.[177] 그는 주기도문 해설에서 실현된 종말론의 사상을 말한다. "우리는 기도합니다. 지상의 은혜의 왕국의 연속과 완성인 하늘의 영광의 왕국, 영원한 왕국이 오기를 …"[178] 웨슬리는 지상의 모든 사람들이 이 역사 안에서 하늘에 계신 하나님의 뜻을 계속적으로 기쁘게, 완전하게 행할 수 있다고 믿는다.[179] 주기도문 해설에서 계속 강조한다. "그래서 하나님의 나라는 이 지상에서 시작했다. 신자의 마음 속에 이미 이루어졌다."[180] 그의 완전의 교리에 의해 하나님 나라는 이 역사 안에서, 지구 안에서 시작되었다고 강조한다. 이 점에서 웨슬리는 루터보다, 아니 칼빈보다 더욱 현재적 실현된 종말론(present realized eschatology)을 강조한다. 그러면서도 웨슬리는

---

176) Wesley, "The Danger of Riches," *Works*, VII. 9-10.
177) Wesley, *A Plain Account of Christian Perfection*, 31.
178) Wesley, "Sermon on the Mount VI," *Works*, V. 336.
179) Wesley, "Sermon on the Mount VI," 337.
180) Wesley, "Sermon on the Mount VI," 335.

동시에 하나님 나라의 미래성을 말하고 있다. 그의 『신약성서 주해 Notes on the New Testament』에서 마 3:2, "하나님의 나라가 가까웠으니"를 이렇게 해석한다. "하나님의 사회는 먼저 지상에서 형성되지 않으면 안 된다 … 그리고 나서 영광 중에 하나님과 함께 성서의 어떤 구절에서는 하나님 나라의 지상의 모습으로 표현되어 있고, 다른 곳에서는 영광스러운 상태로 표현되어 있다. 그러나 대부분은 둘 모두를 포함한다."[181] 바로 이 점에서 자유주의 신학의 약점인 하나님 나라의 미래적 초월성 개념이 웨슬리에게는 상실되지 않았음을 보여준다. 사실 웨슬리의 이런 하나님 나라 이해 ― 이미 지상에서 시작되었으나 상대적 완성도 가능하나 절대적 완성은 역사를 초월하여 실현된다 ― 는 그의 완전의 교리에서부터 나온다. 그가 말하는 완전 ― 개인적 차원이나 사회적 차원이나 ― 은 상대적 완전이다. 또한 동적 완전이라고 할 수 있다. 계속적으로 진행되는 완전이다. 계속적인 진행과정이다. 그것은 빌 3:12 말씀에 근거하고 있다.[182] 또한 완전의 은혜를 받은 자도 무지, 연약함, 실수, 유혹이 계속 남아 있고 의식적인 죄(voluntary sin)는 안 짓지만 무의식적인 죄(involuntary sin)는 지을 가능성이 있으므로 계속 그리스도의 속죄 은총이 필요하다고 보았다.

은총의 낙관주의에 의해서 사회적으로도 지상의 천국을 실현할 수 있다고 웨슬리는 믿는다. 물론 절대적 신국의 모습은 초월적·미래적이지만 상대적인 의미에서 웨슬리는 지상의 천국을 믿는다. 그것이 곧, 그의 희년 사상(jubilee)으로 나타난다. 웨슬리는 희년 실현을 위해 세금제도의 개혁, 고용제도의 개혁, 노예 해방, 여성 해방, 청지기의식에 의한 경제적 분배와

---

181) G. Roger Schoenhals ed, *John Wesley Commentary on the Bible*, (Grand Raoids: Francis Asbury Press, 1987), 405.
182) Wesley, A Plain Account of Christian Perfection, 11.

나눔, 재산상속 반대, 광부와 농부와 산업 노동자의 노동조합 운동 등을 실천하였다. 그래서 웨슬리는 감리교를 반대하는 존 프리 박사(Dr. John Free)에게 감리교를 변증하는 편지에서 감리교가 발전한 뉴캐슬, 콘월, 킹스우드 지역에 하나님께서 놀라운 일(wonderful work), 위대한 일(great work)을 이미 지상에서(upon earth) 시작하신 희년 사회가 실현되었다고 강조하였다. 그는 실현된 종말론(realized eschatology)을 믿는 사람이었다. 또한 1739년 4월 1일 그는 브리스톨에서 옥외 설교를 시작한 첫날, 산상수훈 강해를 설교하면서 하나님 나라의 현존을 실존적으로 사회적으로 경험하는 복음을 선포하였고, 둘째날(1739년 4월 2일) 옥외 하이웨이에서 눅 4:18-19의 본문을 설교하였다. 그는 가난한 자, 눌린 자, 고통당하는 자, 갇힌 자, 병든 자, 나그네, 고아, 과부, 신체 장애자들을 해방케 하는 희년의 복음을 브리스톨 탄광 지역의 민중들에게 선포하였던 것이다. 웨슬리는 그의 『신약성서 주해 Explanatory Notes upon The New Testament』에서 눅 4:18-19을 해석하기를 "은혜의 해"는 희년이라고 풀이한다. 모든 빚진 자들과 종들이 자유를 얻는 희년이라고 말한다.

그는 주기도문 해설 설교에서도 "하나님의 나라는 이 지상에서(below) 시작되었다. 성도의 마음 속에 세우신다"고 해석한다. 회개하고 믿을 때 이미 하나님의 나라가 실현되기 시작한 것이다. 성도의 마음 속에 하나님의 통치가 영생의 모습으로 임재한다. 그는 "성서적 구원의 길(The Scriptural Way of Salvation)"에서 구원은 미래에서 누리는 축복이 아니라 현재적임을 강조한다.

> 구원이 무엇인가? 구원은 하늘나라에 가는 것, 영원한 행복이라는 말로 흔히 이해되는 것이 아니다. 그것은 아브라함의 품 속을 의미하는 낙원으로 가는 것이 아니다. 그것은 우리가 흔히 말하는 것처럼 죽음 저편에서나 혹은 저 세상에서 누리는 축복이 아니다. 본문 자체(엡 2:8)의 참 말씀은 이 모든 질문을 넘어선다. 너는 믿음으로 구원받았다(you are saved). 그것은 먼 거리에 있는 것이 아니다. 그것은 현재적인 것이다. 하나님의 자유로운 자비를 통해 네가 소유하는 현재적 축복이다. 뿐만 아니라 그 말씀은 너는 구원받았다(you have been saved)는 것과 똑같은 처지로 여겨진다. 그래서 여기서 말해지는 구원은 네 영혼의 첫 여명에서부터 영광으로 완성되는 때까지의 하나님의 모든 사역에로 확장되어짐에 틀림없다.
>
> Wesley, *The Works*, Vol. 2, 156.

또한 웨슬리는 그의 『신약성서 주해』에서 마 3:2을 주석하면서 하나님의 나라는 지상에서 형성되고 후에 영광 속에 완성된다고 보며, 성서 속에는 지상의 모습을 말하는 구절들도 있고 영광된 상태로 표현된 부분들도 있으나 대부분의 말씀은 양면이 모두 있다고 해석한다. 까닭에 웨슬리는 하나님 나라가 겨자씨의 자람처럼 현재 여기서 이미 시작되었으며 완성을 향해 자라간다고 이해한다. 그런데 저 세상에서의 미래적 구원을 바라는 것이 아니라 현재 여기서 하나님 나라를 확장해가는 것이 중요하다.

그래서 그의 현재적 천국개념과 희년 사상은 그의 완전 교리와 연결된다. 역사 속에서도 완전한 사랑을 실현할 수 있다는 신앙은 모든 창조의 개혁과 재창조의 꿈으로 발전한다. 그래서 웨슬리는 "성서적 기독교"에서 감리교회는 완전한 사랑의 승리를 믿는다고 강조한다.

> 때가 찼음을 생각하라 … 전쟁은 지상에서 끝나고 다시는 형제가 형제를 대적하지 아니하고 나라와 도시가 나뉘어지지 아니하고, 다시는 가난한 자를 강탈하지 아니하며, 도적도 강포도 불의도 없으리라. 왜냐하면 모든 사람들이 소유한 것으로 만족하기 때문이다. 그리하여 정의와 평화가 서로 입맞추리라(시 85:10). 정의가 땅에서부터 흘러넘치고 평화가 하늘에서부터 내려온다 … 아무도 그가 소유한 것이 그의 소유라고 말하지 않는다. 그들 중에는 아무도 궁핍한 사람이 없다. 왜냐하면 모든 사람이 그의 이웃을 그 자신처럼 사랑하기 때문이다.
>
> Wesley, "Scriptural Christianity," Outler ed. John Wesley's Sermons(An Anthology), 105.

웨슬리는 그의 동생 찰스와 함께 "만 입이 내게 있으면(O for a thousand tongues to sing)"을 샬롬과 희년의 환상으로 찬송한다. 제5절에 신체장애자가 회복되는 환상을 다음과 같이 노래한다. "너 귀머거리여 그분의 말씀을 들으라, 너 벙어리여 너의 굳은 혀가 풀려 그를 찬양하라, 너 눈먼 자여 너의 구세주가 오심을 보라, 너 절름발이여 기쁨으로 뛰어라." 제4절에서는 해방과 자유가 보이고 있다. "그는 말소된 죄의 권세를 깨뜨리신다. 죄인을 자유케 하신다 …." 또한 제9절에서는 여기 지상에서 하늘나라를 기대하라고, 사랑을 소유함이 곧 하늘나라라고 노래한다.

웨슬리의 이러한 희년적 꿈은 통일 희년의 꿈과 통한다. 바로 이러한 신학적 통찰이 한국의 통일 희년 운동의 신학적 기초가 될 수 있다. 웨슬리가 오늘 한국에 다시 온다면 그는 이런 희년 사회를 실현하기 위해 열심히 통일 운동에 앞장설 것이다. 이런 희년 운동의 프락시스를 한국적 상황 속에 다시 응용할 수 있을 것이다. 이러한 웨슬리의 사회적·행동주의적 요소는 해방의 희년 사상으로 나타난다. 그의 성화개념은 역사 속에 성육신하는(incarnational) 사랑 운동으로 역사 속에 억눌려 있는 광부, 농부, 노동자, 여성들을 해방시켜가는 희년 운동으로 발전한다. 따라서 웨슬리에게 성화는 성결과 사랑을 뜻할 뿐 아니라, 자유와 해방을 의미하기도 한다. 웨슬리 사상에 있어서, 성화의 교리에 의해 발전된 사랑의 사회윤리가 조직적으로 응용되었다면, 사회질서 자체가 완전해질지도 모른다. 그 당시 가난한 자들의 투쟁은 신앙의 확신에서부터 나왔다. 왜냐하면 그들의 신앙은 해방의 신앙, 자유케 하는 신앙이기 때문이다. 그들의 정치적 실천과 신앙의 표현 사이에는 아무런 거리감도 없었다. 정치적 각성과 정치적 행위 — 노동 계층을 위한 — 는 감리교가 가르치는 갑작스러운 회개와 놀라운 은혜를 경험하는 회심 이후에 즉각적으로 시작되었다. 거듭남은 충분하지 않다. 하나님의 의롭고 거룩한 형상으로 갱신되는 성화가 필요하다. 성화는 도전을 받아들이고, 삶의 풍성함을 위해 하나님 나라를 보이는 현세에서 실현하는 투쟁을 향해 모험하는 것을 필요로 한다. 그러한 하나님 나라는 사랑과 정의의 왕국이다. 우리는 정의를 위한 목적이 이 땅 위에 실현되기까지 투쟁하셨던 예수 그리스도의 모범을 따르기 시작하지 않으면 안 된다.

　1794년 찬송가에서 해방의 개념이 강하게 표현되고 있다. "멍에를 지금 부러뜨리자. 폭군의 멍에를 거부하라!" 또 다른 찬송에서 감리교도들은 노래했다. "그는 영광스러운 자유 속에서 걷고 있다." 1741년 찬송가 편집에서 웨슬리는 힘있게 자유를 묘사하고 있다. "우리가 두려워하는 지옥 권세에서 영광스럽게 자유하였네." 주님의 영은 자유의 영이시기에 성령 안에서의 완전한 성화는 자기의지, 악한 생각, 그리고 모든 내적·외적 죄악에서 자유하는 것을 뜻한다. 이 완전한 성화에서부터 오는 자유는 사회적 변화의 유토피아적 꿈을 발전시켰다. 과격한 회심의 경험은 영국의 산업혁명 과정에서 과격한 사회적 해방 운동에 영향을 미치게 되었다. 그의 회심 개념은 내면적인 것으로 끝나지 않고 사회적인 변혁으로 발전할 수밖에 없다. 죄에서의 해방은 내면적일 뿐 아니라 사회적일 수밖에 없다. 죄에서의 해방을 위해 수동적으로 의로움이 주어질 뿐 아니라(imputed passive righteousness), 능동적으로 의로움의 실천을 통해 의로운 사람과 의로운 사회까지 만들어야 한다(imparted active righteousness). 따라서 개인적·내면적으로 얻어진 의로움은 사회적 정의(social justice)로 이어질 수밖에 없다. 또한 사회적 정의의 완성이라는 희년 사회의 실현을 위해 행동하는 완전 교리의 특징을 갖고 있다. 또한 웨슬리의 완전 이해는 그리스도의 의(righteousness of Christ)의 실현일 뿐 아니라, 그리스도의 사랑의 실현이다. 크리스천의 완전을 개인적 차원에서 사회적 차원으로 연결시키는 응용에 웨슬리는 하나님 사랑과 이웃 사랑을 분리시킬 수 없음을 강조하였다. 웨슬리가 말하는 사랑은 모든 계급과 모든 지위에 있는 사람들을 모두 포함하고 있다. 완전의 교리는 심오하게 신학적이면서 동시에 윤리적이다. 이 교리는 그의 생각을 정치적·사회적 개혁의 문제로 이끌었고 사랑의 개념은 사회적·정치적 비판으로 인도했다.

4. 웨슬리 신학의 에큐메니칼적 공헌[183]

1999년 10월 31일에 루터 교회와 로마 가톨릭 교회가 공동발표한 "칭의론에 대한 공동선언(이하 공동선언이라고 표기함)은 칭의, 성화, 믿음, 그리고 선행에 관한 해석에 있어서 아주 웨슬리적이다. 18세기에 웨슬리가 이미 해석한 믿음과 칭의의 관계, 선행과 성화의 관계를 1999년 공동선언도 표현하고 있다. "공동선언" 제19조(4장 칭의에 대한 공동이해의 진술, 1절 칭의에 직면한 인간의 불가능성과 죄)에서 다음과 같이 공동으로 고백한다.

> 인간은 구원하는 하나님의 은혜에 전적으로 의존되어 있다는 것을 우리는 함께 고백한다 … 즉 죄인으로서의 인간은 하나님의 심판 아래 놓여 있으며, 따라서 어떤 공로도 치를 수 없으며, 자기 고유의 능력으로 구원에 이를 수도 없다. 칭의는 은혜로부터만 일어난다.[184]

이러한 인간의 공로를 배제시키는 "오직 은총으로만(sola gratia)"의 사상

---

183) 이 장은 필자가 2002년 5월 한국교회사학회 주최 심포지움에서 개신교측 이형기 박사의 발제와 가톨릭측 김성제박사의 발제에 대한 웨슬리적 입장의 논찬의 주요 내용이다. 이 논찬을 2백여 명의 장신대생들이 적극적으로 지지하였으며, 한국교회사학회 소속 23명의 교회사 교수들이 모두 웨슬리적 해석을 긍정적으로 받아들였다. 이 논찬에서 필자는 웨슬리적 구원론이 앞으로 가톨릭과 개신교가 에큐메니칼적인 구원론을 모색함에 크게 기여할 것으로 확신하기에 이르렀다. 칼빈주의 학자들이 이렇게 말하였다. "웨슬리에게서 한 수 배웠습니다.", "웨슬리가 에큐메니칼 구원론의 대화에 새로운 대안이 됨을 발견하였습니다."
184) "칭의론에 대한 공동선언 1997/1999"(루터교회세계연맹과 그리스도인의 일치 촉진을 위한 교황청 평의회), 『기독교 사상』, 2000년 1월호, 224.

은 웨슬리가 그의 의롭다 하심에 관한 설교 "믿음으로 말미암은 구원", "믿음으로 의롭다 하심" 등에서 누누히 강조하는 바이다. 이것은 일찍이 루터가 강조한 것이고, 칼빈이 발전시켜 프로테스탄트 신학의 중심을 형성한 사상이다. 이러한 프로테스탄트의 신학적 입장을 로마 가톨릭 교회가 공동으로 고백하게 되었다는 것은 역사적인 사건이다.

그리고 더욱 나아가서 로마 가톨릭 교회가 루터의 "오직 믿음으로만(sola fide)"의 사상을 수용한 것도 괄목할 만하다. 웨슬리도 바로 이 점에서 루터가 강조했던 신뢰하는 믿음(fiducia)에 의한 의롭다 하심을 의인화의 핵심으로 수용한다. 그러한 내용이 잘나타나는 "공동선언" 제25조(4장 3절 믿음을 통한, 은혜로 말미암은 칭의)를 소개하면 다음과 같다.

> 우리는 죄인이 그리스도 안에 있는 하나님의 구원의 행위에 대한 믿음을 통하여 의롭게 된다고 하는 것을 함께 고백한다. 이 구원은 그 죄인에게 세례 가운데서 성령에 의해 그의 전 그리스도교적 삶의 기반으로서 주어진다. 하나님을 향한 소망과 하나님을 향한 사랑이 그 안에 포괄되어 있는, 곧 의롭게 하는 믿음 안에서 하나님의 은혜로운 약속을 신뢰한다. 이 의롭게 하는 믿음이 사랑 안에서 역사한다. 따라서 행위 없는 그리스도인이란 있을 수도 없고 있어서도 안된다. 인간 안에서 믿음의 자유로운 선물에 앞서가고 뒤따르는 모든 것은 칭의에 대한 근거가 아님은 물론이거니와 칭의라고 하는 것, 그 자체가 아예 공로를 치루고 획득할 수 있는 것도 아니다.[185]

---

185) "공동선언," 226.

공로가 아닌 믿음에 의한 칭의를 강조하면서도 이 25조에서도 믿음은 사랑 안에서 역사함을 강조한다. 행위 없는 그리스도인이란 있을 수 없음을 주장한다. 이 점은 로마 가톨릭적 요소가 강조되었음을 알 수 있다. 물론 루터도 "크리스쳔의 자유"나 "선행론"에서 믿음으로 의롭다 하심을 얻은 그리스도인에게 선행이 열매로서 따라옴을 강조한다. 그러나 그는 행함을 강조한 야고보서를 지푸라기 복음이라고 주장하였다. 오히려 웨슬리가 야고보서를 적극적으로 해석하면서 사랑으로 역사하는 믿음, 행함으로 성숙하여지는 믿음을 루터보다 더욱 강조하였다. 앞에서도 언급한 것처럼, 그의 설교 "하나님의 포도원에 관하여"에서 루터는 신앙의인화를 강조를 한 반면 선행에 의한 성화에 무관심하고, 로마 가톨릭은 선행에 의한 성화를 강조한 반면에 신앙에 의한 의인화에 무관심하였다고 비판하면서 감리교도들이 이 둘을 가장 잘 조화시킴으로써 하나님을 기쁘게 해드렸다고 주장한다. 그런 의미에서 이 "공동선언"은 웨슬리적이다.

선행에 관하여는 "공동선언" 제37조(4장 7절 의롭게 된 자의 선행)에서도 계속 취급되고 있다. 곧 선행은 칭의를 뒤따르는 칭의의 열매라고 본다. 동시에 선행은 칭의를 얻은 성도들의 평생의 의무라고 고백한다.[186] 그럼에도 불구하고 이 공동고백에 대한 가톨릭의 이해가 표현된 제38조에서는 "공로성(die Verdienstichkeit)"을 강조하고, 루터 교회의 이해가 표현된 제39조에서는 공로성을 부정한다. 믿은 자들에게 주어진 하나님의 약속의 성취라고만 표현한다.[187] 그럼에도 신자의 성장과 그리스도의 의로의 본성적 참여를 위해서 선행이 필요함을 강조한다. "루터교 교인들도 은혜의 보존과 은혜와 믿음에 있어서의 성장이라는 생각을 갖고 있다. 하나님에 의한 받아

---

186) "공동선언," 231.
187) "공동선언," 232.

들임으로서의 의와 그리스도 의에의 참여로서의 의라고 하는 것은 항상 완전하다는 것을 그들은 강조한다."[188] 그런데 이러한 프로테스탄트와 가톨릭의 차이는 웨슬리 안에서 극복될 수 있다. 웨슬리는 단순히 하나님의 약속의 명령이기에 선행을 실천할 뿐만 아니라, 인간행위에 대한 자유의지의 책임임을 강조한다. 그러나 그 책임적 행위는 어디까지나 성령의 역사에 대한 인간의 응답이다. 그런데 "공동선언" 로마 가톨릭적 입장 제38조 마지막 부분을 보면 이러한 웨슬리적 요소를 언급하고 있다.

> 가톨릭 교인들이 선행이 갖고 있는 "공로성"을 고수한다면 그것은 이 행위가 성서적 증언에 따라 하늘에서의 보상이 약속되었다는 것을 말하고자 함에 있다. 이것은 다만 가톨릭 교인들이 인간의 행위에 대한 책임을 명시하고자 함인 것으로, 그들은 선행이 갖고 있는 은사적 성격을 문제시하거나 칭의 그 자체가 항상 공로의 대가를 치르고 획득할 수 없는 은사로 있다는 것을 부정하는 것은 더구나 있을 수 없는 일이다.[189]

이러한 하나님의 용납의 의(imputation)와 그리스도 의에의 참여(impartation)는 "공동선언" 제 28조에서 계속 강조되고 있다. 객관적으로 법정적으로 전가되는 의로움(objective, forensic and imputed righteousness)을 넘어서서 "공동선언"은 주관적으로 실제로 변화되는 의로움(subjective, real and imparted righteousness)도 고백하고 있다. 이것은 루터 교회에서 양보하고 로마 가톨릭 교회의 주장을 수용한 것이다. 물론 루터도 그의 설교 "두 종류의 의"에서 법정적 의와 실제적 의의 양면성을 말하지만 그래도 법정적 의

---

188) "공동선언," 232.
189) "공동선언," 232.

를 더욱 강조하였다. 이 양면적 의로움을 강조한 학자가 프로테스탄트에서는 역시 웨슬리다. 칼빈도 그의 『기독교강요』에서 실제적 의를 말하기는 하지만 웨슬리만큼 철저히 말하지는 않는다. 앞에서 웨슬리 당시의 칼빈주의자들과 루터주의자들과의 논쟁에서 이 양면적 의로움을 웨슬리가 얼마나 강조했는가를 이미 소개하였다. 웨슬리에게는 의인화(義認化: imputation)와 의인화(義人化: impartation)의 총체적 이해가 강조된다. 이러한 총체적 이해가 "공동선언" 제28조(4장 4절 의롭게 된자로서의 죄인인 존재)에서 다음과 같이 나타난다.

> 성령은 세례 가운데서 인간을 그리스도와 결합시키고 의롭게 하며 그 인간을 실제로 새롭게 한다는 것을 우리는 함께 고백한다. 그렇지만 의롭게 된 자는 아무런 조건 없이 의롭게 하는 하나님의 은혜에 평생동안 끊임없이 의존되어 있다 … 그에게 거듭 용서가 보장되어 있다.[190]

루터 교회와 로마 가톨릭 교회의 이러한 신학적 합의는 트렌트공회의 신학적 심판 이후 처음으로 화해와 일치를 추구하는 선언으로서 역사적 의미와 의의를 지닌다. 그런데 아직도 남아 있는 차이점이 극복되려면 성화론을 칭의론과 함께 취급하여야 하며, 칭의론과 성화론을 총체적으로 가장 잘 종합한 웨슬리 신학에 근거하여 대화를 계속 추진하여갈 때 신교와 구교간의 에큐메니칼적 합의를 도출해 낼 수 있을 것이다.

---

190) "공동선언," 228.

5절_종합과 분석 (웨슬리에 의해 완성된 종교개혁 신학)

(1) 웨슬리 구원론은 루터와 칼빈의 종교개혁 구원론의 전통을 따르면서도 종교개혁 구원론의 한계를 인식하고, 동방교회 전통과 서방 가톨릭교회의 전통과 영국 성공회 전통의 신비주의 속에서 나타난 성화와 완전의 사상을 수용하면서 기독교 역사상 가장 원숙한 구원론의 체계를 잡아놓았으며, 특히 종교개혁 구원론을 가장 성숙한 차원에서 완성시켜놓았음을 본 연구에서 밝혔다.[191]

흥미있는 사실은 제네바 종교개혁 450주년 기념으로 출판된『종교개혁: 한 아이디어로 개혁 운동을 일으킨 많은 개혁가들 The Reformation: Many men with one idea』(1536-1986)이라는 책에서 제네바 종교개혁의 뿌리인 루터를 언급하면서 츠빙글리, 칼빈, 베자, 파렐, 피에레 비레(Pierre Viret), 녹스, 마틴 부처(Martin Bucer), 오이콜람파디우스(Oecolampadius) 등 스위스 개혁교회(The Reformed Church) 전통을 형성한 지도자들을 소개한 후에 제일 마지

---

[191] 필자가 1998년 봄학기 장로회 신학대학교에서 웨슬리 세미나를 강의하였는데, 그때 스승의 날에 학생들이 감사의 편지를 썼는데 이런 내용들을 적었다. "우리가 점점 웨슬리안들이 되어갑니다.", "웨슬리 구원론으로 신학의 체계가 잡혔습니다." "우리가 교회학교에서 구원론을 가르치는 것은 웨슬리 구원론이었음을 발견하였습니다." 장신대 학생들의 마음을 감동시킨 것이 역시 웨슬리의 신학이었다. 그리고 아세아연합 신학대학원에서, 연세대연합 신학대학원에서 웨슬리 신학을 강의하였을 때에도 초반에는 많은 논쟁을 가졌으나 점점 웨슬리의 성화론에 큰 매력을 느끼는 것을 보면서 역시 웨슬리 신학의 위대함을 깨닫게 되었고, 종교개혁 신학의 완성은 역시 웨슬리에게서 이루어졌음을 절감하게 되었다.

막으로 웨슬리를 종교개혁의 완성자로 소개하는 점이다. 제네바 대학교 교회사 교수 올리버 파티오(Oliver Fatio)는 서론에서 제네바와 스위스의 개혁교회 전통을 형성한 개혁가들의 업적을 소개한 후에 "종교개혁이 차갑게 성장할 수도 있고, 유치한 신앙인들에게 그 소명을 재발견해야 할 필요를 느끼게 할 수도 있고, 혹은 종교개혁 생명의 혹독한 조건을 쫓아버릴 수도 있으나, 웨슬리의 예를 통하여 종교개혁이 복음으로 하여금 영적으로 물질적으로 가난한 상태에서 힘있게 선포될 수 있음을 보여주는 것은 아주 중요한 것이었다"라고 하면서 웨슬리야말로 스위스 종교개혁의 완성자임을 말해주고 있다.[192]

(2) 웨슬리는 루터, 특히 칼빈의 구원론의 출발인 예정의 은총을 강조하지 않고 선재적 은총을 주장한다. 하나님의 주권과 은총이 구원의 근거임을 주장하면서 인간의 자유의지적 책임성을 놓치지 않는다는 선재적 은총론에서 구원의 여명을 말한다는 점에서 독특한 해석을 시도한다. 루터나 칼빈은 예정을 말하면서 구원의 과정에서 인간의지의 노예신세를 강조하지만(monergism: 하나님 100% 인간 0%), 웨슬리는 하나님의 열심과 인간의 열심이 만나는 복음적 신인협조설적 구원(evangelical synergism: 하나님100% 인간 100%)을 강조한다. 이러한 선재적 은총은 역시 어거스틴과 동방교회와 알미니우스주의에서 배웠던 것이다. 이것은 펠라기우스주의나 반펠라기우스주의가 아님을 본서에서 이미 언급하였다. 즉 인간이 구원의 주도권을 취하면 하나님이 응답한다는 인신협조설(human-Divine cooperation)을 웨슬리는

---

192) Oliver Fatio, "The Calvinist Reformation Past and Present," *The Reformation: Many men with one idea*, (Geneva: Foundation of Les Clefs de Saint-Pierre, 1985), 4.

그의 설교 "우리 자신의 구원을 이룸에 관하여(On Working out Our Own Salvation)"에서 거부하고 그는 하나님이 이니시어티브를 취하면 인간이 응답한다는 신인협조설(Divine-human cooperation)을 강조한다. 이것을 복음적 신인협조설이라고 부른다. 요 5:17(하나님이 일하시니 나도 일한다)을 중요하게 생각하여서 '하나님이 일하시니 나도 일할 수 있다, 나도 일하지 않으면 안 된다'를 강하게 주장한다.

(3) 웨슬리는 선재적 은총에 의해 회복된 자유의지로 마음의 문을 여는 결단과 회개가 가능하다고 보지만, 동방교부들처럼 자유의지로 믿음도 주어진다고 보지는 않는다. 믿음은 자유의지적 결단이 아니라 하나님의 선물로 성령의 역사를 통하여 주어진다고 해석한다. 바로 이 점에서 어거스틴, 루터, 그리고 칼빈 등의 종교개혁 전통을 따른다. 종교개혁 전통에 서서 믿음을 해석하면서도 그 믿음이 오기까지 마음의 문을 여는 결단과 회개의 열매를 촉구함으로써 종교개혁 신학의 한계를 넘어서서 종교개혁 신학을 완성시켰다. 이것은 경건주의 부흥 운동에서 강하게 나타난다. 칼빈주의자요 미국의 제1차 대각성 운동의 지도자 조나단 에드워즈(Jonathan Edwards)는 자유의지의 결단과 회개의 결단을 촉구하는 부흥 설교를 하였고, 제2차 대각성 운동 찰스 피니(Charles Finney) 역시 칼빈주의자였지만 자유의지의 결단과 회개를 촉구하는 설교를 하였다. 특히 피니는 웨슬리의 저서 『크리스천의 완전』을 독파하고 죽기 전에 완전성화의 실현이 이루어진다고 믿었고, 오벌린 대학(Oberlin College)을 중심으로 웨슬리적 사회성화 운동을, 여성이 대학에서 공부하게 하는 여성해방과 흑인도 대학에서 공부할 수 있게 하는 흑인노예해방 운동을 전개하였다. 그러니까 18세기 이후의 경건주의적 부흥 운동은 한편으로는 루터와 칼빈의 종교개혁 전통을 신앙해석 차원에서는 따르면서도, 다른 한편으로는 웨슬리적 선재적 은총과 자유의지 개념을 수용함으로써 강한 영적 각성 운동을 전개하였던 것이다.

(4) 웨슬리는 루터와 칼빈의 종교개혁 구원론의 뿌리인 신앙의인화(信仰義認化: justification by faith)에 철저히 서서 그의 구원론을 전개한다. 따라서 믿음과 함께 의롭다 하심도 하나님의 값 없이 주시는 은총으로 옷 입혀짐을 그대로 받아들였다. 따라서 법정적으로(forensic), 수동적으로 다가오는 의롭다 하심(imputation)을 구원의 근거로 여긴다. 그러나 여기에만 머무르지 않고, 루터와 칼빈의 한계를 넘어서서 성화의 과정에서 실제적으로(real), 본성마저도 의로워지는 의인화(義人化: impartation, in nobis)를 강조한다. 물론 루터나 칼빈에게서 실제적 의를 힙입는 의인화(義人化)를 언급하기도 하였지만, 그러나 철저한 신적 성품에 참여하는(벧후 1:4) 의인화(義人化는 강조하지 않았고 의인화(義認化: imputation, extra nos)를 강조한다. 이것은 웨슬리가 어거스틴과 동방교부들과 당대의 신비가들에게서 배운 사상적 영향이다. 이런 의미에서도 웨슬리는 종교개혁 신학의 약점을 보완하면서 완성시켰다고 말할 수 있다.

(5) 루터나 칼빈이 의인화를 강조한 반면 상대적으로 거듭남을 무시하였는데, 웨슬리는 거듭남도 중요하게 강조하였다. "거듭남(new Birth)"이라는 설교를 무려 60번이나 하였다. 웨슬리는 우리 밖에서 임하는 객관적 은총(objective grace)을 강조하는 의인화를 루터와 칼빈에게서 배우면서도, 한편으로는 우리 안에서 주관적 은총(subjective grace)으로 체험되는 거듭남을 강조하는 경건주의 사상을 받아들인다. 그러나 웨슬리는 감정적 체험을 객관적 은총보다 더 강조하는 경건주의 혹은 신비주의의 열광을 위험시하고, 거듭남과 의인화의 양면을 동시에 강조한다. 그래서 종교개혁자 루터와 칼빈의 한계를 넘어서고, 동시에 영국 성공회나 가톨릭 신비가들의 한계를 넘어선다. 그리고 웨슬리는 당시의 열광주의적 경건주의를 비판한다. 특히 토마스 뮌처의 한계를 넘어선다. 뮌처는 영적 내적 확신을 웨슬리처럼 강조하지만 객관적 은총을 무시한 주관적 은총을 너무 강조하는 신비주의적

경향에 이르게 되었다. 웨슬리는 뮌처와 같은 비성서적 체험신앙을 강하게 비판한다.

(6) 웨슬리는 루터가 크게 강조하지 않았고 칼빈이 어느 정도 관심가졌던 성화론을 구원론의 중심으로 끌어들인다. 구원의 과정과 완성인 성화를 구원의 출발로서의 의인화와 거듭남보다 더욱 중요하게 생각한다. 루터는 성화를 말하면서도 의인화를 더욱 중요한 구원의 핵심으로 여긴다. 칼빈은 예정에 든 사람임을 확신하기 위해서 성화의 삶을 중요하게 생각하면서도, 성화를 구원의 열매로서 말하지 구원론 속에 포함시키지 않는다. 그러나 웨슬리는 성화를 구원의 중심으로 생각한다. 회개는 구원의 현관(porch)이고, 믿음은(의인화와 거듭남) 구원의 문(door)이며, 성화는 구원 자체(religion itself) 곧 구원의 안방이다. 이것은 한국 교회가 그동안 무시해왔던 부분이다. 영적 탄생과 구원의 확신은 한국 교회 속에서 많이 일어났으나, 영적 성장과 성숙의 성화가 약화되었기에 성숙한 교인의 모습, 성숙한 교회의 모습을 사회 속에 보여주지 않았다. 그래서 한국사회로부터 많은 비판을 받게 되었고, 전도의 문이 막혀버렸다. 이 웨슬리의 성화론을 한국 교회가 열심히 배우고 성화를 사모하고 추구하여야 건전하고 성숙하고 양적으로도 성장하는 전도의 문을 열 수 있다. 이런 의미에서 웨슬리 신학은 종교개혁 신학의 완성이다.

(7) 웨슬리는 수동적으로 전가되는 칼빈의 성화론(imputed sanctification)의 취약점을 보충하였다. 칼빈에게서 사랑과 선행과 경건의 성화생활이 강조되었으나, 그것은 어디까지나 하나님의 성령의 역사이지 인간은 노예의지적 상태에 있다. 그러나 웨슬리는 성화케 하시는 성령의 은혜에 인간이 자유의지적 참여로 응답함으로써 성화가 이루어진다고 해석한다. 따라서 웨슬리는 수동적이면서도 능동적인 성화(imputed and imparted sanctification)를 강조한다. 칼빈은 본성마저도 거룩해지는 성화를 비판한 데 비하여 웨슬리

는 본성마저도 그리스도의 성품으로, 하나님의 형상으로 회복되는 성화를 강조한다.

(8) 웨슬리는 구원의 출발(initial salvation)은 믿음으로 되어지지만, 구원의 완성(final salvation)은 믿음과 선행으로 되어진다고 확신한다. 의인화의 시작(initial justification)도 믿음으로 이루어지지만, 의인화의 완성(final justification)은 믿음과 함께 선행과 사랑으로 이루어짐을 웨슬리는 강조한다. 그런 의미에서 로마서와 야고보서를 종합하였다. 루터가 로마서를 평가절상하고 야고보서를 지푸라기 복음으로 평가절하한 것을 웨슬리가 균형 있게 종합하였다. 로마서에서 비판한 선행은 믿음 이전의 바리새적 선행을 비판한 것이고, 야고보서에서 강조한 선행은 로마서에서 말하는 믿음으로 의롭다 함을 얻은 이후의 선행을 말하는 것이라고 웨슬리는 해석한다. 그리고 로마서에서 말하는 의롭다 하심은 의인화(義認化: imputation)이고, 야고보서에서 말하는 의롭다 하심은 의인화(義人化: impartation)라고 웨슬리는 해석한다. 바로 이러한 해석은 구교와 신교의 최근의 구원론 대화에 큰 대안을 제시하는 것으로 종교개혁 신학의 또 다른 완성이라고 해석할 수 있다. 웨슬리는 종교개혁의 신앙의인화(justification by faith)와 가톨릭의 선행에 의한 성화(sanctification by good)를 종합하였다. 루터는 신앙으로 의롭다 하심을 강조한 나머지 사랑과 선행에 의한 성화에 무관심하였고, 가톨릭은 선행과 사랑에 의한 성화를 강조한 나머지 신앙으로 의롭다 하심에 무관심하였지만, 감리교회를 통하여 이것을 종합하였음을 웨슬리는 기뻐하였다.

(9) 웨슬리는 완전 교리에 의해 종교개혁 구원론을 더욱 성숙시키고, 더욱 완성시켰다. 루터나 칼빈은 어거스틴의 영향을 받아 인간의 욕망(concupiscentia)과 죄악성 때문에 죽기 전의 완전실현이 불가능하다고 보았으나, 웨슬리는 죄악성의 깊이보다 은총의 높이가 더욱 크심을 주장하는

은총의 낙관주의에 의해 완전의 실현 가능성을 강조함으로써 크리스천들로 하여금 보다 열심 있는 구원 완성의 순례자들이 되게 하였다. 많은 개신교도들이나 가톨릭 교도들이 가장 많이 관심 갖는 것이 그리스도에게까지 자라가는 영적 성숙과 영적 완성이다. 그것이 신앙생활과 영성생활의 목표이다. 그리스도를 온전히 본받는 것이다. 산상수훈은 그런 완전성화의 교과서이다. 웨슬리는 산상수훈은 예수의 제자들에게만 필요한 것이 아니라 모든 성도가 실천 가능한 말씀이므로 완전성화의 교과서로 생각해야 한다고 강조하였다. 특히 그런 완전성화에 이르기 위해서 최근에 가톨릭 교회나 개신교회에서 명상기도(meditation)와 관상기도(contemplation)에 깊은 관심을 갖는 운동이 강하게 일어나고 있다.

(10) 웨슬리는 구원의 사회적 성격을 '사회적 성화(social holiness)'란 말로써 표현하였다. 사회적 성화와 희년 사상을 강조함으로써 종교개혁의 하나님나라 사상의 현실성을 더욱 구체화하고 행동화하는 데 공헌하였다. 그래서 뮌처처럼 웨슬리도 다양한 사회제도의 개혁 운동(노예제도폐지 운동, 교도소개혁 운동, 여성해방 운동, 노동 운동 등)에 앞장서서 영국사회를 개혁하는 데 크게 공헌하였다. 그러나 웨슬리는 뮌처의 현재적 천국만을 주장하는 묵시문학적 종말론을 거부한다. 뮌처는 현재적 지상의 천국만을 말하고 내세적·피안적 천국을 거부하지만, 웨슬리는 현재적 지상의 천국을 상대적 완전성화와 희년 사회로 꿈꾸면서도 미래적·피안적 천국을 절대적 완전성화의 영화 단계로 해석한다. 그리고 루터보다는 칼빈이 사회적 성화 운동에 더욱 관심을 가졌다. 그래서 제네바를 성화하는 운동을 그의 신정정치의 이념으로 성공적으로 일으켰다. 그러나 칼빈의 사회적 성화의 한계는 인간의 자유의지적 참여의 책임성이 약화되어 있다는 것이다. 왜냐하면 칼빈은 하나님의 혁명에 의한 사회적 성화는 말하지만, 인간의 노예신세를 말하기 때문인데 거기에 비하여 웨슬리는 사회적 성화의 과정에서 인간의지가 적

극적으로 참여하는 책임성을 말한다. 그리고 칼빈에게 있어서 하나님나라의 지상의 요소가 웨슬리보다 약화되었다. 왜냐하면 완전성화의 실현이 개인적으로나 사회적으로 지상에서 실현되는 것이 불가능하다고 보기 때문이다. 거기에 비하여 웨슬리는 완전성화의 실현이 개인적으로나 사회적으로 지상에서 가능하다고 본다. 이러한 사회적 성화 운동은 한국 교회가 특히 배워야 할 중요한 요소들이다. 한국 개신교회의 선교가 막힌 중요한 이유가 여기에 있다. 상대적으로 한국 가톨릭 교회는 김수환 추기경을 중심으로 1960년 이후로 한국 현대사에서 사회적 성화 운동을 많이 일으켰기에 청년들과 지성인들이 계속 가톨릭을 찾고 있다. 한국 개신교회가 갱신되려면 칼빈과 웨슬리의 사회적 성화 운동을 철저히 배워야 한다.

(11) 웨슬리의 구원론은 순간적인 구원으로 이해하지 않고 선재적 은총에서부터 회개, 의인화, 거듭남, 그리고 완전과 영화(glorification)에 이르는 전 과정을 구원으로 이해한다는 것이다. 그래서 필자는 구원의 완성을 향한 순례라는 시각에서 이해해야 함을 강조하고 싶다. 그러니까 순간적이면서도 점진적인 구원을 웨슬리는 강조한다. 한국 교회는 루터나 칼빈의 영향을 받아서 너무나 순간적인 구원을 중요하게 생각한다. 그러나 루터도 점진적인 구원을 강조하였고, 칼빈은 점진적인 성화의 과정을 루터보다 더욱 강조하였다. 그럼에도 불구하고 구원에 있어서 루터나 칼빈의 점진적 요소는 순간적인 요소에 비해 상대적으로 약화된 것이 사실이다. 그러나 이것이 웨슬리에 이르러 보다 구체적인 구원의 질서(order of salvation)를 말하면서 점진적인 구원의 과정을 주장하게 된다. 바로 이런 점에서도 웨슬리의 구원론은 종교개혁 신학의 완성이다.

후기

종교개혁 신학의 빛에서 본 한국 교회의 갱신

21세기 한국 교회는 그 역사적 사명을 위해 거듭나야 한다. 루터를 비롯한 종교개혁 신학의 빛에서 다시금 자기변혁을 해야 한다.

첫째, 체험중심의 신비주의에서 말씀중심의 신앙으로 거듭나야 역사적 종교가 될 수 있다. 다미선교회 같은 사건이 다시 일어나지 않고 역사 속에서 책임 있는 공동체가 되려면 꿈과 환상에서 말씀탐구로 돌아가야 한다. 말씀을 전제한 성령체험 곧 말씀과 함께(with the Word), 말씀을 통하여(through the Word), 말씀 안에서(in the Word) 체험적 영성을 발전시켜가야 한다.

둘째, 물량주의, 성공주의의 신앙에서 십자가 신학의 신앙으로 거듭나야 역사적 책임을 지는 한국 교회가 될 수 있다. 한국 교회의 강단은 다시 십자가 복음을 회복해야 한다. 십자가와 부활의 케류그마(Kerugma)가 선포되어야 한다. 또한 역사의 소외와 빈곤과 억눌림의 아픔을 함께 나누어지는 십자가의 교회가 될 때 한국 역사의 바른 방향에 설 수 있고 역사에 앞장서가는 교회가 될 수 있다. 한국 교회가 십자가 없는 교회, 예수의 심장이 없는 교회가 될 때 사회의 비판의 대상이 될 수밖에 없다.

셋째, 신앙지상주의, 신앙제일주의(solafideism) 혹은 율법폐기론적 신앙에서 믿음이 행함으로 나타나는 산 신앙으로 거듭나야 역사 창조의 공동체가 될 수 있다. 신앙의인화가 사랑과 선행을 통한 성화추구의 모습으로도 나타나야 한다. 한국 교회는 행함 없는 믿음, 사랑으로 역사하지 않는 믿음 때문에 위기를 맞이하고 있다.

넷째, 21세기는 성화적 영성의 한국 교회로 만들어가야 한다. 예수를 그리스도로 믿는 것은 과거 100여 년의 역사를 통해 잘 이루었으나, 예수 그리스도를 본받는 것, 곧 성화의 영성에는 지극히 무관심하였던 한국 교회였음을 철저히 반성하고 회개하여야 한다. 통성기도를 통하여 능력 있는 교인이 될 뿐 아니라, 인격적 성숙과 영적 성숙을 이루기 위해서 명상기도와 관상기도를 수련하여 작은 예수의 모습으로 우리의 인격과 성질도 갱신되어야 한다. 말과 행동과 인격이 작은 예수화되어가는 교인들이 많아져야 한국 교회는 소망을 가질 수 있다.

다섯째, 영육 이원론, 개인구원과 사회구원의 이원론적 신앙에서 현실참여적 신앙으로 거듭나서 복음화와 인간화의 총제적 선교를 수행하는 것이 한국 교회의 역사적 과제이다. 사회적 성화의 빛을 발할 때가 되었다. 한국 교회는 교인들을 너무 교회 안에서 신앙생활하는 것만 훈련시켰다. 세상에서 빛과 소금의 사명을 다하는 사회적 종교로 거듭나야 세상을 향해 선교의 문을 활짝 열 수 있을 것이다. 성장이 정지된 한국 교회가 다시 성장할 수 있는 길은 사회적 성화운동의 불을 붙이는 것 밖에는 없다. 칼뱅이 제네바를 성화시키고, 웨슬리가 영국을 성화시켰듯이, 우리는 웨슬리가 강조한 "민족을 개혁하는 것(to reform the nation)"을 다시 우리의 슬로건으로 만들어야 한다.

여섯째, 현실도피적 묵시문학적 종말 신앙에서 현재적 천국을 건설하는 신앙으로 거듭나야 역사적 부르심에 응답하는 탈출의 공동체가 될 수 있다. 세속 직업 속에서, 가정과 사회 속에서 하나님나라를 확장해가야 한다. 겨자씨 한 알처럼 우리 속에서 하나님나라가 자라가야 한다. 그러나 지상의 유토피아로 끝나는 것이 아니라 작은 겨자씨가 큰 나무를 이루어 꽃을 피우고 새들이 깃들이듯이 미래의 초월적 하나님나라로 완성될 것을 믿는 천국관이 필요하다.

일곱째, 은총의 낙관주의 신앙으로 한국역사의 예언자가 되어 정의와 사랑의 실현을 위해 앞장서야 한다. 지금까지 한국 교회는 예언자적 공동체가 되기보다 체제지향적 공동체였음을 회개하고 반성해야 한다. 하나님의 정의와 사랑의 뜻이 한민족사 속에도 실현되어 하나님의 통치가 현존하도록 역사 속에서 일하는 예언자적 공동체가 되어야 한다. 칼뱅이 강조한 신정정치 신앙으로 불의한 정치와 경제와 사회를 향해 정의를 외쳐서 하나님의 뜻이 실현되는 사회를 만들어가야 한다.

여덟째, 앞으로의 한국 교회는 자유와 평등의 공동체로 거듭나야 한다. 루터가 외친 자유를 모든 교인들이 누리는 자유함의 공동체가 되어야 한다. 또한 루터의 만인사제설에서 나타났듯이 모든 교인들이 평등한 인간으로 대우받는 교회가 되어야 한다. 초대 교회처럼 노예도 감독이 되고, 우리 나라 초대 가톨릭사에서처럼 모든 상놈도 똑같은 인간으로 대접받고, 초대 감리교회사에서처럼 여성도 똑같은 설교가로 대우받아야 한다. 여성이 남성과 더불어 역사의 주체가 되어가는 역사를 만들기 위해 노력하는 한국 교회가 되어야 한다.

아홉째, 자본주의 병폐인 이기주의적 신앙에서 더불어 살고 더불어 나누는 신앙으로 거듭나야 민주화와 통일의 시대적 사명을 감당하는 교회가 될 수 있다. 21세기는 섬김(service)의 정신을 요구한다. 21세기를 얘기하는 많은 미래학자들이 한결같이 얘기하는 것은 섬기는 서비스 정신이다. 세계화 국제화시대에 살아남는 사람이 되려면 섬기는 사람이 되어야 하고, 살아남는 교회가 되려면 섬기는 교회가 되어야 하고, 살아남는 국가가 되려면 섬기는 정신을 생활화하는 국가가 되어야 한다. 열심히 재산을 축적하는 것은 성화생활에 방해가 됨을 인식하고 우리의 소유를 실직자, 노숙자, 외국인 노동자, 신체장애인, 그리고 가난한 북한 백성들과 더불어 나누어갖는 운동을 전개하여야 한다. 웨슬리가 강조한 대로 "할 수 있는 한 열심히 나누어 주어라!(Give all you can!)"를 열심히 실천할 때 한국 교회가 책임적 공동체가 될 수 있고, IMF가 다시 오지 않고 통일의 문까지 열 수 있다.

부록 1

루터의 십자가 신학과 함석헌의 고난사관
한국사 속에 숨어계신 하나님

부록 2

칼비니스트와 웨슬리안의 예정 이해
웨슬리안의 입장에서의 논찬

칼비니스트 이형기 박사(장로회 신학대학교 교수)와
웨슬리안 임승안 박사(나사렛 대학교 교수)의 발제에 대한 논찬

부록 I

루터의 십자가 신학과 함석헌의 고난사관:
한국사 속에 숨어계신 하나님

들어가는 글

　역사란 무엇인가? 역사는 과연 어떤 목적을 향하여 진보하는가? 이 역사의 진보와 발전을 위해 나에게 주어진 역사적 사명은 무엇인가? 특히 현대세계사에서 오늘의 분단 한국사는 어떤 의미를 갖고 있는가? 한민족은 21세기 세계사의 새로운 창조를 위해 지구적 사명(global mission)이 있는가? 우리는 이러한 역사철학적 질문을 하지 않을 수 없는 실존적 역사적 상황 속에서 살고 있다.

　헤겔이 말한 대로 역사는 자유의 완성을 향해 달려간다면, 토인비가 말한 대로 우주적 교회(universal church)의 실현을 위해 달려간다면, 어거스틴이 말한 대로 하나님의 사랑(amor Dei)의 완성을 향해 달려간다면, 그 자유와 사랑과 평화의 역사완성을 위해 나에게 또 우리 민족에게 주어진 사명이 무엇인가를 우리는 진지하게 물어야 한다. 특히 우리는 분단의 아픔을 딛고서 자유와 사랑과 평화의 통일실현을 역사의 목표로 삼고 통일 운동을 전개하여야 한다. 그런데 그러한 통일 운동은 세계사 속에서 어떤 의미를 갖고 있으며, 지금까지 우리가 당해온 고난은 어떤 의미가 있는가를 깊이 물어보아야 할 것이다. 그런 의미에서 루터의 십자가 신학은 한국사의 고난을 해석하기에 너무나 적절한 통찰력을 주고 있으며, 함석헌은 이미 루터의 십자가 신학적 발상 속에서 한국사의 고난의 의미를 해석했다.

함석헌은 분명히 루터에게 영향받은 것은 없다. 안병무는 함석헌의 사상적 배경을 다음과 같이 말한다.

> 그는 사상적으로 웰즈(H.G.Wells)에게서 문화적 역사적 낙관주의, 톨스토이에게서 휴머니즘, 우치무라 간조에게서 성서, 타고르, 칼라일, 라스키노자, 장자, 바가바드 기타에서 최근 데이아르, 샤르뎅에 이르기까지 사상의 편력을 계속했는가 하면 삶과 행동의 면에서는 인도의 간디에 심취해왔다.[1]

루터의 영향을 직접 받은 흔적도 없고 루터를 인용한 적도 없지만 루터의 십자가 신학적 발상이 함석헌의 고난사관 속에는 면면히 흐르고 있다. 그래서 필자는 루터의 십자가 신학을 함석헌의 고난사관과 접목시키면서 필자 나름의 십자가 신학의 한국적 해석을 시도해보고자 한다. 이것은 필자만의 노력이 아니다. 본회퍼, 몰트만(Üergen Moltmann) 등이 그들의 역사적 상황에서 루터의 십자가 신학을 재해석하였고, 더글라스 홀(Douglas Hall)은 북미의 상황에서 해석하였으며, 기타모리(Kazo Kitamori)는 일본의 상황에서 해석하였다. 그러한 해석의 맥락 속에서 필자는 한국의 역사적 상황, 특히 통일을 앞둔 한반도의 상황 속에서 루터의 십자가 신학적 해석을 시도해보고자 한다.

디트리히 본회퍼(Ditricht Bonhoeffer)는 루터의 십자가 신학을 값비싼 은혜(costly grace)로 풀이한다. 그의 저서 『제자의 도 *The Cost of Discipleship*』에서 루터의 세속화 곧 수도원의 문을 박차고 나와 세상을 향해 십자가를 지는 행위를

---

[1] 함석헌 先生 八旬記念文集 편찬위원회, 『씨알.인간.역사』, (서울: 한길사, 1982), P.5.

값비싼 은혜라고 해석한다. 참 예수의 제자는 그리스도를 위한 고난을 세속 사회 속에서 짊어지고 그의 뒤를 따르는 것이다. 제자직 없는 은혜, 십자가 없는 은혜는 값싼 은혜(cheap grace)일 따름이다. 루터의 십자가 신학의 빛에서 위르겐 몰트만은 그의 저서『십자가에 달리신 하나님 *Der gekreuzigte Gott*』을 전개한다. 엘리비젤의『밤 *Night*』에 나타난 숨어계신 하나님을 루터의 십자가 신학과 몰트만은 연결짓는다. 원인 모르게 죽어가는 유태인의 죽음 속에서 지금도 신음하고 계시는 삼위일체 하나님을 해석한다. 몰트만은 루터의 십자가 신학이 너무나 실존적 차원에만 머물러 있고 사회윤리적 차원으로 전개되지 못하였음을 지적하면서, 오늘의 역사현장에서 고난 당하는 사람들과 함께 아파하시는 삼위일체 하나님을 해석한다. 또한 삼위일체 하나님의 역사적 해방 운동을 해석한다. 일본 신학자 가조 기타모리도 일본의 히로시마 원폭피해의 역사적 상황에서『하나님의 아픔의 신학』을 전개한다. 그의 해석은 루터의 십자가 신학의 일본적 토착화 작업이었다. 더글라스 홀도 그의 저서『빛과 어둠 *Lighten on Darkness*』에서 북아메리카 상황에서 십자가의 신학을 사회윤리적 조명에서 재해석하며 루터의 십자가 신학이 사회윤리적 요소가 결여되었음을 지적한다. 루터의 십자가 신학은 노예의지론과 두 왕국설과 연결되어 있다. 루터는 가난한 자와 억눌린 자와 고난당하는 자들을 대변하지만 그 고난에서 해방되는 역사적 해방은 하나님의 혁명에 의해 이루어진다고 해석한다. 그 하나님의 혁명에 인간의 의지는 노예신세일 뿐이다. 또한 루터는 두 왕국설에 의해 인간을 억누르고 탄압하는 불의한 권세일지라도 그 권세에 항거해서는 안 된다고 해석한다. 현대 신학자들은 이러한 루터의 십자가 신학의 한계와 약점을 지적하면서 현대의 역사적 상황 속에서 십자가 신학을 다시 해석한다.

바로 이러한 십자가 신학의 시각에서 함석헌을 재해석할 수 있다. 함석헌은 바로 그의『뜻으로 본 한국역사』에서 십자가 신학적 발상을 전개한다. 수・당・명・청・일본 등에 의해 수없이 짓밟혀온 한국은 다시 자본주의와 공산주의의 냉전의 희생양이 되어 현대사의 죄짐을 지고 비틀거리고 있는 십자가에 달린 늙은 여인으로 묘사한다.³⁾ 이 책의 영문 번역판 『Queen of Suffering』 서두에서는 이 십자가에 달린 여인의 오른팔은 중국이, 왼팔은 일본이, 머리는 러시아가, 다리는 미국이 잡아당기고 있어 찢어질 위기에 놓여 있다고 묘사한다.⁴⁾ 『뜻으로 본 한국역사』에서 함석헌은 또한 이렇게 묘사하였다.

> 중공이 그 바른팔 잡고 소련이 그 왼팔 잡고 미국이 그 두 다리를 잡고 영국, 프랑스, 인도가 증인 노릇을 하고 있는 가운데 한 처녀가 못박히지 않았나? 우리의 가엾은 여왕입니다. 38선이 창으로 찔려 물과 피를 흘리는 옆구리 아닙니까? 제주도가 그 떨어진 가시관 아닙니까?⁵⁾

그런데 이 여인이 세계사의 죄악들을 속죄하고 자본주의와 공산주의가 저지른 죄악들을 속죄하고 다시 부활하는 통일의 그날, 세계사의 주역이 될 것이라고 예언한다. 동방의 등촉 그 빛을 발휘하는 날, 아시아뿐만 아니라 세계를 놀라게 할 날이 다가올 것이라고 한다.⁶⁾ 우리의 통일 희년 운동의 근거는 바로 이 십자가 신학의 빛에서 한국사의 의미를 해석함에서 시작해야 한다. 반만 년 역사 속에서 고난만 당하여온 우리 민족은 그 고난의 의미를 다시 새롭게 해석하지 않으면 안 된다. 우리의 고난 속에서 우리는 하나님이 우리를 외면하시며 숨어계시는 하나님이었음을 절실히 경험하여왔다. 우리 민족은 이 숨어계심의 아픔 속에서 세계사의 죄를 대신 짊어지고 비틀거리는 역사의 속죄양이 되었으며, 이제는 통일의 새 역사를 통하여 다시 부활함으로써 자본주

---

3) 함석헌, 『뜻으로 본 한국역사』, (서울: 성의사, 1963), 250.
4) Sok-Hon Ham, *Queen of Suffering*, tr.E. Sang Yu, (Philadelphia: Friends of Committee for Consultation, 1985), 5.s
5) 『뜻으로 본 한국역사』, 356.
6) Ham, 『*Queen of Suffering*』, 178.

의와 사회주의를 넘어서는 새로운 세계사의 장을 여는 세계사의 주역이 되어야 할 것이다.

　　루터의 십자가 신학과 함석헌의 고난사관은 바로 이렇게 만날 수 있다. 십자가 신학적 조명에서 함석헌의 고난사관과 민중사관을 해석하여 볼 수 있다. 두 사람 모두 인생과 역사의 본질은 고난이라고 본다. 이러한 문제의식 속에서 먼저 루터의 십자가 신학을 다루고 다음에 함석헌의 고난사관을 취급하고 이어서 두 사상을 비교·연구하는 문제를 본격적으로 다룰 것이다.

A. 마르틴 루터의 십자가 신학(Theologia Crucis)

1. 루터의 생애에 나타난 십자가 신학

　　루터는 라이프치히 논쟁(1519) 이후 죽음이 엄습하는 것을 느끼고 오직 십자가만을 붙들고 십자가 위에서만 그의 신학을 수립하였다.[7] 본회퍼는 루터의 이 십자가 신학을 값비싼 은혜(costly grace)라고 풀이한다. 루터가 수도원에서 안일하게 기도하고 명상하는 수도사적 경건(cheap grace)에 머무르지 않고 수도원 문을 박차고 나와서 세속 속에서 역사 속에서 종교개혁 운동의 십자가를 지기로 결단한 것은 값비싼 은혜의 결단이라는 것이다.[8] 루터는 고난을 통해 우리가 하나님을 만날 수 있다고 믿으며 고난을 통해 우리가 하나님의 자녀임을 증명할 수 있다고 생각한다. 여기에서 그는 "고난은 인간을 겸손하게 만

---

[7] McGrath, Luther's Theology of the Cross, (Philadelphia : Fortress Press, 1971), 169.
[8] Dietrich Bonhoeffer, The Cost of Discipleship, (New York : The MacMillan Company, 1959), 39.

드는 제단이 된다"고 말한다.⁹⁾ 고난의 목적은 은혜요 정결함이다. 몰트만도 『십자가에 달리신 하나님』에서 재판을 받기 위해 보름스 국회(The Diet of Worms)로 가는 루터의 결단의 클라이막스에 십자가 신학(theologia crucis)이 서 있다고 해석한다.¹⁰⁾ 루터는 보름스 국회 이후 평생 정신적인 스트레스 때문에 불면증으로 시달렸고, 마침내 협심증으로 죽음을 맞이할 수밖에 없었다. 그러므로 그의 일생은 고난의 연속이요 그의 십자가 신학은 프로테스탄트(protestant: 항의자)로서의 고난체험 속에서 형성된 산 신학(living theology)이었다.

성직자로서의 그의 소명 체험도 고난 속에서 이루어졌음을 앞에서 언급했다. 벼락을 맞은 상황에서 "수도사가 되겠습니다"라고 한 서원은 심사숙고한 결단이 아니라 큰 위기의 순간에 그의 입에서 튀어나온 고백이었다.

중세 스콜라주의에서 강조된 선행의인화는 하나님을 사랑하고 신뢰할 수 있는 능력, 곧 제1계명을 성취할 수 있는 가능성을 인간에게 두고 있다. 루터의 이런 영적 유혹은 또한 중세적 영성 훈련에서 나왔다. 곧, 하나님의 요구에 충분히 부합되리만큼 선에 대한 불안, 임박한 죽음에 대한 두려움, 구원에로 예정되었는가 혹은 예정에 들지 못했는가에 대한 불확실성, 죄책과 죄의 형벌에서 자유함을 얻은 것에 대한 불안 등이다. 만일 그러한 영적 유혹이 없었다면, 사람들은 자신들을 위해서나, 연옥에서 번민하고 있는 가족들을 위해서 면죄부를 사지 않았을 것이다. 따라서, 그 당시 사람들의 최대 관심은 영적인 구원의 확신이었다. 루터의 고민도 바로 영적인 관심, 즉 자비로우신 하나님을 만나고 구원의 확신을 얻는 것이었다. 심리학적 분석으로 해석할 수 없는 영적인 진지성과 열정이 루터로 하여금 수도사가 되게 하였던 것이다. 영적 실존적

---

9) Martin Luther, Luther's Works, (St. Louis: Concordia Publishing House, 1987), 이하 LW로 표기함. Vol. 42: 44.

10) Moltmann, The Curucified God, (New York: Harper & Row, 1974), 208.

갈등과 번뇌와 갈급함의 내적 아픔이 성직에로의 순례의 길을 걷게 한 것이다.

루터는 1507년 2월 27일 에르푸르트에서 신부로 안수받았으며, 부사령관 비칼(Vical General)의 명령으로 신학을 공부하였다. 그의 스승이자 어거스틴 수도원 원장이었던 스타우피츠(Staupitz)는 루터를 지력과 종교적 영성이 뛰어난 젊은이로 인정하여 1502년 비텐베르크(Wittenberg)대학에서 교수가 될 수 있도록 프레데릭 현자(Frederick the Wise)에게 천거하였다. 1509년 3월 성서 신학으로 학사학위를 받은 후(Baccalaureus biblicus) 스콜라 학파인 피터 롬바르드(Peter Lombard)의 조직 신학 저서 『문장 Sentences』을 강의하기 시작하였다. 1508-9년 동안 스타우피츠의 도움으로 루터는 영적인 문제를 신학적으로 극복하는 데 많은 도움을 받았다.

1510년 루터는 어거스틴 수도원의 규칙을 강화하고 재정비하는 일을 위해 대표로 뽑혀, 로마를 방문하여 로마 교황청의 빌라도법정 계단을 무릎을 꿇고 올라가면서 구원의 확신을 얻으려 하였으나 오히려 심한 절망에 빠지게 되었다. 뿐만 아니라, 그의 로마 방문은 로마 교회의 세속화를 개탄하고 비판하는 계기가 되었다. 그의 영적 갈망을 해결시켜주기는 커녕 오히려 깊은 영적 시련의 늪에 빠지게 만들었다. 에르푸르트로 돌아온 루터는 스타우피츠에 의해 다시 비텐베르크로 재임명되어 1511년 이후 계속해서 살다가 그곳에서 여생을 마치게 되었다. 비텐베르크는 그의 삶의 중심지가 되었고 또한 그의 종교개혁 신학과 운동의 중심지가 되기도 하였다.

1512년 10월 루터는 신학박사학위를 수여받았으며 동시에 그는 성서주석학 강의를 맡는 교수가 되었다. 1513년부터 신학교수로 30년 이상을 일하게 되었다. 동시에 그는 1512년 어거스틴 수도원의 부원장이 되었고 1515년에는 어거스틴 수도회의 지방책임자(district vicar)로 일하게 되었으며, 1514년부터는 비텐베르크 교구목사로 설교하기에 이르렀다. 1513-15년 시편 강해, 1515-16년 로마서 강해, 1516-17년 갈라디아서 강해, 1517-18년 히브리서 강해를 통하여 그의 신학을 전개하였으며, 그것은 수많은 학생들과 동료들의 관심을 끌었다. 1518-21년에는 다시 제2차 시편 강해를 하였는데, 초기에는 스콜라주의에 입각한 겸손의 신학 — 가브리엘 비엘(Gabriel Biel)이나 옥캄의 윌리엄(William of Occham)의 영향을 받아 — 에 기초한 강의였지만 점차 복음주의적 신학에로 바뀌어졌다. 특히 루터는 제1차 시편 강해에서는 스콜라주의적 요소가 많았기 때문에, 다시 제2차 시편 강해에서는 복음주의적 시각에서 강의하였다.

강의를 시작한 1513년 이후 그는 점차 스콜라주의 신학을 문제삼기 시작하였다. 스콜라주의의 기초를 이루고 있는 아리스토텔레스의 이성과 펠라기우스주의의 자유의지에 비판을 가하기 시작하였다. 인간의 이성적 사변에 의해서나 자유의지적 결단과 선행의 노력으로 구원얻을 수 없음을 확신하기 시작하였다. 그리고 그는 어거스틴 신학에 입각하여 인간구원에 있어서 의지의 노예신세를 강조하고 믿음으로 은총을 통하여서만 구원받음을 주장하게 되었다. 이러한 새로운 신학의 발견은 그의 "스콜라주의 신학에 항거하는 논제(Disputation Against Scholastic Theology)"(1517. 9. 4)에 잘 표현되어 있다. 그것이 다시 1517년 10월 31일 비텐베르크 대학교 성곽예배당 정문에 게시된 95개조 항의문으로 이어지게 된 것이다.

사실 중세 가톨릭 신학과의 결별은 그의 자서전적 고백에 의하면 — 1545년 라틴어 저술편집 서두에서 — 롬 1:17의 해석에 있었음을 알 수 있다. 이 본문을 명상하고 읽고 또 명상하고 읽는 가운데, 무섭게 심판하시는 "하나님의 의(iustitia Dei: righteousness of God)"가 아니라 우리를 용납하시고 사랑하시는 "하나님의 의"로 이해하게 되었다. 그가 가장 미워한 롬 1:17이 가장 사랑하는 구절로 되었고 바로 천국의 문이 되었다고 고백한다. 십자가 사건을 통하여 우리에게 베푸시는 엄청난 용서의 은총을 믿기만 하면, 오직 믿음으로만 의롭다 하심을, 수동적으로 낯선 손님 같은 義(aliena iustitia)를, 옷 입게 된다는 사실을 바울의 롬 1:17 이외에 어거스틴의 "영과 문자(De Spiritu et Littera)"에서도 발견하게 되었다고 그의 "라틴어 저술 서문"에서 고백한다. 이러한 신학적 전환의 회심체험이 그의 서재에서 일어났다. 루터의 서재가 탑에 있었는데 이것을 '탑의 경험(Turmerlebnis: tower experience)'이라고도 부른다. 수많은 실존적 영적 고뇌의 투쟁 끝에 오직 은총으로만(sola fide) 구원이 가능함을 발견하는 위대한 체험을 하기에 이른 것이다.

루터는 본래 종교개혁을 일으킬 의도가 없었다. 그래서 95개조의 항의문을 쉬운 독일어로 쓰지 않고 어려운 학문적 언어인 라틴어로 썼다. 학문적인 토론을 하고 싶었다. 그러나 그의 의도와는 전혀 다르게 삽시간에 인쇄되어 유럽 전역에 여러 나라 말로 번역되어 알려지게 되었다. 그래서 그는 어쩔 수 없이 운명적으로 논쟁에 휩싸이게 된 것이다. 1517년부터 1521년까지 논쟁은 계속되었다. 위에서 언급한 대로 1519년 라이프치히에서 존 엑크와의 논쟁이 그를 어렵게 만들었고, 1520년 결국 로마 가톨릭으로부터 파문을 당하게 되었고, 황제 찰스5세도 루터를 법의 보호를 받지 못하는 사람으로 선포하기에 이르렀다. 1521년 보름스(Worms) 국회에서 이런 황제의 선언을 받았을 때 그는 그의 유명한 최후 진술 "하나님, 내가 여기 있나이다. 나를 도우소서(Ich stehe hier, helfe mir, Gott!: Here I stand, help me, God!)"를 남겼다.

그 후 그는 삭소니지방 선제후 — 황제를 선거하는 제후 — 프레데릭 4세의 도움으로 기사의 옷을 입고 수염도 깎지않고 기사의 이름으로 숨어서 바르트부르크(Wartburg) 성에서 망명생활을 하게 되었다. 그동안 루터는 깊은 미로 속에 있는 골방에서 쉬운 독일말로 성경을 번역하는 위대한 작업을 하기에 이르렀다. 그가 없는 동안 비텐베르크는 칼스타트(Andreas Bodenstein of Karlstadt: d.1541)의 지도하에 있었는데 당시에 츠비카우에서 온 과격파 종교개혁가들(Zwikaw Prophhets)에 의해 말씀보다는 영적 체험을 중요시하는 운동이 일어났다. 루터의 제자 멜랑히톤(Melanchthon)도 망설이면서도 따라갈 수밖에 없었다. 1522년 3월에 루터가 다시 돌아온 후 비텐베르크에 남아 있던 종교개혁가들의 잘못을 지적하고 루터의 신학적 입장을 여덟 번의 설교를 통해서 밝혔다. 그는 체험보다 말씀을 강조하였다.

1523년 이후 종교개혁은 농민전쟁의 그림자 아래 위협받게 되었다. 초기에 농민의 편에 섰던 루터가 프레데릭 선제후의 갑작스러운 죽음을 계기로 정치적 도움을 제후와 귀족계급으로부터 받아야 종교개혁을 성공적으로 이끌어 갈 수 있기에 그는 농민을 비판하고 정치지도자의 편에 서기 시작하였다. 이러한 루터의 입장은 뭔처나 농민들의 강한 비난을 받게 되었다. 루터는 살인하고 약탈하는 농민을 칼로 다스려야 한다고 그의 논문에서 주장하였다. 이 논문때문에 루터는 가톨릭으로부터 비판을 받을 뿐 아니라 멜랑히톤 같은 루터의 지지자들로부터도 비판을 받기에 이르렀다. 물론 농민들로부터 배신자라는 맹열한 비난을 받기도 하였다.

　1524년에 에라스무스(Desiderius Erasmus of Rotterdam)가 그의 저술 『자유의 지론 *De Libero Arbitrio*』을 통해 인간구원의 과정에서 인간의 의지적 책임성이 중요함을 강조하면서 루터의 노예의지론을 공격하였다. 루터는 1525년 『노예의지론 *De Servo Arbitrio*』를 써서 의지의 무력과 은총의 위대하심을 강조함으로써 인문주의 운동과 완전히 이별하게 되는 아픔을 겪기도 하였다.

　1525년 6월 13일 농민전쟁중에 루터는 전에 수녀였던 카타리나 본 보라(Katharina Von Bora)와 결혼하였다. 루터의 결혼은 부정적인 반응을 일으켰다. 개신교동지들 ― 종교개혁가들 ― 로부터는 시기적으로 적절하지 않다는 이유로 많은 도전을 받았다. 그 이유는 많은 지역에서 아직도 농민전쟁이 끝나지 않았기 때문이다. 사실상 농민전쟁은 루터의 자유 운동과 개혁 운동과 맥을 같이하면서 그들의 자유를 실현하려 하였기 때문이다. 루터의 저서 "크리스천의 자유"는 농민전쟁의 교과서였다. 농민들이 자유를 쟁취하기 위해서 투쟁하는 시기, 그것도 그들의 운동이 좌절되고 패배당하는 아픔의 시기에 '어떻게 루터는 자신의 개인적 행복을 생각할 수 있는가'라고 의심하는 것이었다. 심지어 가까운 동지들 조차도 비판적이었다. 멜랑히톤도 루터가 무엇을 하려는지에 대해 아무에게도 말하지 않았다고 불평하였다. 그러나 농민전쟁의 와중에서도 루터에게는 심각하였다. 루터는 수녀원의 수녀들을 결혼시키는 중매쟁이 역할을 하였는데, 마침내 모두들 신랑을 찾아가고 카타리나만 남게 되었다. 카타리나의 신랑감도 열심히 찾았으나 성공하지 못했다. 그래서 결국 그녀와 결혼함으로써 문제를 해결하였다. 장가를 가준 셈이었다.

수도사로서 수녀와 결혼했다는 이유로 가톨릭으로부터 간음하고 타락한 성직자로 비난을 받았다. 결국 요한계시록에 나오는 일곱 머리 귀신이라는 비난까지도 받게 되었다. 절망에 빠진 루터에게 용기를 주기 위해서 부인 카타리나는 검은 장례복을 입고 그를 맞이하였다. 루터는 누구의 장례식이냐고 묻자 카타리나는 하나님의 장례식이라고 하였다. 그 때 루터는 전능하신 하나님이 살아계시는데 왜 그가 죽은 것처럼 절망하였는가를 반성하고 다시금 용기를 얻고 종교개혁을 성공적으로 이끌어갈 수 있었다.

참 신학자는 책을 읽고 명상하고 사변하는 데서 만들어지지 않고 삶과 죽음, 비난당함과 고난당함 속에서 만들어진다고 강조한다.[11] 이것은 그의 종교개혁의 고난과 시련 한 복판에서 외친 절규임을 알 수 있다. 이 고난의 스트레스를 해소하기 위해서 볼링을 시작하기도 하였다. 그래서 오늘날 볼링의 역사적 기원을 루터에게서 찾는다. 그의 삶의 뼈아픈 고난의 십자가가 가시와 같이 그를 찔렀기에 그의 십자가 신학이 산 신학(living theology)으로 발전할 수 있었던 것이다.

---

11) 'vivendo immo moriendo et damnando fit theologus, legendo aut speculando(삶, 혹은 오히려 죽음과 정죄받는 것이 신학자를 만든다. 이해하는 것, 읽는 것, 혹은 사변하는 것이 신학자를 만드는 것이 아니다).' WA, 5, 163, 28-29.

2. 루터의 사상 속에 나타난 십자가 신학

루터는 인간의 능동적인 선행과 노력은 아무런 효과가 없고, 인간의 이성으로 자연 속에 나타난 하나님의 능력을 이해하는 중세 스콜라주의적인 사변도 하나님의 의와 사랑을 온전히 발견할 수 없으며, 오직 십자가의 은총을 믿을 때에만 구원이 가능함을 강조한다. "우리의 신학은 오직 십자가뿐이다(crux est sola nostrae theologia)"[12]라고 강조하므로 자신의 신학은 십자가의 신학임을 1518년 '하이델베르크 논제(Heidelberg Disputation)'에서 밝히고 있다.[13] 탑의 경험에서 그가 체험한 수동적 객관적 주입의 의롭다 하심을 바울과 어거스틴의 신학에서 배우고 있음을 고백한다.[14] 이 고백에서 의롭다 하심의 은총은 법적이고(forensich), 우리 밖에서(von aussen), 주입되는 은총(eingegossenen Gnade : gratia infusa)이라고 해석한다.[15]

1) 신앙의인화(信仰義認化)와 십자가 신학

루터의 운명을 바꾸어놓은 본문이 롬 1:17이다. 루터는 구절의 전반부에 나타난 하나님의 義(iustitia Dei)는 능동적인 의(active righteousness), 곧 심판하시고 정죄하시고 저주하시는 義로만 생각하였다. 그 무서운 심판 앞에 있는 죄인

---

12) Martin Luther, *Dr. Martin Luther's Werke*, Kritische Gesamtausgabe(Weimer, 1883-), 5. 176. 32-3. 이하 WA로 표기함.
13) WA, 1. 354. 17-21.
14) WA, 54, 186.
15) Von Reinhart Staats, "Augustins 'De Spiritu et Littera' in Luthers reformatorischer Erkenntnis," Zeitschrift Fuer Kirchengeschichte, Vol. 98, no.1, (Verlag W. Kohlhammer Stuttgart Berlin Koeln Mainz: 1987), 35.

인 자신의 모습 때문에 큰 절망, 죽음에 이르는 병(Krankheit zum Tode)에 빠지게 되었다. 그러나 그 말씀을 묵상하고 또 묵상하는 가운데 그 뜻이 전혀 다른 것임을 발견하였다. 죄인을 무서운 공포와 절망에 빠뜨린 죽음에 이르는 병에서 해방되는 순간을 경험한 것이다. 능동적인 의(active righteousness)가 아니라 수동적인 의(passive righteousness), 곧 무조건 용서하시고, 받아주시고, 사랑하시는 하나님의 義임을 깨닫게 된 것이다. 그리고 전에는 그 믿음을 지적으로 인정하는 믿음(assent: assentia)으로 생각하였는데, 이제는 전 존재를 걸고 내맡기는 신뢰(trust: fiducia)라고 생각하게 되었고 이 신뢰는 인간적인 것이 아니라 하나님의 선물로 주어짐을 발견하게 되었다(엡 2:8). 다시 말해서 성령이 믿음을 우리 속에서 창조하실 때 믿음이 일어남을 주장한다. 바로 이 점에서는 루터의 해석을 칼빈과 웨슬리도 일치하게 받아들인다. 또한 그는 '오직 믿음'을 너무나 강조한 나머지 그가 희랍어 신약성서를 독일어로 번역할 때 롬 1:17 하반절에 '오직 믿음'을 집어넣었다. 그는 중세기사의 옷을 입고 이름까지 바꾸고 수염도 깎지 않고 바르트부르크 성 깊은 곳에 있는 방에서 성경을 번역하였는데 희랍어 원본에는 그냥 '믿음'이라고만 되어 있는 것을 루터는 '오직 믿음'이라고 추가하였던 것이다. 그래서 우리말 개역에는 '오직 믿음'이라고 되어있는데, 희랍어 원본에 보다 충실하게 번역한 표준 새 번역에는 그냥 '믿음'이라고 되어 있다. 오직 믿음은 말씀을 들을 때에 일어난다. 중세 스콜라주의의 선행과 중세 신비주의의 체험을 비판한다. 주관적 내면적 체험이 아니라(in nobis), 우리 밖에서 객관적으로 우리에게 다가오는(extra nos) 말씀으로 믿음이 일어남을 강조한다. 은총 — 성령의 역사 — 은 말씀 안에서(in the Word), 말씀을 통하여(through the Word), 말씀과 함께(with the Word) 우리에게 다가온다. 말씀 이외의 신비적 체험, 곧 꿈과 환상을 통하여 오는 것이 아니라고 강조하고 성령의 역사는 말씀을 통하여, 특히 십자가의 복음을 일어난다고 이해한다.[16]

그가 바르트부르크 성에 갇혀 있는 동안 비텐베르크 소동(Wittenberg Disturbance)이 일어났다. 그것은 츠비카우 선지자들(Zwikau Prophets)이 중심이 되어 뮌처와 칼스타트 등 루터의 동료들도 동참하여 신비적 환상과 꿈을 강조하는 신비주의 운동이 일어난 소동을 말한다. 루터는 다시 비텐베르크를 그의 말씀 신학으로 돌이키기 위해서 여덟 번의 설교를 하지 않을 수 없었다. 그리하여 루터는 말씀으로 돌아가자(return to the Bible, back to the Bible)는 슬로건을 내세우게 된 것이다. 또한 라이프치히 논쟁에서 루터는 교회의 최고의 권위는 교황의 말씀이나 교회의 전통(tradition)이 아니라 오직 성경이어야 함을 강조하였다. 그래서 그는 감히 로마 교황의 무오설에 항거하여 교황도 오류를 범할 수 있다고 지적하였다. 그래서 루터의 종교개혁의 슬로건은 '오직 은총으로만(sola gratia)', '오직 믿음으로만(sola fide)', '오직 성서로만(sola scriptura)'이었다. 그리고 이 슬로건의 핵심은 바로 십자가의 은총이요, 십자가의 복음이요, 그리고 그 십자가의 은총과 복음을 믿는 믿음이다. 따라서 그의 신앙의인화 사상은 항상 십자가의 신학 위에 서 있다고 말할 수 있다.

2) 십자가 신학과 숨어계신 하나님

루터는 "우리의 신학은 오직 십자가뿐이다"라고 강조한다. 또한 루터는 하나님의 속성의 양면성 곧 계시하시는 하나님(Deus Revelatus)과 숨어계시는 하나님(Deus Absconditus)을 말한다. "어찌하여 나를 버리셨나이까?"라는 절규 속에서도 침묵하시고, 외면하시고 숨어계신 하나님(the hidden God: Deus Absconditus)은 숨어계시는 방법으로 현존하신다(the hidden presence of God: Deus Revelatus in Deus Absconditus).[17)] 에라스무스가 "사랑의 하나님이 어떻게 지옥을 만들 수 있을까"라고 질문할 때 루터는 "사랑의 하나님(Deus Revelatus)에서는

---

16) 루터의 "영과 문자"의 관계에 대한 해석은 Martin Luther, "Concerning the Letter and the Spirit," Martin Luther's Basic Theological Writings, ed. by Timothy F. Lull, (Minneapolis: Fortress Press, 1989), 70-103을 보라.

이해가 안 되지만 숨어계신 하나님(Deus Absdonditus)의 속성 속에서는 이해가 된다"고 말하였다. 인간의 이성과 의지로는 도저히 이해가 안 되는 숨어계시는 하나님의 깊은 의지와 뜻이 있다는 것이다. 십자가라는 옷을 입고 사랑과 자비의 하나님이 숨어계신 하나님으로 현존하신다. 프렌터(R. Regin Prenter)는 "모든 선한 것들은 십자가 안에 그리고 십자가 아래 숨어 있다(omnia bona in cruce et sub cruce abscondita sunt)"고 루터를 해석한다.[18]

하나님의 자비는 하나님의 진노 속에 의존적으로 계시된다. 하나님의 분노와 자비가 동시에 계시되는 것이다. 하나님의 분노에는 두 가지가 있다. 형벌의 분노(ira severitas)와 자비의 분노(ira misericordiae)이다.[19] 십자가는 자비의 분노다. 다만 신앙만이 계시된 분노를 나타내시는 자비로우신 하나님의 의도를 식별한다. 신앙이 아닌 인간의 이성 ― 중세 스콜라주의의 영광의 신학(theologia gloriae) ― 은 이것을 식별하지 못하고 형벌의 분노와 자비의 분노를 혼동한다는 것이다.[20] 영광의 신학자들은 하나님이 강함과 영광과 능력 속에서만 계시되기를 원하고, 십자가 안에서의 포기와 패배 ― 궁극적으로 승리하는 ― 를 받아들일 수 없다고 루터는 해석한다.[21]

루터는 또다른 변증법적 해석으로 십자가에서 나타나는 하나님의 양면성

---

17) 1519년까지 루터는 간접적인, 숨어계신 방법으로 계시하시는 하나님을 말하였으나, 1525년 그의 『노예의지론 De Servo Arbitrio』에서는 아예 그의 숨어계신 뜻을 인간에게 전혀 알리지 아니하시는 숨어계신 하나님을 말한다. 인간의 의지는 노예신세이므로 하나님의 의지와 뜻을 전혀 알 수 없는 세계도 있다는 것이다. 여러 면에서 하나님은 자신을 열어 계시하시지 않는 역사의 수수께끼가 많다는 것이다. 이를 하나님의 마스크(mask of God)라고도 부른다.
18) Regin Prenter, *Luther's Theology of the Cross*, 4.
19) Alister E. McGrath, *The Theology of the Cross*, 154.
20) McGrath, *The Theology of the Cross*, 157.
21) McGrath, *The Theology of the Cross*, 167.

을 보여준다. 곧 '하나님의 속성에 낯선 행위(opus alienum)'와 '하나님의 속성에 속하는 행위(opus proprium)'이다. 사랑의 하나님의 속성에서는 도저히 분노하고 정죄하실 것 같지 아니하나, 그렇게 정죄하고 분노하시는 것은 죄인들을 의롭다 하시기 위함이다. 결국 구원하시는 하나님의 속성을 보이시기 위해 하나님답지 않은 행위를 보이신다는 것이다. 그래서 십자가에서 부당하게 정죄당하고, 연약하게 창피당하고, 어리석게 패배당하고, 철저히 죽음을 당하셨다. 바로 그 치욕스러운 십자가의 스캔들 속에 하나님의 의와 영광과 지혜와 능력과 구원이 숨어 있는 방법으로 계시되었다.[22]

인간의 모든 지혜와 능력이 끝장나는 십자가 속에서 비로소 하나님의 지혜와 능력이 역사하기 시작한다. 루터는 "마리아 찬양(Magnificat)" 주석에서 눌린 자, 겸손한 자, 비천한 자, 가난한 자를 높이시고 — 인간의 가능성과 능력이 끝장 난 자들을 높이시고 — 누르는 자, 교만한 자, 권세 있는 자, 부자를 낮추시고, 심판하신다고 해석한다. 여인 마리아의 입을 통해서 하나님의 혁명적 선포가 외쳐졌다고 루터는 해석한다. "인간의 강함이 끝나는 곳에, 하나님의 강함이 시작한다. 억눌림이 끝날 때, 위대한 강함이 약함 아래 숨어 있었다는 것을 나타내준다."[23]

1519년 "주기도문 해설(Exposition of the Lord's Prayer)"에서 하나님나라는 미래에 다가오는 것이 아니고, 하늘에서 기쁨과 행복과 유익과 복락을 누리는 것이 아니라, 십자가의 은총을 믿음으로 말미암아 지금 여기에서 하나님의 내주와 통치를 경험하는 것(눅 17:21)임을 역설한다.[24] 루터가 이해한 그리스도는 역사 속에 성육신하여 가난한 자, 비천한 자, 겸손한 자, 소외된 자 속에서

---

22) McGrath, The Theology of the Cross, 158.
23) LW, 21:34f 이 마리아 찬양에 대한 해석은 구약의 한나의 찬양과 함께 여성 신학에서 여성의 억눌림과 고통에서 해방시키시는 하나님의 혁명을 해석하는 근거로 사용된다.
24) LW, 42, 41.

함께 아파하시고 그들을 높이시고 해방하시는 분이다.[25]

    십자가의 은총은 영적 해방뿐 아니라, 육체적 해방도 의미하는 총체적 해방 — 복음화와 인간화 — 을 이루시는 하나님나라의 복음이다. 하나님나라에 대한 루터의 기다림은 역사의식을 상실한 묵시문학적 몬타니즘적 기다림이 아니었다. 루터는 종말론적 사건을 현재의 역사의 한복판에서 일어나는 사건으로 생각하므로 내일 종말이 온다고 해도 한 그루의 나무를 심겠다는 심정으로 세속 직업 속에서 성실한 직업인이 되어야 함을 강조한 것이다.

3) 십자가 신학과 자유의 복음

    루터는 바로 십자가 신앙을 통해 중세인을 자유하게 하였다. 십자가의 은총은 율법과 선행의 무거운 짐에서 자유하게 하였다. 고해성사의 짐에서 자유하게 하여 모든 평신도도 제사장으로서 죄를 직접 하나님께 고백하게 하였고, 신부만 떡과 포도주를 먹고 마실 수 있고 평신도는 떡만을 먹게 하였던 교회의 바빌론 포로에서 해방시켜 모든 평신도도 포도주를 마실 수 있게 하였다. 그리스도의 피가 평신도들의 죄를 위해서도 흘려진 것이요 그리스도께서 둘 모두를 주셨으니 당연히 평신도들에게도 둘 모두 주어야 한다는 것이다.[26]

    또한 어려운 라틴어 예배의식의 노예에서 벗어나 평신도도 알아들을 수 있는 쉬운 독일어 예배의식으로 바꾸었다. 그리고 신부만 성경을 라틴어로 읽던 모든 모순에서 평신도도 성경을 읽을 수 있도록 쉬운 독일어로 번역하여 평신도 성경 읽기의 해방 운동을 일으켰을 뿐 아니라 평신도도 성경을 자유롭게 해석할 수 있게 하였다.

---

25) *LW*, 21, 297-358.
26) 마르틴 루터 지음, 지원용 옮김, 『교회의 바빌론 감금』, (서울: 컨콜디아사, 1985), 25-29.

뿐만 아니라, 성직자들은 결혼할 수 없는 포로상태에서 성직자들도 결혼할 수 있도록 해방시켜 수도사와 수녀들을 결혼하도록 소개하였다. 이러한 자유와 해방 운동은 철저히 십자가의 은총을 믿음으로 의롭다 함을 얻는다는 신앙의인화(justification by faith)에 기초하여 미신과 타부와 맹종과 형식과 율법과 고행과 금욕에서 중세인을 해방시킨 것이다.

루터는 그 유명한 "크리스천의 자유"에서 고전 9:19, "내가 모든 사람에게서 자유하였으나 스스로 모든 사람의 종이 된 것은 많은 사람을 얻고자 함이라"를 중요시한다. 복음을 신앙함으로 얻은 자유는 방종과 향락의 기회로 사용되어서는 안 되고 성령의 노예가 되어 이웃을 사랑으로 섬기는 종 노릇을 해야 한다. 변증법적 성격으로 크리스천의 본성을 루터는 설명한다.[27] 여기서 루터의 자유는 율법폐기론(antinomianism)이 아님을 알 수 있다. 그는 그의 제자 아그리콜라가 주장한 율법폐기론을 비판하였다. 그럼에도 불구하고 루터에게는 칼빈처럼 율법의 제3의 용법(tertius usus legis)을 강조하지 않는다. 다시 말해서 성화(sanctification)의 채찍으로서의 율법의 역할을 말하지 않고, 단순히 율법의 제1용법으로서의 회개케 하는 율법만을 강조한다. 따라서 루터는 소극적인 선행론과 성화론을 말한다. 곧 좋은 나무에서 좋은 열매가 맺히듯이 믿음으로 의롭다 함을 얻은 성도 속에서 선행은 저절로 맺히는 열매와 같다고 해석한다. 그리하여 신앙의인화를 말하는 로마서는 평가절상하였지만, 선행을 말하는 야고보서는 지푸라기 복음이라고 평가절하하였다.

---

27) Martin Luther, Von der Freiheit eines Christenmenschen, (Stuttgart: Philipp Reclam Jun, 1984), 125.

4) 십자가 신학과 성화론(sanctification)

  루터의 성화론은 상당히 약하지만, 그럼에도 불구하고 그의 전 생애에 걸쳐서 나타나고 있다. 다시 말해서 그의 의인화 사상은 십자가의 은총을 통하여 얻은 의인화(義認化: imputation) 곧 법적으로 전가되고(forensic), 객관적으로 옷 입혀지며(objective), 우리 밖에서 다가오며(extra nos: out of us), 낯선 손님같이 주어진 의(aliena iustitia Dei)로 집중되어져서, '의로워진 죄인(simul justus et peccator)'으로 표현된다. 그러나 십자가의 은총을 통한 실제적(real), 본성적(imparted), 내면적(in nobis: in us) 의인화(義人化: impartation)도 결코 배제하지 않고 있다. 물론 린드버그(Cater Lindberg) 같은 학자는 그의 저서 『제3의 종교개혁 The Third Reformation』에서 루터의 의인화(義認化)만을 강조한다. 루터는 결코 의인화(義認化)를 강조하지 않았다고 주장하지만 홀(Karl Hall)이나 알트하우스(Paul Althaus) 등은 루터가 의인화(義人化)도 결코 배제하지 않았다고 강조한다. 그래서 알트하우스는 『루터의 윤리 The Ethics of Martin Luther』를 저술하기도 하였다. 실제로 루터 자신의 저술 속에서 이러한 실제적 의와 선행을 포함한 성화 사상이 계속 나타난다. "갈라디아서 강해"(1517년), 『독일 신학』(1518, 루터 편집), 『하이델베르크 논제』(1518), "두 종류의 의"(1519년 설교), 『히브리서 강해』(1519), "크리스천의 자유"(1520), "선행론"(1520), "마리아 찬양"(1521), 『십계명 강해』(1528), 『신비적 예언자들에 대항하여』, 그리고 후기 설교들 속에 나타나고 있다.

  또한 루터는 그의 신비주의 저술편집 『독일 신학 Theologia Germanica』(1518)의 서문에서 어거스틴을 성경 다음의 두 번째 신학적 진리의 자료로 생각하였다.[28] 루터가 어거스틴으로부터 영향받은 신비주의적 신학은 한편으로

---

28) ed. Martin Luther, The Thelogia Germanica of Martin Luther, trans. Bengt Hoffman, (New York, 1980), 54.

신성에 참여하는 성화를 확신하는 가하면, 또 한편으로 신적 본성에 참여하는 성화는 인간의 전적 희망 없음과 하나님께 대한 전적 의존 안에서 일어난다고 볼 수 있다.[29]

루터는 그의 1519년 "두 종류의 의(Two Kinds of Righteousness)" 설교에서 '낯선 의(alien righteousness)'는 전적으로 하나님에 의해서만 주어지고 순간적으로 주어지지만,[30] 한 순간에 완성되지는 않고 점진적으로 증가하고 점진적으로 죽음을 통하여 완성되어진다고 확신한다. 낯선 의는 또한 우리 속에 속성적 의(proper righteousness)를 생산한다. 우리 자신을 십자가에 못박고 하나님께 가까이 나아가고 이웃을 사랑함으로써, 이 의가 죄를 파괴하고 그리스도의 본을 따르고 그와 같이 변화하게 한다. 그러므로 루터는 하나님과의 관계적 변화(relative change)만을 말하지 않고, 실제적 변화(real change)도 배제하지 않는다.[31]

1515년 루터가 시 82:6의 "너희들은 신들(gods)이다"를 주석할 때는 하나님의 자녀로서 하나님과의 관계를 말하는 것이지 신적 속성을 말함이 아니라고 해석한다.[32] 그러나 1530년 제2시편 강해에서는 하나님의 말씀을 통하여 성결과 신성을 소유함을 해석한다. 하나님의 부르심의 말씀 때문에 진실로 참으로 신적 속성에 참여함이 가능하다고 강조한다.[33]

---

29) Patricia Wilson-Kastner, "On Partaking of the Divine Nature: Luther's Dependence on Augustine," Andrews University Seminary Studies, Vol. 22, no.1,(Andrew University Press: Spring 1984), 118.
30) Martin Luther, "Two Kinds of Righteousness," Martin Luther-Selections From His Writings, ed. John Dillenberger, (Garden City, New York: Doubleday & Company, Inc., 1961), 88.
31) Martin Luther, "Two Kinds of Righteousness," 88-89.
32) "Psalm 82," *LW*, Vol. 11, First lectures on the Psalms II, 110-11. 115.
33) "Psalm 82," *LW*, Vol. 13, Selected Psalm II, 71.

1523년에 베드로 후서 주석에서 루터는 벧후 1:4에 약속되어진 '신적 속성에의 참여자(partakers of divine nature)'라는 표현은 신약과 구약에서 유일한 것으로 해석한다. 어떻게 우리는 신적 본성에 참여할 수 있는가? 루터는 오직 믿음을 통해서만 가능하다고 해석하고 믿음을 통하여 얻어지는 신적 속성을 다음과 같이 설명한다. "무엇이 신적 속성인가? 그것은 영원한 진리, 정의, 지혜, 영원한 생명, 평화, 기쁨, 행복, 그리고 무엇이든지 선하다고 불리워질 수 있는 것이다."[34] 다시 말해서 신적 본성에 참여하는 자는 영생, 기쁨, 그리고 하나님과의 평화를 누릴 수 있다. 그리고 악마와 죄와 죽음을 대항할 수 있도록 순수하고, 깨끗하고, 의롭고, 전능하다. 하나님이 영원한 진리와 영원한 생명을 가지고 계신 것처럼 크리스천도 영원한 진리와 생명을 소유한다. 루터는 그러한 풍부한 속성은 우리의 선행이 아니라 오직 믿음을 통하여 가능함을 강조한다.[35]

어거스틴은 신적 속성에로의 인간참여가 선행을 통하여 가능함을 강조한다. 왜냐하면 성령을 통하여 우리 마음에 사랑이 부어지기 때문이다. 성령은 사랑의 선행을 통하여 신적 생명에 참여하게 만드신다.[36] 그러나 루터는 1535년 창세기 주석에서 창조와 구속을 구분지으면서, 하나님의 형상을 회복시키는 구속의 복음은 우리 안에 더욱 나은 창조를 이루는 변화를 의미하며 이러한 변화는 신앙을 통하여 은총으로만(by grace through faith) 가능하다고 하면서 은총의 절대적 우위성을 강조한다. 인간 본성의 변화는 사랑에 의해서는 불가능하고 신앙으로만 가능하다고 해석한다(not by love but by faith).

---

34) "Sermons on the Second Epistle of St. Peter," in *LW*, Vol. 30, 155.
35) *LW*, Vol. 30, 155.
36) Wilson-Kastner, 122.

5) 루터의 십자가 신학의 한계: 두 왕국설(Two Kingdom Theory)

루터의 정치윤리는 "세속 권력에 대한 복종의 한계"(1523), "평화를 위한 제언"(1525), "농민 폭도들의 만행에 반대함"(1525), "농민을 가혹하게 적대한 논문에 관한 공개 서한"(1525) 등의 논문에서 잘 나타나 있다.

이 논문들 속에서 루터는 정치와 종교의 분리를 강하게 강조하고 있다. 그래서 신성로마제국의 황제 찰스 5세처럼 국가의 권력이 종교적인 일에 간섭하는 것도 철저히 거부하고, 또한 로마 가톨릭 교회의 교황 레오 10세가 세속 권력 위에 군림하려는 것도 철저히 반대하였다. 그리하여 루터의 정교분리의 두 왕국설은 교황이 세속 권력에서 손을 떼게 하는 것에 크게 기여하게 되었다.

루터는 성경말씀에 근거하여 두 왕국설을 주장했다. 왼손 왕국의 주인은 세속 통치자이고, 그리스도는 다만 오른손 왕국의 주인이다. 따라서 그는 영적인 일에 있어서는 그리스도의 뜻과 하나님의 말씀에 복종해야 할 책임이 있음을 주장한다(행 5:30). 그는 정치와 종교뿐만 아니라 이 세상과 저 세상을, 세속적인 일(영토와 백성과 재산과 육체에 관한 일)과 영적인 일을 구분지었다.

루터는 교회는 사랑과 용서로 다스려져야 하고, 세속 국가는 칼과 정의로 다스려져야 함을 그는 강조하고, 율법과 복음, 정의와 사랑을 구분지었다. 교회는 복음과 사랑으로 다스려져야 하고, 세속 국가는 율법과 정의로 다스려져야 함을 주장한다. 그는 딤전 1:9에 근거하여 불의를 행하는 자들을 위하여서는 율법의 정의가 필요하고, 마 7:18에 근거하여 좋은 나무는 저절로 사랑의 열매를 맺는다는 이중구조의 윤리를 강조한다.

그러므로 크리스천은 두 왕국 모두에 속한다. 크리스천은 세속 권세에도 복종해야 하고, 그리스도의 권세에도 복종해야 한다. 그러므로 그리스도 왕국의 시민으로서 산상수훈대로 살아야 하고, 세상왕국의 시민으로서 세속 법의 질서를 따라야 한다. 사랑과 용서의 복음을 말하는 산상수훈은 크리스천의 삶에 적용되는 것이지, 불의와 악을 행하는 세속인들을 통치하는 일에 적용해서는 무질서해진다는 것이다. 세속인들의 무질서와 방종에 대해서는 율법의 칼과 정의로 다스려야 한다는 것이다. 루터는 바로 이러한 두 왕국설의 시각에서 질서를 파괴하고 무정부 상태를 만드는 농민들을 비판하기에 이르렀다.

여기에 루터의 십자가 신학의 한계가 있다. 불의한 자와 교만한 자와 권세있는 자와 부자들을 심판하시는 하나님의 혁명은 "마리아 찬양" 주석에서 강하게 이야기하지만 인간의 혁명은 허용하지 않는다. 두 왕국설에 근거하여 인간의지의 무력함을 주장한다.

B 함석헌의 고난사관

1. 함석헌의 생애에 나타난 고난사관

민중 신학은 서남동, 안병무를 비롯한 신학자들에 의해 전개되기 이전에 이미 함석헌의 민중사관과 김지하의 민중 문학 속에서 나타난 민중 사상에서 발전된 것이기에 민중 신학의 역사적 전개과정은 함석헌의 민중사관에서부터 시작되었다고 볼 수 있다. 민중사관은 자연히 고난사관으로 이어진다. 억눌림을 당하고 고난당해온 민중이 역사의 주체이기 때문이다. 그리고 함석헌의 고난사관이 루터처럼 그의 생애의 고난체험에서부터 비롯된 것임을 알 수 있다.

함석헌은 청일전쟁과 노일전쟁의 중간인 1901년, 즉 일본제국주의의 침략 앞에 국운이 거의 다 기울어져가는 한국의 서북변경에서 넉넉치 못한 시골 농민의 아들로 태어나서, 열 살되는 1910년에 한일합방의 통곡소리를 들어야 했다. 평양고등보통학교 재학중 10대의 나이에 3.1운동에 연루되어 퇴학을 당하고 방황하던 끝에 정주(定州) 오산(五山)에서 중등학교 과정을 마쳤다. 그리고 일본으로 건너가 일본 동경고등사범학교에서 4년간 수학하고 귀국하여 모교인 오산고등보통학교에서 역사를 가르치게 되었다. 오산에서 그는 젊은 역사교사로 항상 일본경찰의 감시를 받아왔고, 결국 40세를 전후하여 교단에서 쫓겨나고, 영어의 몸이 되어 감옥생활까지 하게 되었다. 그는 고난 속에서 『성서적 입장에서 본 조선역사』를 썼다. 책을 읽을 수 없는 수난의 시대에 자료조차 모을 수 없는 아픔 속에서도 그는 뛰어난 역사적 통찰력을 가지고 한국사를 해석해내려간 것이었다. 그 외에 그는 『성서적 입장에서 본 세계역사』와 『기독교사』까지 썼으나 일본경찰에 압수당하여 『성서적 입장에서 본 세계역사』와 『세계교회사』는 아예 출판될 수가 없었다. 그 한맺힌 뼈아픈 사연을 함석헌은 다음과 같이 회상한다.

> 『성서적 입장에서 본 세계역사』는 지금은 『뜻으로 본 한국역사』라는 이름으로 … 나와 다니는 것과 마찬가지로 본래는 그 때에 해마다 있었던 동기집회에서 말했던 것으로 그 후에 『성서조선』지에 연재하기를 시작했으나 1940년 내가 평양경찰서에 붙들려 갈 때에 그만 중단이 됐고 원고도 다 잃어버렸습니다. 한국역사를 보는 것과 마찬가지인 그 사관에 서서 세계사를 본 것입니다. 그밖에 또 그 동기집회에서 기독교사를 말한 것이 있어서 위의 둘과 합하여 삼부 자매편으로 낼 생각이었는데 그 원고도 그 때에 함께 잃어 버렸습니다. 다 지나간 꿈입니다.[37]

그의 역사적 저술 셋이 모두 출판되었더라면 아주 큰 학문적 공헌을 이루었을텐데 아깝게 그 꿈을 이루지 못하였다. 함석헌은 또한 『성서적 입장에서 본 한국역사』를 『뜻으로 본 한국역사』란 이름으로 바꾸어 1950년 3월 출판하

---

37) 함석헌, 『함석헌전집』, I, (서울: 한길사, 1983), 3.

면서 그 서문에 민족의 고난과 운명을 함께 한 그의 고난을 다음과 같이 표현하고 있다.

> 이 조그마한 글은 본래 20년 전 여남은 되는 믿음의 동지들 앞에서 이야기로 한 것이다. 그 때는 우리가 거문고를 바빌론 시냇가 언덕 위의 버드나무 가지에 걸어 놓던 때다. 밖에서 오는 억누름, 안에서 오는 슬픔으로 자유롭지 못한 그 때에 쓰디쓴 입에 붙이어 될 수 있는 데까지 간추려서 우리 역사의 뜻을 말해 보자는 것이 이 고난의 역사다.[38]

이 고난 속에서 김교신의 매주 연재하였던 『성서조선』이 일제에 의해 폐간당하였고 따라서 『뜻으로 본 한국역사』도 없어질 뻔하였는데, 해방 후 노평구 선생의 도움으로 이리저리 흩어지고 찢겨진 『성서조선』 원고들을 모아서 다시 출판하게 되었다.

함석헌은 88세에 별세하기까지 영원한 청년으로 불리웠고, 또한 한국의 간디라고 불리었다. 그는 간디를 가장 존경하였을 뿐 아니라 간디의 무저항 비폭력주의를 좋아하였다. 그는 장로교 선교사의 전도로 기독교인이 되었으나, 일본에 가서 우치무라 간조(Uchimura Kanzo)의 성경연구에 참여한 후 무교회주의자가 되었고 후에는 퀘이커 교도가 되었다. 그는 일제 식민지주의에 항거하여 감옥살이를 하였고, 군사독재정치에 항거하다가 역시 감옥살이를 하였다. 그러한 투쟁의 고난 속에서 한국사를 고난으로 해석하는 고난사관과 민중이 역사의 주체라는 민중사관을 발전시켜가게 된 것이다.

---

38) 함석헌, 『뜻으로 본 한국역사』, 『함석헌전집』, I, 11.

2. 함석헌의 사상 속에 나타난 고난사관

1) 역사의 주체로서의 씨알과 민중

함석헌은 민중 사상과 함께 씨알 사상을 역사창조의 주체로 전개시킨다. 그는 그의 선생 유영모로부터 씨알 사상을 배웠다고 서남동, 안병무, 한완상과의 대화에서 밝힌다.[39] 유영모는 『대학(大學)』에서부터 씨알개념을 끌어들이는데, 씨알은 민(民)인데 단순히 민중이 아니라 정치적 통치체제와 현상유지(status quo)에 개입하지 않는 민중이다. 함석헌은 씨는 인간의 씨앗이요, 씨알은 외재적 우주(○)와 내재적 우주(●)와 움직이는 동력의 종합이라고 해석한다. 이것은 곧 인간(人)은 하늘 혹은 하나님(天)이라는 뜻이다. 인내천(人乃天)은 동학혁명과 연결되어 있다. 씨알은 지금은 억눌려 있는 민초이지만, 독립적인 저항자요 창조적인 존재이다. 그러므로 씨알은 가난하고 억눌렸지만 하늘에 속한 사람이다.[40] 김경재는 그의 씨알이 물방울이라면, 민중은 많은 물방울이 모인 강 같은 개념이라고 해석한다. 강이 물방울의 집합인 것처럼, 민중은 씨알의 집합이다. 한완상은 씨알은 억눌려 있는 민초로서 다시 일어나는 존재라고 해석한다.[41] 민중 신학자 서남동과 안병무는 씨알을 저항의식과 자주의식과 창조의식으로서 민중과 같은 개념으로 받아들였다.

바로 이러한 씨알의 개념으로 한국역사를 씨알의 역사, 민중의 역사로 해석하는 함석헌은 토마스 칼라일(Thomas Carlyle)의 영웅사관을 비판한다. 함석헌은 역사에 있어서 간디 같은 개인이나 영웅의 역할이 중요하기는 하였지만,

---

39) 전대율 편저, 『함석헌, 투쟁하는 평화주의자』, (서울: 동광출판사, 1982), 293-319.
40) 안병무, "함석헌은 누구인가?," 『씨알.인간.역사』, (함석헌팔순기념논문집), (서울: 한길사, 1982), 21.
41) 전대율, 299.

민족이 개인을 지지해주고 민중이 영웅을 지지해주었으며 개인이나 영웅은 단지 그러한 민족의 대표일 뿐이라는 것이다. 또한 함석헌은 계급사관을 비판한다. 계급은 개인적 영웅사관을 넘어서긴 하지만, 인간을 너무나 사회경제적 관계로 예속시킨다는 것이다. 그리고 역사의 지배계급과 피지배계급의 갈등을 알지만, 그러나 어떤 계급에 녹한사람들은 항상 자기계급의 이익만을 생각한다는 것이다.[42] 그러나 민족의식은 개인의식이나 계급의식을 사라지게 하고 그것을 넘어서서 민족과 민중이 공동운명을 갖게 한다. 역사는 개인이나 계급에 의해서 만들어지는 것이 아니라 민중에 의해서 만들어진다. 한국민족의 수난사 속에서 가장 고난을 당하고 가장 억눌림을 당한 민중이 역사의 주체가 된다.[43] 민중이 역사의 주체임에도 불구하고 소외당하고 억눌리고 고난당한 그 민중이 민족구원의 역사 속에서 주체로 등장하기 시작한 것을 1919년 3.1운동이라고 함석헌은 해석한다.[44] 민중은 역사 속에서 사라질 수 없고 파괴될 수도 없다. 왜냐하면 민중은 역사의 원동력을 대표하기 때문이다. 함석헌의 민중사관(民衆史觀)은 한민족사와 세계사를 하나로 만드는 길이라고 해석한다. 한국민중뿐만 아니라 세계의 민중이 함께 연대함으로써 새로운 세계사를 함께 창출해갈 수 있기 때문이다.[45]

2) 고난사관

함석헌의 민중사관은 또한 고난사관을 포함한다. 한민족의 역사는 고난의 역사라고 본다. 한반도, 한민족, 크고 작은 사건들, 정치와 종교, 예술과 사

---

42) Sok-Hon Ham, *Queen of Suffering*, 20.
43) Sok-Hon Ham, 21.
44) 안병무, 21.
45) 김경재, 73.

상, 그 모든 것이 고난이다. 부끄럽고 고통스러운 고난으로 점철되어 있다.[46] 함석헌은 한국역사의 기조를 고난이라고 표현한다. 하나님 앞에 가져갈 것이라고는 아무것도 없고 고난 밖에 없음을 고백한다.

> 고난의 역사! 한국역사의 밑에 숨어 흐르는 바다가락은 고난이다. 이 땅도, 이 사람도, 큰 일도, 작은 일도, 정치도, 종교도, 예술도, 사상도, 무엇도 무엇도 다 고난을 드러내는 것이다. 이 말을 듣고 놀라지 않을 사람은 없을 것이다. 그러나 부끄럽고 쓰라린 사실을 어찌할 수 없다. 그보다도 있는 것은 압박이요, 부끄러움이요, 찢어지고 갈라짐이요, 잃고 떨어짐의 역사뿐이다. 공정한 눈으로 볼 때 더욱 그렇다. 그것은 참으로 견딜 수 없는 슬픔이다. 세계의 각 민족이 다 하나님 앞에 가지고 갈 선물이 있는데 우리는 있는 게 가난과 고난밖에 없구나 할 때 천지가 아득하였다.[47]

한과 압박과 억압과 부끄러움과 고난과 가난은 한국역사의 기조이기에, 그것은 인간 함석헌의 개인적 경험과도 연결되는 것이요 또한 그가 이 글을 썼던 1930년대의 한국민족의 현실이요 20세기 한국역사의 현주소라고 볼 수 있다.

함석헌은 한국이 지정학적 이유에서 고난을 받을 수밖에 없음을 지적한다. 한반도는 아시아대륙과 일본열도 사이에 위치해 있으므로 통로를 제공한다. 새로운 문화를 받아들이고 확장시키는 장점을 지니지만, 잦은 외국의 침략과 독립을 유지하기 어려운 것이 약점이다. 그래서 열강의 세력다툼의 장이 되어왔고 고대에는 수·당·명·청 등 중국의 지배를 당하였고, 근대에는 몽고의 침입과 임진왜란이 있었고, 현대에는 노일전쟁, 청일전쟁 그리고 한일합방

---

46) Sok-Hon Ham, 22.
47) 함석헌, 『뜻으로 본 한국역사』, (『함석헌전집』, I, 한길사, 1983), p.71-72. 이하 『한국역사』로 표기함.

의 아픔이 있었다. 그뿐만 아니라 한국이 동아시아 공산화의 기지였기 때문에, 스탈린은 한국을 38선을 기점으로 나누어 북쪽을 차지하기를 원하였다.[48] 결국 38선의 민족분단은 소련의 공산주의 야욕과 미국의 자본주의 야욕의 희생물로 나타난 세계사적 냉전의 사건이 되었다. 그럼에도 불구하고 한국 민족은 한번도 다른 나라를 침범하지 않았다. 외국인들에게 항상 친절하였고, 집에서는 잔인성과 폭력을 볼 수 없었고, 따뜻한 정을 지닌 평화의 민족이었다.[49] 한국인들은 평화를 사랑하고 자비로우며 높은 도덕수준을 가졌다. 이러한 평화의 심성이 고난의 역사의 원인이 되었다고 함석헌은 지적한다.

그러나 함석헌은 이 고난의 역사에도 의미가 있다는 사실을 발견하였다. 한국은 세계사의 무대에서 지도적 역할을 한 적이 없다. 한국역사는 억눌림, 부끄러움, 가난, 고난의 역사, 곧 가시관을 쓴 고난의 여왕으로 묘사한다.[50] 그래서 그의 『뜻으로 본 한국역사』가 영어로는 『Queen of Suffering』으로 번역되었는데 이는 예수그리스도의 가시관의 재해석처럼 보인다. 그는 한국역사를 예수그리스도의 십자가 사건의 관점에서 해석한다.

그러나 성경은 그러는 가운데 진리를 보여주었다. 나를 건진 것은 믿음이었다. 이 고난이야말로 한국이 쓰는 가시면류관이라고 가르쳐주는 것이었다. 그리하여 세계역사 전체가, 인류의 가는 길 그 근본이 본래 고난이라 깨달았을 때 여태껏 학대받은 계집종으로만 알았던 그가 그야말로 가시 면류관의 여왕임을 알았다.[51]

---

48) Sok-Hon Ham, 24.
49) Sok-Hon Ham, 31.
50) Sok-Hon Ham, 22.
51) 『한국역사』, p.73.

함석헌은 한국역사 전체에 흐르는 고난의 의미를 추구하기 시작하였다. 한국역사 속에 나타난 고난들의 의미가 없다면 죽음과 파멸만을 의미할 뿐이다. 살아야 한다. 그러려면 고난에서 삶에 이르고 자유에 이르는 의미를 찾아야 한다.

3) 세계사적 십자가로서의 고난

함석헌은 그러한 민족의 고난사의 이유가 무엇인가를 추구한다. 함석헌은 그 고난의 짐이 한민족으로 하여금 생각하게 만들고 삶의 깊이를 더하며, 역사를 정화시킨다고 해석한다. 세계사가 맡긴 역사적 사명을 완수하기 위해서 하나님은 한민족을 그 수많은 고난 속에서도 남겨두셨다고 함석헌은 강조한다.[52] 한민족은 세계사의 죄악을 깨끗하게 하고 속죄하는 구원론적 사명을 가진다고 해석한다.[53] 함석헌은 바로 이 점에서 예수그리스도의 십자가를 한민족의 고난사와 연결시키는 십자가 신학적 해석을 시도한다.

십자가 신학의 관점에서 함석헌은 정의와 자유를 위해 희생의 제물이 되어간 순교자들을 속죄양이라고 해석한다.[54] 그들의 피를 한국역사를 성화시키고 속죄하는 희생의 제물이라고 풀이하고, 한국역사의 순교자들을 이사야 53장의 고난의 종과 일치시킨다.[55] 고난의 한국사를 해석하는 중요한 근거가 십자가 사건이다.

모든 고난당하는 사람들은 일어나라! 겟세마네의 깊은 밤은 지나가고, 기드론 시

---

52) Sok-Hon Ham, 22.
53) Sok-Hon Ham, 178.
54) 함석헌, 『뜻으로 본 한국역사』, (서울: 성의사, 1963), 250.
55) 김경재, 66-67.

내를 건넜다. 종말은 가까이 다가오고 있다. 2천년 전 고난의 왕이 고난의 쓴잔을 마시고 십자가를 급히 지셨던 것처럼, 기쁘게 우리의 짐을 짊어지자! 마지막 고난의 길을 내려가자.[56]

고난의 왕 예수와 함께 우리의 사명의 십자가를 지는 것이 우리에게 주어진 세계사적 책임이라는 것이다. 지옥에 이르는 길은 넓은 길과 선한 의도로 포장되어 있으나, 하나님께 이르는 길은 좁은 길과 역경으로 포장되어 있다. 눈물로 젖은 눈의 렌즈를 통하여 하나님나라를 볼 것이다. 고난의 좁은 길을 통해가야만 한다.[57]

함석헌은 한국인들에게는 지구적 사명(global mission)이 있음을 강조한다. 한국민족은 세계사의 짐을 져야 한다. 한국은 지구상에 남아 있는 마지막 분단국가로 현대세계사의 죄악의 짐인 자본주의와 공산주의의 갈등의 십자가를 져야 한다고 강조한다. 하나님을 위하여 인류를 위하여 그 역사적 짐을 져야 한다. 지금은 한국이 세계의 불의와 죄악을 대신 짊어짐으로써 세계사를 보다 높은 수준으로 끌어올려야 하는 때이다. 한민족의 불행은 모든 우주의 아픔이요 하나님의 아픔이다. 한민족의 혼이 진리로 무장되는 날, 한국은 새 시대를 위해 투쟁하는 하나님의 군대가 될 것이다. 함석헌은 이렇게 결론을 맺는다.

사랑은 사탄을 정복할 것이고 인류는 우리의 고난을 통하여 구원받을 것이라는 진리를 우리는 증거하지 않으면 안 된다. 우리는 죄는 오직 용서를 통하여 사라질 것이라는 사실을 세계 앞에 증거하여야 한다. 모든 인류의 운명이 우리에게 달려 있다는 것을 우리는 인식하여야 한다.[58]

---

56) Sok-Hon Ham, 179.
57) Sok-Hon Ham, 179.
58) Sok-Hon Ham, 183.

21세기 현대세계사의 운명이 우리에게 달려 있는 것이 사실이다. 한국의 통일은 자본주의와 공산주의의 냉전(The Cold War)의 최종종식을 이루는 것이요, 자본주의와 공산주의의 대립을 넘어서서 새로운 세계사를 창조하는 세계사적 사건이 될 것이다. 이런 의미에서 한국의 세계사적 고난을 통해 세계가 구원받을 것이라는 환상과 꿈은 위대하고 아름다운 것이다. 아시아의 등촉, 그 빛을 발휘하는 날 아시아만 아니라 세계를 놀라게 할 것이라고 함석헌은 예언한다.

　　이러한 함석헌의 고난사관은 루터의 십자가 신학과 유사하다. 루터의 십자가 신학에서도 역사의 주체를 민중으로 해석한다. 그는 "마리아 찬양(Magnificat)" 주석에서 역사의 주체는 가난한 자, 겸손한 자, 억눌린 자, 지배당하는 자들이요, 그러한 하나님의 혁명이 예수 탄생의 역사적 의미라고 해석한다. 반만년의 한민족의 고난사 속에 '숨어계신 하나님(Deus Absconditus)'은 이제 계시하는 하나님으로 한국사 속에서 일하신다고 루터의 십자가 신학적 조명에서 해석할 수 있다.

4) 종교사관과 섭리사관

　　함석헌은 『뜻으로 본 한국역사』는 "기도와 믿음이지 역사연구가 아니다"라고 표현한다.[59] 종교사관적 입장에서 한국사를 해석한다는 뜻이다. 한국사의 고난의 의미를 종교적으로 해석하는데, 고난은 참 종교를 주기 위한 하나님의 역사섭리라는 것이다.

---

59) 『뜻으로 본 한국역사』, 12.

이 백성에게 참 종교를 주기 위하여 고난을 받을 필요가 있다. 생명의 한 단 더 높은 진화를 가져올 새 종교를 찾아내기 위하여 낡은 종교의 미신을 뜯어 치우는 고난이 필요하다. 세계를 하나로 만드는, 모든 부족신, 계급신, 주의신(主義神)을 다 몰아내는, 새 믿음을 얻기 위하여 우리의 가슴에서 모든 터부, 모든 주문, 모든 마술적인 것, 모든 신화적인 것, 모든 화복주의적인 것을 다 뽑아내는 풀무같은 엄격한 핵분열적인 고난이 있어야 한다.[60]

결국 고난이 생명의 원리가 되고, 고난이 죄를 씻고, 고난이 인생을 위대하게 하고, 고난이 우리를 정화시키고, 고난이 하나님께로 이끄는 종교적 차원이 있음을 강조한다. 고난의 길은 절망과 자학과 죽음의 심연이 아니라 오히려 그 정반대인 생명의 길이다. 좁고 험하고 어려운 고난이 십자가의 길, 곧 생명의 길이다. 고난 속에서 훌륭한 자각과 믿음으로 깨어 일어난다면 세계사적 사명을 감당할 수 있다는 것이다. 그것은 곧 민족의 메시아적 자각이다. 고난의 역사를 세계사를 속죄하고 성화시켜주는 십자가의 고난으로 승화시키는 메시아적 신앙이다.

함석헌에게 있어서 역사의 중심은 종교다. 종교와 문화를 말하면서 문화와 역사의 중심은 정신적인 것이요 정신적인 것의 핵심은 종교라고 본다.

그러므로 인류역사는 결국 정신의 역사다. 정신을 향한 정신에 의한 성장의 역사다. 그리고 그 정신적인 것의 중심은 종교다. 모든 사상의 절정에는 신이 앉는다. 정신문화란 곧 신의 보좌를 앉히는 철추를 중추로 삼고 쌓는 돌탑이다. 그러므로 종교를 말하지 않고 세계사를 말할 수 없다. 종교를 빼고 역사를 쓸 수는 없을 것이다. 종교를 제하고 인간의 생활은 성립되지 않는다. 인류의 역사가 정신의 역사인

---

[60] 함석헌, 『뜻으로 본 한국역사』, 317.

이상 결국 종교의 역사다. 사람이 천지의 주재이신 신에 대하여 어떤 태도를 취해 왔는가, 이것이 곧 역사의 핵심이다.[61]

결국 종교는 역사와 문명과 문화의 본질이요 핵심이다. 세계 문명과 문화의 모든 근원을 다 찾아 올라가면 그 민족이 가지는 종교 사상이 그 문명과 문화의 색채를 결정하고 운명을 지배한다는 것이다.[62] 종교 없이는 개인의 인격으로부터 인류의 전 역사에 이르기까지의 모든 정신생활이 하나도 성립되지 않는다고 강조한다. 따라서 역사란 구심력이 강하면 신에게 가까이 접근하고 원심력이 강하면 신에게서 멀어지면서 파란 물 위에 흔들리는 조각배와 같은 것이라고 이해한다.[63] 뿐만 아니라 그는 우주간의 모든 존재현상도 종교의 힘이 아니고는 있을 수 없음을 주장한다. 물질계의 만류인력조차도 종교를 떠나서 따로 존재하지 않고 종교의 한 부분이요 한 표현이며 더욱 나아가 우주를 신에게 붙들어 매는 것이 종교라고까지 해석한다.

> 그러므로 종교는 우주의 정신적 통일이다 … 혹은 우주적 구심력이다 … 우주는 … 신을 통일주체로 하는 한 개체이다. 그러므로 만물을 신에 붙들어 매는 것 이것이 곧 종교다. 만물은 신에 연결되어서만 존재할 수 있다. 신에게서 떠날 때 인력을 잃은 찰나의 물질계와 같이 모든 것은 파멸에 빠질 수밖에 없다.[64]

까닭에 종교는 역사에 있어서만 핵심적 위치를 차지하는 것이 아니라 우주 전체의 통일력과 구심력이다. 우주의 근원을 정신으로 보고 정신의 핵심을

---

61) 함석헌, 『역사와 민족』, 『함석헌전집』, I, 149-50.
62) 『역사와 민족』, 148.
63) 『역사와 민족』, 164.
64) 『역사와 민족』, 164.

종교로 보는 종교의 우주론적 해석이다. 함석헌의 이러한 종교사관은 섭리사관으로 발전한다. 종교와 역사의 중심인 하나님이 역사를 섭리한다는 것이다. 함석헌에게 있어서 역사의 주체는 민중이면서 동시에 하나님이다. 민중의 고난 속에 숨어계시면서 민중의 고난을 부활로 승화시키는 하나님의 역사섭리를 강조한다.

> 다윗의 한 몸에 온 이스라엘의 운명이 달렸던 것같이, 우리의 이기고 짐에 전 세계의 장래가 달려 있다. 그렇게 말함을 의심하는가? 너무 지나친 영광이어서 의심하는가? 그것을 영광으로 생각하는 것부터 지나간 세계의 낡은 관념이요, 우리가 인류의 장래를 결정하는 것도 우리에게 능력이 있어서가 아니다. 섭리가 그렇게 명하기 때문이다. 역사적 필연이란 말이다. 세계 불의의 결과가 우리에게 지워졌으니, 우리가 만일 그것을 깨끗이 씻지 못한다면 다른 사람은 할 자가 없다. 이것은 세계의 하수구요, 공창인 우리만이 할 수 있는 일이다. 지난날에 있어서도 새 역사의 싹은 언제나 쓰레기 통에서 나왔지만 이제 오는 역사에서는 더구나도 그렇다.[65]

반만년의 고난의 역사 속에서 수없이 멸망의 위기를 당하였지만 그래도 우리 민족을 남겨두신 데는 신의 섭리가 있다고 했다. 한반도 마저 두 동강 났지만 그래도 이 작은 나라를 역사 속에 남겨두신 것은 세계사 속에 해야 할 사명이 있기 때문이라는 것이다. 반만년의 고난의 이유를 알아야 한다는 것이다. 우리의 고난 속에 숨어계신 하나님은 이제 그 섭리와 뜻을 알리기 위하여 계시하시는 하나님으로 나타나신다는 것이다. 함석헌은 한국민족을 향하신 하나님의 역사섭리를 믿는다. 그는 특별히 한국을 통하여 세계사를 정화하고 용서하고 구원하시는 하나님의 계획을 믿는다.

---

[65] 『뜻으로 본 한국역사』, 329-30.

함석헌은 새시대의 역사창조의 주체는 고난받아온 한국민중이어야 하는 신의 숨어계신 섭리가 있음을 주장한다.

> 새시대를 낳으려는 세계의 산통의 소리가 점점 높아간다. 낡은 관념의 옷, 제도의 옷, 의식의 옷을 팔아 좌우에 날선 검을 사라. 낡은 종교, 낡은 세계관, 낡은 역사철학, 낡은 인간의식, 지상의 도덕, 지상의 사람을 모두 팔아라. 팔아서 영원의 풀무간에서 거룩한 대장장이가 다듬어낸, 정금보다 더 순수한 진리의 검을 사라. 이제부터 소용있는 것은 그것 뿐이다 … 한국의 심장 위에 이 진리의 무장이 완비되는 날 저는 새시대의 용사다.[66]

낡은 것은 무엇인가? 군국주의, 식민주의, 제국주의, 군부독재, 공산주의, 자본주의 등 모든 인간을 억누르는 지배체제와 사상이다. 이 낡은 것을 갈아엎고 새 역사가 시작되는 데는 이 낡은 것에 의해 짓밟히고 억눌림을 당해온 한국민중이 새시대의 주인공으로 등장하는 역사의 섭리가 있음을 함석헌은 확신한다. 함석헌은『뜻으로 본 한국역사』의 결론 부분에서 이 세계역사가 '우로 돌아 앞으로' 하기만 하면 우리는 세계사의 맨 앞을 가게 될 것이라고 예언한다. 천 년 동안의 고난의 역사 속에서 짓눌리고서도 그것이 부족하여 일본제국주의 식민지배하에 짓눌려야 했던 조선민중은 세계 제 민족의 역사적 행렬의 맨 꼴지에 있음이 틀림없었다. 그러나 서구문명 중심의 근세사가 이제는 막다른 골목에 부딪혀 대전환이 불가피하게 되었다. 지나간 일체의 우상인 전체주의, 민족주의, 산업주의, 제국주의 등에서 이제는 머리를 돌리고 그 우상들에 의해 짓밟혀 온 한국민중이 새역사의 주체가 되는 역사의 섭리의 소리가 들려온다는 것이다. 우리 한국민주의 수난은 그렇기에 세계사를 살리는 구속적 십

---
66)『뜻으로 본 한국역사』, 332.

자가가 되게 하는 신의 섭리가 있다는 것이다.

> 수난은 결코 약한 자의 것이 아니요 강한 자의 일이다. 자기 안에 보다 더 위대한 힘을 믿는 것이 수난의 도다. 우리 싸움은 불행을 남에게 떠밀자는 싸움이 아니다. 죄악의 결과인 고난을 내몸에 달게 받음으로써 세계의 생명을 살리자는 일이다.[67]

함석헌의 이러한 민중사관, 고난사관, 종교사관, 그리고 섭리사관은 토인비의 사관과 아주 유사하다. 노명식은 그의 논문 "토인비와 함석헌의 비교시론 — 고난사관을 중심으로"에서 함석헌의 고난사관은 그의 삶의 절규에서, 토인비의 고난사관은 그의 학문적 탐구과정에서 형성된 것으로, 민중과 내적 프롤레타리아(inner proletariat)의 고난이 역사탄생의 수단임을 비교·연구하였다. 쇠망해가는 낡은 문명 속에서 고난받는 내적 프롤레타리아는 새 문명 탄생의 수단이요 번데기(chrysalis)인데, 이 고난받는 내적 프롤레타리아의 정치적·경제적·정신적 고뇌의 산물이 고등종교라고 해석한다. 노명식은 그 내적 프롤레타리아가 함석헌의 민중개념과 유사함을 밝힌다.[68] 토인비에게 있어서 고등종교는 피정복 문명의 고통 속에서 탄생된다. 정복문명의 본질은 군국주의와 물질주의요, 칼의 힘으로만 지배하려고 한다. 그래서 자발성과 창조성을 말살한다. 그런데 종교는 인간의 가장 자유로운 정신활동이다. 이 고등종교는 피정복 문명의 무서운 고뇌와 고통 속에서 형성된다.[69] 그리고 이 고등종교를 탄생케하는 그룹은 내적 프롤레타리아다. 지배적 소수(dominant minority)가 백

---

67) 『뜻으로 본 한국역사』, 329.
68) 노명식, "토인비와 함석헌의 비교시론-고난 사관을 중심으로-," 한국기독교연구논총 제3집. (서울: 숭전 대학교출판부, 1985), 182-83.
69) A.J. Toynbee, A Study of History, Vol. VIII, (London: Oxford University Press, 1969), 90-97.

성의 존경과 사랑을 받지 못하고 폭력으로 다스리려고 할 때, 지배층의 무력과 억압에서 이탈한 민중이 내적 프로레타리아를 형성한다. 내적 프로레타리아란 그 문명 안에 살면서도 그 문명에 속해 있지 않는 사람들에 대한 총칭이다.[70] 지배적 소수자와 그에 저항하여 전투군단을 형성한 외적 프로레타리아(external proletariat)와의 싸움으로 낡은 문명이 멸망할 때 이 내적 프로레타리아가 고등종교를 형성하여 외적 프로레타리아를 고등종교로 개종시키고 고등종교는 새로운 문명탄생의 번데기 역할을 한다. 이러한 종교가 역사의 본질이라는 토인비의 종교사관은 함석헌과 아주 유사하고, 역사창조의 내적 프로레타리아의 개념은 함석헌의 민중사관과 아주 유사하다.

C 루터와 함석헌의 비교연구

1. 고난 이해

함석헌에게 있어서 한국역사의 의미는 세계사의 죄짐을 대신 지는 가시면류관이었다. 1973년 함석헌은 김동길과의 대담에서 이렇게 말하였다.

고난이란 말은 기독교에서 나왔습니다. 성경의 입장에서 서서 마치 예수라고 하는 하나의 개인이 인격으로 나타낸 것을 역사에서 하나의 민족에다가 적용해보자는 것입니다. 예수가 고난을 받은 것은 말하자면 실패라면 실패고, 부끄럼이라면 부끄럼입니다. 그러나 그러면서도 그것을 한없는 영광으로 여깁니다. 그 까닭은 그것으

---

70) 노명식, 210.

로 해서 인류가 구원이 되기 때문입니다.

그렇게 하면 고난이 영광이 될 수 있고, 그래서 낙망하기는 고사하고 도리어 어떤 확신을 가질 수 있지 않을까. 그때 젊은 마음에 그래보자고 해서 한 것이었습니다.[71]

결국 함석헌에게 있어서 고난은 영광의 길이요 생명에 이르는 십자가의 길이다.[72] 고난은 생명에 이르는 우주적 의미를 지니게 되었다. 생명의 길은 넓고 쉽고 평탄한 길이 아니라, 좁고 험하고 어려운 고난의 길 곧, 십자가의 길이다. 이러한 함석헌의 종교적 해석은 루터의 십자가 해석과 값비싼 은혜의 개념과도 상통한다고 했다. 루터는 고난을 통과하지 않고는 영광에 이를 수 없고 지옥을 거치지 않고는 천국에 이를 수 없고 십자가의 길이 아니고는 구원에 이를 수 없음을 강조했다.[73] 함석헌은 고난을 속죄와 구속에서 성화(聖化)에 이르는 길로 해석한다. 고난은 죄를 씻게 만들고 성숙하게 만들고 마음을 넓혀주고 인격적인 인간을 만들어 주는 성화의 힘이 있다.

고난은 죄를 씻는다 … 불의로 인하여 상하고 더러워진 영혼은 고난의 고즙으로 씻어서만 회복이 될 수 있다. 고난은 인생을 깊게 만든다. 이마 위에 깊은 주름살이 갈 때 마음 속에 깊은 지혜가 생기고 살을 뚫는 상처가 깊을 때에 혼에서 솟아오르는 향기가 높다. 생명의 깊은 뜻은 피로 쓰는 글자로만, 눈물로 그리는 그림으로만,

---

71) 『함석헌전집』, I, 385.
72) 『한국역사』, p.315.
73) 'Vivendo immo moriendo et damnando theologus, Non intelligendo, legendo aut speculando(삶 혹은 오히려 죽음과 정죄받는 것이 신학자를 만든다. 이해하는 것, 읽는 것, 혹은 사변하는 것이 신학자를 만드는 것이 아니다.)', WA, 5, 163, 28-29.

한숨으로 부르는 노래로만 나타낼 수 있다. 고난은 인생을 위대하게 만든다. 고난을 견디고 남으로써 생명은 일단의 진화를 한다. 고난이 주는 손해와 아픔은 한 때나 그 주는 보람과 뜻은 영원한 것이다. 개인에게 있어서나 민족에게 있어서나 고난은 위대한 선물이다.[74]

탕자처럼 하나님께로 나아가게 하는 성화의 은총이 있음을 함석헌은 계속 강조한다. 고난과 궁핍 속에서 비로소 생명의 근원인 하나님을 찾게 된다는 것이다. 역사란 무엇이냐? 그것은 사람이 하나님을 찾는 기록이요 하나님이 그 아들을 찾는 기록인데, 가시 없는 장미를 볼 수 없듯이, 아픔이 없이는 하나님을 찾을 수 없고 만날 수 없다고 함석헌은 강조한다.[75] 함석헌은 역사란 롱펠로우의 소설 에반젤린과 같다고 해석한다. 프랑스의 시골처녀 에반젤린은 가브리엘과 결혼날짜를 받았는데 결혼 바로 전날 영국군이 쳐들어와 결국 헤어지게 되었다. 서로는 열심히 상대방을 찾았으나 결국 열병으로 죽어가는 노인환자 가브리엘을 극적으로 만나서 죽어가는 그에게 키스를 하는 순간과 같은 아픔이 역사라는 것이다. 끝없는 듯하던 고난의 과정이 끝날 때 기적적으로 우리의 목적이 한 순간에 이루어진다는 것이다.[76]

루터에게서도 마찬가지다. 고난은 축복이다. 이 가시와 같은 고난 속에 더욱 큰 은혜와 능력이 머무는 것이다. 그리고 무엇보다도 고난은 성화의 길이 된다. 루터의 성화론은 크게 세 가지로 분석된다. 첫째 십자가 신학의 빛에서 세상을 미워하고 악과 투쟁하는 것(the enmity of the world), 둘째 십자가 안에서의 자아죽음(mortification), 셋째 그리스도의 십자가 고난에 동참하는 값비싼 은혜(costly grace) 등이다.

---

74) 『뜻으로 본 한국역사』, 315-16.
75) 『뜻으로 본 한국역사』, 53.
76) 『뜻으로 본 한국역사』, 54-56.

첫째로 십자가의 은총으로 우리의 죄악을 속죄하시고 우리를 의롭다 하시고 성결케 하신 것을 믿는 믿음으로, 세상을 미워하고 세상으로부터 성별된 성도라야 거룩한 하나님의 백성이 된다. "그리스도와 함께 십자가에 못 박히는 것은 이 세상과 원수가 되는 것이다. 세상을 미워하는 것은 제자된 유일의 표식이다. 복음 자체는 세상에 대한 공격이다."[77] 다시 말해서 이것은 크리스천은 하나님과 악마와의 싸움에 참여한다는 것을 뜻한다.

둘째로 외적으로 세상을 미워하지만 내적으로는 십자가 안에서의 자아의 죽음이 곧 성화이다. "자아의 죽음은 신앙과 은총을 얻기 위한 전제조건이 아니요 자아의 죽음은 오히려, 신앙과 죽음을 전제조건으로 일어나는 행위다"[78] 따라서 그의 자아죽음의 개념은 중세 신비주의와 다르다. 루터는 그의 논문 "천상적 예언자들에 대항하며(Against the Heavenly Prophets Part II)"에서 칼스타트와 논쟁한다(LW, 40:144-223). 그는 "칼스타트는 육체의 죽음을 신앙에 두고 또한 말씀 앞에 둔다"[79]라고 비판한다.

셋째로 루터는 그리스도와 함께 고난의 짐을 지는 예수의 제자가 될 것을 주장한다. 그리스도와 함께 십자가에 못 박히는 것은 성화의 교리와 연결된다. 그리스도의 형상을 본받는 것을 의미한다. 우리가 그리스도를 닮는 길은 우리의 일상생활 속에서 우리의 십자가를 지는 것이다. 이 단계에서 그의 십자가 신학은 성화의 차원으로 발전하고 있다. 십자가를 지는 것이 그에게는 성화다(sanctification).

함석헌과 루터는 성공주의와 기복주의를 배격한다. 십자가가 축복이요 은혜요 능력이요 영광이라는 적극적 긍정적 해석을 두 사람 모두 고난에 대해

---

77) *LW*, 40:149.
78) Walther von Loewenich, Luther's Theology of the Cross, (Minneapolis: Augsburg Publishing House, 1966), 120.
79) *LW*, 40:149.

오히려 강조한다. 고난은 곧 죄에 대한 형벌이라는 바리새적이고 신명기 학파적이고 샤마니즘적 해석을 완전히 뒤집어 엎어버린다. 소경 거지 바디메오가 병든 것은 그 자신의 죄도 그 부모의 죄도 아니라 오히려 하나님의 능력과 영광을 나타내기 위함이라는 예수의 해석과 같은 맥락의 해석이다. 개인에게 있어서나 민족에게 있어서나 고난은, 성결과 속죄와 성숙과 성장과 진보와 성화의 에너지다. 역사창조는 깊은 고난의 아픔 한복판에서 이루어지는 것이다. 그것은 루터나 함석헌의 깊은 고난체험에서부터 비롯된 역사관이요 신학이다.

2. 섭리사관

루터나 함석헌은 역사를 하나님의 섭리로 해석한다는 면에서 공통적이다. 루터는 역사에서 하나님의 섭리를 알 수 없는 것을 '하나님의 마스크'라고 표현한다. 루터의 역사 이해도 역시 섭리사관으로 일관되게 해석되고 있다. 가령 역사를 하나님이 주관한다면 왜 전쟁이 일어나며 불의가 승리하기도 하는가? 그것은 우리가 이해할 수 없는 하나님의 숨어계신 뜻이라는 것이다. 에라스무스가 '사랑의 하나님이 어떻게 지옥을 만드실 수 있는가?'라고 질문할 때, 루터는 계시하시는 하나님의 사랑 속에서는 이해가 안 되지만 숨어계시는 하나님의 정의 속에서는 이해가 된다고 강조했다.

루터에게 있어서 하나님의 숨어계심(hiddenness of God)은 하나님의 섭리이다. 계시하심도 섭리지만 숨어계심도 깊은 섭리이다. 오히려 숨어계시는 고난 속에 더 깊은 하나님의 섭리가 들어 있다. 하나님이 하나님다운 행위(opus proprium)를 하실 때도 있지만, 하나님이 하나님답지 않은 행위(opus alienum)를 하실 때도 있다는 것이다. 십자가의 고난은 오히려 하나님답지 않은 행위이다. 그러나 이러한 하나님답지 않은 고난의 행위 속에 오히려 하나님의 숨어계신 구원의 섭리가 나타난다는 것이다.

함석헌이 반만년의 고난의 역사 속에 숨어계시는 하나님의 섭리를 이해하려는 것은 바로 루터적 섭리사관의 발상이라고 말할 수 있다. 고난종으로 세계사의 죄짐을 모두 지고 세계사의 죄를 속죄하게 하시려는 하나님의 섭리가 있었다고 함석헌은 힘주어 강조한다. 알 수 없는, 원인 모르는 고난 속에서 한 민족이 반만 년 동안 고난당하여온 것은 이제 세계사의 주체가 되어 새로운 세계사를 만들어가려는 하나님의 섭리가 있다는 것이다. 지금까지는 숨겨져온 역사의 신비가 드러나기 시작한다는 것이다. 21세기 동북아 시대 혹은 태평양 시대를 맞이하여 이제 하나님이 한국을 사용하시려는 역사의 섭리가 있음이 분명하다. 이미 4천 명의 한국인 해외선교사들이 세계 도처에 흩어져 있다. "세계는 나의 교구이다(All the world is my parish!)!"라고 한 웨슬리의 외침을 한국을 통하여, 한국 교회를 통하여 이루실 것이다.

역사는 하나님의 섭리에 의해 진행된다고 함석헌은 해석한다. 역사는 하나님의 손수건 아닌 것이 없다는 것이다. 그러므로 인간이 역사 속에 숨겨진 하나님의 섭리를 제대로 파악하지 못하기에 역사는 인간으로 하여금 하나님을 찾게 하고 그의 숨어계신 역사섭리를 깨닫게 하기 위해 역사는 변하고 자라간다. 하나님에 대한 지식의 자람이 역사의 진보요 발전이라고 함석헌은 해석한다.[80] 하나님을 인식하고 배우는 역사의 진보는 나선형적임을 함석헌은 강조한다. 수레바퀴나 나선의 운동처럼 역사의 운동은 발전해가는 것이다.[81]

함석헌은 이 하나님의 역사섭리를 역사의 세 요소 중 하나라고 본다. 첫째는 지리요, 둘째는 민족의 특질이요, 셋째는 그 민족으로 그 땅에서 그 역사를 만들고 짓게 하시는 하나님의 뜻이다. 연극으로 말하자면 지리는 무대요, 민족의 특질은 배우요, 하나님의 섭리는 각본이다.[82] 함석헌은 이 셋 중에 가

---

80) 『뜻으로 본 한국역사』, 57.
81) 『뜻으로 본 한국역사』, 57.

장 중요한 것이 하나님의 역사섭리임을 다음과 같이 강조한다.

> 역사를 우연한 것으로 보지 않는 자에게는 우리나라 지리도 우리민족의 기질도 우연한 것일 수 없다. 그것은 어떤 이유가 있고 어떤 계획이 있어야 할 것이다. 씨알의 역사가 겨누는 것이 여기 있다. 민중에게 자기네 머리 위에서 일하고 있는 보이지 않는 손의 일을 알려주자는 것이다. 그대들은 높은 산에 올라가 그 밑에 있는 사람의 세상을 굽어본 일이 있는가? 그러므로 민중을 향하여 자기네 위에 일하는 하나님의 계획을 알기 위하여 힘써야 한다는 것을 가르쳐 주어야 한다. 역사는 옛날이야기의 자료도 아니요, 심심풀이를 위한 것도 아니다. 개인적인 도덕의 가르침을 주기 위한 것도 아니다. 역사적 우주정신을 붙잡는 일이다. 미래에 대한 일정한 지시를 주자는 것이다. 물론 역사는 우리의 의지를 뛰어넘어 가지고 나간다. 우리가 알든지 모르든지 역사는 번져 갈 대로 번져 나간다.[83]

그러나 하나님의 역사섭리를 아느냐, 모르느냐에 따라 우리에게는 큰 차이가 생긴다는 것이다. 알면 자유요 모르면 필연이다. 알면 은총이요 모르면 숙명이다. 아는 것으로 자녀가 될 수 있고, 모르는 것으로 종이 될 수 있다. 그런데 숨어계신 하나님의 역사섭리를 알고 보면 기가막힐 노릇이다. 그것은 고난의 섭리라는 것이다. 예레미야와 요나와 호세아를 내몰았던 성령이 함석헌을 내몰아가는데 그 영은 고난을 외치는 예언의 영이다.[84] 함석헌은 한국역사의 밑에 흐르는 바닥가락은 고난이요, 한국이 고난의 가시면류관을 쓰는 여왕이 되도록 하나님은 역사를 섭리하신다고 주장한다.[85] 로뎅이 조각작품으로 묘사했던 〈갈보였던 계집〉이 바로 한국역사라고 함석헌은 해석한다. 세계사의

---

82) 『뜻으로 본 한국역사』, 65.
83) 『뜻으로 본 한국역사』, 71.
84) 『뜻으로 본 한국역사』, 71.

하수구로 세계의 모든 온갖 세계사의 불의와 죄악을 한국이 한몸에 모두 짊어 졌다는 것이다. 그러나 우리의 고난은 단순한 고난이 아니라 세계사의 죄짐을 대신 지고 그 세계사를 아가페로 구원하기 위한 하나님의 섭리가 있는 고난이라는 것이다. 예수처럼 사랑으로 골고다를 올라가야 한다. 그러므로 하나님에 의해 보장된 우주사적 사명이 있는 고난이다. "민중 운동은 세계적 공의의 뒷받침이 없이는 안 된다는 말이다. 거짓 세계사명도 능히 한때 민중을 속여 총동원하여 놀랄 만한 활동을 하게 하거든, 하물며 진리에 근거하고 하나님의 의에 의하여 보장되는 우주사적 사명으로서 한다면 얼마나 더 위대한 일이 나올 것인가?"[86]

그러므로 하나님의 이 역사섭리를 믿는 믿음이 세계를 뒤집는다. 믿음의 눈으로 볼 때 세계사는 "우로 돌아 앞으로!"의 역사로 바뀐다는 것이다. 이제까지는 폭력과 힘의 역사였으나, 이제는 도덕과 신앙이 역사를 이끌어가는 역사의 새 장이 열린다는 것이다. 세계사의 불의를 받아서 대신 짊어진 가시관의 여왕이요 하수구로서 그것을 하나님께로 돌리는 믿음이 필요하다는 것이다. 나와 세상을 건지는 사명을 다하려면 내 속을 깊이 뚫어 하나님께 직통하는 지하도를 믿음으로 파내려가야 함을 함석헌은 강조한다. 다윗 같은 믿음, 간디 같은 믿음을 가질 때 우리도 골리앗을 쳐부술 수가 있고 인류를 구원하는 주체가 될 수 있다는 것이다. 그 믿음은 다시 역사의 등촉이 되어 그 빛을 발휘하는 여왕이 되게 할 것이라고 확신한다. 이러한 하나님의 역사섭리가 곧 계시요 역사의 목적이라고 풀이한다.[87] 그러면서도 역사는 숨어계신 하나님의 섭리에 의하여, 인간이 헤아릴 수 없는 뜻에 의해 발전함을 함석헌은 강조한다.[88]

---

85) 『뜻으로 본 한국역사』, 73.
86) 『뜻으로 본 한국역사』, 323.

3. 역사와 메시아 의식

루터에게 예수는 역시 세계를 구원하는 메시아이다. 그리스도가 그의 구원론의 중심이고 역사관의 중심이다. 메시아로서의 그리스도 사상이 그의 모든 신학적 해석의 핵심을 이루고 있다. 물론 민족을 메시아로 해석하는 개념이 루터에게는 없었다. 후대에 갈수록 독일민족의 우수성을 내세우면서 민족적 메시아 개념을 말한다. 헤겔의 역사해석이 그러하였고, 그것을 독일민족의 우수성으로 발전시킨 아돌프 히틀러가 그러하였다. 그러나 함석헌이 말하는 한민족의 메시아 개념과 히틀러의 메시아 개념이 다르다. 곧 함석헌의 메시아 개념은 지배자가 아니라 오히려 섬기며 고난당하는 메시아이다. 그래서 고난당하는 자들과 함께 아파하는 메시아가 새 역사를 만들어간다는 것이다. 루터는 바로 "마리아 찬양"에서 이러한 메시아상을 해석한다. 마리아의 입을 통하여 메시아 곧 아기 예수는 가난한 자와 억눌린 자와 겸손한 자를 높이시고, 부자와 지배자와 교만한 자와 권세를 가진 자를 낮추시는 하나님의 혁명을 말한다.

함석헌은 루터의 메시아 개념을 세속화하고 민족화하고 한국화한다. 함석헌은 예수를 고난의 종으로 해석한 루터의 해석을 넘어서 한국을 고난의 종으로 해석한다. 루터는 예수가 인류의 메시아로서 멸망으로 치달리는 기원전(B.C.)의 역사를 구원으로 인도하는 기원후(A.D.)의 역사로 재포착한 것으로 해석하지만, 함석헌은 한민족이 세계사의 메시아로서 십자가를 대신 지고, 세계사를 속죄하고 구원하는 메시아적 사명을 지고 있음을 해석하는 것이 특징이라 할 수 있다. 함석헌은 민족적 메시아 의식으로 한국역사를 풀이하는데, 한국사는 고난사지만, 예수의 고난사건이 인류의 구원을 가져왔듯이 한국의

---

87) 『뜻으로 본 한국역사』, 353.
88) 『뜻으로 본 한국역사』, 359.

고난사도 인류의 제국주의, 군국주의, 식민지주의 등의 세계사적 죄악을 속죄하고 세계사를 구원하는 메시아적 사명이 있음을 강조한다.

> 마치 성경에서 … 예수의 받은 고난이 구원의 길이 된다. 그러는 모양으로, 우리도 우리 역사를 보면 여러 가지 고난이 거기 많지만, 그것은 우리의 잘잘못으로 도덕적인 비판만을 받아야 할 것이 아니라 전체 인류의 짐을 맡아서 지는 것이라, 그렇게 보아야 합니다. 우리가 그러한 일종의 민족으로서의 메시아적인 자각엘 들어가야 내 구원도 되고 전체에 구원이 있다는 그런 의미에서 고난을 그대로, 패배주의로 탄식하는 데만 그치지 말고, 어떡하면 고난은 고난대로 솔직하게 불행한 일로 인정하면서도 그걸 살려 볼까 거기에 제일 노력을 했던 겁니다.[89]

4. 역사의 주체로서의 민중 이해

함석헌은 『뜻으로 본 한국역사』의 서론과 결론에서 민중이 역사의 주체임을 강조하는 역사를 민중사관으로 풀이한다. 한국사와 세계사의 고난을 한 몸에 지고 고통당해온 민중이 역사의 주체가 되는 새 역사의 장이 열린다는 것이다.

함석헌은 서론에서 귀족사관과 영웅사관과 계급사관을 모두 비판하면서 역사는 민초처럼 짓밟혀온 씨알과 민중이 주인이 되어 이끌어 갈 것이라면서 그 예증을 3.1운동과 4.19혁명으로 제시한다. 결론에서도 앞으로의 미래역사는 민중이 주체가 될 것이라고 예언한다. 알 수 없는 신의 뜻이 허락하는 한 역사는 앞으로 민중의 역사가 될 것이라고 주장한다.

---

[89] 『함석헌전집』, I, 396.

이 앞의 사람의 문명은 점점 더 민중의 것일 것이라는 점입니다. 지금까지는 문명은 일부 특별한 사람들의 것이었습니다. 일반 씨알은 그저 따라갔습니다. 그런데 지금은 그것이 그렇게 아니 되게 됐다는 말입니다마는, 지금까지 내려오던 문명의 테두리가 도저히 견딜 수 없이 불편한 것이 되어가고 있습니다. 문예부흥이라는 때에 한 번 그 운동이 일어나서 훨씬 올라갔고 종교개혁이라는 데서 또 한 번 더했지만 이제 그런 따위가 아닙니다. 민주주의의 표어는 전체입니다.[90]

그런데 이 민중이 역사의 주체가 되어 하나되어가는 역사로 발전한다. 개인은 전체의 구체적 나타남이요, 선도 죄도 삶도 죽음도 전체의 것이라고 강조한다. 씨알시대는 천재가 역사를 이끌어가지 않고 민중, 곧 전체가 역사의 주인이라는 것이다.

루터의 십자가 신학에도 민중이 고난의 역사의 주체임을 말한다. 루터는 "마리아 찬양"에서 마리아 같은 비천한 여인을 통하여, 가난하고 힘없는 민중을 통하여 새 역사를 창조하는 역사의 원동력을 보여주고 있다. 물론 루터가 농민전쟁 때 농민의 편에 서지 않고 귀족과 제후의 편에 섰던 것은 역사적 실수라고 말하지 않을 수 없다. 그러나 농민들이 폭력을 사용하고 무질서하게 혼동을 일으킨 것을 비판하였지, 그의 사상에는 민중을 사용하여 강한 권세를 쳐부순다는 사상이 계속 살아 있었다.

루터는 인간의 모든 지혜와 능력이 끝장나는 십자가 속에서 비로서 하나님의 지혜와 능력이 역사하기 시작한다고 주장한다. 눌린 자, 겸손한 자, 비천한 자, 가난한 자 ― 인간의 가능성과 능력이 끝장 난 자 ― 를 높이시고 누르는 자, 교만한 자, 권세있는 자, 부자를 낮추시고 심판하신다고 해석한다. 여인

---

90) 『뜻으로 본 한국역사』, 359-60.

의 입을 통하여 하나님의 혁명적 선포가 외쳐졌다고 해석한다. "인간의 강함이 끝장나는 곳에, 하나님의 강함이 시작한다. 억눌림이 끝장날 때, 위대한 강함이 약함 아래 숨어 있었다는 것을 나타내준다"(LW, 21: 34f). 이 마리아 찬양에 대한 해석은 구약의 한 찬양과 함께 여성 신학에서 여성의 억눌림과 고통에서 해방시키시는 하나님의 혁명을 해석하는 근거로 사용한다.

함석헌은 그의 저서에서 루터를 민중적 시각에서 민중적 지도자임을 다음과 같이 주장한다.

> 루터는 종교개혁의 중심적 지도 인물이지만 그것은 개인 루터로서가 아니요, 도이춰 사람 루터로서다. 아무리 루터를 존경하는 사람이라도 종교개혁을 루터 한 사람의 일로 알 사람은 없을 것이다. 종교개혁은 종교적으로 하면 성령의 일인 동시에 현실적으로 하면 북유럽 민족의 일이다. 루터가 이탈리아에서 나지 않은 것은 우연이 아니고 필연이다.[91]

그러므로 루터나 함석헌에게 있어서 역사는 하나님의 섭리에 의하여, 고난당하는 민중에 의하여 다시 부활한다는 종교적 역사해석을 시도하고 있음을 볼 수 있다.

---

91) 『뜻으로 본 한국역사』, 67-68.

나오는 글: 십자가 신학의 빛에서 본 통일회년 운동

　우리는 루터의 십자가 신학과 함석헌의 고난사관의 빛에서 다음과 같이 통일 희년 운동을 말할 수 있다. 그리고 칼빈의 신정정치와 웨슬리의 성화 신학의 근거 위에서 한국적 통일 희년 운동의 역사 신학적 근거를 찾을 수 있다. 이 통일회년 운동이 하나님 나라 운동이라는 역사 신학적 근거를 종교개혁 신학의 빛에서 다음과 같이 말할 수 있다.

　첫째, 통일 희년 운동은 세계사의 십자가인 냉전구조의 죄악을 짊어진 한민족의 한을 풀어주고 새로운 세계사의 장을 여는 부활 운동이기 때문에 하나님나라 운동이다. 함석헌의 사상에 있어서나 루터의 사상에 있어서나 우리가 마지막 분단국가로 남은 세계사적 이유는 새로운 세계사를 창조하는 주역이 되도록 하시는 하나님의 역사섭리 때문이라는 해석이 가능해진다.

　둘째, 통일 희년 운동은 세계사의 냉전의 죄악을 속죄하고 용서하는 운동이기 때문에 하나님 나라 운동이다. 십자가의 신학으로 자본주의가 저지른 죄악과 공산주의가 저지른 죄악을 속죄하고 용서하는 운동을 전개하여야 민족의 동질성을 회복할 수 있다. 루터가 말하는 십자가 신학이 바로 속죄와 용서의 십자가이며, 함석헌이 말하는 고난사관이 바로 세계사의 죄악을 속죄하는 속죄양의 개념이다.

　셋째, 통일희년 운동은 남과 북이 미워하고 싸웠던 관계를 넘어서서 서로 화해하고 하나되는 일이기에 하나님나라 운동이다. 십자가 신학으로 서로의 원수되었던 관계, 전쟁을 치른 깊은 상처를 싸매고 어루만지며 화해하지 않고는 통일의 문을 열 수가 없다.

　넷째, 통일희년 운동은 서로 나누어 갖는 사회적 성화 운동이기에 하나님 나라 운동이다. 성화 신학으로 지나친 소유욕을 회개하고 청지기 정신으로 돌아가서 경제적 분배 운동, 경제적 섬김의 운동, 경제적 정의 운동을 실천하여야 통일을 이룰 수 있다. 적어도 모든 한국 교회들이 속회 헌금과 구역예배 헌금만은 통일기금화하는 운동을 전개해야 한다. 서독 교회는 동독을 위해 서독 교회 예산의 42%를 나누어주었다. 우리 한국 교회도 이러한 나눔의 운동을 전개하여야 한다. 희년의 정신대로 모든 것이 하나님의 것이라는 청지기 정신과 빚을 탕감해주고 50년 동안 적게 소유한 자들에게 많이 소유한 자들이 나누어 희년 운동이 필요하다. 50년 이상 분단된 한국은 앞으로 50년 이상 희년 운동을 전개하여야만 한다. 예수님은 십자가 위에서 그의 몸과 피를 아낌없이 우리를 위하여 모두 내어주셨다. 우리도 그러한 십자가의 사랑으로 나누어 갖는 운동을 전개하여야 한다.

다섯째, 통일 희년 운동은 하나님의 나라를 실현하는 것이기에 하나님나라 운동이다. 한반도 속에 칼빈의 신정정치 의식을 갖고 하나님의 통치가 실현되도록 예언자적 외침과 예언자적 행동예언을 통해 국내, 국외의 반 통일세력을 회개시키고 통일 운동에 동참하도록 의식화시키고 조직화시켜야 한다. 루터는 민중이 주인이 되는 하나님나라의 실현을 염원하였고, 함석헌도 민중이 역사의 주체가 되는 메시아 왕국의 미래를 희망하였다.

여섯째, 통일 희년 운동은 성화를 추구하는 운동이기에 하나님 나라 운동이다. 북한의 공산주의자들을 손양원 목사처럼 원수를 용서해주는 성화의 마음이 있어야 한다. 두 아들을 죽인 공산당 이재선을 용서해주고 양자를 삼은 손양원 목사처럼 6.25 전쟁의 아픔을 가진 민족이 서로 원수를 용서하고 화해하며, 자존심을 세워주고, 신뢰해 주며, 대화하고, 사랑과 물질을 나누는 성화 운동을 일으켜야 통일을 이룰 수 있다. 완전성화를 추구하는 그리스도인들은 원수마저도 용서하여야 한다. 왜냐하면 예수님이 원수를 십자가 위에서 용서하여주었기 때문이다. 십자가의 예수의 심장으로 북한 공산주의자들도 용서하는 마음을 가질 때 우리는 통일의 문을 열 수 있다.

부록 2

칼비니스트와 웨슬리안의 예정 이해:
웨슬리안의 입장에서의 논찬

　　이형기 박사는 오늘의 칼비니스트의 입장에서 칼빈의 이중예정을 넘어서는 바르트적 교회공동체 안에서의 예정 이해를 시도하였다. 이러한 바르트적 예정 이해는 웨슬리의 그리스도 안에서의 예정과 만날 수 있는 가능성을 상당히 갖고 있다. 임승안 박사가 알미니안 입장에서 웨슬리의 생애의 사상적 발전 과정을 통하여 역사적으로 소개한 웨슬리의 예지 예정론은 바르트적 이해와 상당히 대화의 접촉점을 찾을 수 있음을 보여 주고 있다. 이형기 박사는 오늘의 칼비니스트들은 칼빈의 이중예정보다는 바르트적인 교회공동체의 예정 이해를 더욱 선호한다고 해석하였지만, 임승안 박사는 오늘의 웨슬리안들은 웨슬리의 예지 예정 이해를 수정하지 않고 그대로 받아들이고 있음을 시사해 주는 면이 흥미롭기도 하다.

　　바르트의 그리스도에 대한 신앙으로서의 예정 이해는 웨슬리의 조건적 일반예정과 흡사하다. 믿음으로 그리스도를 받아들이는 자는 구원받도록 신앙의 조건으로 그리스도 안에서 예정된다는 웨슬리의 예정 이해와 아주 유사하다. 이형기 박사는 "바르트는…이 하나(이스라엘과 교회)의 공동체가 모두 인간의 청종과 믿음을 기다리는 예수 그리스도 안에 있는 하나님의 약속을 증거한 다고 한다. 즉, 이스라엘은 인간에게 주어지는 하나님의 말씀으로서 하나님의 약속을 청종해야 할 특별한 사명을, 교회는 이 말씀을 믿고 이 세상에 매개시 켜야 한 사명을 가지고 있다고 한다. 청종의 목표는 믿음이다."라고 말한다. 바르트도 웨슬리처럼 신앙을 가진 자가 교회공동체의 예정에 들어갈 수 있음 을 강조한다. 여기에서 칼빈은 예정된 자에게 믿음이 주어진다는 무조건적 예 정을 말하지만, 바르트는 믿음을 가진 자가 교회공동체의 예정에 들어간다는 조건적 예정을 말한다. 바르트는 계속해서 "복음은 개인이, 인간의 마땅한 유 기를 짊어지신 예수 그리스도 안에서 선택되었다는 사실을 선포한다. 이것은 은혜의 약속이다. 개인은 이 약속을 받아들이는 사건과 결단에 의해서 선택된 사람으로서 살기 시작한다."고 해석한다. 여기서 웨슬리처럼 바르트도 역시 신앙의 결단이 예정의 조건임을 강조한다. 웨슬리는 그의 설교 "하나님의 섭 리에 관하여(On Divine Providence)"에서 "믿는 자는 구원받을 것이며, 믿지 않 는 자는 구원받지 못할 것이다."라고 강조하였다.(Wesley, "On Divine Providence," *The Works of John Wesley*, Vol. 2, (Nashville: Abingdon Press, 1975), 541- 45. 이하 The *Works*로 표기함.) 믿음을 조건으로 가지는 예정, 이 하나님의 섭리는 의심할 바 없이 변하지 않을 것이라고 해석하였다. 막16:16(믿고 세례를 받는 사 람은 구원을 얻을 것이요, 믿지 않는 사람은 정죄를 받으리라)을 인용하면서 예정은 믿 는 자는 구원된다는 하나님의 섭리를 뜻한다고 강조하였다. 우리 웨슬리안은 예정신앙은 비판하지만, 섭리신앙은 강조한다. 그런데 임승안 박사의 논문에 서 이 섭리신앙을 강조하는 "하나님의 섭리에 관하여"라는 설교가 취급되지 않은 것이 아쉽다.

그리고 바르트의 그리스도 안에서의 예정 이해는 웨슬리의 예지 예정 이 해와 상당히 접근한다. "예수 그리스도는 하나님과 인간으로서 하나님은 이 예수 그리스도 안에서 자신을 인간에게 보이시고, 또한 이 예수 그리스도 안에 서 인간은 하나님을 본다."는 표현이나 "즉 그 분(그리스도)은 우리가 유기되지 않기 위해서 유기되신 것이다. 둘째는 적극적으로 하나님의 자기 내어주심은 하나님께서 예수 그리스도 안에서 인간을 선택 하시사, 그의 언약의 파트너가 되시고, 나아가서 자신의 증언과 형상의 소유자로서 자신의 영광에 동참케 하신다고 하는 것을 뜻한다."는 표현은 웨슬리의 그리스도 안에서의 예지 예정과 흡사하다. 웨슬리는 성서가 예지에 근거하여 선택을 가르친다고 주장하였다(벧전 1:2, 롬 8:29). 영원을 한 눈으로 보시며 없는 것을 있는 것 같이 부르시는 하나님은 이삭이 태어나기 전에 아브라함을 모든 민족의 아버지로 부르셨고(롬 4:17), 이러한 하나님의 예지 하심에 의하여 그리스도는 창세로부터 죽임 당한 어린 양으로 불리운다(계 13:8)는 것이다. 곧 그리스도의 십자가 안에서 예지를 말하면서 예지와 예정을 구분 짓는다. 믿을 자를 아셨으나 믿음을 야기하시지 않는 하나님의 예지는 "그가(하나님) 그들을 아는 까닭에 그들이 있다고 생각해서는 안 된다. 그들이 있기에 그가(하나님) 그들을 아는 것이다."라고 웨슬리는 그의 설교 "예정에 관하여(On Predestination)"에서 표현한다(Wesley, "On Predestination," *The Works*, Vol. 2, 417). 임승안 박사도 하나님의 예지는 우리의 운명의 결정이 아니라 자유스러운 선택의 결과라고 해석한다. 웨슬리에게 있어서 미리 결정된 선택 없이 하나님이 주신 자유와 관계된 인간을 이해한다. 아무도 예외 없이 섭리하시는 하나님의 예지 예정 속에서 하나님은 믿는 자를 부르신다. 임승안 박사도 이 예지는 하나님의 자비의 속성에서 이해되어야 함을 각오하고 있다. 이 부르심은 성령의 역사로 이해하는 내적 부르심(inward call)과 은혜의 말씀으로 이해하는 외적 부르심(outward call)으로 구분한다. 특별히 내적 부르심은 효과적인 부르심(effectual calling)으로 언급하는데, 알미니우스적 관점에서 부르심에 응답하는 인간을 말한다("On Predestination, 418"). 웨스트민스터신앙고백 제10장에서 칼빈주의자들은 인간의 응답으로 보지 않고 구원하기로 예정된 사람들을 부르셔서 그리스도에게로 돌아오도록 인도한다고 해석함을 웨슬리는 비판한다.

또한 바르트의 예정 이해는 모든 인류의 선택에 근거를 가지고 있다는 점에서 웨슬리의 만인속죄론(universal atonement)과 유사하다. 바르트에게 있어서 교회공동체는 하나님의 인류선택을 실현하기 위해서 증거하고 봉사해야 한 사명이 있다고 강조한다. 곧 교회공동체의 존재목적과 존재이유는 인류선택의 실현으로 봄으로써 칼빈과 개혁교회전통의 이원론적 이중예정을 극복하고 있다고 이형기 박사는 바르트의 예정 이해를 결론짓고 있다. 웨슬리도 조지 휘트필드(George Whitefield)의 예정론에 대하여 논박하기 위해서 쓴 설교 "값 없이 주시는 은총(Free Grace)"에서 속죄의 은총은 모든 사람들 안에서 값 없이 거저 주어지고(free in all), 모든 사람들을 위하여 값 없이 주어진다(free for all)고 강조함으로써 그리스도의 십자가의 속죄의 죽음은 모든 사람을 위한 것임을 주장하였다. 임승안 박사도 그의 발제에서 이 설교를 취급하면서 "먼저 은총은 모든 사람에게 무상으로 주어진다고 말한다."고 해석한다. 그래서 칼빈과 휘트필드가 주장한 제한된 속죄론(limited atonement)을 웨슬리는 강하게 공격하였다.(Wesley, "Free Grace," *The Works*, Vol. 1, 544.) 그의 동생 찰스 웨슬리는 "Universal Redemption"이란 찬송을 지어 형 존 웨슬리의 주장을 지지하였다. 임승안 박사도 칼빈주의자들이 제한된 사람에게 주어지는 속죄의 은총을 말하는 것을 웨슬리가 논박하였음을 지적한다. 웨슬리는 또한 그의 논문 "냉정하게 숙고된 예정(Predestination Calmly Considered)"에서 그리스도께서는 모든 사람을 대신하여 죽으셨고, 그는 우리의 죄뿐 아니라 모든 죄를 위한 화해의 제물이심을 강조하였다.(Wesley, "Predestination Calmly Considered," *The Works of John Wesley*, Vol. X, (Peabody, MA: Hendrickson Publishers, 1896), 443-44. 이하 *Works*로 표기함). 웨슬리는 하나님이 모든 사람들이 구원받기를 원하시며, 그리스도가 모든 사람들을 구원하기 위하여 죽으셨음을 성경귀절들을 통하여 강조하였다.(마22:9, 막16:15, 눅19:41, 요5:34, 행17:24, 롬5:18, 딤전2:3, 약1:5, 벧후3:9, 요일4:14, 마18:11, 요1:29, 요일2:1, 롬14:15, 고전8:11, 고후5:14, 딤전2:6, 히2:9, 벧후2:1.) 임승안 박사도 웨슬리가 그의 설교 "값 없이 주시는 은총(Free Grace)"에서 제한된 자에게만 속죄의 은총을 말하면 설교가 무익하고, 거룩함을 추구하는 동기를 없애며, 선행을 하고자 하는 열심을 분쇄할 경향이 있음을 강조하였다고 잘 소개하고 있다.

그러나 아직도 바르트의 예정 이해와 웨슬리의 예정 이해 사이에는 차이점이 많이 있다. 이형기 박사의 발제 속에는 웨슬리적 특수예정(special predestination)의 개념이 나오지 않고 있다. 다시 말해서 웨슬리는 구원과 관계있는 일반예정(general predestination)을 모든 개인에게 적용하는 것은 반대하나, 구원과 관계없이 선교적 사역을 위해 특수예정하는 것을 강조한다. 예를 들면 사도 바울의 이방인 사도로서의 특수예정, 고레스의 특수예정을 강조한다. 임승안 박사도 고레스와 같은 특수예정의 경우를 설명하고 있다. 야곱의 경우에도 하나님의 선교를 위해 선택된 특수예정을 받은 사람이지 일반예정을 받은 사람으로 보지 않는다. 따라서 특수예정에 들지 않은 에서도 구원받을 수 있다는 것이다. 동생 야곱을 쳐죽이려고 4백 명을 거느리고 왔으나 회개하고 동생과 화해한 에서도 구원받을 수 있다는 것이다. 그리고 가룟유다는 특수예정에 들지 않은 사람이기에 예수를 배신하였지만, 만약 그도 회개하였다면 구원받을 수 있었을 것이라고 해석한다. 하나님이 강퍅케한 바로도 구원에 이르지 못하도록 강퍅케 하신 것이 아니라고, 그도 구원받을 수 있다는 것이다.("Predestination Calmly Considered," Works, X, 453-54.) 이러한 특수예정에 관하여 바르트는 침묵하고 있다. 칼빈은 에서나 가룟유다의 경우, 두 사람 모두 일반예정에 들지 않은 사람으로 해석하고 있다. 그러나 바르트는 칼빈적 이중예정을 비판하고 넘어서고 있지만, 이러한 특수예정에 대하여 언급하고 있지 않다. 다시 말해서 바르트에게 있어서 에서와 가룟유다도 구원받을 수 있는가? 야곱은 특수예정된 사람으로 이해하는가? 아니면 일반예정된 사람으로 이해하는가? 가룟유다는 특수예정에도 일반예정에도 들지 않은 사람인가?

그리고 이형기 박사의 발제에 의하면 바르트는 신인협조를 거부하였다고 하면서도 인간의 결단을 배제하지 않는다. "하나님의 결단은 보충적인 인간의 결단에 의해서 조건 지어질 수 없다. 하지만 이 결단은 인간에 대한 전적인 용납으로서 인간의 결단을 포함하고, 근거지운다." 여기서 하나님이 먼저 역사하지만, 이것에 응답하는 인간의 결단을 포함시키고 있다. 웨슬리가 말하는 선재적 은총(prevenient grace)으로서의 복음적 신인협조설(evangelical synergism: Divine-human cooperation)도 바로 이와 유사하다. "아버지께서 일하시니 나도 일한다"(요5:17)를 인용하면서 웨슬리는 먼저 하나님이 100% 일하시니 나도 100% 응답할수 있고(can), 응답하지 않으면 안된다(must)는 것이다. 펠라기우스처럼 내가 먼저 자유의지적 선행실천으로 일하니(인간 50%), 하나님이 응답한다(하나님 50%)는 신인협조설(synergism: human-Divine cooperation)이 아니다. 칼빈에게 있어서는 하나님의 예정은 인간의 자유의지적 응답을 배제하는 것(monergism: 하나님100% 인간 0%)이 사실이지만, 바르트에게 있어서는 교회공동체의 예정에 개인이 들어가기 위해서는 개인의 선택의 결단을 배제하지 않는 것으로 보여진다. 임승안 박사도 "유기론자들도 인간이 어느정도 천부의 자유의지를 갖고 있음을 시인하고 있은데, 그것은 사실 자연적 소산물이 아니고 하나님의 은혜에 의하여 회복된 것이며"라고 언급하였듯이, 바르트와 같은 칼비니스트들이 이 면에서 좀더 인간의 자유의지적 응답을 선재적 은총의 차원에서 해석할 필요가 있다고 본다.

마지막으로 바르트와 웨슬리의 예정 이해의 차이점은 바르트는 견인의 은총을 강조하지만, 웨슬리는 견인의 은총을 거부한다는 사실이다. 웨슬리는 "하나님으로부터 태어난 자들의 특권"이란 설교에서 다윗처럼, 베드로처럼, 바나바처럼 항상 타락할 가능성이 있으므로 두려움과 떨림으로 계속 구원을 이루어가야 함을 강조한다. 성령의 내주를 통하여 구원의 내적 확증(inner assurance)을 갖고 있으면서도, 인간의 자유의지는 항상 죄악성(inner sin)이 행위적 자범죄를(actual sins) 저지르게 할 수 있다는 것이다. 이 견인의 은총에 대한 웨슬리의 논박이 임승안 박사의 발제에서 나타나지 않는 것이 아쉽다. 천국은 침노하는 자가 빼앗고, 스스로 섰다고 하는 자는 넘어질까 조심하라는 말씀을 칼비니스트들도 귀기울여야 하지 않을까? 특히 히브리서에서 은혜를 받고서도 짐짓 범죄하고 타락한자들이 있음을 지적하였듯이 우리 주변에 많은 신도들이 은혜를 저버리고 타락한 경우들을 보고 있는데 여기에 대하여 칼비니스트들이 어떻게 응답할지 궁금하다.

참고문헌

A. 종교개혁일반도서

쿠르트 알란드(Aland, Kurt) 저, 이기문 역, 『네 사람의 개혁자들』, 서울: 컨콜디아사, 1983.
폴 D. L. 에이비스 저, 이기문 역, 『종교개혁자들의 교회관』, 서울, 컨콜디아사: 1987.
Bainton, Roland H., *Women of the Reformation in Germany and Ithaly*, Minneapolis: Augusburg Publishing House, 1971.
Bainton, Roland H., *Women of the Reformation in France and England*, Minneapolis: Augusburg Publishing House, 1973.
Bainton, Roland H., *Women of the Reformation from Spain and Scandinavia*, Minneapolis: Augusburg Publishing House, 1977.
Bainton, Roland H., *Erasmus of Christendom*, New York: Crossroad, 1982.
Burckhardt, Jacob, *The Civilization of the Renaissance in Italy*, Vol. I & II, New York: Harper & Row, 1958.
Cameron, Euan, *The European Reformation*, Oxford: Clarendon Press, 1991.
Chadwick, Owen, *The Reformation*, Baltimore: Penguin Books, 1972.
Comby, Jean, *How to Read Church History*, Vol. 2, New York: Crossroad, 1996.
Estep, William, *Renaissance and Reformation*, Grand Rapids: Wm. B. Eerdmans Publishing Co., 1986.
George, Timothy, *Theology of the Reformers*, Nashville: Broadman Press, 1988.
Grimm, Harold J., *The Reformation Era*, New York: Macmillan Publishing Co.Inc., 1973.
Gonzalez, Justo L. *A History of Christian Thought*, III, Nashville: Abingdon Press, 1980.
Lehmann, Karl and Pannenberg, Wolfhart ed., *The Condemnations of the Reformation Era*, trs. by Margaret Kohl, Minneapolis: Fortress Press, 1990.
Lindsay, Thomas M., *A History of the Reformation*, Vol. I & II, New York: Charles Scribner's Sons, 1914.

토마스 M. 린제이 저, 이형기 역, 『종교개혁사』, I. II, 서울: 대한예수교장로회총회출판국, 1990.
Lortz, Joseph, *The Reformation in Germany*, Vol. I & II, New York: Herder and Herder, 1968.
Lucas, Henry S., *The Renaissance and the Reformation*, New York: Harper & Brothers, 1934.
McGrath, Alister, *Reformation Thought*, Cambridge, MA: Basil Blackwell, 1989.
McGrath, Alister, *A Cloud of Witnesses*, Grand Rapids, Michigan: Zondervan Publishing House, 1990.
McManners, John ed. *The Oxfrod Dictionary of Christianity*, Oxford: Oxford University Press, 1993.
Moeller, Bernd. hrsg., *Stadt und Kirche im 16. Jahrhundert*, Guetersloh: Guetersloher Verlagshaus Mohn, 1978.
Obermann, Heiko A., *The Dawn of the Reformation*, Edinburgh: T. & T. Clark Ltd., 1986.
Ozment, Steven, *The Age of Reform 1250-1550*, New Haven: Yale University Press, 1980.
Ozment, Steven, ed. *Reformation Europe: A Guide to Research*, St. Louis: Center for Reformation Research, 1982.
Pelikan, Jaroslav, *Reformation of Church and Dogma (1300-1700): The Christian Tradition*, Vol. 4, (Chicago and London: University of Chicago Press, 1984).
Schaff, Philip, *History of Christian Church*, Vol. 7 & 8, Grand Rapids: WM.B. Eerdmans Publishing Company, 1974.
루이스 W. 스피츠(Spitz, Lewis W.) 저, 서영일 역, 『종교개혁사』, 서울: 기독교문서선교회, 1991.
한스 숄 저, 황정욱 역, 『종교개혁과 정치』, 서울: 기독교문사, 1993.
Thompson, Bard, *Liturgies of the Western Church*, Philadelphia: Fortress Press, 1985.
T.F. 토란스 저, 백철현 역, 『종교개혁가들의 종말론』, 서울: 그리스도교신학연구소, 1991.
Weber, Max, *The Protestant Etic and the Spirit of Capitalism*, New York: Charles Scribner's Sons, 1976.
White, James F. *Protestant Worship*, Louisville, Kentucky: Westminster/John Knox Press, 1989.

Williams, George Huntston, *The Radical Reformation*, Philadelphia: The Westminster Press, 1952.
Ziegler, Donald J. ed., *Great Debates of the Reformation*, New York: Random House, 1969.
김기련 저,『종교개혁사』, 대전: 목원대학교 출판부, 2001.
김해연 저,『기독교종교개혁사』, 서울: 도서 출판 은성, 1974.
김홍기 저,『세계기독교의 역사이야기』, 서울: 예루살렘출판사, 1992.
권태경 저,『종교개혁가들의 정치사상』, 서울: 요나출판사, 1995.
이형기 저,『종교개혁사상』, 서울: 장신대출판부, 1984.
이형기 저,『전통과 개혁』, 서울: 대한예수교장로회총회출판국, 1990.
정정숙 저,『종교개혁가들의 교육사상』, 서울: 총신대학출판부, 1992.
차하순 저,『르네상스의 사회와 사상』, 서울: 탐구당, 1991.
홍치모 저,『종교개혁사』, 서울: 성광문화사, 1991.
홍치모 저,『북구르네상스와 종교개혁』: 서울, 성광문화사, 1984.

B. 마르틴 루터

1) 제1차 자료

Luther, Martin, *Dr. Martin LuthersWerke*, Kritische Gesamtausgabe, Weimar, 1883-.
Luther, Martin, *Luther's Works*, ed. by Jaroslav Pelikan, Vol. 1-55, Philadelphia Fortress Press, 1957-.
루터, 마르틴, 저, 지원용 역, 루터선집, 제1권, 서울: 컨콜디아사.
ed. Dillenberger, John, *Martin Luther: Selections from His Writings*, Garden City, New York: Doubleday & Company, 1961.
ed. Lull, Timothy, *Martin Luther's Basic Writings*, Minneapolis: Fortress Press, 1989.
Luther, Martin, "Luther's Commentaries on Psalms." *Luther's Works*, (151   ) Vol. 10-14.
Luther, Martin, "Lectures on Romans," (1515-16) *LW*, Vol. 25, pp.39-42, 49-60.
Luther, Martin, "Ninty-Five Theses." (1517) *LW*, Vol. 31, pp.17-33, *WA*, Vol. 1, pp.233-38.
Luther, Martin, "Heidelberg Disputation." (1518) *LW*, Vol. 31, pp.39-42, 49-60, *WA*, Vol. 7, pp.544-604.

루터, 마르틴 저, 지원용 역, 『크리스천의 자유』, (1520) 서울: 컨콜디아사, 1990.

Luther, Martin, *Von der Freiheit eines Christenmenschen*, Stuttgart: Philipp Reclam Jun, 1962.

루터, 마르틴 저, 지원용 역, 『교회의 바벨론 감금』, (1520) 서울: 컨콜디아사, 1985.

Luther, Martin, *Sendbrief vom Dolmetschen*, Stuttgart: Philipp Reclam Jun, 1962.

루터, 마르틴 저, 지원용 역, 『독일 크리스천 귀족에게 보내는 글』, (1520) 서울: 컨콜디아사, 1987.

Luther, Martin, *An den christlichen Adel deutscher Nation*, Stuttgart: Philipp Reclam Jun, 1962.

Luther, Martin, "The Magnificat." *Luther's Works*, Vol. 21, St.Louis: Concordia Publishing House, 1956.

루터, 마르틴, "마리아의 송가." (1521) 『루터선집』, 제3권, 서울, 컨콜디아사, pp.269-338.

Luther, Martin, "Preface to Romans." *LW*, Vol. 25, pp.135-8.

루터, 마르틴 저, J.M.포터 편저, 홍치모 역, "세속권력에 대한 복종의 한계." (1523, 서울: 컨콜디아사, 1985.

Luther, Martin, *Tischreden*, Stuttgart: Philipp Reclam Jun, 1960.

Luther, Martin, "On the Slave of the Will." (De Servo Arbitrio, 1525) *LW*, Vol. 33, pp.15-295, *WA*, Vol. 18, pp.600-787.

Luther, Martin, "The Marburg Articles." (1529) *LW*, Vol. 38, pp.56-62, 85-9.

Luther, Martin, "The Autobiographical Fragment." (1545) *LW*, Vol. 34, pp.323-38, WA Vol. 54, pp.179-87.

Luther, Martin, "The Sermon on the Mount." *Luther's Works*, Vol. 21, St. Louis: Concordia Publishing House, 1956.

Luther, Martin, *Sermons of Martin Luther*, Vol. I - VIII, ed. & Trans. by John Nicholas Lenker, Grand Rapids: Baker Book House, 1989.

Luther, Martin, *Von der Freiheit eines Christenmenschen*, Bibliothek Deutscher Klassiker, *Hutten, Muentzer, Luther*, 100-151, Weimar: Aufbau-Verlag Berlin und Weimar, 1970.

Luther, Martin, *Der allerdurchlaeuchtigesten, grossmaechtigesten Kaiserlichen Majestaet und Christlichen Adel deutscher Nation*, Bibliothek Deutscher Klassiker, *Hutten, Muentzer, Luther*, Zweiter Band(2), 16-99, Weimar: Aufbau-Verlag Barlin und Weimar, 1970.

Luther, Martin, *Reformatorenbriefe(Luther, Zwingli, Calvin)*, hrsg. von Guenter

Gloede, Leipzg: Neukirchener Verlag, 1973.

Luther, Martin, *Vorlesung ueber den Roemerbrief*(1515-1516), Muenchen: Chr. Raifer Verlag Muenchen, 1927.

Luther, Martin, *Luthers Psalmen-Auslegung*, 1.Band, Stattgart: Berlag der Evangelischen Buecherstistung, 1873.

Luther, Martin, *Luthers Werke*, 6,(Luthersbriefe) hrs.Hanns Rueckert, Berlin: Berlag von Walter de Druhter & Co., 1933.

Luther, Martin, *Sermons on the Passion of Christ*, Trans.by E. Smid and J.T. Isensee, Rock Island, IL: Augustana Press, 1956.

Luther, Martin, *Luther's Letters to Women*, eds. Mary Cooper Williams and Chaplain Edwin F. Keever, Chicago: Wartburg Publishing House, 1930.

2) 제2차 자료

Althaus, Paul, *The Theology of Martin Luther*, Trans. by Robert Schultz, Philadelphia: Fortress Press, 1986.

Althaus, Paul, *The Ethics of Martin Luther*, Trans. by Philadelphia: Fortress Press, 1986.

Altmann, Walter, *Luther and Liberation (A Latin American Perspective*, Minneapolis: Fortress Press, 1992.

Atkinson, James, *The Trial of Luther*, New York: Stein and Day/Publishers, 1971.

Bainton, Roland, *Here I Stand: A Life of Martin Luther*, New York: New American Library, 1977.

Bornkamm, Heinrich, *Luther in Mid-career 1521-1530*, Philadelphia: Fortress Press, 1983.

Brady, Thomas A., *Handbook of European History 1400-1600*, Vol. 1-2, Grand Rapids, Michigan: William B. Eerdmans Publishing Company, 1995.

Brecht, Martin, *Martin Luther: His Road to Reformation 1483-1521*, Trans.by James L. Schaaf, Philadelphia: Fortress Press, 1985.

Brecht, Martin, *Martin Luther: Shaping and Defining the Reformation 1521-1532*, Trans. by James L. Schaaf, Minneapolis: Fortress Press, 1990.

Brendler, Gerhard, *Martin Luther-Theology and Revolution*, Trs. by Claude R.Foster,Jr., New York: Oxford University, 1991.

Eberhard, Jungel, *The Freedom of A Christian*, Minneapolis: Augsburg Publishing House, 1988.

Erikson, Erik H., *Young Man Luther*, New York: Norton & Company, 1962.
Forell, George W., *Luther and Culture*, Decorah, Iowa: Luther College Press, 1960.
Hall, Douglass John, *Lighten Our Darkness*, Philadelphia, Westminster Press, 1976.
Hall, Douglass John, *An Exercise in the Theology of the Cross*, Minneapolis: Augusburg Publishing House.
Kirchner, Herbert, *Luther and Peasants' War*, Tr. by Danell Jodock, Philadelphia: Fortress Press, 1972.
Kittelson, James, *Luther the Reformer*, Minneapolis: Augsburg Publishing House, 1986.
Lohse, Bernard, *Martin Luther: An Introduction to His Life and Work*, Philadelphia: Fortress Press, 1980.
Loewenich, Walther von, *Martin Luther: The Man and His Work*, Tr.by Lawrence W. Denef, Minneapolis: Augusburg Publishing House, 1982.
Marius, Richard, *Luther*: Philadelphia ans New York: J.B.Lippincot Company, 1974.
Mcgrath, Alister, *Luther's Theology of the Cross*, Oxford: Basil Blackwell, 1985.
Oberman, Heiko A. *Luther*, New York: Doublebay, 1992.
Olivier, Daniel, *The Trial of Luther*, trans. by John Tonkin, Oxford: Mowbrays, 1978.
Pelikan, Jaroslaved. *Interpreters of Luther*, Philadelphia: Fortress Press, 1968.
Persaud, Winston D., *The Theology of the Cross and Marx's Anthropology(A View from the Caribbean)*, New York: Peter Lang, 1991.
Todd, John M., *Luther: A Life*, New York: Crossroad, 1982.
Yule, George ed. *Luther*, Edinburgh: T & T Clark, 1985.
Ziemke, Donald, *Love for the Neighbor in Luther's Theology*, Minneapolis: Augsburg Publishing House, 1963.
전경연, 『루터신학의 제문제』, 서울: 종로서적, 1978.
지원용, 『루터의 사상』, 서울: 컨콜디아사, 1982.
지원용 저, 『루터와 종교개혁』, 서울: 컨콜디아사, 1988.
지원용 편, 『루터사상의 진수』, 서울: 컨콜디아사, 1986.

C. 필립 멜랑히톤

1) 제1차 자료

Melanthons, Philipp, *Loci Communes*, Erlangen: Verlag von Andreas Deichert, 1864.

Melanchthon, Philipp, *Corpus Reformatorum, Phillippi Melanchthonis opera, quae supersunt omnia*, C.G. Bretshneider and H.E. Bindsell, eds. Brunsvigae: Apud C.A. Schwetschke et Filium, 1854, Vol. XXI-XXII.

Melanchthon, Philipp, *Melanchthon on Christian Doctrine(Loci Communes 1555)*, Trs. and Eds. by Clyde L. Manschreck, New York: Oxford University Press, 1965.

2) 제2차 자료

Quere, Ralph Walter, *Melanchthon's Christum Cognoscere(Christ's Efficacious Presence in the Eucharistic Theology of Melanchthon)*, Nieuwkoop: B.De Graaf, 1977.

D. 존 칼빈

1) 제1차 자료

Calvini, Ioannis, *Institutio Religionis Christianae*, Volumen I&II, Brunsvigae: Apud C. A. Schwetschke et Filium, 1869.

Calvin, John, *Institutes of the Christian Religion(1536 edition)*, Grand Rapids: Wm. B. Eerdmans Publishing Company, 1975.

Calvin, Johannes, *Reformatorenbriefe(Luther,Zwingli,Calvin)*. Leipzig: Neukirchener Verlag, 1973.

칼빈, 이종성外 공역, 『기독교강요』 서울: 생명의 말씀사

Calvin, John, *Calvin's Old Testament Commentaries: Ezekiel I*, Grand Rapids Michigan: William B. Eerdmans Publishing Co., 1994.

Calvin, John, *Calvin's Old Testament Commentaries: Daniel I*, Grand Rapids: William B. Eerdmans Publishing Co., 1993.

Calvin, John, *Calvin's New Testament Commentaries: Hebrews and 1 & 2 Peter*, Wm. B. Eerdmans Publishing Co., 1963.

Calvin, John, *Calvin's New Testament: John 11-21*, Wm. B. Eerdmans Publishing Co., 1959.

Calvin, John, *Concerning the Eternal Predestination of God*, tr. J.K.S. Reid, Louisville: Westminaster John Knox Press, 1997.

2) 제2차 자료

W.J.부스마 저, 이양호 역, 『칼빈』, 서울: 도서출판 나단, 1991.

빌헬름 니이젤 저, 이종성 역, 『칼빈의 신학』, 서울: 대한기독교서회, 1990.

Dowey, Edward A., *The Knowledge of God in Calvin's Theology*, Grand Rapids, Michigan, W.B.Eerdmanns Publishing Company, 1994.

McGrath, Alister E., *A Life of John Calvin*, Cambridge,MA: Basil Blackwell, 1990.

McKim, Donald K., *Readings in Calvin's Theology*, Grand Rapids: Baker Book House, 1984.

Jones, Serene, *Calvin and the Rhetoric of Piety*, Louisville: Westminster John Knox Press, 1995.

Parker, T.H.L., *John Calvin*, Tring,England: Lion Publishing plc, 1975.

Walker, Williston, *John Calvin*, New York and London: The Knickerbocker Press, 1906.

Wallace, Ronald S, *Calvin: Geneva and the Reformation*, Edinburgh, Scottish Academic Press, 1990.

E. 울드리히 츠빙글리

1) 제1차 자료

Zwingli, Ulrich, *Reformatorenbriefe*, Leipzig: Neukirchener Verlag, 1973.

2) 제2차 자료

Furcha, E.J. & Pipkin, H.Wayne, ed. *Prophet Pastor Protestant*.
Allison Park, PA: Pickwick Publications, 1984.

F. 과격파종교개혁

1) 제1차 자료

Muentzer, Thomas, *Schriften und Briefe*, Guetersloh: Guetersloher Verlagshaus Gerd Mohn, 1968.

Muentzer, Thomas, "The Prague Manifesto"(1521), eds. Lowell H. Zuck, *Christianity and Revolution*, Philadelphia: Temple University Press, 1975.

Muentzer, Thomas, "Die Fuerstenpredigt." Bibliothek Deutscher Klassiker, *Hutten, Muentzer, Luther*, Erster Band(1), 182-204, Weimar: Aufbau-Verlag Berlin und Weimar, 1970.

Muentzer, Thomas, "Ausgedrueckte Embloesung des falschen Glaubens." Bibliothek Deuscher Klassiker, *Hutten, Muentzer, Luther*, Erster Band(1), 205-39, Weimar: Aufbau-Verlag Berlin und Weimar, 1970.

Muentzer, Thomas, "Sermon Before the Princes." Library of Christian Classics, *Spiritual and Anabaptist Writers*, Philadeiphia: The Westminster Press, 1957.

2) 제2차 자료

Blickle, Peter, *The Revolution of 1525: The German Peasants' War from A New Perspective*, Baltimore: The Johns Hopkins University Press, 1985.

Williams, George H., *The Radical Reformation*, Philadelphia: The Westminster Press, 1952.

Rupp, Gordon, *Patterns of Reformation*, Philadelphia: Fortress, 1969.

홍치모外 공저,『급진종교개혁사론』, 서울: 느티나무, 1992.

김기련,『종교개혁사』, 대전: 목원대학교 출판부, 2001.

G. 카톨릭종교개혁:

Gallahue, John, *The Jesuit*, New York: Stein and Day, 1973.

H. 영국과 스코트랜드의 종교개혁:

MacCulloch, Diarmaid, *Thomas Cranmer*, New Haven: Yale University Press, 1996.

Weir, Alison, *The Children of Henry VIII*, New York: Ballantine Books, 1996.

G.바넷 스미스, 도로시 마틴 저,『존 녹스와 종교개혁』, 서울, 보이스사, 1988.

I. 존 웨슬리

1) 제 1차자료:

Wesley, John, *The Works of John Wesley*, Vol. I-XIV, ed. Thomas Jackson, Peabody, MA: Hendrickson Publisher, 1986, 이하 *Works*로 표기함.

The Works of John Wesley(Bicentennial Edition), Vol. 1,2,3,4,7,9,11,18,19,25,26, ed. Albert Outler, Nashville: Abingdon Press, 1975-1988, 이하 *The Works*로 표기함.

Anthology of Wesley's Sermons, ed. Richard Heizenrater, Nashville: Abingdon Press, 1994.

The Journals of John Wesley, ed. Nehemiah Curnock, Standard Edition, Vol. 1-8, London: The Epworth Press, 1938.

The Letters of John Wesley, ed. John Telford, Standard Edition, Vol. 1-8, London: The Epworth Press, 1931.

"On Working Out Our Own Salvation." (1732) *Works*, Vol. VI.

"Free Grace." (1739) *Works*, Vol. VII.

"Means of Grace." (1746) *Works*, Vol. V.

"The Lord Our Salvation." (1775) *Works*, Vol. V.

"On God's Vineyard. "(1787) *Works*, Vol. VII.

존 웨슬리 저, 김홍기 역, "돈의 사용."『존웨슬리의 설교』, 서울: 땅에 쓰신 글씨, 2000, 262-81, 이하『웨슬리의 설교』로 표기함.

"부에 관하여."『웨슬리의 설교』, 356-68.

"식량의 현재적 궁핍에 관하여 논함."『웨슬리의 설교』, 424-31.

"새로운 창조."『웨슬리의 설교』, 153-63.

2) 제 2차 자료

S.E. Ayling, *John Wesley*, Collins, 1979

ed. Rupert Davies, A. Raymond George & Gordon Rupp, *A History of the Methodist Church in Great Britain*, Vol. 1,2,3,4, London: Epworth Press, 1983.

Roy Porter, *English Society in the Eighteenth Century*, Middlesex, England: Penguin Books, 1982.

Dorothy Marshall, *Eighteenth Century England*, Longman, 1962.

Asa Briggs, *The Age of Improvement*, Longman, 1959.

W.N. Medlicott, *Contemporary England*, Longman, 1967.

Roger Fulford, From Hanover to Windsor, Fontana, 1960.

E.P. Thompson, *The Making of the English Working Class*, Middlesex, England:

Penguin Books, 1968.

D. MacCulloch, Groundwork of Christian History, London: Epworth Press, 1987.

J. Comby and D. MacCulloch, *How to Read Church History* Vol. *2: From the Refomation to the Present Day*, SCM Press, 1986.

Rupert E. Davies, *The Church in our Times*, London: Epworth Press, 1979.

Rupert E. Davies(ed), *The Testing of the Churches, 1932-1982*, London: Epworth Press 1982.

Rupert E. Davies, *Methodism*, 2nd revised edition, London: Epworth Press, 1985.

Frank Baker, *A Charge to Keep*, London: Epworth Press, 1947.

Jim Bates, *The Methodist Church*, Pergamon, 1977.

W.J. Townsend, H.B. Workman & G. Eayrs(eds), *A New History of Methodism*, 2 Vols, Hodder & Stoughton, 1909.

Rupert E. Davies, A. Raymond George & Gordon Rupp(eds), *A History of the Methodist Church in Great Britain*, 4 Vols, London: Epworth Press 1965, 1978, 1983, 1988.

John Munsey Turner, *Conflict and Reconciliation*, London: Epworth Press, 1985.

John Kent, *The Age of Disunity*, London: Epworth Press, 1966.

Henry D. Rack, Reasonable Enthusiast: *John Wesley and the Rise of Methodism*, London: Epworth Press 1989; 2nd edn 1992

R.G. Tuttle Jr., *John Wesley: His Life and Theology*, Zondervan 1978 *

R. Southey, *The Life of Wesley*, London 1829

C.E. Vulliamy, *John Wesley*, London 1931

Dorothy George, *England in Transition*, Middlesex, England: Penguin Books, 1965.

V.H.H. Green, *John Wesley* Nelson 1964

Maximin Piette, *John Wesley in the Evolution of Protestantism*, London 1937

J.H. Plumb, *England in the Eighteenth Century*, Middlesex, England: Penguin Books, 1950

J.H. Plumb, *The First Four Georges*, Fontana 1966

Martin Schmidt, *John Wesley: A Theological Biography*, 2 Vols, London: Epworth Press, 1962-73.

Frank Baker, *Charles Wesley as Revealed by his Letters*, London: Epworth Press, 1948.

F.L. Wiseman, *Chales Wesley, Evangelist and Poet*, London: Epworth Press, 1933.

F.C. Gill, *Chales Wesley, the First Methodist*, Lutterworth Press, 1964.
Maldwyn Edwards, *Family Circle*, London, Epworth Press, 1949.
Maldwyn Edwards, *The Astonishing Youth*, London: Epworth Press, 1959.
Maldwyn Edwards, *Sons to Samuel*, London: Epworth Press, 1961.
Albert C. Outler(ed), *John Wesley*, Nashville: Abingdon Press, 1964.
Albert C. Outler, *John Wesley's Sermons, An Introduction*, London: Abingdon Press, 1991.
Rupert E. Davies, *What Methodist Believe*, 2nd edition, London: Epworth Press, 1988.
Leonard Barnett, *What is Methodism?*, London: Epworth Press, 1980.
Michael Townsend, *Our Tradition of Faith*, London: Epworth Press, 1980.
John Vincent, *OK, Let's be Methodists*, London: Epworth Press, 1984.
John Stacey(ed), *John Wesley-Contemporary Perspectives*, London: Epworth Press, 1988.
J.E. Rattenbury, *The Conversion of the Wesleys*, London: Epworth Press, 1938.
Collin Williams, *John Wesley's Theology Today*, Epworth Press 1960
John Stacey, *Groundwork of Theology*, revised edition, London: Epworth Press, 1984.
Greville P. Lewis(ed), *An Approach to Christian Doctrine*, London: Epworth Press, 1954.
Frances Young and Kenneth Wilson, *Focus on God*, Epworth Press 1986.
John Wesley, *44 Sermons*, London: Epworth Press, 1944.
John Wesley, *John Wesley's Journal*, Vol. 1-8, N. Curnock(ed), London: Epworth Press, 1949.
James Holway, *Sermons on Several Occasions*, Methodist Publishing House, 1986.
Frank Baker, Chales Wesley's Verse, 2nd edition, London: Epworth Press, 1988.
J.E. Rattenbury, The Eucharitic Hymns of John and Chales Wesley, Epworth Press 1948
김홍기, 『감리교회사』, 서울: 감리교홍보출판국, 2003.
김홍기, 『존 웨슬리의 구원론』, 서울: 성서연구사, 2000.
김홍기, 『존 웨슬리 신학의 재발견』, 서울: 대한기독교서회, 1999.

색인

간스포르트(Wessel Gansfort) 42
갬볼드, 존(John Gambold) 513
게르송, 진(Jean Gerson: ?-1429) 45, 65, 171
고흐(Goch) 65
군터, 스테펜(Stephen Gunter) 547
굿윈, 존(John Goodwin) 557
  "사함받는 구속(Redemption Redeemed)" 558
그레고리 11세(Gregory XI) 69
그레고리 12세(Gregory XII) 69, 82
그레고리, 닛사의(Gregory of Nyssa) 149, 150, 288
  "성령 안에서의 완전에 관하여(Peri Teleiotetos en Pneumati)" 149
그로세테스테(Grosseteste) 78
그로퍼, 존(John Gropper) 194
  『로젠브루크서 Rogenburg Book』(1541) 194
그루에트, 자크(Jacques Gruet: ?-1547) 302
그루테, 게라르드(Gerard Groote) 40, 42
그린우드, 존(John Greenwood: ?-1593) 440, 441
기타모리, 가조(Kazo Kitamori) 643
  『하나님의 아픔의 신학』 644
노명식 678
  "토인비와 함석헌의 비교시론 — 고난사관을 중심으로" 678
노빌리, 로버트(Robert Nobili) 451
노어만, 게오르크(Georg Norman) 502
녹스, 존(John Knox: 1514-72) 315, 474-479, 483, 495, 629
  "민중(Commonality)" 490
  "제1공격(The First Blast)" 490, 491
  "제2공격(The Second Blast)" 490
  "미사가 우상이라는 주장(A Vindication that the Mass is Idolatry)"(1550) 495
  『기도의 형식과 성만찬목회 The Form of Prayer and Ministration of the Sacrament』 479
  『스코틀랜드 신앙고백』 495
  『스코틀랜드 종교개혁사 A History of the Reformation in Scotland』 477, 483
  『악령적 여성통치에 항거하는 첫 트럼펫 공격 First Blast Against the Monstrous Regiment of Women』(1558) 475, 479
누드슨, 알버트(Albert Knudson: 1897-1953) 609
니콜라스, 클라망스의(Nicolas of Clamanges) 65
단테, 알리기에리(Alighieri Dante: 1265-1321) 23, 24, 27, 58
  "왕국에 관하여(De Monarchia)"(1310-11) 58
  『신곡 Divine Comedy』(1307-21) 23
데오필루스(Theophilus) 559
데이비스, 루퍼트E.(Rupert E. Davies) 525
덴크, 한스(Hans Denck) 400
드루베나젤, 쿠르트(Kurt Druvenagel) 501
라우쉔부쉬, 월터(Walter Rausenbush) 614
라파엘, 산조(Sanzio Raphael: 1483-1520) 21
락탄티우스(Lactantius) 299
랙, 헨리(Henry Rack) 507
러년, 테오도르(Theodore Runyon) 609
  『성화와 해방 Sanctification and Liberation』 609
러브리스, 제임스(James Loveless) 608
러브리스, 조지(George Loveless) 608
레오 10세(Leo X) 449, 472, 663
레오나르도 다 빈치(Leonardo da Vinci: 1452-1519) 21

로드, 윌리엄(William Laud: 1573-1645) 439
로마누스, 알두스(AldusManutius Romanus) 61
로메인, 조지(George Romaine) 608
로빈슨, 존(John Robinson) 441, 443
로우, 윌리엄(William Law) 511
  『크리스천의 완전』 511
롤, 해리스(Harris Franklin Rall: 1870-1964) 609
롬바르드, 피터(Peter Lombard) 68, 81, 161, 286, 648
  『문장 Sentences』 68, 81, 161, 648
루돌프(Ludolph) 450
  『그리스도의 생애』 450
루베아누스, 크로투스(Crotus Rubeanus) 36
루이스브룩, 존(John Ruysbrook) 40
루터, 마르틴(Martin Luther: 1483-1546) 4, 14-20, 27-42, 56-66, 71, 75, 87, 90, 103, 116-125, 138-140, 146-286, 294-299, 305-318, 395-402, 408-417, 429, 432, 436, 449, 453, 471-482, 491, 502, 524, 547-550, 563-575, 582, 583, 588-590, 597, 601, 610-617, 625-690
  "갈라디아서 강해(Commentary on the Epistle to Galatians)" (1516-17, 1519, 1531) 208, 210, 252, 259-262, 272, 273, 550, 660
  "교회의 바빌론 포로" (1520) 174
  "농민 폭도들의 만행에 반대함" (1525) 272, 663
  "농민을 가혹하게 적대한 논문에 관한 공개 서한" (1525) 272, 663
  "독일 크리스천 귀족에게 고함" (1520) 174
  "두 종류의 의(Two Kinds of Righteousness)" (1519) 208, 212, 661
  "라틴어 저술 서문" (1545) 166, 168
  "마르틴 루터 박사의 친애하는 독일국민에 대한 경고(Dr. Matin Luther's Warning to His Dear German People)" (1531) 196
  "마리아 찬양(Magnificat)" (1521) 221, 228, 252, 657, 660, 664, 673, 687, 689
  "선행론" (1520) 252, 563, 626, 660
  "세속 권력에 대한 복종의 한계" (1523) 272, 663
  "스콜라주의 신학에 항거하는 논제(Disputation against Scholastic Theology)" (1517. 9. 4) 166, 202, 649
  "신앙과 율법에 관한 논문(Theses Concerning Faith and Law:)" (1535) 193
  "인간에 관한 논제(The Disputation Concerning Man)" (1536) 193
  "천상적 예언자들에 대항하며 II(Against the Heavenly Prophets Part II)" 253, 682
  "칭의에 관한 토론문" 212
  "크리스천의 자유" (1520) 174, 181, 234-240, 252, 260, 261, 399, 563, 626, 651, 659, 660
  "평화를 위한 제언" (1525) 272, 663
  "95개조 항의문" 207
  『노예의지론 De Servo Arbitrio』 (1525) 38, 175, 224, 274, 564, 651, 656
  『대교리문답 Large Catechism』 (1529) 62, 183, 311, 563
  『독일 신학 Theologia Germanica』 (1518) 42, 121, 252, 412, 660
  『독일 크리스천 귀족에게 고함 preisthood of all believers』 241-243, 246, 310
  『로마서 강해』 (1515) 208, 252, 259
  『로마서 서문』 574
  『소교리문답 Little Catechism』 62, 185, 563
  『신비적 예언자들에 대항하여』 252, 660
  『십계명 강해』 (1528) 252, 660
  『탁상대화록』 208, 209
  『하이델베르크 논제』 (1518) 252, 260, 660
  『히브리서 강해』 (1519) 221, 252, 660
  설교 "두 종류의 의(Two Kinds of Righteousness)" (1519) 121, 213, 563, 627
  설교 "크리스천 귀족에게 고함(To the Christian Nobility)" 61
루터, 마가레타(Margaretta Luther) 157
루터, 한스(Hans Luther) 157
리비(Livy) 22
리치, 마테오(Mateo Rici) 451
린드버그, 카터(Cater Lindberg) 252, 660
  『제3의 종교개혁 The Third Reformation』 252, 660

마가렛(Magart Tudor) 474
마가렛(Margaret) 29
마그누스, 요하네스(Johnnes Magnus) 499
마르실리오, 파두아의(Marsiglio of Padua) 58, 72, 77
마르틴 5세(Martin V) 85
마카리우스, 피터(Macarius the Egyptian) 149, 288
마터, 피터(Peter Martyr) 435
마티스, 요한(John Mattys: d.1534) 400
말렛, 새러(Sarah Mallet) 543
매독스, 랜디(Randy Maddox) 280, 594
『책임적인 은총 Responsible Grace』 280, 594
맥그레스, 알리스터(Alister E. McGrath) 116, 117, 146, 566
맥스필드, 토마스(Thomas, Maxfield) 540
멀튼, 존(John Murton) 444
메리(Mary, 헨리 8세의 딸) 430, 431, 433, 435
메리 스튜어트(Mary Stuart, 메리여왕 Mary Tudor) 475, 476, 481, 490
메리, 귀스의(Mary of Guise) 475
멜랑히톤, 필립(Philip Melanchthon: 1497-1560) 36, 174, 175, 181, 185, 194, 235, 281-295, 300, 449, 502, 650, 651
『신학총론 Loci Commune』(1521) 235, 286
멜빌, 앤드류(Andrew Melville) 438
모니카(Monica) 88
모어, 토마스(Thomas More: 1477-1535) 29, 30, 428
『유토피아』(1516) 30
몰더, 필립(Philip Molther) 548, 582, 596
몰트만, 위르겐(Üergen Moltmann) 233, 643-647
『십자가에 달리신 하나님 Der gekreuzigte Gott』 233, 644, 647
무티아누스(Mutianus) 221
뮌처, 토마스(Thomas Müntzer: 1488-1525) 14, 175, 211, 395-399, 405-417, 632, 633, 651
미란돌라, 피코 델라(Pico della Mirandola) 24, 26
미켈란젤로 부오나로티(MichelangeloBuonarroti:

1475-1564) 21
믹스, 더글라스(Douglas Meeks) 609
『가난한 자의 몫』 609
바로우, 헨리(Henny Barrow: 1550-93) 440, 441
바르트, 칼(Karl Barth) 694-698
바오로 3세(Paul III) 449
바오로 4세(Paul IV) 449
바질, 가이사리아의(Basil of Caesarea) 33
박스터, 리처드(Richard Baxter: 1615-91) 447
『목사론 On the Priesthood』 447
반더샤프(Vanderschaaf) 129
발라, 로렌조(Lorenzo Valla) 31, 32
"주해(Adnotationes)" 31
버자일, 메어리(Mrs. Mary Vazeille) 540
버질(Virgil) 22
번즈(J.H. Burns) 490
베버, 막스(Max Weber: 1864-1920) 138, 445, 613
『개신교 윤리와 자본주의 정신』 445, 613
베사리온(Bessarion) 23
베셀(Wessel) 65
베인튼, 롤란드(Roland Bainton) 405
베자(Vega) 629
베젤(Wesel) 65
베지, 토마스(Thomas Vesey) 542
보상켓, 메리(Mary Bosanquet) 608
보카치오, 조반니(Boccaccio, Giovani: 1313-75) 23, 26, 453
『데카메론 Decameron』(1351) 23, 26, 453
보플린, 하인리히(Heinrich Woflin) 317
본회퍼, 디트리히(Ditricht Bonhoeffer) 140, 315, 643
『제자의 도 The Cost of Discipleship』 643
볼린, 앤(Ann Boleyn) 423
뵈크만, 한스(Hans Boekman) 501
뵐러, 피터(Peter Böhler) 548, 523, 574
부처, 마틴(Martin Bucer) 36, 191, 194, 629
『로젠브루크서 Rogenburg Book』(1541) 194
불, 조지(George Bull) 553
뷔르, 이델레(Idelette de Bure) 301

브라스크, 한스(Hans Brask) 499
브라운, 로버트(Robert Browne: 1550-1633) 439
브라이트만, 에드가(Edgar S. Brightman: 1884-1953) 609
브래드와딘, 토마스(Thomas Bradwardine) 52, 72
 "펠라기우스에 반대하여(Contra Pelagium)" (1349) 52
브루스터, 윌리엄(William Brewster) 441
비레, 피에레(Pierre Viret) 299, 479, 629
비엘, 가브리엘(Gabriel Biel: ?-1495) 42, 45, 51, 54, 117, 159, 214
사보나롤라(Savonarola) 65
샤프, 필립(Philip Shaff) 75, 129, 183
성 요한(St. John of the Cross: 1542-91) 469
성 테레사(St. Teresa of Avila: 1515-82)468
세네카(Seneca: BC4?-AD65) 22, 299
 『관용에 관하여 De Clementia』 299
세닉, 존(John Cennick) 540, 552
세르베투스, 미카엘(Michael Servetus) 139, 302, 303, 400
셀, 크로포트(Croft Cell) 593, 594
셀론, 월터(Walter Sellon) 557
 "보편적 구속의 교리에 반대하는 논증 (Arguments against the Doctrine of General Redemption Considered)" 557
셈멜, 버나드(Bernard Semmel) 609
 『감리교 혁명 Methodist Revolution』 609
소크라테스(Socrates: BC469-BC339) 38
수소(Susso) 40
스미스, 존(John Smith: ?-1612) 402, 443, 553
스코투스, 둔스 (Duns Scotus: ?-1308) 46, 51, 72
스타우피츠(Staupitz) 161, 162, 648
스토르흐, 니콜라우스(Nikolaus Storch) 397, 499
스팔라틴(Spalatin: 1484-1545) 221
스팡겐베르크, 아우구스트(August Spangenberg) 521
스페너(P. J. Spener) 614
시몬스, 메노(Menno Simons) 400
실비우스, 아이네아스(Aeneas Sylvius) 23

아그리콜라, 요한(Johann Agricola) 193, 563, 659
아네슬리, 수잔나(Susanna Annesley) 504, 505
아데오다투스(Adeodatus) 88
아리스토텔레스(Aristoteles: BC384-BC322) 22, 45-56, 159, 163, 214, 282, 649
아빌리, 피에레(Pierre d' Avilly: ?-1420) 45
아우틀러, 알버트(Albert Outler) 548, 604, 609
아인스워스, 헨리(Hinny Ainsworth: 1517-1623) 441
아일리, 드(D' Ailly) 65
아퀴나스, 토마스(Thomas Aguinas: 1225-74) 41, 46-53, 72, 73, 123, 159, 199
 『문장에 관한 주석 Commentary on the Sentences』 49, 50
 『신학대전 Summa Theologia』 51
안드레아스, 라멘티우스(Lamentius Andreas) 499
알레안더(Aleander) 180
알렉산더 5세(Alexander V) 82
알베르티, 레온 바티스타(Leon Battista Alberti: 1404-72) 25
 『가정에 관하여 Della famiglia』 25
알트하우스, 폴(Paul Althaus) 252, 660
 『루터의 윤리 The Ethics of Martin Luther』 252, 660
암브로스(Ambrose) 33
암스도르프, 니콜라우스(Nikolaus Amsdorf) 196
앤 볼린(Ann boleyn)425, 428, 431
어거스틴(St. Augustinus: A.D.354-430) 28, 33-43, 46-52, 62, 73-78, 87-155, 159-162, 166, 170, 171, 214, 295, 299, 305, 563, 598, 601, 610, 615, 630-634, 642, 648, 649, 662
 "갈라디아서 강해" (394) 88
 "도나티스트의 부패에 관하여(De Correctione Donatistarum Liber seu Epistola)" (417) 97
 "로마서의 몇 가지 논제에 대한 주석(Expositio Quarundam Propositionum ex Epistola ad Romanos)" (394-95) 97
 "마니교도들의 도덕에 관하여(De Moribus Manicaeorum)" (388-390) 93

"마니교도들에 대항하여, 두 영혼에 관하여(De Duabus Animabus, contra Manichaeos)" 94
"성도의 예정에 관하여(De Praedestinatione Sanctorum)" (428 혹은 429) 89, 106, 110
"영과 문자(De Spiritu et Littera, The Spirit and the Letter)" 33, 35, 89, 102, 107, 118, 119, 209, 260, 261, 305, 649
"은총과 자유의지에 관하여(De Gratia et Libero Arbitrio)135, 145
"은총과 자유(De Gratia et Libera)" (427) 104
"자연과 은총에 관하여(De Natura et Gratia contra Pelagium)" (413) 89, 108
"자유의지에 관하여(De Libero Arbitrio)" 92, 93, 97
"절대적 예정교리(The Doctrine of Absolute Predestination Stated and Asserted)" 557
"참 종교에 관하여(De Vera Religiones)" 95
『거룩한 처녀성에 관하여』(400) 89
『견인의 은사에 관하여』(428) 89
『결혼과 성욕에 관하여』(419) 89
『고백록 De Confessiones』(397-400) 89, 101, 115
『교회의 일치에 관하여』(405) 89
『그리스도의 은총에 관하여』(418) 89
『금식의 유용성에 관하여』(408) 89
『크리스천의 도서 Christian Library』(1749) 540
『크리스천의 완전』 631
『도나티스트를 반대하는 세례론』(400) 89
『도나티스트를 반대하는 시편』(394) 88
『로마서의 최초 강해』(394) 88
『마니교도를 반대하는 선한 본성에 관하여』(399) 89
『마니교를 반대하는 창조에 관하여』(388) 88
『마니교에 대항하는 선의 본성에 관하여 De Natura Boni contra Manichaeos』(404) 90
『마니교도 파우스투를 반대하여』(397) 89
『불완전에 관한 줄리우스의 두 번째의 답변을 반대하여』(429) 89
『삼위일체론』(399) 89
『영혼과 그 기원에 관하여』(419) 89
『원죄에 관하여』(418) 89
『인간의 의의 완성에 관하여』(415) 89
『자유의지론 De Libero Arbitrio』(388) 88, 145
『좋은 결혼에 관하여』(400) 89
『펠라기우스의 두 개의 편지를 반대하여』(420) 89
『펠라기우스의 진상에 관하여』(417) 89
『하나님의 도성 De Civitate Dei』 I-XVII(413-420) 89, 110, 128
『회고록 Retractions』 91, 96, 102
어슨(Ireson) 593
에드워즈, 조나단(Jonathan Edwards) 598, 631
에라스무스, 데시데리우스(Desiderius Erasmus of Rotterdam: 1469-1536) 28-30, 38, 42, 62, 175, 221, 224, 282, 298, 319, 321, 429, 449, 450, 651, 655
『바보신 예찬 Moriae encomium』 29
『복음서 해석』 429
『신약성서 Novum Instrumentum』(1516) 32, -36
『신약성서 주해』(1515) 282
『자유의지론 De Libero Arbitrio』(1524) 38, 175, 274, 275, 651
『전도서 설교』(1535) 33
『크리스천 군병의 안내서 Enchiridion Militis Christiani』 29
에릭슨, 에릭(Erik Erikson) 157
『청년시절의 루터 Young Man Luther』 157
에즈버리, 프랜시스(Mr Francis Asbury) 542
에크하르트, 타울러 (Tauler Eckhart) 41
엑크, 존(John Eck) 170, 174, 180, 650
엘리비젤(Eliewiiesel) 233, 644
『밤 Night』 233, 644
엘리자벳(Elizabeth) 428-436, 475-477
엥겔스, 프리드리히(Friedrich Engels: 1820-95) 415
"독일 농민전쟁사" 415
오글도르프, 제임스(James Oglethorpe) 516, 517
오리겐(Origen) 33-37, 319

오버만, 하이코(Heiko Obermann) 160
오비드(Ovid) 22
오스카, 폴(Paul Oskar) 25
오이코람파디우스(Oekolampadius) 36, 629
올드케슬 경(Sir John Oldcastle) 71
왓코트, 리처드(Richard Whatcoat) 542
요아킴, 플로리스의(Joachim of Floris) 112
요한 23세(John XXIII) 81
우르반 2세(Urban II) 199
우르반 4세(Urban IV) 40
우르반 5세(Urban V) 69
우치무라 간조(Uchimura Kanzo) 666
워커, 윌리스톤(Williston Walker) 138, 312, 566
웨슬리, 존(John Wesley: 1703-91) 14-19, 69, 87, 101-105, 144-155, 213, 288, 299, 396, 405, 408, 412, 434, 446, 448, 495, 496, 503-629, 654, 693-698
"간절한 호소(An Earnest Appeal)" 553
"감리교회의 특징(The Character of a Methodist)" 538
"값 없이 주시는 은총(Free Grace)" (1739) 536, 551, 566
"그리스도의 전가되는 의로움에 관한 논문(Thoughts Upon the Imputed Righteousness of Christ)" (1762) 147, 555
"냉정하게 숙고된 예정(Predestination Calmly Considered)" 696
"노예제도를 논박함(Thoughts Upon Slavery)" (1774) 608
"더욱 간절한 호소(An Farther Appeal)" 553, 576
"믿음으로 말미암은 구원(The Salvation of Faith)" 525
"성서적 구원의 길(The Scriptural Way of Salvation)" 593, 619
"성서적 기독교(Scriptural Christianity)" 621
"식량의 현재적 궁핍에 관하여 논함(Thoughts on Present Scarcity of Provisions)" 610
"신중하게 숙고한 예정 이해(Predestination Calmly Considered)" 558

"실천 신학(Principles of a Methodist)" 538
"연회록(The Conference Minutes of 1744)" 576
"율법폐기론자와 그의 친구와의 대화(A dialogue Between an Antinomian and His Friend)" (1745) 552
"율법폐기론자와 그의 친구와의 두 번째 대화(A Second dialogue between an Antinomian and His Friend)" (1745) 553
"의롭다 하심에 관한 논문(Treatise on Justification)" (1765) 554
"합리적이며 종교적인 사람들에게 호소함(An Earnest Appeal to Men of Reason and Religion)" 538
『그리스도인의 완전에 관한 평이한 해설 A Plain Account of Christian Perfection』 540
『신약성서 주해 Explanatory Notes upon The New Testament』 527, 531, 577, 617, 619, 620,
『신적 지배권 De domino divino』 (1375) 77
『엄숙한 부르심』 511
『원시 의학 Primitive Physic』 (1747) 606
『찬송가 서문 Hymns and Sacred Poems』 (1739) 603
설교 "값 없이 주시는 은총(Free Grace)" 150, 363, 696
설교 "거듭남(New Birth)" 563
설교 "노예의 영과 양자의 영(The Spirit of Bondage and of Adoption)" 554
설교 "돈의 사용(Use of Money)" 446
설교 "믿음으로 말미암은 구원(salvation by faith)" 563, 625
설교 "믿음으로 의롭다 하심(justification by faith)" 563, 625
설교 "성서적 구원의 길(The Scripture Way of Salvation)" (1765) 554, 592
설교 "성서적 구원의 길(The Way of Scripture Salvation)" 580
설교 "예정에 관하여(On Predestination)" 695
설교 "옥스포드의 위선자" 518

설교 "우리 자신의 구원을 이룸에 관하여(On Working Out Our Own Salvation)" 144, 279, 562, 567, 595-598, 631
설교 "주 우리의 의(The Lord our Righteousness)" (1765) 554, 555
설교 "타락한 인간을 향하신 하나님의 사랑(God's Love to Fallen Man)" (1782) 556
설교, "하나님께로부터 태어난 자들의 특권(The Great Privilege of Those Who Are Born of God)" (1748) 365, 554, 598, 698
설교 "하나님의 포도원에 관하여(On God's Vineyard)" 574, 585, 624
설교 "하나님의 섭리에 관하여(On Divine Providence)" 694
설교 "형식적 크리스천(Almost Christian)" 578
설교 "마음의 할례" 518
웬체스라스(Wenceslas) 81, 82
위클리프, 존 (John Wycliffe: 1330-84) 19, 65-86
  『결정 Determinatio』(1374) 77
  『교황의 권능에 관하여 De potete pape(On the Power of the Pope)』(1379) 78
  『교회론 저서 De ecclesia(On the Church)』(1378) 76
  『배교론 De apostasia(On Apostasy)』 73
  『성찬론 De eucharistia(On Eucharist)』 73
  『시민적 지배권 De civilio domino』(1376) 77
위텐바흐, 토마스(Thomas Wyttenbach) 318
위트기프트, 존(John Whitgift: 1530-1604) 438
윌리엄슨, 윌리엄(Mr. William Williamson) 521
윌리엄, 옥캄의(William of Ockham) 45, 51-55, 77, 159
윌리엄3세(William III) 505
이나시오, 로욜라의(Ignatius of Loyola: ?-1556) 14, 450, 451-460, 461-467
  『영성수련 The Spiritual Exercises』 (1541) 450, 457, 464-467
이레네우스(Irenaeus) 33
이형기 163, 166, 361, 624
  『종교개혁 신학 사상』 163, 166
자바렐라(Zabarella) 83

자비에르, 프란시스(Francis Xavier) 451
잔느, 라 프랑스(Jeanne La France) 298
제닝스, 테오도르(Theodore Jennings) 609
  『가난한 자를 위한 복음 Good News to the Poor』 609
제라르드, 로저(Roger Gerard) 29
제롬(Jerome, St.: 342-420) 33-38, 78, 299, 319
제롬, 프라하의(Jerome of Prague: 1370-1416) 79
제베르크, 라인놀드(Reinhold Seeberg) 138, 312, 566
제이콥, 헨리(Henry Jacob) 443
제임스 1세(James I) 438, 439
제임스 5세(James V) 474-476
제임스 6세(James VI) 477, 505
조지 2세(Geoge II) 539
존슨, 프랜시스(Francis Johnson: 1562-1618) 440, 444
존, 가운트의(John of Gaunt) 68
존, 레이든의(John of Leyden: 1510-36) 400
주얼, 존(John Jewel) 435
즈비네크(Zbynek) 81, 82
지기스문트(Sigismund) 65, 82, 83
진젠도르프(Zinzendorf) 550, 552
웨슬리, 찰스(charles Wesley) 528
찰스 1세(Charles I) 439
찰스 5세(Charles V) 180, 185, 195, 294, 425, 453, 663
처치, 레스리(Leslie Church) 531
츠빙글리(Huldrych Zwingli: 1484-1531) 16, 28, 34-38, 59, 73, 182, 293, 295, 317-332 402, 480, 629
  『참 종교와 거짓 종교에 대한 해설 Commentary on True and False Religion』 38
  『67개조 Sixty-Seven Articles』 326
카라치올로(Caraccilolo) 180
카라파(Caraffa) 449
카제탄(Cardinal Cajetan, 추기경) 168, 174
카타리나 본 보라(Katharina Von Bora) 180, 181, 190, 651

카테리나 크라프(Catherina Krapp) 284
카트라이트, 토마스(Thomas Cartwrght: 1535-1603) 438
카페지, 알랜(Allan Coppedge) 593, 594
『신학적 논쟁에 있어서의 존 웨슬리 John Wesley in Theological Debate』551
칼라일(Thomas Caryle) 20
칼빈, 존(John Calvin: 1509-64) 14-17, 20, 28, 34, 37, 59, 60, 73, 87, 90, 100, 106, 126-143, 150-155, 194, 213, 282, 286, 288, 293, 297-315, 335-402, 417, 429, 432, 437-439, 444-446, 453, 474-495, 497, 536, 566, 568, 572, 589-602, 610-617, 625-636, 654, 693-697
  "신앙지침(Instruction in the Faith)" (1537) 300
  "크리스천의 삶(The Life of Christian Man)" 300
  『기독교강요 Institutio Religionionis Christianae(Institute of the Christian Religion)』(이 책은 1536년에 출간된 7장의 작은 책으로, 계속 개정되어 1559년에 방대한 작품으로 완성되었다.) 126, 132, 138, 286, 300, 303, 312, 335, 341, 344, 358, 359, 370, 381-383, 388, 393, 429, 478, 488, 489, 566, 628
  『로마서 주석』(1539) 301
  『시편연구』299
칼스타트(Andreas Bodenstein of Karlstadt) 33, 37, 170, 174, 211, 650, 682
캐더린(Catherine of Aragon) 423, 425, 430
캐더린, 시에나의 14
캑스톤, 윌리엄(William Caxton) 61
켈레, 요한(John Celle) 42
켐피스, 토마스 아(Thomas a Campis) 511, 512
  "감리교도의 원리(The principle of Methodist)" 512
  『크리스천의 완전 A Plain Account of Christian Perfection』512
  『그리스도를 본받아』511
코뱅, 제라드(Gerard Cauvin) 298
코스톤, 토마스(Thomas Causton) 522

코트니(Courtenay) 70, 71
콕, 토마스(Dr. Coke) 542
콘타리니, 가스파로(Gasparo Contarini) 449
콘, 제임스(James H. Cone) 609
콜레, 존(John Colet) 29
크라나하, 루카스 (Lucas Cranah) 4
크랜머, 토마스(Thomas Cranmer)193, 425-43
크로스비, 새러(Sarah Crosby) 608
크리소스톰(Chrysostom) 288
크리스천 2세(Christian II) 501
크리스텔러(Kristeller) 25
클레멘트 7세(Clement VII) 425, 449
클레이톤(Mr. Clayton) 515
키에르케고르(Kierkegaard: 1813-55) 601
키케로(Cicero) 22, 38, 117
키프리안(Cyprian, St.: ?-258) 33, 299
타울러(Tauler) 40, 395, 407-412
타이네, 히폴리테스(Hippolytes Taine: 1828-93) 19
터너 부인(Mrs. Turner) 548
테렌스(Terence) 22
테셀레, 유진(Eugene TeSelle) 130
테일러, 제레미(Jeremy Tailor) 511, 553
  『거룩한 삶』511
텟젤(Tetzel) 200
토인비(Arnold Toynbee) 20, 642, 678, 679
토플라디 아우구스투스 몽테규(Toplady Augustus Montague) 557-559
  "알미니우스주의에 영향받은 영국 성공회(The Chuch of England Vindicated from the Charge of Arminianism)" (1769) 557
  "절대적 예정교리(The Doctrine of Absolute Predestination Stated and Asserted)" 557
트뢸취, 에른스트(Ernst Tröltsch: 1865-1923) 525
티목, 사라(Sarah Timmock) 532
티코니우스(Tyconius) 115
틴데일, 윌리엄(William Tyndale: 1494?-1536) 427
파렐, 귀욤(Guillaume Farel) 299-302, 629
파커, 매튜(Matthew Parker) 431

파트리키우스(Patricius) 88
파티오, 올리버(Oliver Fatio) 630
퍼비, 존(John Purvey) 71
페트라르카(Petrarca Francesco: 1304-74) 23, 26
페트리, 라우렌티우스(Laurentius Petri) 502
페트리, 오라우스(Olaus Petri) 499, 502
펠라기우스(Pelagius: 354-418?) 38, 50-56, 72, 89, 96, 144-146, 154, 163, 287, 295
포이, 캐프틴(Captain Foy) 531
프란시스 1세(Francis I) 300, 471-475
프랑케(A. H. Francke) 614
프레데릭 선제후 161, 175, 651
프레데릭 4세(Frederick IV) 66, 168, 174, 180-185, 650
프렌터(R. Regin Prenter) 224, 656
프로벤, 요한(Johann Froben) 33, 275
  "자유의지론" 275
플라톤(Platon: BC429?-BC347) 21, 22, 45, 159
플레처, 존(John Fletcher) 542, 558-560
플레처, 메리(Mary Fletcher) 542
플리니(Pliny) 27
피니, 찰스(Charles Finney) 598, 631
필라토, 레온지오(Leonzio Pilato) 23
필립 2세 433
필립공(Philip of Hesse) 182, 194, 195
하데스티, 낸시(Nancy A. Hardesty) 609
하딩, 제임스(James Harding) 532
하밀톤(Patrick Hamilton) 474
할레(Halle) 614
함석헌 234,
  『기독교사』 665
  『뜻으로 본 한국역사』 234, 644, 645, 665-677, 688
  『성서적 입장에서 본 세계역사』 665
  『성서적 입장에서 본 조선역사』 665
  『성서조선』 665, 666
  『세계교회사』 665
홍치모 41

『북구 르네상스와 종교개혁』(1984) 41
해리스(Harris) 528
해리슨, 로버트(Robert Harrison) 439
허비, 제임스(James Hervey) 554
헌팅돈 부인(Lady Huntingdon) 557-560
험프리즈, 조셉(Joseph Humphreys) 552
헤겔, 게오르크 빌헬름 프리드리히(Georg Wilhelm Friedrich Hegel: 1770-1831) 112, 642
헤기우스, 알렉산더(Alexander Hegius) 42
헤리퍼드, 니콜라스(Nicholas Hereford) 71
헨리 8세(Henry VIII) 30, 423-431, 472-476, 503
헬리스, 토마스(Thomas Helwys) 444
호레이스(Horace) 22
호머(Homer: BC800-BC750) 22, 23
  『오디세이 Odyssey』 23
  『일리어드 Iliad』 23
호프만, 멜콰이어(Melchior Hoffmann: 1498-1543) 400, 501
홀스테(Gorius Holste) 501
홀, 더글라스(Douglas Hall) 233, 643, 644
  『빛과 어둠 Lighten on Darkness』 233, 644
홀, 칼(Karl Hall) 405
홉키, 소피(Sophy Hopkey) 521
후스, 얀(John Huss: 1369-1415) 19, 65, 66, 79-86, 397, 563, 657
  "성직매매에 관하여(De simonia)" 82
  "신앙 해설" 82
  "십계명 해설" 82, 563
  "주기도문 해설(Exposition of the Lord's Prayer)"(1519) 82, 228, 657
  『교회에 관하여 De ecclesia』 82
후터, 야콥(Jacob Hutter: ?-1536) 400
후톤, 제임스(James Hutton) 549
후프마이어, 발타잘(Balthasar Hubmaier: 1485-1528) 400
휘트필드, 조지(George Whitefield) 150, 516, 528-536, 546, 551, 552, 560, 568, 696